KB267342

세계
지성사로의
초대

세계
지성사로의
초대

초판 1쇄 발행　2026년 3월 25일

—

지은이　김광식·김석·김선희·김성한·김주언·김태완·박민아·박정하·변광배·손윤락·신정근·오근창·오민석·윤승준·이영환
펴낸이　이병은

책임편집　정조연　　　**책임디자인**　박혜옥
기획　김명희·박준성　　**마케팅**　최성수·배근호

—

펴낸곳　세창출판사
　　　신고번호　제1990–000013호　　**주소**　03736 서울특별시 서대문구 경기대로 58 경기빌딩 602호
　　　전화　02–723–8660　**팩스**　02–720–4579　**이메일**　edit@sechangpub.co.kr
　　　홈페이지　http://www.sechangpub.co.kr　**블로그**　blog.naver.com/scpc1992
　　　페이스북　fb.me/Sechangofficial　**인스타그램**　@sechang_official

—

ISBN　979–11–6684–488–1　93100

이 책은 2022년 대한민국 교육부와 한국연구재단의 지원을 받아 수행된 연구임.
(NRF–2022S1A5C2A04092622)

세계
지성사로의
초대

김광식
김 석
김선희
김성한
김주언
김태완
박민아
박정하
변광배
손윤락
신정근
오근창
오민석
윤승준
이영환

세창출판사

서문

① 지성의 미래와 친구

　지성의 미래는 반려 AI일까? 지금 한국 사회에서 AI는 신(新)성장지상주의를 이끄는 핵심 엔진이다. 갈수록 고도화되는 핵의 위협, 그치지 않는 전쟁, 환경 재앙, 막강 바이러스 따위만이 인류의 생존을 위협하는 것은 아니다. 현생인류의 생물학적 진화 능력을 초월하는 인공지능의 발전도 우리가 과연 이 행성 지구에서 살아남을 수 있는지 거대 물음을 던지게 하는 중대 사건일 수 있다. 지성의 목소리는 부드러워서 잘 들리지 않지만, 물리학자 스티븐 호킹(S. W. Hawking)은 인공지능의 완전한 발전은 인류의 생존에 중대한 위협이 될 수 있다고 이미 경고한 바 있다. 호킹으로 말하자면 장애인이었그 그 장애 때문에 누구보다도 초기 인공지능의 수혜자였던 인물이다.

　지성의 미래는 인공지능이 아니라 대중 지성이어야 한다. 지성의 기래는 엘리트 지성에서 시민 지성·집단 지성·대중 지성으로 이동해야 한다. 그러기 위해서 여기 이 책에 소개된 스타 지성은 시민 교양으로 민주화될 필요가 있다. 이 대목에서 나는 독자분들께 플라톤에서 세이건까지의 지성과 친구 맺기를 권하고 싶다. 친구가 되면 난해하다고 소문난 그 누구라도 어렵지 않게 이해할 수 있는 길이 열릴 것이다. 정체성을 공유하고 눈짓 하나로도 마음의 비밀을 읽어 낼 수 있는 관계가 친구다. 그래도 그렇지, 그들은 너무 걸리 있는 외우(畏友)가 아니겠냐고 할지 모르겠다. 플라톤의『파이돈』은 소크라테스가 죽음에 이르는 지점까지 영혼불멸론을 치열하게 전개하는 논변으로 내용이 채워져 있는데, 형식은 소크라테스의 제자 파이돈이 피타고라스학파의 철학자 에케크라테스라는 인물에게 소크라테스 최후의 이야기를 들려주는 방식을 취하고 있다. 이 대화편 끄트머리에서 파이돈은 소크라테스를 '선생님'이라고 하지 않고 '우리 친구'라고 호칭한다. 이로써 소크라테스의 마지막 운명은 주검이 아니라 '우리 친구'로 완성된다.

'우리 친구'에서 '우리'란 표면적으로는 '파이돈+에케크라테스'이겠지만, 파이돈의 목소리에 플라톤의 의중이 실리고 있다는 사정을 감안한다면 '우리'는 '파이돈+에케크라테스+플라톤'이라고 해야 좀 더 타당할 것이다. 그런데 '우리'는 이것이 끝이 아닐 듯싶다. "플라톤은 내 친구이고 아리스토텔레스도 내 친구지만, 진리가 더 훌륭한 내 친구"라는 아이작 뉴턴도 여기에 추가되어야 하지 않을까? 그렇다면 적어도 '우리'는 '파이돈+에케크라테스+플라톤+뉴턴'이다. 또, 소크라테스의 죽음에 감동을 받은 잠재적 숨은 독자까지 포함한다면 '우리'는 '파이돈+ … ∞'일 수 있다. 친구가 무한히 많다는 것은 좋은 일일까? 이 문제에 대해서도 만학의 아버지 아리스토텔레스는 한 말씀을 남겼다. 그에 의하면 친구가 아주 많다는 것은 누구의 친구도 아닌 것과 같지만, 동료 시민들이 친구라고 한다면 진실로 훌륭한 사람일 수 있다. 이렇게 말하는 아리스토텔레스는 우애를 일종의 공동체로 본다. 니체는 소크라테스나 플라톤을 싫어하기로 잘 알려진 인물이지만 그에게도 우정이 없는 것은 아니다. 니체는 괴테가 18세기의 가장 강한 본능들을 자신 안에 지니고 있었으며 자신을 전체성으로 단련시켰다고 매우 이례적인 경의를 표하는데, 괴테는 우리 책에서 한 챕터를 차지하고 있는 인물이다. 그러므로 이 책에는 알게 모르게 모종의 우정이 흐르고 있다. 이 우정 관계를 발견하는 것은 즐거운 일이지 않을까?

벗들은 동서고금에서 온다. 공자는 배우고[學] 익히는[習] 일을 말하고 난 다음, 우리가 잘 아는 바로 그 친구 얘기를 꺼낸다. "有朋自遠方來 不亦樂乎

[벗이 먼 데서 오면 또한 즐겁지 아니하랴]!" 프랑스의 중국학자 마르셀 그라네(M. Granet)는 『중국사유』에서, 공자가 제시하는 인(仁)이라는 덕목은 신중하게 사귄 친구들과 공동생활을 하면서 얻어지는 궁극적이자 총체적인 것이라고 적었다. 그 공자는 친구가 멀리서 오면 그것이야말로 진정한 즐거움이라그, 다른 모든 즐거움들은 주눅 들게 말하지 않았다. 이 또한 즐거움이라고 단언하지도 않았다. 이 또한 즐겁지 아니하랴, 라고 상상력을 자극하고 공감을 자아내려 했을 뿐이다. 모름지기 친구를 기다리는 마음은 이런 마음일 것이다. 단지 아는 것을 넘어 좋아하고, 좋아하는 것을 넘어 즐길 줄 아는 지성 공동체 우정의 세계에 여러분을 초대한다.

② 지성의 내력

여기서 '지성사'라는 말을 쓸 수 있기 위해서는 지성의 의미를 간략하거나마 짚고 넘어갈 필요가 있다. 다소 번거롭지만 일단 이렇게 물어보자. 지성이란 무엇인가?

『티마이오스』는 우주의 기원과 생성에 대한 논의가 신화의 형식을 띠고 전개되는 플라톤의 저서다. 이 책에서는 지성의 기원에 대한 논의도 빠트릴 수 없는 핵심이다. 플라톤의 사유에서는 언제나 있는 반면 생겨나지 않는 것과 언제나 생겨나되 결코 있지 않은 것 사이의 대립이 상정되어 있다. 전자는 언제나 동일하게 있는 것이고 후자는 생겨나고 소멸하는 것, 진짜로는 결코 있지 않은 것이다. 유감스럽게도 플라톤에게 우주는 후자의 것이다. 우주는 생겨난 것이다. 왜냐하면 그것은 몸을 가지고 있기 때문이다. 그렇다면 우주는 한갓 감각적 의견에 의해 파악되는 것이고, 소멸하는 덧없는 것일 뿐이다. 그래서『티마이오스』에는 이 문제를 해결하기 위한 개념 장치가 마련되어 있다. 우주 제작자가 우주를 만들 때 영원한 것을 보고, 그것을 본(本)으로 삼아 만들었다는 설명이 하나라면, 다른 또 하나의 설명은 우주 제작자가 우주의 몸에 혼을, 혼 안에 지성을 불어넣었다는 것이다. 여기서 지성이 요청되고, 플라톤의 철학적·신화적 요청에 따라 지성이 탄생한다.

플라톤이 보기에 이렇게 생겨난 우주는 생겨난 것 가운데 가장 아름답다. 플라톤은 무엇을 보고 '아름답다'고 하는 것인가? 여자를 보고 말하는 것인가? 저녁노을을 보고 말하는 것인가? 이에 대한 대답 역시도 플라톤에게는 '지성'이다. 지성이 없는 어떠한 것도 지성을 지닌 어떤 것보다 어떤 면에서도 더 아름다울 수는 없을 것이라고 플라톤은 말한다. 다시 말해 우주의 훌륭함과 아름다움을 증거하는 것은 바로 지성인 것이다. 이 지성은 '필연'과 협동 작업을 통해 세계를 만들어 낸다. 우주의 구성 과정은 지성이 생겨나는 것들 대부분을 가장 훌륭한 것으로 이끌도록 필연을 설득하는 과정이다. 이렇게 인식되는 지성은 우주 질서를 교정하는 아름다운 의지인 셈이다.

이 지성은 인간들 중에는 소수의 부류만이 분유한다고 플라톤은 말하는데, 이는『국가』에서 제시되는 '선분(線分, divided line)의 비유'를 통해서도 어느 정도 예견된 사항이었다. 인식의 상태를 하나의 선분에 4개의 단계로 구획해서 세분화하는데, 이 세분화에 따라 상상, 믿음, 사고, 지성이 구별된다. 이 가운데서 상상과 믿음은 가시적 영역이고, 사고와 지성은 가지적 영역인데, 이 영역들은 수평적으로 동등한 자격으로 나란한 것이 아니고 위계적 질서와 단계를 가지고 있다. 상상은 가장 낮은 단계에 있고 지성은 가장 높은 단계에 있다. 플라톤에게 이데아는 지성으로 알 수 있지만 볼 수 있는 것은 아니다. 그러므로 네 가지의 지적 상태는 네 가지의 혼의 상태이기도 한 것이다. 즉, 이러한 구획화에는 혼이 어떤 수준으로 고양되어야 하는 것인가에 대한 단계적 고민이 담겨 있다고 볼 수 있다. '감각계(感覺界)'와 '예지계(叡智界)'의 구분을 구상했던 칸트를 생각해 본다면, 서구의 지적 전통에서 플라톤의 '가시계(可視

界)’나 ‘가지계(可知界)’의 논의에서 비롯되는 지성 논의를 한갓 공상적 별상으로 치부할 수는 없다.

　아리스토텔레스에게 지성은 우선 인식도 하고 사유도 하는 영혼의 한 부분이다. 즉 지성은 사유 혼이다. 그러면 사유를 한다는 것은 무엇을 의미하는가? 아리스토텔레스는 사유 메커니즘을 분석하기 위해 사유를 감각과 비교해 본다. 사유한다는 것이 전적으로 감각한다는 것과 같은 것이라면 사유함은 사유 대상에 의한 일종의 영향받음이다. 영향을 받는다는 것은 감각적 대상이 가진 형상이 지성에 들어와 지성이 그것을 받아들이는 작용을 의미한다. 그러나 감각 능력은 제한이 있지만, 지성은 제한 없이 모든 것을 사유할 수 있다. 여기서 지성의 분루가 탄생한다. 자연에는 한편으로는 질료인 어떤 것이 있고, 다른 한편으로는 모든 것들을 만드는 원인이자 작자(作者)인 어떤 것의 구분이 있다. 아리스토텔레스는 이와 같은 차이가 영혼에도 있다고 생각한다. 즉, 한편으로는 모든 것들이 되는 지성이 있다. 이것은 ‘영향받는 지성’이다. 자연에서 질료로서의 어떤 것과 같은 지성이다. 다른 한편으로는 모든 것들이 되는 지성이 아니라 모든 것들을 만드는 지성이 있다. 이것은 원인이나 작자와 같은 지성이고, 질료로부터 분리될 수 있고 영향받지 않는다. 아리스토텔레스 후대의 사람들은 전자의 지성을 ‘수동 지성’, 후자의 지성을 ‘능동 지성’이라고 이름했다. 아리스토텔레스는 능동 지성을 빛과 같은 어떤 상태의 지성이라고 하면서 고귀하고 영원하다고까지 했다. “지성은 신적인 어떤 것”(『동물발생론』)이라는 표현도 썼다. 사물을 잠재태에서 현실태로 깨어나게 하는 능동 지성을 인간 지성의 한 측면을 넘어서 아예 신과 동일시하는 해석도 출현했다.

　지성을 말하는 플라톤의 우주 제작 신화는 말할 수 없는 궁극의 것을 말해 보고자 하는 언어 모험이라고 할 수 있다. 비록 맥락은 다르지만 아리스토텔레스의 능동 지성 개념은 또 다른 맥락에서 지성 개념의 신화적 성격을 보여 주는 사례라고 할 수 있겠다.

　　지성을 뜻하는 영어 'nous'에서는 플라톤과 아리스토텔레스가 지성의 의미로 사용한 고대 그리스어 'νοῦς'의 흔적을 희미하게 가늠해 볼 수 있다. 학술적 편의를 위해 고대 그리스어를 로마자로 전환할 때 'νοῦς'는 'nous'로 음역 표기된다. 이때의 전환이란 번역이 아니고 그리스 문자를 단순히 라틴 알파벳으로 옮겨 적는 것을 말한다. 따라서 의미의 변화라는 게 없는 문자 대응 표기일 뿐이다. 영어 nous는 이 음역 표기된 라틴 문자형을 매개로 차용된 단어인데, 이 과정에서 nous는 차용 이후 철학적 의미보다는 일상적 의미에서 큰 의미 변화를 겪었다. νοῦς는 지성 이외에도 '정신', '이성', '직관적 통찰' 등의 의미로 쓰이는 말이었지만, 영어 nous에서는 점차 상식, 판단력, 눈치, 통찰력 같은 일상적 의미로 의미가 확대된다. 이 의미 변화와 확대는 지성이 더 이상 플라톤이나 아리스토텔레스가 생각했던 것과 같은 의미의 거창한 것이 될 수 없는 시대에 겪어야 했던 지성의 운명을 엿보게 해 준다.

　　지성이나 지성에 대한 논의의 기원을 플라톤이나 아리스토텔레스에 국한시켜 생각해 보는 것은 지극히 편협한 발상이다. 플라톤의 스승 소크라테스는 아낙사고라스를 스승으로 삼던 철학자였다. 소크라테스가 이오니아의 아낙사고라스에게 매력을 느꼈던 이유는 무엇보다도 아낙사고라스가 지성을 만물의 근원으로 삼았기 때문이다. "지성은 영향을 받지 않으며 섞이지 않는다"는 말은 아낙사고라스가 한 말인데, 이 말은 과연 타당한가? 『자연학』에서 아리스토텔레스는 이 말이 '옳다'고 평가하는데, 그 이유는 아낙사고라스가 이 말을 할 때는 지성을 운동(kinēsis)의 근원으로 삼았기 때문이라고 한다. 질료적인 우주에 관한 하나의 보편적 원리를 제안한 최초의 사상가로 거론되는 이오니아의 사상가 탈레스는 신은 세계의 지성이라고도 했다. 지성이 신적인 것으로 여겨질 수 있는 가능성이 이미 이오니아에 있었던 것이다.

　　그런데 이렇게 세계의 작용을 인간의 정신으로 이해하는 일이 가능하다는 지성의 흐름은 고대 그리스 아테네나 이오니아라는 지리적 장소에 국한된 현상이 아니었다. 이오니아의 사상 운동은 기원전 8-6세기 동안 에게해와 북

힌두스탄 사이의 전역에 분출된 여러 가지 강력한 정신적 동요의 표현들 가운데 하나였다. 카를 야스프스(K. Jaspers)가 제시해서 널리 대중화된 '축의 시대(Axial Age)'라는 개념이 있다. 널리 논의된 만큼 많이 논박되기도 했지만, 야스퍼스는 종교와 철학을 포함하는 사유의 근본 범주들이 태동한 고대 후기의 특정 시대가 있고, 이 기간이 세계사에서 기존 문명들과 새 시대를 가르는 전환점이었다고 주장한다. 이 시대에 인도에서 힌두교와 불교, 중국에서 노자와 공자, 페르시아에서 차라투스트라, 이스라엘에서 유대교 예언자들, 그 밖에 다른 많은 전통들이 등장했는데 거기에는 우리가 잘 아는 그리스의 플라톤과 아리스토텔레스도 있는 것이다. 고대 그리스에서 'νοῦς'는 본래 '마음'의 의미로도 쓰였던 언어였다. 이렇게 본다면 지성사의 지성 개념은 그리스 고전 시대의 에토스나 지적 활기를 재구하거나 다시 발견하는 작업으로만 추구될 수는 없다는 점이 자명해진다고 하겠다. 다만 그리스 고전기의 그것은 유사 이래 우리 지성사가 갖고 있는 매우 매력적이고 유력한 모델인 것만은 틀림없다.

개념사적 변화를 봐도 'νοῦς'의 지위는 상대화된다는 것을 알 수 있다. 'νοῦς'에 상응하는 라틴어 번역어는 'intellectus'이고, 지성을 뜻하는 독일어 'Verstand'는 이 라틴어에 대응하는 개념이다. 아리스토텔레스의 영향하에 중세의 스콜라 철학에서는 '능동 지성'과 '수동 지성'의 학설이 널리 통용되었다. 여기서 이성에 해당하는 라틴어 'ratio'보다 지성에 해당하는 'intellectus'가 보다 상위에 놓이는 게 일반적이다. 그런데 점점 신적·우주적 원리를 중시하는 형이상학적 풍조가 약화되는 흐름에서 '능동 지성'의 개념은 허구화되고 대신 '수동 지성'의 계보를 잇는 경향들이 출현한다. 그것은 영국 경험주의의 'understanding' 개념으로도 계승된다. 그래도 여기까지만 해도 이성과 지성의 개념 서열이 역전되었다고는 볼 수 없는데, 칸트에 와서 결정적인 역전이 이루어진다.

칸트는 『순수이성비판』에서 "우리의 모든 인식은 감관에서 시작해서, 거기에서부터 지성으로 나아가고, 이성에서 끝이 나는데, 직관의 재료를 가공하여 사고의 최고 통일로 보내는 일을 하는 것으로 우리 안에서 마주치는 것에 이성 이상의 것은 없다"고 썼다. 지성('오성'으로도 번역된다)이 개념으로부터 종합적 인식을 전혀 만들어 낼 수 없고 다만 규칙들에 의거해 현상들을 통일하는 능력이라고 한다면, 이성은 원리들하에 지성 규칙들을 통일하는 최고의 능력이라는 것이다. 물론 칸트에게는 이성에 대한 자기비판과 한계 설정이 있고, '이성(Vernunft)'이라는 말의 용법에 늘 최상의 통일 능력이 부여되는 것은 아니다. 그럼에도 칸트 연구자들은 칸트의 이성 개념에서 아리스토텔레스적인 우주적 의미의 '능동 지성'의 함의를 완전히 지워 버릴 수 있는 것은 아니라고 보고 있다.

그런데 이성이야말로 우리로 하여금 감각의 증언을 왜곡하게 하는 원인이 아닐까? 이성 범주는 우리가 이성을 가지고 있다는 이유로 우리가 신적인 존재임에 틀림없다고 생각한 인간이 낳은 오류가 아닌가? 이렇게 이성에 상처를 입힌 사람이 있었다. 니체가 바로 그런 인물이다. 탈근대의 사유에서 이성 비판은 이제 니체에게만 고유한 것은 아니게 되었지만, 그렇다고 해서 지성이 다시 이성의 권능과 광휘를 차지하게 되었다고 보기도 힘들다. 아리스토텔레스적인 개념을 다시 사용해 본다면 '능동 지성'의 의미가 퇴색해지는 탈신비화와 세속화가 일반화되면서 지성의 도구적·실용적 의미가 강화된다. 이런 추세에서 지성은 지능의 개념과 친화적인 것이 되어 간다.

그러나 보다 광범위하게는 지성은 오늘날 이성의 그늘 속에만 있지 않고, 이성 개념까지도 포괄하는 사유 활동이라고 봄이 좀 더 타당할 것 같다. 지성이 지능 개념 정도로 축소되는 다른 한편에 기능 개념에 머무르지 않고 가치 개념이 되기도 하는 뚜렷한 경향이 존재한다. '집단 지성'이나 '대중 지성'이라는 말이 이제 우리에게 낯설지만은 않은데, 여기에 더해 '떼 지성'이라는 개념도 있다. '떼 지성'은 『다중』에서 안토니오 네그리(A. Negri)·마이클 하트(M. Hardt)가 사용한 'swarm intelligence'를 우리말로 옮긴 것이다. 'swarm'의 모델은 곤충 같은 동물 사회이고, 주로 이 용어를 사용하는 사람들은 인공지능 연구자들이었다고 한다. 그런데『다중』의 저자들은 동물 사회에서 개념 모델을 가져왔으나 동물 사회적 의미 그대로 그 개념을 사용하지 않는다. 그들이 사용하는 '떼' 개념은 행위자들이 실제로는 동일한 동물 사회의 떼가 아니라 상이한 창조적 행위자들의 다중으로 구성된 집합이다. 이러한 의미를 살리기 위해서 '떼 지능' 대신 '떼 지성'이라는 우리말 번역어가 선택된 것으로 보인다. 이 '떼 지성'은 집단 지성이나 대중 지성보다 지성의 네트워크적 특징에 대한 강조가 더 강한 표현이다. 여기서 번역어로 선택된 '지성'은 기능 개념 이상인 가치 개념이라고 할 수 있겠다.

　『고려대 한국어대사전』에 의하면 '지성'은 지성을 갖춘 사람을 의미하기도 한다. 감성을 갖춘 사람을 '감성'이라고 하지 않고, 이성을 갖춘 사람을 '이성'이라고 하지 않는 경우에 비추어 본다면 특이한 우리말 사용 규범이 아닐 수 없다. 지성인의 준말로 '지성'을 사용할 때 이 말에는 단지 인식 능력이나 판단 능력 이상의 실천 능력에 대한 모종의 사회적 기대도 내포되어 있는 것으로 보인다. 오구라 기조[小倉紀藏]가 쓴『조선사상사』에는 "본질적인 동시에 강인한 도덕성이 토대에 놓여 있고, 그 위에서 동서고금의 교양을 몸에 익혀 잘못된 것을 바로잡아 가기 위해 권력에 저항하는 행동력을 갖춘 인물을 한국에서는 '지성인'이라고 부른다"고 씌어 있다.

　오늘날 우리가 사용하는 지성 개념은 일의적으로 규정되는 것은 아니다. 그렇다고 그 개념은 누구도 종잡을 수 없이 무한정 애매한 것도 아니다. 비록 지금까지 서구를 중심으로 한 한정된 검토이긴 했지만, 지성의 신비는 적어도 일정 부분 이러한 맥락에서 사유되었다는 사실을 우리는 부인하기 어렵다. 지성은 결국 인간이란 무엇인가라는 물음 끝에 탄생한 인간 위대성의 증거이다. 그런데 이 증거는 물증은 아닌 것이어서 설왕설래 말이 많았지만 이제 21세기의 우리는 부인할 도리 없이 뚜렷한 지성의 기록들을 여기 물증으로 갖게 되었다.

　　지성사 연구는 지성이란 무엇인가를 논제화한 탐구의 역사를 다룰 수도 있겠지만, 대체로 뛰어난(혹은 주목할 만한) 지성이 낳은 지적 성취의 결과물·결정체를 연구 대상으로 삼는 게 일반적이다. 뛰어난 지성의 결과물이라고 할 때, 그 결과물은 그것을 생산한 주체와 불가분리의 것이기도 하다. 그러므로 특정 인물 중심의 지성사 기술도 가능해지게 되는 것이다.

③ 이 책에서의 지성사는

　　성좌(星座)를 중심으로 천체를 관측하자면 덜 빛나는 고독한 별들은 봐도 잘 보이지 않는 법이고, 고담준론의 고산준봉만을 답파하자면 작은 봉우리와 언덕들이 무시된다는 폐단이 있다. 이 책은 지리적 세계인 동양과 서양을 기계적 비례로 양분하지 않았고, 인류 문명사의 시기를 모두 망라하지도 않았다. 고질적인 서양 중심성이 유지되는 것 같아도, 기독교 세계관이 지배적인 서양의 중세는 아예 생략되어 있다. 빅 히스토리로서의 세계 지성사가 모든 것을 아우를 수 없다면, 동·서의 구분이나 시기의 균형에 앞서 보편사의 관점에서 유력 지성의 정량화할 수 없는 무게와 영향력을 가늠하고 평가하는 일이 불가피하다고 본다. 선택(배제)과 집중은 이 불가피한 작업의 결과다.

　　'지성사'라는 이름으로 다양한 연구 활동이 이루어지지만 지성사가 하나의 독립된 학문 영역으로서 연구 성과를 내려면 다루는 주제 범위를 한정해야 한다. 텍스트를 당대의 인식 지평 이상의 영역으로 끌고 가지 않고, 좁은 범위의 엄밀한 맥락만을 복원하고자 하면 훨씬 완결성 높은 성과가 가시화될 수 있을 것이다. 범위와 대상이 방만해질수록 뚜렷한 성과와는 거리가 멀어져 간다는 것을 우리도 모르지 않았다. 성좌나 고산준봉의 파노라마 뷰는 누구에게도 궁극적 만족을 주지는 않는다. 그러나 이것을 보지 못한 사람에게는 누구에게나 거쳐 가야 할 필수 코스이다. 파노라마 뷰를 대강의 건성 뷰로 오해해서는 곤란하다. 위대한 저작의 세계를 분석적으로 이해하고, 다른 지식과 연계될 수 있는 지식의 지도를 그리고 엄밀하게 평가하는 것은 이 지성사 기술 작업의 기본 활동이다.

학제성은 지성사 기술을 특징짓는 핵심적 요건이다. 지성사는 분과 학문의 경계에 갇히지 않는다. 물론 여기에 등장하는 지성들이 모두 철학가인 것도 아니다. 지성사는 에로스를 플라톤이 말하면 철학이고, 프로이트가 말하면 심리학이라고 간주하는 경계의 칸막이 언어보다는 지식의 상호텍스트성에 관심을 갖는다. 독자들은 어떤 관념들이 지성사의 흐름과 더불어 어떻게 횡단하고 변모해 가는지를 흥미롭게 추적할 수 있을 것이다. 보부아르는 루소에게 무엇을 빚지고 있는가? 또, 평등의 대가들인 다윈과 마르크스는 가령 동일노동 동일임금에 대해 어떤 입장을 취했을까 같은 물음으로 이들을 하나의 시험대에 세워 볼 수도 있으리라. 이것은 저 거머리의 뇌만을 자기 전공으로 연구하며 자기 '영토'만을 자랑스럽게 생각하는 협량한 지식인에게는 있을 수 없는 탈영토성과 탈즌성의 세계이다.

… 그러나 내가 대가로서 정통해 있는 것은 거머리의 뇌다. 그것은 나의 세계다!

그리고 그것은 하나의 세계이기도 하다! 내가 나를 자랑하는 것을 용서하라. 이 분야에서는 나와 비교할 자가 없기 때문이다. 그래서 나는 이곳을 '나의 집이다'라고 말했던 것이다.

나는 얼마나 오랫동안 이 한 가지, 거머리의 뇌를 쫓았던가! 미끌미끌한 진리가 더 이상 나의 손에서 미끄러져 나가지 못하도록! 이곳은 나의 영토인 것이다!

그 때문에 나는 다른 모든 일을 내팽개쳐 버렸고 다른 모든 일은 아무래도 좋은 것이 되었다. 이리하여 나의 지식 바로 곁에는 나의 검은 무지가 누워 있다.

내 정신의 양심은 내가 한 가지만 알고 그 밖의 모든 것에 대해서는 무지할 것을 나에게 요구한다. 모든 어중간한 정신, 애매모호하고 부유(浮游)하고 공상적인 모든 것에는 구역질이 난다.

나의 정직함이 끝나는 곳에서 나는 장님이다. 또한, 장님이기를 바란다.*

거머리의 뇌를 연구하는 자칭 '양심적인 정신의 소유자'는 극도로 전문화된 근대 실증주의 학문을 대표하는 자라고 한다. 그는 나름 양심적일지 몰라도 삶과 세계 전체를 사유하고자 하는 지성의 벗이 되지는 못한다. 오늘날의 학문 분류 체계에 따르자면 학문의 정체성은 먼저 인문과학, 사회과학, 자연과학으로 대분류된다. 하지만 이 책에서 뉴턴도 그렇지만 다윈도 '자연과학'의 지분 확보를 위해 배치되지 않았다. 요컨대 거머리 연구가처럼, 다윈은 단지 지렁이 연구가가 아니다. 뉴턴이나 다윈은 당대 세계관의 근저를 뒤흔든 인식의 혁명가들이다. 아리스토텔레스의 『형이상학』은 학문의 기원과 성립에 대해 논하면서 "모든 사람은 본성적으로 알고 싶어 한다"는 명제를 대전제로 앞세우고 있다. 이 인간 본성에 무슨 제한이 있겠는가. 오히려 학문의 이름으로 앎을 제한하고 막아서지 않아야 한다. 어떤 앎을 위해 그 앎보다 더 큰 무지를 대가로 지불해야 한다면, 그것은 앎인가? 무지인가? 지성사에는 제도권 분과 학문에 없는 앎의 자유가 있다. 이 자유는 진리는 누구에 의해서도, 어떤 학문에 의해서도, 독점되지 않는다고 말한다. 그러므로 우리는 다만 "나의 지식 바로 곁에는 나의 검은 무지가 누워" 있지는 않은지, 두렵고 조심스러운 마음으로 채워지지 않은 행간들을 돌아본다.

---

*　Friedrich Nietzsche, 『차라투스트라는 이렇게 말했다』, 박찬국 옮김(파주: 아카넷, 2025), 645-647. 강조는 원문.

여기에 감사의 인사를 다 적지 못한다. 많은 분들의 도움으로 여기까지 왔다. 이 책의 기획과 인연을 맺었으나 끝내 함께하지 못한 분들도 있다. 책임편집을 맡은 세창출판사의 정조연 선생님에게는 여러 번 놀랐다. 두루두루 뛰어난 전문성을 갖추었을 뿐만 아니라 사람을 기다리고 설득하는 품성 또한 예사로운 분이 아니었다. 까다로운 요구들을 수용해 준 김명희 편집이사님께도 감사의 인사를 전한다.

2026년 3월

저자들을 대신하여, 김주연

차 례

4부.
혁명의 지성, 전복의 지성

1부.

신성에 버금가는 지성의 시대

1장

플라톤, 인간의 영혼은 죽지 않는다

손윤락

동국대학교 다르마칼리지 교수

	기원전 431년	○ 펠로폰네소스 전쟁 발발
소포클레스, 『오이디푸스 왕』 초연 ○	기원전 429년	
	기원전 409년경	○ 플라톤, 소크라테스와 교류 시작
『오레스테스』 초연 ○	기원전 408년	
	기원전 404년	○ 펠로폰네소스 전쟁 종료
소크라테스 재판과 처형 ○	기원전 399년	
	기원전 399년부터	○ 플라톤, 메가라·이집트·이탈리아 여행
이소크라테스, 수사학 학교 설립 ○	기원전 392년경	
	기원전 388년경	○ 플라톤, 제1차 시칠리아 여행
플라톤, 아카데미아 설립 ○	기원전 387년경	
	기원전 360년대	○ 에우독소스, 천문학과 수학 연구
아리스토텔레스, 아카데미아 입학 ○	기원전 367년	
	기원전 366년	○ 플라톤, 제2차 시칠리아 여행
플라톤, 제3차 시칠리아 여행 ○	기원전 361년	
	기원전 359년	○ 필리포스 2세, 마케도니아 국왕 즉위
필리포스 2세 그리스 통일, 아테네는 마케도니아 치하로 ○	기원전 338년	
	기원전 335년	○ 아리스토텔레스, 리케이온 설립

　　플라톤이 살았던 시대의 그리스 아테네는 거대한 문화적 융성기를 지나
쇠퇴기에 접어들고 있었다. 그리스는 기원전 480년 페르시아 전쟁의 승리 이
후 이 전쟁에서 주도권을 잡았던 도시국가 아테네를 중심으로 황금기를 누렸
으며, 이후 아테네는 스파르타와의 세력 다툼 끝에 기원전 404년 펠로폰네소
스 전쟁에서 패배해 쇠퇴의 길을 걸었다. 우리가 서양의 역사에서 익히 알고
있는 철학자 소크라테스, 플라톤, 아리스토텔레스도, 역사가 헤로도토스와
투키디데스도, 비극 작가 아이스킬로스, 소포클레스, 에우리피데스도 모두
이 시대의 아테네 사람들이다. 이 시기에 건축가 익티노스와 칼리크라테스
가 아테네의 아크로폴리스에 파르테논 신전을 중건했고 조각가 페이디아스
가 올림피아의 제우스상과 아테네 아크로폴리스의 아테나상을 만들었으며,
프락시텔레스가 크니도스의 아프로디테 등 걸작을 만들었다. 이렇게 이 시기
의 수많은 그리스 사람이 문학, 역사, 철학, 천체론, 의학, 수학, 건축, 예술 분
야에서 이름을 떨쳤다. 서양의 역사에서는 이 시기, 즉 기원전 5세기와 4세기

를 고대 문화의 정점으로 보아 그리스의 '고전기(classical age)'라고 부른다. 그리스 문명은 다른 고대 문명들이 큰 강을 끼고 잉여 농산물과 같은 물질을 바탕으로 성립된 것과 달리 척박한 땅에서 외부로부터 전수받은 지식을 바탕으로 성립되었는데, 기원전 1세기 로마가 유럽의 주인공이 되면서 고전기 그리스와 아테네를 본받아 문명화의 길을 걸음으로써 로마 문화를 일으켰고, 르네상스 이후 유럽 각국이 앞다투어 이 그리스-로마 문화를 자신들의 역사적, 문화적 토양으로 받아들여 자부심의 원천으로 삼게 된다.

플라톤은 그리스 고전기의 인간과 사회, 그리고 쇠퇴하는 민주정 아테네에 대한 통찰을 바탕으로 한 강의와 저술을 통해 지적인 차원에서 새로운 시대를 향한 변혁의 열망을 펼쳤다. 철학사는 플라톤을 고대 그리스 철학의 대표자로 소개하지만, 그는 당시 그리스인들의 생각을 대변하는 사람이 아니라, 완전히 새로운 생각을 제시한 점에서 획기적인 사상가였으며, 오히려 그 시대의 이단자였다고 할 수 있다. 플라톤이 주장했다고 알려진 '이데아론'이라는 것도, 또 이 이론에 나오는 불변하고 영원한 진짜 존재인 이데아를 파악할 수 있다고 하는 인간 영혼의 능력인 지성(nous)에 관한 이야기도 당시 그리스인들에게는 낯선 것이었다. 또한 그의 저작 『티마이오스(Timaios)』에 나오는 우주를 처음 만든 제작자 데미우르고스(Dēmiourgos)에 관한 이야기, 즉 창조 이론도, 우주 만물이 모두 다 생겨난 것이라는 생성론적 사고를 가졌던 그리스인들의 전통에서 보면 사람들이 생각지도 못했던 획기적인 사상이었고, 플라톤은 이런 사상들을 구조적이고 근본적으로 새로운 인간관이자 새로운 세계관으로 제시했던 것이다.

1. 플라톤의 생애와 저작

플라톤 두상, 그리스 원본[실라니온(Silanion)의 작품으로,
플라톤 사후 아카데미아에 전시됨]의 로마 사본, 뮌헨 글
립토테크(Glyptothek) 소장

* 이미지 출처: 위키미디어 커먼스

플라톤(Platon, 기원전 427-기원전 347)은 서양 철학의 대표적인 인물이자 처음으로 고등교육기관을 설립한 사람이다. 그의 학교 아카데미아(Academia)는 너무나 유명해서 당시 아테네인 학생보다 최고 지성의 교육을 찾아온 외국인 학생들이 더 많았을 정도였다. 미국의 수학자이자 철학자인 화이트헤드(1861-1947)가 "유럽의 철학 전통을 가장 안전하게 일반적으로 규정한다면, 그것이 플라톤에 대한 일련의 주석으로 이루어져 있다는 것이다"라고 했을 정도로 서양 사상사에서 플라톤의 위상은 정점에 있다고 할 수 있다.[1] 중요한 것은 무엇보다도 플라톤의 이러한 위상이 그의 교육과 저술을 통해 형성된 것이라는 사실이다.

소크라테스 두상, 나폴리 국립고고학 박물관 소장

* 이미지 출처: 위키 미디어 커먼스

플라톤은 10대 후반에 소크라테스(기원전 470-기원전 399)의 제자가 되어 당시로서는 새로운 조류였던 '철학하기'를 시작했다. 소크라테스는 기원전 5세기 아테네를 중심으로 한 그리스 연합군의 페르시아 전쟁 승리 후 민주정 아테네에서 쟁론술(eristikē)을 가르치던 소피스트들이 공동체의 안위나 진실과 무관하게 상대주의적 관점에서 말싸움의 승리를 추구하는 것을 심각한 문제로 보았고, 이에 대항해서 말의 논리를 이어 가는 디알렉티케(dialektikē)를 통해 진리를 찾아가는 방법을 보여 줌으로써 젊은이들을 가르쳤다. 또한 소크라테스는 그 이전까지 철학자라고 하면 모두 하늘과 천체, 사물과 물질의 문제인 자연(physis)을 주제로 삼았던 것과 달리 국가(polis)와 시민(politēs)의 문제, 특히 사람들이 갖게 되는 사회·윤리적 개념들과 그 교육 문제를 중시했으며, 이로 인해 후일 로마 시대의 키케로는 소크라테스를 가리켜 "처음으로 철학을 하늘에서 불러와 인간의 도시에 내려놓았다"라고 말하기에 이른다.[2] 기원전 399년 소크라테스가 시민들의 법정에서 사형을 선고받고 죽은 후, 플라톤은 그의 유지를 받들어 철학적 사유와 교육의 길을 걷게 되었으며, 40세가 되던 기원전 387년 서구 대학의 원형으로 불리는 아카데미아를 세우고 교육과 함께 출판을 위한 저술을 시작했는데, 소크라테스식 대화(dialogues)로 이루어진 이 책들에서 그는 철학적 방법론에서부터 존재론과 인식론, 사회철학과 윤리학을 펼치고, 언어와 법률, 그리고 우주론까지 광범위한 주제를 다루었다.

플라톤의 작품으로는 잘 알려진 『향연』과 『국가』, 그의 편지글을 모은 『편지들』을 포함해서 약 34-35편이 전해진다. 그러나 위작 시비로 정확한 숫자를 정하기는 어려운데, 위작으로 의심되는 것으로 『알키비아데스 1』, 『클레이토폰』, 『편지들』, 『메넥세노스』가 있고, 위작임이 확실한 작품으로도 『알키비아데스 2』, 『에피노미스』, 『히파르코스』, 『미노스』, 『테아게스』 등이 있다. 플라톤의 작품들은 『스크라테스의 변명』과 『편지들』을 제외하면 모두 대화 형식으로 되어 있어서, 그의 작품은 흔히 '대화편(dialogues)'으로 불린다, 대화체는 플라톤 당시 연극에서 대사 부분의 글쓰기 형태였는데, 그 시대의 가장 일반적인 저술 형식이었다. 플라톤의 작품은 당시 극작의 관례에 따라서 4부작으로 묶어서 저술된 것으로 보이는데, 그는 철학 저술로 일생 동안 모두 아홉 개의 4부작을 기획했던 것으로 보이며, 『철학자』와 같이 계획은 있었으나 저술되지 않은 것도 있다.

플라톤의 작품들은 저작 시기를 기준으로 셋 혹은 네 개의 시기로 나누어볼 수 있다. 넷으로 나눈다면, 초기는 '소크라테스적 시기'라고 하는데 실제 소크라테스의 대화를 복기한 듯한 형태로, 주로 윤리적 개념을 주제로 한 질문과 대화로 이루어진다. 예를 들어 『소크라테스의 변명』은 실제 소크라테스의 법정 최후 진술을 싣고 있는 것으로 보이며, 『라케스』는 용기를, 『카르미데스』는 절제를, 『에우튀프론』은 경건을, 『프로타고라스』는 덕 자체를 다루고 있다. 중기는 '대작 시기'로 불리는데, 플라톤 자신의 사상이 형성되는 시기로 『향연』, 『파이돈』, 『메논』, 『국가』 등 후대의 사상에 영향력을 남긴 이데아론이 등장하는 작품들이 이 시기의 저작으로 꼽힌다. 그다음 '비판적 시기'라고 불리는 시기가 있는데, 중기의 강한 이데아론에 대한 자아비판적 특징을 가진 『파이드로스』, 『파르메니데스』, 『테아이테토스』, 『소피스트』 등이 이 시기의 작품으로 분류된다. 끝으로 말기는 플라톤이 스승 소크라테스에 동조하여 멀리했던 우주나 자연의 문제와 이상이 아닌 현실의 국가와 법률의 문제로 다시 눈을 되돌린 시기인데, 『티마이오스』, 『법률』 등이 이 시기의 작품이다.

2. 플라톤의 학교 아카데미아

라파엘로(1483-1520),
《아테네학당》(1511)

* 이미지 출처: 위키미디어
커먼스

플라톤은 기원전 387년경 쟁론술(eristikē)을 가르치는 소피스트와 연설술(rhētorikē)을 가르치는 수사학자가 청년들의 교육을 맡고 있던 아테네에 철학 학교 아카데미아를 설립했다. 플라톤은 소피스트들이 상대주의에 입각하여 법정에서 사건의 반대편을 논박하는 쟁론술의 일부로 논리를 넘어가는 궤변을 가르치는 것도 거부했지만, 진리를 담보하지 않고 대중을 설득하는 기술만을 가르치는 수사학도 탐탁지 않게 여겼다. 플라톤은 그런 쟁론술이나 수사학 대신, 지혜를 사랑하고 진리를 탐구하는 철학이 필요하다고 생각한 것이다. 플라톤은 『소크라테스의 변명』에서 스승 소크라테스를 지혜와 진리를 추구하는 철학자의 모범으로 그리고 있다. 여기서, 기원전 399년 아테네 법정에 선 소크라테스는 자신을 전통적인 이야기 속의 영웅 아킬레우스나 헤라클레스와 연결시키며 자신도 그들처럼 신의 사랑을 받고 있다고 주장한다. 이 『변명』의 마지막 부분에서 소크라테스는 아테네 시민들에게 영웅의 새로운 개념을 받아들여야 한다고 말하는데, 즉 덕(aretē)에 있어서 훌륭한 사람이라는 새로운 개념으로 넘어가야 한다고 역설한다.[3] 소크라테스가 제시한 새로운 영웅은 전쟁에서 뛰어난 육체적 능력과 전투력을 발휘하거나 국가를 위해 목숨을 바치는 사람이 아니라 자신이 익힌 지혜, 용기, 정의, 절제 등의 내면화된 덕에 따라 행동하는 사람이다. 이러한 역량을 갖추는 것을 교육의 목표로 본다면, 교육의 주안점이 몸의 훌륭함에서 영혼의 훌륭함으로 이동하는 것이다. 이러한 변화는 플라톤의 교육 이론에 이어져, 훌륭함의 기준을 육체의 능력을 바탕으로 한 외적 가치보다 지혜와 지식이라는 영혼의 능력, 즉 내적 가치에 두게 된다. 이것은 플라톤의 인간관과 교육 이론에 나타나는 '덕(훌륭함)의 내재화'이며, 이후 서양 사상에 깊이 뿌리내리는 주지주의(intellectualism)의 시작이라고 할 수 있다.[4]

플라톤의 철학에서 영혼(psychē)은 인간의 이성(logos)과 지성(nous)의 담지자로서 지혜와 진리, 그리고 올바름을 추구하는 삶의 중심이다.[5] 사람이 훌륭한 삶에 이르기 위해서는 몸을 단련하는 것만큼이나 영혼을 훈련하는 것이 필수적인 과정이다. 플라톤이 영혼의 문제를 다루는 것은 인간의 내면적인 영역에 국한하지 않고 사회적 영역에도 적용된다. 그는 중기 저작인 『국가』에서 인간의 영혼이 세 부분으로 이루어져 있다는 이야기를 하면서 이를 가지고 국가의 구성을 설명하는데, 즉 인간의 영혼이 이성(logos), 기개(thymos), 욕망(epithymia)의 부분으로 이루어진 것처럼 국가도 그렇게 세 부분으로 이루어진다는 것이다. 국가의 이 세 부분은 각각 인간의 지혜, 용기, 절제의 덕과 관련되는 것인데, 이 세 가지 덕의 조화가 바로 국가의 정의라는 것이다. 이 이론에 따른다면, 교육은 개인의 문제이자 동시에 국가의 문제가 된다.

『국가』의 이 논의를 기준으로 한다면, 이곳에 나타나는 교육 원리는 인간의 성장과 타고난 영혼의 능력에 맞춘 단계별 교육이라고 할 수 있다. 시민은 국가가 제정한 교육과정을 거치면서 단계별로 국가의 다양한 기능을 수행할 수 있는 지식을 갖추게 되는데, 한 단계를 통과하지 못하면 그 아래, 즉 수

료한 수준의 지식으로 할 수 있는 기능을 하게 되고, 그 단계를 통과하면 상위 단계로 진급할 자격이 주어지는 방식이며, 전 과정을 끝까지 이수하고 완전한 앎을 갖추게 되는 사람이 국가를 통치하도록 하는 구조이다. 시민들이 각자 지식에 따라 역할을 맡고 자기가 잘 아는 기능을 수행하며 다른 영역을 넘보지 않기에 이런 나라는 정의롭고 아름다운 국가이다.

그러나 이것은 플라톤 자신이 아카데미아에서 제공한 교육과는 다른데, 단적으로 말하면 '이상 국가'의 교육은 국가의 모든 시민, 정확하게 말하자면 예비 시민인 남녀 어린이를 대상으로 시작하는 데 비해서, 플라톤의 아카데미아는 이미 고등교육기관이며, 청년이 된 학생들을 대상으로, 국가의 특정한 전문 직업들과 관련이 있는 것이 아니라 국가의 기능을 총체적으로 아는 지식, 즉 크게 말하면 철학을 최종 목표로 가르쳤다고 할 수 있다. 그러므로, 실제로 플라톤의 아카데미아에서 이루어진 교육 내용은 구체적으로 알려진 것이 없으나, 그의 저작과 역사적 전승으로 추정해 본다면, 『국가』에 나타나는 교육의 5단계 가운데 앞의 두 단계, 즉 ① 읽고 쓰기, 그리기, 셈하기와 ② 체육은 제외하고, 20세 전후부터 이루어지는 뒤의 세 단계를 적용해 볼 수 있을 것이다. 먼저 ③ 예비 교과목인 산술, 기하학, 천문학, 음악은 아카데미아 이전에 상당한 수준으로 공부하고 입학했을 것으로 보인다. 왜냐하면 아카데미아 입구의 현판에 "기하학을 모르는 자 이 문을 들어오지 말라"고 씌어 있었다고 전해지기 때문이다. 사실 수학과 기하학은 현실에 존재하는 것이 아니라 사유 속에 존재하는 수와 도형을 다루며, 따라서 감각이 아닌 사유를 통해 얻어지는 지식이다. 예컨대, '삼각형'이나 '요소삼각형' 같은 것은 플라톤적인 진리의 표본이라고 할 수 있다.[6] 본격적으로는 ④ 방법론 교과목으로 디알렉티케(dialektikē), 즉 변증술이 있는데, 이것은 대화법 혹은 문답법이라고도 불리며, 아래에서 살펴볼 소크라테스식의 논박술과 산파술이 포함된다. 그리고 ⑤ 심화 교과목이라고 할 수 있는 것으로, 철학(philosophia)을 가르쳤다. 아카데미아의 교육 내용으로 보면, 이 철학만은 확실한 것이며, 무엇을 어떻게 가르쳤는지는 분명하지 않으나, 철학적 개념들에 대한 정의 및 분류의 방법과 함께 변증술을 이루는 대화법이 포함되어 있었을 것으로 보인다.

플라톤의 철학은 그의 스승 소크라테스에게서 받은 교육 속에서, 그리고 아카데미아의 제자 아리스토텔레스의 플라톤에 대한 수용과 비판에 비추어 더 잘 이해될 수 있다. 소크라테스는 학교를 세우지도 않았고 책을 저술하지도 않았지만 철학적 대화로 수많은 젊은이의 마음을 사로잡았고, 귀족 자제로서 정치가를 꿈꾸었던 청년 플라톤을 철학적 탐구와 교육의 길로 옮겨 가도록 했다. 자연철학이 주를 이루던 당시 소크라테스는 처음으로 중요한 것은 하늘의 천체가 아니라 이 땅의 사람이라고 주장했으며, 우리가 어떻게 덕(aretē, 훌륭함)을 정의하고 어떻게 훌륭한 삶을 사느냐를 두고 젊은이들과 대화를 나누었다. 소크라테스는 제자들에게 종종 "너 자신의 영혼(psychē)을 돌보라"고 주문했다. 우리가 자신의 몸을 돌보고 가꾸는 것처럼 자신의 영혼을 돌보아야 한다는 것인데, 몸이 감각을 통해 '감각적 대상(aisthēton)'을 지각한다면 영혼은 지성을 통해 '지성적 대상(noēton)'을 파악하기에, 참다운 진리를 파악하려고 한다면 오류가 있을 수 있는 몸과 감각의 세계를 벗어나 영혼을 가꾸어야 한다는 것이다. 이 영혼을 돌보는 삶은 '영혼의 훈련'이고, 이것은 지혜(sophia)를 추구하는 삶이다. 우리가 '철학'이라고 말하는 것은 철학사를 알고 철학적 개념들을 이해하는 것이기도 하지만, 원래는 이 지혜사랑(philo-sophia)을 실천하는 삶의 방식을 의미하는 것이다.

아리스토텔레스(기원전 384-기원전 322)는 플라톤의 영향을 듬뿍 받았으면서도 경험적이고 분석적인 연구 태도로 자신만의 철학을 펼쳤다. 아리스토텔레스는 17세에 플라톤의 아카데미아에 들어가서 철학과 수학 등을 공부했는데, 20대 후반 무렵부터는 스스로 집필과 강의를 시작한 것으로 보인다. 그의 저술들은 대부분 앞선 철학자들의 이론을 분석적으로 검토하는 것으로 철학적 담론을 시작한다. 아리스토텔레스는 모든 사물에는 그것의 존재론적인 근거가 되는 본질적인 무언가(예컨대 사과라면, 사과의 형상)가 있다고 보는 플라톤

의 본질주의를 받아들였으나, 점차 플라톤의 철학에 대해서도 분석과 검토를
통해 비판적으로 발전시키는 방향으로 나아갔는데, 특히 그의 천체론과 물질
에 관한 이론들은 플라톤의 존재론을 근본적으로 뒤집어 놓게 된다. 아리스
토텔레스는 예를 들어 플라톤이『티마이오스(Timaios)』에서 우주를 처음 만든
제작자로 상정한 데미우르고스와 같은 구상적이고 신화적인 존재를 더 이상
인정하지 않는다.[7] 그는 플라톤의 이데아론에 대해서도, 이미 플라톤 자신이
후기 작품에서 비판적인 검토를 거친 것이지만, 그것이 매우 허술한 이론임
을 여러 곳에서 지적하고 있으며, 이데아론을 바탕으로 하는 플라톤의 국가
이론도 그 내용이 현실에 맞지 않음을 조목조목 비판한다. 윤리학 혹은 '어떻
게 행동할 것인가'의 문제에 관한 앎의 영역에서 말해 본다면, 플라톤의 철학
은 지혜, 용기, 정의, 절제 등의 덕(aretē)을 참다운 앎으로 내면화하는 삶을 추
구하는 반면, 아리스토텔레스의 철학은 지혜(sophia)로 대변되는 지적인 덕과
'실천적 지혜' 혹은 현명(phronēsis)으로 대변되는 성격적·행위적인 덕을 구분
하고 덕의 내면화를 넘어서, 덕의 사회화를 지향하는 공동체의 문제를 중심
에 놓는다고 할 수 있다.[8]

3. 인간의 영혼은 죽지 않는다

플라톤의 사상으로 가장 잘 알려져 있는 이론이라면 이른바 '이데아론'일
것이다.[9] 그러나 이 이데아론은 플라톤 자신이 일생의 신조로 주장했던 확고
한 이론이라기보다는 그가 자신의 고유한 이론을 형성하는 시기인, 저술들의
시기로 보면 중기에 제기했던 하나의 존재론적 시론(試論)이라고 할 수 있으
며, 사실 플라톤의 철학 전체를 하나의 거대한 철학적 시론 혹은 제안서라고

할 수도 있다. 그런데 플라톤의 이 철학적 시론의 중심에는 인간에 대한 그의 새로운 이해가 자리 잡고 있다. 플라톤의 이 새로운 인간 이해는 그리스의 전통적인 인간 이해, 즉 '호메로스적 인간'에 대한 강력한 반발이자 획기적으로 새로운 것이었는데, 그 핵심에는 바로 "인간의 영혼은 죽지 않는다"는 생각이 자리 잡고 있다. 고대 그리스인들은 전통적으로 모든 생명체는 영혼(psychē)을 가지고 있다고 생각했다. 식물의 영혼은 생장하는 능력이 있고, 동물의 영혼은 생장하고 욕망하는 능력이 있다. 플라톤은 이 생각을 발전시킨다. 그에 따르면 동물의 영혼은 감각(aisthēsis)을 갖추어 감각적 대상(aisthēton)을 지각하고 그것을 욕망하는 능력이 있는 데 비해, 인간의 영혼은 욕망과 감각에 더하여 지성(nous)을 갖추고 있어서 불변하고 영원한 지성적 대상(noēton)을 인식하고 영원성을 지향하는 능력이 있다. 플라톤은 이 지성이 깃들어 있는 인간의 영혼은 몸이 죽어도 죽지 않는 것이라는 새로운 생각을 펼친다. 이 생각은 아마도 죽음을 두려워하지 않았던 소크라테스의 삶의 태도와 영혼의 윤회를 주장했던 피타고라스학파의 사상으로부터 받아들인 것 같다.

그런데 이 '인간의 영혼은 죽지 않는다'는 생각은 인간에 대한 완전히 새로운 이해를 바탕으로 한다. 플라톤의 시대인 기원전 5세기 말 4세기 초에도 여전히 통용되었던 전통적인, 혹은 호메로스적인 인간관에 따르면, 인간의 영혼은 살아 있을 때는 몸속에 깃든 숨과 같은 것이고, 죽을 때는 그림자와 같이 몸을 빠져나가는 것이며, 죽은 사람의 영혼은 저승인 하데스(Hadēs)로 내려가 주인을 잃은 그림자처럼 너울너울 무의미한 움직임을 할 뿐이라는 것이다. 이에 반해 플라톤은 인간의 영혼은 죽지 않으며, 영혼은 그렇게 몸을 벗어나서 비로소 불변하고 영원하고 하나로 존재하는 '참된 존재(ontōs on)'의 세계를 있는 그대로 인식하게 된다고 주장했다. 이 참된 존재가 철학사에서 플라톤의 '이데아'로 불리는 것인데, 이데아는 세상의 변전하는 물질적 사물들(예컨대 사과들) 너머에 그것들이 모두 그 이름으로 불리는 근거가 되는 어떤 '그것 자체(예컨대 사과 자체)'로서 영원하고 변하지 않으며 언제나 하나로 존재하는 형상(eidos)이다. 플라톤의 이러한 생각은 우리가 감각으로 접하는 물질의 세계를 언제든 변할 수 있는 '나타남의 세계', 즉 현상계로 보고, 그 너머에 있는 우리가 지성으로 파악하는 형상의 세계를 참다운 '존재의 세계', 즉 진리계로 놓는 이원론적 세계관으로 알려져 있다. 이데아론이 주장하는 이 보편적 존재의 개념인 '형상'은 사실 플라톤에서는 중기 대화편에만 주장되는 하나의 존재론적 시론의 일부였지만, 이후 아리스토텔레스의 형이상학에서 '물질을 갖지 않는 존재'의 존재 가능성에 대한 논의로 확대되었고, 고대 말기 신플라톤주의에서 기독교의 신(Deus) 개념으로 와전되어 그리스 철학과 기독교 신학이 결합되는 핵심 개념이 되었으며, 중세에는 아리스토텔레스의 보편자 개념과 연결되어 이른바 '보편 논쟁'의 근본적인 논쟁의 장을 열었고, 이러한 논쟁의 역사가 이어져 근대의 관념론이 탄생하기에 이른다.

플라톤은 인간을 무엇보다도 이성을 갖춘 존재로 보는 새로운 시야를 열어 준 철학자이다. 그에게는 당시 아테네의 교육을 지배하던 소피스트들의 지식도, 시인들이 기대고 있던 옛날의 호메로스적인 시가도, 정쟁의 소용돌이 속에서 다수의 힘으로 성립된 법률도, 또 펠로폰네소스 전쟁(기원전 431-기원전 404) 패배 후 쇠락하고 흔들리는 폴리스도 새로운 지평 위에 서야 할 것으로 여겨졌다. 그는 그것들이 바로 서기 위해서는 감각을 통해 형성되는 오류 가능한 의견(doxa)이 아니라 지성을 통해서 파악되는 완전한 지식(epistēmē)이 바탕이 되어야 한다고 보았는데, 이런 시각은 그의 중기 이후 작품에 나타나는 형이상학에 따르면 다수의 것들이 변전하는 이 현상계 너머에 변하지 않는 영원한 일자(一者)의 세계가 있다고 생각하는 것과 관련이 있다. 플라톤은 『국가』 6권과 7권에서 인간의 지적 활동을 네 단계로 분류하여, 한편으로 지식과 추론적 사고(dianoia)를, 다른 한편으로 신념(pistis)과 상상(eikasia)을 구분했다.[10] 그는 지식과 추론적 사고를 이데아들과 수학적 대상들에 대한 것으로 보고 이것들을 지성적 사유(noēsis)의 세계, 즉 불변의 진리계에 놓았고, 한편 신념과 상상을 감각 대상들과 모상들에 대한 것으로 보고 이것들을 의견

의 세계, 즉 변전하는 현상계에다 놓은 것이다.[11]

　　존재에 대한 플라톤의 이러한 새로운 접근법은 인간에 대한 이해에도 그대로 적용된다. 플라톤은 사람이 죽으면 몸에서 영혼이 빠져나와 하데스로 가서 거기서 그림자처럼 무의미하게 너울댄다고 하는 전통적인 '호메로스적' 인간 이해를 벗어나려고 한다. 그의 새로운 생각이란, 앞에서 말한 것처럼 '영혼은 죽지 않는다'는 것이다. 플라톤의 중기 대화편『파이드로스』에서 소크라테스는 영혼의 불사를 이렇게 증명한다. "모든 혼은 죽지 않는다. 그 이유는 이렇다. 계속해서 움직이는 것은 죽지 않는다. 그런데 다른 것을 움직이고 다른 것에 의해 움직여지는 것은 그 운동의 정지를 갖기 때문에 삶을 멈춘다. 스스로 자신을 움직이는 것만이 자신을 떠나지 않기 때문에 움직이기를 결코 멈추지 않을 뿐만 아니라, 움직이는 다른 모든 것에게도 이것이 운동의 원천이자 기원이 된다. 그런데 기원은 생겨나는 것이 아니다. 생겨나는 모든 것은 기원으로부터 생겨나지만, 기원은 어느 것에서도 생겨날 수 없기 때문이다. … 그것은 생겨나는 것이 아니기 때문에, 그것이 소멸하지 않는 것 또한 필연이다."[12] 여기서 '다른 것에 의해 움직여지는 것'은 물질적인 것, 예컨대 몸이다. 그리고 자기 자신을 움직이는 것이자 운동의 원천인 것은 하늘의 천체이거나 영혼이다. 이 논증에 따르면, 영혼은 스스로 움직이는 것이자 다른 것들의 운동의 원천이기에 죽지 않는 것이다.

　　플라톤의 또 다른 중기 대화편『파이돈』은 아예 영혼의 불멸을 주제로 다루고 있는데, 이 책에서 소크라테스는 다음과 같은 유비를 들어 영혼의 불사를 논증한다. 셋은 홀 자체는 아니지만 항상 홀이라는 성질을 가지고 결코 짝을 받아들이지 않는다. 눈은 차가움 자체는 아니지만 항상 차가움이라는 성질을 가지고 결코 뜨거움을 받아들이지 않는다. 이와 마찬가지로 영혼은 삶 자체는 아니지만, 그것이 차지하는 것에 항상 삶을 가져온다. 이것은 영혼 자체가 항상 삶이라는 성질을 가지며, 결코 죽음을 받아들이지 않음을 의미한다. 즉 영혼은 불사이다. 그런데 불사인 것이 불멸하지 않는다면 불멸한다고 할 것이 전혀 없을 것이다. 따라서 영혼은 불사일 뿐만 아니라 불멸한다. 소크라테스는 논증을 맺으면서 이렇게 말한다. "그럼 죽음이 사람을 공격할 때, 보아하니, 그의 가사적인 부분은 죽지만, 불사하는 부분은 소멸하지 않은 채 죽음으로부터 온전히 물러나 떠나가는 것 같군."[13] 여기서 '가사적인 부분'은 몸이고 '불사하는 부분'은 영혼이다. 영혼은 죽지 않기에 소멸하지 않는다는 것이다.

플라톤에 따르면 몸을 가진 인간은 욕망과 의견으로 흔들리지만, 다른 동물들과 달리 영혼 안에 지성(nous)이 있으며, 지성이 작동하는 한 인간은 불변하고 영원한 대상들을 파악할 가능성이 있다. 플라톤은 이 가능성이 신분이 고귀하든 아니든, 남성이든 여성이든, 배움이 있든 없든 간에, 심지어 노예라고 할지라도, 인간이라면 누구에게나 주어져 있다고 보았다. 인간이라면 누구라도 그 영혼은 죽지 않고, 그 영혼 안에 불변의 영원한 일자를 인식할 수 있는 지성이 있다는 것이다. 그렇다면 문제는 이 지성을 계발하고 활용하는 방향으로 가느냐 여부일 것이다. 만일 인간이 이 가능성을 깨닫고 지혜와 진리를 추구하는 일에 매진한다면, 즉 '철학하기'를 실천한다면 영원하고 불변하는 대상을 관조하는 삶이 가능하다. 플라톤은 이 훈련을 영혼 돌보기(epimeleia tēs psychēs)라고 하는데, 이것은 영혼의 중요성을 깨닫고 몸과 감각들을 떠나서 지성의 눈을 뜨는 훈련을 하라는 것이다. 플라톤의 인간 이해에서 무엇보다도 중요한 것은 바로 이 영혼이다. 이러한 인간 이해는 전통적으로 내려오던 신분이나 재산 혹은 지식 여부에 따른 인간의 가치 매기기와는 다른, 새로운 것이다. 그렇다면 영혼이 죽지 않는 인간 혹은 영혼의 중요성을 깨닫고 영혼을 돌보는 인간은 어떤 삶을 추구할 것인가? 그리고 이러한 새로운 인간 이해에 걸맞은, 국가 공동체 안에서 살아가는 시민의 모습은 어떤 것일까?

플라톤의 『크리톤』에는 소크라테스가 아테네의 법정에서 사형을 선고받고 감옥에 갇혀 있는 상황이 나온다. 크리톤이 친구로서 그를 탈옥시킴이 마땅하다고 설득했으나 소크라테스는 몇 가지 논증을 들어 탈옥해서는 안 된다는 결론을 내리고, 거절한다.[14] 여기서 이 거절이 시민으로서 '나쁜 법이라도 지켜야 한다'라는 메시지를 담고 있는지에 대해서는 논란이 있지만,[15] 이 작품은 대체로 정의와 경건, 그리고 국가의 법에 따라 살아야 한다는 모든 시민의 의무를 담고 있는 것으로 이해된다.[16] 한편 감옥에서 사형이 집행되어 소크라테스가 사약을 받는 장면이 나오는 『파이돈』에서 그는 '죽음이란 영혼이 아니라 몸이 죽는 것'이라고 하면서, 말귀를 못 알아듣는 크리톤에게 "[내가 아니라] 나의 몸을 매장한다고 말하게"라고 지적한다.[17] 그러므로 소크라테스가 자신의 탈옥을 거절한 것은 근본적으로 '영혼은 죽지 않는다'는 생각을 바탕으로 하는 것이다. 소크라테스가 영혼을 인간의 본질적인 부분으로 간주하는 이 맥락에서, 그의 메시지는 '악법의 수용'이라기보다 오히려 영혼을 가진 인간이라면 죽음을 두려워할 필요가 없다는 것이다.

사실 소크라테스는 바로 아테네 시민들의 법정에서 재판을 받고 유죄 선고를 받았던 것인데, 그 장면이 『소크라테스의 변명』에 나온다. 이 작품에서 소크라테스는 위에서 말한 '호메로스적' 인간 이해를 넘어서, 좋은 사람으로서 정의나 지혜와 같은 덕을 닦으며 공익을 추구하는 '시민'으로서의 삶을 보여 주고 있다.[18] 즉 사람이란 잠시 세상에 왔다가 무의미하게 가는 존재가 아니라, 국가 공동체 안에서 초대의 행복을 누리며 자신의 영혼의 능력을 깨닫고 그 삶을 영원으로 이어 가려고 노력하는 존재인 것이다. 『소크라테스의 변명』에서 소크라테스가 자신이 무죄임을 말하면서도, 동료 시민들에게 자신의 삶을 구걸하는 대신 진리를 추구하는 삶과, 죽음을 넘어서는 영원한 삶을 설파한 이야기들이 바로 이렇게 이성을 갖추고 영혼이 살아 있는 '온전한 사람'을 그려 내고 있다. 『소크라테스의 변명』은 플라톤의 초기 저작이지만, 이때부터 후기에 이르기까지 그가 그린 새로운 국가의 시민은 이 온전한 사람을 전제로 하는 것이다.[19]

4. 플라톤의 대화법: 논박술과 산파술

플라톤의 철학 방법론인 디알렉티케(dialektikē)는 변증술 혹은 대화법(문답법)으로 불리는데, 이는 소크라테스로부터 물려받은 것이다. 소크라테스는 철학이 전통적으로 하늘의 문제를 다룬 데서 벗어나 인간에 대해 다루어야 한다고 보았다. 그는 좋은 것과 나쁜 것에 대한 앎이 가장 중요한 일이라고 생각하고 가치와 도덕의 문제를 철학의 중심 주제로 놓았으며, 지혜, 용기, 정의, 절제 등 윤리적인 주제에 관해 안다고 자처하는 사람들을 만나서 묻고 답을 청하기를 일삼았다. 디알렉티케란 '말 잇기', 즉 대화(dialogos)의 기술인데, 여기서 핵심은 묻고 답하기이다. 그러나 이 대화는 서로의 의견을 교환하거나 서로 주장을 내놓고 견주는 것이 아니며, 소크라테스가 답을 가지고 가르쳐 주는 방식도 아니다. 이 문답법 대화에서 소크라테스는 언제나 무지의 질문자로서 자신은 잘 모른다고 낮추고 상대에게 발언을 양보한다. 소크라테스는 무지자의 입장에서 묻고 있는 것이며, 지자를 자처하는 상대방이 그 질문에 답하는 방식이다.

플라톤의 작품은 그래서 대부분 소크라테스와 대화 상대자가 묻고 답하는 대화체로 되어 있으며, 이 대화 안에서 방법론적으로 두드러지는 것은 논박술(elenchos)과 산파술(maieutikē)이다. 논박술은 원래 소피스트의 교육에서 가르쳤던 말싸움 기술인 쟁론술(eristikē)의 일부로 상대를 논파하는 기술인데, 플라톤의 초기 작품에서 소크라테스의 대화 방식으로 많이 나타난다. 플라톤의 초기 작품들은 대화를 이끌어 가는 소크라테스가 윤리적인 용어 혹은 개념들에 대해 '그것이 무엇인가(What is X?)'를 묻는 것으로 시작하는데, 예컨대 용기에 대해서 알 만한 사람에게 "용기란 무엇인가요?"라고 묻는 방식이다. 이어지는 문답에서 대화 상대자는 어느 순간 자신의 원래 주장과 모순되는 답을 하게 되고, 안다고 믿었던 것(앎)이 사실은 허위의식(거짓)임이 드러나게 되는데, 이것이 바로 논박이다.[20] 논박은 무지가 자각되는 순간이기에 논쟁에서라면 결정적인 파국이지만, 진리를 추구하는 철학적 대화에서라면 하나의 새로운 시작이 된다. 소크라테스의 철학적 대화는 이 논박을 넘어가거, 진리의 도출이 보장되는 것은 아니지만, 진리 추구의 과정으로서 이것 자체가 철학적인 활동이라고 할 수 있다.

먼저 플라톤의 초기 대화편에 나타나는 논박술(elenchos)이 어떤 것인지 좀 더 구체적으로 알아보자. 예를 들어, 플라톤의 『에우튀프론』에 나타나는 "경건이란 무엇인가?"라는 물음을 둘러싼 대화에서 논박술이 어떻게 적용되는지 살펴보겠다. 여기에 나오는 에우튀프론은 신전의 사제로서, 신을 섬기는 지식인 '경건'에 대해 잘 안다고 자처하면서 이야기가 시작된다. 소크라테스가 경건이란 무엇인지 묻고 에우튀프론이 답하는 대화는, 짧게 축약하면 다음과 같은 구조로 진행된다.[21]

소크라테스: 경건함이란 무엇인가요?

에우튀프론: 경건함이란 신들에 대한 보살핌과 관련된 것입니다.

소크라테스: '신들에 대한 보살핌'이란 다른 것들에 대한 보살핌과 똑같은 의미인가요?

에우튀프론: 예.

소크라테스: 그것은 말이나 개, 소를 보살피는 일과 같나요?

에우튀프론: 그렇지요.

소크라테스: 가축은 인간의 보살핌으로 더 좋게 되지요?

에우튀프론: 그렇습니다.

소크라테스: 그러면 경건함도 신들에 대한 보살핌이니 신들을 더 좋게 만드는 건가요? 그래서 무슨 경건한 일을 할 때마다 신들을 더 좋게 만든다는 데 동의하십니까?

에우튀프론: 제우스께 맹세코, 동의하지 않습니다.[22]

  이렇게 대화는 에우튀프론이 경건에 대해 잘 알고 있다고 생각했음에도 그것에 관한 일련의 물음에 답한 끝에, 결국 자신의 주장이 도달하는 귀결에 스스로 동의할 수 없음을 보여 준다. 이것이 논박(elenchos)이다. 소피스트의 논쟁에서였다면 여기서 승패가 나고 말싸움은 끝났겠지만, 소크라테스의 철학적 대화에서는 논박 이후가 새로운, 진정한 탐구의 시작이다. 즉 소피스트의 대화는 논박을 통한 논쟁의 승리가 목적이지만, 소크라테스식의 대화는 진리를 찾는 것이 목적이고 논박은 다만 진리를 향한 새로운 시작을 열어 준다는 의미에서 방법론적인 것이다. 이렇게 플라톤의 초기 대화편에 나오는 소크라테스의 대화에서 일련의 문답 중 대화자의 주장이 모순에 빠지는 순간, 즉 논박이 공통적으로 나타나는데, 이때 논박이란 전제들로부터 처음 주장의 모순을 이끌어 내는 추론이라고 할 수 있다. 여기서 질문과 답변의 구조가 독특한데, 질문자는 답변자의 애초 주장에 대해 여러 형태로 명제들을 제안하고, 답변자가 질문자의 제안을 받아들일 경우, 이 명제들은 논증의 전제가 된다. 질문자는 오직 답변자가 동의한 명제들만을 가지고 대화를 수행하는데, 그러한 전제들이 답변자 자신의 처음 주장과 상충하게 되면 그 답변자는 난관(aporia)에 빠지게 되며, 논박되는 것이다. 그런데 답변자, 즉 대화 상대자들은 왜 소크라테스의 전제들을 받아들이게 될까? 이유는 그 전제들이 대화 상대자의 윤리적 신념과 태도, 그리고 그의 삶 자체에 고착된 것들이기 때문이다.

  다음으로 산파술(maieutikē)에 대해 알아보자. 논박술이 플라톤의 초기 대화편에 나타나는 것과 달리 산파술은 그의 중기 이후 대화편에 나타나는 대화 방법론이며, 내용상으로 볼 때 초기 논박술의 전복(뒤집기)이라고 할 수 있다. 플라톤의 초기 대화편들에서 소크라테스는 앎을 자처하는 대화자들에게 소피스트의 방법인 논박술을 사용하는데, 이것은 그들의 무지를 드러내 주기 위한 것이다. 반면 후기 작품인 『테아이테토스』에서는 소크라테스가 스스로 무지하다고 믿는 이들에게 산파술을 사용하는데, 이것은 대화를 통해서 그들이 사실은 '이미 알고 있다'는 것, 즉 지혜롭다는 것을 밝혀 주기 위한 것이다.

소크라테스는 자신의 어머니가 산파였음을 밝히고, 자신도 동일한 기술을 사용한다고 하면서 다만 그 기술을 "몸이 아니라 영혼에 대해서 사용한다"고 말한다.[23] 소크라테스의 말은 산파가 산파술을 사용하여 만삭이 된 임신부가 아이를 잘 출산할 수 있게 도와주는 것처럼, 정신적으로 임신한 혹은 진리를 향한 의문을 품은 사람이 그 생각을 잘 이끌어 낼 수 있도록 도와줄 수 있다는 의미로, 자신도 산파술을 사용한다는 것이다.

플라톤의 대화편에서 산파술이 펼쳐지는 사례로는 『테아이테토스』에서, 나중에 유명한 기하학자가 되는, 10대 소년 테아이테토스가 "앎(epistēmē)은 지각(aisthēsis)이다"라는 사유의 임신에서 출발하여 소크라테스의 인도에 따라 긴 대화 속에서 그 사유를 풀어내는 장면을 들 수 있다.[24] 이 대화는 『테아이테토스』의 전편에 걸쳐 진행되며, 여러 단계의 검토와 동의를 거치는 산파술의 막바지에 이르러 소크라테스는 이렇게 말한다.[25]

소크라테스: 그러므로 테아이테토스, 앎은 지각도, 참인 판단도, 참인 판단에 덧붙여진 설명도 아닐 것이네.

테아이테토스: 그런 것 같습니다.

소크라테스: 그렇다면, 우리는 앎에 관해서 여전히 뭔가를 임신한 채 산고를 겪고 있는 것인가, 아니면 모든 것을 출산해 낸 것인가?

테아이테토스: 제우스께 맹세코, 후자입니다. 저로서는 선생님 덕분에 제 안에 지니고 있는 것 이상을 말씀드릴 수 있었습니다.

여기서 테아이테토스는 '앎은 지각이다'라는 생각을 품은, 즉 영혼의 임신을 한 젊은이로 그려지며, 소크라테스는 이 지적인 임신부와의 대화를 통해서 그 사유로부터 나오는 철학적인 귀결을 이끌어 내는 산파로 그려진다. 대화의 끝에 나온 테아이테토스의 말에 따르면, 그는 자신의 마음속에 가지고 있던 것을 남김없이, 아니 그 이상을 말할 수 있었다. 이 말은 자기도 미처 생각지 못했던 것을 실은 마음속에 가지고 있었음을 실토하는 것이다. 그러므로, 다시 말하면, 논박술도 산파술도 둘 다 대화법이지만 논박술은 실제로는 무지하면서 앎을 자처하는 사람들을 겨냥한 것이고,[26] 반대로 산파술은 스스로 무지하다고 믿는 사람들에게 알고 보면 그들이 이미 지식을 가지고 있다는 것, 즉 지혜롭다는 사실을 드러내 주는 것이다. 이것이 플라톤의 두 가지 대화 방법론의 핵심적인 구분이다.

그런데 중기 이후 대화편의 플라톤은 왜 이러한 방법론적인 전복을 제시하는 것일까? 이 물음은 간단히 답을 내놓을 수는 있는 문제는 아닌데, 산파술이 나타나는 『메논』과 『테아이테토스』 등은 중기 이후 작품이고 그 이전에는 산파술이 나오지 않는다는 사실을 가지고 다시 한번 생각해 볼 필요가 있다. 플라톤의 사상에서 지식의 목표는 참다운 앎, 즉 진리이고, 진리는 진정한 존재에 대한 앎인데, 진정한 존재는 '감각의 대상(aisthēton)'이 아니라 '지성의 대상(noēton)'이다. 그런데 인간이 지성을 갖추고 있다는 것을 인정한다고 하더라도, 과연 감각을 넘어가는 것, 즉 지성적 대상을 파악할 수 있을까 하는 의문이 있다. 이것은 다름 아닌 플라톤의 이른바 '이데아'의 존재와 그것의 인식 가능성에 대한 의문으로서, 물질과 감각을 넘어가는, 영원하고 불변하며 하나로 있는 어떤 것이 있는가, 그리고 그것을 알 수 있는가의 문제이다. 플라톤의 중기 대화편에는 이 문제에 대해 확신에 찬 이야기들이 많은 반면, 후기 대화편들에는 이 문제에 대한 플라톤 자신의 의문 제기와 재검토가 수행되고 있다. 즉, 이데아의 존재와 그것의 인식에 대해 중기 대화편과 후기 대화편이 사뭇 다른 태도를 보여 주는 것이 사실이다. 그러나 방법론상으로는 중기 이후로 산파술이 '너는 진리를 품고 있다' 혹은 '너는 지식을 가지고 있다'라는 식으로 진리와 지식을 숨겨진 출발점으로 삼는다는 점에서, 존재론과 인식론의 차원에서 제시되는 이데아의 존재를 전제로 하는 것 같다.

따라서 플라톤은 소크라테스의 이 논박술과 산파술을 그의 작품의 전 시기에 걸쳐 반영한 것이며, 지혜와 진리를 추구하는 학생 혹은 독자가 스스로 무지를 깨닫고 참다운 앎을 사랑하도록 만드는 것이 이 교육의 목적이라고 할 수 있다. 이런 생각은 진정한 행복이 외모나 신분, 재산이나 권력에서 오는 것이 아니며, 오직 자신의 영혼(psychē)을 돌보는 데서 비롯된다는 확신에 따른 것으로 이해된다. 소크라테스의 이름으로 유명해진 델포이 신전의 금언 '너 자신을 알라'라는 말은 '너 자신을 돌보라'라는 소크라테스의 말과 관련되며, 이 말은 '너 자신의 영혼을 돌보라'라는 의미인 것이다.

5. 진리, 지식, 그리고 교육

플라톤은 『메논』에서 소크라테스가 기하학에 완전히 무지한 노예 소년에게 도형을 그려 놓고 선과 면과 각에 대해 물은 뒤 그가 개념들을 적용하며 문제를 풀어 나가는 모습을 보여 주는데,[27] 이를 통해 인간이 몸을 갖지 않고 영혼으로 존재하여 모든 진리를 있는 그대로 파악할 수 있었던 시기에 이미 기하학적인 지식들을 가지게 되었으며 따라서 지식은 그 기억을 떠올리는 '상기(anamnēsis)'임을 입증하려고 한다. 여기에 나타나는 상기설, 즉 '지식은 상기이다'라는 생각에 따른다면 인간의 교육은 불필요하다. 『메논』에는 "알고 있는 것은 알고 있기에 탐구할 필요가 없고, 모르는 것에 대해서는 무엇을 탐구해야 할지 알지 못하기에 탐구할 수 없다"라는 이른바 '메논의 역설'이 나오는데,[28] 이를 감안한다면 교육(paideia)과 배움이란 불가능하다는 결론에 이르게 된다. 실례로 아테네의 명사들 가운데 자식이 제대로 교육된 경우가 없고, 세상에 가르쳐서 깨달은 사람이 없다는 말도 이해가 된다. 그러나 다른 한편, 『국가』에서는 정의로운 국가(polis)는 수호자 계급 사람들이 아내와 아이를 공유하는 체제로 그려지는데,[29] 이 국가에서는 모든 아이를 대상으로 공통의 교육과정이 부과되고, 단계마다 오직 학습 성과만을 근거로 해서 상위 과정으로 진급할 수 있는 자격이 부여되도록 되어 있다. 이러한 시스템을 볼 때, 인간의 교육은 가능할 뿐 아니라 국가의 필수적 요소가 된다. 『메논』에서처럼 지식이 상기라면 교육이 필요 없거나 불가능하고, 반대로 『국가』에서처럼 이상 국가의 교육이 플라톤의 생각이라면 상기설은 폐기되어야 할 것이다. 어느 쪽이 플라톤의 생각이고, 플라톤이 주장하는 진리와 그가 추구하는 교육은 어떤 관계에 있다고 할 수 있을까?

플라톤의 저술 시기를 초기, 중기, 후기로 나눈다면 그는 초기와 중기에 인간과 사회를 둘러싼 문제들에 집중했다. 플라톤의 초기 저작들은 소크라테스가 생전에 실제로 사람들과 나누었던 대화들을 복기한 것처럼 윤리적인 용어 혹은 개념들에 대해 "X란 무엇인가?"라는 형식으로 던지는 소크라테스의 질문을 중심으로 다루고 있다는 점에서 '소크라테스적 대화편'이라고 불린다. 반면에, 그의 중기 저작들에는 소크라테스가 말했던 방식이나 개념이 아니라 새로운, 플라톤 자신의 생각으로 보이는 논의들이 나타나는데, 예컨대 '무엇무엇 자체'라고 불리는, 불변하는 형상(eidos) 개념과 같은 것이 그것이다. 그것은 감각의 세계인 현상계에 존재하는 이 사과, 저 사과가 아니라 현상계 너머에 있는 '사과 자체'로밖에 불릴 수 없는 것으로 '영원하고 불변하며 하나로 존재하는 것'인데, 이와 관련한 생각은 철학사에서 '이데아론'으로 잘 알려져 있다.

형상이란 변전하는 현상계의 사물들에 비해 영원하고 불변하는 존재인 참다운 실재를 의미하며, 플라톤은 인간에게 이 참다운 실재 혹은 진리를 관조하는(theorein) 삶을 가장 가치 있는 것으로 제시했다. 그런데 진리를 관조하는 삶은 감각의 세계를 벗어나 불변하는 형상의 세계로 눈을, 지성의 눈을 '돌림'으로써만 가능하다. 플라톤의 『국가』에서 소크라테스는 "눈이 어둠에서 밝음으로 향하는 것은 몸 전체와 함께 돌리지 않고서는 불가능하듯, 마찬가지로 혼 전체와 함께 생성계로부터 전환해야만 한다"라고 말한다.[30] 그러므로 영혼의 전회(periagōgē)는 현상계로부터 진리의 세계로 몸과 영혼이 완전히 방향을 바꾸는 것이라고 할 수 있다.[31] 이 영혼의 전회는 다름 아닌 교육을 통해서 철학함을 배우는 데서 시작되며, 플라톤의 잘 알려진 비유인 '동굴의 비유'에서 동굴로부터 바깥 세계로의 오름 혹은 등정(anabasis, anodos)으로 그려진다. 이것이 플라톤에서 철학 교육이 인격의 도야 혹은 사람 만들기와 만나는 지점이라고 할 수 있다. 평생 동굴 속에 묶인 채 벽에 비치는 그림자만 보며 살다가 바깥 세계로 올라와 태양 아래 모든 것들이 펼쳐져 드러나는 것을 본 사람은 자기가 지금껏 동굴 속에서 보아 왔던 것들이 진짜가 아니라 그림자에 불과했다는 사실을 알기 되고, 다시 동굴 속으로 내려간다. 그리고 함께 있던 동료들에게 저 밖에 진짜 세계가 있다고 말해 준다. 그러나 가르치는 자와 배우는 자의 접촉에서 바로 지식의 전달이 이루어지는 것은 아니다. 동굴 속에 남아 있던 동료들은 동굴 밖으로 나갔다가 다시 내려온 그의 말을 믿지 않는다. 아니, 믿는다고 하더라도 거기서 진리가 전달되는 것은 아니다. 그들이 그에게 인도되어 바깥으로 올라가 진짜 세계를 볼 때, 다시 말하면 '영혼의 전회'를 이루어 낼 때, 스스로 알게 되는 것이다. 그런데, 이 동굴의 비유에서 바깥의 사물들이 진짜라고 한 것은 그것들이 그림자가 아니라 보통의 사물들이라는 의미에서 그렇다는 것이고, 플라톤의 '이데아론'에서 정말 참다운 존재는 항상 변화하는 보통의 사물들이 아니라 이 사물들이 모두 그것이라고 불리는 근거가 되는 어떤 것을 가리킨다. 예를 들어, 이데아론에서는 세상의 사과들이 모두 사과라고 불리는 근거가 되는 것을 '사과 자체'라고 부르는데, 이를 사과의 형상(eidos) 혹은 이데아(idea)라고 하는 것이다. 이 형상은 불변하고 영원하며 그래서 언제나 하나로 있는 참다운 존재로서, 이것이 바로 지성적 대상으로서 참다운 인식, 즉 지식(epistēmē)을 이룬다.

『향연』은 플라톤의 저작 가운데 이데아론이 처음 나타난다고 알려져 있는 작품인데, 여기서 참다운 존재에 대한 인식의 과정이 설명되고, 또한 교육이 가르침과 배움, 깨달음과 앎의 과정이라는 사실도 나타난다. 『향연』은 사랑에 관한 이야기로, 책의 소재는 에로스(eros), 즉 육체적인 사랑이지만 주제는 '철학에로의 인도'이다. 플라톤은 접촉을 통해서는 지혜가 전달될 수 없으며,[32] 마치 사다리를 타고 위로 올라가듯이 감각의 세계로부터 벗어나 온전히 정신의 눈으로 직관할 때 진리를 파악할 수 있다고 설파했다.[33] 우리 세계의 모든 것은 변전하며 아무것도 영원하지 않으므로 이 현상의 세계에 대해서 우리가 가지는 앎은 의견(doxa)에 지나지 않는다. 한편, 지성의 눈으로 파악된 진리는 이 현상계 너머에 있는 영원불변의 존재에 대한 앎으로서, 진정한 지식(epistēmē)이다. 철학은 현상계로부터 진리의 세계로 향하는 길을 올라가는 일이며, 이 길로 인도하는 것이 교사의 역할이다. 교사는 지식을 전달하는 사람이 아니라 학생이 진리의 아름다움에 눈뜨게 하고 사랑으로 그것을 추구하게 하며, 결국 스스로 깨달음을 통해 진리를 파악하도록 도와주는 사람이다.

플라톤의 책에 등장하는 소크라테스는 자신은 지혜를 추구하지만 그것을 알지 못하며, 알지 못한다는 사실만을 알고 있다고 말한다. 그는 사람들과 철학적인 주제에 관한 대화를 나누었는데, 대화를 통해 진리를 추구하는 일을 변증술(dialektikē)이라고 했다. 이것이 오늘날 소크라테스식 대화법(Socratic dialogue)이라고 불린다. 앞서 본 것처럼, 소크라테스는 『테아이테토스』에서 교사로서 자신의 일을 산파의 기술에 비유한다. 다른 점은 몸이 아니라 영혼에 관한 일이라는 것이다.[34] 산파가 자신이 임신한 것은 아니지만 임신부가 아이를 낳을 수 있도록 도와주듯이 자기는 지혜에 관한 의문을 품은 이에게 묻고 답하는 대화를 통해 그가 그 생각을 풀어내어 깨달음에 이르도록 도와준다는 것이다. 산파술(maieutikē)이라 불리는 이 방법은 교사와 학생의 상호작용과 지적인 상승의 모델로서, 교육을 지식의 전달이라고 생각하는 일반적인 편견에 의해 오랫동안 잊혀 왔으나, 오늘날 새롭게 부활하는 교육 방법론이다.

그렇다면 지식이란 과연 가르쳐질 수 있는가? 그리고 어떻게 우리는 무언가를 배울 수 있는가? 이것은 교육에서 근본적인 물음들이다. '어떻게 배울 수 있는가'라는 두 번째 물음부터 말한다면, 플라톤은 『메논』에서 위에서 본 이른바 '메논의 역설'로 배움과 가르침이 만만치 않은 문제임을 보여 준다.[35]

한편 '가르쳐질 수 있는가'라는 첫 번째 물음에 대해서는 같은 책에 나오는 '덕(aretē)이 가르쳐질 수 있는가?'에 관한 대화에서 답을 찾을 수 있다. 만일 덕이 가르쳐질 수 있다면 덕을 가르치는 교사가 있고 배운 사람이 있어야 할 텐데, 현실에서는 그렇지 않다. 논리적 추론을 이어 가는 로고스 차원의 논의는 막다른 길(aporia)에 빠진다. 그러자 소크라테스는 한 노예 소년을 불러오게 하여 땅에 그림을 그려 가며 간단한 기하학적 문제들을 물어봄으로써 아이가 기하학을 한 번도 배운 적이 없음에도 그 문제들에 답하는 모습을 보여준다.[36] 여기서 플라톤은 지식은 상기(anamnēsis), 즉 기억을 되새김이라는 생각을 소크라테스의 이야기로 들려준다. "영혼은 불멸할 뿐 아니라 여러 번 태어나고 여기 지상뿐 아니라 하데스에 있는 모든 것들을 보았기 때문에, 영혼이 배우지 않은 것은 없다네. 그래서 덕에 관해서든 다른 것들에 관해서든 영혼이 어쨌든 전에 인식한 것들을 상기할 수 있다는 것은 결코 놀랄 일이 아니네."[37] 말하자면, 인간의 영혼은 죽지 않으며 몸으로 태어나고 몸에서 떠나기를 반복하는데, 영원의 세계에서 진리를 파악하고 알았으나 대부분 태어날 때 그것을 잊고 나온다는 것이다. 그러므로 지식이란 우리의 영혼이 이미 알고 있던 것의 상기라는 것이다. 상기의 구체적인 방법은 『파이돈』에 나오는데, 여기서 플라톤은 인간이 삶 속에서 정화(katharsis)를 통해 몸의 잘못된 본성을 극복함으로써 진리를 다시 획득할 수 있다고 말한다. 이 정화란 인간이 감각들을 넘어 지성을 사용하고 영혼의 관조를 실천하는 일로 묘사되는데,[38] 이것은 다름 아닌 지혜사랑, 즉 철학하기이다.

영혼에 관한 플라톤의 이야기를 우리가 다 받아들일 필요는 없겠지만, 이러한 생각이 그가 소크라테스의 입을 통해 제시한 교육에 관한 생각들과 아귀가 맞는다는 사실을 확인하는 것은 중요하다. 플라톤의 생각에 따르면, 학습자는 기본적인 개념들을 이해하는 데서 출발하여 사유와 행위에 필요한 구조들을 스스로 지어 낼 수 있는 능력을 가지고 있다. 교육은 교수자가 학습자에게 마치 소유물을 건네주는 것처럼 지식을 전달하는 것이 아니라, 고수

자와 학습자 간의 대화, 즉 상호작용을 통해 학습자가 스스로 진리에 접근하고 마침내 그것을 파악하도록 도와주는, 산파의 일과 같은 것이다. 이때 수업으로서의 대화는 교사의 교육 행위(didaskein)이자 진리로 인도하는 '학습자 이끎(paidagōgē)'이다. 철학 교육은, 다른 과목과는 다르게, 몸과 마음 전체의 전회를 목표로 한다.

플라톤의『국가』는 그가 교육의 문제를 국가 공동체 안에서 가장 중요한 사안으로 인식하고 있음을 보여 주며, 만년의 저작으로 알려진『법률』은 국가에서 법 제정의 목적이 다름 아닌 시민들의 교육에 있음을 강조하고 있다. 이런 점에서 플라톤에게 있어서 지식과 덕성과 체력, 즉 전인적 인격을 갖춘 사람 만들기가 그의 모든 학문 활동의 최고 목적에 놓여 있었던 필생의 사업이었음을 알 수 있다.

6. 맺음말

이렇게 볼 때, 플라톤이 전 생애에 걸쳐 지속적으로 하나의 통일된 철학 이론을 주장했다고 말하기는 어렵지만, 지금까지 검토해 본 플라톤의 텍스트들에 나타나는 논의들을 중심으로, 그의 인간에 대한 이해와 교육에 대한 생각들을 정리해 볼 수 있을 것이다.

안전한 길을 찾는다면, 플라톤의 생각을 그리스 사유의 전통 위에서 이해해 보는 방법이 있다. 소크라테스 이전인 기원전 6세기나 5세기 초에는, 아니 소크라테스와 플라톤 당시에도 철학이라고 하면 우주와 만물의 본성, 즉 자연(physis)을 다루는 이른바 자연철학이 주류였으나, 소크라테스가 철학을 '하늘에서 땅으로', 즉 천체와 물질의 문제에서 인간과 윤리의 문제로 내려놓은 이후, 플라톤이 펼친 철학적 가르침에서 가장 중요한 변화는 국가의 시민에게 덕(aretē) 혹은 훌륭함을 요구한 것이라고 할 수 있다. 중요한 것은 그것이 상기를 통한 것이건 교육을 통한 것이건, 국가의 기능들에 필요한 지식을 요구했다는 사실이다. 인간에게 국가는 필수적인 삶의 조건이며 좋은 삶을 위해서는 좋은 국가가 필수적인 것인데, 국가 안에서 시민의 기능은 각자의 역할에 필요한 지식에 달려 있다는 것이다. 이것이 우리가 이데아론이 작동하는 플라톤의 중기 사상에서 추출할 수 있는 가장 중요한 사실이다.

그러나 누군가가 '플라톤에서 덕 혹은 지식은 가르칠 수 있는 것인가'라는 질문을 던진다면 어떨까? 답은 두 가지 상반되는 방향에서 주어질 수 있다. 먼저 상기설에 따른다면, 답은 '아니다'가 된다. 왜냐하면, 지식 혹은 진리는 모든 인간이 원래 갖고 있는 것이기 때문이다. 우리가 살아 있을 때 철학하기 혹은 자신의 영혼 돌보기라는 훈련을 게을리하지 않는다면, 다시 태어났을 때 상기에 의해 우리가 몸 없이 영혼으로 존재하는 본성의 상태에서 갖고 있던 앎, 즉 진리를 되찾을 수 있게 된다. 반면 플라톤의『국가』에 나타나는 교육 이론에 따른다면, 답은 '그렇다'가 된다. 인간은 시민으로서 국가의 공적인 교육과정을 거치면서 어느 단계에서든 국가의 기능에 필요한 지식을 갖추고 그 기능을 수행하면서 살아가게 된다. 국가가 하나인 것처럼, 국가의 시민도 자신의 전문적인 기능을 발휘함으로써 전체적으로 보면 하나의 총체적 지식-기능의 통일체를 이루게 된다. 시민들의 지식의 총합은 국가의 기능의 총합과 같다. 이렇게 두 개의 답이 서로 상반되지만, 어느 경우라도 우리가 추구하는 행복이란 '아름다운 국가' 안에서의 잘 살기(eɹ zēn)이며. 이것은 자신의 영혼을 돌보는 일과 관련되어 있다. 이것은 '덕의 내재화'라고 할 수 있는 것으로, 배움을 통해서 혹은 영혼의 전회인 깨달음을 통해서 훌륭함을 나 자신 안에 갖추는 일이다.

주석

1   A. N. Whitehead, *Process and Reality* (New york: Free Press, 1978[1929]), 39.

2   Cicero, *Tusculanae Disputationes*, V. 10. "Socrates autem primus philosophiam devocavit e caelo et in urbibus conlocavit et in domus etiam introduxit et coëgit de vita et moribus rebusque bonis et malis quaerere."

3   Platon, 『소크라테스의 변명』, 강철웅 옮김(파주: 아카넷, 2020), 38a-41d; 강성훈 외, 『서양 고대철학 1: 철학의 탄생으로부터 플라톤까지』(서울: 길, 2013).

4   플라톤의 주지주의(Intellectualism, 主知主義)는 지성과 이성이 감정이나 의지보다 우위에 있으며 도덕적 행위의 근본이 지식(앎)에 있다는 철학적 입장이다. 이는 소크라테스의 '덕은 지식이다'라는 사상을 계승한 것으로, 무엇이 올바른지 진정으로 안다면 악을 행하지 않는다는 원리를 바탕으로 한다.

5   고대 그리스의 사상에 나타나는 '영혼'은 psychē(프시케)의 번역어이다. 기원전 8세기 호메로스의 서사시 『일리아스』와 『오디세이아』에서 인간의 psychē는 몸속에 깃든 숨인데, 죽을 때 몸을 빠져나가 저승인 하데스(Hadēs)로 내려가 실체 없는 그림자처럼 생전의 습관에 따라 움직이는 것이다. 기원전 6세기 피타고라스학파는 그리스 세계에서 처음으로 영혼의 윤회를 주장했으며, 기원전 5세기의 서정시인 핀다로스는 소크라테스 이전에 '영혼의 불멸'이라는 개념을 내놓았다[Jan N. Bremmer, *The Early Greek Concept of the Soul*(Princeton, NJ: Princeton Univ. Press, 1987)]. 고대 그리스의 영혼 개념을 현대의 영어로는 soul과 mind로 표현할 수 있는데, 'soul'은 종교적인 개념이고, 철학적인 개념으로는 정신과 신체의 논의와 관련되는 'mind'에 가깝다고 할 수 있다.

6   여기서 '삼각형'이나 '요소삼각형' 같은 것을 플라톤적인 진리의 표본이라고 하는 이유는 그것이 사유 속에서만 완전한 형태로 존재하는 기하학적 도형의 사례로서, 플라톤의 이데아와 닮은 것이기 때문이다. 특히 '요소삼각형(elementary triangles)'은 플라톤의 철학에서 물질의 최종적인 형태인 불, 공기, 물, 흙 등의 요소 혹은 원소들을 이루는 삼각형이라는 의미로, 예컨대 불 원소는 4개의 요소삼각형으로 이루어져 있다(플라톤, 『티마이오스』 참조).

7   Platon, 『티마이오스』, 김유석 옮김(파주: 아카넷, 2019); Platon, 『플라톤의 법률 1』, 김남두 외 옮김(파주: 나남, 2018); Platon, 『플라톤의 법률 2』, 김남두 외 옮김(파주: 나남, 2018).

8   Aristoteles, 『니코마코스 윤리학』, 강상진 외 옮김(서울: 길, 2011); Aristoteles, 『정치학』, 천병희 옮김(파주: 숲, 2009).

9   플라톤의 '이데아론'은 그의 중기 저작들에 나타나는데, 우리가 감각으로 만나는 사물들의 세계, 즉 현상계 너머에 지성으로 파악할 수 있는, 각 사물의 형상(eidos)으로 이루어진 세계, 즉 진리계가 존재한다는 생각으로, '형상 이론'이라고도 불린다. 현상계는 '나타남'의 세계로 사물들이 언제나 변화하는 변전의 상태에 있는 반면, 진리계는 참다운 존재의 세계로 그곳에서 각각의 형상은 생겨나거나 소멸하지 않고 영원불변하며 언제나 하나로 존재한다. 형상은 사물이 그 이름으로 불리는 존재론적 근거이며, 사물은 자신의 형상에 관여함으로써 존재한다.

10   이러한 인식의 4분 구도는 플라톤, 『국가』 6권, 509d-511e에 나오는 '선분의 비유'에서, 그리고 7권의 '동굴의 비유' 이후, 앞의 선분의 비유를 요약하는 부분인 533e-534a에서 잘 나타난다.

11   이와 관련된 문제에 대해서는 강성훈, 「플라톤의 《국가》에서 선분 비유와 동굴 비유」, 『철학사상』 27(2008): 177 참조.

12   Platon, 『파이드로스』, 김주일 옮김(파주: 아카넷, 2020), 245c7-d5.

13   Platon, 『파이돈』, 전헌상 옮김(파주: 아카넷, 2020), 106e4.

14   Platon, 『크리톤』, 이기백 옮김(파주: 아카넷, 2020), 46b-54d.

15   권창은, 강정인, 『소크라테스는 악법도 법이라고 말하지 않았다』(서울: 고려대학교출판부, 2005); 김주일, 『소크라테스는 '악법도 법이다'라고 말하지 않았다, 그럼 누가』(서울: 프로네시스, 2006) 참조.

16   Platon, 『크리톤』, 29-41의 「작품 해설」 참조.

17   Platon, 『파이돈』, 115c-e.

18   플라톤의 『소크라테스의 변명』 28b-34b에서 소크라테스가 자신의 삶의 원칙과 궤조을 언급하는 부분, 그리고 34b-35d9에서 국가에 좋지 않은 일이나 의무를 저버리는 일은 하지 않겠다고 하는 부분 참조.

19   플라톤의 이 '새로운 시민'은, 그러나 공동체의 일원으로서 국사에 참여하고, 통치하고 통치받기를 번갈아 하는 아리스토텔레스의 시민 개념과는 같지 않다. 이른바 '공민'의 문제는 아리스토텔레스에서 나타난다.

20   T. H. Irwin., "Plato's Objection to the Sophists," *The Greek World*(London: Routledge, 1995), 585.

21   Platon, 『에우튀프론』, 강성훈 옮김(파주: 아카넷, 2021), 5d 이하 및 12e-13c.

22   여기에 동의하는 것은 인간이 신들보다 우월한 존재라는 데 동의하는 것이며, 불경의 극단적인 형태가 될 것이기 때문에, 에우튀프론은 이것이 "경건은 신들에 대한 보살핌이다"라는 자신의 주장에서 나오는 논리적 귀결임에도 스스로 동의할 수 없는 것이다. Platon, 『에우

튀프론』, 99.

23   Platon, 『테아이테토스』, 정준영 옮김(파주: 아카넷, 2022), 149a-150b.

24   Platon, 『테아이테토스』, 151e 및 184b. 한편, 짧은 시간에 산파술이 펼쳐지는 단적인 사례는, 예를 들어 『메논』에서 소크라테스가 노예 소년과 기하학에 관한 문답을 하는 과정에서 볼 수 있다. 아래 5절 참조.

25   Platon, 『테아이테토스』, 210b1-5.

26   이렇게 플라톤의 텍스트에서 무언가에 대해 '모르면서 안다고 생각하는 무지'는 착각 혹은 "이중적 무지"라고 불린다. 강대진 외, 『플라톤의 그리스 문화 읽기: 플라톤을 읽는 8가지 시선』(파주: 아카넷, 2020), 224.

27   Platon, 『메논』, 이상인 옮김(파주: 아카넷, 2019), 82b-85b. 이렇게 노예 소년이 기하학을 배운 적이 없음에도 소크라테스가 묻는 일련의 기하학적 물음들에 답을 해냄으로써, 스스로 무지하다고 생각하는 자가 사실은 이미 지식을 가지고 있었음을 보여 준다. 이를 드러내는 소크라테스의 방법론이 산파술이다.

28   Platon, 『메논』, 80d-e.

29   Platon, 『국가·政體』, 박종현 역주(파주: 서광사, 2005), 457b-461d.

30   Platon, 『국가·政體』, 518c.

31   이 '영혼의 전회' 개념에 대해서는 김남두, 『문명의 텍스트로 읽는 《국가》』(서울: 세창출판사, 2018), 187 참조.

32   Platon, 『향연』, 강철웅 옮김(파주: 아카넷), 2020, 175d.

33   Platon, 『향연』, 211c.

34   Platon, 『테아이테토스』, 150b.

35   Platon, 『메논』, 80d-e.

36   Platon, 『메논』, 82b-85b.

37   Platon, 『메논』, 81c.

38   Platon, 『파이돈』, 66c.

2장

아리스토텔레스, 앎에 체계를 부여하다

이영환

이화여자대학교 철학과 교수

소크라테스,
재판에서 유죄를 선고받고 사망

기원전 399년

플라톤, 아카데미아 설립

기원전 387년경

기원전 367년

아리스토텔레스, 17세에 아테네로 유학, 플라톤의 문하생이 됨

기원전 347년

아리스토텔레스,
플라톤 사망 후 아테네를 떠남

기원전 343년

아리스토텔레스, 마케도니아 왕 필리포스 2세의 초빙으로 당시 13세였던 알렉산드로스의 가정교사가 됨

알렉산드로스 대왕,
마케도니아 국왕 즉위

기원전 336년

기원전 335년

아리스토텔레스,
아테네로 복귀하여 리케이온 설립

알렉산드로스 대왕, 페르시아 정복

기원전 330년

기원전 323년

알렉산드로스 대왕 사망

아리스토텔레스, 아테네 내 반(反)마케도니아 감정이 거세지자, "아테네인이 철학에 두 번 죄를 짓지 않게 하겠다"며 칼키스로 피신

"모든 인간은 본성상 알기를 원한다." 아리스토텔레스(Aristoteles, 기원전 384-기원전 322)의 『형이상학』의 유명한 첫 문장이다. 철학이 지혜, 곧 앎에 대한 사랑이니 이 말은 모든 인간이 천생 철학자라는 말이다. 그리고 천생 철학자라는 말보다 아리스토텔레스 자신에게 더 어울리는 말은 없을 것이다. 아리스토텔레스는 평생토록 앎을 추구했을 뿐 아니라 앎에 처음으로 체계를 부여했다.

아리스토텔레스는 마케도니아에서 태어나 10대 후반에 당시 문화와 학문의 중심지 아테네로 유학 가 플라톤의 아카데미아에 들어갔다. 젊은 시절 20년을 아카데미아에서 배우고 훈련한 아리스토텔레스는 기원전 347년, 플라톤이 죽자 아테네를 떠나 몇 년 후 고향으로 돌아가서 당시 13살이었던 마케도니아 왕자의 교육을 맡았다. 아리스토텔레스가 가르친 이 마케도니아 왕자가 이후 지중해 세계를 통일하고 인도 서부까지 정벌해 대제국을 건설한 알렉산드로스 대왕이다. 아버지가 죽고 알렉산드로스가 마케도니아 왕위를 이어받은 지 1년 뒤인 기원전 335년, 아리스토텔레스는 아테네로 돌아와 자신의 학교 리케이온을 세우고 죽기 1년 전 두 번째로 아테네를 떠날 때까지 13년 남짓을 연구와 교육에 전념했다.

지중해 세계의 패자가 된 알렉산드로스 대왕이 자신의 가정교사였던 아리스토텔레스에게 지원을 아끼지 않았을 것임은 쉽게 짐작할 수 있는데, 그 하나의 증거는 아리스토텔레스가 자신의 개인 도서관을 가지고 있었다는 것이다. 고대 세계에 책이란 흔한 것이 아니어서 개인이 소유하는 것이 아니었고 또한 혼자 앉아 조용히 읽는 것도 아니었다. 파피루스로 만들어 두루마리 형태로 보관하던 당시의 책은 보통 신전이나 공공기관에 보관되었고 원하는 사람들에게 낭송되었다. 그래서 아리스토텔레스가 상당한 규모의 개인 도서관을 가지고 있었다는 것[1]은 이례적인 일이다.

평생 앎을 사랑했던 아리스토텔레스의 연구는 논리학, 형이상학, 윤리학, 정치철학 등 지금 우리가 철학이라 부르는 영역에 한정되지 않았고 식물학, 동물학, 음악, 수학, 천문학, 의학, 수사학, 정치학 등 다양한 분야를 망라한다. 특히 그의 연구의 많은 부분은 경험적인 데이터를 집적하고 정리하는 것이었는데, 그가 모은 데이터에는 다양한 식물과 동물의 태생, 습성, 해부에 대한 정보와 당시 그리스 도시국가들 158개의 법체계에 대한 기록이 포함되어 있었다.[2] 이러한 경험적인 연구는 아리스토텔레스의 보다 철학적이고 사변적인 연구, 특히 그의 자연철학과 정치철학의 바탕이 되었다.

기원전 323년, 알렉산드로스 대왕이 바빌로니아에서 병사하자 아테네에서는 눌려 있던 반(反)마케도니아 정서가 들끓었고 정치적 위협을 느낀 아리스토텔레스는 두 번째로 아테네를 떠나 마케도니아 세력이 더 강했던 칼키스로 도망쳐야 했다. 그는 자신이 아테네를 떠나는 것은 "아테네가 철학에 두 번째 죄를 저지르지 않도록 하기 위해서"라고 말했다는 얘기가 전해진다. 물론 아테네가 철학에 저지른 첫 번째 죄는 소크라테스를 죽인 것이었다. 아리스토텔레스가 아테네 출신이 아닌 거류외국인이었다는 사실은 나중에 보겠지만 그의 철학의 몇몇 특징과도 관련이 있다. 아테네를 떠난 다음 해 아리스토텔레스는 칼키스에서 세상을 떠났다.

아리스토텔레스는 위대한 철학자였을 뿐 아니라 최초로 학문을 분류하고 방법론을 정립한 학자였다. 어떤 학문이건 최초로 시작할 때부터 그 학문의 방법론이 정립되기는 힘들다. 여러 선구자가 이런저런 다양한 방식으로 새로운 시도, 시행착오를 겪어 놀라운 성공을 거둔 다음에야 그 학문의 정체성이 명확해지고 나름의 체계와 방법론을 갖추게 되는 법이다. 아리스토텔레스가 최초의 위대한 철학자는 아니었다. 하지만 철학함에서 한 걸음 뒤로 물러나 방법론적 반성을 체계적으로 수행하고 학문에 체계를 부여한 것은 아리스토텔레스가 처음이었다. 아리스토텔레스는 학문을 그 기본적인 지향에 따라 이론학, 실천학, 제작학으로 나누었다.[3] 먼저 이론학은 그리스어로는 'theōretikē'이다. 영어 단어 theory가 여기서 유래했고 그래서 우리말로는 '이론학'으로 번역하지만, 아리스토텔레스의 의도를 살린다면 '관조(觀照)학'이 더 나은 번역이다. 관조란 특별한 이해득실에 대한 관심 없이 사물을 있는 그대로 바라보는 태도로서 이론학이 추구하는 것은 앎, 대상에 대한 이해 자체이다. 반면에 실천학(praktikē)은 행위, 그리고 행위를 통한 좋음을 목표로 추구하고 제작학(poiētikē)은 아름답고 유용한 무언가를 만드는 것을 목표로 한다. 이 장에서 아리스토텔레스 사상의 소개는 이 학문 구분의 틀을 따른다.

또한 아리스토텔레스는 철학, 또는 일반적으로 학문의 방법론을 정립했다. 대학에서 석박사 논문을 쓰는 기본적인 틀은 아리스토텔레스에게도 거슬러 올라간다. 첫째, 아리스토텔레스는 개념 분석과 정의(定義)를 방법론적으로 정립했다. 물론 이 말은 아리스토텔레스 이전의 철학자들이 개념을 분석하거나 정의 내리지 않았다는 것은 아니다. 하지만 아리스토텔레스는 올바르게 정의를 내리는 기본적인 방식과 함께 정의를 부적절하게 하거나 개념을 오해할 때 생기는 위험성과 혼란을 체계적으로 논의했다. 이런 의미에서 아리스토텔레스는 '정의'를 정의했다고 말할 수 있다. 현대에서도 정의에 대해 설명할 때 일반적으로 쓰이는 "최근류(類)와 종차(種差)를 통한 정의"는 아리스토텔레스의 저작에서 제시된 것이다. 예를 들어, '인간'을 두 발로 걷는 털 없는 동물로 정의한다면 '동물'이 인간이 속하는 유이고 '두 발로 걷는 털 없는'이 다양한 동물 중 인간을 구별해 주는 종차이다. 아리스토텔레스의 『형이상학』 5권은 전체가 중요 개념들에 대한 정의에 할애되어 있다. 중심 개념과 논의할 문제들을 최대한 명쾌하게 진술하려는 태도는 학문의 기본 중의 기본이지만 항상 잘 지켜지지는 않는 출발점이다.

둘째, 아리스토텔레스는 어떤 주제를 연구하는 기본 작업으로 연구사를 정리하는 전통을 확립했다. 이것은 아리스토텔레스의 철학적 방법론과 관련이 있다. 아리스토텔레스는 연구되어야 할 문제를 제시한 후 문제와 관련된 다양한 "믿을 만한 의견들(endoxa)"을 나열한다. 이 믿을 만한 의견들은 주제와 관련해 서로 상충되기도 하는 다양한 입장들을 나타내는데, 선대의 지혜롭다고 알려진 사람들뿐 아니라 일반 대중들이 받아들이는 의견들도 포함한다. 이렇게 주제에 관해 지금까지 제시된 여러 의견을 최대한 나열한 후 아리스토텔레스는 그 각각의 입장을 비교하고 이 여러 입장 중 어느 쪽을 어떤 근거로 받아들여야 할지를 논한다. 이렇듯 논문을 쓸 때 주제에 대한 연구사를 정리하는 전통은 아리스토텔레스로부터 시작된 것이다.

이러한 방법론은 한편으로는 당연한 것이다. 어떤 주제에 대해 연구하면서 이전의 연구 성과를 참조하지 않고 다시 처음부터 시작하는 것은 시간 낭비가 될 것이다. 이전의 연구 성과가 혹 만족스럽지 않더라도 그 성과들의 부족한 점을 비판하는 과정을 통해 많은 것을 배울 수 있다. 또한 이러한 아리스토텔레스의 철학 방법론 덕분에 지금은 전승되지 않는 많은 소크라테스 이전 철학자들의 책 내용이 아리스토텔레스를 통해 우리에게 전해지게 되었다.

하지만 이러한 아리스토텔레스의 방법론은 일반 대중들의 의견들도 소위 '믿을 만한 의견들'로 인정해 준다는 면에서는 전혀 당연한 것이 아니다. 일반 대중들의 생각이라도 특히나 다수의 의견이라면 거기에 일말의 진실이 담겨 있을 것이고 혹시 틀렸더라도 왜 대중들이 그런 틀린 믿음을 갖게 되는지에 대한 적절한 설명이 가능할 것이라는 것을 아리스토텔레스는 전제한다. 지적으로 뛰어난 사람일수록 기존의 이론들이나 특히 일반 대중들이 받아들이는 믿음을 무시하는 엘리트주의적 태도를 가지기 마련인데 —아테네의 관습에 대한 플라톤『국가』의 태도나 이전의 전통에 전혀 의존하지 않고 학문을 처음부터 다시 시작하겠다고 천명하는 데카르트『방법서설』을 생각해 보라— 이런 면에서 아리스토텔레스의 철학적 태도는 주목할 만하다. 우리는 아리스토텔레스의 정치철학을 다루면서 이러한 철학 방법론의 배경을 살펴보게 될 것이다. 이제 아리스토텔레스의 이론학, 실천학, 제작학, 그리고 논리학을 차례대로 살펴보자.

1. 이론학, 앎 자체를 추구하는 학문

앞에서 이론학은 특별한 이해득실에 대한 관심 없이 사물을 있는 그대로 바라보아 앎 자체를 추구하는 학문이라고 했었다. 아리스토텔레스는 이론학으로 자연학, 형이상학, 수학을 꼽는다. 이 절에서는 자연학과 형이상학을 다루는데, 각각 같은 제목의 아리스토텔레스 저작이 있다.

1) 자연학

아리스토텔레스의『자연학』의 영어 제목은 physics이다. 영어 단어의 차원에서는 물리학과 구분되지 않는다. 물론 내용을 보면 아리스토텔레스의 자연학은 근대 이후의 물리학과는 사뭇 다르다. 하지만 그 차이는 아리스토텔레스의 자연학이 근대 물리학과는 달리 경험을 무시하고 사변에 의지했다든가 하는 것은 아니다. 앞서 지적했듯이 아리스토텔레스는 경험적인 자료를 수집하는 것을 대단히 중요시했고 그런 경험적인 자료 중에는 두더지 눈의 해부라든지 한 배에 품은 달걀 안 배아의 발달에 대한 관찰 등 상당히 인상적인 경험적인 연구들도 포함된다. 또 아리스토텔레스는 고래를 태생(胎生)이고 허파 호흡을 하며 젖을 먹인다는 근거로 어류가 아닌 포유류로 분류했는데, 18세기 생물 분류학의 기초를 세운 린네조차도 고래를 어류로 분류했다가 나중에 수정했다는 것을 생각하면 주목할 만한 업적이다. 물론 지금의 기준으로는 아리스토텔레스의 생물학 저서에 오류도 적지 않지만, 최소한 아리스토텔레스가 철학적 사변과 함께 경험적인 연구도 중시했음은 잊지 말아야 한다. 하지만 아리스토텔레스가 경쟁해야 했던 이론들은 (아래에서 곧 보듯이) 정말로 사변적인 이론이었고 특히나 아리스토텔레스가 『자연학』에서 대답하려고 했던 질문은 경험에만 의존해서 결론을 낼 수는 없는 종류의 것이었다. 그래서 아리스토텔레스는 『자연학』에서 우리가 물리학에서 기대하는 것과는 다르게, 세계를 묘사하는 인간 언어에 반영된 논리 구조, 또는 다르게 표현하면 인간 인식 구조의 분석에 의존한다. 이것이 무엇보다 아리스토텔레스의 physics(자연학)가 이제 더 이상 physics(물리학)가 아닌 이유이다.

아리스토텔레스의 자연학을 이해하기 위해서 우리는 먼저 파르메니데스와 헤라클레이토스를 짧게라도 언급할 수밖에 없다. 파르메니데스와 헤라클레이토스는 변화에 대해 완전히 극단적인 두 입장을 대변한다. 파르메니데스는 이 세상에 변화란 도대체 없다고 주장했고 헤라클레이토스는 거꾸로 모든 것은 끊임없이 변화하여 아무것도 조금이라도 지속하는 것은 없다고 주장했다. 이후의 그리스 철학자들은 이 두 주장의 대립이 제기한 문제를 해결하기 위해 노력해야 했고 특히나 자연 세계에 대한 앎, 즉 자연학을 연구하는 사람이라면 더더욱 그랬다. 파르메니데스의 주장이 맞다면 자연학이 성립할 수 없을 것이라는 것은 명백하다. 자연학은 무엇보다도 자연 세계 속의 변화에 대한 학문이기 때문이다. 그런데 그것은 헤라클레이토스의 주장이 맞는 경우에도 마찬가지이다. 만약 모든 것이 변하기만 하고 아무것도 지속하는 것이 없다면 이 자연 세계에 대해 우리는 "모든 것은 변화한다" 말고는 인식할 수 있는 것이 아무것도 없을 것이다. 그러니 이 극단적으로 대립되는 두 입장 사이에 중도적이고 우리의 경험과 더 잘 맞으면서 철학적, 논리적으로 받아들일 만한 이론을 구성하는 것이 아리스토텔레스『자연학』의 첫 번째 과제이다.

여기서 잠시 만약 우리가 2500년 전 파르메니데스와 헤라클레이토스의 이론이 충돌하는 상황에 있다면 이 문제를 어떻게 해결할 수 있을까를 상상해 보자. 아리스토텔레스가 사용한 도구, 즉 언어와 분석적으로 사고할 수 있는 지성은 우리들도 모두 가지고 있는 것이다. 이것만 가지고 어떻게 파르메니데스와 헤라클레이토스의 입장이 둘 다 궁극적으로 틀렸다는 것을 보일 수 있을까? 파르메니데스와 헤라클레이토스의 주장을 단지 우리의 경험에 의존해 반박할 수는 없다는 것을 기억하자. 이 두 철학자 중 누구도 이 세상의 어떤 것은 변화하고 어떤 것은 지속하는 것으로 우리에게 '보인다'는 사실을 부정하지는 않는다. 단지 이렇게 우리의 감각에 드러나는 현상이 이 세계의 실제 모습이라는 것을 부정하는 것이다.

이제 아리스토텔레스가 어떻게 경험 세계를 파르메니데스와 헤라클레이토스 양자로부터 구해 내는지 살펴보자. 아리스토텔레스는 변화의 언어를 분석할 것을 제안한다. "사과가 붉어졌다"라는 문장을 예로 들어 보자. 설익어 녹색이던 사과가 익어 가는 변화를 묘사한 문장이다. 같은 변화를 우리는 "녹색 사과가 붉어졌다(붉은 것이 되었다)", "녹색인 것이 붉은 것이 되었다", "녹색 사과가 붉은 사과가 되었다"라고도 표현할 수 있다. 이 각각의 문장들은 변화의 출발점과 도착점을 비교하면서 그 사이에 어떤 차이가 있다는 것을 나타내는데 출발점과 도착점을 하나의 아이템('사과', '녹색 것', '붉은 것')으로 표현하든지 아니면 두 개의 아이템('녹색 사과' 또는 '붉은 사과')으로 표현하든지

하고 있다. 우리는 보통 "사과가 붉어졌다"라고 간단히 표현하고 이것이 가장 효율적인 표현이지만 가장 철저한, 모든 관련된 요소를 남김없이 드러낸 표현은 출발점과 도착점을 모두 두 개의 아이템으로 표현한, "녹색 사과가 붉은 사과가 되었다"일 것이다. 이제 이 문장을 살펴보면 어떤 아이템('사과')은 출발점에서 도착점까지 유지되었고 어떤 아이템('녹색'과 '붉은')은 쌍을 이루고 대체되었다는 것을 알 수 있다. 여기서는 사과가 익는 변화를 예로 들었지만, 어떤 종류의 변화든 이런 구조를 가지게 될 것이라는 것은 물론이다.

이로부터 어떤 변화든 그 안에는 한편으로는 무언가 밑에 깔려 지속하는 아이템이 하나 있고 다른 한편으로는 출발점과 도착점에서 바뀌는, 쌍을 이루는 두 개의 아이템이 있을 수밖에 없다는 것을 알 수 있다. 아리스토텔레스는 변화 속에서 지속하는 아이템을 기체[基體, hypokeimenon: hypo(밑에) keimenon(놓인 것)]라고 불렀는데 이후 이 단어가 그대로 라틴어로 번역되어 sub(밑에)-jectum(던져진/놓인 것)이 되고 이렇게 영어 단어 'subject'가 탄생했다. 이 단어는 맥락에 따라 'subject'가 아니라 'substance', 우리말로는 '실체'로 번역되기도 한다. 모든 변화에는 이렇게 '주어'가 있을 수밖에 없고 변화의 주체로서의 '주어'는 변화 동안 지속해야 하며 그렇지 않으면 변화는 있을 수 없다. 이때 주어가 되는 것과 쌍을 이뤄 대체되는 것 사이에 어떤 근본적인 차이가 있다는 것도 알 수 있다. 주어가 되는 것은 반대자를 갖지 않는 것이지만 쌍을 이뤄 대체되는 것은 서로를 반대자로 갖는 것들이다. 녹색과 붉은색은 서로를 반대자로 갖지만 사과에는 반대자인 것이 없다. 일반적으로 성질은 반대자를 갖지만 실체는 반대자를 갖지 않는다.

아리스토텔레스의 변화 분석은 파르메니데스와 헤라클레이토스의 이론 둘 다를 효과적으로 반박한다. 여기서는 어떻게 헤라클레이토스의 이론이 반박되는지만 간략하게 살펴보겠다. 헤라클레이토스의 말처럼 모든 것은 모든 면에서 조금도 지속하지 않고 끊임없이 변화한다고 가정해 보자. 아리스토텔레스의 틀로 보면 헤라클레이토스의 주장은 어떤 변화에도 기체가 없다는 주장이 된다. 기체가 없다면 녹색 사과가 붉은 사과가 되는 것이 아니라 예를 들어, 녹색 사과가 붉은 딸기가 되는 것이다. 그런데 녹색 사과가 있던 곳에 다음 순간 붉은 딸기가 있게 된다면 그것은 하나가 다른 하나로 순간적으로 대체되는 것이지 변화가 아니다. 그렇다면 헤라클레이토스의 "모든 것이 변화한다"라는 주장은 자기 파크적인(self-defeating) 주장이 된다.

이렇게 파르메니데스와 헤라클레이토스의 도전으로부터 변화를 구제해 낸 아리스토텔레스는 모든 변화를 4종류로 구분한다. 질적 변화, 양적 변화, 장소 변화, 그리고 실체 변화이다. 앞에서 예로 든 사과 색깔의 변화가 색이라는 성질의 측면에서 변화가 일어난 질적 변화이고, 양적 변화는 어떤 것이 커지거나 작아지는 것, 장소 변화는 어떤 것의 위치가 바뀌는 변화이다. 이 3종류의 변화에는 위의 변화 분석이 아무 문제 없이 적용된다. 그런데 마지막 실체 변화의 경우에는 문제가 생긴다. 실체적 변화란 실체, 즉 다른 세 종류의 변화에서 기체, '주어'로 등장하는 것이 없었다가 생기거나 있었다가 없어지는 변화를 말한다. 사과가 색이 변하거나 점점 자라거나 공간 이동을 하는 것 말고도 사과가 (예를 들어, 불에 타서) 없어지는 변화도 있지 않나? 그렇다면 이 변화에서야말로 출발점에서 도착점까지 지속되는 어떤 것은 없는 것이 아닐까?

하지만 아리스트텔레스는 다른 세 종류의 변화의 분석이 실체적 변화에도 똑같이 적용된다고 전제한다. 즉, 무언가가 생기거나 없어지는 변화에도 그 변화의 동안에 지속되는 기체가 있다는 것이다. 예를 들어, 점토 한 덩어리를 빚어 토끼 인형을 만드는 변화를 생각해 보자. 이 변화를 통해 없던 것, 즉 토끼 인형이 생겼으니, 이것은 실체 변화이다. 변화의 출발점에는 토끼 인형이 없다가 도착점에는 토끼 인형이 존재한다. 그런데 이 변화에도 기체는 있으니, 그것은 바로 점토 덩어리이다. 변화의 출발점에는 토끼 모양을 갖추지 못한 점토 덩어리가 있다가 도착점에는 토끼 모양을 갖춘 점토 덩어리가 있는 것이다. 이러한 실체 변화의 기체를 아리스토텔레스는 재료라는 의미로

'질료(hylē)'라고 부르고 밑에 깔려 있는 질료가 도착점에서 갖추게 된 것은 '형상'이라고 부른다. 그 유명한 질료형상론(hylomorphism), 즉 기본적으로 존재하는 실체들은 질료와 형상으로 이루어진 것이라는 생각이 여기서 나온다.

아리스토텔레스의 『자연학』은 이제는 물리학에 자리를 내준 옛 이론이 아니다. 근대 초기에는 새로 태동하는 물리학이 극복해야 할 경쟁 대상으로 여겨졌지만 이제 물리학이 굳건하게 자리 잡고 난 후 오히려 아리스토텔레스의 『자연학』은 경험과학으로서의 물리학과는 다른 영역을 탐구하는 업적으로 이해할 수 있게 되었다. 뉴턴의 『자연철학의 수학적 원리』를 21세기에 읽는 사람은 역사적 관심으로 읽는 것이지만 아리스토텔레스의 『자연학』은 아직도 내용적 관심으로 읽히는 저작이다.

2) 형이상학

'형이상학'은 영어로 metaphysics인데 이것은 아리스토텔레스 자신의 용어는 아니다. 아리스토텔레스는 자연학, 수학과 함께 이론학을 구성하는 학문 분야를 '제일 철학'이라고 불렀다. 아리스토텔레스의 저술은 아리스토텔레스 사후 꽤 오랫동안 자취를 감췄다가 기원전 1세기에서야 발견되어 대대적인 편집을 거쳐 전집으로 편찬되었는데 이 과정에서 어떤 저술에도 속하지 않는 글들을 묶어 자연학 저술들(ta physika) 다음에(meta) 두고 이를 '자연학 저술들 다음에 오는 것(ta meta ta physika)'으로 부른 것이 서양 언어에서 'metaphysics'라는 단어의 기원이다.

형이상학의 여러 주제가 있지만 그중에서 핵심은 존재론, 즉 있는 것을 있는 것인 한에서, 즉 있는 것인 자체로 탐구하는 것이다. 그런데 가장 근본적인 질문을 다루는 형이상학은 형이상학 자체의 가능성도 다뤄야 한다. 형이상학이 최고의 학문이라면 "도대체 형이상학이 가능한가?"에 대한 대답을 형이상학 자신이 아닌 다른 학문에 의존할 수는 없기 때문이다. 존재에 대한 탐구가 본격적으로 시작하는 『형이상학』 4권에서 아리스토텔레스는 바로 이 질문부터 시작한다.

존재하지 않는 것을 탐구하는 것은 불가능하니 모든 학문은 있는 것들을 탐구 대상으로 삼는다. 대부분의 학문은 있는 것들 전체를 다루지 않고 그중 일부만을 떼어서 다룬다. 예를 들어, 생물학은 있는 것 중 살아 있는 것들만 다룬다. 반면에 있는 것들 전체를 탐구 대상으로 삼는 학문들이 있다. 자연학, 수학, 그리고 제일 철학, 곧 형이상학이 그러하다. 하지만 그중 있는 것을 있는 것 자체로 탐구의 대상으로 삼는 것은 오직 형이상학이다. 자연학은 있는 것들을 변화하는 것으로서 다루고 수학은 양과 연속적인 것인 한에서 다루기 때문이다. 이렇게 가장 보편적인 탐구 대상을 가장 일반적으로 다루기에 형이상학은 최고의 원리를 다루는 최고의 학문이라고 아리스토텔레스는 말한다.

그런데 이러한 최고성 때문에 형이상학의 성립 가능성에 문제가 제기된다. 있는 것들은 너무나 다양하여 여러 가지 방식, 여러 가지 의미로 있기 때문에 과연 이렇게 극단적으로 보편적인 것을 다루는 하나의 통일된 학문이 있을 수 있는가 하는 문제가 제기된다. 있는 것 중 어떤 것들은 개별 인간, 강아지, 참나무 등 실체의 범주에 속하는 것들이고 어떤 것들은 색깔, 모양 등 (성)질의 범주에 속하는 것들이며 또한 어떤 것들은 수나 길이 등 양의 범주에 속하는 것들이다. 여기서 범주(category)란 사물의 기본적인 유형이나 분류로서 이것보다 더 큰 분류체계가 없는 최고로 넓은 분류를 말한다. 각 범주는 있는 것들의 최고류로 각 범주는 다른 범주로 환원되지 않는다고 아리스토텔레스는 전제한다. 그렇다면 이 모든 있는 것을 있는 것인 한에서 다루려고 하는 학문에는 통일성이 있을 수 없는 것이 아닐까?

좀 웃긴 예지만 어떤 사람이 배학, 곧 배를 연구하는 학문의 권위자가 되기로 마음먹었다고 가정해 보자. 그런데 이 사람이 '배'는 동음이의어라서 배에는 물을 건너기 위해 타는 것, 먹는 과일, 신체의 일부분 등 여러 상이한 대상이 있다는 사실을 몰랐다고 상상해 보자. 그렇다면 이 사람이 하고자 하는 탐구, 배학은 통일된 하나의 학문으로는 성립할 수 없는 것이다. 만약 있는 것들이 서로 다른 방식으로, 어떤 것은 실체로, 어떤 것은 성질로, 어떤 것은 양으로 있는 것이라면 이 서로 다른 다양한 것들을 하나의 통일된 탐구 대상으로 연구하려고 하는 학문은 마치 배학처럼 실패할 수밖에 없는 것이 아닐까? 이것이 형이상학의 성립 가능성에 대해 제기된 질문이다. 만약 이 문제가 해결되지 않는다면 있는 것들을 있는 것인 한에서 다루는 최고의 학문, 형이상학의 기획은 무너질 것이다.

이에 대한 아리스토텔레스의 대답은 다음과 같다.

'있는 것'은 여러 가지 뜻으로 쓰이지만, 하나와의 관계 속에서, 즉 어떤 하나의 자연적인 것과의 관계 속에서 쓰이는 것이지 동음이의적으로 쓰이는 것이 아니다. … '건강한'은 모두 건강과의 관계 속에서 쓰이는데, 어떤 것은 건강을 지켜 준다는 뜻에서, 어떤 것은 건강을 낳는다는 뜻에서, 어떤 것은 건강의 징후라는 뜻에서, 어떤 것은 건강의 수용자라는 뜻에서 그렇게 불리는데… 이와 마찬가지로 '있는 것' 역시 여러 가지 뜻으로 쓰이지만, 그 모두가 하나의 원리와 관계를 맺고 있다.[4]

배학이 성립할 수 없는 이유는 '배'가 동음이의어이기 때문이다. 즉, 타는 배, 먹는 배, 신체 일부로서의 배 사이에 사실은 아무런 실질적인 연관성이 없다. 이번에는 '건강한'이란 말에 대해서 생각해 보자. '건강한'이란 말도 다양하게 쓰인다. 우리는 건강한 혈색에 대해서 얘기하기도 하고 건강한 음식, 건강한 습관에 대해 얘기하며, 심지어 새해가 되면 건강한 새해를 빌어 주기도 한다. 여기서 '건강한'이란 말은 서로 다른 의미를 가진다. 건강한 음식은 건강하게 해 주는 음식이고 건강한 습관은 건강을 유지시켜 주는 습관이며, 건강한 혈색은 건강을 나타내 주는 혈색이고 건강한 새해는 인사를 받는 사람이 건강한 시간이다. 그렇기에 '건강한'은 '배'처럼 동음이의어인가? 아니다. '건강한'의 조금씩 다른 뜻을 연관시켜 주는 '건강함'의 중심의미, 즉 몸의 건강이 있기 때문이다. 이렇게 다양한 '건강함'은 몸의 건강이라는 하나의 것에 관계해서(pros hen) 각각의 의미를 얻는다. 그러니 건강함을 탐구 대상으로 하는 통일된 하나의 학문, 의학이 성립 가능하다.

아리스토텔레스는 있는 것들에 대해서도 마찬가지라고 말한다. 있는 것들에는 다양한 범주의 것들이 있지만 질, 양, 관계 등의 범주에 속하는 있는 것들은 모두 실체와의 관계하에 존재한다. 그러므로, 몸의 건강과의 관계하에 혈색, 습관, 음식 등을 아울러 탐구하는 의학이 성립할 수 있는 것처럼 다양한 방식으로 있는 모든 것을 실체를 중심으로 연구할 수 있고 이렇게 형이상학의 정당성이 확보된다.

아리스토텔레스의 형이상학 정당화는 그 자체로도 흥미롭지만, 이것이 철학적 사고의 자기 지시적, 반성적인 성격을 드러내 주기 때문에 또한 중요한 의미를 갖는다. 예를 들어, "화학은 가능한가?"는 화학의 질문이 아니다. 화학자들은 이러한 질문을 던지지 않는다. 화학자들은 화학적 탐구가 가능하고 또한 그 탐구가 의미 있다는 것을 전제하고 화학을 수행하는 것이다. "화학은 무엇인가?"라는 질문도 마찬가지이다. 이 질문에 가장 잘 답할 사람들은 물론 화학자들이겠지만 화학자들이 이 질문에 대답하기 위해 연구실에서 흰 가운을 입고 실험하고 계측하지는 않는다. 즉, "화학은 무엇인가?"는 화학의 질문, 화학적 방법론에 따라 대답해야 할 질문이 아니다. 화학의 가능성을 확보하고 화학이 무엇인지를 규정하는 것은 화학을 넘어선 일이다.

그런데 이 사정은 모든 학문에 같을까? 자신의 가능성을 규정하고 자신이 무엇인지를 자신의 방법론에 따라 대답할 수 있는 학문이 하나는 있어야 하지 않을까? 사실 철학이 바로 그러한 특성을 가지는 학문이다. "화학은 무엇인가?"는 화학의 질문이 아니지만 "철학은 무엇인가?"는 철학의 질문이며 철학의 이 분야를 최근에는 메타철학(metaphilosophy, 여기에도 'meta'가 들어간다)이라고 부르기도 한다. 아리스토텔레스의 형이상학 정당화 논의는 철학이 가지는 이런 독특한 특성을 잘 보여 주는 좋은 예이다.

이렇듯 형이상학은 가장 근본적인 질문을 던지고 최고의 보편적인 원인, 원리를 찾고자 하는 학문인데, 이러한 형이상학의 특성을 보여 주는 또 하나의 예는 모순율에 대한 아리스토텔레스의 논의이다. 모순율은 아리스토텔레스의 표현을 따르면 "동일한 것이 동일한 것에 동일한 측면에서, 속하면서 동시에 속하지 않기는 불가능하다"라는 원리로 아리스토텔레스는 사고의 첫째 공리라고 부른다. 이것은 모순율이 어떤 논리적 사고라도 출발점이자 전제로 받아들일 수밖에 없는 근본 원리라는 뜻이다. 이런 근본 원리에 대한 탐구는 물론 형이상학이 담당해야 할 몫이다.

> 그렇다면 추론의 원리들에 대해서 탐색하는 것도 철학자, 즉 자연적으로 있는 모든 실체에 대해 이론적으로 고찰하는 사람의 과제임이 분명하다. 각각의 유에 대해 가장 잘 아는 사람은 마땅히 그 대상에 속하는 가장 확고한 원리들을 설명할 수 있어야 하며, 따라서 있는 것인 한에서 있는 것들을 다루는 사람 역시 모든 것 가운데 가장 확고한 원리들을 설명할 수 있어야 한다. 철학자가 바로 그런 사람이다.[5]

여기서 불필요한 오해를 피하기 위해 아리스토텔레스가 자주 그러듯이 '모순'이란 말이 여러 의미로 쓰인다는 것을 지적할 필요가 있다. 모순율은 간단히 말하자면 "실재 세계에 모순은 존재할 수 없다"는 것인데 우리는 일상생활에서 모순이 있다는 주장을 종종 접한다. "한국 사회에는 모순이 존재한다", "아버지에 대한 내 감정은 모순적이다" 등등. 그런데 여기서 얘기하는 모순은 아리스토텔레스가 논의하는 모순과는 다른 것이다. 한국 사회에 모순이 존재한다고 할 때의 모순은 사회적 문제라든가 이익집단 간의 갈등을 뜻한다. 그리고 문제, 갈등은 모순율이 얘기하고 있는 엄밀한 의미에서의 모순과는 달리 얼마든 존재할 수 있는 어떤 것이다. 그렇기에 모순율의 정식에서 '동일한 것이 동일한 것에 동일한 측면에서 동시에' 등등의 수식구가 중요하다. 예를 들어 어떤 사람은 아버지에 대해 동시에 사랑하면서 미워하는 "모순된" 감정을 느낄 수 있다. 하지만 사실 잘 살펴보면 이 사람은 아버지의 이런 면은 사랑하면서 저런 면은 미워하는 것이지 '동일한 것이 동일한 것에 동일한 측면에서' 사랑하면서 동시에 미워하는 것은 아니다. 모순율을 부정하는 사람들이 아리스토텔레스 당시에도 지금에도 가끔 있는데 이는 개념적 혼동에 기인한 것이다.

그런데 아리스토텔레스가 지적하듯이 모순율은 사실 증명할 수 없는 것이다. 어떤 것이든 증명하려고 하는 모든 시도는 모순율을 전제해야 하기 때문이다. 그렇기에 오직 모순율을 부정하는 사람을 반박할 수 있을 뿐이다. 아리스토텔레스는 모순율을 부정하는 사람은 어떤 주장 p를 하더라도 언제든 동시에 ~p를 믿고 주장할 사람이기에 이 사람이 하는 모든 주장은 의미를 가지지 못하며 그런 뜻에서 이 사람은 아무런 주장도 하지 못하는 식물과 같다고 말한다. 어떤 사람이 도대체 말을 한다면, 그 말이 어떤 특정한 의미를 가진다는 것이 말이 말로서 성립하기 위한 최소한의 필요조건인데, 모순율을 부정하는 사람에게는 이 조건조차도 성립하지 않는다는 것이다. 우리는 이 사람을 설득하기 위해 모순율을 증명할 필요가 없고 이 사람도 모순율의 증명을 우리에게 요구할 수 없다. 모순율의 증명을 요구하는 사람은 "논변을 부정하면서 논변을 기다리는" 사람이다. 또한 모순율을 부정하면 모든 것은 하나가 될 것이다. 우리가 도대체 이것과 저것을 구별할 수 있는 이유는 예를 들어 이것은 빨갛고 저것은 빨갛지 않기 때문인데 모순율 부정에 따라 이것도 빨강이면서 동시에 빨강이 아니고 저것도 빨강이 아니면서 동시에 빨강이 아니지 않다면(즉, 빨강이라면) 이것과 저것은 구별할 수 없기 때문이다. 거기에 더해 모순율을 부정하는 사람은 도대체 참인 어떤 것도 주장할 수 없기 때문에 결국 자기 파괴적이 된다. 모순율을 부정하는 사람도 "모순율은 틀렸다"가 참이라고 주장하는 것이기 때문이다.

모순율에 대한 아리스토텔레스의 논의는 형이상학이 가장 근본적이고 보편적인 질문을 다룬다는 특성을 흥미로운 방식으로 보여 준다. 『형이상학』에서 아리스토텔레스는 이후에도 실체, 궁극의 원리/원인으로서의 부동의 원동자, 신과 우주의 목적 등 흥미롭고 근본적인 주제를 다룬다.

아리스토텔레스의 자연학, 형이상학은 이 절을 서술하면서 언급한 실체, 기체, 질료, 형상뿐 아니라 본질, 잠재태-현실태, 목적론 등 철학의 핵심 개념들의 역사적 원천일 뿐 아니라 지금도 새로운 철학적 논의를 촉발시키는 영감의 보고이다.

2. 실천학, 좋음을 추구하는 학문

실천학은 보통 윤리학과 정치철학으로 나뉜다. 윤리학이 개인이 어떻게 행위하고 어떤 선택을 하며 살아가야 할 것인가를 다룬다면 정치철학은 다수의 개인이 모여 구성한 사회집단 또는 국가의 맥락에서 공동체의 목표를 어떻게 추구할지를 다룬다. 비록 이러한 구분이 널리 통용되기도 하고 이 장에서도 편의상 이 구분을 따를 것이지만 아리스토텔레스는 윤리학과 정치철학을 연속된 하나의 연구 분야로 이해했다는 것은 잊지 말아야 한다. 아리스토텔레스는 그의 『니코마코스 윤리학』첫 부분(1권 2장)에서 정치학이 모든 학문을 아우르며 정치학의 목적은 다른 학문의 목적을 포괄한다고 말하면서 정치학이야말로 으뜸가는 학문이라고 주장하고 있고 다시 한번 『니코마코스 윤리학』 마지막 장(10권 9장)에서 『니코마코스 윤리학』의 전체 논의가 자연스럽게

『정치학』의 논의로 이어져 완결될 것을 암시한다. 아리스토텔레스에게 있어 왜 윤리학은 정치(철)학을 통해서만 완성될 수 있는지는 아래에서 다시 다루어질 것이다.

1) 윤리학

"어떻게 하면 행복하게 잘 살 수 있을까?" 이 물음을 던져 보지 않은 사람이 이 세상에 있을까? 아리스토텔레스의 윤리학은 이 질문에 대한 체계적, 철학적인 탐구이다. 아리스토텔레스는 인간의 모든 행위와 선택에는 목적이 있다는 전제로부터 『니코마코스 윤리학』을 시작한다. 우리는 수많은 욕망을 가지고 살아간다. 우리 각자는 먹고 싶고, 갖고 싶고, 하고 싶고, 되고 싶은 것으긴 목록을 가지고 있다. 우리가 이것들을 원하는 것은 이것들이 가치를 지니기(혹은 최소한 우리는 그렇게 생각하기) 때문이다. 그런데 우리의 선택/행위의 목적이 되는 가치에는 두 가지 종류가 있는데 아리스토텔레스는 이렇게 그 둘을 구분한다.

추구되는 여러 목적들에는 어떤 차이가 있는 것처럼 보인다. 왜냐하면 어떤 것들의 경우 그 목적은 활동이며, 다른 것들의 경우에는 활동과는 구별되는 어떤 성과물이기 때문이다. 행위와 구별되는 목적이 있는 경우에 있어서는 그 성과물이 본성적으로 활동보다 더 낫다.[6]

아리스토텔레스는 여기서 두 가지 서로 다른 가치를 구별한다. 우리가 원하는 것 중 어떤 것은 그것 자체가 가치 있다기보다는 그것을 통해 얻게 될 다른 무엇 때문에 가치를 지닌다. 예를 들어, 어떤 사람이 자격증을 따기 위해 시험공부를 한다면 시험공부는 그 사람에게 그 자체로는 좋은 것, 가치 있는 것이 아니다. 시험공부는 자격증이라는 목표("활동과는 구별되는 어떤 성과물")에 도달하기 위한 도구로서만 가치를 가진다. 시험공부라는 활동이 계속되는 동안에는 자격증은 아직 주어지지 않고 자격증이 얻어지면 이 활동은 종료된다. 이때 시험공부가 가지는 가치는 도구적 가치라고 부를 수 있다. 그에 반해 활동/행위가 그 자신 안에 목적을 가지는 경우 그 활동이 가지는 가치를 내재적 가치라고 부르자. 우리 주위에서 도구적 가치를 지닌 활동/행위의 예를 찾기는 아주 쉽다. 그렇다면 내재적 가치를 가지는 활동도 있을까? 음악을 듣거나 놀이를 하는 행위가 바로 그렇다. 음악을 듣는 행위의 목표는 그 행위 안에 있어서 행위의 매 순간에 달성된다.

도구적 가치와 내재적 가치를 구별하면 이제 우리는 도구적 가치를 지니는 것은 ① 언제나 대체 가능하고, ② 내재적 가치를 지니는 다른 것에 의존한다는 것을 알 수 있다. 만약 이 세상에 도구적 가치를 가진 것만 존재한다면 모든 선택은 공허할 것이다. A는 B를 위한 것이고, B는 C를 위한 것이며 C는 다시 D를 위한 것이고…. 이 연쇄는 끝이 없어서 우리는 A를 선택하는 애초의 행위도 무엇 때문에 선택하는지를 알 수 없을 것이다. 반면에 이 연쇄가 Z에서 끝난다면 이 Z는 순수하게 내재적 가치를 가진 것일 것이며 앞선 모든 것이 가지는 가치는 Z가 가지는 가치에 의존할 것이다. 이렇게 좋은 것의 연쇄에서 가장 끝에 오는 것을 아리스토텔레스는 궁극의 좋음이라는 의미에서 '최고선'이라고 부른다. 인간에게 있어 최고선은 행복(eudaimonia)이다.

그런데 여기서 '행복'을 어떻게 이해해야 하는지에 관해 주의가 필요하다. 우리의 일상 언어에서 행복이란 행복감, 사실상 쾌락이다. 굳이 행복과 쾌락의 차이점을 들자면 행복은 "멀리 보는" 쾌락(long-term pleasure)이다. 결국 행복도 쾌락과 마찬가지로 주관적으로 느끼는 감정, 느낌이다. 그런데 아리스토텔레스가 말하는 eudaimonia는 우리의 믿음, 느낌과는 독립적으로 성립하는 객관적인 것이다.

혹시 행복이 무언가 객관적인 것이라는 아리스토텔레스적 행복 이해에 의심이 든다면 나를 사랑한다고 내가 철석같이 믿고 있는 사람이 사실 나를 속이는 사기꾼이었을 경우를 상상해 보라. 내가 만약 죽을 때까지 철저히 속는다면 나의 주관적인 경험은 그 관계가 진정한 사랑의 관계였을 경우와 마찬가지로 즐거운 것이겠지만 그 삶은 철저히 기만당한 삶일 것이고, 그래서 선택할 만하지 않은 삶, 즉 행복하지 않은 삶이라고 해야 할 것이다.

쾌락이 아닌 행복은 그럼 무엇일까? 아리스토텔레스는 행복이 덕(德), 즉 인간으로서의 훌륭함에 매우 밀접하게 연결되어 있다고 한다. '덕' 또는 '훌륭함', '탁월함'으로 번역되는 그리스어 단어는 arete인데, 우리말 덕 혹은 영어 virtue와는 달리 arete는 쓰임새가 인간으로 한정되지 않는다. 예를 들어, 우리는 좋은 칼과 안 좋은 칼을 쉽게 구분할 수 있다. 날카로워서 물건을 잘 자를 수 있어야 좋은 칼이고 그렇지 않으면 나쁜 칼이다. 이 경우 날카로움은 칼의 arete이다. 마찬가지로 인간의 경우에도 좋은 사람, 훌륭한 사람이 있고 그렇지 않은 사람이 있다. 훌륭한 사람이 되기 위해 무엇을 갖춰야 하는지는 칼의 경우보다 훨씬 복잡하고 시대와 장소, 문화에 따라 조금씩 다르게 이해되기도 하지만 인간의 훌륭함을 구성하는 핵심 요소들은 객관적으로 주어져 있는 것이다.

'덕'은 요새는 일상생활에서 별로 쓰이지 않는 말이다. 하지만 훌륭한 인간이 되기 위해 우리가 가졌으면 하고 바랄 만한 자질이나 성품의 아이디어는 낯선 것이 아니다. 어떤 아이돌 그룹의 뮤직비디오 말미에 다음과 같은 독백이 나온다.

결국 마주해야 하는 것은 어제와는 다른 폭풍, 그 가운데를 뚫고 나아가는 것, 두려움 없이 사랑하는 것, 망설임과 이별하는 것, 나 자신으로 살다가는 것.7

여기서 얘기하는 어려운 상황을 뚫고 나아가는 '용기', 두려움을 이겨 내는 '사랑', 망설이지 않는 '결단성', 나 자신으로 살아가려는 '의지', '인내', '자신감'은 우리가, 그리고 우리에게 소중한 사람들이 가졌으면 하고 바라는 것이며, 물론 이 모든 것에서 현명하게 사태를 이해하고 판단하는 '지혜'가 요구된다. 이러한 것들이 우리 속에 성품으로 자리 잡아 쉽게 변하지 않는, 자아의 일부분이 되었을 때 아리스토텔레스가 말하는 '덕'이 된다. 그래서 아리스토텔레스는 『니코마코스 윤리학』 1권 7장에서 행복을 "완전한 덕에 따라 이루어지는 영혼의 활동"으로 정의한다. 『니코마코스 윤리학』의 많은 부분은 덕의 본성이 무엇인지, 일반적으로 어떤 종류가 있고 구체적인 덕들은 어떤 것인지에 대한 논의에 할애된다.

아리스토텔레스는 여러 덕을 다룬 후 『니코마코스 윤리학』 8, 9권에서 우정을 다룬다. 전체 10권 중 두 권이나 우정이라는 한 주제에 할애되었다는 사실은 아리스토텔레스가 인간의 행복한 삶에 우정이 얼마나 중요하다고 생각했는지를 보여 준다. 우정은 인간의 행복한 삶에 있어 필수적일 뿐 아니라 사실 잘 살펴보면 우정이라는 것이 그것 자체로 인간의 훌륭함, 즉 덕을 구성하는 것이기도 하다.

아리스토텔레스는 세 가지 종류의 우정(philia)[8]을 구분한다. 아리스토텔레스는 사랑할 만한 것에는 좋은 것, 즐거운 것, 유용한 것 이렇게 세 가지가 있다고 하는데 이로부터 세 종류의 우정이 나온다. 유용한 것이 우리가 사랑할 만한/원할 만한 것이라는 것은 설명이 필요 없을 것이다. 우리가 원하는 것 중 많은 것을 우리는 그것이 우리에게 유용하기 때문에, 이익이 되기 때문에 원한다. 대표적으로 돈은 특히나 자본주의 사회에서 아주 다양한 목적에 쓰이는 유용한 것이어서 우리는 돈을 원하고 사랑한다. 즐거운 것 또한 마찬가지이다. 즐거움, 쾌락이 우리가 원할 만한 것이라는 것에는 이견이 없을 것이다. 그런데 유용한 것, 즐거운 것과 구분되는 좋은 것이 있을까? 앞에서 설명한, 인간이 갖추어야 할 훌륭함으로서의 덕이 바로 그것이다. 이렇게 사랑할 만한 것 세 가지에 따라 우정에도 세 가지 종류가 있다. ① 유용성, 이익에 기초한 우정, ② 즐거움에 기초한 우정, ③ 좋음, 즉 덕에 기초한 우정이 그것이다.

첫 번째, 유용성/이익에 기초한 우정은 쉬운 예로 비즈니스 파트너 간의 우정이다. 이런 종류의 우정은 이 관계로부터 이익이 생기기에, 그리고 그런 한에서만 지속된다. 그런 면에서 이 우정은 세 종류의 우정 중 가장 덜 안정적인 우정이다. 어떤 의미에서는 이런 종류의 우정에서 각자는 서로에게가 아니라 이익에의 친구이고 그렇기에 이런 종류의 우정은 "함께 삶", 즉 함께 더 많은 시간을 보내는 선택으로 이어지지 않는다.

두 번째, 즐거움, 즉 쾌락에 기초한 우정은 특히 젊은이 간에 볼 수 있는 우정의 형태로 이러한 우정은 즐거움의 특성상 "함께 삶"으로 이어진다. 여기서 쾌락에 기초한, 두 번째 형태의 우정이 특히 젊은이 간에 보인다는 언급은 젊은이에 대한 폄하가 아니라 오히려 찬양에 가깝다. 왜냐하면 아리스토텔레스는 이익에 기초한, 첫 번째 형태의 우정이 나이 든 사람에게서 많이 보이는 우정이라고 언급하고 있기 때문이다. 쾌락에 기초한 우정은 이익에 기초한 우정에 비해 더 안정적인, 그래서 이상적인 우정에 상대적으로 더 가까운 우정이다. 하지만 이 두 번째 유형의 우정도 가장 완전한 우정은 아니다.

가장 완전한 우정은 인간으로서의 훌륭함, 곧 덕에 기초한 우정이고 사실상 이 우정이 우정 본연의 모습을 드러내 준다. 우리도 어떤 사람이 지혜로워서, 자상해서, 끈기 있게 어려움을 헤쳐 나가는 모습이 멋있어서 매력을 느끼지 않는가? 이런 훌륭한 사람과의 관계를 통해 나 자신도 비록 완전하지는 못해도 조금 더 훌륭해진다면 이런 우정은 덕에 기초한 우정일 것이다. 이러한 훌륭함이 쉽게 변하지 않는 안정적인 성품에 기반하는 한 이런 우정은 가장 영속적이고 신뢰할 수 있는 우정이며 당사자 양쪽의 서로에 대한 진정한 이해에 기반해 있기에 주위 사람들의 뒷말이나 비난으로 쉽게 흔들리지 않을 것이다. 이러한 우정은 이익이나 쾌락을 목표로 하지 않으면서도 동시에 유익하며 즐겁다.

이러한 덕에 기초한 우정은 흔하지 않은데 인간 중 이런 우정에 걸맞게 훌륭한 사람이 많지 않을 뿐 아니라 상대방의 이런 훌륭함을 서로 알게 되는 데에도 꽤 오랜 시간이 걸릴 것이기 때문이다. 이런 우정은 자주 볼 수 없지만 그럼에도 불구하고 구체적인 우정들이 얼마나 우정다운지에 대한 기준을 제시해 주며 다른 우정들, 즉 이익에 기반한 우정, 즐거움에 기반한 우정이 부족하면서도 우정이라고 불리는 이유는 오직 보다 완전한 이 우정과 닮았기 때문이다.

근대 윤리학 논의를 양분했던 의무론과 공리주의와 대비해 20세기 중반부터 새롭게 각광받기 시작한 소위 덕 윤리학(virtue ethics)이 기존의 윤리학 이론들과 비교해서 가지는 강점을 잘 보여 주는 것이 바로 이 "우정"이라는 주제이다. 의무론과 공리주의의 틀에서는 우정이라는 주제를 적절하게 다루기 힘들다.

우정에 대한 논의를 마친 후 아리스토텔레스는 진리에 대한 관조가 인간의 궁극적인 행복에 얼마나 중요한지, 그리고 이러한 순수한 관조가 얼마나 신의 모습과 닮았는지를 강조하면서 『니코마코스 윤리학』을 끝낸다. 이제 개인의 차원에서의 행복이 아니라 공동체 차원에서의 행복을 다룰 차례다.

2) 정치철학

"인간은 정치적 동물이다." 이 유명한 인간의 정의는 아리스토텔레스의 『정치학』에 등장한다. 인간을 이성적 동물로 규정한 것도 역시 아리스토텔레스인데 사실 이 두 규정은 서로 독립적인 것이 아니다. '정치적 동물(politikon zōon)', 즉 '정치 공동체(폴리스)를 형성하며 살아가기에 적합한 동물'이라는 정의에서 정치적임은 이성적임에 기반한 것이고 이 둘은 또한 도덕적 함의를 가진다.

인간은 본성적으로 정치적 동물이다. … 왜 인간이 벌이나 그 어떤 군집 동물보다 더 완전한 의미에서 정치적 동물인가 하는 이유는 분명하다. … 동물 중에서 인간만이 언어(logos)를 가진다. 목소리는 고통과 즐거움의 징표인데, 다른 동물에도 속하는 것이다. 왜냐하면 그들의 본성은 고통과 즐거움의 감정을 가지며, 또한 그것들을 서로 간에 나타내는 데까지 이르기 때문이다. 이와는 달리 언어는 유익한 것과 해로운 것을 분명하게 하는 데에, 따라서 또한 정의로운 것과 정의롭지 않은 것을 분명하게 하는 데에 기여한다. 왜냐하면 다른 동물과 비교해서 인간만이 좋은 것과 나쁜 것, 정의로운 것과 정의롭지 않은 것…을 가진다는 이 점은 인간에게 고유한 것이기 때문이다. 이러한 것들에서의 공동체가 가정과 폴리스를 만들어 내는 것이다.[9]

인간의 가장 기본적인 공동체는 가정이라는 것을 아리스토텔레스는 강조한다. 단성생식이 아닌 양성생식을 하고 다른 동물들에 비해 임신 기간이 길며 출산이 힘들고 아기가 출산 후 성인이 되기까지 오래 걸리는 인간의 생물학적 특성은 출산하는 여성을 중심으로 가족이 형성되는 기본적 이유를 제공한다. 하지만 가족 단위로는 좋음을 충분히 추구할 수 없는 우리 인간은 가족을 넘어 마을을 구성하고 결국에는 필연적으로 정치 공동체, 폴리스를 형성하게 된다. 이때의 필연성은 우리 인간이 개별적으로는 야생의 여러 경쟁자들과의 경쟁에서 이길 정도의 육체적 능력을 가지고 있지 못하다는 사실 때문이기도 하지만 또한 우리 인간이 감각에 주어지지 않은 여러 반(反)사실적 상황을 상상하고 비교하여 더 좋은 것을 가지고 싶어 할 만한 지적 능력을 가지고 있다는 사실에서도 나온다.

여기서 인간이 정치 공동체를 구성하게 되는 이유가 공동선, 즉 인간이 함께 상상하고 추구하는 어떤 좋음이라는 것이 중요하다. 예를 들어, 홉스의 사회계약론에서는 우리가 국가를 구성하는 이유가 외부 혹은 서로 간의 위협으로부터의 안전을 추구하기 때문이라고 설명하는데, 이에 대해 아리스토텔레스라면 우리 인간은 단지 안전한 환경에서의 생존으로 만족할 수 있는 존재가 아니라고 지적할 것이다. 우리는 개별적으로도 공동체적으로도 행복을 추구하는데 이때의 행복은 생존을 훨씬 넘는 어떤 것이며 이러한 목적을 위해 정치 공동체의 형성은 인간에게 필수적이다. 이것이 인간이 정치적 동물이라는 말로 아리스토텔레스가 의미하는 것이며 또한 "어떻게 하면 행복하게 잘 살 수 있을까?"라는 『니코마코스 윤리학』의 질문이 『정치학』에 와서야 비로소 충분히 대답될 수 있는 이유이기도 하다.

정치 공동체를 형성할 능력은 단지 군집생활을 하는 능력이 아니라 좋음에 대한 관념을 형성하고, 상호 의사소통을 통해 그 관념을 공유/비판/수정하여 공동의 목적을 형성하며, 그에 따라 관습을 포함한 법을 제정하고, 그 법을 따름을 통해 공동체를 위해 협동하며, 때로는 자발적으로 희생할 능력도 포함한다. 그래서 아리스토텔레스의 인간 이해에 등장하는 '정치적임'은 명백한 도덕적 함의 또한 갖는다. 아리스토텔레스가 말하는 인간의 정치성은 그래서, (고차원의) 언어 능력, 추론 능력(합리적 사고 능력), 그리고 도덕적 판단 능력 등을 모두 아우르는 능력이다.

아리스토텔레스는 이러한 인간 이해를 바탕으로 플라톤의 정치철학에 대한 비판을 감행한다. 플라톤은 부분적이긴 하지만 가족제도의 해체를 주장한 최초의 철학자이다. 플라톤은 『국가』에서 이상적인 정치 공동체에서 지배계급은 사유재산도 가족도 가지지 말아야 한다고 주장한다. 지배계급에게 가족이 있으면 권력을 편파적으로 사용하게 되어 결국 공동체 전체의 이익을 해치게 될 것이니 공동체의 통합을 위해 지배계급은 남편과 아내를 공유하고 태어난 아이 중 누가 자신의 핏줄인지를 서로 모르게 해서 공동체 구성원 모두를 자신의 가족으로 대할 수 있도록 해야 한다는 것이다.

이에 대한 아리스토텔레스의 반론은 두 가지이다. ① 훌륭한 공동체는 가능한 한 하나로 통일/통합된 공동체라는 플라톤의 전제는 틀렸다. 오히려 그 안에 다양한 모습이 섞여 있는 다원주의적 공동체가 훌륭한 공동체이다. ② 플라톤이 지배계급의 가족제도 해체로 목표했던 것은 공동체 구성원 간의 더 가깝고 밀접한 관계, 우애를 촉진시키기 위함인데 아리스토텔레스는 가족이야말로 공동체 구성원의 우애 관계 형성의 기초이기 때문에 가족이 해체되면 오히려 공동체에서 우애와 사랑이 더 약해질 것이라고 주장한다. 우리는 이미 2500년 전에 플라톤과 아리스토텔레스에게서 가족제도를 평가하는 두 상반된, 흥미로운 입장을 목격한다.

플라톤의 가족 해체론에 대한 반론에서 드러나는 아리스토텔레스의 다원주의는 사실 『정치학』 전반에 반복해서 드러나는데, 이것이 가장 극명하게 드러나는 대목은 '집단지성'의 가능성에 대한 논의에서이다. 거의 신적으로 완전한 덕을 갖춘 철인왕이 지배하는 정치체제를 이상이라고 여기고 민주주의의 다중(多衆)을 사태를 잘 모르면서도 폭군적인 힘을 휘두르는 위험한 존재로 여겼던 플라톤과 달리 아리스토텔레스는 뛰어나지 못한 사람들이라도 다수가 모여서 내린 판단이 소수의 엘리트의 판단보다 훌륭할 가능성을 논의한다.

> 다수는 개개인으로서는 훌륭한 인간이 아니더라도 그들이 모여 함께할 때에는 … 소수인 가장 좋은 사람보다 월등할 수 있기 때문이다. 마치 많은 사람이 음식을 가져온 잔치가 한 사람의 지출로 준비한 식사보다 더 나을 수 있는 것처럼.[10]

물론 이것은 이럴 수도 저럴 수도 있는 가능성일 뿐이다. 여러 복잡한 조건에 따라 다중이 소수의 엘리트보다 훌륭한 집단지성을 발휘할 수도, 거꾸로 집단적 우둔함을 보일 수도 있다. 아리스토텔레스도 플라톤이 경계했던, 다중이 감정과 집단적 분위기에 휩쓸려 잘못된 판단을 하게 될 위험성을 충분히 인지했다. 하지만 그와 독립적으로 아리스토텔레스가 2500년 전에 이미 집단지성의 가능성을 탐구했다는 사실은 인상적이다.

다중의 가능성, 그리고 다원주의에 대한 아리스토텔레스의 태도는 어떤 정치체제가 가장 좋은 정치체제인가에 대한 아리스토텔레스의 대답에도 드러난다. 아리스토텔레스는 정치체제를 지배자의 수에 따라 1인 지배체제, 소수 지배체제, 다수 지배체제로 분류하는데 이 셋 중에 어떤 정체가 더 좋다고 주장하지 않는다. 지배자가 법에 대한 존경을 가지고 국가 전체를 위한다면 어떤 체제든 좋은 정치체제일 것이고 그렇지 않다면 나쁜 체제가 된다. 1인 지배체제가 이상적으로 구현되기만 되면 좋은 정치체제 중에서 가장 훌륭할 것이나 현실적으로 구현되기가 어렵고 만약 법을 준수하지 않는 왕이 권력을 잡으면 가장 나쁜 지배체제가 될 위험성이 있다. 반면에 다수 지배체제는 이상적으로 구현된다 하더라도 훌륭함에 있어서는 상대적으로 떨어질 것이라고 아리스토텔레스는 판단하지만 그만큼 현실화 가능성이 크고 혹시나 나쁜 지배체제로 타락하더라도 그중에서는 가장 덜 나쁜 지배체제일 것이다. 여러 정체에 대한 아리스토텔레스의 평가를 표로 나타내면 아래와 같다.

	1인	소수	다수
좋은 체제	왕정	귀족정	혼합정
나쁜 체제	참주정	과두정	민주정

이렇듯 아리스토텔레스의 입장은 민주주의를, 무지한 다중이 지배하는 정치체제이자 참주정의 전 단계로 여기는 플라톤의 『국가』의 입장과 대비되는 것이다. 아리스토텔레스는 어쩌면 민주주의자일 수도 있다. 『정치학』에서 아리스토텔레스가 최선의 정체에 대해 명확한 입장을 밝히지 않는 것에 대해 혹자는 실망할 수도 있지만 사실 정치학의 본성을 고려해 볼 때 아리스토텔레스의 입장이야말로 가장 정확하다고 해야 할 것이다. 어떤 정체가 최선인

지에 대해서는 일반적, 보편적인 대답이 있을 수 없고 한 국가가 처해 있는 여러 상황 —문화, 지리, 경제, 군사, 교육, 심지어 주변 국가의 성격과 상호 관계 등— 에 따라 다른 대답이 나올 수 있으며 또한 그래야 한다는 것이 아리스토텔레스의 혜안이기 때문이다.

지금까지 아리스토텔레스의 정치철학에서 21세기의 우리도 귀 기울여 들어 배울 만한 것들을 나열했다면 이 절을 마치기 전에 아리스토텔레스 정치철학의 어두운 면에 대해 짧게라도 언급해야겠다. 그것은 노예와 여성의 지위에 대한 아리스토텔레스의 주장이다. 아리스토텔레스는 본성상 노예로 태어난 사람들이 있다고 하면서 노예는 주인에게 있어 "살아 있는 도구"라고 주장했다. 또한 여성은 생각하는 요소가 결여되어 있는 노예보다는 낫지만 "권능이 결여되어 있어" 본성상 남성에게 종속되어야 마땅한 존재라고 주장했다. 아리스토텔레스가 이렇듯 명백히 잘못된 입장을 가졌다는 사실은 인류 역사상 가장 위대한 사상가 중 한 사람도 시대의 한계로부터 완전히 자유로울 수 없다는 것을 보여 주어 우리도 진리 앞에서 겸손해야 한다는 교훈을 준다.

3. 제작학, 무언가를 만들어 내는 학문

제작학으로 아리스토텔레스가 뭘 만들까 혹시 궁금해 했다면 실제로 아리스토텔레스가 내놓는 것을 보고는 당황하게 될 것이다. 아리스토텔레스가 제작학에서 특히 관심을 두는 것은 시와 연설이다. 신발이나 무기와 같은 것이 아닌, 둘 다 말(logos)로 제작하는 것들이다. 어떻게 훌륭한 시(비극)를 만들지에 대해서는 『시학』을, 어떻게 훌륭한 연설을 만들지에 대해서는 『수사학』을 남겼다. 여기서는 『시학』만 다룬다.

그런데 우리가 느끼는 황당함을 그리스인들은 느끼지 않았을 것이다. 사실 '제작학'으로 번역한 그리스어 단어 'poiētikē'는 또한 '시학'으로도 번역되는 말이기 때문이다. 이 말은 만들다/행하다라는 아주 일반적인 의미를 가진 동사 'poiein'에서 온 것인데 그리스인들은 특히나 시를 짓는 사람을 poiētēs로 그들의 작품을 poiēma로 불렀다. 영어 단어 poet(시인), poem(시)이 모두 여기서 유래했다. 그런데 생각해 보면 우리말에서도 만드는 사람, '작가(作家)'라는 말로 물건 만드는 사람이 아니라 말로 무언가를 짓는 사람을 뜻하지 않는가?

『시학』을 읽어 보면 다시 한번 여기서 얘기하는 "시"가 우리가 보통 그 말로 의미하는 것이 아니라는 것을 발견하게 된다. 아리스토텔레스의 『시학』이 주제로 삼는 "시"란 "나 보기가 역겨워 가실 때에는…"과 같은, 짧으면서 개인의 절절한 감정을 표현하는 서정시가 아니라 서사시이고, 구체적으로 비극과 희극이다. 그리스의 희비극은 현대의 시와 마찬가지로 운율에 맞춰 쓰였다. 그렇게 운율에 맞춰 쓰인 것 중 음유시인이 혼자서 낭송하는 서사시와는 다르게 여러 배우가 등장인물을 나눠 맡아 대사와 함께 행위를 보여 주는 것을 아리스토텔레스는 드라마라고 부른다. 희극을 다뤘다고 전해지는 2권은 지금은 소실되었고[11] 우리에게 전해지는 『시학』 1권은 비극을 다루고 있다. 『시학』은 결국 어떤 드라마가 좋은 드라마인지, 좋은 드라마를 쓰려면 어떻게 해야 하는지를 다루는 책이다. 언어의 역사를 무시하고 『시학』의 제목을 내용에 걸맞게 다시 번역한다면 『드라마학』이 될 것이다. TV 드라마나 영화를 좋아하는 사람이라면 드라마를 보면서 결말을 미리 예상하기도 하고 이런저런 드라마를 비교하면서 어떤 기준에서 이 드라마가 저 드라마보다 나은지 설명해 보기도 했을 것이다. 그러면서 좋은 드라마, 성공적인 드라마의 공식이 있을지 궁금해해 보기도 했으리라. 그런 사람의 오래된, 최초의 선배가 바로 아리스토텔레스다.

『시학』 1권의 주제인 비극이 모방하는 대상은 희극의 주인공인 비천하고 천박한 사람과는 대조되는 고귀하고 진지한 인물이다. 여기서 모방(mimesis)

이란 희비극뿐 아니라 일반적으로 예술 창작의 본질로 이해되는 속성이다. 비극의 주인공인 고귀하고 진지한 사람은 보통 사람보다 뛰어나서 도덕적으로나 정치적으로 성공한 사람들이며 인간의 기준에서 행복할 자격을 갖춘 사람이다. 하지만 비극이라는 드라마는 정의상 해피엔딩으로 끝나지 않는다. 인간은 아무리 훌륭함을 갖추었어도 자신의 운명을 홀로 결정하지 못한다. 훌륭하고 뛰어난 사람들도 실수를 저지르고 어떤 실수는 그의 삶 전체를 행복에서 불행으로 송두리째 바꿔 버린다. 여기서 비극이 생긴다. 대표작으로 소포클레스의 비극 『오이디푸스 왕』의 주인공을 생각해 보라.

비극은 비록 일어났던 사실을 묘사하는 역사는 아니지만 일어날 수 있었던 일, 아리스토텔레스의 표현을 빌리면, "개연성이나 필연성에 따라 가능한 일"을 관객에게 보여 준다. 이러한 비극을 감상하면서 관객은 주인공에게 몰입하면서 비극적 상황이 일으키는 연민과 공포를 통해 응어리졌던 감정을 안전하게 해소하여 영혼의 정화(katharsis)[12]를 경험한다. 이런 드라마가 훌륭한 비극이다. 아리스토텔레스의 '드라마론'은 문예비평의 첫 저작으로 이후 서양 사상사에서 지대한 영향을 끼쳤을 뿐 아니라 지금 21세기에도 역사적 관심이 아니라 내용적 관심을 가지고 읽을 가치가 있는 흥미로운 저작이다.

4. 논리학, 학문인가 학문을 위한 도구인가

앎의 추구에 평생을 바쳤을 뿐 아니라 학문 활동 전체를 조망하며 체계를 세웠던 아리스토텔레스가 논리학을 연구한 것은 어찌 보면 자연스러운 일이다. 그런데, 논리학은 아리스토텔레스의 학문의 분류 중 어디에 들어갈까? 특별한 이해득실에 대한 관심 없이 논리적 진리를 관조하는 학문이니 이론학에 들어갈까? 아니면 상대를 설득할 논증을 만드는 학문이니 제작학에 들어갈까? 그것도 아니면 토론 상황에서 이기기 위해 어떻게 행동해야 하는지를 알려 주는 학문이니 실천학에 들어갈까? 아리스토텔레스 자신이 이 문제에 대해 어떻게 생각했을지를 확정하기는 어렵지만 소요학파 전통에서 논리학은 학문들 중 하나라기보다 학문을 위한 도구, 어떤 학문을 하든 관계없이 보편적으로 필요한 도구라고 여겨졌다. 전승되는 아리스토텔레스 논리학 저술들(『범주론』, 『명제론』, 『분석론 전서』, 『분석론 후서』, 『토피카』, 『소피스트적 논박』)은 통칭 '오르가논(organon)'이라고 불렸는데 이 말은 도구라는 말이다.

논리학의 학문적 위상이 무엇인지와는 별개로 아리스토텔레스가 논리학의 창시자라는 데에는 이견이 없다. 앞에서 보았듯이 아리스토텔레스는 어떤 주제에 대한 연구를 진행할 때 지금까지의 연구사를 먼저 정리하는 것이 올바른 방법이라 여겼는데, 아리스토텔레스는 『소피스트적 논박』 말미에서 논리학의 경우 자신이 참조할 선행 연구가 없었다고 말한다. 사실상 자신이 논리학의 창시자라는 것을 자랑하고 있는 것이다.

그런데 아리스토텔레스가 논리학을 창시했다는 것은 무슨 뜻일까? 물론 아리스토텔레스 이전에도 논리적으로 상대방과 논쟁하고 설득하는 오랜 전통이 있었다. 예를 들어 플라톤의 대화편들에서 우리는 상당히 수준 높은 논증의 공방(攻防)을 목격한다. 하지만 어떤 종류의 논증이 설득력이 있고 어떤 종류의 논증은 설득력이 없는지 그리고 왜 그런지에 대한 반성적이고 체계적인 이론을 세운 것은 아리스토텔레스가 최초이다.

게다가 아리스토텔레스가 최초로 정립한 논리학은 이미 대단한 수준에 올라 있었다. 아리스토텔레스가 논리학을 만든 지 2천 년이 지난 후인 18세기에, 칸트는 아리스토텔레스의 논리학이 이미 완결된 것이라 그 이후 한 발짝도 전진할 수 없었다고 평가했다.[13] 물론 19세기 말 프레게와 러셀 이후 현대 논리학은 아리스토텔레스의 소위 정언 논리학을 넘어 한층 더 강력해졌지만, 역사상 한 철학자가 아무런 참고할 선행 연구도 없이 최초로 내놓은 연구

결과가 2천 년이 지나서도 그 분야에서 최종적인 업적으로 여겨졌다는 것은 놀라운 사실이다.

자 이제 칸트가 아리스토텔레스가 창시한 그대로 이미 완결된 것이라고 평가했던 아리스토텔레스의 논리학을 보자. 먼저, 다음의 논증을 보라.

이 논증을 보자마자 우리는 이것이 무언가 특별한 논증이라는 것을 본능적으로 안다. 현대 논리학의 용어로 이 논증은 타당한(valid) 논증이다. 이 말은 이 논증의 전제가 모두 참이라면 결론은 필연적으로 참이라는 말이다. 우리는 논리학을 배우지 않더라도 이러한 논증을 식별할 수 있고 또 적절한 맥락에서 효과적으로 사용하기도 한다. 하지만 이러한 논증을 적절히 사용하는 것과 이러한 논증이 왜 이런 특징을 가지는지를 설명하는 것은 전혀 다른 일이다. 아리스토텔레스는 타당한 논증이 왜 타당한지 그 이유를 최초로 설명한 사람이다. 좀 더 학문적인 표현을 사용해 보자면, "논증의 타당성은 어디로부터 오는가?"라는 질문에 대답을 내놓았다.

아리스토텔레스의 대답은 논증의 타당성은 논증의 형식에서 온다는 것이다. 여기서 다시 한번 우리는 형식/형상과 내용/질료의 구분이 어떻게 다양한 방식으로 적용될 수 있는지를 본다. 논증의 형식이라는 것은 무엇을 뜻하는가? 여러분에게 외국에서 온 친구가 있다고 상상해 보자. 이 친구는 지금 한국어를 열심히 배우고 있지만 아직 완전히 익히지 못해 자주 자기 나라 말을 섞어서 쓴다. 이 친구가 이런 말을 했다고 하자.

물론 여러분은 이 친구가 한 말이 무슨 의미, 무슨 내용을 가지는지 전혀 이해하지 못했다. 그런데도 여러분은 이 두 문장이 참이라면 "모든 삐까삐까는 삐리삐리다"도 참일 것이라고 확신할 수 있다.[14] 이것이 바로 이 논증의 타당성이 논증의 형식으로부터 나온다는 말이 뜻하는 바이다.

이렇듯 아리스토텔레스는 어떤 문장 둘을 모아 놓으면 그 두 문장과는 다른 문장을 필연적으로 함축하는 그런 문장의 조합이 있다는 것을 발견했고 그런 조합을 'syllogismos'라고 불렀다. 문장(logos)을 합쳐 놓은(syn) 것이라는 뜻이며 이로부터 영어 단어 'syllogism'이 유래했다. 이 영어 단어는 우리말로 '삼단논법'이라고 통상 번역하는데, 이는 이러한 논증이 세 개의 문장(전제 둘에 결론 하나)으로 이루어지기 때문이다. 그런데 정확히 말하면 아리스토텔레스가 'syllogismos'로 뜻하는 것은 위와 같은 특별한 성질을 가지는 전제 두 개의 조합이다. 아리스토텔레스는 어떤 문장의 조합이 그런 특징을 가지는지를 판별하고 증명하는 일반 이론을 구축했다. 이것이 아리스토텔레스의 소위 '정언 논리'이다(사실 『분석론 전서』는 정언 논리에서 한 걸음 더 나아간 양상 논리 체계도 도입하지만 이에 대해서는 여기서 다루지 않는다).

아리스토텔레스의 정언 논리 체계가 다루는 문장은 주어 개념과 술어 개념이 양화사와 계사로 연결된 문장이다. 양화사에는 전칭 양화사('모든')와 특칭 양화사('어떤')가 있고 계사에는 긍정 계사('-이다')와 부정 계사('-이 아니다')가 있다. 이에 따라 4종류의 문장[15]이 나온다.

① 전칭 긍정 문장: "모든 A는 B이다."[16]
② 전칭 부정 문장: "모든 A는 B가 아니다."[17]
③ 특칭 긍정 문장: "어떤 A는 B이다."
④ 특칭 부정 문장: "어떤 A는 B가 아니다."

조금만 생각해 보면 이러한 형식의 두 개의 문장이 모여 위에 정의된 syllogism이 되려면 그 두 개의 문장은 하나의 개념을 그리고 오직 하나의 개념만 공유해야 함을 알 수 있고 그래서 결국 하나의 syllogism에는 세 개의 개념이 등장한다. 그 공유된 개념을 아리스토텔레스는 중간(meson) 개념 혹은 매개념이라고 부르고, 매개념이 아닌 개념 두 개 중 결론의 술어 개념을 대(meizon)개념, 그리고 결론의 주어 개념을 소(elatton)개념이라고 부른다. 이어 따라 대전제, 즉 대개념과 매개념으로 이루어진 전제와 소전제, 즉 소개념과 매개념으로 이루어진 전제가 결정된다.

아리스토텔레스는 가능한 조합 중 오직 14개의 조합만이 의미 있게[18] 타당한 연역 논증, 즉 syllogism을 구성한다는 것을 증명한다. 아리스토텔레스의 정언 논리 체계는 마치 유클리드의 기하학 체계와 같다. 유클리드 기하학에서는 몇몇 기본 정의와 직관적으로 명백히 참으로 보이는 (그래서 증명할 필요가 없는) 5개의 공리(axiom)를 전제한 후 그 공리를 바탕으로 여러 가지 흥미로운 기하학적 결과를 정리(theorem)로 도출한다. 마찬가지로 아리스토텔레스는 syllogism들 중 어떤 논증을 완전한(teleios) 논증, 즉 증명 없이 받아들일 수 있는, 직관적으로 그 타당성이 명확한 논증[19]이라고 놓고 네 종류의 정언 문장 간에 필연적으로 성립하는 환위,[20] 모순[21] 등의 관계와 귀류법 등의 논리적인 절차를 거쳐 syllogism의 타당성을 논리적으로 증명한다.

아리스토텔레스 삼단논법의 타당성은 꼭 아리스토텔레스가 제안한 방법이 아니라 예를 들어 벤 다이어그램 등을 통해 증명할 수도 있다. 하지만 이러한 방법은 아리스토텔레스의 방법에 비해 더 배우기 쉬울지 몰라도 아리스토텔레스의 증명 체계가 가지는 우아함, 또는 논리 체계의 완전성은 가지지 못한다. 아리스토텔레스의 정언 논리를 배우는 가장 좋은 방법은 아리스토텔레스의『분석론 전서』를 읽는 것이다.

여기서는『분석론 전서』의 서술에 따라 완전한 논증이 무엇인지를 설명하고 완전하지 않은 syllogism을 어떻게 증명하는지 하나의 예를 보이겠다.

『분석론 전서』1권 4장에서 아리스토텔레스는 정언 논리에서의 1격 논증[22]들 중 타당한 네 개의 논증(중세 논리학에서 붙인 전통적인 이름은 Barbara, Celarent, Darii, Ferio)을 열거하는데, 아리스토텔레스는 이 네 개의 논증이, 그리고 이 네 개의 논증만이 "완전한" 논증이라고 부른다. 여기서 완전한 논증이란 논증의 타당성이 명백하게 보여 따로 증명이 필요 없는 논증을 말한다. 다른 타당한 정언 논증들은, 타당하더라도 완전하지는 않은 논증이고 환위나 귀류법 등의 논리적 장치를 통한 완전한 논증에로의 환원을 통해 그 타당성이 비로소 명백하게 드러나게 된다. 이 과정을 아리스토텔레스는 그 논증들을 '완전하게 하기(epitelein)'라고 부른다.

정언 논증들 중 완전한 네 개의 논증은 다음과 같은데 모두 1격 논증이다.

모든 S는 M이고, 모든 M은 P이다. 그러므로, 모든 S는 P이다(Barbara).
모든 S는 M이고, 모든 M은 P가 아니다. 그러므로, 모든 S는 P가 아니다(Celarent).
어떤 S는 M이고, 모든 M은 P이다. 그러므로, 어떤 S는 P이다(Darii).
어떤 S는 M이고, 모든 M은 P가 아니다. 그러므로, 어떤 S는 P가 아니다(Ferio).

* S는 소개념, P는 대개념, M은 매개념

위의 네 논증은 완전하다. 즉 이 논증들의 타당성은 다른 어떤 증명 과정도 필요 없이 명백하게 드러난다. 왜 이 논증들이 그리고 이 논증들만 완전한지, 즉 이 논증들에서 전제와 결론 간의 어떤 관계가 있길래 이 논증의 타당성이 명백하게 드러나는지를 보려면 위의 논증들에서 매개념 M이 등장하는 부분, 즉 첫째 전제의 술어 부분과 둘째 전제의 주어 부분을 다음과 같이 지워 버리면 된다.[23]

> 모든 S는 ~~M이고, 모든 M~~은 P이다. / 모든 S는 P이다.
> 모든 S는 ~~M이고, 모든 M~~은 P가 아니다. / 모든 S는 P가 아니다.
> 어떤 S는 ~~M이고, 모든 M~~은 P이다. / 어떤 S는 P이다.
> 어떤 S는 ~~M이고, 모든 M~~은 P가 아니다. / 어떤 S는 P가 아니다.

위의 각각의 논증의 결론은 앞에 나열한 전제 둘에서 중간 개념 부분, 즉 소전제의 술어 부분과 대전제의 주어 부분을 지워 버린 결과이다. 이런 특징이 오직 1격 논증들에서만 나타나는 것은 물론이다. 이렇게 지워 버리면 어떻게 이 두 전제 간의 관계가 다른 (타당하지만 불완전한) 정언 논증에서의 전제들과는 다른지를 확연히 알 수 있다. 우리가 특별한 논리적 훈련을 받지 않고서도 정언 논증의 1격 논증의 타당성을 '명백히', 즉 직관적으로 받아들이게 되는 이유가 이것이다. 이제 이 4개의 논증을 왜 아리스토텔레스가 '완전한' 연역 논증이라고 하는지가 명백해졌으니 다음으로 아리스토텔레스가 다른 연역 논증의 타당성을 어떻게 증명하는지 하나의 예를 들어 보자.

다음의 논증은 전통적으로 Camestres라고 부르는 논증이다.

> 모든 N는 M이고, 모든 X는 M이 아니다. 그러므로 모든 X는 N이 아니다.

이 논증이 타당하다는 것이 한눈에 보이는가? 조금 시간을 들이면 이 논증이 타당하다는 것을 특별한 논리적 훈련 없이도 증명할 수 있을 것이다. 예를 들어, 벤 다이어그램을 그려 보면 이 논증이 타당하다는 것을 손쉽게 알 수 있다. 하지만 앞의 완전한 논증처럼 이 논증의 타당성이 직관적으로 당장 명백하지는 않다. 아리스토텔레스는 이 논증의 타당성을 환위를 통해 아래와 같이 증명한다(여기서 환위란 주어 개념과 술어 개념의 위치를 바꾸는 것으로 전칭 부정 명제에 적용하면 명제의 진리치를 변화시키지 않는다. 즉, 주어진 전칭 부정 명제를 얼마든지 환위해도 된다).

① 모든 N는 M이다.	(전제)	
② 모든 X는 M이 아니다.	(전제)	
③ 모든 M은 X가 아니다.	② 환위	
④ 모든 N은 X가 아니다.	①, ③ Celarent	
⑤ 모든 X는 N이 아니다.	④ 환위	← 증명 끝.

사실 Camestres라는 이 논증의 이름은 사실 단순한 이름이 아니라 이 논증의 타당성 증명 방식을 코드화한 것이다. Camestres에 등장하는 두 개의 's'는 이 논증의 타당성 증명에 두 번의 환위가 쓰인다는 것을, 맨 앞 글자 C는 그래서 이 논증은 완전한 논증 중 하나인 Celarent로 환원된다는 것을 뜻한다.

이렇듯 아리스토텔레스는 삼단 논증이 왜 타당한지 그리고 각각의 논증 형식이 타당한 이유를 증명하는 완전한[24] 논리 체계를 창시했다.

우리는 이제까지 아리스토텔레스가 철학의 여러 분야에서 선구적인 업적을 내놓았을 뿐 아니라 사실 철학의 '분야'를 만들고 방법을 정립하고 체계를 성립시킨 철학차라는 것을 보았다. 전승되는 모든 아리스토텔레스의 저작이 그런 것은 아니지만 여기서 소개한 것보다 훨씬 많은 아리스토텔러스의 저작들이 단지 역사적인 관심이 아니라 내용적인 관심으로 계속해서 읽히고 참조되고 논의되고 있다.

주석

1   Strabo, "아리스토텔레스는 책을 수집했던 최초의 개인"(*Geography*, xiii. 1. 54).

2   Diogenes Laertius, *Vita Phil.* IV 11. 우리에게 전해지는 것은 아테네의 법체계뿐이다.

3   『토피카』, 145a15-16; 『자연학』, 192b8-12; 『니코마코스 윤리학』, 1139a26-28; 『형이상학』, 1025b25, 1064a16-19 등.

4   『형이상학』 IV 2, 1003a33-b12. Aristoteles, 『형이상학』, 조대호 옮김(서울: 도서출판 길, 2017)의 번역을 대부분 따름.

5   『형이상학』 IV 3, 1005b7-11.

6   『니코마코스 윤리학』 I 1, 1094a3-6. Aristoteles, 『니코마코스 윤리학』, 강상진, 김재홍, 이창우 옮김(서울: 도서출판 길, 2011)의 번역을 따름.

7   BTS, 〈Love Yourself〉.

8   아리스토텔레스의 philia는 우리가 보통 생각하는 우정뿐 아니라 사회적, 정치적 관계까지를 포함하는 넓은 개념이다.

9   『정치학』, 1253a 이하. Aristoteles, 『정치학』, 김재홍 옮김(서울: 도서출판 길, 2017)의 번역을 대부분 따름.

10 『정치학』, III 11, 1281b 이하. Aristoteles, 『정치학』, 김재홍 옮김(서울: 도서출판 길, 2017)의 번역을 대부분 따름.

11 움베르토 에코의 『장미의 이름』은 소실된 『시학』 2권을 둘러싼 흥미로우면서도 잘 고증된 문학적 상상력을 보여 준다.

12 카타르시스 개념은 사실 다양한 해석이 제안된 논쟁적인 개념이다. 관련해서는 다음 책을 참조하라. Stephen Halliwell, *Aristotle's Poetics*(Chicago, IL: University of Chicago Press, 1986), ch. 6.

13 『순수이성비판』, Bviii. 물론 이러한 칸트의 평가에 당대 모든 철학자가 동의한 것은 아니었다. 관련된 논의는 Huaping Lu-Adler, "Kant on Proving Aristotle's Logic as Complete," *Kantian Review* 21, no. 1(2016): 1-26 참조.

14 물론 여기에는 등장하는 모든 단어의 의미가 확정되고 문장 간에 변하지 않는다는 것이 전제되어야 한다.

15   엄밀히 말하여 이것들은 문장이 아니라 문장 형식이다. 하지만 여기서는 서술의 편의를 위해 이 구분은 제쳐 두기로 한다. 논증과 논증 형식의 구분도 마찬가지이다.

16   아리스토텔레스 자신은 『분석론 전서』에서 "모든 A는 B이다" 대신에 "B는 모든 A에 속한다"라고 쓰는데(다른 형식도 마찬가지) 여기서는 아리스토텔레스의 방식을 따르지 않고 우리말에 더 쉽게 이해되는 방식으로 쓴다. 아리스토텔레스의 표현 방식은 일종의 고육책이다. 그리스어에는 조사가 없기 때문에 주어 개념 A와 술어 개념 B가 모두 주격으로 쓰이면 어떤 개념이 주어이고 어떤 개념이 술어인지가 혼동될 수 있다. 반면에 조사를 통해 어떤 단어가 주어이고 어떤 단어가 술어인지가 명확히 드러나는 우리말에서는 굳이 아리스토텔레스의 부자연스러운 서술 방식을 따를 필요가 없다.

17   우리말로 전칭 부정을 나타내는 더 자연스러운 방법은 "어떤 A도 B가 아니다"이다. 하지만 전칭 양화사를 '모든'으로 통일해 주기 위해 위와 같이 표현하기로 한다.

18   여기서 '의미 있게 타당하다'라는 말은 예를 들어 전제와 결론이 동일한 논증(예를 들어, "모든 A는 B이다. 그러므로, 모든 A는 B이다.")과 같은 공허하게(vacuously) 타당한 논증을 배제하는 표현이다. 현대 논리학에서는 공허하게 타당한 논증도 전제가 참이면서 결론이 거짓일 수는 없기에 타당한 논증으로 인정하는데 아리스토텔레스는 이러한 "무의미한" 추론에는 관심이 없다.

19   아리스토텔레스의 표현은 '필연적인 것(결론)이 명백해지기 위해 이미 취해진 것(전제)들 외에 아무것도 필요하지 않은 논증'이다. 『분석론 전서』 1권 1장, 24b22-26.

20   정언 명제의 주어와 술어 개념의 위치를 바꾸는 것을 말한다. ① "모든 A는 B가 아니다"로부터 "모든 B는 A가 아니다"가 도출되고 ② "어떤 A는 B이다"로부터 "어떤 B는 A이다"가 도출되며 ③ "모든 A는 B이다"로부터 "어떤 B는 A이다"가 도출된다.

21   (주어와 술어 개념의 위치가 같을 때) 전칭 긍정 명제는 특칭 부정 명제와, 전칭 부정 명제는 특칭 긍정 명제와 상호 모순이다.

22   소전제, 대전제 순으로 전제를 서술했을 때 매개념이 중간에 오는 것을 1격이라 한다. 주 16에서 서술한 명제 서술 방식에 따르면 대전제, 소전제 순이 아니라 소전제, 대전제 순으로 놓아야 매개념이 중간에 오게 된다.

23   정언 논증의 두 전제와 결론을 논리학 교과서에서 보통 그러듯이 각각 다른 줄에 쓰지 않고 아리스토텔레스 자신의 방식대로 한 줄에 쓰면 생기는 이점이다.

24   논리학에서 완전성이란 모든 참인 명제가 특정 논리 체계에서 증명 가능하다는 것을 의미한다.

2부.

인간다움을 찾아서

1장.

공자, 지행일체를 통한
문제 해결과 중원(천하) 질서의 수호

신 정 근

성균관대학교 유학동양한국철학과 교수

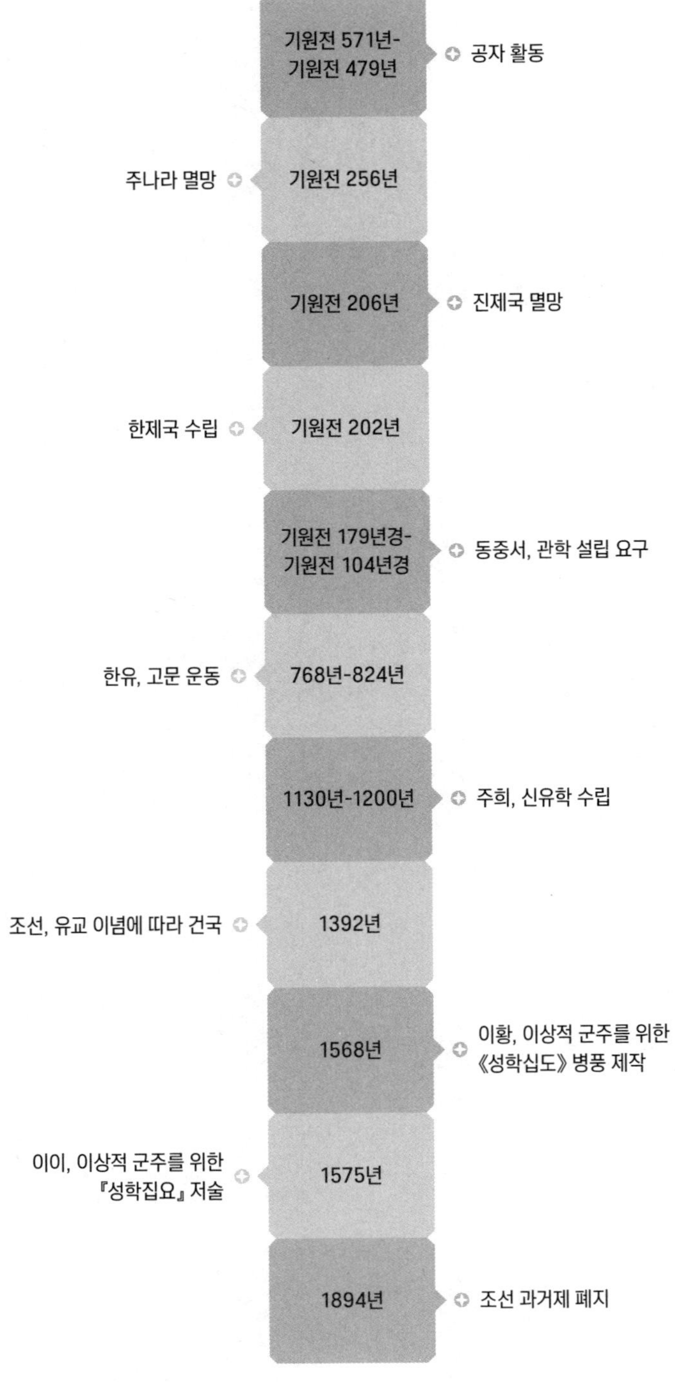

기원전 571년-
기원전 479년
공자 활동
주나라 멸망
기원전 256년
기원전 206년
진제국 멸망
한제국 수립
기원전 202년
기원전 179년경-
기원전 104년경
동중서, 관학 설립 요구
한유, 고문 운동
768년-824년
1130년-1200년
주희, 신유학 수립
조선, 유교 이념에 따라 건국
1392년
1568년
이황, 이상적 군주를 위한
《성학십도》병풍 제작
이이, 이상적 군주를 위한
『성학집요』 저술
1575년
1894년
조선 과거제 폐지

불교의 승려는 출가하고 깨달음에 정진한다. 또 어제까지 강도질을 일삼던 사람이 잘못을 깨달아 불가에 귀의하면 더 이상 잘못을 묻지 않았다. 팔리어본『아함경』을 보면 앙굴라말라는 사람을 죽인 뒤 손가락을 잘라 목걸이를 하고 다닐 정도도 악행을 서슴지 않았지만 회개하자 부처는 그이를 사문(沙門)으로 받아들였다. 과거에 피해를 보았던 사람들은 붓다를 찾아와 항의했다.[1] 불교가 동아시아에 전래될 때도 출가와 회개 이후 용서는 강한 반칼에 부닥쳤다. 동아시아 사람이 깨달음만큼이나 인륜을 지키는 수행(실천)을 중시하기 때문이다. 이 때문에 불교에서도『부모은중경』을 통해 효도와 부합하는 측면을 부각하기도 했다.

기독교는 유일신, 사후 심판과 구원 등을 핵심 교리로 한다. 하지만 마테오 리치는 동아시아 사람에게 기독교의 교리를 설명하기 위해『천주실의』를 저술하면서 위의 내용을 다루지 않았다.[2] 동아시아 사람도 조상신과 자연신을 믿지만 창조와 심판의 유일신을 이해하기 어려웠기 때문이다. 특히 선인이 아무리 많은 선행을 해도 유일신을 믿지 않으면 지옥을 가고, 악인이 아무리 많은 악행을 해도 유일신을 믿으면 천당에 갈 수 있다고 하면 동아시아 사람은 천주교를 가까이하지 않을 것이다. 동아시아 사람은 하루하루 선행을 쌓아서 주위 사람에게 도움을 줘서 복을 받는다는 사고방식에 익숙하기 때문이다.

동아시아 사상 문화가 다른 사상 문화와 접촉하고 교류할 때 그 특성이 잘 드러난다. 동아시아 사상 문화에서는 유일신보다 조상신과 자연신, 사후 심판보다는 일상의 선행, 깨달음보다는 인륜의 실천을 중시한다. 이러한 특성은 동아시아 철학의 중요한 개념인 도(道)와 예(禮)의 어원에서도 드러난다. 도는 사람 머리[首]와 함께 걸어 다니는 거리[行] 또는 걷는 동작[辶]으로 되어 있다.3 허신(許慎)은 예를 사람이 자리를 찾아 "밟을 리(履)" 자로 풀이하고 있다.4 두 개념은 모두 사람이 인륜의 관계망[行]에서 그때그때 각자의 자리에 서서 덕행을 실천하여 질서를 이루느라 "걷는[辶, 履]" 수행의 측면과 관련된다. 이는 "보다"에서 출발하는 고대 그리스 철학과 차이를 보인다.5

공자(孔子)도 자신의 사상 체계에서 도와 예를 사람다운 덕목으로 설정하고 개인의 삶과 공적 정치 영역에서 실천하기를 요구한다. 이는 공자가 지성을 발휘할 때 지금까지 다룬 맥락과 연장선에 있다고 본다. 이 글에서는 공자가 지성을 문제 상황의 해결과 중원(천하) 질서의 형성과 유지라는 맥락에서 발휘하고 이를 위해 "지행일체"를 주장한다는 점을 살펴보고자 한다. 이러한 공자의 지성은 순수 이론이나 객관적 보편 원리의 발견이라는 맥락과 구별된다고 할 수 있다.

이 작업을 위해 먼저 천명(天命)의 시대에 지성이 제한적으로 발휘되다가 천명을 회의하면서 지성의 역할이 부각되는 맥락을 살펴보고자 한다. 이어서 공자가 『서경』 등에 나타나는 지성의 맥락을 계승하면서 자신의 색깔을 드러내는 측면을 논의하고자 한다. 마지막으로 이러한 지성관은 성인론(聖人論)으로 이어진다는 맥락을 다루고자 한다.

1. 천명(天命) 시대에서 지성의 역할

1) 갑골문을 통한 천명의 독법

공자 이전의 시대를 간단히 상제(上帝)와 천명(天命)의 시대라고 할 수 있다. 상제는 하느님에 해당하는 말로 최고신을 가리킨다. 천명은 하늘의 명령이란 뜻이다. 상제와 천명의 시대는 상제와 천이 세계 질서의 근원이고 또 지상의 대리인에게 질서를 유지하고 관리하는 권한을 위임했다.[6]

상제와 천은 이 세상에 직접 모습을 나타내서 자신의 뜻을 밝히지도 않고 대리인을 보내어 자신의 뜻을 직접 전달하지도 않는다. 지상의 사람은 상제의 뜻을 알기 위해 거북점을 쳤다. 거북 배딱지의 몇몇 곳에 네모 모양의 홈을 파고 거기에 불을 지펴서 껍질이 갈라지는 모양을 통해 상제의 뜻을 헤아렸다.[7]

이때 점은 세상의 모든 일이 아니라 전쟁, 수확 등 공동체의 중대사를 대상으로 했다. 중대사는 당시와 오늘의 기준이 다를 수 있다. 이때 정인(貞人)은 껍질의 갈라진 무늬를 살펴서 상제의 뜻이 어디에 있는지를 파악했다. 정인은 점을 치는 과정에서 날짜와 정인 이름[前辭], 묻는 사안[命辭], 갈라진 무늬[占辭], 진행된 일의 결과[驗辭] 등을 다시 거북 껍질에다 기록했다.[8] 이것이 오늘날 알려진 한자의 초기 형태인 갑골문(甲骨文)이다.

정인은 껍질이 갈라진 무늬를 통해 상제의 뜻을 해독할 권한을 독점적으로 누렸다. 정인의 해독법은 일반 교육을 통해 공유될 수 있는 성질의 텍스트가 아니라 소수의 몇몇 사람 사이에만 전승되는 비전(祕傳)의 특징을 지녔다. 이런 맥락에서 갑골문의 비전은 특수한 교육을 통해 전수되고 이해될 수 있었다.[9]

이때 지성은 아무런 제한 없이 발휘할 수 있는 인간다움의 특성이 아니라 상제나 천과 교섭할 수 있는 특권이었다. 지성은 오로지 상제와 천의 뜻을 밝히는 데에 쓰이고 그렇게 밝혀낸 뜻을 다시 문자를 기록하는 데에만 사용되었다. 지성이 상제와 천의 뜻을 파악하여 전달한다는 점에서 신탁(神託)에 상응하는 특성을 갖는다. 갑골문의 독해가 공동체의 운명에 직결되므로 지성은 넘볼 수 없는 초월적 지위를 가졌다.

거북점에서 지성은 처음에 껍질이 갈라진 무늬를 보고 유사성을 일정한 방식으로 정리하고 특이성을 포착하는 섬세한 감별력으로 발휘되었다. 비전의 과정에서 지성은 학습한 무늬의 기억을 새로운 무늬에 적용하여 해독하는 분석력으로 나타났다. 이런 점에서 지성은 정인(貞人)에게 허용된 특권이라고 할 수 있다.[10] 껍질의 갈라진 무늬는 정인에게 의미의 계열이지만 정인이 아니면 뭐가 뭔지 알 수 없는 혼란의 선이 뻗어 나가고 교차하는 현상일 뿐이다.

상제는 갑골문 이후의 문헌에도 쓰인다. 하지만 이때 사람들은 더 이상 상제의 뜻을 알기 위해 거북점을 치지 않았다. 갑골문의 거북점이 사라지고 음효(陰爻)와 양효(陽爻)의 배열로 미래를 예측하는 『주역』점이 그 자리를 대신했다.[11] 아직 이 교체의 원인과 경과를 정밀하게 추적할 수는 없다. 우리는 사람이 미래를 알기 위해 의존하는 매체가 달라졌다는 사실을 알 수 있을 뿐이다.

2) 천명의 회의와 지성의 개화

오늘에서 보면 왕조와 정권의 교체는 일상다반사라고 할 수 있다. 처음 일어나게 되면 그 교체는 사회 전 분야에 영향을 미친다. 은(殷)나라가 망하고 주(周)나라가 천자의 나라가 되자, 이 문제는 정치 현상에 국한되지 않고 사상 종교 현상으로서 설명이 필요했다.

먼저 상제는 "은나라가 왕이고 주나라가 신하이다"라고 정해 주었다. 이것이 지상 세계의 질서이다. 이 질서에 따르면 신하가 왕을 공격할 수도 없고, 신하가 왕을 몰아내고 자신이 왕이 될 수도 없다. 그렇게 한다면 상제가 정한 신성한 질서를 어기는 일이다.

은주 교체는 신하가 왕을 공격해서 이기고 새로운 왕이 된 셈이다. 이전에도 신하가 왕에 도전하는 사례는 있었지만, 그런 시도는 실패로 끝나고 하극상(下剋上)의 반란으로 평가되었다. 은주 교체는 새로운 둔제 상황이라그 할 수 있다. "은주 교체는 지난날의 사례와 동일하게 하극상이냐 아니면 정강화 될 수 있느냐?"라는 물음에 대한 답변 여하에 따라 사람은 무엇을 어떻게 할지 결정할 수 있다.

그렇다면 은과 주의 교체는 어떻게 설명하고 이해할 수 있을까? 하극상의 반란이라면 주나라는 권력을 다시 은나라에 돌려줘야 한다. 하극상의 반란이 아니면 은과 주의 교체는 어떻게 정당화될 수 있을까? 여기서 지성은 지금까지 작용한 적이 없는 새로운 영역에서 정당화의 근거를 찾는 역할을 수행했다.

이것이 바로 천명에 대한 재검토이다. 이전에는 상제나 천이 특정인(왕조)에게 지상 통치의 권한을 한 번 위임하면 영원히 지속된다고 생각했다. 은주 교체를 겪으면서 사람들은 천명이 영원히 유효하지 않고 위임받은 권능을 제대로 수행하여 지상 세계의 질서를 관리하지 못하면 다른 사람에게 넘겨질 수 있다는 사고를 하게 되었다. 천명이 무조건적인 위임에서 조건적인 위임으로 바뀌게 된 것이다.

이에 의하면 은나라는 천명을 받았지만, 마지막 주왕(紂王)에 이르러 주지육림(酒池肉林)의 사치와 향락, 포락형(炮烙刑)의 잔인무도를 일삼았다. 이는 상제와 천이 은나라 왕에게 위임한 권한의 남용이고 백성들에게 까닭 없는 고통의 부과라고 할 수 있다. 이때 은주의 교체는 하극상의 반란이 아니라 고통의 종식이자 해방의 실현이므로 정당화될 수 있는 사건이 된다.[12]

은주 교체 이전에 천명은 지상의 통치권을 독점적으로 위임하는 특권이었다면 은주 교체 이후에 천명은 특권이긴 하지만 특권에 상응한 책임을 부담해야 하는 의무로 바뀌게 되었다. 이런 변화와 더불어『서경』과『시경』등에서는 왕이 통상적으로 수행할 일로 덕(德)이 강조되고 책임을 두렵게 느끼면서 경(敬)이 강조되기에 이르렀다.

아울러『서경』등을 보면 이전에 덕과 경의 영역에서 탁월한 수행을 보인 영웅을 발굴하고 그 사적을 기록했다. 그것이 바로『서경』에서 요(堯)의 전(典), 순(舜)의 전[五典], 대우(大禹)의 모(謨), 고요(皐陶)의 모, 우(禹)의 공(貢), 감(甘)의 서(誓), 탕(湯)의 서(誓), 중훼(仲虺)의 고(誥), 탕의 고, 이윤(伊尹)의 훈(訓), 태서(泰誓), 목서(牧誓), 홍범(洪範), 금등(金縢), 대고(大誥), 강고(康誥), 주고(酒誥) 등으로 실렸다. 인명과 메시지의 이름이 다르지만, 내용은 덕과 경의 영역에서 유효한 성과를 냈던 기록이라는 점에서 동일하다.

하지만 주나라의 말기도 은나라 마지막 주왕을 닮았다. 사람들은 전쟁, 재해, 세금 등의 고통을 장기간 겪고 있지만 그 끝을 알 수가 없었다. 주나라와 천명의 관계가 지속될 수 있는지 회의하는 사고가 등장하기 시작했다. 이것을 바로『시경』의 원천시(怨天詩), 즉 끝없는 고통에 있는 사람을 방치하는 세계의 근원에 대한 원망하는 노래들에서 알 수 있다.[13]

은주의 교체처럼 주나라를 대체할 정치 세력이 늦게 등장하는 만큼 그 시공간에 새로운 질서를 모색하는 지성이 개화하기 시작했다. 이러한 지성의 개화가 바로 공자를 위시한 "제자백가(諸子百家)"의 탄생으로 이어졌다.

공자를 비롯한 제자백가는 이제 어떠한 금기를 고려하지 않고 오로지 지성의 힘으로 사람이 사람답게 살 수 있는 길을 모색했다. 즉 지성은 더 이상 상제와 천의 뜻을 대변하는 것이 아니라 사람이 바라는 대로 이론을 구성하게 되었다.

이때 공자는『논어』「미자」에서 도시가 아니라 산림에 숨어 사는 은자(隱者)를 만나 "동물과 함께하는 삶"과 "사람의 무리와 함께하는 삶"을 구분한다.[14] 즉 공자는 은자의 비판에 맞서 후자의 삶을 가겠다는 지향을 분명히 밝히고 있다. 이러한 구분은 훗날 제자백가 상호 간의 비판으로 이어졌다.

물론 이때 상제와 천은 지성으로 지은 사상의 집에 한 영역을 차지할 수도 있고 완전히 추방될 수도 있다. 상앙과 한비는 천과 상제를 추방하는 반면 묵자는 천과 상제의 집을 크게 넓히고, 노자와 장자는 천과 상제의 인격성을 완전히 탈색해 버렸다.

2. 공자의 지성: 문제 상황의 해결과 중원(천하) 질서 형성

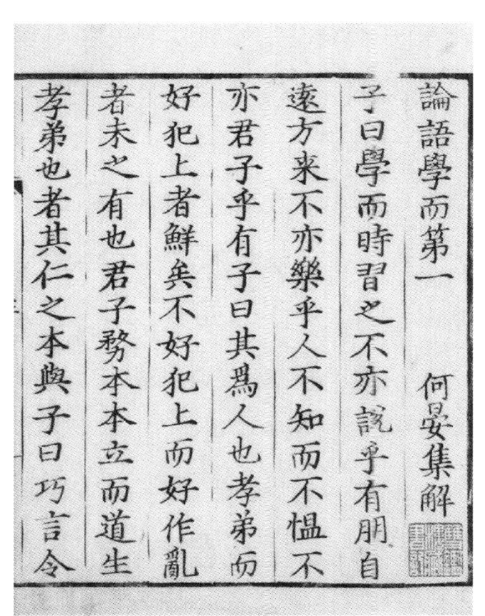
『논어』의
시작부

* 이미지 출처:
위키미디어 커
먼스

1) 문제 해결과
그 능력의 배양

『서경』에서는 문화와 도덕 영웅의 성공담을 다양하게 기록하고 있다. 영웅이 "어떤 문제 상황에 놓였을 따 어떻게 그 문제를 해결했느냐?"라는 서사를 다루고 있다. 예컨대 요가 제위에 있을 때 홍수 피해

가 엄청났다. 요는 먼저 곤(鯀)에게 치수를 맡겼지만 9년을 느력해도 성과를 내지 못했다.[15] 이어서 곤의 아들 우가 물길을 막기보다 터 주는 방식으로 치수를 진행하여 성공하게 된다. 우는 8년 치수 사업을 벌이며 자신의 집 앞을

3차례 지나갔지만 잠깐 집에 들를 겨를이 없었다.[16] 우가 치수 사업에 엄청난 중압감을 느끼고 있었음뿐만 아니라 책임감과 성실성을 보여 준다.

순이 제위에 있을 때 유묘(有苗)[묘족(苗族)]가 반기를 들었다. 처음에 우가 주도하여 정벌에 나섰지만 성을 함락하지 못했다. 익(益)이 우에게 내치의 덕에 치중하여 사회 안정을 이루면 유묘도 바뀌리라고 의견을 냈다. 이에 따라 우가 회군하여 순과 함께 내치에 힘쓰자 유묘가 귀순하게 되었다.[17] 여기서 익은 종족의 갈등이 생길 때 물리적인 힘이 아니라 도덕적인 덕에 의존해야 한다는 점을 밝히고 있다.

요의 시대에 우, 그리고 순의 시대에 우와 익은 각각 홍수와 반기라는 커다란 문제를 해결해 냈다. 이 문제를 해결하지 못하면 사람은 삶의 터전을 언제 잃을지 모르는 불안에 놓이게 되고, 전쟁이 벌어지면 언제 징병에 동원될지 몰라 걱정하게 된다. 즉 한두 사람의 문제가 아니라 공동체의 존망과 관련되는 거대 문제라고 할 수 있다. 이 문제의 해결은 능력 있는 인물이 정치와 문화의 영웅으로 성장할 수 있는 성공담을 낳게 되었다.

『서경』에서는 이러한 성공담의 사례만을 나열하지 않고 성공담이 어떤 공통점을 가지는지 밝히고 있다. 고요는 우에게 적덕(迪德)을 하면 가까운 곳에서 먼 곳으로 영향력을 넓힐 수 있다면서 구체적으로 지인(知人)과 안민(安民)에 달려 있다고 말했다. 우도 요조차 이 두 가지 과제를 어려워했다고 말하면서도 그 중요성에 공감했다. 지인하면 총명하고 사리에 밝아 인재에게 일을 맡길 수 있고, 안민하면 은혜로워서 백성들이 그리워하게 된다고 보았다. 이 과제를 충족하면 어떠한 악인과 종족이 있더라도 아무런 문제를 일으키지 못하리라고 보았다.[18]

고요와 우는 정치가 홍수와 갈등 등의 문제를 해결하려면 그 바탕에는 지인과 안인의 덕이 필요하다고 보았다.[19] 제왕의 실력이 아무리 뛰어나더라도 혼자서 모든 문제를 해결할 수 없으므로 그런 문제를 해결할 인재를 식별하여 적재적소에 배치하여 활용하고, 평소 사람들에게 은혜를 베풀어서 필요한 때 함께 힘을 모을 수 있기 때문이다.

『논어』에 보면 번지가 공자에게 인(仁)을 묻자 애인(愛人)이라고 대답하고, 지(知)를 묻자 지인이라 대답했다. 번지가 공자의 말을 이해하지 못하자 공자는 다시 "직자(直者)를 등용해서 왕자(枉者) 위에 두면 왕자도 직자로 바뀌게 된다"라고 풀이했다. 번지는 이 말도 이해하지 못하여 동학 자하(子夏)에게 방금 공자와 나눈 이야기를 전했다. 자하는 금방 공자의 말이 얼마나 깊은 뜻을 지니고 있는지 알아차리면서 순이 고요를, 탕이 이윤을 중용하자 불인한 사람이 멀리 떠났다고 풀이했다.[20]

대화의 문맥을 기계적으로 따라가면 번지가 자하보다 이해력이 떨어진다고 생각할 수 있다. 사실 번지가 이해하지 못했던 것은 이해력의 문제가 아닐 수 있다. 번지가 인과 지를 물을 때『묵경(墨經)』에 나온 개념적 정의를 물었을 수 있다.[21] 그런데 공자는 인과 지를 앞의『서경』에서 살펴본 방식으로 접근하고 있다.『서경』의 지인과 혜인이『논어』에서 지인과 애인으로 나타나고 있다. 따라서 이 지인과 애인은 공동체의 문제를 해결하는 맥락이라고 할 수 있다.

사실 "지인" 자체만 놓고 보면『서경』과『논어』처럼 사람이 어떤 유형인지 어떤 능력이 있는지 식별한다는 맥락으로만 이해하지 않아도 된다. "지인"은 순자가 정의하고 있듯이 신과 비교하든 아니면 동물과 비교하든 사람다움의 특징을 말할 수도 있다.[22] 아니면 아리스토텔레스의 "사람은 이성적 동물이다"처럼 사람의 정체성을 묻는다고 볼 수도 있다. 이렇게 보면『논어』의 대화는 번지가 이해력을 가지고 있느냐 여부가 아니라『서경』에서 말하는 맥락을 학습했느냐에 바탕을 두고 있다고 할 수 있다.

공자가『서경』의 맥락을 수용하여 지를 개념적 정의가 아니라 문제 해결의 맥락으로 다루고 있는데, 우리는 이러한 사례를 쉽게 확인할 수 있다. 자로가 공자에게 귀신을 모시는 제사에 대해 질문했다. 이에 대해 공자는 대뜸 "아직 산 사람도 제대로 모시지 못하는데 어찌 귀신을 모시는 문제를 묻느냐?"라고 대답했다. 자로가 다시 죽음에 관해 물었다. 공자는 이번에도 대뜸 "아직 삶을 제대로 모르는데 어찌 죽음을 알려고 하느냐?"라고 대답했다.[23]

당시는 세상의 많은 일이 인간만이 아니라 귀신과 관련되어 있다고 생각 하던 시절이라 자연스러운 질문으로 볼 수 있다. 또 사람은 무한히 살 수 없으므로 죽음 자체, 죽은 이후의 세계, 사후 후손과 연결 등등에 관해 물음을 던질 수 있다.[24]

하지만 공자는 자로의 질문이 가진 호기심이랄까 탐구심이랄까, 그것 에 대해 어떠한 긍정적인 의미를 부여하지 않는다. 귀신과 죽음 자체를 논의 할 필요가 없다는 반응을 보인다. 대신 산 사람과 삶의 문제에 더 관심을 가 져야 한다고 제안한다. 여기서 우리는 공자가 지금 당장 삶에 영향을 끼치지 않는 고원한 문제, 호기심을 풀기 위한 다양한 논리적 가능성의 모색 등에 커 다란 관심을 보이지 않는다는 걸 알 수 있다. 즉 공자는 순수한 이론, 순수한 탐구보다 현실의 문제 해결과 연관성을 갖는 실용적 사항에 관심을 집중하고 있다.

공자가 현실의 문제 해결에 더 관심을 보이는 경향은 사람의 평가에서도 그대로 나타난다. 춘추 시대 제나라 환공과 관중은 사람마다 평가가 엇갈리 는 인물이다. 부국강병을 추구하는 입장에서 제나라 환공과 관중은 성공적인 인물로 호평을 받는다.[25] 맹자와 순자는 대체로 부정적 평가를 내보인다.[26] 공자 본인도 경우에 따라 부정적 평가와 긍정적 평가를 엇갈리게 내린다.[27]

아마 공자 제자 그룹에서도 이들에 대한 평가가 화젯거리가 된 모양이 다. 자공이 공자에게 관중이 인자인지 물었다. 『논어』를 보면 공자는 백이·숙 제와 같은 인물을 제외하고 웬만해서는 어떤 사람을 인자로 인정하지 않는 다.[28] 공자가 어떤 인물을 인자로 인정한다면, 그것은 최고의 평가라고 할 수 있다. 따라서 "관중이 인자인가 아닌가?"라는 문제는 그리 단순한 사안이 아 니었다.

자공이 다음의 사안을 제기하는 걸 보면 관중을 인자로 보지 않는 듯하다. 관중은 제나라의 왕위 계승을 둘러싼 내전에서 자신의 반대파(환공)가 승리했는데도 패배를 자인하고 죽지 않았고 환공을 보좌했다. 공자는 자공의 의도와 달리 관중을 인자로 평가했다.

그 이유는 다음과 같다. 관중이 환공을 보좌하여 제후의 패자가 되게 했고 제후들끼리 맹약을 주도하여 중원(천하) 지역의 질서를 지킬 수 있었다.[29] 이 덕분에 중원(천하)은 주위의 이민족 침입을 막아 낼 수 있었다. 관중이 없었더라면 중원(천하) 지역은 주위 이민족의 지배 아래에 놓이고 피발좌임의 이민족 복식을 하게 될지 모른다는 논리이다.[30]

여기서 자공과 공자의 논점이 엇갈린다. 자공은 관중이 정치적 반대파로서 환공과 대립했던 지점에 초점을 맞추고 있다. 따라서 관중이 환공 세력에게 패배했다면 그에 상응하는 책임 있는 행동을 취해야 했는데 하지도 않고, 정치적 반대파였던 환공과 동업했으니 인자가 될 수 없다는 논리이다. 반면 공자는 환공이 정치적 대결에서 패배한 뒤에 반대파였던 환공에게 협조하여 주위 이민족의 침입으로부터 중원 지역을 수호했다는 점에서 인자가 되기에 충분하다는 논리이다.

자공은 관중의 평가에서 신(信)을 평가 기준으로 내세우고 있다. 흥기롭게도 공자는 그 신을 신으로 인정하지 않고 량(諒)으로 바꿔 버린다. 신은 원래 어떠한 상황에서도 지켜야 할 도덕적 덕목이다. 량은 소스의 집단 내부에서 목숨처럼 아끼는 덕목이다. 이런 맥락에서 보면 공자는 관중이 자신의 정치적 동지와 지켜야 하는 덕목을 신이 아니라 량으로 보고, 관중의 활약으로 중원 지역이 이민족의 지배에 들어가지 않은 일을 수사(受賜) 즉 은택으로 보고 있다.

자칫 관중의 평가가 도덕적 덕목 간의 충돌로 보이지만 그렇지 않다. 중원 지역이 이민족의 수중에 떨어지느냐라는 상황에서 구원의 수사는 소스 집단에서 지켜야 할 량과 비교할 수 없는 압도적 가치를 갖는다. 이렇게 보면 공자는 관중의 평가에서도 여실하게 공동체가 처한 문제 상황을 해결하는 역량과 성과에 집중하고 있다.

우의 치수와 관중의 구원은 지성을 고도로 발휘하여 문제 해결의 방안을 찾는 정신적 활동을 수반한다. 우는 지리학과 수역학 등을 알아야 하고, 관중은 군사학, 조직학 등을 알아야 한다. 이 밖에도 이러한 성과를 일구어 내기 위해 창조적 사유를 수행해야 한다. 이러한 지성이 개념적이고 이론적 특성을 지닌다고 하더라도 그것은 순수한 이론의 세계에만 머물지 않고 곧바로 아니면 가까운 미래에 현실의 문제를 풀어내는 구체적 실천과 결합하게 된다. 이런 측면에서 공자의 지성에는 분명히 문제 해결의 맥락과 그 역량을 중시하는 특성이 담겨 있다고 할 수 있다. 따라서 추상적이고 순수한 사고가 있느냐가 초점이 아니라 그런 사유가 있었다고 해도 그것은 늘 실천으로 이어진다는 점이다.

공자는 지성을 공동체와 개인이 당면한 문제 해결의 맥락으로 발휘할 때 모험주의를 경계했다. 자로는 공자가 삼군을 지휘하는 상황을 가정하고서 공자가 누구랑 함께 일할지 물었다. 자로는 분명 공자가 자신을 지목하리라 예상했다. 하지만 공자는 『시경』을 인용하며 맨손으로 호랑이를 때려잡으려 하거나 맨몸으로 강을 건너다가 죽더라도 후회하지 않는 사람과 함께하지 않겠다고 선언했다. 이어서 공자는 "할 일을 앞두고 두려워하고 모(謀)를 잘 세워 문제를 잘 해결하겠다"라는 포부를 밝혔다.[31]

"호모이성(好謀而成)"에서 호모는 공자가 지성을 문제 해결의 맥락에서 사용한다는 맥락을 나타내고, 성은 문제를 해결하는 실용주의 특성을 밝히고 있다. 공자의 이러한 경향은 제자 증자에게도 발견된다. 증자는 매일 서너 차례 자신을 반성하는데, 세 가지 체크 포인트 중의 하나가 "주위 사람을 위해 모를 세우면서 충실하지 않았는가?"이다.[32]

또 공자는 당대 예의 최고 전문가이지만 태묘(太廟)를 방문하고서 무엇을 어떻게 하는지 하나하나씩 물었다고 한다. 이로 인해 당시에 공자의 지례(知禮)를 의심한 이야기가 나왔지만 공자는 그런 자세가 예에 맞다고 주장했다.[33] 공자는 문제 상황을 임사(臨事), 매사(每事), 집사(執事), 사(事)라고 표현하면서 경(敬)의 자세를 강조하고 있다.[34] 이 경은 앞에 나오는 "두렵다"의 구(懼)자와 의미를 공유하면서도 무모하지 않고 신중하고 세심하게 접근하는 태도를 나타낸다. 이렇게 보면 공자는 대화에서 모를 사용하든 사용하지 않든 경의 자세로 지성을 문제 상황의 해결과 관련지었다고 할 수 있다.[35]

공자의 경은 우가 유묘의 문제에 봉착했을 때 익의 말을 듣고 절한 것과 같다. 우는 문제 상황에서 자신이 생각하지 못한 좋은 방식을 제시하면 그에 대해 감사의 표시로 절을 했던 것이다. 이는 나중에 "우배창언(禹拜昌言)" 또는 "우배선언(禹拜善言)"의 고사로 널리 알려지게 되었다. 또 순은 문제 상황에서 여러 의견을 자유롭게 말하고 난 뒤에 자신의 의견보다 다른 사람의 의견을 존중했다. 이것이 나중에 "사기종인(舍己從人)"의 고사로 널리 알려지게 되었다.[36]

문제 상황의 해결은 고통이 끝나고 평화가 시작되는 출발점이다. 이때 좋은 방안은 상황의 종식을 가리킬 수 있다. 이런 점에서 순과 우의 처신은 이후 모범이 될 수 있다. 공자는 이런 모범을 결과에 대한 두려움만이 아니라 고마움을 담아 경으로 집약한 것이다.

2) 중원(천하) 질서의 형성과 지행일체

우리는 앞에서 공자가 『서경』과 『시경』 등의 특성을 수용하여 지성을 문제 해결의 맥락에서 활용한다는 점을 살펴보았다. 그 문제 해결이란 관중의 평가에서 확인했듯이 중원(천하) 질서의 수호에 있었다. 당시 주나라의 천자가 중심이 되어 중원 지역을 이민족의 침입으로부터 수호해야 했다. 하지만 천자가 유명무실하여 그 역할을 완수(수행)할 수 없었다. 이처럼 "천자가 제 역할을 할 수 없고" 누구도 나서지 않으면 중원(천하)이 "피발좌임"의 문제 상황에 떨어지게 될 수밖에 없었는데, 관중이 제 환공을 도와 천자 대신에 중원(천하)의 수호에 나섰던 것이다.

관중과 제 환공의 중원(천하) 수호는 다른 어떤 문제 상황에 대한 평가보다 가장 근원적인 특성을 지닌다. 이 때문에 공자는 관중의 과거 약속을 량으로 평가하고 대신 중원 수호의 공로를 최고의 가치로 평가했다. 이렇게 보면 공자가 지성을 문제 상황의 해결과 연관시켜 사용할 때, 매사처럼 일상적인 경우도 있고, 직무상으로 맡은 경우도 있지만 궁극적으로 중원 지역의 수호, 달리 말하면 중원 질서의 형성과 유지에 있다고 할 수 있다.

우리는 공자가 지성을 문제 상황의 해결 맥락으로 사용할 때 그것이 다시 중원 질서의 형성과 유지로 이어진다는 논점을 『서경』과 『논어』에서 확인할 수 있다. 『서경』의 유원능이(柔遠能邇)와 『논어』의 원열근래(遠說近來)로 살펴보자.[37]

유원능이는 중원에서 먼 곳의 사람을 너그럽게 어루만지고 가까운 곳의 사람을 길들이라는 뜻이다. 이 말은 순이 12주의 목민관에게 당부하는 말과 주나라 성왕이 임종 무렵에 대신에게 당부하는 말로 쓰인다.[38] 원열근래는 중원에서 먼 곳의 사람을 기쁘게 하고 가까운 곳의 사람을 중원의 영역에 넘어오게 하라는 뜻이다. 이 말은 노나라 섭공이 공자에게 정치를 묻자 이에 대답하는 내용이다.[39]

공자의 경우 "유원능이"와 "원열근래"가 지성을 발휘해서 궁극적으로 해결해야 할 과제라면, 이를 뒷받침하기 위해 다양한 심급과 단위에서 다양한 문제 상황을 다루고 있다.

공자는 사람이 처하는 상황에서 발휘할 다양한 덕목을 늘 강조했다. 가족 질서에 집중되는 경우도 있고 향촌 질서에 집중되는 경우도 있으며 국가와 중원(천하) 질서에 집중되는 경우도 있다. 이 중에 중원(천하) 질서에 해당되는 경우를 살펴보자. 번지가 인을 묻자, 공자는 일상생활에서 공손한 덕목, 일 처리를 할 때 신중한 덕목, 주위 사람과 어울리면 충실한 덕목으로 설명했다. 이어서 공자는 이러한 덕목은 중원 내부에 한정되지 않고 중원 주위의 이민족에게도 적용된다는 점을 덧붙이고 있다.[40]

여기서 공자는 중원(천하) 질서를 형성하고 유지하기 위해 그 내부만이 아니라 외부에도 통용되는 보편화 가능한 덕목의 가치를 강조한다. 이러한 강조는 앞에서 살펴본 유원능이와 원열근래의 방향과 직결되기 때문이다.

공자는 혹자로부터 정치에 참여하지 않느냐고 질문을 받았다. 공자가 평소 하는 언행을 보면 정치에 참여하여 시대의 문제를 해결하려고 해야 하기 때문이다. 이에 대해 공자는 『서경』을 인용하면서 효를 실천하여 가족 질서를 단단하게 하면 그것이 가족을 넘어 국가 질서에 파급된다는 점을 밝힌다.[41] 여기서 공자는 원래 가족 질서에 집중된 효가 그 범위를 넓혀서 국가 질서로 확장되는 측면을 밝히고 있다.

공자는 질서 형성과 유지에서 효의 덕목이 가족 질서에서 국가 질서로 확장되는 측면에서 좀 더 분명한 어조로 강조한다. 가족 질서에서 자식이 부모에게 효(孝)를, 연하자가 연장자에게 제(弟)를 충실히 수행하면 지역 사회의 질서에서 범상(犯上)의 가능성이 줄어들고 국가 질서에서 작난(作亂)의 사례가 아직 없었다고 술회하고 있다.[42] 여기서도 공자는 효제가 왜 범상과 작난으로 이어지지 않는지에 대한 추가적인 논의를 진행하지 않는다. 지금까지 자신이 경험해 온 기억에 따라 그런 일이 드물고 아직 없었다는 말이다. 이는 논리적으로 앞으로도 그런 일이 없으리라는 걸 확정하지는 못한다. 따라서 공자는 지성을 중원 질서의 형성과 유지에 한정하여 그러한 효과가 있는지 없느냐에 관해 검토한다.

이러한 맥락에서 공자는 지성이 제도 교육이나 이론 학습을 거치지 않고 덕목의 수행 과정에서 배양될 수 있다고 보았다. 예컨대 어떤 사람이 제 부모를 힘껏 모시고 제 군주를 목숨 걸고 지키고 친구와 사귀면서 믿음을 준다면 제도나 이론 학습을 거치지 않았다고 하더라도 공자는 그 사람을 배운 사람으로 보겠다고 말한다.[43] 이 사람은 제도 교육과 이론 학습을 거치지 않고 제

부모를 어떻게 잘 모실까 생각해서 갈력(竭力)하는 것이다. 여기서 공자는 지성이 행위와 관련이 없거나 행위와 거리가 멀지 않고 늘 행위 속에 연동되어 있다고 한다.

공자는 지성을 문제 상황의 해결이라는 맥락에서 발휘하는데, 그것은 가족에서 지역으로, 지역에서 국가로, 국가에서 중원(천하) 질서로 이어지는 중층적인 과정과 연관성을 맺는다. 이제 우리는 지성의 새로운 특성을 살펴볼 때가 되었다.

지금까지 다룬 내용으로도 공자가 지성을 행위와 깊은 연관성에서 발휘하고 있다는 점을 그리 어렵지 않게 간파할 수 있다. 그래서 공자는 지성과 행위(실천)의 관계를 초점에 두고 논의하고자 한다. 공자는 덕목을 일회적인 사건이나 순간적인 지성의 발휘로 설명하지 않는다. 공자에 의하면 부모가 돌아가시고 3년 정도 부모의 관행을 뜯어고치지 않을 때 "효자"라고 할 수 있다.[44] 효의 덕목은 3년이란 시간에 걸쳐서 관찰되는 언행으로 판단할 수 있다. 따라서 지성도 3년간 어떻게 행동하느냐와 관련성을 맺지 않을 수가 없다.

공자는 자신의 정체성을 호학(好學)에서 찾는다.[45] 공자는 호학의 조건을 나열하면서 "맡은 일에 재빠르게 하고 할 말을 신중하게 하라"고 주문했다.[46] 이 밖에도 공자는 말을 더듬거린다는 표현[눌언(訥言)]을 사용하고 행동보다 말이 앞서는 현상을 부끄러워한다고 말한다.[47] 이는 사람이 "무엇을 하겠다"라고 말하고 그 말을 마무리 지으려면 시간이 걸리는 특성을 반영한다. 말과 행동 사이에 시간의 간격이 있고, 아직 말이 행동으로 완전히 옮겨지지 않았는데, 또 "무엇을 하겠다"라고 하게 되면 말에 비해 행동이 지체되는 현상이 빈번해질 수 있다. 이러한 지체 현상을 해결하려면 일의 진행은 속도를 높이고 말의 속도는 늦추는 수밖에 없다. 그것이 바로 "민사신언(敏事愼言)"이라고 할 수 있다.

이 "민사신언"은 글자 그대로 할 말과 맡은 일의 속도 그 자체에 초점이 있지 않다. 말이 행동으로 완전히 이행되는 데에 초점을 둔다. 이와 관련해서

『논어』에는 흥미로운 일화가 소개되어 있다. 제자 재여가 낮잠을 잔 도양이다. 이에 대해 공자는 "썩은 나무는 아로새길 수 없다"라는 식으로 말하며 재여를 구제 불능으로 몰아붙였다. 오늘날로 보면 "사람이 피곤할 수 있지 낮잠 자는 걸 가지고 뭐라고 하느냐?"라며 공자를 간섭주의자로 볼 수도 있다.

여기서 공자가 간섭주의자인지 아닌지 따지지 않고 지성과 행동(실천)의 관계에 초점을 두고 이야기를 살펴보자. 앞서 공자는 불같이 화를 낸 뒤에 흥미로운 발언을 했다. "처음에 나는 어떤 사람에 대해 그 사람의 말을 들으면 그 말이 행동으로 이어지리라 믿었다. 지금 나는 어떤 사람이 대해 그 사람의 말을 들으면 그 말이 행동으로 이어지는지 살피게 되었다.' 논점을 간단히 하면 전자와 후자는 각각 청언신행(聽言信行) 대 청언관행(聽言觀行)으로 구별할 수 있다.**48**

전자는 언과 행 사이에 시간의 지체가 있지만 "언=행"이 되리라 믿었다. 후자는 "언=행" 또는 "언≠행" 중 어디에 해당하는지 살피게 되었다는 말이다. 다시 말해서 공자는 이전에 언이 행으로 이어져서 실행되고 완수된다고 믿었다. 달리 말하면 언행일체라고 할 수 있다. 반면 지금은 언이 행으로 이어져서 실행되고 완수되는지 살펴보게 되었다. 달리 말하면 언행일체가 깨어졌다는 말이다.

『논어』에서는 공자가 재여에 관해 일방적으로 불만을 토로한다. 달리 생각하면 이 일화는 공자와 재여의 서로 다른 언어관을 반영하고 있을지도 모른다. 공자는 언어를 "나는 무엇을 맹세한다", "나는 무엇을 약속한다"라는 언어 행위처럼 수행적 발화라는 측면에서 접근하고 있다. 달리 말하면 언어가 곧 행동이라고 할 수 있다. 반면 재여는 언어를 철저하게 의사소통의 측면에서 한정한다. 즉 사람이 서로 의사를 전달하기 위해 언어를 사용하지, 발화했다고 곧 그대로 행동해야 하는 것이 아니라는 뜻이다.**49**

공자의 "청언신행", 즉 언행일치는 지성과 행위의 맥락에서 고려하면 지행일체로 바꿔 말할 수 있다. 말은 앎을 전제하기 때문이다. 이렇게 보면 공자는 지성을 철저하게 행동과 연동해서 말하고 있는 점을 확인할 수 있다. 이러한 관점은 앞서 살펴본 문제 해결의 맥락과 중원(천하) 질서의 형성과 유지 등과 일맥상통한다고 할 수 있다.

문제 상황의 해결은 해도 그만 안 해도 그만이 아니라 꼭 실현해야 할 과제이고, 중원(천하) 질서의 형성과 유지도 해도 그만 안 해도 그만이 아니라 꼭 수호해야 할 과제이다. 이 과제가 설정만 되지 않고 완수되려면 말과 행동이 일체화되고 앎과 행동이 일체화되지 않을 수 없다. 간단히 말하면 언행일체, 지행일체라고 할 수 있다. 훗날 왕양명은 이전의 지행 논점을 검토하고서 "지행합일(知行合一)"이라는 테제로 정리한 적이 있다.[50] 왕양명은 지행합일을, 자신만의 독창적인 사고가 아니라 사실 『논어』에 담긴 공자의 언행과 지행 관점을 탁월하게 재해석하는 과정에서 도출해 냈다고 할 수 있다.

3. 성인 되기[爲聖]의 과제

공자는 지성을 일상의 삶에서부터 중원(천하) 질서의 형성과 유지까지 문제 상황의 해결이라는 맥락으로 사용하면서 행위와 일체가 되는 특성을 보여 주고 있다. 만약 어떤 사람이 공자가 요구하는 지성의 의미 맥락을 제대로 수행한다면 어떻게 부를 수 있을까? 이와 관련해서 "성인(聖人)"이란 말이 가장 널리 쓰였다.

자공이 공자에게 "박시제중(博施濟衆)"이 인자의 요건인지 물었다. 공자는 인자(仁者)의 요건을 훨씬 넘어서 성자(聖者)의 요건에 어울린다고 대답했다. 이어서 공자는 요와 순조차도 "박시제중"을 실현할 수 없었다고 말했다.[51] 박시제중은 글자 그대로 풀이하면 치자가 백성에게 두루 혜택을 주고 많은 사람의 문제를 해결한다는 뜻이다. 이는 보통 사람과 비교할 수 없는 초월적 인물이라고 할 수 있다.

지금까지 다룬 지성의 맥락으로 풀이하면 박시제중은 세상의 모든 문제를 해결하는 사람이라고 할 수 있다. 이렇게 되면 "박시제중"은 치자가 나아가야 할 방향이지 현실에서 완전히 구현할 수 있는 조건일 수가 없다. 예나 지금이나 정치가 한정된 자원을 적재적소에 효율적으로 배치하는 행위라고 한다면 모든 문제의 해결이란 불가능하기 때문이다. 이로 인해 공자는 요와 순조차도 "박시제중"에 대해 병으로 느꼈다고 말했던 것이다.

작자 미상, 《공자성적도》(18-19세기)의 사냥 중에 죽은 기린을 만난 공자 그림

* 이미지 출처: 위키미디어 커먼스

그래서 공자는 자신의 시대에 성인을 만날 수 없다고 단언했다.[52] 공자가 자신의 시대에 성인을 만난다고 하면, 즉 공자의 시대에 성인이 있다면 시대 문제를 해결할 것이다. 공자는 자신의 문제 상황이 해결되지 않고 지속되고 있으므로 성인을 만날 수 없었던 것이다.

『논어』를 보면 제자와 동시대인은 공자더러 성인이라고 평가하는 경향이 있었던 듯하다. 앞에 따른 내용에 따라 공자는 성인이 될 수 없는 존재이다. 문제 해결을 주도할 만한 지위에 있지 않으므로 성인이 될 기회조차 없다고 할 수 있다. 대신에 공자는 자신을 "위지불염, 회인불권(爲之不厭, 誨人不倦)"으로 자처했다.[53] 이는 공자가 호학으로 자처하는 맥락과 잘 연결될 수 있다. 공서화는 제자들이 공자가 해명한 바로 그 지점에 따라갈 수 없다고 대답했다.

특이하게도 공자와 공서화의 대화가 『맹자』와 『순자』에도 소개된다. 『맹자』에서는 자공과 공자의 대화로 소개되고 "학불염, 지야, 교불권, 인야(學不厭, 智也. 敎不倦, 仁也)"로 내용이 확대되고 있다. 『논어』에서 공자는 자신이 성인에 어울리지 않고 "위지불염, 회인불권"으로 호학한다고 말했는데, 『맹자』에서 자공은 그 말이 바로 공자가 인과 지를 겸비한 증거이고 나아가 인과 지의 겸비가 바로 성인의 증거라고 주장한다.[54]

자공은 『논어』에서 공자가 스스로 성인이 아니라며 내세운 이유를 『맹자』에서 공자가 성인이라는 증거라고 주장하고 있으니 논리의 반전이 엄청나다. 공자의 입장에 보면 이 논리의 반전은 분명 부당하다. 하지만 자공의 이러한 반전은 성인관의 변화와 관련이 있을 수 있다. 공자는 성인을 보통 사람이 넘볼 수 없는 초월적인 사람으로 보았다면, 자공은 방향과 안내 역할을 하는 모델로 생각하는 듯하다. 이러한 자공의 성인관은 『논어』가 아니라 『맹자』에 나타난다. 『맹자』 속의 안연은 "순은 어떤 사람이고 나는 어떤 사람인가? 노력하면 순과 같아질 것이다"라고 선언하고,[55] 맹자도 군자라면 "순도 사람이고 나도 사람인데, 순은 세상 사람의 모범이 되어[위법(爲法)] 명성이 후세에 전해지지만 나는 아직 평범한 시골 사람을 벗어나지 못하는구나!"라며 분발한다고 보았다.[56]

여기서 성인은 공자가 보듯이 보통 사람과 격을 달리하는 존재가 아니라 사람이 추구해야 할 모델이자 모범으로 해석되고 있다. 맹자에서부터 성인의 의미가 초월적 존재에서 모범으로 전환되자 두 가지 학문 현상이 나타났다. 하나는 공자가 스스로 성인이기를 부정했지만 맹자 이후에 성인으로 추앙되었다. 다른 하나는 유학적 삶의 목표가 군자 되기에 이어서 성인 되기[위성(爲聖)]로 확장되었다.

특히 당송 이후에 유학이『맹자』의 성선(性善)을 바탕으르 이론적 재구성을 시도할 때 성인 되기는 공공연한 과제가 되었다. 주돈이는『통서』에서 유학자의 과제를 "사(士)→현(賢)→성(聖)→천(天)"으로 나아가는 지향을 뚜렷하게 선언했다. 이 선언이 실천으로 이어지기 위해서 이윤이 뜻을 둔 일에 뜻을 두고 안연이 배운 학문을 배우자고 제안했다.[57]

정이(程頤)는 주돈이의 선언과 실천 지침을 이어받아서 스스로 "안견이 어떤 학문을 특별히 좋아했을까?"라고 질문을 던지고 "후천적으로 배워서 성인의 길에 이를 수 있다"라고 대답했다. 다시 스스로 "성인을 후천적으르 배워서 도달할 수 있는가?"라고 묻고 "그렇다"라고 대답했다.[58]

여기서 성인 되기가 공공연한 목표가 되었을 때 주체는『소학』을 학습하고『대학』을 배우는 성인이었다. 이렇게 성인 되기가 유학의 보편적 과제로 설정되자 그 누구도 예외가 될 수 없었다. 이이는 아동용 교재를 편집하건서 초학자라면 먼저 뜻을 세워야 하는데, 스스로 성인이 되겠다고 약속하고서 털끝만큼이라도 뒤로 물러나려고 생각해서 안 된다고 주문하고 있다.[59] 기러한 맥락으로 인해 유학은 성학(聖學), 즉 성인이 되는 학문이라는 별칭을 갖게 되었다.

이렇게 보면 성인은 공자에게 세상의 모든 문제를 해결할 수 있는 초월적 인물이었다. 맹자 이후로 성인은 자기 자신을 완전히 통저할 수 있는 사람을 가리킨다. 이 두 가지는 다른 듯하면서 한 지점에서 만날 수 있다. 공자의 경우 성인은 문제 해결의 능력에 초점을 두고 있지만 실제로 자기 통제를 바탕으로 깔고 있었다.

맹자 이후의 성인은 자기 통제에 초점을 두고 있지만 그런 사람이 문제 상황에 놓이면 그 문제를 충분히 해결할 수 있으리라는 확신을 함축하그 있다. 여기서 성인은 공자와 그 이후에 지행일체를 바탕으로 문제 해결의 능력 및 중원(천하) 질서의 형성과 유지를 완전히 수행할 수 있는 인물을 대표한다고 할 수 있다.

이익은 성인이 이 세상에 어디에도 하소연할 곳이 없는 "궁민(窮民)"이 없게 하는 데에 뜻을 둔다고 주장했다. 이익의 포부는 『논어』에 나오는 "박시제중"의 재해석이라고 할 수 있다. 공자는 『논어』에서 "박시제중"의 기준이 성인도 부담스러운 일이라고 보았지만 이익은 자기 시대에서 궁민으로 다시 부각시키고 있다.[60] 유자가 성학을 배우면 자신 주위에 고통받는 사람을 보고 가만히 있을 수 없다는 주장이라고 할 수 있다. 나아가 공자에서 이익으로 이어지는 흐름에서 지성이 향하는 바를 압축한다고 할 수 있다.

4. 맺음말

지금까지 공자가 지성을 발휘하는 특성을 살펴보았다. 공자는 지행일체를 통해 문제 상황의 해결과 중원(천하) 질서의 수호를 과제로 설정했다. 이 과제는 공자가 말하는 지성이 빛을 발해야 하는 방향이자 기준이라고 할 수 있다.

공자 이후에도 이러한 문제의식은 그대로 계승되었다. 그것이 "성인 되기[爲聖]"의 과제로 설정되었다. 이로 인해 유학은 "성학"이라는 별칭을 얻게 되었다. 동아시아 사회는 자발적 근대화를 이루지 못하고 식민지 또는 반식민지 상황에 떨어졌다.

이런 역사에서 공자와 유학의 지성을 조망하면 "도대체 무엇을 했느냐?"라는 반문을 할 수 있다. 가해자인 제국주의는 책임이 없고 피해자인 동아시아 사회가 책임을 뒤집어쓰고 있는 셈이다. 여기서 우리는 공자와 유학의 지성이 시대의 흐름을 파악하지 못하고 적절하게 대응하지 못한 책임에서 완전히 자유로울 수 없더라도 모든 책임을 질 수는 없다. 공자와 유학자들도 각각 자신의 시대에 자신의 요구와 가치로 흘러가지 않은 시대의 모순을 지적하고 자신의 한계를 인정하며 괴로움을 토로했기 때문이다.

사실 공자의 지성을 문제 해결과 중원(천하) 질서의 수호 맥락에 집중하느라 자연과학적 탐구 부분을 다루지 못했다. 분량의 제한과 논점의 분산으로 인해 불가피한 선택이었다. 아울러『논어』에 나타난 제자들의 관점도 제대로 부각시키지 못했다. 이러한 논의가 빠졌다고 하더라도 공자가 지성을 발휘하여 이루고자 했던 지향의 정체가 드러났다고 할 수 있다.

주석

1   『아함경 1』, 돈연 옮김(서울: 민족사, 2019), 129-143.

2   Matteo Ricci,『천주실의』, 송영배 외 옮김(서울: 서울대학교출판문화원, 2010) 참조.

3   白川靜,『字統』(東京: 平凡社, 1984), 656.

4   許愼,『說文解字注』, 段玉裁 注(上海: 上海古籍出版社, 1988), 2.

5   이 점은 동아시아 고대 철학과 고대 그리스 철학의 차이를 보여 준다. 그리스 철학에서 실재, 형상의 idea와 eidos는 "보다(idein)"에, 이론, 관조의 theoria는 "관중(theoros)", "보다(theorein)"에 어원을 두고 있다. 이처럼 그리스 철학은 "보다"에 특징을 보인다면 동아시아 철학은 "걷다"에 특징을 둔다. Bruno Snell,『정신의 발견: 서구적 사유의 그리스적 기원』, 김재홍 옮김(서울: 까치, 1994), 22, 335.

6   천과 천자는 부모와 자식의 관계가 된다. 천자는 천과 관계를 지속하기 위해 제사를 통해 숭배 의식을 주기적으로 진행했다. 이때 제사는 천자가 제 역할을 제대로 수행하는지 알아보는 중요한 지표였다.

7   갑골문의 역사와 관련해서 吳浩坤, 潘悠,『중국갑골학사』, 양동숙 옮김(서울: 동문선, 2002) 참조.

8   갑골문의 구체적 독해 사례는 김경일,『갑골문 이야기』(서울: 바다출판사, 1999) 참조.

9   이 비전의 문자와 문법은 자의적이거나 임의적이지 않고 일정한 규칙과 공통의 용례를 지니고 있다. 이 때문에 20-21세기의 연구자는 갑골문을 문법을 가진 언어로 해독하기에 이르렀다. 당시는 비밀이었지만 영원한 비밀은 없는 셈이다.

10   정인은 지상에서 천상의 상제와 천을 대신하는 역할을 하고 있었다.

11   거북점에서 주역점으로의 교체가 일거에 일어났을 수도 있고 두 가지가 병행/경쟁하다가 후자가 득세하게 되었을 수도 있다.

12   『서경』중 주나라 초기의 내용은 바로 이 문제에 대해 대답한다고 할 수 있다.

13   신정근,『신정근 교수의 동양고전이 뭐길래?: 한 권으로 시작하는 동양고전 핵심 명저 25』(서울: 동아시아, 2012) 참조.

14   『논어』,「미자」, "夫子憮然曰, 鳥獸不可與同羣, 吾非斯人之徒與而誰與? 天下有道, 丘不與易也."

15   『서경』,「요전」, "帝曰, 咨! 四岳. 湯湯洪水方割. 蕩蕩懷山襄陵. 浩浩滔天. 下民其咨. 有能俾乂? 僉

16 『맹자』, 「등문공 상 4」, "當堯之時, 天下猶未平, 洪水橫流, 氾濫於天下, 草木暢茂, 禽獸繁殖. 五穀
   不登, 禽獸偪人, 獸蹄鳥跡之道, 交於中國. 堯獨憂之, 擧舜而敷治焉, 舜使益掌火, 益烈山澤而焚之,
   禽獸逃匿. 禹疏九河, 瀹濟漯而注諸海, 決汝漢, 排淮泗而注之江, 然後中國可得而食也. 當是持也,
   禹八年於外, 三過其門而不入, 雖欲耕得乎?"

17 『서경』, 「대우모」, "帝曰, 咨, 禹! 惟時有苗弗率, 汝其征. … 三旬, 苗民逆命. 益贊于禹曰, 惟德動
   天, 無遠弗屆, 滿招損, 謙受益, 時乃天道. 帝初于歷山, 往于田, 日號泣于旻天, 于父母, 負罪引慝, 祗
   載見瞽瞍, 夔夔齊慄, 瞽亦允若. 至誠感神, 矧兹有苗. 禹拜昌言曰, 兪! 班師振旅. 帝乃誕敷文德, 舞
   干羽于兩階, 七旬有苗格."

18 『서경』, 「고요모」, "臯陶曰, 都! 在知人, 在安民. 禹曰, 吁! 咸若時, 惟帝其難之. 知人則哲, 能官人.
   安民則惠, 黎民懷之. 能哲而惠, 何憂乎驩兜? 何遷乎有苗? 何畏乎巧言令色孔壬?"

19 정조와 정약용도 『서경』의 문제 해결과 그 능력을 정치의 요체로 파악했다. 이와 관련해서
   백민정, 『정약용의 철학』(서울: 이학사, 2007), 365-372.

20 『논어』, 「안연」, "樊遲問仁. 子曰, 愛人. 問知. 子曰, 知人. 樊遲未達. 子曰, 擧直錯諸枉, 能使枉者
   直. 樊遲退, 見子夏曰, 鄕也吾見於夫子而問知, 子曰, 擧直錯諸枉, 能使枉者直, 何謂也? 子夏曰, 富
   哉言乎! 舜有天下, 選於衆, 擧臯陶, 不仁者遠矣. 湯有天下, 選於衆, 擧伊尹, 不仁者遠矣."

21 『묵경』의 내용과 그 특징에 대해 『묵경』, 염정삼 주해(파주: 한길사, 2012); 정재현, 『묵가사
   상의 철학적 탐구』(서울: 서강대학교출판부, 2012) 참조.

22 『순자』, 「왕제」, "水火有氣而無生, 草木有生而無知, 禽獸有知而無義, 人有氣, 有生, 有知, 亦且有
   義, 故最爲天下貴也."

23 『논어』, 「선진」, "季路問事鬼神. 子曰, 未能事人, 焉能事鬼? 曰, 敢問死. 曰, 未知生, 焉知死?"

24 붓다도 『아함경』에서 자아, 우주 등에 대한 이러한 질문에 대답하지 않았다.

25 법가, 병가, 종횡가 등은 오패(五霸)의 인물이 시대의 흐름을 읽고 시국을 주도한다는 점에
   서 긍정적으로 평가한다.

26 맹자와 순자는 왕도와 패도 또는 왕자와 패자를 구분하는 논리에서 이들에 대해 부정적 견
   해를 나타내고 있다

27 공자는 관중의 그릇이 적다고 비판하고 있다. 『논어』, 「팔일」, "管仲之器小哉!" 긍정적인 평가
   는 아래에서 다룬다

28 신정근, 『사람다움의 발견: 仁 사상의 역사와 그 문화』(서울: 이학사, 2005) 참조.

29 과거 황하 중하류 지역 중심의 질서를 천하 질서라고 부른다. 김한규, 『천하국가: 전통 시대
   동아시아 세계 질서』(고양: 소나무, 2005) 참조.

30 『논어』, 「헌문」, "子貢曰, 管仲非仁者與? 桓公殺公子糾, 不能死, 又相之. 子曰: 管仲相桓公, 霸諸
   侯, 一匡天下, 民到于今受其賜. 微管仲, 吾其被髮左衽矣. 豈若匹夫匹婦之爲諒也, 自經於溝瀆而莫
   之知也?"

31 『논어』, 「술이」, “子路曰, 子行三軍, 則誰與? 子曰, 暴虎馮河, 死而無悔者, 吾不與也. 必也臨事而
    懼, 好謀而成者也.”

32 『논어』, 「학이」, “曾子曰, 吾日三省吾身, 爲人謀而不忠乎? 與朋友交而不信乎? 傳不習乎?”

33 『논어』, 「팔일」, “子入太廟, 每事問. 或曰, 孰謂鄹人之子知禮乎? 入太廟, 每事問. 子聞之曰, 是禮
    也.”; 『논어』, 「향당」, “入太廟, 每事問.”

34 『논어』, 「자로」, “樊遲問仁. 子曰, 居處恭, 執事敬, 與人忠. 雖之夷狄, 不可棄也.”; 『논어』, 「계씨」,
    “孔子曰, 君子有九思, 視思明, 聽思聰, 色思溫, 貌思恭, 言思忠, 事思敬, 疑思問, 忿思難, 見得思義.”

35 이러한 언어와 특징은 손무의 병법에도 그대로 나타난다. 『손자병법』 첫 장 제목이 계(計)
    이고, 두 번째 장이 작전(作戰)이며, 세 번째 장이 모공(謀攻)인데, 이는 전쟁에서 싸우지 않
    고 이겨서 적군과 아군의 전력을 그대로 보존하는 최선의 문제 상황을 해결하는 과제와 관
    련이 있다. 공자는 전쟁과 관련해서 논의하려고 하지 않았지만, 문제 상황의 해결이라는 점
    에서 손자와 공통점을 보인다고 할 수 있다.

36 『맹자』, 「공손추 상 8」, “禹聞善言, 則拜. 大舜有大焉, 善與人同, 舍己從人, 樂取於人以爲善.”

37 신정근, 『사람다움의 발견』 참조.

38 『서경』, 「순전」, “食哉惟時, 柔遠能邇, 惇德允元, 而難任人, 蠻夷率服.”; 『서경』, 「고명」, “柔遠能邇,
    安勸小大庶邦.” 「고요모」의 “邇可遠”도 같은 맥락으로 볼 수 있다.

39 『논어』, 「자로」, “葉公問政. 子曰, 近者說, 遠者來.” 공자의 문제의식은 순자에게도 그대로 이
    어진다. 『순자』, 「유효」, “近者歌謳而樂之, 遠者竭蹶而趨之.”; 『순자』, 「대략」, “近者說則親, 遠者
    說則附. 親近而附遠, 孝子之道也.”

40 『논어』, 「자로」, “樊遲問仁. 子曰, 居處恭, 執事敬, 與人忠. 雖之夷狄, 不可棄也.”

41 『논어』, 「위정」, “或謂孔子曰, 子奚不爲政? 子曰, 書云, 孝乎惟孝, 友于兄弟, 施於有政. 是亦爲政,
    奚其爲爲政?”

42 『논어』, 「학이」, “有子曰, 其爲人也孝弟, 而好犯上者, 鮮矣, 不好犯上, 而好作亂者, 未之有也. 君子
    務本, 本立而道生. 孝弟也者, 其爲仁之本與!”

43 『논어』, 「학이」, “子夏曰, 賢賢易色, 事父母, 能竭其力, 事君, 能致其身, 與朋友交, 言而有信. 雖曰
    未學, 吾必謂之學矣.”

44 『논어』, 「학이」, “子曰, 父在觀其志, 父沒觀其行, 三年無改於父之道, 可謂孝矣.”

45 『논어』, 「공야장」, “子曰, 十室之邑, 必有忠信如丘者焉, 不如丘之好學也.”

46 『논어』, 「학이」, “子曰, 君子食無求飽, 居無求安, 敏於事而愼於言, 就有道而正焉, 可謂好學也已.”

47 『논어』, 「리인」, “子曰, 君子欲訥於言, 而敏於行.”

48 『논어』, 「공야장」, “宰予晝寢. 子曰, 朽木不可雕也, 糞土之牆不可杇也, 於予與何誅? 子曰, 始吾於
    人也, 聽其言而信其行, 今吾於人也, 聽其言而觀其行. 於予與改是.”

49 신정근, 『사람다움의 발견』 참조.

50 최재목, 『내 마음이 등불이다: 왕양명의 삶과 사상』(서울: 이학사, 2003) 참조.

51 『논어』, 「옹야」, "子貢曰, 如有博施於民而能濟衆, 何如? 可謂仁乎? 子曰, 何事於仁! 必也聖乎! 堯
    舜其猶病諸! 夫仁者, 己欲立而立人, 己欲達而達人. 能近取譬, 可謂仁之方也已."

52 『논어』, 「술이」, "子曰, 聖人, 吾不得而見之矣, 得見君子者, 斯可矣. 子曰, 善人, 吾不得而見之矣,
    得見有恆者, 斯可矣. 亡而爲有, 虛而爲盈, 約而爲泰, 難乎有恆矣."

53 『논어』, 「술이」, "子曰, 若聖與仁, 則吾豈敢? 抑爲之不厭, 誨人不倦, 則可謂云爾已矣. 公西華曰, 正
    唯弟子不能學也."

54 『맹자』, 「공손추 상 2」, "孔子曰, "聖則吾不能, 我學不厭, 而敎不倦也. 子貢曰, 學不厭, 智也. 敎不
    倦, 仁也. 仁且智, 夫子旣聖矣. 夫聖, 孔子不居, 是何言也?"『순자』에도 비슷한 내용이 보인다.
    『순자』, 「대략」, "學問不厭, 好士不倦, 是天府也."

55 『맹자』, 「등문공 상 1」, "顔淵曰, 舜何人也, 予何人也? 有爲者亦若是."

56 『맹자』, 「이루 하 28」, "舜人也, 我亦人也. 舜爲法於天下, 可傳於後世, 我由未免爲鄕人也."

57 『통서』, 「지」, "聖希天, 賢希聖, 士希賢. 伊尹·顔淵, 大賢也. 伊尹恥其君不爲堯·舜, 一夫不得其所,
    若撻于市. 顔淵不遷怒, 不貳過, 三月不違仁. 志伊尹之所志, 學顔子之所學, 過則聖, 及則賢, 不及則
    亦不失于令名."

58 『이정집』, 「안자소호하학론」, "然則顔子所獨好者, 何學也? 學以至聖人之道也. 聖人可學而至與?
    曰, 然."

59 『격몽요결』, 「입지」, '初學, 先須立志, 必以聖人自期, 不可有一毫自小退託之念."

60 『성호사설』, 「인사문 1 증구」, "志在行其道也. 何謂道? 其要使天下無窮民, 是也. 故一不得其所,
    若撻于市. 況域內受其弊乎?"

2장.
주희, 동아시아의 지성을 이끌다

김 태 완

전남대학교 호남학연구원 특별연구원

1126년 ⊕ 정강의 변, 북송 멸망
남송 건국 ⊕ 1127년
1135년 ⊕ 묘청의 난
남송, 금에 영토 할양, 악비 처형 ⊕ 1141년
1145년 ⊕ 김부식, 『삼국사기』 편찬
제2차 십자군 전쟁 발발 ⊕ 1147년
1150년 ⊕ 영국, 『아서왕 이야기』 편찬
프랑스, 노트르담 대성당 건축 ⊕ 1163년
1170년 ⊕ 프랑스, 파리대학 설립
주희, 백록동서원 복원 ⊕ 1179년
1182년 ⊕ 주희, 사서집주 완성
제3차 십자군 전쟁 발발 ⊕ 1189년
1190년 ⊕ 지눌, 정혜결사 결성
이규보, 『동명왕편』 편찬 ⊕ 1193년
1196년 ⊕ 주희, 거짓 학문으로 탄압을 당함
⊕ 최충헌, 최씨 무신정권 수립
지눌, 조계종 창립 ⊕ 1200년
1205년 ⊕ 일본, 『신고킨와카슈』 편찬
남송 멸망 ⊕ 1279년

1. 주자학이란?

　　주희(朱熹, 1130-1200)는 근대 이전 800년간 동아시아의 정신과 문화의 역사에서 가장 중요한 인물이다. 1200년에 주희가 타계한 이후 80년이 못 되어서 중국 남송(南宋, 1127-1279)이 망한 뒤 몽골이 세운 원(元, 1271-1368)으로쿠터 한족이 다시 중원을 되찾아서 지배한 명(明, 1368-1644), 만주족이 지배한 청(淸, 1636-1912)을 거쳐서 중화인민공화국(1949-)이 수립되기 전까지 중국을 중심으로 한 동북아시아의 학문과 사상은 주자학(朱子學)이 주도하였다. 더욱이 조선(1392-1910)은 언필칭 주자학의 나라였다. 주자학은 조선의 지배 이념이 되어서 조선의 학문과 사상과 문화를 이끌어 왔지만, 한편 근더 세계로 이행하는 과정에서 주자학의 부정적 영향이 조선을 시대적 조류에 낙후하게 만든 점도 사실이다. 심지어 조선 시대를 통틀어 주자학이 지배 이념으로 작용한 측면 때문에 조선 망국과 일제 강점기의 원인을 주자학에 두었고 그로 인해 현대 대한민국 사회에서는 주자학에 관한 편견과 선입견이 여전히 강하게 작용하고 있다. 그러나 한 이념이 오랜 세월 한 세계를 지배해 온 것은 효용성이 있었기 때문이며 또한 그 이념이 형성한 세계는 나름의 시대적 사명을 수행하였다. 물론 어떤 이념이나 사상이라도 시간의 추이에 따라 변하지 않으면 결국은 기득권을 옹호하는 반동적 기능을 하고 그에 따라 영향력이 쇠퇴하기 마련이다. 대한민국은 일제 강점기를 벗어나자마자 한국 전쟁을 겪었고 민주 사회를 형성하여서 구미(歐美) 주도의 산업사회에 후발주자로 편입하였다. 이런 역사적, 지정학적 요인 때문에 주자학을 더욱 부정적으로 보게 되었다. 그러나 한 사회와 문화, 역사는 언제나 발전의 단일한 노선을 따르지는 않는다. 끊임없이 과거의 관성이 작용하기도 하고 기득권의 안주와 빈곤계층의 체념적 타성 때문에 복고와 반동의 반작용이 역사 진보의 길을 가로막기도 한다.

유학에 관한 선입견이나 고정관념을 조금이나마 바로잡기 위해 유학의 문화사를 일별해 보자. 유학은 이성적(합리적) 사회공동체, 논리적으로 설명 가능한 세계, 정치적으로는 권력의 본질과 기능을 성찰하는 학문 이론이다. 진(秦)이 중국 천하를 통일하기 이전의 유학은 공자가 상고 중국 문화를 집대성하여서 인문적 학문 문화의 체계를 세운 뒤 맹자, 순자가 각각 인간 본성의 도덕성과 사회적 시스템인 예에 의거하여 이상사회를 지향하는 사상과 이론을 세움으로써 이후 동아시아 유교문화의 시원이 된다. 한(漢), 당(唐)의 유학은 진의 대대적인 문화 탄압과 폭압 정치 이후 단절된 학술과 문화를 복원하는 차원에서 고전 텍스트를 수습하고 훈고학적 해석을 통해 경학을 발전시켰으며, 고전 텍스트에서 습득한 예악과 문물제도를 정치와 사회에서 구현하여 정치문화를 이끌었다. 송(宋)의 유학은 불교 형이상학의 체계를 원용하여서 유학에 형이상학과 존재론의 이론을 세우고 인성론, 학문 방법론, 자연과학에 이르기까지 학문 전 영역을 아우르는 새로운 학문의 체계를 세워서 신유학이라고도 한다. 또한 인간학에서 자연학, 우주론에 이르기까지 이(理)와

기(氣)를 중심으로 일관된 이론 체계를 세웠는데 특히 이를 핵심으로 삼았기 때문에 이학(理學)이라고도 한다. 주자학은 주희가 송대 신유학(新儒學)의 여러 학설과 사상을 집대성하여서 하나의 거대 체계를 세운 유학이다. 주희가 주자학 체계를 확립한 이후 동아시아 세계는 근대로 들어갈 때까지 주자학이 공식 학문 이념이 되었다.[1]

조선에서 주자학은 특히 도덕적 심성론의 문제를 둘러싸고 논쟁을 하고 이론을 발전시켰기 때문에 성리학이라고도 한다. 물론 성리학은 중국에서도 쓰인 용어이지만 조선에서는 거의 주자학과 동의어로 쓰였다. 성리학이란 명칭은 '본성은 곧 이[性卽理]'라고 한 정이(程頤, 1033-1107)의 명제에서 유래한다. 주희 계열의 신유학을 도학(道學)이라고도 하는데 도학은 다분히 정치적, 역사적 이념성을 띤 이름이다. 송대 이전까지는 원래 유학을 가리키는 다른 이름으로 도학이란 말이 따로 통용되었던 것은 아니다.

도학이라는 말의 유래에 관해서는 일반적으로『송사(宋史)』「도학전(道學傳)」을 전거로 든다. 「도학전」에 따르면, 이상적인 고대 사회에서는 도학이라는 다른 이름이 따로 없이 제왕은 도에 따라 정치와 교육을 베풀고, 관료는 도에 따라 직책을 돌보며, 교육기관은 도를 익히고, 일반 인민은 일상생활에서 도의 원리를 따라 살았다. 이상사회에서는 덕을 지닌 자가 제왕의 자리에 올랐기 때문에 도를 그대로 사회에 실현할 수 있었던 것이다. 그런데 사회의 기강이 쇠퇴하면서 공자와 같이 성인의 덕을 지닌 자가 제왕의 자리를 얻지 못했기 때문에 도가 사회에서 유리되고 말았다. 성인 공자는 제왕이 되어서 도를 펼치지 못했기 때문에 도를 보존하고 전승하여서 묵시적 미래에 의탁하였다. 이후 국가 정치체제가 발전하고 권력의 체계가 혈통이나 물리적 힘에 결속하면서 학문과 권력은 괴리하였고 학문은 권력을 지도하고 권력을 견제하며 권력의 이념을 성찰하는 기능을 하게 된다. 유학자 지식인은 시대마다 이러한 권력의 스승, 통치의 파트너로서 천하를 함께 다스린다는 자의식을 가졌다. 도학은 공자의 이러한 문화사적 의의를 계승한다는 의의를 지닌 유학의 자기규정이다.

이학은 두 가지 맥락을 갖는다. 하나는 신유학의 핵심 이념을 이(理)로 보아 송 이후의 주류 유학을 이학이라고 한다. 한편으로 이학은 심학(心學)과 상대되는 용어이다. 정이-주희로 이어지는, 도덕의 근원으로서 보편적 이념인 이가 개체에 들어와서 개체의 주체가 되는 성(性)에 두어서 성과 이를 동일시하는 학파를 이학, 정호-육구연-왕수인으로 이어지는, 이를 개인의 마음 그 자체로 파악하는 학파를 심학이라고도 한다. 그러나 원 이후 명, 청을 거쳐서 근대에 이르기까지 육구연-왕수인으로 이어지는 심학은 국가의 공인을 받은 이론이 아니었다. 또한 육구연-왕수인의 심학이라 하더라도 이를 존재와 도덕의 근원으로 파악한다는 점에서 송, 명의 학문을 전체적으로 이학이라고도 한다.

2. 주자학 형성의 문화사적 배경

모든 사람은 그가 삶을 기탁한 시대의 자녀이다. 주희 역시 남송이라는 중국 역사 세계의 아들이며 그 시민이다. 송은 중국대륙에서 명멸한 많은 역대 왕조 가운데 가장 높은 인문문화의 수준을 구가한 왕조이다. 그리하여 역사학에서는 흔히 당, 송 교체기라는 용어로써 송과 당 및 그 이전 시기를 특징적으로 나눈다. 한 사회에는 그 사회를 주도하는 전형적인 인물상이 있다.[2] 당과 그 이전은 문벌귀족이 사회를 주도하던 시대라면 송은 사대부가 사회를 주도한 시대이다. 당 이전의 문벌귀족과 송대의 사대부는 사회 주도 세력으로서, 또는 전형적 인물상으로서 각각의 특징이 분명하게 구별된다.

일반적으로 귀족사회는 각 계층이 성층화한 피라미드형 사회로서 문벌,

곧 특정 가문이 독자적 계층을 이루어서 전체 사회의 상층에 존재하며 그들의 권력, 영향력은 출신 성분에 귀속된다. 귀족은 나면서부터 가문이 세습하는 권위와 영향력을 확보하며 사회체제의 안정적 구조 속에서 영향력을 유지하였다. 따라서 귀족의 관심은 체제에 순응하고 중앙 권력과 적절한 관계를 맺어서 자기 문벌이 지속되는 것이라 할 수 있다. 귀족 문벌은 세대를 이어서 지속되는 지역 사회의 특권을 누렸으며 문벌이 지역 사회의 영향력을 주도하였다. 그리하여 문벌의 가계를 관리하고 유지하는 일에 각별한 관심을 기울였다. 또한 문벌귀족은 비슷한 수준의 다른 문벌과의 통혼을 통해 일종의 동맹과 같이 새로운 협력 관계를 형성할 수 있었다.[3]

귀족 문벌은 토지를 기반으로 지방 권력을 장악하고 사회적 네트워크를 구축하였으며, 관료가 되어서 제국에 봉사하였는데, 귀족 문벌이 관료 사회에 진출하는 것은 가문의 부를 지키고 지역 사회에서 헤게모니를 유지하는 수단이 되었다. 당대(唐代)에 본격적으로 과거제가 시행되었지만, 실제로는 대부분 현직 고위 관료의 추천을 통해 관료 사회에 들어갈 수 있었다.[4] 그리고 이러한 귀족 가문의 영향력을 구성하는 중요한 요소 가운데 하나는 문화적 우월성이었다. 따라서 귀족 계층은 문화적 교양과 역량을 높이는 일에 관심을 보였는데 교육은 가정교육으로 충당되었다. 가정교육을 통해 한 가문의 문화적 관습이 대물림될 수 있었으며 귀족 가문은 문화적 유대로 서로 연결되었다.

이에 반해 송대 사대부는 출신 가문이나 가계가 그 세력의 토대로서 차지하는 비중이 귀족의 문벌보다 상대적으로 더 적거나 덜 중시되었다. 그러나 토지 점유나 가문의 세력이 여전히 그들 영향력의 토대라는 점은 무시할 수 없다. 따라서 지방에서 상대적으로 풍요로운 공공적 생활(civic life)을 꾸려나갈 수 있었으며[5] 중앙 정치에 진출하여 영향력을 확대하고 유지한다는 측면에서도 당대 귀족에 견주었을 때 그 동기부여의 정도가 크지 않았다. 반면에 정치적으로는 상당히 날카로운 감성을 지니고 있어서 정치의 원리나 이념

을 깊이 성찰하고 정치 주체의 도덕적 자질을 무엇보다도 중시하였다. 천리
(天理)와 인욕(人欲)이라는 대립 개념으로 공공성과 사적 이익의 길항과 갈등
을 규명하여서 마음 안에서 미묘하게 일어나는 정의와 이익 사이의 찰나적
분기, 거의 의식도 하지 못하는 사이에 인욕이 개입하여서 천리를 가리고 사
적 이익을 천리로 분식(粉飾)하려는 마음의 불안정함을 늘 말똥말똥 깨어 있
는[常惺惺] 의식으로 포착하여서 인욕을 극복하고 천리를 보존하려는 끊임없
는 노력을 하였다. 이러한 몸과 마음의 의식적 수양을 통해 한결같은 도덕적
자세를 견지하는 거경(居敬), 인간의 본성과 세계 존재의 객관적 원리인 이치
를 탐구하는 궁리(窮理)를 학문의 방법론으로 삼았다.[6]

따라서 송대 사대부가 지역 사회에서 누릴 수 있는 권위와 영향력은, 물
론 당연히 토지를 기반으로 한 경제적 역량이 바탕을 이루고 있었지만, 정신
적 영역에서는 그들이 지닌 수준 높은 학문이 그 기반이었다. 송대 사대부의
가장 중요한 학문적 성취는 배움을 통해 이상적이고 완성된 인격형이라 할
성인(聖人)이 된다는 학문의 궁극 목표와 그 목표를 현실적으로 달성할 수 있
다는 신념을 확인한 것이다. 이런 도학적 지식인의 자의식은 계층적 사회구
조를 벗어날 수는 없었지만, 황제를 정점으로 한 문벌귀족과 고위 관료 중심
의 사회구조에서 차츰 지역적 거점을 지닌 재지사족(在地士族)을 중심으로 사
회가 재편되고 중앙과 지방의 다원적 사회가 형성되고 있었음을 반영한다.
그런 점에서 송대 사대부는 두 세계의 시민이라는 자의식으로 자기 정체성을
형성하였다고 하겠다.

송대 사대부는 바로 이러한 이념을 바탕으로 제국에 봉사하는 신민이라
는 정체성을 인식하면서도 군주와 함께 천하를 같이 다스리는[共治] 국정운
영의 파트너라는 정체성을 획득하였다.[7] 그리하여 중앙 정계에 진출하여서
는 제국 질서의 한 축을 담당하고 지역에서는 지방 장원(莊園)의 경영에 힘쓰
며, 향약의 자치 규약을 제정하여 보급하고, 서원을 비롯한 교육기관을 적극
적으로 신설하여 지역 중심의 여론을 만들어서 향촌 자치의 질서를 확립하여

제국 내에서 나름의 독자적인 공적 질서를 구현하였다. 정치 지향적이고 문화적 주체의 의식을 지닌 당대 귀족의 세련된 문학적, 감성적 유산을 물려받았지만, 한편으로 형이상학적, 철학적 학문 탐구와 도덕적 인격 형성을 추구하여서 지역 사회의 경영을 책임지는 주체로서, 그리고 국가권력의 일정 부분을 담당하는 관료로서 현실 권력과 정신세계 사이의 관계를 깊이 성찰하였다. 세계와 우주의 존재의의를 탐색하고 자아의 본성과 내부에서 도덕적 존재론, 형이상학적 토대를 찾음으로써 송대 사대부는 이전의 문벌귀족이나 지식인과 달리 비록 현실 정치 세계의 지향을 지닌 신민이지만 정신의 영역에서는 각자가 저마다 세계의 올바른 질서를 구현하는 떳떳한 주체[物各有主]**[8]**가 될 수 있었다.

　향촌 지역 사회의 지배층이라는 신분적, 계층적, 경제적 실력을 바탕으로 송의 사대부 지식인들은 성인의 학문을 익히고 도덕 수양을 하여서 왕과 함께 더불어서 천하를 다스린다는 천하공치(天下共治)의 이념을 획득하였다. 주돈이, 소식(蘇軾, 1036-1102), 사마광(司馬光, 1019-1086), 범중엄(范仲淹, 989-1052), 소옹(邵雍, 1011-1077), 장재(張載, 1020-1077), 정호(程顥, 1032-1085), 정이 등의 북송 유학자들은 인간의 도덕적 본성을 형이상학적 기반 위에 확립하였고, 현실을 이상적 사회로 만들 수 있다는 강렬한 신념을 이론적으로 논증하였다. 주돈이의 무극과 태극의 존재론 및 '성인은 배움을 통해 도달할 수 있다[聖可學]', 범중엄의 '천하가 근심하기 전에 근심을 하고, 천하가 즐거움을 누린 뒤에 즐거움을 누린다[先憂後樂]', 소옹의 '사물의 관점에서 사물을 본다[以物觀物]', 장재의 '천지를 위해 마음을 세우고, 생민을 위해 도를 세우고, 옛 성인을 위해 끊어진 학문을 잇고, 만세를 위해 태평을 연다[爲天地立心, 爲生民立道, 爲去聖繼絶學, 爲萬世開太平]', '살아 있는 동안에는 외부의 사태에 순응하고 죽으면 평안해진다[存順沒寧]', 정호의 '마음이 툭 트여서 크게 공변되고 사물을 대하면 거기에 순응한다[廓然大公, 物來順應]' 등의 슬로건과 정이의 천리(天理)와 성즉리(性卽理) 등은 북송 유학자들이 터득한 인간의 존재론적 위상, 보편적이고 선천적인 도덕적 본성의 통찰, 사회적 주체로서 책임 의식을 나타내는 상징적 슬로건이다.

그러나 문화적 융홍과는 상대적으로 송은 왕조 내내 외부 세력에 많이 시달렸다. 서하(西夏, 11세기-13세기 초), 요(遼, 907-1125)와 금(金, 1115-1234)에 시달리던 송은 마침내 정강(靖康)의 변(1126)을 겪고서 중원을 포기하고 장강을 건너 절강성 항주[杭州, 당시 임안(臨安)]로 도읍을 옮기고 국체를 재정비하였다. 송 왕조는 명맥이 이어졌지만 이로부터 중국대륙의 반을 상실하고 반벽강산(半壁江山)으로 범위가 줄어들었다. 남송은 여러모로 북송과는 다른 역사적, 문화사적 의의를 갖고 있었다. 고종의 재건과 그 이후 이어진 조정은 장강을 경계로 하여 금과 대치한 상황에서 주전과 강화의 줄타기를 하면서 상당한 기간 체제의 안정을 이루었기 때문에 경제력도 회복하고 학문과 문화도 꽃을 피워서 유라시아대륙을 석권한 원에 멸망하기까지 한 세기하고도 반의 세월을 중국대륙의 주인으로서 명맥을 유지할 수 있었다. 반쪽으로 쭈그러진 중화의 판도는 남송 지식인에게 중화주의를 성찰하는 새 계기를 마련했다. 의기를 지닌 주전파의 일부가 고토 회복과 설욕을 주장하고 여러 차례 금과 고토 회복을 위한 전쟁을 벌여서 영토를 일부 되찾기도 하였으나 남송의 지배층은 점차 화북(華北)을 포기해야 한다는 현실을 받아들이고, 반쪽이긴 하지만 송의 정체를 이어 가는 데 힘을 써서 상당한 국력의 신장을 이루어 냈다. 결국 중원, 화북에 잔류한 한족과 이민족 지배의 인정 문제는 중국 지식인과 문화사에 화이관(華夷觀)을 새롭게 인식하는 계기를 마련하였다.

송대의 문화사적 의의는 지식인으로 하여금 한 사회를 주도하는 주체의 기반이 귀속된 가문, 문벌의 생득적 영향력이 아니라 자기의 주체적인 학문과 도덕의 수양을 통해 함양한 자질과 역량이라는 사실을 체득하게 했다는 점에 있다. 주희는 이들 선배 북송 학자의 정신적 유산을 물려받아 이들이 깨닫고 도달한 학문의 경지를 충실히 전승하고 집대성하여서 송학의 정신, 신유학의 완정한 체계를 구축하였던 것이다.

3. 주희의 학문과 사상

작자 미상, 《지성선현 반신상》(원대)의 주희 초상

* 이미지 출처: 위키미디어 커먼스

주희는 이와 기를 중심으로 우주론, 존재론을 세우고 이를 바탕으로 자연과학, 인간학, 역사학 등 동아시아 전통 학문의 거의 모든 분야를 아우르는 거대 학문 체계를 구축하였다.[9]

1) 우주론과 존재론 그리고 자연학

주희의 존재론은 이기론을 중심으로 한다. 주희는 주돈이의 태극(太極)이라는 개념을 이로 해석함으로써 절대적인 지위를 부여하고 음과 양을 기라고 하여 태극[理]과 음양[氣]으로 모든 존재를 설명한다. 주자학의 핵심 개념인 이와 기를 정리하면 다음과 같다. 태극이란 원래 가장 중심이 되는 궁극적 표준이라는 뜻이다. 그런데 주돈이의 『태극도설』에서는 '무극이면서 태극[無極而太極]'이라고 하여 태극의 성질을 무로 규정한다. 만약에 이 말을 그대로 받아들인다면 무에서 유가 나왔다고 해석할 수 있다. 그러나 무에서 유가 나왔다는 생각은 동아시아 사상에서는 낯선 사고이다. 모든 존재자는 기의 이합집산

(離合集散)에 의해 생성 소멸을 되풀이할 뿐이다. 그런데 무극이면서 태극이라고 했으니 주돈이의 원래 의도야 어떻든 신유학의 체계에서 이 모순을 설명할 필요가 있었다. 그래서 주희는 무극이라는 말의 의미를 존재의 유무에 관한 표현으로 보지 않고 소리도 냄새도 없고 어떤 공간을 차지하고 있지도 않으며 형태로 지각되지도 않지만 신비하게 작용하는 원리임을 강조하기 위함이라고 하였다. 무극인 태극에서 음양이 나오고 음양에서 오행이 나오고 오행에서 만물이 나왔다는 〈태극도〉의 논리는 무극에서 태극, 음양, 오행이 시간적 계기를 가지고 나온 것을 뜻하지 않고 음양, 오행, 만물 안에 모두 이가 무극으로서 선험적으로 들어 있음을 의미한다. 말하자면 우주 내에서 일어나는 끊임없는 생성과 변화에는 생성과 변화가 일어나도록 하고 또 생성과 변화에 질서를 부여하는 중심이 있다는 것이다. 그것이 곧 태극이다. 생성 변화의 뿌리, 축, 바탕, 근거가 태극인 것이다. 그런데 이 태극은 형태나 공간이나 시간의 제약을 받지 않기 때문에 무극이다. 무극이란 말하자면 초월적, 선험적이라는 의미로 볼 수 있겠다. 이 태극 또는 이를 현대의 용어로 옮기자면 조직(organization) 혹은 조직의 원리(principle of organization)라는 의미에서 패턴(pattern)과 같은 것이라고 할 수도 있다.

존재하는 모든 것은 기에 의해 구성되어 있다는 생각은 한대 이후 중국의 지식인들에게는 상식과도 같다. 장재는 이런 기론을 철학적 체계로 삼았으며, 주희는 장재, 정이의 기론을 계승하여서 기론을 확립하였다. 기는 끊임없는 운동과 변화를 되풀이하는 계기이다. 기의 두 양상을 음과 양이라고 한다. 그러니까 음양과 기는 다르지 않으며, 기에서 음양이라는 그 무엇이 새로 나온 것도 아니다. 기는 동적인 것이 양, 정적인 것이 음 또는 남성적인 것이 양, 여성적인 것이 음이라고 하듯 우주에 존재하는 힘의 서로 다른 이질적인 두 요소 또는 두 양상을 의미한다. 양은 시작, 활동, 자극, 운동, 변화, 생장의 의미를 상징하며 음은 완성, 성취, 결말, 반응, 상응, 정지, 정적, 유지, 수렴, 저장, 응축, 집중 등의 의미를 상징한다. 아무튼 자연에서 일어나는 모든 작용은 음과 양의 두 계기에 의해 이루어진다.

이 두 계기의 상호작용에 의해 일차적으로 변형된 것이 오행(五行)이다. 오행은 다섯 가지 기본적인 둘질적 요소인데 목(木)·화(火)·토(土)·금(金)·수(水)이다. 이 다섯 가지가 서로 제어도 하고 촉진도 함으로써 만물이 생겨나기도 하고 소멸하기도 하는 것이다. 말하자면 이 다섯 가지는 어느 것이나 생성과 동시에 파괴의 기능을 가지고 있기 때문에 서로가 서로를 성성하기도 하고 파괴하기도 함으로써 자연 만물의 변화가 일어난다. 오행을 기질(氣質)이라고도 하고 질(質)이라고도 구별하는데 사실상 기와 질 사이에는 원리적으로 어떤 질적인 차이도 없다.

신유학에서는 이 태극과 음양, 오행을 각각 이와 기로 가념화한다. 이는 천지 만물의 각각에 동일성을 부여하는 원리, 법칙이며, 기는 천지 만물어 차별성을 부여하는 원티이다. 쉽게 말하면 모든 만물은 이와 기로 이루어저 있는데, 기에 의해 각각 개별적인 사물의 질료적 특성이 드러나고 이에 의히 동일한 본질을 갖게 된다는 것이다. 이와 기는 함께 만물에 내재하며 이와 기가 따로 떨어져 있을 수 없다. 그래서 주희는 하늘과 땅 사이, 곧 우주 전체어 이가 있고 기가 있다고 한다.

이는 형이상의 도이며 만물을 이루는 근본, 형상이다. 기는 형이하의 도구이며 만물을 이루는 질료이다. 이를 받아서 인간이나 모든 사물은 본성을 갖게 되고[性卽理], 기를 받아서 형체를 갖게 된다. 간단하게 말하면 개별적인 인간 또는 사물의 구체적인 몸, 형체는 기로 이루어져 있고, 형체 안에서 본성, 또는 본질이 되는 것은 이이다. 그러나 이와 기는 혼동되어서는 안 된다. 이와 기는 분명히 두 가지 서로 다른 것이다. 이는 보편적 원리, 동일성의 원리 또는 생성 변화의 청사진과 같은 것이기 때문에 기보다 더 존귀한 것이지만 현실적으로는 기를 떠나서는 아무런 의미가 없다. 그러므로 이 둘의 각계를 '떠날 수도 없고 섞일 수도 없다[不離不雜]'고 한다.

존재의 세계에서 이와 기는 언제나 함께 있음으로써 사물의 생성 변화를 일으킨다. 말하자면 기를 생성 변화의 물질적 에너지라고 한다면 이는 물질적 에너지의 운동 패턴과 같은 것이다. 그러므로 에너지만 있고 패턴이 없으면 그야말로 혼돈에 불과하고 패턴만 있고 에너지가 없다면 아무런 의미가 없는 것이다. 이것을 주희는 "기 밖에 이가 없고 이 밖에 기가 없다"라고 하였다. 어쨌든 현상계, 존재의 세계에서는 이와 기는 절대로 떨어져 있을 수 없다. 애초에 둘이 결합하는 결정적인 때도 없으며 또한 둘이 분리되는 때도 없다. 영원히 같이 있는 것이다. 그러나 논리적, 형이상학적으로는 역시 이가 먼저 있다고 할 수밖에 없다. 예를 들어 배나 수레가 없더라도 배나 수레가 될 수 있는 원리 같은 것은 있다고 할 수 있다. 마치 플라톤의 철학에서 현실에 어떤 사물이 존재하지 않더라도 예지(叡智)의 세계에는 이데아가 먼저 있는 것과도 같다.

기를 떠난 이, 기와 분리된 이가 현실적으로 아무런 의미가 없음에도 불구하고 주희가 이렇게 형이상학적 원리라는 점에서 이를 강조하고 이를 우위에 두려는 욕구를 포기할 수 없었던 까닭은 사회학적 관심에서 비롯되었다고 할 수 있다. 이를 조직, 패턴, 설계, 계획과 같은 것이라 한다면 이는 물질적 에너지인 기보다 더 먼저 있고 더 우월하다고 할 수밖에 없다. 예컨대 인민을 노동에 동원하여서 국가적인 사업을 한다고 할 때 실제 노동력을 제공하는 인민보다 인민의 힘을 조직하는 관리, 또는 정책 입안자가 사회적으로 더 우월한 지위에 있기 마련이다. 이런 점에서 주희는 이가 기를 지배하는 사회구조와 제도를 긍정하고 사대부가 중심적인 역할을 해야 한다고 생각했다.

또한 주희는 우주론, 천체론과 천문학, 역법(曆法), 기상학, 화성학(和聲學), 지리학, 의학, 수학, 동식물, 농업, 기예(技藝) 등의 여러 자연학, 기술학 분야에서도 그 이전 중국 자연과학의 성과를 집대성하여서 이기론의 체계에 따라 탐구하였다. 주희의 자연학 수준은 당시로서는 가장 폭넓고도 이해가 깊었다. 그가 『대학(大學)』에서 끄집어낸 격물치지(格物致知)의 학문 방법론은 물론 윤리적, 도덕적, 정치적 명제이지만 순수한 자연과학의 방법론이기도 하다. 주희는 당시까지 축적된 자연과학과 기술과학에 관한 지식을 종합하고 아울러 각각을 탐구의 대상으로 삼았다. 이기론의 체계를 바탕으로 자연의 현상과 사물의 운동, 변화를 설명하였다. 그러나 개별 사실에서 일반 원리를 도출하여 자연과학 각 분야에 이론을 세우지는 않았다. 그의 자연학에서는 자연적인 것과 비자연적인 것, 초자연적인 것의 구분이 불명확하고, 개념을 정의하고 개념에서 실체를 확인하려 하는 근대적 방법으로는 접근하기 어려운 점이 있다.[10]

주희의 과학적 관심은 역시 자연 세계의 밑바탕에는 도덕적 질서가 존재하며 그 질서가 도덕에 대한 일종의 '우주적 기초(cosmic basis)'를 부여한다는 관념에[11] 토대를 두고 있었다. 그리하여 자연 세계에 관한 관심이 지식을 넓혀 갔지만, 자연에 관한 지식 역시 크게는 성인을 목표로 하는 유교적 학문관을 벗어나지 않았다. 또한 당시까지 중국 세계가 도달한 자연학의 성취를 거의 망라하였기 때문에 역설적으로 주희의 광범위하고 폭넓은 자연과학의 지식과 수준은 그의 후학에게서 더 이상 자연 세계와 현상을 탐구할 내적 동기를 일으키지 못하였다. 그럼에도 인간의 지적 관심이 미치는 모든 영역은 학문 탐구의 대상이 될 수 있으며, 지적 관심을 일으키는 한 최대한 논리적이고 체계적으로 설명하려고 노력했다는 점에서 주희가 중국의 자연과학 분야의 발전에 끼친 영향은 적지 않다. 그의 자연과학은 객관적 물질세계의 물질적 구조와 물리적 법칙을 탐구하려 한 것이 아니라 궁극적으로는 사물에 존재하는 내적 이념, 의미, 질서를 탐색하려 한 것이다. 이런 점에서 전근대 과학으로서 분명 한계는 있지만 그가 지녔던 세계관, 자연과학의 탐구 이념은 물질만능의 현대 세계에 새로운 성찰의 계기를 마련해 준다고 하겠다.

2) 인간학

　　주희가 이를 우위에 두려고 한 또 한 가지 이유는 이의 양면성 때문이라 할 수 있다. 주자학에서 이는 필연(必然, 所以然), 곧 물리 법칙이면서 동시에 당위(當爲, 所當然), 곧 윤리 법칙이라는 속성을 가지고 있다. 다시 말해 이는 존재의 세계에서 모든 존재를 통합하는 원리, 중심이면서 동시에 각 개체의 중심이었다. 그런데 이런 물리적 법칙은 기계적, 자연적 법칙과 질서만을 의미하는 것이 아니라 인간이 실현해야 할 보편적 규범을 반영하는 거울이었다. 말하자면 주희에게서 물리적 법칙은 동시에 윤리적 법칙으로서 의미를 갖고 있으며, 주희는 자연의 물리적 법칙을 윤리적으로 파악했다. 오히려 주희에게서는 이의 속성 가운데 윤리적 법칙의 측면이 물리적 법칙의 측면보다 더 중요했다.

　　우주, 곧 자연은 규범을 실현해야 할 선험적인 공간이었다. 인간뿐만 아니라 모든 존재는 인의예지(仁義禮智, 곧 본성)라는 보편적 규범을 실현하도록 규정되어 있다. 이것을 주희는 '성즉리'라는 명제로 설명한다. '성즉리'라는 말은 존재의 본질[性]이 곧 우주의 보편적 이라는 말이다. 모든 존재는 보편적 이를 본성, 또는 본질로 가지고 있으므로 이 본질을 실현하는 것이 모든 존재에게 지워진 도덕적 의무이자 명령이다. 주희는 『중용』을 풀이하는 저서의 머리말에서 "성은 곧 이이다. 하늘이 음양오행으로 만물을 형성할 때 기로써 형태를 이루고 또한 이를 부여하였다. 그러므로 이는 만물에게 마치 명령과도 같은 것이다. 이렇게 하여 인간과 다른 동식물은 생겨나면서 각각 부여받은 이를 내적 본질로 삼는다. 예를 들어 하늘은 씩씩한 것이 본질이며 땅은 순종하는 것이 본질이다. 그리고 인간을 포함한 동식물에서는 오상(五常), 곧 인·의·예·지·신이 그것이다. 이것을 본성이라고 한다"[12]라고 하였다. 인·의·예·지는(신을 포함하여) 원래 인간의 윤리적 규범이지만 주희는 이 덕목을 모든 존재가 구현해야 할 규범으로 확대하였다. 이처럼 주희는 원래 존재론적 법칙인

이를 윤리적 이념으로 승화시킨 것이다.

　사람이나 사물이나 모두 이와 기로 이루어져 있다는 것은 주자학의 근본 명제이다. 그런데 존재론의 측면에서 이와 기는 서로 대등하게 필요로 하는 관계에 있었지만, 인간학, 곧 인성론의 측면에서는 이와 기의 관계가 달라진다. 윤리학적 관점에서 인간의 생명은 윤리적 이념을 실현하는 터전이다. 육체[氣]는 이념[理]을 실현하기 위한 도구인 셈이다. 인간은 육체를 가지고 살아간다는 사실 때문에 이념을 완벽하게 실현하지는 못한다. 이 때문에 이념과 육체, 가치와 인간의 생물학적 현실 사이에 갈등이 일어난다.

　주희는 인간을 포함한 모든 생물을 기질의 정도에 따라 정제된 것[精]과 거칠고 조잡한 것[粗]으로 나눈다. 이 기질적 차이, 곧 기품[氣稟]은 이념을 구현하는 역량에 따라 다시 바르고[正] 뚫린 것[通]과 치우치고[偏] 막힌 것[塞]의 차이가 있다. 인간은 바르고 뚫린 기를 받아서 태어났고 동식물은 치우치고 막힌 기를 받아서 태어났다. 바르고 뚫렸다는 말은 도덕적 본성을 다 갖추고 있으며 도덕적 지각 능력을 갖추고 있다는 말이다. 치우치고 막혔다는 달은 도덕적 본성을 다 갖추지 못했고 도덕적 지각 능력이 없다는 말이다. 정제된 기질을 가진 존재는 기품이 바르므로[正] 이념[理], 곧 인·의·예·지·신의 도덕적 본성을 구현할 수 있으며[通], 거칠고 조잡한 기질을 가진 존재는 기품이 치우쳐서[偏] 이념을 구현할 수 없다[塞]. 인간은 동물보다 정제된 기질을 가지고 있으므로 이념을 구현할 수 있지만, 동물은 조잡한 기질을 가지고 있으므로 이념을 구현하기가 어렵다. 그러나 같은 인간이라도 기질에 따라 차이가 있는데 맑은 기질을 가지고 태어난 사람은 이치를 쉽게 이해하고 실천할 수 있으며 탁한 기질을 가지고 태어난 사람은 이치를 잘 이해하지 못하고 실천할 수도 없다. 또 선천적으로 기질이 두터운[厚] 사람과 엷은[薄] 사람이 있는데 기질이 두터운 사람은 오래 살고 실천력도 강하다. 기질이 엷은 사람은 일찍 죽거나 건강하지 못하고 또 실천력도 약하다. 예를 들어 안연(顔淵) 같은 사람은 기질이 아주 맑아서 성인에 가까웠지만, 기질이 엷어서 오래 살지 못하고 도덕을 다 실천하지 못했다. 그러나 도척(盜跖)은 기질이 아주 탁해서 선을 알지 못하고 악행만 일삼았지만, 기질이 두터워서 오래 살았고 악행도 매우 많이 저질렀다. 이와 같이 정·통과 편·색은 사람과 동식물을 구별하는 개념이고 청·탁과 후·박은 인간 사이의 다양한 기질적, 유전적 차이를 설명하는 개념이다.

앞에서도 말했듯이 주희는 성, 곧 존재의 본질을 이라고 하였다. 그런데 이는 하늘과 땅, 곧 스스로를 나타낼 수 있는 공간이 마련되어 있지 않으면 있을 수가 없다. 하늘과 땅을 다른 말로 기질이라고 하는데 기질이란 이가 실현될 장소이다. 하늘과 땅은 기질의 대표적 상징이다. 인간도 기질을 갖추고 있으므로 인간의 육신이 없다면 인간의 본성은 있을 곳이 없다. 주희는 이와 같이 순수한 이, 기질에 의해 표현되기 이전의 이를 본연이라고 불렀고 육신, 또는 구체적 형태를 갖춘 상태를 기질이라고 불렀다. 그러니 인간의 성도 본연의 성과 기질의 성이 있게 된 것이다. 그러나 우리가 현실에서 성이라고 할 때는 어디까지나 기질의 성을 말한다. 왜냐하면 본연의 성이란 순수한 이념의 세계이며, 기와 관계를 갖기 이전의, 기에 떨어지기 이전의 선험적 본질이기 때문이다. 기질의 성이란 이가 기질에 떨어져 있음을 가리키며, 바로 우리 현실적 인간의 성을 말한다. 말하자면 이념적으로는 인간은 육신을 가지고 태어남으로써 이를 완전히 실현할 역량을 갖추고 있지만 동시에 현실적으로 여러 다양한 성향을 갖고 태어나기 때문에 이를 그대로 완벽하게 구현하지 못한다.

어쨌든 성은 이이기 때문에 기질의 성도 기질 안에 떨어진 이라는 점은 분명하다. 기질이 없으면 이가 구현될 공간이 없으므로 사실상 주희의 인성론에서는 기질의 성이 더 중요한 의미를 갖는다고 할 수 있다. 기는 이를 구현하는 가능성, 기를 구현하는 공간이면서 동시에 이를 제약하기도 한다. 인간이 이념이나 윤리를 인식하고 알면서도 실현하지 못하는 까닭은 기질 때문이다. 의식주가 모두 기질과 관련되며, 개인의 지각과 욕구와 욕망이 모두 기질의 작용이다. 이념을 인식하는 것도 기질이고 이념의 실현을 방해하는 것도 기질이다. 그러니 인간의 철학적 활동은 바로 기질을 바로잡고 순화하여서 본연의 이념이 드러나도록 한다.

인간의 본성 문제와 관련하여 또 중요한 논의는 성(性)이 발현되는 통로인 정(情)에 관한 문제이다. 다시 말하면 성과 정의 관계 문제, 더 나아가 성과 정을 포괄하고 있는 마음[心]의 문제이다. 주희는 이 문제를 장재의 '마음이 성과 정을 통괄한다[心統性情]'라는 명제를 계승하여서 해명한다. 성은 인·의·예·지를 내용으로 하며 다른 성은 없다. 그러나 이 성은 아직 표현되지 않은 것[未發]으로서 원래 그대로 고요하게 있으며 본체이다. 『중용』에서는 이 성을 '아직 드러나지 않은 중심[未發之中]'이라고도 한다. 말하자면 외부의 자극을 받아 의식이 싹트거나 감정의 대응이 일어나기 이전의 절대조으로 '고요현' 본질이라고 할 수 있다. 이 성이 외부 대상의 자극을 받아 반응을 일으켜서 표현된 것[已發]이 정이다.

주희에게서 정은 의지, 염려, 감정, 지각 등 의식 일반을 가리킨다. 정은 성을 근거로 하며 성과 관련이 없는 정은 있을 수 없다. 다시 말하면 외부 대상의 자극이나 조건에 마음이 성을 근거로 하여 구체적으로 나타난 것이 정이다. 이것을 주희는 '성이 드러난 것을 정이라 한다[性發爲情]'라고 하였다. 맹자는 측은히 여기는 마음 등 이른바 사단(四端)의 마음과 인·의·예·지, 곧 사덕(四德)을 명확하게 구별하지는 않는다. 그러나 주자학에서는 사단의 마음은 엄밀히 정이며 사덕은 성이다. 맹자에게서 특별히 구별되지 않았던 성과 정이 신유학에서는 명확하게 구별된 것이다. 정은 현실에서 구체적으로 드러난 의식이고 성은 정의 형이상학적 근거가 된 것이다.

본성은 우리 마음에 어떤 구체적 형태로 들어 있는 것이 아니다. 다만 우리가 외부의 어떤 상황에 따라 반응하는 감정의 양상을 유츠해 보고 본성이 들어 있음을 아는 것이다. 예를 들어 우리는 어린 아기가 우물에 빠지려그 하면 앞뒤 가릴 새도 없이 측은한 마음이 왈칵 치밀어 오른다. 구체적으로 표현되고 실제로 지각할 수 있는 것은 측은한 마음뿐이다. 이 측은한 마음이 표현된다는 것은 곧 측은한 마음의 형이상학적 근거로서 인이라는 덕이 있다는 것이다. 이 성과 정이 표현되는 통로, 성과 정을 담고 있는 그릇이 바로 마음이다. 성과 정은 마음에 의해 드러나고 지각되며 표현되는 것이다. 말하자면 마음이 성과 정을 부린다고 할 수 있다. 이를 '마음이 성과 정을 통괄한다'라고 한다.

그런데 정은 표현된 것인 이상 그 자체 나쁜 것은 아니지만 표현되는 양태에 따라 과도하거나 부족한 상태가 있을 수밖에 없다. 이와 같이 중도, 표준을 넘어서거나 미치지 못한 것이 악이다. 정이 언제나 절도에 맞게 표현된 것이 중용(中庸)이며 이것이 곧 선이다. 그러므로 표현되지 않은 본연의 상태는 선이라 할 수밖에 없다. 이것이 곧 성선(性善)의 의미이다. 그런데 현실적으로 성은 반드시 정으로 표현되게 마련이다. 정이 표현될 때 지나치거나 모자람이 없다면, 곧 중용을 지킨다면 좋겠지만 대부분 그렇지 못하다. 그러므로 정이 표현될 때 긴장 상태를 유지하여서 올바르게 감정이 표현되도록 노력하려는 수양이 요구된다. 정감의 표현이 중용을 벗어나는 까닭은 개인의 욕망과 관련이 있다. 인간의 마음은 하늘의 이치와 인간의 욕망이 끊임없이 갈등하는 싸움터나 마찬가지이다. 그래서 항상 천리를 보존하고 인욕을 억누르도록 노력하는 도덕적 엄격주의가 파생된 것이다.

3) 학문의 방법과 수양론

주희는 사서 가운데 특히 『대학』을 중시하고 이것을 중심으로 학문의 방법론을 세운다. 그것이 유명한 격물치지(格物致知)의 방법이다. 격물치지는 『대학』의 여덟 가지 조목 가운데 첫 두 조목이다. 격물에 대한 해석은 매우 많지만, 주희는 격을 '이른다[至]', '끝까지 탐구한다[窮盡]'라고 풀고 물을 사태[事]와 사물[物]로 풀이하였다. 사물에는 물리적인 법칙[所以然]이 있고 사태에는 당위적인 법칙[所當然]이 있다. 이것이 곧 이의 두 측면이다. 격물치지는 인간이 만나는 모든 대상과 사태에 대해 그 이치를 남김없이 탐구한다는 뜻이다. 이는 인간의 내부에 있는 성이면서 동시에 천지자연의 이, 모든 존재의 성이기도 하다. 이처럼 물리와 윤리는 구별된 별개의 것이 아니라 물리적인 즈리, 질서가 곧 그 자체 윤리적이다. 물리는 윤리적으로 선하다. 학문을 하는 것은 곧 내면의 성이 객관적 진리와 하나라는 점을 깨닫는 것이다. 그러므로 이런 이치를 깨달은 사람은 하늘과 땅, 곧 천지자연과 같은 기상을 갖게 된다. 이것이 인간의 궁극적 경지이다. 이런 경지는 격물치지의 방법으로 끊임없이 노력해야 한다. 그러면 어느 날 갑자기 모든 이치가 하나로 일관되어 있음을 환하게 깨닫게 된다[豁然貫通].

한편으로 주희가 확립한 수양론의 또 다른 중요한 방법은 함양(涵養)과 거경(居敬)이다. 함양이란 마음이 아직 드러나지 않았을 때인 본연의 중[未發之中]의 상태를 보존하고 아울러 그 능력을 길러 내는 것이다. 주희 이전에도 함양이나 거경의 방법론이 있었지만 대체로 미발 상태의 본연성만을 그대르 지키려는 정적이고 소극적인 방법이었다. 그러나 주희는 미발 때뿐만 아니라 이발 때에도 일관된 방법론이 필요하다고 생각했다. 그래서 정이의 거경을 계승하여서 방법론으로 확정한다. 경은 동적인 측면, 이발 때와 정적인 측면, 미발 때에 모두 통용될 수 있는 방법이다. 경은 몸과 마음을 수렴하여서 순수하고도 한결같이 본래의 모습을 지키며 엄숙하고 단정하게 가다듬는 것이다. 그렇게 하여 몸과 마음이 흐트러지지 않도록 하는 것이다. 이렇게 경을 추구하는 까닭은 사태와 사물에 접했을 때 그 이치를 깨닫기 위한 데 있다. 이런 점에서 궁리 또는 격물치지와 거경은 서로 보완적인 것이다. 사물의 이치를 객관적으로 깨닫는 것이 궁리라면 마음을 한결같이 가다듬어서 본연의 고습을 지니고 사물에 대처하는 것이 거경이다. 이렇게 하는 것은 결국 진리를 깨닫고 내가 진리를 구현하는 주체임을 깨달아 실천하기 위함이다.

4. 주자학의 동아시아, 동아시아의 주자학

한국과 중국, 일본 동아시아 세 나라에서 주자학은 저마다 특유한 수용과 변용의 기제가 작동하였다. 주희가 졸하고 한 세기가 못 되어서 남쪽 송 왕조가 멸망하고, 중원의 금(1115-1234)을 멸망시킨 몽골족 원이 중국대륙을 차지하였다. 유목문화에서 발흥한 몽골족 원은 중원의 주인이 되자 정주문화의 중국대륙을 통치하기 위한 이데올로기를 중국의 학문과 사상에서 찾았다. 원은 중국을 점유한 뒤 한족의 역사와 전통을 기반으로 삼고서 지식, 종교, 정치의 권력을 장악하여 통치의 합법성을 확립하면서 동시에 한족 문명의 합리성을 인정하였다. 그런 일환으로 송을 이어서 관료 선발에 과거제도를 실시하고, 경전 해석에 사서(四書)와 주희의 사서집주(四書集注)를 표준 텍스트로 확정하였다. 남송 말기 탄압을 받았던 주희의 이학, 도학이 원에 들어와서는 정치권력과 결합하고 세속화하였다.

원은 주자학을 관학화하여 사대부에게는 지식을 현실의 이익과 교환하는 것이 정당함을 암시하였다.[13] 그리하여 학자들은 권력의 중심으로 편입함으로써 이전에 정치권력 바깥에서 상대적으로 독립하여 민간 사회와 신사(紳士) 계층을 대변하던 비판적 입장을 포기하고 자아의 초월, 부단한 경신(更新)의 공간을 상실해 갔다.[14] 한편으로 이와 같은 상황은 한족 지식인들에게는 원 통치의 현실을 인정하는 대신 천하의 인심과 풍속이 끊이지 않도록 계승하는 일을 이민족에게 봉사하는 자기 나름의 정당성을 설득하는 구실로 삼았다.[15] 원대의 주자학은 학문의 이론적 발전은 거의 없었다고 해도 지나치지 않다. 이민족 지배라는 현실에서 이론적 탐구보다 과학기술과 같은 실용적 학문이 발전하였고 또한 주자학이 그 자체 우주론과 형이상학에서 인간학, 심리학, 사회학, 정치경제학, 과학기술에 이르기까지 거의 완벽한 체계를 갖추어서 더 이상 새로운 학술 발전의 동인을 마련할 수 없었기 때문이다. 학문이든 이론이든 체계가 완벽할수록, 범위가 넓을수록 내부의 균열에 취약할 수밖에 없다.

원을 몰아내고 한족의 중국을 회복한 명은 민족주의의 정서에 따라 훨씬 더 쉽게 유가 학문의 정당성을 인정할 수 있었다. 명에서도 주자학, 이학은 권력의 합법성, 합리성을 옹호하는 정치 이데올로기, 사대부의 권력과 교환하는 용도로 작동하였다. 명대에 주자학이 관학의 지위를 유지할 수 있었던 까닭은 주자학에 대항할 만한 학술인 육구연(陸九淵, 1139-1193)의 학문이 명대에도 여전히 유학의 관점에서 이단으로 여겨지는 선(禪)에 가깝다는 인상을 주었고, 명의 조정에서 주자학을 장려하였으며, 원대 이래 자연과학, 기술과학이 발달하면서 주자학의 격물치지 방법론이 유용하였다는 점과 명의 초기에 제도를 수립할 때 주자학자들이 참여하여서 주도적인 역할을 하였기 때문이다.[16]

그러나 주자학은 원대에 관학으로 자리매김한 뒤로 명, 청을 이어서 줄곧 그 지위를 유지함으로써 세속화의 길, 곧 일반 사회의 보편적 지식과 원칙이 되었다. 학문의 세속화는 한 사회의 보편적 담론의 체계가 되지만 한편으로는 정치체제 밖에서 누리던 '초월적'이고 '자유로운' 입장을 상실하고 정치권력과 이데올로기를 해석하는 텍스트로 전락한다는 사실을 의미한다.[17] 그리하여 명에서는 중기에 왕수인(王守仁, 1472-1528)에 의해 양명학(陽明學)이 일어나 맹자-정호-육구연으로 이어지는 심학의 전통을 계승함으로써 점차 학문의 본질을 상실해 가는 주자학을 대체하여 학술의 세계에 참신한 기풍을 일으켰다. 그럼에도 주자학은 중국이 근대 사회로 진입하기 전, 명과 청의 왕조 시기 내내 관학의 지위를 유지하였다.

일본 '근세'[18]는 근본적으로 '공익'과 '실용'을 키워드로 한 병영국가였다. 오랜 전국 시대를 거치면서 무인의 지배와 전란이 이어졌기 때문에 학문과 문화가 성숙하기 어려웠다. 그러나 에도 막부[江戶幕府, 1603-1868]가 제도와 법령을 정비하고 정치적 안정을 이루면서 차츰 학문과 문화가 자라났다. 일본은 정유재란(丁酉再亂, 1597-1598)과 에도 막부 초기에 조선을 거쳐서 주자학이 도입되었다. 일본 주자학의 효시는 후지와라 세이카[藤原惺窩, 1561-1619]이다. 원래 선종의 승려였던 후지와라 세이카는 중국과 조선에 유학을 할 염원을 품었을 정도로 주자학에 깊은 관심을 가져서 1590년에 파견된 조선 통신사와 교유를 하기도 하였다. 그러다 정유재란 때 포로로 끌려간 강항(姜沆, 1567-1618)으로부터 본격적으로 주자학을 익혔다. 그의 제자 하야시 라잔[林羅山, 1583-1657]도 원래 승려였지만 주자학을 익혔고 1607년에 도쿠가와 이에야스[德川家康, 1543-1616]에게 등용된 뒤 내리 4대의 쇼군[將軍]을 섬기면서 학문의 진작에 힘썼으며 그 이후 그의 집안 '린케[林家]' 가문은 줄곧 막부의 지원을 받아 에도 막부의 학문과 문화, 교육을 담당하였다.

일본의 초기 주자학은 사회 윤리의 확립과 그에 기초한 정치적 안정이라는 차원에서 관심을 받았다.[19] 그러나 근본적으로 우주적 차원의 정신적 기개를 당당하게 표방하고 갈고닦은 학문과 인격을 검증받아 관료로 출사하여 한 사회와 국가의 정신적, 도덕적 영역을 담당한다는 독서인, 사대부의 계층이 없었기에 일본의 주자학은 결국 막부에 봉사하는 수준을 넘을 수 없었고, 중국이나 조선처럼 관료나 엘리트의 독점 학문이 되지 못하였다. 에도 시대의 뛰어난 주자학자로서 주자학을 열렬히 신봉했던 야마자키 안사이[山崎闇齋, 1618-1682]는 결국 주자학을 일본 전통의 신토[神道]와 결합하여 강렬한 신토의 학파를 형성하였다. 이 밖에도 뛰어난 유학자들이 나와서 주자학을 익혔으나 차츰 주자학을 비판하고 일본 전통의 정신과 결합하여서 고학(古學), 국학(國學)으로 발전하고 '일본인 의식'과 '황국 의식'을 이론적으로 정립하는 역할을 하였다.

요컨대 같은 한자문화권에 속하고 유교문화를 체현한 일본이었지만 일본 근세의 주자학은 독존의 지위를 누리지 못하고 양명학이나 원시 유학의 정신으로 회귀하려 한 고학 또는 고문사학(古文辭學) 등과 병존하다가 차츰 신토와 일본 특유의 국학에 흡수되고 말았다. 근본적으로 '법' 우위의 '무위(武

威)' 국가 일본에서 주자학은 그 근본정신을 유지할 수 없었다.[20] 무위를 국가의 근간으로 삼고 귀도(詭道)를 당연시하는 병영국가 일본에서 보편의 인륜 도덕을 지향하는 유학의 이념은 맞지 않았다. 이에 맞서 전면 대결을 한다면 고립되고 패배하는 쪽은 필시 유학(주자학)이었을 것이다.[21]

동아시아 세 나라 가운데에서도 특히 조선은 명실상부한 주자학의 나라였다. 조선 건국을 주도한 두 축 가운데 하나는 주자학을 익힌 신흥 사대부들이었다. 신흥 사대부들은 주자학 사상에 입각하여 낡은 왕조를 대체하여 이상적인 사회를 건설하려고 하였다. 사대부들 가운데 새 왕조의 건국에 참여하지 않고 이들과 대립하던 일파는 토지 기반을 지닌 향촌에 은거하였으나 후학들에 이르러서 새 왕조가 토대를 갖춤에 따라 중앙 정계에 진출하기 시작하였다. 이들을 사림(士林)이라고 하는데, 사림은 왕조 개창에 참여한 세력의 후예인 훈구파와 대립하여 정치투쟁을 벌였고 결국 네 차례 사화(士禍)를 극복하고서 조선 중기 이후 정계를 주도하게 된다. 중앙 정계에 진출한 사림은 정몽주(鄭夢周, 1338-1392)를 고려에 절의를 지킴으로써 도학의 이념을 구현한 상징적 인물로 내세웠다. 이후 조선의 주자학은 절의와 도학을 그 정신으로 이념화하였다.

조선에서는 주자학이 발전하고 이해가 심화하면서 한국 문화 속에 융화한 주자학을 형성하였다. 조선의 주자학, 곧 성리학은 주희가 말끔하게 설명하지 않았던, 인간의 심성 문제를 중심으로 탐구하였다. 그것이 바로 이기(理氣)와 사단칠정(四端七情)의 관계 문제이다. 이 문제가 논란이 된 것은 정이 대한 두 가지 근거 때문이었다. 주자학에서는 이와 기로 존재론을 구성한다. 인간에게서 이는 본성이 되고 이 본성은 도덕적 본질이다. 기는 형체와 의식을 비롯한 현실 존재의 모든 측면을 구성하는데, 특히 인성론과 관련하여서 정이 중요하다. 성은 정의 형이상의 근거이며 성이 드러나서 정이 된다. 성은 정을 통해 표현되는 것이다. 성은 구체적으로 어느 곳에 존재하는 것은 아니지만 정을 통해 그 존재를 유추할 수 있다. 성은 오로지 인·의·예·지라는 내용을 갖는 성만 있다. 그러나 정은 사단, 칠정을 비롯하여 모든 생각, 의지, 염려, 사유 등 의식 일반을 가리킨다. 주희는 본성과 감정의 관계에 대해 본성이 밖으로 발현된 것을 감정이라 한다.

정의 대표적인 분류는 사단과 칠정이다. 사단은 『맹자』에서 제시된 것으로서 측은히 여기는 마음, 잘못을 부끄러워하고 악을 미워하는 마음, 사양하는 마음, 옳고 그름을 가리는 마음으로서 인간의 본성이 선함을 입증하는 감정이다. 칠정은 『예기(禮記)』에 제시된 감정으로서 기쁨[喜]·성남[怒]·슬픔[哀]·즐거움[樂]·사랑함[愛]·미워함[惡]·욕구[欲]이다. 이 일곱 가지 감정의 숫자나 내용은 아무런 의미가 없고 중요한 것은 인간의 감정 일반을 가리키는 것이라는 점이다. 그런데 이 사단과 칠정이 모두 감정이기는 하지만, 문제는 사단은 주로 도덕적인 감정, 선한 본성에서 나온 선한 감정인 데 반해 칠정은 인간의 감정 전체를 아우른다는 데 있다. 성이 표현된 것이 감정이라면 왜 어떤 감정은 선과 관련이 있고 어떤 감정은 그 자체 선악과 관련이 없는가 하는 문제이다. 만약에 감정이 두 범주가 있다면 착한 감정은 확대하고 나쁜 감정은 절제하면 착한 사람이 될 것이다. 그런데 감정이 하나의 범주로서 착한 감정과 악한 감정이 따로 있는 것이 아니라면 선과 악은 감정이 상황에 맞게 표현되거나 아니면 상황에 맞게 표현되지 않는 데 따라 결정된다. 이처럼 사단과 칠정을 하나의 범주로 인정할 것인가 아니면 유래가 다른 두 갈래 감정으로 볼 것인가 하는 논쟁이 '사단칠정' 논쟁이다.

이 논쟁의 관건은 감정의 두 범주를 인정할 것인가 아닌가에 달려 있다. 또한 감정을 이와 기에 결부시킬 때 이는 물론 선이지만 기를 악으로 볼 수 있는가 하는 문제와도 관련이 있다. 존재론적 관점에 입각할 때는 기는 악이 아니지만 윤리적 관점에 입각할 때는 악은 어차피 기와 관련이 있다고 해석할 수 있기 때문이다. 사실 주희는 감정의 두 가지를 이기와 관련하여 논의한 적이 한 번 있기는 한데, 그다지 중요한 논의도 아니었고 이 주제를 계속 논증하지도 않았다. 어쩌면 우발적인 언급이었을지도 모른다. 그런데 조선 성리학자들은 이 주희의 발언을 둘러싸고 사단을 이가 드러난 것, 칠정을 기가 드러 난 것으로 갈라서 보는 학파와 사단이나 칠정이나 정인 한에서는 두 가지 범 주와 양상이 있는 것이 아니라 정 일반이므로 모두 기가 발했다고 보는 관점 으로 갈라져서 논쟁을 벌였다.

이황(李滉, 1501-1570)을 중심으로 한 학파는 사단과 칠정을 이와 기로 엄 격하게 나누어서 사단은 이가 주도하고 기가 따르는 정감의 현상이며 칠정은 기가 발동을 할 때 이가 기를 타고 나타나는 정감의 현상이라고 보았다. 이이 (李珥, 1537-1584)를 중심으로 한 학파는 기대승(奇大升, 1527-1572)의 학설을 수 정·발전시켜서 정은 모두 기가 나온 것이므로 두 가지가 있는 것이 아니며 모 든 의식 현상은 기가 발동하되 이가 기를 타고 나타나는 일원적 노선을 따른 다는 주장을 펼쳤다.

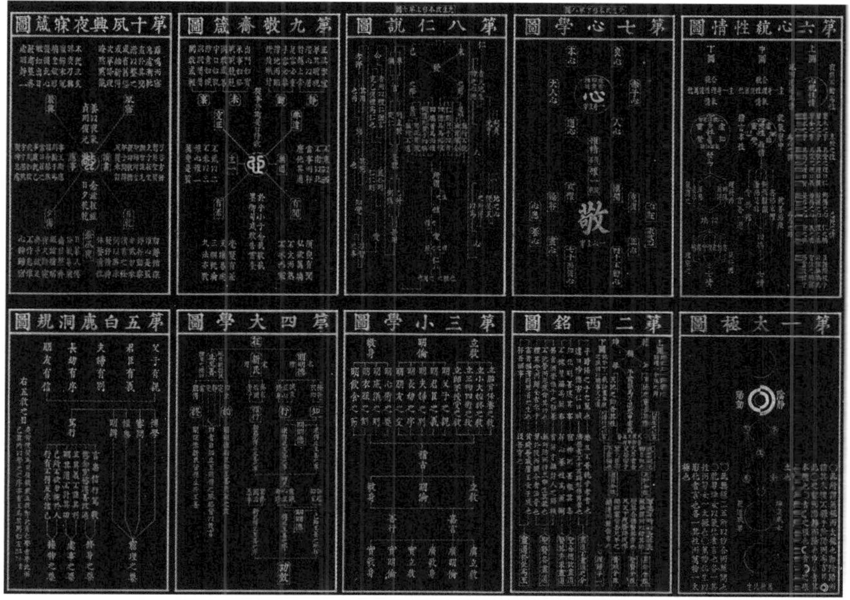

이황(1501-1570), 《성학십도》(1568)

* 이미지 출처 : 국립중앙박물관 e뮤지엄

최우석필《한국고사
인물도》6폭 병풍

* 이미지 출처: 국립
중앙박물관 이뮤지엄

이 논쟁은 결국 도덕의 근원을 탐구하는 문제로서 도덕의 근원이 우리 의식의 세계를 벗어나 따로 있는가, 우리의 의식을 도덕의 영역과 비도덕의 영역으로 엄격하게 나눌 수 있는가 하는 문제의식과 결부된다. 물론 이황의 관점은 도덕의 원천은 우리 의식 세계를 초월해 있으며 도덕은 오로지 이에 의거할 때 가능하다고 생각하는 것이고, 이이의 주장은 도덕을 일으키는 의식이 따로 있는 것이 아니라 모든 상황이 도덕과 관련이 있으므로 감정을 올바르게 표현하는 것이 도덕적이라는 것이다. 조선 중기 이후 학파가 정치적 당론으로 연결되면서 이황의 학설을 따르는 학파는 지리산 권역에서 활동한 조식(曹植, 1501-1572)의 학맥을 잇는 남명학파와 함께 동인(東人)을 형성하였고 이이의 학설을 따르는 학파는 서인(西人)이 되었다. 왜란을 거치고 정치 상황이 복잡하게 변하면서 동인은 다시 남인(南人)과 북인(北人)으로, 서인은 노론(老論)과 소론(少論)으로 갈라지는데 이황의 학설은 남인으로, 이이의 학설은 노론으로 계승된다.

명대 중기 중국에서 주자학이 학문의 비판적 정신을 잃고 학술사상을 주도하는 역량을 상실함에 따라 양명학이 일어난 데 반해 조선에서는 주자학의 심화 경향의 하나로서 예학이 발전하게 된다. 왜란 이후 즈선 사회는 인조반정(仁祖反正, 1623)과 두 차례 후금의 침입, 곧 호란(胡亂, 1627, 1636)을 겪은 뒤 청을 중심으로 한 동북아시아 세계질서에 편입되면서 정치사회가 점차 안정을 찾기 시작한다. 그러나 인조(仁祖, 1623-1649)-효종(孝宗, 1649-1659)-현종(顯宗, 1659-1674)으로 이어지는 왕위 승계는 조선 왕권의 정통성, 정당성을 둘러싼 근본 문제를 제기하였다. 광해군이 실각하고 인조가 반정으르 왕권을 장악한 것은 나름의 시대적 요청이 있었다 하더라도 인조가 생부 정원군(定遠君)을 원종(元宗)으로 추숭한 문제, 인조의 맏아들 소현세자가 요절하고 세손이 살아 있는 상황에서 둘째 아들 효종이 왕위를 승계한 문제 등은 유교 사회 조선에서는 왕권의 정통성, 정당성에 근본 문제를 안고 있었다. 이 문제의식이 결국 예송(禮訟)이라는 정치투쟁과 맞물린 학술 논쟁으로 표면화하였다. 예송은 예에 관한 논쟁이면서 동시에 정치투쟁의 이데올로기가 되었다.[22]

　　예송은 현대 사회의 관점에서 보자면 순전히 명분을 두고 정쟁을 벌인, 이른바 공리공담(空理空談)의 대표적인 사례에 속하지만, 당시의 관점에서는 국가의 정통성, 왕권의 정당성과 관련한 중대한 문제였다. 즈선 사회는 유교 사회였고 유교 사회는 예제를 사회 구성과 국가 경영의 토더로 삼고 있었기 때문에 예의 보편성과 특수성을 둘러싼 해석과 적용은 권력층은 물론 일상생활에서도 첨예한 쟁점이 될 수 있었다. 특히 17세기에 일어난 예송은 남인과 노론 사이의 정치권력 경쟁을 넘어서 유교적 예제가 완전히 조선 사회에 정착하고 이에 따라 예의 이론투쟁, 나아가 세계관의 투쟁으로까지 발전했다는 사실을 의미한다. 예송은 단순한 정치투쟁의 이데올로기였을 뿐만 아니라 왜란과 호란 이후 유교 사회의 재건을 주도하는 이론을 정립하기 위한 투쟁이었다. 곧 예가 지배하는 사회를 재구성한다는 목표는 같았지만, 사회 신분의 계층을 넘어서 예가 보편적으로 적용되는 사회를 지향할 것인가, 강력한 왕권을 중심으로 사회질서를 저구성하여서 사회의 안정을 추구할 것인가 하는 문제를 둘러싼 논쟁이었다.

한편으로 18세기가 되면서 심성의 문제를 깊이 천착한 사단칠정 논쟁을 통해 심화한 인간의 도덕성과 그 본질에 관한 문제의식이 사물(동물)의 영역에까지 확대하였다. 동물도 도덕성을 갖는가 하는 문제는 어쩌면 난센스일지 모르지만, 점차 동물(짐승)에게도 타고난 생명의 권리를 인정하는 사회도덕의식이 확산해 가는 현실에서 나름 진지한 문제의식이라 하겠다. 인간과 동물은 같은 본성을 갖는가 아닌가 하는 문제를 둘러싼 논쟁을 인물성동이논쟁(人物性同異論爭)이라고도 하고 각 이론을 주도한 지역을 따서 호락논쟁(湖洛論爭)이라고도 한다. 호(湖)는 충청도 권역의 호서(湖西)를, 낙(洛)은 경기와 서울을 가리키는 별칭이다.

이이의 학설을 계승한 율곡학파 내에서 일어난 호락논쟁은 송시열(宋時烈, 1607-1689)의 제자인 권상하(權尙夏, 1641-1721)의 제자 한원진(韓元震, 1682-1751)과 이간(李柬, 1677-1727)을 중심으로 전개되었다. 호락논쟁의 요지는 인간과 사물(동물)이 모두 똑같이 오상(五常, 인·의·예·지·신)의 본성을 갖고 있는가 그렇지 않은가, 감정이 발현되기 이전의 마음에 기질의 작용이 있는가, 없는가 하는 문제였다. 한원진은 주희의『맹자집주(孟子集注)』를 근거로 인간은 오상의 전체를 갖추었고 사물은 일부만 갖추고 있어서 본성이 다르다고 하는 이론(異論)을, 이간은 역시 주희의『중용장구(中庸章句)』를 근거로 인간은 오상의 전체를 갖추고 있어서 본성은 같으나 기질에 따라 달라진다는 동론(同論)을 주장하였다. 한원진의 학설을 지지하는 학자들은 주로 호서지방에, 이간의 학설을 지지하는 학자들은 경기와 한양에 거주하였기 때문에 지역을 따서 호락논쟁이라고 한다.

사실 어쩌면 단순한 경전 해석상의 차이에서 비롯한 논쟁이라고 할 수도 있지만 학문은 논쟁을 통해 발전하며, 세계관과 형이상학을 기반으로 구성되는 철학사상은 쟁점을 잃어버리고 논쟁의 동력이 약해지면 학문으로서의 생명력은 끝나는 것이다. 호락논쟁은 조선 성리학이 주자학 이론의 자장(磁場) 내에서 전개된 마지막 순수한 학술 논쟁이었다. 그러나 인간과 사물의 본성이 같은가 다른가 하는 문제는 인간성 탐구의 극치를 보여 준 사건으로서[23] 조선 유학의 문제의식이 (도덕과 형이상학의 근원으로서의) 하늘과 인간의 관계를 중심으로 삼았던 데서 사물의 본질을 묻는 물음으로 전이하였으며, 인간의 도덕적 주체성을 자연 세계에서 정립하는 문제로 연결되었다. 또한 유교 문화를 기준으로 인간과 야만(동물)을 나누던 화이(華夷)의 세계관에서 벗어나 청 주도의 국제 현실을 인정하고 개방과 포용으로 나갈 것인가, 문화적 주체성을 지킬 것인가 하는 문제와도 연동되었다. 한편으로 동론을 주장하는 낙론 계열의 학자들 일각에서는 허구적이고 맹목적인 배청의식(排淸意識), 소중화의식(小中華意識)에서 벗어나 청의 선진문물을 적극 수용하려 한 북학 사상이 일어나게 된다.

주자학은 조선 초, 중기까지 학문과 정치가 이상사회를 건설하는 두 축으로서 상호 균형과 견제의 기능을 발휘하고 있었을 때는 학문은 정치의 이념을 생산하고 정치는 학문 이념을 실현하는 순기능을 하였다. 사화(士禍)를 거치면서 내적으로 철학적 이론을 더욱 강화하고 정치 이념을 학문적으로 성찰하며 사회의 개혁과 혁신을 추구함으로써 조선의 정치와 학문 발전을 이끌었다. 그러나 본격적인 사림 정치의 시기가 되자 정치권력의 주도권을 두고 학파의 분열과 갈등, 대립이 격화하면서 정치권력을 비판, 견제하고 정치의 이념을 성찰하는 기능을 상실하고 권력을 강화하는 수단으로 전락하고 말았다. 양란을 거치고 반정과 당쟁의 혼란을 거쳐서 세도정치 시기가 되면서 주자학은 더 이상 정치사회를 주도하는 이론을 생산하지 못하였고 또한 서학(西學) 전래, 양명학 수용, 청과의 교역, 서양 문화의 유입 등으로 점차 조선 사회도 주자학 중심의 세계관에서 벗어나면서 학문으로서 생명력을 잃고 형해(形骸)만 남게 된다.

주 석

1   선진 문헌에 등장하는 유학의 내성외왕(內聖外王), 수기치인(修己治人)의 이념은 우주론이
나 존재론의 영역까지 설명하지는 못하지만 나름대로 유학이 추구하는 권력의 보편적(추
상적) 본질과 권력자 개인(생물학적)의 욕망 사이에서 일어나는 갈등과 긴장을 늘 예리하
게 자각하고서 인간 본연의 도덕성으로 화해시키려 했던 유교 정치적 이념의 지향을 뜻한
다. 신유학에서는 권력의 보편성과 개인적 욕망의 갈등을 천리(天理)와 인욕(人欲)이라고
규정하여서 천리와 인욕의 상관관계와 천리로 인욕을 초극하는 심성의 수양을 지향한다.
유학의 일관된 정신은 현실과 이념 사이의 긴장과 갈등을 예리하게 주시하고 양자의 화해
를 추구하는 데 있었다. 이를 신유학에서는 현미무간(顯微無間), 체용-일원(體用一源)이라고
표현하는데, 현미무간이란 현실과 이념 사이에 간극이 없다는 뜻이며, 체용일원이란 본체
와 작용, 서양 철학의 용어를 빌려 말하자면 형상과 질료가 하나라는 뜻이다. 신유학은 이
런 이념을 토대로 삼아 인간의 심리와 의식, 사회와 국가, 세계를 일관된 논리로 이해하고
현실의 삶을 이상과 일치시키려고 하였다.

2   물론 어떤 사회라도 어느 하나의 용어로 규정하거나 하나의 틀에 집어넣어서 이해할 수 없
게 복잡다기하지만 그럼에도 몇 가지 범주로써 대체적인 윤곽을 그려 볼 수 있다. 인간은
대상세계를 감촉할 때 반드시 언어로 규정을 해야만 지각을 하고 인식할 수 있다. 그런 점
에서 몇몇 중요한 용어로 한 사회, 한 시대를 규정하는 것은 어쩌면 불가피할 수도 있다. 다
만 우리는 대상에 관한 어떤 인식이 이루어질 때 하나의 상을 구성하며, 그것이 때로는 고
정관념이 되어서 선입관이 되기도 하고 편견이 되기도 한다. 이런 편견이 참다운 인식을 방
해하기 때문에 끊임없이 이를 성찰하고 편견을 극복해야 하는 것이다.

3   김영민,『중국정치사상사』(서울: 사회평론아카데미, 2021), 309.

4   김영민,『중국정치사상사』, 318.

5   김영민,『중국정치사상사』, 355 참조.

6   당대의 귀족과 지식인은 세련된 생활을 영위하고 귀족사회의 세계를 유지하기 위한 문화
활동의 장치를 마련하였다. 그 대표적인 문화 행위 양식이 바로 당대에 극도로 발달한 시
(詩)이다. 정교한 짜임새와 구상, 분방한 표현과 세련된 기교, 수준 높은 미의식과 전고(典
故)에 관한 학식을 구사하여서 시를 짓고 같은 주제나 제재로 시회를 열어서 수창(酬唱)을

하는 방식은 경제적, 사회적, 신분적, 문화적 자산이 뒷받침하지 않고서는 그 기술을 습득할 수도 없었고 그 문화세계에 끼어서 향유할 수도 없었다. 당의 시는 귀족과 지식인의 문화적 헤게모니를 유지하는 수단의 하나가 되었다.

7   과거 동아시아 사회는 아주 이른 시기부터 관료제가 부분적이든 전면적이든 작동하고 있었고, 따라서 지식인들은 관료로 출사하여서 왕을 정점으로 한 권력 세계에 접근하고 왕이 분여(分與)하는 권력을 획득하여 이상사회를 건설하려는 야망을 품었다. 물론 관료로 진출하는 지식인의 현실적 목표는 관료 제도의 정점인 재상에 오르는 것이다. 고대 동아시아에서 재상의 의미는 맹자(孟子, 기원전 372-기원전 289)에서 이미지를 차용할 수 있다. 맹자는 상(商)의 탕왕(湯王, 기원전 17세기-기원전 16세기)과 이윤(伊尹, 생몰년 미상), 춘추전국의 증자(曾子, 기원전 505-기원전 435), 자사(子思, 기원전 483-기원전 402) 등 선현의 일화를 굳이 표출하여서 예로 들고 군주에게 급여를 받고 복무하는 선비[二], 곧 관료와 군주가 자기를 낮추어 스승으로 모셔야 할 선비[士], 곧 사부(師傅)를 구별하여서 군주가 그저 나라를 꾸려 가려면 관료로서 충분하지만, 천하를 대상으로 올바른 정치[王道政治]를 펼치려면 찾아가서 초빙하고 자문을 구해야 할 선비[不召之臣]가 필요하다고 하였다.

8   蘇軾,「赤壁賦」.

9   주희의 철학에서 핵심이 되는 이기론의 원류는 불교의 형이상학에 힘입은 바가 크다.

10   김영식,『주희의 자연철학』(서울: 예문서원, 2005), 34.

11   김영식,『주희의 자연철학』, 16.

12   『中庸章句』, "性卽理也. 天以陰陽五行化生萬物, 氣以成形, 而理亦賦焉. 猶命令也. 於是, 人物之生, 因各得其所賦之理, 以爲健順五常之德, 所謂性也."

13   葛兆光,『중국사상사 2: 7세기에서 19세기까지 중국의 지식과 사상, 그리고 신앙세계』, 이등연 외 옮김(서울: 일빛, 2013), 482-483. 참조.

14   葛兆光,『중국사상사 2』, 491. 참조.

15   虞集,『道園學古錄』卷1,「送李彦方閩憲詩序」, "實表彰程朱之學, 以佐至元之治, 天下人心風俗之所係, 不可誣也."

16   이동희,『동아시아 주자학 비교 연구』(서울: 심산, 2018), 37 참조.

17   葛兆光,『중국사상사 2』, 496.

18   일본에서는 일반적으로 무로마치[室町] 막부(1336-1573)가 멸망한 때로부터 메이지[明治] 유신(1868) 때까지를 근세라고 한다.

19   末木文美士,『일본 사상사: 과거를 통해 미래를 응시하다』, 김수희 옮김(서울: AK, 2022), 193.

20   병영국가 일본 근세를 이끌어 간 주요 사상은 군사학과 주자학 그리고 네덜란드를 통해 들어온 서양의 과학, 일본 전통의 국수주의 학문인 국학(國學)이다. 前田勉,『일본사상으로 본 일본의 본질: 兵學·朱子學·蘭學·國學』, 이용수 옮김(서울: 논형, 2014), 31-35 참조.

21   渡邊浩, 『일본 정치사상사: 17-19세기』, 김선희, 박홍규 옮김(서울: 고려대학교출판문화원, 2020), 106.

22   예송은 두 차례 일어났다. 1차 예송은 1659년[기해(己亥)]에 효종이 죽자 인조의 계비였던 자의대비(慈懿大妃) 조씨(趙氏, 1624-1688)가 상복을 입는 기간에 관한 문제를 둘러싸고 일어났다. 남인은 효종이 인조의 둘째 아들이라 하더라도 왕위를 계승했으므로 맏아들의 상으로 보아 참최복(斬衰服, 3년)을 입어야 한다고 주장하였고 노론은 둘째 아들의 예에 따라 기년복(朞年服, 1년)을 입어야 한다고 주장하였다. 양측의 논리는 조선왕조의 관례와 『주자가례(朱子家禮)』 등 여러 유학의 예론을 동원하여 나름대로 저마다 정당한 근거를 가지고 있었지만 결국 『주자가례』의 설을 따른 노론의 기년복을 최종 확정하였다. 그 뒤 1674년[갑인(甲寅)]에 효종의 비이며 현종의 어머니인 인선왕후(仁宣王后) 장씨가 죽어서 자의대비가 입을 상복을 의정하는 문제로 다시 예송이 재발하였다. 남인은 맏며느리의 예를 따라 기년복을, 노론은 지자(支子) 며느리의 예를 따라 대공복(大功服, 9개월)을 주장하였다. 남인의 논리는 왕가의 예에 일반 사대부의 예를 적용할 수 없다, 만약 자의대비가 효종이나 효종의 비에게 지자의 예를 적용한다면 인조-효종-현종의 정통성을 부정하는 논리가 성립할 수 있다고 보았다. 반면에 노론은 왕의 예도 사대부의 보편적 예에 예속된다고 주장하였다. 결국 이때는 남인의 주장에 따라 기년복을 최종 확정하였다.

23   최영성, 『한국유학통사 중』(서울: 심산, 2006), 689.

3장

정약용, 지적 상속과 이탈 그리고 새로운 유학의 제안

김선희

이화여자대학교 철학과 특교수

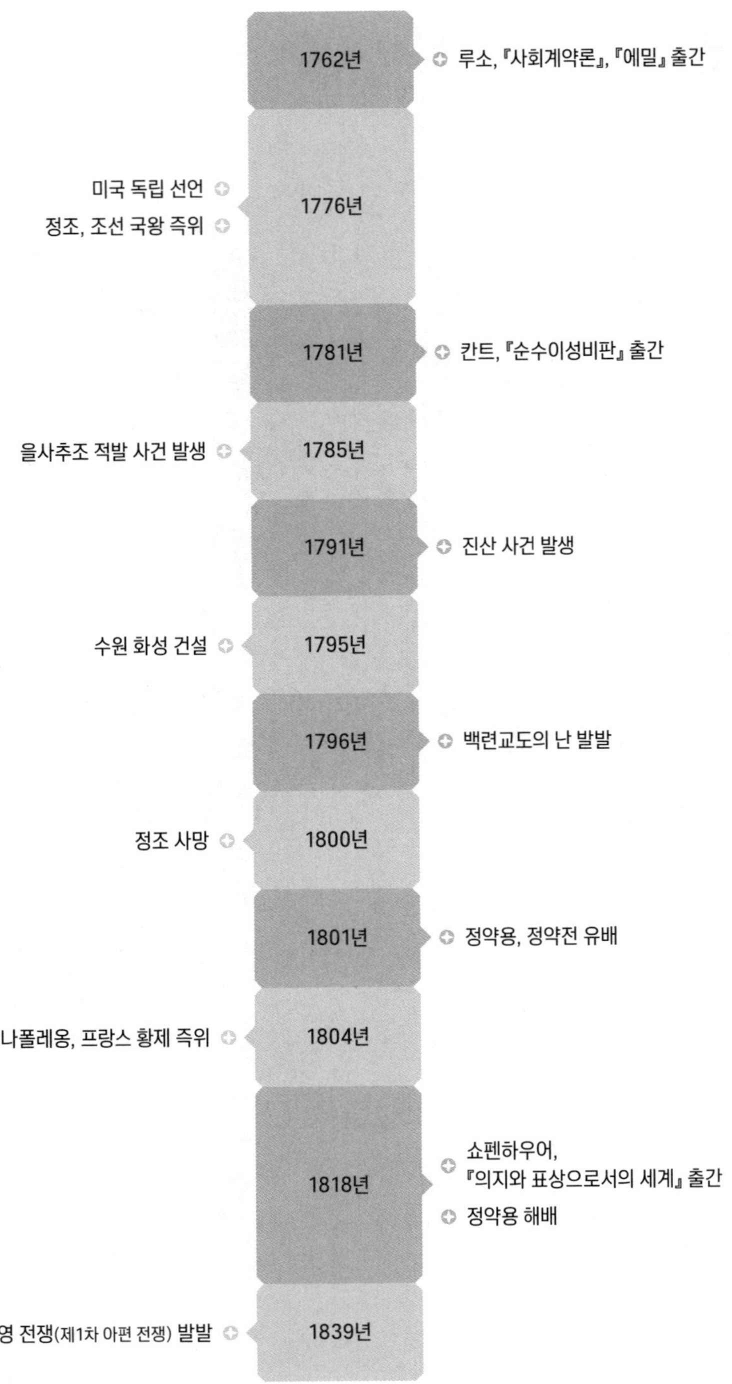

1762년
루소, 『사회계약론』, 『에밀』 출간
미국 독립 선언
정조, 조선 국왕 즉위
1776년
1781년
칸트, 『순수이성비판』 출간
을사추조 적발 사건 발생
1785년
1791년
진산 사건 발생
수원 화성 건설
1795년
1796년
백련교도의 난 발발
정조 사망
1800년
1801년
정약용, 정약전 유배
나폴레옹, 프랑스 황제 즉위
1804년
쇼펜하우어,
『의지와 표상으로서의 세계』 출간
1818년
정약용 해배
중영 전쟁(제1차 아편 전쟁) 발발
1839년

1. 근대에 사로잡힌 정약용

2012년 유네스코는 장 자크 루소, 드뷔시, 헤르만 헤세 등과 함께 다산 정약용(茶山 丁若鏞, 1762-1836) 탄생 250주년을 '유네스코 관련 기념일(Anniversaries with which UNESCO is associated in 2012)'로 지정했다. 당시 언론보도를 통해 이 소식을 접한 많은 사람이 조선 유학자 정약용이 세계적으로 인정받았다는 사실에 크게 고무되었다. 유네스코는 한국을 대표하는 철학자(philosopher)로서 정약용을 올해의 인물로 선정한 이유를 다음과 같이 소개했다.

정약용(1762-1836, 필명 다산)은 한국의 사회, 농업 및 정치 구조의 근대화에 적극적으로 경향을 미친 매우 중요한 한국의 철학자이다. 그는 유교에 대한 해박한 지식과 유럽의 근대성에 대한 열정으로 잘 알려져 있으며, 동시대 철학자들이 무익한 훈고학에 몰두하고 자신만을 위한 철학적 이론을 추구하는 경향을 비판한 것으로도 유명하다. 그의 주장은 과학적 지식과 사회적 적용, 정치적 함의 사이의 가교 역할을 한다. 오늘날 대부분의 한국 대학 철학과에서 주로 유럽 근대 철학을 가르치고 있다는 점에서 정약용 철학에 대한 심포지엄과 교육을 장려하는 것은 특히 중요하다.[1]

정약용의 철학을 압축한 이 문장에는 생각해 볼 만한 것들이 많다. 첫 줄부터 문제가 된다. 과연 정약용은 한국의 사회, 농업 및 정치 구조의 근대화에 적극적인 영향을 미쳤는가? 사실 전근대 유학자 정약용이 근대 한국(Modern Korea)에 적극적인 영향을 끼쳤다고 보기는 어렵다. 주지하듯 조선의 정치와 제도, 경제 구조는 조선을 강점한 제국주의 일본에 의해 20세기 이후 극적으로 변화했고 대한민국 정부가 수립된 이후 사회 전반에 걸친 근대화, 산업화가 급격히 이루어졌다. 근대화를 무엇으로 볼지, 그 시기를 언제로 설정할지에 따라 달라질 문제긴 하지만 적어도 18세기 조선 유학자의 학문적 성과가 20세기 한국에서 적극적으로 활용되었다고 보기는 어려울 것이다.

시기를 당겨 한국의 근대화가 아니라 조선 후기의 발전으로 옮기면 어떨까. 사실 이 변환으로도 문제는 간단히 풀리지 않는다. 정약용의 저술들은 주로 유배기에 저술되었고 유배에서 풀린 뒤에도 정약용의 사회적 혹은 정치적 활동은 제약되어 있었다. 따라서 당대 조선에서 정약용의 학술은 실제 정치나 제도 개혁에 실질적인 영향을 끼치기 어려웠다. 정약용의 저술 가운데 일부가 조정에 전달된 것은 고종(高宗, 1852-1919) 대의 일로, 조선이 국가로서의 토대를 상실해 가던 시기였다는 점에서 정약용의 사상이 당시 조선의 변화에 중요한 영향을 끼치기에는 제약이 분명하다.

더 문제가 되는 것은 두 번째 문장이다. 유네스코는 정약용을 '유럽의 근대성(European modernity)'에 대해 열광(enthusiasm)했던 인물로 소개한다. 실제로 정약용은 중국을 경유해 조선에 들어온 서양 선교사들이 중국에서 중국어로 저술한 서양의 신학, 철학, 수학, 자연학에 관한 번역서를, 즉 이른바 '서학서(西學書)'를 읽었고 이를 자신의 철학에 중요한 자원으로 활용했다. 그러나 그렇다고 해서 과연 정약용이 서양의 근대성을 열정적으로 추구했던 인물이라고 평가할 수 있을까. 논란의 여지가 있는 다른 부분과 달리 다산을 서구 근대성을 열정적으로 추구한 인물로 보는 평가는 오류에 가깝다.

정약용은 서학서에 담긴 몇몇 이론을 전통적인 유학의 핵심적인 주제에 활용했을 뿐 그 지식의 발원처로서 서양 자체에는 관심이 없었다. 무엇보다 조선을 낙후된 '전근대'로 인식하고 당대 서구의 역사적 단계를 더 발전된 '근대'로 이해한 뒤 전근대를 돌파해 근대로 향한다는 발상은 결과론적이거나 매우 서구 근대적인 것으로, 정약용 시대의 일반적인 문제의식이 아니었을 뿐 아니라 정약용의 문제의식도 아니었다.

유학자로서 정약용은 조선을 더 나은 유교 사회로 만들고자 했을 뿐, 조선의 미래를 서구적 근대로 상상하지 않았다. 무엇보다 당대 서구가 어떤 사회였는지는 정약용에게 큰 관심거리가 아니었다. 나아가 당시 조선에 들어온 서양 정보들은 대체로 예수회에 의해 번역된 중세의 철학과 자연철학, 그리고 지도 혹은 지리지적 정보들에 한정되어 있었고 루소나 몽테스키외, 로크 같은, 이른바 근대 계몽주의자들의 저술이나 이론과는 아무런 관련이 없었다.

정약용은 유학의 토대에서 당대의 문제점을 돌파할 이론을 고안하고 전통적인 논점을 새로운 시야로 개진하는 과정에서 서학의 정보를 활용했을 뿐 실제로 서양 지식을 조선에 소개하거나 전통적인 유학 지식을 서양 지식으로 대체할 의도가 없었다. 무엇보다 『경세유표(經世遺表)』, 『목민심서(牧民心書)』, 『흠흠신서(欽欽新書)』, 『상서고훈(尙書古訓)』, 『상례사전(喪禮四箋)』 등 정약용이 공들여 저술한 책 속에 제안된 세계는 유가적 공적(公的) 세계였지, 서구적으로 근대화된 세계는 아니었다.

정약용에 관한 연구가 상당한 수준까지 축적된 현대에도 정약용이 자신이 실제로 추구하지 않은 목표와 지향으로 소환된다는 것은 아쉬운 일이다.

이런 결과는 사실상 정약용이 한국 사회가 기대했던 모종의 내재적 근대성을 대표하는 상징적 존재로 소환되었다는 사실에 기인한다. 정약용이 문헌에 기초한 학술 연구가 축적되기 전에, 이미 일제 강점기 국권을 상실한 조선 지식인들에 의해, 사라진 국가를 대신해 전면에 부각된 '민족'의 미래를 책임질 근대성의 상징으로 호명되었기 때문이다.[2]

정약용과 근대성을 연결 짓는 시도가 처음부터, 혹은 근본적으로 오류라는 의미는 아니다. 정약용은 확실히 당대 학자들과 달랐고 그 차이를 평가하는 방식은 다양하다. 정약용이 당대 유교 사회를 전환하거나 발전시킬 지적 자원을 제공하고자 했다는 점은 분명하다. 따라서 그러한 이론적 시도 가운데 어떤 측면은 근대성의 관점에서 평가할 만하다. 그러나 우리가 경계해야 하는 것은 정약용의 이론적 목표를 '서구 근대성'과 곧바로 연결 지으려는 시도이다. 적어도 서구 근대성은 정약용 스스로가 지향했던 목표거나 당대의 사상적 지향이 아니었기 때문이다. 정약용이 보여 준 조선 유학의 변별성과 가능성은 서구 근대와의 병렬적 비교를 통해 오는 것은 아닐 것이다. 과연 정약용은 어떤 사람, 어떤 학자, 어떤 월경자이자 종합자일까.

2. 서학: 정약용의 벽, 정약용의 길

정약용을 생각할 때 가장 먼저 떠오르는 것은 '18년에 걸친 긴 고난의 유배'라는 인상일 수 있다. 정약용은 주로 기나긴 유배의 불운과 그 가운데서 이루어 낸 놀라운 학문적 업적 사이의 격차를 통해 평가되는 경우가 많다. 실제로 정약용은 놀라울 정도의 학문적 성과를 남겼다. 20세기 이후에 『여유당전서(與猶堂全書)』라는 이름으로 묶인 정약용의 저작집은 500여 권에 이른다. 그러나 저술의 규모보다 더 중요한 것은 연구의 범위라고 할 수 있다.

　　정약용은 경학(經學), 즉『논어(論語)』,『맹자(孟子)』,『시경(詩經)』,『서경(書經)』,『주역(周易)』등 유학의 근본적인 경전들에 대해 자신만의 주석서를 저술했다. 나아가 정약용은 유학이 다루는 대부분의 이론적 영역, 즉 정치, 경제, 문학, 지리, 교육, 의학 등 실용적인 분야에 대해 독자적인 의견을 제시했다. 이와 더불어 스스로 자신의 대표적인 학문적 성과로 제시한, 이른바 일표이서(一表二書), 즉『경세유표』와『흠흠신서』,『목민심서』를 통해 국가와 행정의 운용에 관한 이론서를 남기기도 했다.

　　정약용이 이런 방대한 규모와 놀라운 깊이의 저술을 완성할 수 있었던 배경 중 하나는 실제의 죄보다 훨씬 길어진 길고 긴 유배 기간일 것이다. 사실 유배는 정약용의 삶의 궤도 가운데 예상하기 어려운 급격한 이탈이었다고 볼 수 있다. 정약용은 22세에 진사과에 합격하며 성균관에 들어가고 28세 때 대과에 합격하여 관직에 입문한 이후 그의 재능을 높이 산 정조의 총애를 받으며 승승장구했기 때문이다.

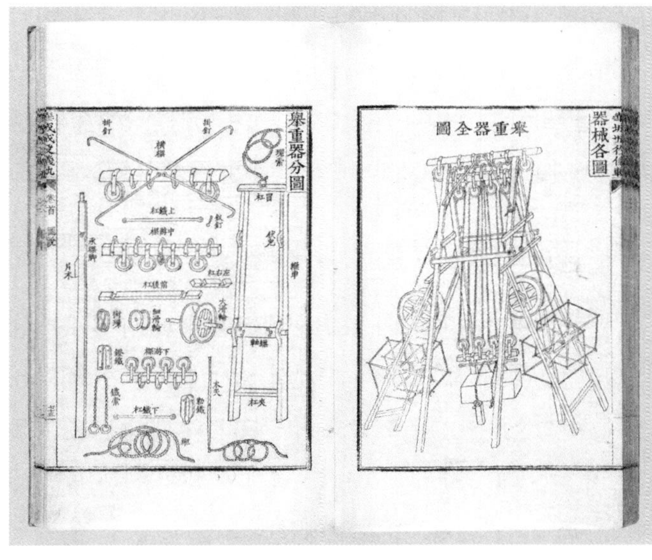

『화성성역의궤』 1801)
에 실린 〈거중기전도〉
와 〈거중기분도〉

* 이미지 출처: 위키미디어
커먼스

정약용은 1762년 영조 때 경기도 광주의 마현(馬峴)에서 진주목사를 지낸 정재원(丁載遠, 1730-1792)의 넷째 아들로 태어났다. 진사과에 합격하여 성균관에 들어간 정약용은 이후 성균관에서 치른 시험마다 뛰어난 실력을 드러내며 정조의 눈에 든다. 정조는 정약용의 천재성을 발견하고 그를 자신의 정치적 구상을 실현할 중요한 인물로 발탁한다. 정약용이 정조의 신임을 얻으며 수원 화성 축성 과정에서 중요한 역할을 했다는 점은 잘 알려져 있다. 정약용은 화성의 설계에 직접 참여하기도 하고 정조가 하사한 서양 기술서『기기도설(奇器圖說)』[3]을 바탕으로 '기중가(起重架)'라는 기중기를 만들어 공사 비용과 시간을 단축하는 등 정조의 기대에 부응한다.[4] 정조는 정약용이 서교에 접근했다는 명목으로 유배되기 직전까지 정약용의 최대 후원자였다. 그러나 정약용의 삶은 어느 순간 정조의 총애를 받는 뛰어난 관료 혹은 유학자라는 궤도를 이탈하게 된다. 특별한 만남이 그 계기였다.

갑진년 4월 15일에 맏형수의 기제(忌祭)를 지내고 나서 우리 형제와 이덕조(李德操, 이벽)가 한 배를 타고 물길을 따라 내려올 때 배 안에서 덕조에게 천지가 처음 만들어진 시작[天地造化之始]과 육체와 정신이 살고 죽는 이치[形神生死之理]에 대해 듣고 정신이 아득하여 마치 은하수[河漢]가 끝이 없는 것 같았다. 서울에 올라온 뒤 다시 덕조를 찾아가『(천주)실의(實義)』와『칠극(七克)』등 몇 권의 책을 얻어 보고는 비로소 마음이 흔연히 서교(西敎)로 향했다.[5]

이 글의 주어는 사실 정약용이 아니라 1801년에 정약용과 함께 유배당한 뒤 유배지인 신지도(薪智島), 즉 흑산도(黑山島)에서 59세로 사망한, 정약용이 평생 의지한 그의 둘째 형 정약전(丁若銓, 1758-1816)이다. 그러나 이 경험은 정약전뿐 아니라 정약용도 함께 공유하고 있다는 점에서 정약용 역시 이 문장의 실질적인 주체였다고 볼 수 있다. 이 문장에서 중요한 것은 두 정씨 형제가 만난 인물, 즉 덕조로 불린 광암 이벽(曠菴 李蘗, 1754-1786)이다.

1754년 경기도 광주의 남인 가문에서 태어난 이벽은 기호 지역 남인을 이끌던 성호 이익(星湖 李瀷, 1681-1763)의 제자였던 권철신(權哲身, 1736-1301)에게 배웠기 때문에 일반적으로 성호의 학맥을 이은 것으로 여겨진다. 이벽은 같은 남인 소장학자들, 즉 이가환(李家煥, 1742-1801), 정약전, 정약종(丁若鍾, 1760-1801), 이승훈(李承薰, 1756-1801) 등과 교류하며 활발하게 활동하던 유학자였다.

이벽은 과거에 큰 뜻을 두지 않고 학문에 집중했는데, 그가 특히 몰두한 것은 당시 조선에 유입되어 있던 서학서들이었다. '서학(西學)'이란 16세기 말 기독교 전교를 위해 중국에 들어온 예수회[耶蘇會, The Society of Jesus] 선교사들을 비롯해 여러 서양 선교사가 전달한 서양 지식과 그 산물들을 말한다.[5] 마테오 리치(Matteo Ricci, 利瑪竇, 1552-1610) 등 예수회 선교사들은 중국인들을 기독교 신앙으로 인도하기 위해 르네상스 시기 서양의 신학, 철학, 자연철학, 수학 지식 등을 중국어로 번역했고 중국어로 세계 지도를 만들었으며 서양 악기, 자명종, 의약품 등을 전했다. 이 전달의 과정에서 형성된 다양한 지적 산물을 서학이라 부른다. 이벽과 정약용이 활동하던 18세기 조선에는 이미 연행을 통해 『천주실의』, 『칠극』, 『직방외기』, 『영언여작』 등 다양한 종류의 서학서들이 유입되어 유통되고 있었기 때문에 이벽 역시 독자적으로 서학서들을 연구할 수 있었다.

이벽은 서학을 접한 뒤 이승훈, 권철신 등 남인 동료들과 이를 연구하고 토론하는 데 몰두했던 것으로 보인다. 이벽은 정조 7년이던 1783년, 이승훈이 서장관(書狀官)으로 파견된 아버지 이동욱(李東郁)을 따라 북경에 간다는 소식을 듣고 그에게 서양 선교사를 만나 세례를 받도록 권유한다. 이승훈은 이벽의 권유를 받은 뒤 1784년 초에 북당에서 예수회 신브 그라몽(J. J. De Grammont, 梁棟材, 1736-1812?) 신부로부터 베드로라는 이름으로 세례를 받고 귀국함으로써 조선인 최초의 세례 신자가 된다. 이후 이벽과 이승훈은 주변의 남인들에게 천주교를 전하며 일종의 신앙 공동체를 형성한다.

정약용의 형제들 역시 이벽을 통해 서교를 접했다. 정약용은 정약전과 이벽의 만남을 술회하면서 "일찍이 이벽과 교류하며 천문 역법[曆數]의 이론을 듣고 『기하원본(幾何原本)』을 연구하며 정미한 이치를 분석하였는데, 마침내 서교의 설을 듣고는 매우 좋아하였으나 몸소 믿지는 않았다"[7]라고 밝힌다. 그러나 엄밀히 말해 이 문장의 주인공은 정약용 자신이었을 가능성이 있다. 실제로 이벽을 찾아가 서학에 관해 토론한 뒤 본격적으로 연구한 것은 정약용 자신이기 때문이다.

정약용은 23세였던 1784년 여름, 정조가 초계문신에게 낸 『중용』에 관한 질문에 답하기 위해 이벽을 찾아간다. 이때 이벽과의 만남은 처음부터 서학서 『천주실의』를 전제한 것이었다고 볼 수 있다. 이미 정약용은 혼자 생활하고 있던 이벽을 찾아가 『천주실의』와 『칠극』 등 서학서를 빌려 보았을 뿐 아니라 『천주실의』를 토대로 『중용』을 새롭게 해석한다. 이 만남과 토론은 『중용강의(中庸講義)』, 『중용강의보(中庸講義補)』 등에 정리되어 있다. 이 글은 유학자인 이벽이 서학을 받아들였는지, 이벽과 교유한 정약용이 이 새로운 지식을 어떻게 유학과 종합하는지 보여 준다.

서교와의 만남은 이후 정약용의 삶에 막중한 영향을 끼쳤다. 제사를 폐하라는 등 천주교의 가르침은 유교의 예치 이념과 충돌하지 않을 수 없었고 이에 대한 상층부의 경계가 점차 확산되었기 때문이다. 1785년 을사년에는 지금의 명동인 명례방 지역에 살던 중인(中人) 김범우(金範禹)의 집에서 열리던 천주교 집회가 적발되며 이승훈, 정약용 형제들과 권일신(權日身) 등이 형조에 체포되었던 '을사추조 적발 사건'이 일어난다. 이 사건은 중인이던 김범우만 유배되고 사족들은 훈방되는 것으로 일단락되었지만 이 사건으로 인해 천주교에 대한 조정과 신료들의 경계가 크게 강화되었다. 이 사건에 연루된 이가환, 이승훈, 정약용 형제 등 남인(南人) 소장학자들은 노론의 비판과 경계는 물론 같은 남인 내에서도 비판을 받았다.

　　이런 과정에서 정조 15년이던 1791년, 전라도 진산(珍山) 지역의 사족 윤지충(尹持忠)과 권상연(權尙然)이 천주교를 접한 뒤 천주교의 교리에 따라 모친의 제사를 거부하고 위패를 불태운 사건이 발생한다. '진산 사건'으로 불리는 이 사건은 조정에까지 보고되며 사족들과 조정에 큰 충격을 주었고 결국 체포와 사형이라는 극단적인 조치로 마무리되었다. 특히 진산 사건은 제사라는 예교의 중요한 실천을 부정했다는 점에서 매우 큰 정치적 파장을 일으켰고 그 결과 천주교 신앙 공동체를 이루던 남인들에게 심중한 위협이 되었다.

　　이러한 일련의 사건들을 통해 남인들은 '서교'를 빌미로 지속적인 비난과 의심을 받았고 이 과정에서 성균관 대사성에 오르는 등 정조의 큰 총애를 받았던 이가환, 최초의 세례자 이승훈, 이승훈과 함께 신앙 공동체를 이끌던 정약종, 그의 형제들인 정약전과 정약용 등이 큰 피해를 입었다. 그러나 천주교 공동체에 가장 큰 피해를 준 것은 신유교옥(辛酉敎獄)이었다. 신유교옥은 정조 승하 후 순조를 수렴청정하던 정순왕후 김씨를 통해 실권을 잡은 노론 벽파가 주도한 천주교도 탄압 사건이다. 천주교 측에서 '신유박해'로 부르는 천주교도 색출 과정에서 이가환은 고문 끝에 사망했고 정약전과 정약용은 각각 신지도와 장기로 유배당했다. 18년에 이르는 긴 유배의 시작이었다.

　　그러나 정약용의 유배가 길어진 것은 죄의 중함 때문이 아니라 정약용의 해배를 반대하는 세력이 지속적으로 그의 복귀를 막았기 때문이다. 당시 서학서는 정약용이 속한 남인들뿐 아니라 노론계를 비롯해 다양한 학자들이 접했고 조정에서도 역법을 운용하기 위해 다양한 서학서를 수입하던 중이었다. 정조는 여러 차례 이를 빌미로 처벌할 수 없다는 점을 분명히 했다. 무엇보다 관에 적발된 정약종의 편지 속에서 정약전과 정약용이 연루되지 않았다는 증거가 나왔다는 점[8]에서 유배의 기간을 늘릴 명분은 존재하지 않았다. 더욱이 그의 형인 정약종이 신유교옥에 희생될 때 나온 이 편지에는 정약용이 신자가 아니라는 점이 밝혀져 있었기 때문에 다시 죄를 물을 문제는 아니었다.

　　물론 정약용이 신앙에 이르렀는가 하는 점은 여전히 학자들 사이에서 논쟁거리다. 어떤 학자는 그가 여전히 천주교 공동체에 머물며 숨은 신앙인으로서 활동했다고 간주하며 그 증거가 될 기록을 여러 글의 행간에 남겼다고 생각하는 반면 다른 학자들은 그가 젊어서 가까이했던 천주교 공동체를 떠나 그들과 분명히 선을 긋고자 했음을 주장한다. 양측 모두 나름의 증거와 논리가 있다.

그러나 정약용의 천주교 신앙 문제와 학자로서 정약용의 지향과 목표, 방법과 논리 문제는 어느 정도 구분이 가능하다. 그는 다양한 서학서를 읽었고 그로부터 얻은 중요한 지식들을 자신의 저술에 활용함으로써 유학-성리학과는 다른 궤적을 보인다. 정약용의 연구 가운데 몇 가지 용어와 개념들, 논리는 분명히 서학서들로부터 차용해서 스스로 변용한 것으로, 억지로 유학의 내부로 수렴시킬 수 없는 차이를 확인할 수 있다.

정약용은 자신의 학문을 발전시키는 과정에서 서학의 이론을 하나의 자원으로 활용한 셈이다. 그러나 그는 해배 후에 자신을 비롯해 천주교를 빌미로 억울한 죽음을 당했다고 여겨지는 몇몇 주변 인물의 묘지명을 마련하면서 스스로 신자임을 분명히 한 채 사망한 자신의 친형 정약종 등을 배제한다. 정약용이 마지막까지 정리한 책도 유학의 전거이자 토대라 할 수 있는『서경(書經)』의 주석서인『상서고훈』이었다. 이런 점을 통해 정약용이 내적으로 신앙을 유지했는지와 별도로 적어도 그가 후대에 남기고자 한 자신의 이름은 '유학자'이자 유학에 토대를 둔 '경세가'였다는 점을 확인할 수 있다.

우리에게 중요한 것은 정약용이 어떤 점에서 기존의 학문을 월경했는지, 그리고 유교적 세계를 어떻게 새롭게 구상했는지를 선입견 없이 살피는 일이다. 다음 절부터는 정약용의 사상이 어떤 면에서 당대의 학문적 흐름과 궤적을 뛰어넘는지, 왜 그가 조선 후기의 학풍을 대표할 만한 학자인지 살펴볼 것이다.

3. 정약용과 국가 개혁론

정약용의 학문은 언제나 이질적인 두 분기를 포함하고 있다. 근본을 향하고자 한다는 점과 새로운 각도와 관점을 제안한다는 것이다. 누구보다 경학(經學)의 전통을 중시했던 정약용은 주희의 해석 체계를 넘어 유학의 본령으로 돌아가고자 했지만,[9] 동시에 누구보다 적극적으로 서학의 이론적 자원을 활용한다.[10] 이처럼 정약용의 학문은 언뜻 쉽게 합치하지 않는 이 두 방향성이 만드는 특별한 각도 안에 놓여 있는 경우가 많다.

정약용의 주저 중 하나인『경세유표』에 담긴 국가 개혁론 또한 보기에 따라 다른 방향으로 읽힐 수 있는 복합적인 주제이다. 정약용은 경학의 토대 위에 세운 일표이서[11]의 장대한 학적 체계를 통해 동시대 어떤 학자보다 본격적이면서도 체계적인 제도 개혁의 청사진을 제안하고자 했다. 이 중에서도『경세유표』는 국가를 중심으로 '공(公)'의 실현을 위한 실질적 토대와 이념, 실천의 지표들을 제시하고자 하는 제도 개혁론이라고 할 수 있다.[12]

강진 정약용 유적의 오솔길

* 이미지 출처: 국가유산 포털

　　어떤 연구자는 정약용의 구상을 도덕과 정치, 윤리와 법제가 분리된 '작위의 세계'로 파악하여 근대적 지향을 읽고자 하는 반면, 어떤 연구자는 전통적인 동아시아 유교사의 측면에서 정약용의 경학적 맥락의 연속성을 재확인하고자 한다.[13] 이 두 가지 다른 평가는 사실 단순히 해석의 차이라기보다는 정약용 사유의 중층성을 보여 준다.

　　『경세유표』의 본래 제목은 『방례초본(邦禮草本)』으로, 주(周)나라의 국가 제도를 체계화한 『주례(周禮)』에 대비해 조선이라는 방국(邦國)의 국가례[邦禮]를 다루려는 기획에서 도출된 결과이다.[14] 정약용은 이 책을 1808년 유배지였던 강진에서 저술하기 시작했고 그 후 1817년에 미완성인 채로 마무리한다. 이 책에서 정약용은 우선 과거로 간다. 그는 철저히 『주례』에 따라 제1, 2권은 천지춘하추동(天地春夏秋冬) 6관의 형식으로 구성하고 제3권부터 제15권까지는 국가 제반 영역에 대한 실질적인 개혁론을 다루고 있다. 주대의 국가 제도는 선왕, 즉 요순(堯舜)의 왕정을 제도화한 것으로, 정약용 역시 선왕의 법을 국가 제도 개혁의 이념적 토대로 삼고자 한다. 그러나 그에 머물렀다면 이 책이 현재까지 읽힐 이유가 없을 것이다. 정약용이 제시한 『경세유표』의 핵심적인 목표는 '우리 옛 나라를 새롭게 하는 것[新我之舊邦也]'[15]이었다.

　　『경세유표』를 저술한 정약용의 기본적인 목표는 국가 운영 전 분야에 걸쳐 공적 영역을 합리적으로 조직화하기 위한 제안을 제공하는 것이었다고 볼 수 있다. 그런데 정약용이 제도 개혁의 중심으로 내세우는 것은 왕권이다. 『경세유표』는 전체에 걸쳐 다양한 공적 영역에 대한 제도 개혁안이 제시되어 있는데 흥미롭게도 이 제도 개혁의 권위와 힘은 최종적으로 왕에게 수렴된다. 왕은 정치적 중심일 뿐 아니라 경제적 중심으로서 모든 힘과 재부는 왕의 소유이다.[16] 원론적으로 조선과 같은 왕정 국가에서 모든 토지는 원리적으로 국왕에게 귀속된다. 그러나 이는 이념적인 전제일 뿐 이미 토지가 개인에게 귀속된 현실에서는 실현될 수 없는 이상적인 관념일 뿐이다. 그러나 정약용은 이 이상과 현실 사이에서 왕권을 새로운 제도 개혁의 중심으로 내세우고

자 한다.

　그러나 잘 알려져 있듯『경세유표』내부에는 왕권을 견지할 제도적 장치에 대해 명시적으로 표현한 구절이 없다.『경국대전』은 권력을 통제할 수 있는 외적 압박의 기제로서 '정부 부서들 사이의 권력 분장과 각 부서 사이의 권력관계에 관한 규정'에 해당한다는 점에서 왕권을 제약하는 헌법적 기능을 담당하고 있었다고 평가된다. 둘론 조선왕조 내내 왕들은 의정부(議政府)의 기능 강화 등 왕권을 강화하기 위해 다양한 방면에서 노력했다. 이 노력 가운데 실효적으로 현실화된 경우도 있지만 근본적으로『경국대전』에서 왕은 사유재산을 소유하지 못했으며 실질적인 인사권이나 정책의 집행권 역시 가질 수 없었다.

　그렇다면 정약용은『경세유표』를 통해 왕권에 대한 견제와 균형을 어떻게 확보할 수 있을까. 실제로『경세유표』내부에는 왕권을 견제할 제도적 장치에 대해 명시적으로 표현한 구절을 찾기 어렵다. 그러나『경세유표』의 안과 밖에서 이와 연관된 정약용의 구상을 통해 왕권에 대한 견제의 가능성을 확인할 수 있다. 우선『경세유표』에서 정약용은 군주를 강력한 권위를 가진 존재로 묘사하지만 이 강력함은 실질적인 의미를 갖지 않는다. 왕의 정책과 명령을 이행할 직속 기구가 없기 때문이다. 따라서 왕은 실질적으로 자신의 막중한 권위를 행사할 방법이 없다. 더 나아가 정약용은 총재와 같은 강력한 왕권의 대리자도 세우고자 하지 않는다.

　정약용의 구상에서 실제 국가 경영을 맡은 것은 영의정·좌의정·우의정의 삼공(三公)이다. 정약용은 "삼공의 직무는 치도(治道)를 논하고 나라를 경영하여 하늘의 조화를 삼가 밝히는 것"[17]이라며 강력한 총재 대신 삼공을 실질적 정책 집행의 중심으로 내세운다.『경세유표』에 제시된 삼공의 직무는 사실 왕에게 기대되는 정치적 행위의 내용들이다. 그런데 삼공은 실질적인 정책을 입안하고 실현할 중심이지만 왕이나 왕권을 대행하는 총재와 달리 제도 내의 존재라는 점에서 왕이나 왕의 대행자로서 총재와 다르다. "삼공이 비록 존귀하다 하더라도 고적하지 않을 수 없다"[18]라는 말에서 정약용이 정치의 실질적 작동을 모두 제도 내부에 구현하고자 했음을 알 수 있다.

결과적으로『경세유표』에서 왕권의 강화는 세습군주제의 한계 속에서도 공적 제도의 구현을 위해 가설한 교량이자 전권을 가지고 왕을 통제할 강력한 총재의 출현을 막는 방어책으로 기능할 수 있다. 만약 그렇다면 이는 정약용이 구상한 효율적 공공(公共)의 세계를 현실화하기 위한 전략적 방법으로 평가할 수 있다. 그런데 이처럼 왕권이 상징적인 권력만 가진다면 굳이 제왕적 왕권을 제안할 필요가 있었을까. 정약용에게 이러한 구상이 필요했던 이유를 다음의 문장에서 찾을 수 있다.

왕과 백성 사이를 막는 사람이 있어서, 그 징렴(徵斂)하는 권한을 훔치고 그 널리 나누어 주는 은덕을 막는다면, 임금이 능히 극을 세우지 못하며 백성도 능히 고르게 받지 못한다. 탐관오리가 부당하게 거두고 호상(豪商)과 교활한 관리가 이익을 독점하는 것이 이런 경우이다.[19]

정약용이 경계하는 것은 권력이 아래에서 사적으로 운용되는 것이다. 이는 곧 국가를 망치는 일이다. 정약용의 관점에서 군주의 위대한 공적 분배를 막는 것은 중간에서 사리를 채우는 탐관오리와 교활한 관리들이다. 다시 말해 국가의 기능을 망치는 것은 부사멸공(負私滅公), 즉 사사로움을 탐하여 공공성을 망치는 무리인 것이다.

이런 맥락에서 볼 때 정약용은 왕으로 태어난 이의 인격성이나 왕조의 초월적 권력을 찬양하는 방식이 아니라 실제 경제의 운용에서 부를 독점하는 부호나 탐관오리 등의 사사로움을 막을 진정한 공적 존재를 제안하는 것으로 보인다. 정약용이 "대저 황(皇)이 황이 되는 까닭은 오복을 줄 권능이 황에게 있기 때문"[20]이라고 말할 때 왕의 절대적 왕권은 백성들을 향해 투사되고 확산하는 것이 아니라 통치 행위의 중심이자 공공성의 중심으로 수렴된다고 볼 수 있다. 다시 말해 정약용이 구상한 조선에서 왕은 사사로움을 극복한 긍공성의 최대화이자 공정으로서의 정치를 작동하게 하는 도덕적 공공성의 표상이라는 성격을 가진다.

이처럼 사유재산을 확보한 중간 계층의 전횡을 사(私)로 규정하고 이를 억제하기 위해 왕권을 세워 공적 성격을 강화하는 방식은 중간 계층에 의해 착취당하던 백성들의 고통을 덜어 줄 수 있다는 점에서 민생에 대한 정약용의 관심을 확인할 수 있다. 힘과 재산을 가진 세력의 자의적 힘이 아니라 공정한 표준으로서의 군주가 모든 재부를 나누고 개인들을 직능에 따라 배치한다면 백성들은 가렴주구의 고통에서 벗어나 자신의 능력을 발휘할 수 있을지도 모른다.

정약용이 제안한 구직론(九職論) 역시 유사한 성격을 가진다. 구직론이란 백성을 아홉 가지 직업 유형으로 나누려는 구상으로, 중간 계층의 착취를 막고 백성들이 직능에 따라 자신의 능력을 발휘하기 위한 정약용의 구상을 말한다. 정약용은 국가 개혁의 한 축이 효율적인 협업 체계의 실현이라고 보았다. 생산성을 높이고 조세 제도를 안정적으로 유지하려면 효율적인 인력 배치가 중요하다고 생각했던 정약용은 사(士)·농(農)·상(商)·공(工)·원(圃)·목(牧)·우(虞)·빈(嬪)·주(走)의 9직을 두고 사람들을 능력과 자질에 따라 적절한 직무에 배치해야 한다고 주장했다.

선왕의 뜻은 천하 백성에게 모두 고르게 전지를 얻도록 하려는 것이 아니라 천하 백성에게 모두 고르게 직분을 받도록 하려는 것이었다. 농사를 직분으로 받은 자는 전지를 다스리고, 공장(工匠) 일로 직분을 받은 자는 기구(器具)를 다스리며, 상인은 물화를, 목자(牧者)는 짐승을, 우자(虞者)는 재목(材木)을, 빈씨(嬪氏)는 베 짜기를 다스려서, 각자 그 직분으로 먹을 것을 얻도록 했다.[21]

정약용은 사농공상을 경제적인 직능으로 파악한다. 따라서 정약용이 내세우는 구직론은 신분적 위계라기보다는 기능적 차이에 따른 직역의 구분으로 보는 편이 타당할 것이다. 이때 직분의 구분과 배치는 인위적인 강제가 아니라 오직 천리에 따른 것[民分九職, 天之理也][22]이다. 많은 이가 이러한 『경세유표』의 제안에서 일종의 근대적 신분해방론을 읽고자 한다. 그러나 개인의 능력과 자질에 따른 직분의 분류를 그대로 신분제의 극복으로 이해하기는 어렵다. 직능을 나누는 근거가 개인의 적성이나 의지, 능력이라 해도 이는 하나의 계급 안에서 직업의 이동이지, 계급 간의 이동 혹은 신분제의 폐지라고 볼 수 없기 때문이다.

이런 맥락에서 신분제에 대한 정약용의 구상을 살펴볼 필요가 있다. 정약용은 "가령 온 나라가 양반이 된다면 이는 곧 온 나라에 양반이 따로 없게 될 것이다[使通一國而爲兩班, 卽通一國而無兩班矣]"라고 말한 바 있다. 이 문장은 자주 정약용이 백성·중인·서얼·지역·당파·귀천 등의 차별을 없애야 한다고 주장하는 것으로 해석된다. 그러나 앞뒤 문장을 읽어 보면 내용은 크게 달라진다. 뒤 문장에서 정약용은 "젊은이가 있어야 어른이 드러나는 것이고, 천한 자가 있어야 귀한 자가 드러나는 것인데, 만일 다 존귀(尊貴)하다면 이는 곧 존귀한 사람이 따로 없다는 뜻이다. 관자(管子)는 이렇게 말하였다. '온 나라 사람을 다 존귀하게 할 수는 없다. 다 존귀하게 되면 일은 이루어지지도 않고 나라만 불리하게 된다'"[23]라고 말한다. 실제로 정약용은 여러 곳에서 신분제를 유지해야 한다고 생각했으며 사족(士族)으로서의 자부심과 지도적 역량을 강조했다.

여러 전거를 통해 볼 때 정약용은 신분제 자체를 철폐하자고 주장했다고 보기 어렵다. 정약용은 인재 등용에서 '능력'이 있다면 차별하지 말아야 한다고 주장한다. 능력 있는 자라면 시험 등 제도적 장치를 통해 상층의 계급으로 이동할 수 있게 해야 한다는 것이다. 그러나 이 이동의 자유는 여전히 '능력 있는 자'에 한정될 것이고, 그들의 탈출이 곧 신분제 전체의 무력화로 이어질 것으로 기대하기는 어렵다. 물론 근대적 맥락에서 신분제 철폐를 주장하지 않았다고 해서 정약용의 학문적 선진성이 훼손되는 것은 아니다. 정약용은 당시의 현실에서, 다시 말해 유교 사회의 토대 위에서 가장 효율적이고 진보적인 방법을 제안한 것이다. 따라서 현대의 우리가 기대하는 수준의 근대적 모델을 전근대 학자 정약용에게 곧바로 적용해서는 안 된다.

정약용의 선진성과 진보성은 근대와의 단선적인 비고를 통해 성취되지 않는다. 그러한 예 가운데 하나가 사(士) 계층에 대한『경세유표』의 제안이다. 정약용은 사(士) 역시 특수한 신분이 아니라 9직의 하나로, 농업이나 상업에 종사하는 사람들과 마찬가지로 특히 사람을 다스리는 일을 직분으로 받은 이들로 간주한다. 더 나아가 사를 단순히 학문하는 사람이 아니라 정치적 활동을 하는 사람이라고 강조한다. 정약용은『논어고금주(論語古今註)』에서 공자의 제자 자공(子貢)이 어떠한 이를 사라고 규정할 수 있는지 공자에게 질문하는 대목을 다룬다. 이 대목에서 정약용은 사는 곧 '덕 있는 사람'이라고 대답한 고대 주석가 형병(邢昺)의 입장을 반박한다. 정약용에 따르면 "사농공고(士農工賈)를 사민(四民)이라 하니 이 가운데 사는 벼슬하는 신분이다. 벼슬하는 자는 남을 다스리는 자이다. 그러므로 남을 다스리는 치술을 배우는 자도 역시 사라 이른다"[24]라는 것이다.

결과적으로『경세유표』에서 사 집단은 탐관오리와 장사치[豪商]들이 왕과 백성 사이에 끼어들어 국가적 협업을 깨고 각자의 실천을 두의미하게 만드는 것을 경계한다. 정약용은 율성적인 실천과 작위를 통해 사회의 폐단을 극복할 강력한 왕권뿐 아니라 항상 사회의 운영에 관심을 두는 관료 집단으로서의 사의 자각 역시 국가 개혁의 핵심적 동력이라고 생각한 것이다.

결론적으로 정약용은 모든 사회 구성원에게 자각과 실천을 요구하지 않았으며, 그리하여 근대적 특성으로서 민권이나 민주로 향하지는 못했으나 적어도 모든 사람이 자기 직분 안에서 공적 세계에 참여하여 협업하는 사회를 구상한 것으로 보인다. 그에게 직능이자 분업의 구분은 가장 효율적인 공적 시스템을 위한 토대였을 것이다.

물론 정약용이 말하는 '능력 있는 자'를 곧바로 민 전체로 해석하기는 어렵다. 정약용의 구상 역시 능력 있는 자가 효율적으로 배치될 수 있도록 '인재 등용의 장벽'을 유연하게 사용하자는 것으로, 그의 관심은 국가 차원의 제도적 문제에 놓여 있었다. 이러한 맥락에서 정약용은 정전제와 분직이라는 방법을 통해 사회적 자원을 가장 효율적으로 분배하고 생산할 수 있는 유가적 공적 세계를 실현하고자 했다고 볼 수 있을 것이다.

정약용이 구상한 세계가 실제로 실현되었다면 그 효과는 아마도 신분제를 무너뜨리는 데까지 나아갔을지도 모른다. 직능에 따른 분화가 활발해지면 어떤 면에서 민의 자율성이 확대되고 그 자율성이 신분의 장벽을 조금씩 낮추어 갈 것이라는 전망이 불가능한 것은 아니기 때문이다.

4. 영명으로서의 인간과 새로운 도덕철학

신이 이 책을 본 것은 대개 약관(弱冠) 초기였는데, 이때에 원래 일종의 풍조가 있어, 능히 천문역상가(天文曆象家)와 농정 수리의 기계[農政水利之器]와 측량 추험의 방법[測量推驗之法]을 말하는 자가 있으면, 세속에서 서로 전하면서 이를 가리켜 해박(該博)하다 하였는데, 신은 그때 어리고 어리석어 혼자서 이를 사모하였습니다.[25]

이 글은 천주교가 정국의 핵으로 부상하며 신료들의 비판을 받자 정조에게 제수받은 동부승지직을 사양하며 정약용이 정조에게 올린 글의 일부다. 정약용은 자신이 20대 초에 서학을 처음 접했을 때 이를 '유학의 별파(別派)'로 생각했다고 말한다. 아주 틀린 말은 아닐 것이다. 16세기 말 기독교를 전달하기 위해 중국에 들어와 기독교적 신과 영혼 등을 전달했던 마테오 리치 같은 예수회 선교사들은 처음부터 상층부의 중국인들을 설득하기 위해 자신이 전하고자 하는 가르침이 '공교(公敎)'이자 '진교(眞敎)'라고 주장한 바 있다.[26] 이 문맥에서 마테오 리치가 사용한 공교, 진교라는 용어는 명사로서의 학군 이름이 아니라 자신들이 전달하려는 기독교라는 가르침의 보편성과 진정성을 드러내려는 수사적이고 서술적인 표현에 가깝다. 신의 창조와 세계에 대한 주재, 불멸하는 영혼의 구조와 기능을 통해 중국인들을 기독교적 신앙으로 이끌고자 했던 마테오 리치에게 천주의 가르침은 개별적 지식을 포괄하는 보편학이자 모든 지식과 실천을 정당화하는 근원적인 세계관이었기 때문이다.

그러나 실제 이들의 활동은 보편학의 전달이나 종교적 신앙의 전달에 한정되지 않았다.[27] 마테오 리치를 비롯해 예수회 선교사들과 중국인 조력자들은『기하원본(幾何原本)』을 통해 서양 수학을, 중국 중심으로 그려진 최초의 세계 지도〈곤여만국전도(坤與萬國全圖)〉나 세계 지리지『직방외기(職方外紀)』등을 통해 유럽의 지리지적 지식을 전했다. 마테오 리치를 도와『기하원본』을 번역하는 등 서양 지식의 중국 전이에 크게 공헌했던 중국 관료 서광계(徐光啟, 1562-1633)는 예수회의 지적 활동을 '보유역불(補儒易佛)', 즉 유교를 돕고 불교를 대체한다는 구호로 소개하기도 한다. 따라서 정약용이 서학서를 읽고 천문역상의 이론이나 농정과 수리(水利)의 기계, 측량과 실험의 방법 등에 호기심을 느꼈다는 고백은 일리가 있다. 그러나 앞에서 보았듯 이벽의 이야기를 듣고 정약용이 놀라워했던 내용은 천문역상 같은 실용적인 지식들이 아니라 천지 창조의 시작, 육체와 정신, 삶과 죽음의 이치였다는 점을 고려하면, 정약용의 서학에 대한 관심을 실용적 지식으로 제한하기는 어려울 것이다.

서학을 통한 정약용의 지적 변화에서 가장 중요한 지점은 정약용이 성리학의 토대적 이념이자 이론인 이기론(理氣論)을 벗어나고자 했다는 것이다. 이때 정약용에게 중요한 이론적 자원이 된 책은 마테오 리치가 저술한『천주실의』였다. 중국에 들어와 중국어와 중국 경전을 공부한 마테오 리치는 스토아

철학의 윤리학과 유사한 공맹 유학은 상당 부분 인정했지만 형이상학적 이론으로 세계의 구조와 당위에 대한 이론 체계로 구성된 성리학은 배척했다. 성리학에서 제안하는 모든 존재자의 비인격적 근본 원리 태극(太極)이나 이(理)가 세계의 창조주로서 인격적인 신의 역할과 충돌하기 때문이다.

마테오 리치는 성리학에서 말하는 이가 본래 자발적인 활동성도[自動], 의지도[理豈有意], 의욕도[何以有欲生物][28] 없으며 따라서 이성적 능력도 없기 때문에[理者, 靈覺否, 明義者否][29] 이 세계를 창조하거나 주재할 수 없다고 강력히 주장한다. 마테오 리치는 태극이 만물의 본원이 될 수 없음을 밝히겠다[明其太極之說不能爲萬物本原也]고 한 뒤 실체와 속성이라는 서양 철학의 기본 개념을 활용해 태극-이를 무력화하고자 한다.

> 무릇 만물의 주요 범주에는 두 가지가 있습니다. 자립자(自立者)와 의뢰자(依賴者)가 그것입니다. 먼저 만물 가운데는 다른 개체에 의지하지 않고 사물이 되는 것으로, 즉 스스로 성립할 수 있는 것이 있는데, 예컨대 하늘과 땅, 귀신, 사람, 새와 짐승, 초목, 쇠와 돌, 사행(四行) 등이 있습니다. 이것들은 자립(自立)의 범주에 들어가는 것들입니다. 그러나 만물 가운데는 자립할 수가 없어 다른 개체에 의탁하여 사물이 되는 것이 있는데, 예컨대 다섯 가지 윤리, 다섯 가지 색, 다섯 가지 음, 다섯 가지 맛, 일곱 가지 정 등이 있습니다. 이것들은 의뢰(依賴)의 범주에 들어가는 것들입니다.[30]

이 논증의 핵심적인 결론은 성리학에서 말하는 이 역시 의뢰자의 한 부류로 스스로 자립할 수 없기 때문에 다른 것을 자립하게 할 수 없다는 것이다. 마테오 리치에 따르면 오직 이성적인 능력이 있는 인격적인 존재만이 세계를 창조하고 주재할 수 있다. 『천주실의』를 읽었던 정약용은 이들의 주장에 동조한다.

기는 스스로 존재하지만, 이는 기에 의뢰하는 것으로, 의뢰하는 것은 반드시 스스로 존재하는 것에 기댈 수밖에 없다.[31]

정약용은 마테오 리치와 동일한 논리로 이를 실체가 아닌 의뢰자로 격하시킨 뒤 만물과 이의 관계를 끊는다. 정약용이 이의 근원성을 부정하는 이유는 이에 인격성이 없다는 것이다.

이란 어떠한 것인가. 이는 애증도 없고 희로도 없으니 텅 비고 막막하여 이름도 없고 형체도 없는데 우리가 이(理)로부터 성(性)을 품부받았다고 한다면 (올바른) 도가 되기 어려울 것이다.[32]

이러한 주장은 사실상 마테오 리치의 영향에서 비롯된 것이라고 볼 수 있다. 마테오 리치 역시 동일한 논리로 "이는 의뢰자로 사물의 본성[性]이 될 수 없다"[33]고 주장하기 때문이다.

무릇 천하의 영(靈)이 없는 물은 주재가 될 수 없다. 그러므로 한 집안의 가장이 어둡고 우매하고 지혜롭지 못하면 집안의 만사가 다스려지지 않고 한 고을의 어른이 어둡고 우매하여 지혜롭지 못하면 마을 가운데 만사가 다스려지지 않으니 하물며 저 텅 비고 막막한 태허(太虛)의 한 이(理)를 천지 만물을 주재하는 근본으로 삼는다면 천지간의 일이 이루어질 수 있겠는가.[34]

정약용은 이런 맥락에서 태극까지 부정한다.

소리도 없고 냄새도 없음은 무극(無極)과 같으니, 신이 생각하건대 소리도 냄새도 없다는 것은, 저 하늘의 말도 움직임도 없는 공화(功化)를 표현한 것입니다. 무극과 태극은 한 덩어리의 원기(元氣)가 아무것도 없는 데서 엉겨 이루어진 것을 말한 것에 불과합니다.[35]

이로써 정약용의 철학에서 만물의 산출과 질서 있는 운용의 토대였던 성리학의 이 개념이 소거된다. 문제는 이 지점부터 시작된다. 만약 세계의 형이상학적 근거인 이가 의뢰자에 불과하다면 이 세계는 무엇을 근거로 시작되고 운영되며 어떻게 질서를 유지할 수 있을까? 더 나아가 인간은 어디에 도덕성의 토대를 찾을 수 있을까? 주지하듯 태극-이는 만물의 존재론적 원리일 뿐 아니라 만물의 당위적 원리로서 인간 도덕성의 기초이기도 하다는 점에서 태극-이의 소거는 사실상 정약용이 존재론적 문제뿐 아니라 도덕적 문제도 새롭게 제안해야 한다는 것을 의미한다. 정약용은 이를 비운 자리에 상제를 다시 내세운다. 정약용은 이성적 능력을 통해 만물을 주재하는 존재가 있는데 그것이 바로 상제라고 말한다.

상제란 무엇인가. 상제는 천지와 귀신과 인간 밖의 존재로 천지와 귀신과 인간과 만물을 창조[造化]했고 주재[宰制]하며 편안히 기르는 존재이다. 천에 대해 제(帝)라 하는 것은 나라에 대해 왕(王)이라 하는 것과 같으니 저 푸르고 푸른 형체 있는 하늘을 가리켜 상제라고 해서는 안 된다.[36]

『천주실의』 1편의 제목인 「논천주시제천지만물이주재안양지(論天主始制天地萬物而主宰安養之)」를 그대로 옮겨 온 듯한 이 구절은 『천주실의』 가운데 정약용이 어떤 주제와 제안을 자신의 철학 안에 수용하고자 했는지를 잘 보여준다.

정약용이 상제를 이 세계를 주재하고 안양하는 인격적 존재로 간주하려는 것은 상제의 존재로부터 인간의 도덕적 각성을 이끌어 낼 수 있다고 믿었기 때문이다. 정약용의 철학에서 상제는 인간을 도덕적으로 각성하게 만드는 인격적 감시자로 등장한다.

> 위대한 상제는 형(形)도 없고 질(質)도 없으나 매일 우리를 굽어보시고 천지를 통어하시니 만물의 조상이요, 백신의 으뜸이다. 환하고 밝게 위에서 임하시는 까닭에 성인은 이에 조심조심 하늘을 밝게 섬기는 것이다.[37]

상제가 매 순간 인간에게 임해 있다는 사실은 내가 어떤 순간도 스스로를 속일 수 없다는 것을 의미한다. 정약용은 인간을 내려다보는 상제가 존재하지 않는 세계에서 인간은 쉽게 도덕적 방종으로 흐를 수 있다고 생각했다. 이 점이 정약용이 유학-성리학에서 일종의 상징적 존재였던 상제를 강한 인격적 이미지를 부여해 새롭게 부각하고자 했던 이유일 것이다.

정약용이 상제를 복권하고자 했던 것은 인격과 인륜에서의 역할을 강조하기 위해서이다. "하늘이 사람의 선악을 살피는 것은 항상 인륜에 달려 있다. 그러므로 사람이 자신을 수양하고 천을 섬기는 것 역시 오직 인륜에 힘쓰는 데 있을 뿐이다"[38]라는 문장을 통해 정약용이 '천에 대한 섬김의 학문[事天學]'을 초월적 신이나 형이상학적 근원에 대한 경배로 해석하지 않았음을 알 수 있다.

이처럼 정약용이 상제를 언급하면서 그 존재론적, 도덕적 역할을 강조하는 맥락은 세계의 창조주로서 인격적 신에 대한 기독교적 경배와 매우 다르다. 결과적으로 정약용의 철학에서 상제는 인간의 경배와 신앙을 필요로 하는 절대자로 보기는 어렵다. 정약용은 상제를 언급하는 어떤 맥락에서도 인간의 경배와 신앙을 요구하지 않았다. 대신 상제와 인간의 관계는 상제로부터 인간이 특수한 능력을 부여받았다는 데에서 출발한다. 그것은 '영명(靈明)'이다. 영명을 강조한 정약용의 전략은 『천주실의』와 관련이 있다.

마테오 리치는 아리스토텔레스와 토마스 아퀴나스의 영혼론에 근거해서 만물의 혼을 세 가지로 분류하고 이를 각각 중국어로 생혼(生魂), 각혼(覺

魂), 영혼(靈魂)으로 번역한다.

> 저 세계의 혼에는 세 가지 품격이 있습니다. 하품은 '생혼(生魂)'이라고 말하는데, 곧 초목의 혼이 그것입니다. 이 혼은 초목을 도와 낳고 자라게 하는데, 초목이 말라비틀어지면 혼 또한 소멸합니다. 중품은 '각혼(覺魂)'이라고 말하는데, 곧 동물의 혼입니다. 이 혼은 동물의 성장과 발육을 돕고, 또 금수가 귀로 듣고 눈으로 보며, 입으로 먹고 코로 냄새 맡으며, 사지와 몸체로 사물의 실상을 지각하게 합니다. 그러나 이 혼은 도리를 추론할 수가 없습니다. 금수가 죽음에 이르면 이 혼 또한 소멸합니다. 상품은 '영혼(靈魂)'이라고 말하는데, 곧 사람의 혼입니다. 이 혼은 생혼과 각혼을 함께 가지고 있습니다. 그러므로 사람의 성장과 발육을 돕고, 사람이 사물의 실상을 지각하게 하며, 또한 사람이 사물을 추론할 수 있고 의리를 분명하게 분변할 수 있게 합니다.[39]

생장을 담당하는 생혼은 서양 영혼론에서 식물적 혼(anima vegetabilis)을 의미하며 운동과 지각을 담당하는 각혼은 동물적 혼(anima animalis)을, 마지막으로 지성과 의지를 담당하는 영혼은 인간에게만 고유한 이성적 혼(anima rationalis)을 의미한다. 마테오 리치를 비롯해 예수회 선교사들은 이성혼을 영혼 외에 영성(靈性), 영명(靈明) 등으로 서술하며 인간에게 고유한 이성적 능력을 혼의 능력으로 해명하고자 했다. 마테오 리치의 이 혼 삼품설은 『천주실의』를 통해 조선에 유입되었으며 정약용뿐 아니라 정약용보다 윗대 학자인 성호 이익에게도 영향을 끼쳤다.[40] 이 번역의 영향은 현재에도 지속되고 있다. 마테오 리치의 번역어인 '영혼'이 우리의 일상어로 자리 잡았기 때문이다.

『천주실의』를 직접 읽고 연구한 정약용은 모든 인간이 처음 배태되었을 때부터 하늘로부터 '영명'을 부여받았기 때문에[41] 하늘의 영명과 직접 소통할 수 있다고 보았다. 이러한 영명성으로 인해 인간은 만물을 운용할 수 있는 자격을 얻는다.

인간은 만물 가운데 가장 영명한 존재다. 저 높은 하늘과 두터운 땅, 길월성신 산천초목은 모두 우리의 쓰는 물이다. 하늘은 우리의 집이고 땅은 우리의 먹을거리다. 일월성신은 우리를 밝혀 주는 것이다. 저들은 모두 기질이 있으며 감정도 영명함도 없는데 어찌 우리가 섬길 수 있겠는가.[42]

영명은 단순히 지성적 판단의 능력이나 동물과의 지적 차이가 아니라 도덕적 실천의 근거이다. 본래 성리학에서 인간의 도덕적 실천의 근거로 여겨진 것은 내 안에 들어와 있는 본성으로서의 이였다. 인간의 본성 안에 들어와 있는 이는 그 자체로 곧 인의예지였다. 그러나 정약용은 그렇게 보지 않는다.

인의예지라는 이름은 본래 사람들이 일을 행한 후에 일어나는 것으로, 결코 사람 마음의 현묘한 이에 있는 것이 아니다. 사람이 하늘에게서 받은 것은 단지 영명뿐이다. (영명 때문에 사람은) 인을 행할 수도, 의나 예나 지를 행할 수도 있는 것이다. 만약 하늘이 인의예지 네 덩어리를 인성 가운데 부여해 주었다면 이는 실상이 아니다.[43]

정약용은 본성에서 이를 배제함으로써 이로서의 인의예지도 인간의 본성과 분리한다.[44] 그런데 본성에 새겨진 인의예지가 아니라면 인간은 어떻게 도덕적 실천을 할 수 있을까.

인의예지의 이름은 일을 행한[行事] 뒤에 이루어지는 것이다. 그러므로 다른 사람을 사랑한 후에야 인(仁)이라 할 수 있으니 다른 사람을 사랑하기 이전에는 인이 성립할 수 없다. … 인이란 사람의 노력에서 이루어지는 것이지, 태어날 때부터 하늘이 한 덩어리의 인을 만들어 사람의 마음속에 끼

워 넣은 것이 아니다.[45]

인간이 하늘로부터 부여받은 것은 오로지 영명의 본체일 뿐이다. 영명성은 본성에 내면화된 선함이 아니라 본성이 지향하는 선을 파악하고 구체적 결단을 내리는 의지의 주체, 즉 일상생활에서 선에 대해 사고하고 판단하며 실천하는 인격의 주체다. 인간이 선을 실천하게 할 규제적 원리인 이나 인의 예지가 알맹이처럼 실체화되어 있지 않아도 도덕적 실천을 할 수 있는 것은 하늘로부터 이러한 영명성을 부여받았기 때문이다. 따라서 영명은 인간이 실천적 행위를 할 수 있는 도덕적 토대이자 선으로 향하는 경향성의 뿌리이다.

결과적으로 정약용은 『천주실의』를 원용해 도덕적 존재로서의 인간과 도덕적 실천의 기제를 성리학과는 다른 방식으로 해명했다고 볼 수 있다. 정약용이 상제를 강조하고 상제로부터 받은 영명을 인간의 도덕적 실천의 토대로 제안했던 것은 본성에 새겨진 이에 따라 도덕성을 회복하는 존재로서의 인간이 아니라 끝없이 자신을 반성하며 오직 이성적 판단 능력과 실천 능력에 따라 스스로 도덕적 주체가 되는 인간을 제안하고자 했기 때문일 것이다. 정약용이 상제를 복권시키면서 추구했던 것은 초월자에 대한 경배와 신앙이 아니었다. 인격의 변화였고, 더 나아가 이 인격의 변화를 통한 사회의 변화였다. 정약용의 상제관이나 영명을 단순히 내면으로 향하는 종교적 지향으로 평가해서는 안 되는 이유가 여기에 있다.

5. 맺음말

지금까지 살펴본 바에 따르면 정약용은 누구보다 열정적으로 조선 사회를 바꾸고 인간을 도덕적 실천의 중심에 놓고자 했던 철학자였다. 정약용은 마지막까지 유교적 이념의 제도적 실현, 즉 예치(禮治) 국가의 완성이라는 학문적 목표를 경학 저술 안에서 치밀하게 설계하고자 했다. 현대 연구자 중에는 서학 수용을 근거로 정약용의 저술들에서 모종의 서구적 근대성의 흔적을 발견하려는 경우도 있지만 정약용의 최종적 지향이 유교적 이념과 도덕성이 국가체제 및 제도와 맞물려 정교하게 작동하는 예치 국가라는 사실을 부인하기는 어려울 것이다.

우리의 과제는 이를 현재의 기대나 관점이 아니라 본래의 맥락에서 읽어나가며 정약용의 철학적 행간을 새롭게 해석하고 이를 현저 우리를 위한 지적 자원으로 활용하는 것이다. 결론적으로 우리 시대에 정약용의 사상을 온전히 해명하고 우리 시대를 위해 자원화하기 위해서는 정약용에 대한 실질적인 연구보다 먼저 형성된 인상과 평가들로부터 일정할 거리를 둘 필요가 있다. 이런 맥락에서 여전히 정약용은 유의미하고 입체적인 연구 주제이자 우리 사회를 위한 유용한 지적 자원이다.

주석

1 UNESCO, *Proposals for the Celebrations of Anniversaries with Which UNESCO Could Be Associated in 2012-2013, and Appeals by Member States Concerning Their Proposals*, document presented to the Executive Board, 187th session(Paris: UNESCO, 2011).

2 이에 관해서는 다음을 참조. 김선희, 「조선학에 비친 다산」, 『다산과 현대』 10(2017): 109-127; 김선희, 「근대 전환기 다산 저술의 출판과 승인:《경세유표》를 중심으로」, 『동방학지』 180(2017): 67-97.

3 이 책의 원래 제목은 『원서기기도설록최(遠西奇器圖說錄最)』로 중국에서 활동하던 예수회 선교사 요한 테렌츠 슈렉(Johann Terrenz Schreck, 鄧玉函, 1576-1630)이 중국인 왕징(王徵, 1571-1644) 등과 함께 펴낸 기술서이다. 일반적으로 『기기도설』로 약칭되는 이 책에는 역학(力學)의 기본 원리와 기계의 구조가 도설(圖說), 즉 그림과 함께 설명되어 있다.

4 정약용은 유배에서 풀려나 고향에 돌아온 후에 자신의 삶을 정리한 「자찬묘지명(自撰墓誌銘)」을 저술할 때도 화성 축성 당시의 일을 중요하게 기록할 정도로 이 일을 자랑스럽게 여겼다.

5 『與猶堂全書』 卷15, 「先仲氏墓誌銘」, "甲辰四月之望, 旣祭丘嫂之忌, 余兄弟與李德操, 同舟順流, 舟中聞天地造化之始, 形神生死之理, 怡悅驚疑, 若河漢之無極. 入京, 又從德操見實義·七克等數卷, 始欣然傾嚮."

6 조선에 유입된 서학에 관해서는 다음을 참조. 김선희, 『서학, 조선 유학이 만난 낯선 거울: 서학의 유입과 조선 후기의 지적 변동』(서울: 모시는사람들, 2018).

7 『與猶堂全書』 卷15, 「先仲氏墓誌銘」, "嘗從李檗游, 聞曆數之學, 究幾何原本, 剖其精奧, 遂聞新敎之說, 欣然以悅, 然不以身從事."

8 정약종이 비밀리에 서학서를 담은 책 상자를 옮기려다 적발된 사건이 있었다. 이 책 상자에서 편지가 나왔는데 그 내용 가운데 두 동생을 서교로 이끌지 못했음을 후회하는 대목이 나온다. 이는 정약전과 정약용이 서교를 믿지 않았다는 증거가 될 수 있다. 이에 관해서는 다음을 참조. 김선희, 『서학: 사유의 한국사』(성남: 한국학중앙연구원출판부, 2018), 533-534.

9 선행 연구는 정약용의 학문이 주자학을 벗어나 원시 유교로 향했다는 점을 강조하기 위해 그의 학문적 경향을 공자와 맹자가 살았던 지역의 물 이름을 따 '수사학(洙泗學)'이라고 표

10 현하기도 한다. 이을호, 「다산실학의 수사학적 구조」, 『아세아연구』18(1965): 97-104.

10 정약용의 서학 연구에 관해서는 다음을 참조. 김선희, 『마테오 리치와 주희, 그리고 정약용: 《천주실의》와 동아시아 유학의 지평』(서울: 심산, 2012); 김선희, 『서학, 조선 유학이 만난 낯선 거울』 등.

11 국가 행정과 운용에 관한 정약용의 대표적인 저서 『경세유표(經世遺表)』, 『목민심서(牧民心書)』, 『흠흠신서(欽欽新書)』를 말한다.

12 이에 관해서는 다음을 참조. 김선희, 「다산 정약용의 유가적 공적 세계의 기획: 《경세유표》를 중심으로」, 『다산학』31(2017): 175-252.

13 전자를 대표하는 연구는 다음과 같다. 이영훈, 「다산 경학(經學)과 경세학(經世學)의 교류와 접점: 다산(茶山) 경세론(經世論)의 경학적(經學的) 기초(基礎)」, 『다산학』1(2000): 122-161. 이 연구는 정약용을 '근대성'의 객락에서 읽고자 하는 시도로, 오규 소라이를 분석한 마루야마 마사오의 독법을 정약용에게 적용한 듯한 인상을 준다. 후자를 대표하는 연구는 다음과 같다. 이봉규, 「經學的 脈絡에서 본 茶山 政治論」, 송재소 외, 『다산 정약용 연구』(서울: 사람의무늬, 2012).

14 유학의 기본 경전인 13경 중 하나이며 『의례(儀禮)』, 『예기(禮記)』와 함께 삼례의 하나로 꼽히는 『주례』는 천지춘하추동의 육상(六象)에 따라 직제를 천관, 지관, 춘관, 하관, 추관, 동관 등 여섯으로 나누고 그 하위에 각각의 관직과 그 세부적인 직무를 서술하는 구조로 이루어져 있다.

15 『與猶堂全書』, 「自撰墓誌銘」.

16 "천하의 땅은 모두 왕의 땅이고 천하의 재물은 모두 왕의 재물이며 천하의 산림천택은 모두 왕의 산림천택이다[故天下之田, 皆王田也. 天下之財, 皆王財也. 天下之山林川澤, 皆王之山林川澤也.]"(『經世遺表』卷11)

17 『經世遺表』卷1, 「天官吏曹 第一 三公」, "三公之職, 論道經邦, 寅亮天工."

18 『經世遺表』卷4, 「天官修制 考績之法」, "三公雖尊, 不可不考績也."

19 『經世遺表』卷11, 「地官修制 賦貢制 五」, "王與民之間, 有物梗之, 竊其斂時之權, 阻其敷錫之昆, 則皇不能建極, 民不能均受, 若貪官·汚吏之橫斂, 豪商·猾賈之権利者, 是也."

20 『尙書古訓』卷4, 「洪範」, "大抵皇之所以爲皇, 以五福之權在皇也."

21 『經世遺表』卷6, 「地官修制 田制 五」, "先王之意, 非欲使天下之民, 均皆得田, 乃欲使天下之民, 均皆受職. 受職以農者治田, 受職以工者治器, 商者治貨, 牧者治獸, 虞者治材, 嬪者治織, 使各以其職徯食."

22 『經世遺表』, 卷10, 「地官修制 賦貢制一」.

23 『文集』卷14, 「跋顧亭林生員論」, "使通一國而爲兩班, 卽通一國而無兩班矣. 有少斯顯長, 有賤斯顯貴, 苟其皆尊, 卽無所爲尊也. 管子曰, 一國之人, 不可以皆貴. 皆貴, 則事不成而國不利也."

24 『論語古今註』卷6, "邢曰士, 有德之稱, 駁曰非也. 士農工賈, 謂之四民, 士者仕也, 仕者治人者也. 故學治人之術者, 亦謂之士."

25   「辨謗辭同副承旨疏」, “臣之得見是書, 蓋在弱冠之初, 而此時原有一種風氣, 有能說天文曆象之家, 農
      政水利之器, 測量推驗之法者, 流俗相傳, 指爲該洽. 臣方幼眇, 竊獨慕此.”

26   『天主實義』卷1, “吾將譯天主之公敎, 以徵其爲眞敎.”

27   마테오 리치를 비롯해 예수회의 중국 진출과 그들이 전한 신관, 영혼관에 관해서는 김선희,
      『마테오 리치와 주희, 그리고 정약용』참조.

28   『天主實義』卷2.

29   『天主實義』卷2.

30   『天主實義』卷2, “夫物之宗品有二. 有自立者有依賴者. 物之不恃別體以爲物, 而自能成立, 如天地鬼
      神人鳥獸草木金石四行等, 是也. 斯屬自立之品者. 物之不能立, 而託他體以爲其物, 如五常五色五音
      五味七情等, 是也. 斯屬依賴之品者.”

31   『與猶堂全書』, 「中庸講義補」, “蓋氣是自有之物, 理是依賴之品, 而依附者, 必依於自有者.”

32   『與猶堂全書』, 『孟子要義』卷2, “夫理者何物, 理無愛憎, 理無喜怒, 空空漠漠, 無名無體, 而謂吾人稟
      於此而受性, 亦難乎其爲道矣.”

33   『天主實義』卷2, “理也乃依賴之品, 不得爲人性也.”

34   『與猶堂全書』, 『孟子要義』卷2, “凡天下無形(靈)之物, 不能爲主宰. 故一家之長, 昏愚不慧, 則家中
      萬事不理. 一縣之長, 昏愚不慧, 則縣中萬事不理. 況以空蕩蕩之太虛一理, 爲天地萬物主宰根本, 天
      地間事, 其有濟乎.”

35   『與猶堂全書』, 「中庸策」, “無聲無臭之同於無極者, 臣以爲無聲無臭, 是形容上天不言不動之功化也.
      無極太極, 不過以一團元氣, 從無物中凝成之謂也.”

36   『與猶堂全書』, 『春秋考徵』卷4.

37   『與猶堂全書』, 『春秋考徵』卷1, “惟其皇皇上帝, 無形無質, 日監在玆, 統御天地, 爲萬物之祖, 爲百神
      之宗. 赫赫明明, 臨之在上, 故聖人於此, 小心昭事.”

38   『與猶堂全書』, 『中庸自箴』卷1.

39   『天主實義』卷3, “彼世界之魂, 有三品. 下品名曰‘生魂’, 卽草木之魂是也. 此魂扶草木以生長, 草木枯
      萎, 魂亦消滅. 中品名曰‘覺魂’, 則禽獸之魂也. 此能附禽獸長育, 而又使之以耳目視聽, 以口鼻啖嗅,
      以肢體覺物情. 但不能推論道理. 至死而魂亦滅焉. 上品名曰‘靈魂’, 卽人魂也. 此兼生魂覺魂. 能扶
      人長養, 及使人知覺物情, 而又使之能推論事物, 明辯理義.”

40   이에 관해서는 다음을 참조. 김선희, 「신체성, 일상성, 실천성, 공공성: 성호 이익의 심학(心
      學)」, 『한국실학연구』28(2014): 77-123.

41   『與猶堂全書』, 「中庸講義補」, “天下萬民, 各於胚胎之初, 夫此靈明”

42   『與猶堂全書』, 『春秋考徵』卷1, “噫吾人者, 萬物之靈. 彼穹天厚地, 日月星辰, 山川草木, 無一而非吾
      人之物. 天吾屋也, 地吾食也. 日月星辰, 吾所明也. 山川草木, 吾所養也. 彼皆有氣有質, 無情無靈,
      豈吾人所能事哉.” 마테오 리치는 다음과 같이 말하기도 한다. “우주 안에 우리 인간을 양육
      하기 위한 것이 아닌 것은 단 하나도 없다[宇宙之間, 無一物非所以育吾人者].”(『天主實義』卷2)

43 『與猶堂全書』,「中庸講義」卷1, "仁義禮智之名, 本起於吾人行事, 竝非在心之玄理. 人之受天, 只此
    靈明. 可仁可義可禮可智則有之矣. 若云上天以仁義禮智四顆, 賦之於人性之中, 則非其實矣."

44 인의예지를 내면의 본성이 아니라 외적 실천의 대상으로 보려는 관점은 마테오 리치에게
    서도 나타난다. 마테오 리치는 "이치를 추론할 수 있음이 사람을 자기 본류로 만들어 주고
    다른 존재들과 구별하게 해 주기 때문에 이를 일러 인성(人性)이라고 합니다. 인의여지는
    이치를 추론한 이후에 달려 있는 것입니다[能推論理者, 立人於本類, 而別其體於他物, 乃所謂人
    性也. 仁義禮智, 在推理之後也]"라고 주장한 바 있다.『天主實義』卷7.

45 『與猶堂全書』,『孟子要義』卷1, "仁義禮智之名, 成於行事之後, 故愛人而後謂之仁, 愛人之先, 仁之
    名未立也. 仁之爲物, 成於人功, 非賦生之初, 天造一顆仁塊, 揷於人心也."

3부.

근대성과 지성

1장

뉴턴, 수학과 실험으로 남긴 과학혁명의 유산

박권아

한양대학교 창의융합교육원 교수

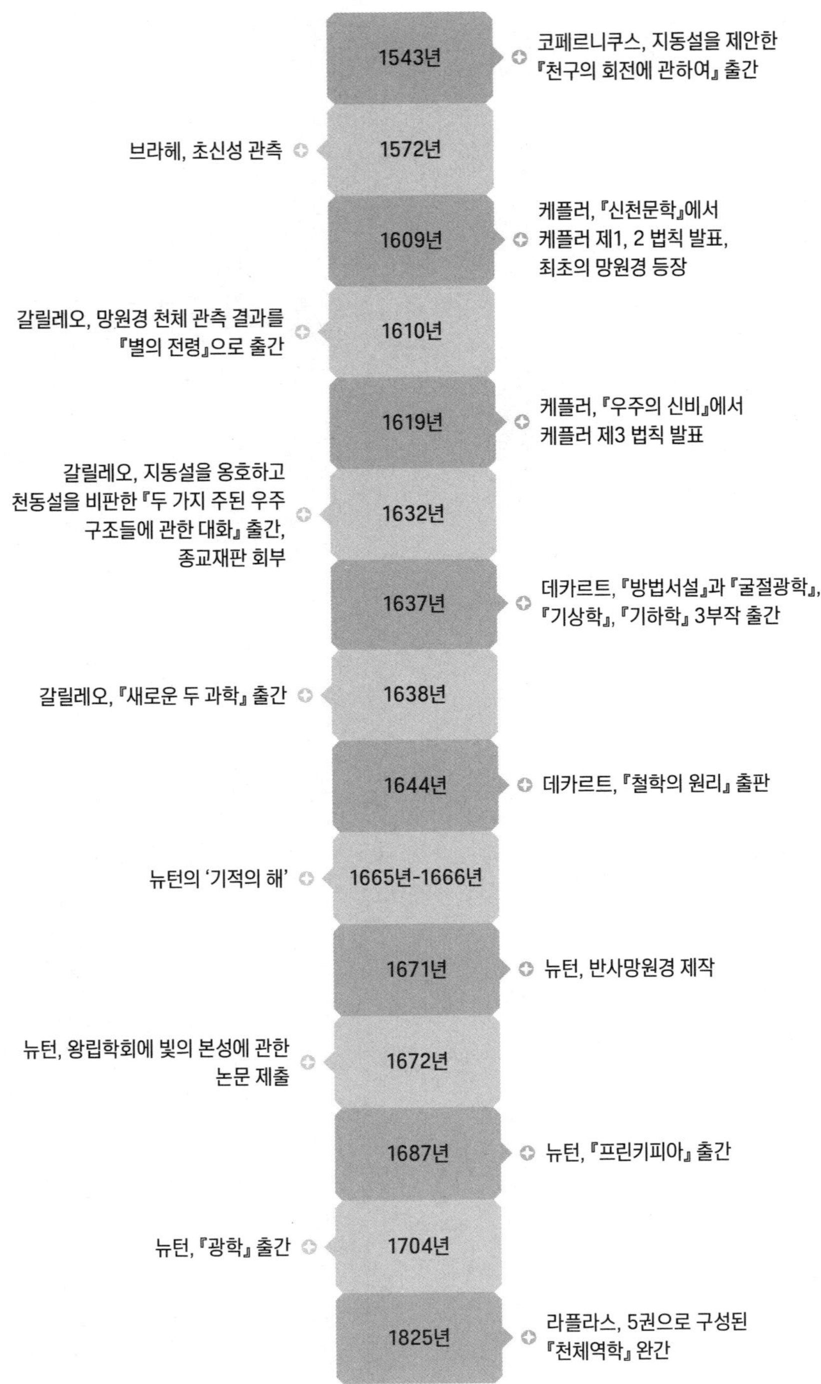
1543년
코페르니쿠스, 지동설을 제안한 『천구의 회전에 관하여』 출간
브라헤, 초신성 관측
1572년
케플러, 『신천문학』에서 케플러 제1, 2 법칙 발표, 최초의 망원경 등장
1609년
갈릴레오, 망원경 천체 관측 결과를 『별의 전령』으로 출간
1610년
케플러, 『우주의 신비』에서 케플러 제3 법칙 발표
1619년
갈릴레오, 지동설을 옹호하고 천동설을 비판한 『두 가지 주된 우주 구조들에 관한 대화』 출간, 종교재판 회부
1632년
데카르트, 『방법서설』과 『굴절광학』, 『기상학』, 『기하학』 3부작 출간
1637년
갈릴레오, 『새로운 두 과학』 출간
1638년
데카르트, 『철학의 원리』 출판
1644년
뉴턴의 '기적의 해'
1665년-1666년
뉴턴, 반사망원경 제작
1671년
뉴턴, 왕립학회에 빛의 본성에 관한 논문 제출
1672년
뉴턴, 『프린키피아』 출간
1687년
뉴턴, 『광학』 출간
1704년
라플라스, 5권으로 구성된 『천체역학』 완간
1825년

1. 과학혁명

과학혁명은 1543년『천구의 회전에 관하여』에서 니콜라우스 코페르니쿠스(Nicolaus Copernicus, 1472-1543)가 태양 중심설을 주장하면서 시작되었다. 코페르니쿠스의 아이디어에 튀코 브라헤(Tycho Brahe, 1546-1601)와 갈릴레오 갈릴레이(Galileo Galilei, 1564-1642)의 천체 관측 증거들이 쌓이면서 2천 년 넘게 지속되어 지구 중심설에는 서서히 균열이 생기기 시작했다. 서서히 커지는 균열을 감지한 교회에서는 1616년, 태양 중심설을 이단으로 규정하고 말이나 글로 태양 중심설을 옹호하는 행의를 금지했다. 하지만 요하네스 케플러(Johannes Kepler, 1571-1630)는 행성들이 완벽한 원을 그리며 등속으로 운동한다는 지구 중심설의 가장 핵심적인 원리를 이미 강력하게 깨는 중이었다. 1609년 그는『신천문학(Astronomia Nova)』에서 행성들의 타원궤도 운동과 부등속 운동을 수학적으로 도출하는 데 성공했다. 코페르니쿠스가 시작한 천문학 혁명은 케플러에 이르러 가장 기본적인 원리들을 정립하게 되었다.

지구 중심설에서 태양 중심설로의 전환은 과학혁명의 전반부를 차지했다. 이제 천문학 혁명이 야기한 새로운 문제들을 가지고 과학혁명은 그 후반부에 돌입했다. 고정되었던 것으로 여겨졌던 지구의 운동은 천체의 운동과 지상의 물체의 운동에 대해 새로운 질문을 제기했다. 공전하는 지구에서 인간들은 왜 지구의 운동을 감지하지 못하는가? 지구가 움직인다면 수직으로 쏘아 올린 대포는 대포의 뒤편으로 떨어지게 될까? 지면에서 떨어져 있는 구름은 지구의 공전과 무관하게 움직일까? 무엇보다 중요했던 것은 지구와 행성, 그리고 그 위성을 공전하게 만드는 원인에 관한 것이었다. 태양 중심설로 인해 야기된 운동의 문제는 역학 혁명으로 이어졌다. 과학혁명은 천문학 혁명과 역학 혁명, 이렇게 두 개의 상호 연결된 분야의 혁명으로 진행되어 나갔던 것이다.

역학 혁명의 주인공은 단연 갈릴레오였다. 천문학 혁명에서 망원경을 무기로 태양 중심설을 지지하는 증거들을 대중적으로 접근하기 쉽고, 이해하기 쉽게 풀어냈던 갈릴레오는 역학 혁명에서는 기하학을 무기 삼아 지상의 운동을 분석했다. 공전과 자전, 거기에 자유낙하까지 여러 종류의 운동에 동시에 참여하는 지상의 물체의 운동을 분석하면서 갈릴레오는 관성의 법칙, 운동의 상대성, 등가속도 운동 법칙 같은 근대 역학의 기본 개념의 틀을 세웠다.

역학 혁명에 공을 세운 또 다른 인물은 르네 데카르트(Rene Descartes, 1596-1650)였다. 그는 직선 관성 법칙, 운동량 보존의 법칙을 근본적인 자연법칙으로 정립한 후, 이 법칙에 따른 입자들의 충돌로 자연의 현상들을 설명했다. 그가 제시한 일곱 가지 충돌 법칙은 대부분이 틀린 것으로 밝혀지지만, 물질과 그 운동으로 모든 자연현상을 설명하려던 큰 기획은 기계적 철학(mechanical philosophy)이라는 이름으로 남아 과학혁명에 큰 영향을 미쳤다.

17세기 들어와 천문학 혁명과 역학 혁명은 대학에서 굳건히 자리 잡은 아리스토텔레스-프톨레마이오스 세계관의 아성을 허물기 시작했다. 하지만 과학혁명의 여러 성과에도 불구하고 하나의 질문은 여전히 해결되지 않은 채로 남아 있었다. 지구와, 그리고 다른 천체를 움직이게 하는 그 힘은 무엇인가?

2. 데카르트와 뉴턴

1633년, 갈릴레오는 이단의 혐의로 종교재판을 받고 유죄 선고를 받았다. 1663년, 데카르트의 책은 가톨릭교회의 금서 목록에 올랐다. 코페르니쿠스의 책이 나온 지 백여 년이 지났지만, 여전히 교회와 과학은 반목하고 있었다.

갈릴레오와 데카르트가 교회의 탄압을 받던 그 시절, 1642년 잉글랜드에서 아이작 뉴턴(Isaac Newton, 1642-1727)이 태어났다. 소농 집안에서 유복자로 태어난 뉴턴의 어린 시절은 똑똑한 아이들에게서 흔히 보이는 지적인 반짝거림 외에는 그다지 특이한 점이 없었다. 1661년, 그는 어머니의 반대를 꺾고 케임브리지대학에 들어갔다.

케임브리지대학은 영국 국교회 신학자 양성을 목표로 하는 교육기관이었다. 하지만 오늘날의 대학과 달리, 당시 대학의 학사 과정은 엄격하게 관리되지 않았다. 뉴턴은 이런 느슨한 학사 제도의 자유를 마음껏 누리며 대학에서 자신의 지적 호기심을 충족해 나갔다. 1664년, 뉴턴은 '철학의 문제들'이라는 제목을 단 노트를 만들고, 그 표지에 "플라톤은 내 친구이고 아리스트텔레스도 내 친구이다. 하지만 가장 좋은 친구는 진리이다(*Amicus Plato Amicus Aristoteles magis amica veritas*)"라고 적고 자신이 공부한 내용을 꼼꼼하게 적어 나갔다.

케임브리지에서 뉴턴은 아리스토텔레스주의를 비롯하여 당시 유행하던 다양한 사상들을 접했다. 헨리 모어와 같은 케임브리지 신플라톤주의자들의 사상, 프랑스의 가상디가 부활시킨 원자론, 데카르트의 기계적 철학 등을 쉴 새 없이 흡수했다. 이런 다양한 사상들은 그가 한쪽으로 치우치지 않게 하는 데 일조했던 것으로 보인다. 300년 가까이 유럽 대학을 지배하고 있던 아리스토텔레스 사상의 대척점에서 신플라톤주의가 견제를 하고 있었고, 자연 세계를 두고 기계적 철학과 원자론이 서로 다른 세계상을 두고 다투고 있었다. 뉴턴의 노트는 경쟁하는 사상 간의 본질적 차이가 무엇인지를 분석해 가는 뉴턴의 여정을 잘 보여 주는데, 그 과정을 통해 뉴턴은 각 사상이 담고 있는 함의와 한계를 철저하게 파악했다. 뉴턴이 새로운 세계관을 만들 수 있었던 데에는 기존 사상의 답습을 넘어서는 철저한 이해와, 다양한 사상들 속에서 서로 간의 견제를 통한 균형을 확보할 수 있었기 때문이라고 할 수 있다.

견제와 균형 속에서도 뉴턴에게 가장 큰 영향을 미친 인물은 데카르트였다. 데카르트가 기계적 철학을 통해 뉴턴에게 미친 영향은 두 가지 정도로 정리할 수 있다. 첫째, 데카르트는 자연 세계의 가장 근원적인 현상을 근본 물질과 그 물질의 운동으로 규정했다. 아리스토텔레스에서 물질 본연의 속성으로 간주하던 색깔이나 맛, 냄새 같은 감각적 속성들은 근본 물질의 운동으로 인해 나타나는 이차적 속성이 되었다. 원리적으로 우리는 자연의 근본 물질의 속성과 그 운동의 법칙만을 가지고 감각 현상을 포함한 모든 자연현상을 설명할 수 있고 또 설명해야만 했다. 둘째, 운동의 법칙은 수학으로 기술된다. 이때 데카르트의 수학은 전통적인 기하학이 아니며 좌표 평면상에 함수로 표현 가능한 해석학적인 수학을 의미한다. 데카르트의 자연철학이 이 수학적 기획을 얼마나 충실하게 수행했는가에 대한 평가와는 별개로 데카르트는 원칙으로서 수학적 세계를 제시했던 것이다.

데카르트의 자연철학이 안고 있는 난제도 뉴턴에게는 중요한 고민거리로 작용했다. 첫 번째 난제는 자연현상에서 신의 역할에 관한 것이었다. 데카르트의 자연에서는 태초에 신이 물질에 운동을 부여하고 나면 그 이후에는 운동의 법칙에 따라 모든 운동이 일어난다. 신의 개입 없이도 자연현상의 규칙성과 지속성이 유지될 수 있도록 운동은 창조되거나 소멸할 수 없다. 운동량 보존 법칙이 중요한 이유가 여기에 있었다. 하지만 이런 논리는 자연현상에 신이 개입할 수 있는 여지를 막아 놓았다. 신조차도 자연법칙을 따라야 하기에 이신론이나 무신론으로 해석될 여지를 안고 있었다.

두 번째 난제는 인간의 자유의지 가능성에 관한 것이었다. 자연현상의 원인을 물질과 운동으로 환원 가능하다면, 인간의 모든 행동도 그렇게 기계론적으로 환원 가능하지 않은가? 그렇게 기계론적 환원이 가능하다면, 인간의 자유의지를 전제로 한 개인의 윤리적 책임과 종교적 단죄는 불가능한가? 『인간에 관하여』에서 인체를 일종의 자동기계처럼 설명했던 데카르트는 심신 이원론으로 이 난제를 돌파하려고 했다. 인간의 몸은 기계론적 환원이 가능하지만, 인간의 정신은 자유의지의 주체이자 신과의 소통의 주체로 주체성을 갖게 된다. 정신을 인간 고유의 주체적 영역이자 신의 개입이 가능한 영역으로 확보함으로써 데카르트는 기계론적 세계관의 무신론적 함의를 벗어나려 했지만, 이런 구분을 통해 인간 이외의 자연 세계는 오히려 철저히 유물론적인 세계가 되는 결과가 나타났다.

데카르트의 기계적 철학은 뉴턴의 자연철학이 나아갈 방향을 설정했다. 동시에 이는 뉴턴의 자연철학이 부딪힐 질문들과 충족시켜야 하는 기대들을 규정했다. 수학적으로 해석되는 기계적 철학, 그 안에서 신의 위치와 능동적이지 않은 물질의 문제는 뉴턴의 자연철학을 읽는 당대 독자들이 읽어 내고 싶고 듣고 싶었던 논의들이었다.

3. 뉴턴의 과학

1669년, 뉴턴은 케임브리지대학의 루카스 수학 석좌교수에 임명되었다. 1680년대 말 런던으로 떠나기 전까지 20년 가까이 뉴턴은 케임브리지에 머무르면서 그의 연구를 완성해 나간다.

뉴턴의 과학적 업적은 크게 두 가지로 대표될 수 있다. 1687년의 『프린키피아』와 1704년의 『광학』이 바로 그것이다. 두 저작은 코페르니쿠스부터 시작된 과학혁명의 지적 전통과 성과의 완결판이라 할 수 있다. 두 저작 모두 뉴턴이 집필했지만, 각각이 과학혁명의 주된 전통 각각을 대표한다고 할 수 있을 만큼 개성이 뚜렷하게 다르다.

1687년에 완결된 『프린키피아』의 원제는 『자연철학의 수학적 원리』이다. '수학적 원리'라는 제목에 맞게 이 책은 기본 물리량(질량, 운동량 등)에 대한 정의와 운동의 법칙이라는 공리로 시작한다. 이어지는 책의 1권과 2권은 "물체의 운동", 3권은 "태양계의 구조"를 다룬다. 1권은 저항이 없는 공간에서의 물체의 운동, 2권은 저항이 있는 매질 속에서의 운동을 다룬다. 3권은 행성의 궤도 운동으로부터 케플러의 행성 운동 법칙을 유도하고 천체의 중력에서 시작하여 물체로 중력의 개념을 확대하여 만유인력의 개념으로 발전시킨다.

『프린키피아』에서 보이는 뉴턴 역학의 특징은 두 가지로 정리될 수 있다. 첫째는 수학적 세계관이다. 이때 수학적 세계관이 갖는 의미에 대해 뉴턴은 3권의 서두에서 다음과 같이 설명했다.

1권과 2권에서 제시한 철학적 원리는 엄밀히 말해서 철학[오늘날의 과학]이 아니라 수학이다. 자연철학을 탐구할 때에는 기존의 철학보다 수학이 훨씬 유용하다. … 이전에 집필한 3권의 초기 원고는 누구나 쉽게 읽을 수 있는 대중적인 글이었다. 그러나 원리를 잘 모르는 상태에서 이런 책을 읽으면 원리로부터 유도된 결론이 얼마나 유용한지 실감하기 어렵고 오랜 세월 동안 쌓인 편견을 극복하기도 쉽지 않을 듯하여, 이미 써놓은 정리들을 수학적 형태로 재구성한 3권을 다시 집필하게 된 것이다.[1]

여기서 알 수 있듯이 뉴턴에게 수학은 문제를 해결하는 방법이 아니라 '원리'에 해당한다. 수학은 자연 세계에 대한 단순한 기술(description)의 도구가 아니라, 자연 세계의 근본적인 작동 원리이자 자연의 법칙의 표현이다. 근본적인 작동 원리로 제시되었기 때문에『프린키피아』의 1권과 2권의 수학적 증명들에서 물리적 구체성은 최소화되어 있다. 예를 들어 1권의 명제 11을 보자.

명제 11/문제 6. 타원궤도를 도는 물체에서 구심력이 타원의 초점을 향해 작용할 때, 구심력이 만족하는 비례식을 구하라.

명제 11은 만유인력의 공식을 입증하는 증명이다. 이 증명에 물리적 구체성을 입히면 다음과 같이 저시할 수도 있다. "타원궤도를 도는 지구의 구심력이 타원의 초점에 위치한 태양을 향해 작용할 때, 이 구심력이 만족하는 비례식을 구하라." 이렇게 제시되었다면 이 명제가 행성의 타원운동에 대한 증명이라는 점이 명확해지고 왜 이 증명이 필요한지를 더 쉽게 이해할 수 있었을 것이다. 하지만 뉴턴은 이런 "누구나 쉽게 읽을 수 있는 다중적인" 방식을 택하지 않았다.

바로 이 점에서 뉴턴의 대담한 기획을 엿볼 수 있다. 뉴턴은『프린키피아』에서 천체의 운동이든 지상계에서의 운동이든 그 종류에 상관없이 어디에나 적용할 수 있는 보편적이고 일반적인 수학적 원리를 제시하고자 했던 것이다. 이렇게 보면 3권 "태양계의 구조"는 1권과 2권에서 제시한 수학적 원리를 가지고 무엇을 할 수 있는지를 보여 주는 강력한 모범 사례의 역할을 한다고 볼 수 있을 것이다. 『프린키피아』의 수학적 특징은 자연철학 전체를 수학적 원리에서 시작하게 하려는 뉴턴의 대담한 기획을 보여 준다. 뉴턴은 수학이 자연사(natural history)보다 도덕적으로 우월하다고 생각하기도 했었는데, 이는 수학자 뉴턴의 지적 오만이 아니라 자연 세계를 탐구하는 데 있어 수학적 원리의 근본성에 대한 확신의 표현이라고 볼 수 있다.

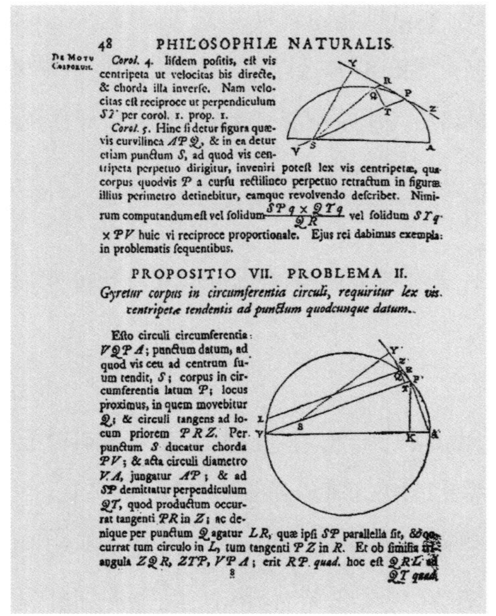

뉴턴의 『프린키피아』는 기하학을 사용한 수학적 탐구를 특징으로 한다

* 이미지 출처: 위키미디어 커먼스

수학적 원리를 통해 세계 전체를 설명하려는 뉴턴의 기획에서 데카르트의 영향을 찾아볼 수 있다. 데카르트는 『빛에 관하여』에서 물질로 가득 차 있는 공간(plenum) 속에서 일어나는 물질의 운동으로 천체의 운동을 모두 설명하려 한 바 있다. 그의 기획은 설명 방식의 엄밀함과 일관성의 부족으로 결국 실패하고 말지만, 뉴턴은 수학적 원리를 이용하여 이를 실현하려고 했다.

『프린키피아』에서 보이는 뉴턴 역학의 두 번째 특징은 원거리 작용(action at a distance)이다. 만유인력으로 대표되는 원거리 작용은 두 가지 점에서 기존

운동 개념과 구분된다. 첫째, 원거리 작용은 물체 간의 직접적인 접촉이 필요하지 않다. 이는 아리스토텔레스나 데카르트의 자연철학과는 명확히 구분되는 특징이다. 두 철학자 모두에서 운동은 언제나 물체 간의 직접 접촉을 통해 전달되었다. 이로 인해 아리스토텔레스는 공중에서 날아가는 투사체의 운동에서 공기에 운동을 방해하는 저항의 매질이자 운동을 촉발하는 매질이라는 상호 모순적인 역할을 부여해야만 했다. 데카르트는 물체 간의 직접 충돌을 운동량 전달 방식으로 채택했다. 두 철학자 모두에게 물질은 능동성을 박탈당한 수동적 존재이기 때문에 이런 직접 접촉이 전제되어야 했다. 뉴턴 원거리 작용의 두 번째 특징은 이 작용은 항상 두 개 이상의 물체가 있어야 나타난다는 점이었다. 만유인력이 질량을 가진 두 물체가 있을 때 두 물체 사이에 작용하는 상호적인 힘인 것처럼 뉴턴의 원거리 작용은 항상 두 물체 간에 작용한다. 이런 점에서 이 작용은 물체에 내재한 본연의 속성도 아니고 외부에서 물체에 주어진 것도 아니다.

이런 원거리 작용은 과학혁명기에 제기된 두 가지 문제에 대해 대응한다. 첫 번째로는 천문학 혁명과 역학 혁명에서 제기된 천체 운동의 원동력 문제에 대한 대응으로 볼 수 있다. 중세 우주론에서는 수정체 천구라는 물리적 구조물의 운동으로 행성의 궤도 운동을 설명했지만, 천문학 혁명의 결과 수정체 천구가 사라지면서 행성 운동의 새로운 원동력이 필요했다. 케플러는 태양에서 발산되는 자기력으로 이를 설명하려 했고, 데카르트는 공간을 채우는 물질의 소용돌이 운동으로 이를 설명하려 했으나 정성적으로나, 정량적으로 만족할 만한 설명이 제시되지는 못했다. 뉴턴은 만유인력의 수학적 표현을 통해 만유인력과 행성의 타원궤도를 연결하고 이를 정량적으로 정확하게 설명하는 데 성공했다.

원거리 작용이 염두에 둔 두 번째 문제는 물체의 수동성에 관한 것이었다. 우선 원거리 작용은 질량으로 대변되는 물체의 존재만으로도 물체가 스스로 힘을 발휘하고 힘을 받을 수 있게 함으로써 물체의 수동성으로 인해 야기되는 문제를 벗어나려 했다. 그러면서도 그 힘을 물체 각각에 내재한 고유의 속성으로 상정하지 않고 물체 간의 관계에서 등장하는 속성으로 설정함으로써 물활론이나 유물론으로 빠질 위험을 피하고자 했다.

1704년에 출판된『광학: 빛의 반사, 굴절, 회절 그리고 색에 관하여』는 수학적인 원리에 기반한『프린키피아』와는 매우 대조적인 성격을 띤다. 이 책에서 뉴턴은 빛과 색의 본성을 알아내기 위한 총 31개의 실험을 제시하고 있다. 프리즘을 이용한 태양광의 분해와 합성 실험은 그중에서도 잘 알려져 있다. 뉴턴은 빛의 기본단위는 프리즘을 통과할 때 굴절률이 다르게 나타나는 일곱 종류의 단색광이며, 백색광은 이 단색광들의 합성 결과라는 주장을 여러 실험을 통해 검증하고 있다.

『광학』에서 나타나는 특징을 살펴보면 다음과 같다. 첫째, 너무나 명백하게도 이 책은 과학혁명기에 등장한 실험적 전통을 계승하고 있다. 중세에 이르기까지 실험은 인공성, 우연성, 일회성 등의 성격으로 인해 보편적 경험의 지위를 인정받지 못하고 자연철학의 정당한 방법으로 인정받지 못했다. 과학혁명의 중요한 변화 중 하나는 실험이 자연철학의 주요 연구 방법으로 인정받게 되었다는 점이다. 이런 변화를 추동한 사회적 원인으로 르네상스기 장인의 사회적 지위 상승, 연금술을 비롯한 마술적 조류의 유행 등을 들기도 하는데, 이와 함께 갈릴레오, 로버트 보일 등 실험 결과의 신뢰성과 보편성을 높이려던 학자들의 노력이 있었다. 뉴턴의『광학』은 실험의 지적 지위 상승을 보여 주는 증거이자 추가적인 지위 상승을 이끌었던 저작이라 할 수 있다. 무엇보다 30개가 넘는 실험이 빛과 색의 본성을 굴절률이 다른 단색광들의 조합으로 설명하겠다는 하나의 핵심 목표에 집중되어 이뤄지고 있다는 점에서 이 책은 주목할 만하다. 여러 논증 수단의 하나로 실험을 끌어다 쓰던 갈릴레오와 달리, 뉴턴은 실험만으로 논증을 이끌어 나가고 있다. 이를 통해 그는 논증의 방법으로서 실험의 힘을 보여 주었다.

『광학』의 두 번째 특징은 '가설'에 기대지 않고 실험을 통해 논증을 이끌어 나간다는 점이다. 이 책의 서두에서 뉴턴은 다음과 같이 말하고 있다.

이 책의 의도는 빛의 특성을 가설로 설명하는 데 있지 않고, 이성과 실험
으로 이를 제안하고 입증하려는 데 있다.

여기서 뉴턴이 사용하는 '가설'에는 일상적인 의미를 넘어 특별한 의미가
담겨 있다. 가설이 무엇을 의미하는지 뉴턴은 전작인 『프린키피아』에서 여러
차례에 걸쳐 설명하고 있다. 그 책의 3권 "일반적 설명(General Scholium)"이서
뉴턴은 가설에 대해 다음과 같이 말한다.[2]

이런 현상만으로는 중력이 작용하는 원인을 설명할 수 없으며, 이 문제에
관한 한 나는 어떤 가설도 내세우지 않을 것이다. 현상으로부터 유추되지 않은
것은 가설일 뿐이며, 형이상학이건 신비한 물질이건 가설은 실험철학에서 발
붙일 곳이 없기 때문이다. 실험철학에서는 현상으로부터 명제를 세우고, 귀
납적 추론을 통해 일반화시킨다.[3]

뉴턴은 실험철학의 탐구 과정을 '현상 관찰→명제 설정→귀납적 추론→
명제의 일반화'로 설정했다. 그런데 뉴턴의 '명제'를 '가설'이라는 용어로 대체
하면 뉴턴의 실험철학은 '현상 관찰→가설 설정→실험을 통한 가설 검증→
가설의 일반화/폐기'로 이어지는 현대적 연구 방법과 다르지 않다는 것을 알
수 있다. 즉, 뉴턴은 실험 검증의 대상이 되는 명제 설정을 부정했던 것은 아
니다.

뉴턴에게 '가설'이란 현상의 관찰을 통해서 끌어낼 수 없는 사변적인 주
장을 의미했다. 특히 『광학』에서 뉴턴이 비판했던 가설은 데카르트의 가설이
었다. 뉴턴은 미시적인 입자의 존재와 그 운동이라는 기계적 철학의 근본적
인 가정을 가설이라고 비판했다. 이런 가정이 바로 현상으로부터 끌어낼 수

없는 가설에 해당했다. 프리즘에 대해서도 데카르트는 빛의 입자를 가정하고 그 입자들이 프리즘을 통과할 때 생기는 회전속도의 차이가 서로 다른 색으로 나타나게 되는 것이라는 가설로 프리즘에서 나타나는 색을 설명하려 했다. 뉴턴은 그가 "결정적 실험"이라고 부른 그 실험을 통해 단색광은 다시 프리즘을 통과해도 색이 변하지 않는다는 것을 보였다. 데카르트의 가설과 자신의 이론 중 어떤 것이 맞는지를 판가름하는 결정적 실험이었던 것이다.

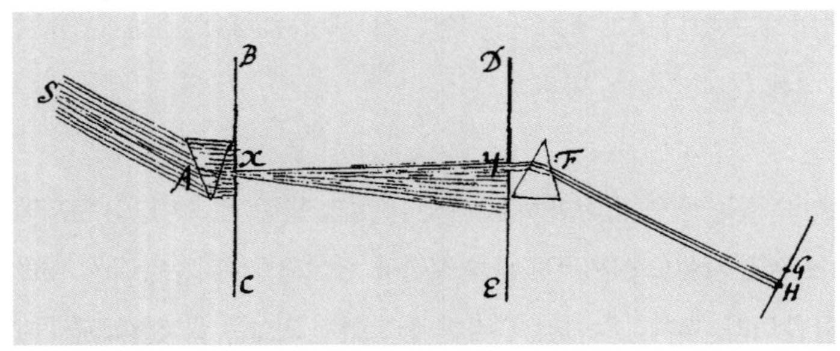

빛과 색의 본성을
확인하는 뉴턴의
결정적 실험

* 이미지 출처: 위키
미디어 커먼스

『광학』은 뉴턴이『프린키피아』에서 말한 실험철학의 모범 사례에 해당한다. 이 책에서 제시한 실험들에서 뉴턴은 빛이 입자인지, 파동인지에 대해 가설을 설정하지 않는다. 그는 프리즘을 통과한 빛이 색에 따라 굴절률이 다르다는 것, 이 굴절률에 따라 단색광을 분류할 수 있다는 것, 이 단색광은 프리즘을 여러 번 통과해도 그 색이 변하지 않는다는 것, 단색광을 합치면 백색광이 되고 백색광은 다시 단색광으로 분리될 수 있다는 것처럼 실험을 통해 확인할 수 있는 현상만을 다루고 이를 일반화했다.

　뉴턴의 과학을 대표하는 두 저작,『프린키피아』와『광학』에 대해 지금까지의 논의를 정리해 보면 다음과 같다. 첫째, 두 저작은 과학혁명의 주된 전통인 수학적 원리와 실험적 방법을 대표한다. 뉴턴은 자신의 과학 프로젝트 전체를 "실험철학"이라고 명명했지만, 뉴턴의『프린키피아』는 수학적 원리를 기반으로 자연의 작동 방식을 설명하는 과학을,『광학』은 실험적인 탐구를 통해 현상을 이해하는 과학을 보여 주었다.

왜 이런 차이가 나타났는가? 그 답은『광학』의 "질문들(queries)"에서 유추해 볼 수 있다. "질문들"에서 뉴턴은 실험으로 검증하지 못한 '가설'을 질문의 형태로 제시했다. 예를 들어 질문 29번에서는 "광선은 빛나는 물질에서 방출되는 작은 물체가 아닐까?"라며 빛의 입자설을 제시했다. 질문 31번에서는 "물체의 작은 입자들은 멀리 떨어진 곳에서도 작용할 수 있는 특정한 힘, 성질, 혹은 작용을 가지고 있지 않은가?"라며 빛, 전기, 자기 현상을 중력처럼 원거리 인력으로 설명할 가능성을 제시한다. "질문들"은 뉴턴이 "실험철학에서 발붙일 곳이 없다"고 했던 가설들, 바로 뉴턴 본인의 가설들의 배출구였다. 뉴턴은 이 안에서 빛을 비롯해 전기, 자기, 열 현상에까지 원거리 인력 법칙을 적용할 가능성을 제기하고 있다.

앞서 살펴봤듯이 뉴턴은 실험철학의 탐구 과정을 '현상 관찰→명제 설정→ 귀납적 추론→명제의 일반화'로 설정했다. 뉴턴의『프린키피아』는 현상의 관찰을 통해 천체에 작용하는 원거리 인력을 수학적으로 설정하고, 귀납적 추론을 통해 이를 천상계와 지상계 모두에 적용될 수 있는 만유인력으로 일반화했다.『광학』에서 뉴턴은 빛의 입자에 작용하는 원거리 인력의 수학적 표현을 찾아내지 못했던 것으로 보인다. 탐구 과정의 "명제 설정"의 단계를 완성해 내지 못했다고 할 수 있다. 3부로 출판된『광학』이 원래 4부였으며 마지막 4부가 원거리 인력을 다루고 있었다는 점이 이런 추측을 가능하게 한다. 빛(입자)의 원거리 인력의 수학적 표현을 찾아내고 그것을 기반으로 알려진 광학적 법칙을 설명하여 명제의 일반화로 나아가는 과정을 밟지 못했다. 이런 점에서『광학』은 뉴턴의 실험철학 기획에서 아직 미완성인 작품이었다고 평할 수 있다. "질문들"은 이 미완성 작품을 완성으로 끌고 가기 위해 해야 할 일들을 담고 있으며, 아직 현상으로부터 끌어내지 못하는 명제라는 점에서 뉴턴 자신이 비판한 그 "가설"을 담고 있었다.

4. 뉴턴의 신

뉴턴은 영국 국교회 사제를 양성하는 케임브리지에서 교육을 받고 20년 넘게 교수로 있었지만 아리우스파에 속했다. 아리우스파는 삼위일체를 부정했기 때문에 이단에 속했다. 하지만 뉴턴은 평생 종교적 문제로 곤경에 처한 적이 없었다. 루카스 석좌교수에 임명되었을 때는 그 자리를 만든 기부자 헨리 루카스의 의도를 강조하며 교회의 선서를 피했다. 루카스는 종교와는 거리를 둔 자리로 그 교수 좌를 의도한 바 있었다. 임종 시에는 종부성사를 피해서 자신의 이단을 드러내거나 종교적 거짓말을 피할 수 있었다. 그의 이단적 믿음은 공부를 통해 독자적으로 발전했던 것으로 알려져 있는데, 이는 그가 기독교 신앙과 신의 문제에 진지한 관심이 있었다는 것을 보여 준다.

앞서 살펴보았듯이 기계적 철학은 자연에서 신의 역할을 축소하고 신조차 자연법칙에 개입하지 않게 함으로써 이신론이나 무신론, 유물론으로 해석될 여지를 남겨 놓았다. 뉴턴은 원거리 인력으로서 만유인력 개념을 도입하여 수동적인 물질에 능동성을 부여하면서 동시에 만유인력을 관계적인 작용으로 설정하여 물질 또는 입자가 단독으로 힘을 갖고 독자적으로 움직이는 물활론적인 결말도 피하고자 했다. 이렇게 함으로써 그는 수동적 물질과 지나치게 능동적 물질 사이에서 아슬아슬한 균형잡기를 시도했다. 이 균형잡기가 항상 뉴턴의 의도대로 갔던 것은 아닌데, 균형이 깨진 곳에서 그의 이론은 신의 개입이 필요 없는 유물론적 세계관으로 이해되기도 했다.

『프린키피아』의 "일반적 설명"에서 뉴턴은 자연현상에서 신의 자리에 대해 다음과 같은 의견을 피력했다.

태양계처럼 더없이 우아한 체계가 만들어지려면 "현명하고 강력한 존재"의 손길이 반드시 필요하다.[4]

모든 입자는 공간에 항상 존재하고 시간도 모든 곳에서 연속적으로 흐르기에, 만물의 창조주인 신이 "존재하지 않는 순간"이나 "존재하지 않는 공간"이란 있을 수 없다. …

우리는 최고의 신이 반드시 존재해야 한다고 굳게 믿고 있으며, 이에 화답하듯 신은 모든 곳에 항상 존재한다. … 그러나 신이 무언가를 행하는 방식은 인간의 방식과 완전히 다르기에, 우리는 그것을 이해할 수 없다. …

자연현상에서 신의 존재를 유추하는 것도 분명히 "자연철학"의 일부이다.[5]

"일반적 설명"에서 뉴턴은 자연철학을 통해 신의 존재를 증명한다. 자신이 찾아낸 이 우아한 우주의 체계가 바로 그것을 만든 신의 존재를 보여 준다. 정교하게 작동하는 시계를 보면 그 시계를 만든 장인의 존재를 의심할 수 없는 것처럼, 우아하게 작동하는 태양계는 현명하고 강력한 신의 존재를 의심할 수 없게 만든다. 또한 시계에 태엽을 돌려 줘야 시계가 작동하는 것처럼 신은 지속적으로 우리 우주의 운동에 개입한다. 독일의 자연철학자 라이프니츠는 이 점을 두고 영국의 뉴턴주의자 사무엘 클라크와 논쟁을 벌였다. 신의 지속적 개입의 필요성은 신이 세계를 불완전하게 만들었다는 것을 의미한다고 주장하면서, 라이프니츠는 뉴턴이 신의 불완전성을 주장한다고 공격했다. 클라크는 이 개입 또한 신의 계획에 포함되어 있다는 주장으로 신의 개입이 안고 있는 딜레마를 막아 냈다.

우주를 시계에 비유하고 시계 제작자를 신에 비유한 것은 또 다른 의미도 지니고 있었다. 시곗바늘의 운동 이면에 나사와 톱니바퀴의 정교한 움직임과 작동 원리가 숨겨져 있는 것처럼, 이 우주의 현상 이면에는 그것을 돌아가게 하는 수학적인 원리가 숨겨져 있다. 그 원리를 발견한 사람이 바로 뉴턴 자신이었다. 시계의 작동 원리를 통해 시계 제작자의 정신을 이해할 수 있는 것처럼, 우주의 숨겨진 작동 원리를 밝혀냄으로써 뉴턴은 신의 마음을 이해했다. 이것이 바로 자연현상에서 신의 존재를 유추한다는 말의 의미이다.

　뉴턴은 원거리 작용으로서 만유인력을 매개하는 전달자로 신을 상정함으로써 신의 편재를 주장했다. 입자들이 존재하는 곳에는 어디에나, 그리고 언제나 만유인력이 작용해야 한다. 이 만유인력의 작용은 신을 통해 매개되는데, 입자가 어느 공간에나, 어느 시간에나 존재하기 때문에 신 또한 언제나, 어디에나 존재하는 것이다. 원거리 인력 개념, 그 떨어진 공간을 채우는 존재로서 뉴턴은 자연철학에 신의 자리와 신의 역할을 만들었다. 과학혁명을 통해 자연계에서 점점 줄어들던 신의 자리가 뉴턴의 과학을 통해 안정적으로 확보가 되었던 것이다.

　신의 존재를 역설하는 성경의 말씀처럼, 신의 창조물을 통해 신의 존재를 유추하는 자연철학도 신을 이해하는 학문으로 그 지위가 높아졌다. 그리고 신이 만든 창조물에 대한 연구를 통해 신을 이해하는 학문으로서 자연철학은 도덕철학과 정치철학을 받치는 근간으로서의 의미를 얻을 수 있었다. 뉴턴의 『광학』(1704)의 구절은 이에 대한 뉴턴의 생각을 잘 보여 준다.

　자연철학이 완벽해지면 도덕철학의 영역도 더 넓어질 것이다. 자연철학으로 제1 원인[신]이 무엇인지, 신이 우리에게 어떤 힘을 주셨는지, 우리가 신으로부터 어떤 혜택을 받았는지를 알게 된다면, 우리들 서로서로에 대한 의무뿐만 아니라 신에 대한 우리의 의무가 자연의 빛을 통해 우리에게 밝게 나타날 것이다.

　뉴턴은 자연철학을 통해 신의 존재를 옹호함으로써 과학혁명을 거치며 증폭된 자연철학과 교회 사이의 갈등을 봉합하는 데 큰 기여를 했다. 특히 질량을 가진 물체 사이에 어디에나 작용하는 만유인력을 매개하는 존재로서 신의 존재를 설정함으로써 자연철학의 공격에 위기감을 느끼던 교회에 안도감을 안겨 주었다. 뉴턴은 자연철학 탐구를 통해 신의 존재를 입증하는 교회의 수호자가 되었다. 뉴턴이 사후 웨스트민스터사원에 안장될 수 있었던 것은 바로 뉴턴의 자연철학이 신이 우주공간 어디에나 있다는 것을 확인해 줬기에 가능했다.

5. 뉴턴의 유산

『프린키피아』를 출간한 직후 뉴턴은 케임브리지에서 런던으로 활동 장소를 옮겼다. 케임브리지를 대표해서 잉글랜드 하원에 나갔던 뉴턴은 조폐국에 들어가 조폐국장까지 올라 잉글랜드의 개주(recoinage) 작업을 이끌었으며 잉글랜드의 권위 있는 과학학회였던 왕립학회의 회장에 올랐다. 1705년에는 앤 여왕으로부터 기사(knight)에 서훈되었다.

뉴턴의 사회적 지위 상승과 함께 뉴턴의 과학도 영국과 유럽 사회에 퍼져 나갔다. 데카르트주의가 위세를 떨치던 프랑스에서 갈등이 나타나기는 했지만, 곧 뉴턴의 과학은 유럽 그 어느 곳보다 프랑스에서 가장 활발하게 발전하게 된다.

뉴턴의 과학이 『프린키피아』와 『광학』에서 수학과 실험이라는 서로 다른 스타일로 전개되었던 것처럼 뉴턴 과학의 수용 및 발전도 수학적 전통과 실험적 전통으로 나누어 나타났다.

프랑스에서는 "라플라스 프로그램"이라 이름 부를 수 있는 형태로 뉴턴 과학의 수용이 나타났다.[6] 그 이름에서 알 수 있듯이 이 프로그램을 이끈 것은 프랑스의 물리학자 피에르 시몽 라플라스(Pierre-Simon Laplace, 1749-1827)였다. 라플라스 프로그램에서는 『광학』의 "질문들"에서 뉴턴이 제기한 미완의 질문들을 연구의 주제로 삼았다. 그들은 열, 빛, 전기, 자기 현상에서 원거리

인력을 찾아내고 이를 일반화시키는 것을 자신들의 연구 목표로 설정했다. 이를 위해 이들은 다양한 실험을 수행하기는 하지만, 이들 라플라스 프로그램의 물리학자들은『프린키피아』의 뉴턴이 그랬던 것처럼 수학적 원리를 찾는 데 몰두했다. 그런 점에서 이들은 뉴턴의 과학 중 수학적 유산을 이어받았다고 할 수 있다. 그 결과 이들은 오늘날 미적분학 교과서에서 볼 수 있는 라플라스 방정식, 푸아송 방정식 등 여러 수학적 테크닉을 개발하여 미적분학의 발전에 지대한 공헌을 했다. 하지만, 열, 빛, 전기, 자기 각각에서 작용하는 원거리 인력을 찾아가는 과정에서 그들은 현상으로부터 도출되지 않는 다양한 가설을 도입하는 우를 범했다. 특히 원거리 인력의 수학적 표현을 두고 그 힘이 (입자 간의 거리)^{3}에 반비례한다든지 (입자 간의 거리)^{5}에 반비례한다는 식의 가설을 도입하여 뉴턴의 정신으로부터 서서히 멀어졌다.

『광학』의 실험적 유산을 따르는 후계자들도 등장했다. 이들은 주로 잉글랜드와 네덜란드를 중심으로 활동했다. 데사굴리에(John Theophilus Desaguliers)로 대표되는 이들은 뉴턴의 실험철학의 핵심이 실험에 있다고 생각하고 다양한 실험을 설계하고 수행했다. 이들에게도『광학』의 "질문들"이 중요한 출발점이 되어 주로 전기와 자기 분야에서 다양한 실험을 수행했다. 실험 중심의 뉴턴주의의 발전과 함께 영국에서는 경험주의의 발전이 함께 이루어졌다.

스스로를 뉴턴의 후예로 생각했지만, 프랑스의 뉴턴주의자들과 잉글랜드와 네덜란드의 뉴턴주의자들은 뉴턴의 과학의 전통을 부분적으로만 수용했다. 뉴턴의 두 전통이 만나서 나오는 시너지 효과는 19세기까지 기다려야 했다. 19세기 중엽, 영국과 독일에서 두 전통이 만나면서 광학, 전자기학, 열역학이라는 새로운 분야가 탄생했다. 뉴턴의 전통을 이어받아 탄생한 이 신생 분야들은 뉴턴의 과학의 한계를 가장 분명하게 드러냈다. 이렇게 드러난 한계는 20세기 양자역학과 상대성 이론의 탄생으로 이어졌다. 뉴턴 과학의 유산이 가장 절정에 오른 순간, 그 유산은 뉴턴 과학을 파괴했던 것이다.

주석

1   Isaac Newton, 『프린키피아』, 박병철 옮김(서울: 휴머니스트, 2023), 700. 강조는 필자의 강조.

2   뉴턴의 General Scholium은 그동안 "일반 주해"로 번역되어 왔다. 박병철이 번역한 2023년 『프린키피아』에서는 이를 "일반적 설명"으로 번역했는데, 본 글에서는 박병철의 번역을 인용하고 있고 학생들에게 "주해"라는 표현이 익숙하지 않을 것이라는 점을 고려하여 박병철의 "일반적 설명"이라는 번역을 채용했다.

3   Newton, 『프린키피아』, 934. 강조는 저자의 강조.

4   Newton, 『프린키피아』, 930.

5   Newton, 『프린키피아』, 932-933.

6   "라플라스 프로그램"은 과학사학자 로버트 폭스(Robert Fox)가 1974년 발표한 "라플라스 프로그램의 성쇠"에서 라플라스를 중심으로 한 일군의 프랑스 학자들의 연구 프로그램에 대해 붙인 이름이다. Robert Fox, "The Rise and Fall of Laplacian Program," *Historical Studies in Physical Sciences* 4(1974): 89-136.

2장.
루소, 자연 상태에서 일반의지까지

오근창

서울대학교 철학과 조교수

1748년	몽테스키외, 『법의 정신』 출간
루소, 『학문과 예술에 관한 담론 (제1 담론)』 발표	1750년
1751년	디드로와 달랑베르, 『백과전서』 제1권 출간
루소, 『인간 불평등 기원론 (제2 담론)』 출간	1755년
1755년	리스본 대지진 발생
7년 전쟁 발발	1756년
1759년	볼테르, 『캉디드』 출간
애덤 스미스, 『도덕감정론』 출간
루소, 『신엘로이즈』 출간	1761년
1762년	루소, 『사회계약론』 출간
루이 16세, 프랑스 국왕 즉위	1774년
1776년	애덤 스미스, 『국부론』 출간
미국 독립 선언
칸트, 『순수이성비판』 출간	1781년
1789년	프랑스 대혁명 발발
마르크스, 『공산당 선언』 출간	1848년

1. 머리말

이 글은 세계 지성사, 특히 18세기 유럽을 대표하는 인물 중 하나로서 장자크 루소(Jean-Jacques Rousseau, 1712-1778)의 사상을 다루고자 한다. 루소는 볼테르(1694-1778) 등 계몽주의의 주역들과 논쟁하기도 하고 낭만주의 운동에 큰 영향을 미쳤다고 알려졌지만, 동시에 우리의 당면 관심사와 관련해서는 임마누엘 칸트(Immanuel Kant), 카를 마르크스(Karl Marx) 등으로 이어지는 광의의 계몽주의 전통하에 있다고 할 수 있다. 루소의 사상은 정치적으로는 이후 로베스피에르를 비롯한 프랑스 혁명기의 사람들에게도 큰 영향을 미치기도 했다고 알려져 있다. 그 밖에도『고독한 산책자의 몽상』이나『고백록』,『신엘로이즈』같은 자서전, 소설 등은 18세기 불문학의 고전으로 남아 있다.

1794년경에 그려진 작자 미상의 볼테르와 루소 그림

* 이미지 출처: 위키미디어 커먼스

　본격적인 논의에 앞서 그의 생애에 대해 잠시 살펴보자. 루소는 1712년 6월 28일, 스위스 제네바 공화국의 한 시민계급의 둘째 아들로 태어났다. 그의 어머니는 루소 출생 후 9일 만에 사망하였고, 유년기의 루소는 특유의 독서열로 여러 책을 읽어 나갔다. 1722년, 아버지가 리옹으로 이주하면서 외삼촌에게 보내진 루소는 곧 한 기숙학교에 보내지고 이후 방랑 생활을 하다가 바랑 부인을 만난다. 그녀에게서 이상적인 모성을 찾기도 한 루소는 이후 가정교사 생활, 악보 작성 일 등을 하며 지냈고, 파리에서 테레즈라는 하녀를 만나서 5명의 아이를 낳았으나 이들을 모두 고아원에 버리기도 한다. 이후 파리에서 디드로(1713-1784), 달랑베르(1717-1783) 등 백과사전파와 교류하면서, 디종 아카데미의 공고를 보고 1750년『학문과 예술에 대하여』같은 저작을 쓰면서 이후 자신의 남은 생애 동안 계속될 문명 비판론을 시작한다. 1753년에는 또한 '인간 사이의 불평등은 무엇이고 불평등이 자연법에 허용되는가?'라는 디종 아카데미의 현상 논문 공고를 보고 큰 영감을 얻어『인간 불평등 기원론』과 같은 기념비적 저작을 내놓는다. 이후 루소는 다시 조국 제네바에 돌아와 시민권을 획득하나, 은거 생활에 돌입하여 이후 당대 유럽에서 큰 상업적 성공을 거두었던『신엘로이즈』, 루소 저작 중 가장 포괄적이며 철학적인 저작인『에밀』, 근대 정치사회 이론의 고전인『사회계약론』등의 저술에 몰두한다. 1762년,『에밀』,『사회계약론』의 분서령과 루소 체포령 등이 내려지고, 스위스로 망명길에 오른 루소는 1765년부터『고백록』을 쓰기 시작하고 1766년에는 영국에 머물며 데이비드 흄(1711-1776)과 교류하기도 한다. 이후 1778년 7월 2일,『고독한 산책자의 몽상』을 쓰던 도중 루소는 사망한다. 그리고 그의 시신은 1794년 팡테옹으로 옮겨져 안장되었다.

자연과 문명, 이성과 감성, 개인과 사회 등의 문제를 다루는 루소의 사상은 독일 이상주의를 비롯한 후대의 사상에 있어 중요한 영감이 되었다. 그러나 문명과 이성을 비판하고 자연과 감성을 상찬함에도, 그의 대안은 단순히 개인성으로의 복귀나 사회와의 총체적인 동일시로 규정될 수 없다는 점도 특기할 만하다. 또한 그의 사상이 철학, 정치학, 문학, 음악 등 다양한 학문 분야에 영향을 미쳤다는 점을 감안한다면 이 짧은 글에서 그의 사상의 전모를 밝히는 작업은 불가능한 일일 것이다. 그렇기에 이 장에서 나는 루소의 사상이 그 이전 17세기의 토머스 홉스(Thomas Hobbes)와 존 로크(John Locke)의 사회계약론을 어떻게 계승하고 변용하는지, 그리하여 이후 18세기의 칸트 및 19세기의 칸트 이후 철학, 특히 마르크스 등의 비판적인 사회철학 전통으로 어떻게 연결되는지를 보여 주는 작업에 집중하고자 한다. 이를 위해 내가 주목하는 개념이 바로 자연 상태 개념이다. 그리고 루소가 보는 자연 상태의 문제에 대한 응답으로 고안된 것은 일반의지 개념인데, 아래에서는 이에 대해 차례로 살펴보기로 하겠다.

우선 자연 상태 개념을 적절히 이해하는 일은 이후 루소의 특유한 사회존재론을 이해하는 데 필수적이며, 아도르노에서 푸코에 이르는 현대 사회철학에서 루소주의를 계승하고자 하는 비판 이론이나 계보학적 철학의 흐름을 이해하는 데도 도움을 준다는 점에 주목할 필요가 있다. 자연 상태에서의 자유는 사회 상태에서 팽배한 부자유와 같은 사회병리를 비판할 수 있는 하나의 기준점을 제공해 주기 때문이다. 사회계약론으로 대표되는 근대 정치철학은 사회 상태로의 이행을 설명하기 위해, 우선 사회 상태 이전 상태로 상정되는 자연 상태가 무엇인지 설명해야 한다. 문제는 어떠한 과정을 거쳐서 현재의 사회 상태가 발생했는지 그 계보를 서술하는 것이자 왜 정치사회를 설립해야 할 필요성이 나타나는지를 보여 주는 것이다. 그런데 선대의 몇몇 철학자의 의견과 달리 루소가 보기에 자연 상태에서 사회 상태로의 이행은 전혀 자연스러운 과정이 아니었다. 이 점에서 내가 보기에 『인간 불평등 기원론』[1]의 중요한 요점 중 하나는 자연인과 사회인 사이에 놓인 간극을 보여 주는 것이다. 자연 상태와 사회 상태를 "분리시키는 거대한 공간"[2]을 보여 줌으로써, 그는 인간이 자연적으로 사회적 성향을 타고났다고 주장하는 아리스토텔레스, 그로티우스(Hugo Grotius), 로크 등의 입장을 논박하려고 시도한다.

　루소 이전의 이들 자연권 사상가는 자연 상태와 사회 상태를 구별하면서도, 동시에 양자의 차이를 '정도'상의 차이의 문제로 간주한다. 아래에서 더 자세히 살펴볼 것이지만 대표적으로 로크의 경우 인간이 모여서 사회를 이루려는 성향은 자연스러운 것이라고 보면서, 생명이나 재산과 같은 권리에 대한 존중이나 인정 역시 선천적이라고 본다. 자연권 사상가들의 입장에서 인간은 합리적 존재이고, 동물과 구별되는 특권적 피조물이며, 보편적 도덕을 알 수 있고 또한 준수할 수 있는 존재이다. 인간들은 사회계약 후에도 사회계약 이전과 마찬가지로 동일한 합리적이고 도덕적인 개인으로 남는다. 루소는 자연과 사회로의 이행이 자연스럽고 또한 필연적이라는 이들 자연권 사상가의 주장을 부정하고 양자 사이의 '본성'상의 차이를 그려 내고자 한다.

　이 점에서 루소가 보기에 근대 자연권 이론의 큰 결함은, 사회의 기초를 검토하려고 시도하면서도 자연 상태에서의 인간의 본성에 관한 연구에까지는 이르지 못했다는 것이다. 자연권 이론가들은 대개 이미 알려진 현재의 사회 상태를 자연 상태에 투사하는 방식으로 인간의 본성을 연구한다. 즉 이들이 "미개인(homme sauvage)에 대해 말한 것은 결국 문명인(homme civil)에 대한 묘사가 되고 말았던 것"3이다. 이처럼 순수한 자연 상태를 파악하기란 매우 어려운 일인데, 현재의 인간은 자연으로부터 부여받은 것과 사회 상태에서 후천적으로 획득한 인위적인 것이 섞여 있으므로 이 둘을 엄밀히 분간하기가 힘들기 때문이다. "인간의 영혼은 사회 속에서 끊임없이 되풀이되는 수많은 원인에 의해, 숱한 지식과 오류의 획득에 의해, 그리고 신체의 조직에 생긴 여러 가지 변화와 정념에 계속 가해진 충격으로 인해 애초의 모습이 변질되어 알아볼 수 없게 되었다."4 이 점에서 루소의 자연 상태 개념은 직접적인 실험과 관찰로부터 나온 것이라기보다는 "가설적이고 조건적인 추론"5에 근거한다. 자연 상태는 인간의 원초적 상태와 인위적, 사회적 상태를 분별하기 위해 도입된 것으로, 현존 사회의 기원을 밝히기 위한 방편으로 간주될 수 있다.

그렇다면 루소가 추정하는 자연 상태와 자연인은 어떤 존재인가? 그에 따르면, 순수 자연 상태에 있는 인간은 동물에 매우 가까운 존재로서, 사회적 관계 이전에 존재하는 홀로 있는 인간이다. 그는 식욕, 성욕과 같은 직접적인 욕구만을 가지고 행동하며, 이것은 쉽게 충족되어, 태초의 고독한 자연인은 안정적인 관계에 관심을 두지 않는다. 그는 타인들과 전쟁을 하거나 동맹을 맺거나 하는 등의 사회적 관계에 대한 필요성을 느끼지 않으며, 다만 생존에 요구되는 매우 적은 수의 정념과 지식만을 갖고 있다. 타인과의 만남은 일회적이고 우연적이므로 자연인은 일체의 사회적 관계를 맺지 않는 존재이며, 따라서 선과 악 같은 도덕적 개념이 적용될 수 없다는 의미에서 '도덕과 무관한(amoral)' 상태에 있다. 마찬가지 이유로 독립적인 자연인 사이의 관계는 결코 불평등하지 않다. 이처럼 원시적 자연 상태에서 인간들의 관계가 평등한 것으로 간주될 수 있다면 자연 상태에 대한 탐구는 불평등한 정치사회 비판을 위한 규준이 될 수도 있다. 이에 대해 더 보기 이전에, 다음 절에서는 먼저 루소의 자연 상태 개념의 전사를 살펴볼 필요가 있다. 이를 위해 먼저 또 다른 사회계약론자인 홉스와 로크의 자연 상태 개념을 개괄하고, 루소가 파악하는바 사회적 불평등의 기원에 대해서 논의한 후, 마지막으로 루소가 생각하는 사회 상태의 우연성에 대해 다루도록 하겠다.

2. 홉스, 로크, 루소의 자연 상태

　　루소의 자연 상태는 그 이전의 사회계약론자인 홉스나 로크가 생각한 자연 상태와 구별된다. 루소가 보기에 자연 상태가 전쟁 상태(홉스)이거나 또는 평화 상태(로크)라고 주장하는 것은 이미 어떤 안정적이고 지속적인 형태의 사회적 관계를 전제하고 있기 때문이다. 이들은 이미 사회 상태에서 획득한 어떤 지식을, 설명되어야 할 자연 상태에 투사하고 있는 셈이다. 자연 상태의 고독한 인간은 자신의 충동에만 따르며, 어떠한 권리도 의무도 알지 못한다. 아울러 이들은 사회를 구성하려는 아무런 선천적 욕망도 지니지 않는다.

샤를 모트
(1784-1836),
《에르메농빌의
루소 오두막》
(1810-1836)

＊이미지 출처: 위
키미디어 커먼스

루소가 보기에는 홉스와 로크 모두 사회적 관계 이전과 이후의 중대한 차이에 대해 생각하지 못함으로써, 사회가 어떻게 사회 이전의 것 또는 사회 아닌 것으로부터 '발생'되었는지에 대해서 근본적으로 탐구하지 못했다. 즉 이들은 사회 아닌 것에서 사회로의 이행을 탐구한 것이 아니라, 모종의 사회 상태에서 다른 사회 상태로의 이행만을 보고 말았던 것이다. 물론 그들은 나름대로 사회의 형성 이유를 정당화한다. 로크에게 사회는 이미 자연법에 의해 규제되지만, 종종 일어나는 자연법의 위반을 규제하고 그 '질서'를 수호하기 위해서 생겨난 것이고, 홉스에게 사회는 영속적인 전쟁 상태로부터 생존을 보장하기 위해서 요청되는 존재이다. 이하에서는 루소의 자연 상태를 홉스 및 로크의 자연 상태와 간략히 대조함으로써 그 독특성을 살펴보도록 하자.

우선 홉스의 자연 상태는 단적인 전쟁 상태이다. 홉스의 자연 상태에서 인간은 신체와 정신적인 면에 있어서 평등한 존재로 전제된다. 이러한 능력의 평등은 사람들의 희망과 욕망을 동등하게 만들며 곧 경정을 유발한다. 자연 상태에서 인간은 평등하지만, 바로 이 평등에서 불화, 공명심, 경쟁이 발생하고, 이로부터 전쟁 상태가 나타난다. 인간은 그들 모두를 두렵게 할 공통의 권력이 없는 상태에서는 '만인에 대한 만인의 전쟁'에 놓이게 된다는 것이 홉스의 요점이다. 이러한 자연 상태에서는 아무것도 부정하지 않다. 왜냐하면 공통되는 권력이 없는 곳에서는 법이 없으며, 법이 없는 곳에서는 정의나 불의, 소유와 지배의 권리 같은 것은 성립하지 않기 때문이다. 바로 이러한 인간의 본성적 악함과 죽음에 대한 공포, 자기 보존에 대한 욕구 때문에 자연 상태는 극히 불안정한 상태가 된다. 한 유명한 구절에서 홉스가 말하듯이 "끊임없는 공포와 생사의 갈림길에서 인간의 삶은 고독하고, 가난하고, 험악하며, 잔인하고 짧다."[6] 이에 홉스는 구성원들의 생명 유지와 평화를 위해서 국가를 요청한다. 전쟁 상태인 자연 상태는 강력한 힘을 가진 절대군주에게 인간의 천부인권 전부를 양도하는 것으로 종결된다. 신민들은 이후 주권자의 법과 명령에 절대적으로 복종함으로써만 평화와 안전을 보장받는다.

그러나 루소가 보기에 홉스는 현재 인간의 모습, 즉 사회 상태를 자연 상태에 투영하면서 양자를 혼동하고 있다. 자연인은 선악 개념 이전에 존재하기 때문에 악할 수 없기 때문이다. "이런 상태에 있는 인간들은 서로 간에 도덕적인 관계도, 분명한 의무도 갖고 있지 않아서 선할 수도, 악할 수도 없었으며, 악덕도 덕성도 갖고 있지 않은 것으로 나타난다."[7] 그러나 홉스는 자연인의 자기 보존 노력에다가 "그 자체가 사회의 산물이며 법의 제정을 필연적인 것으로 만든 수많은 정념을 만족시키고 싶다는 욕구"[8]를 사후적으로 삽입함으로써 오류를 범한다. 사회 성립 이후에야 가능할 권력 투쟁을 자연 상태의 인간 본성에 투사함으로써, 그는 이기적인 인간들의 갈등이 반드시 전쟁 상태에 빠지게 되어 지배자들 없이는 지낼 수 없다는 식의 잘못된 추론을 하게 되는 것이다. 게다가 홉스는 인간의 근본적인 정념인 자기 보존의 욕구를 절대시하는 오류를 범했다고 판단되는데, 곧 조금 후에 살펴볼 루소의 표현으로는 자기애(amour de soi)를 자기편애(amour propre)와 혼동하고, 또한 자연인이 자기애 외에도 동정심을 지님을 간과했다고 할 수 있다.

루소의 자연 상태는 또한 로크의 자연 상태와도 구별된다. 로크의 자연 상태는 홉스의 무법 상태로서 자연 상태와 달리 자연법과 자연권이 존재하는 상태이다. 개인들은 자연법의 경계 내에서 자신의 행동을 규율하고 소유물과 인신(person)을 처분할 수 있는 완전한 자유의 상태에 있다.[9] 이러한 자유의 상태는 또한 평등의 상태이기도 한데, 자연 상태에서 권력은 호혜적이고 동등하여 개인들 사이의 복종이나 예속 관계가 없기 때문이다. 로크는 홉스식의 무정부 상태나 전쟁 상태로서 자연 상태를 거부하고, 자연 상태에는 이를 지배하는 자연법(law of nature)이 존재하며 이 법이 모든 사람을 구속한다고 주장한다. 그리고 로크에 따르면 이성은 모든 인류에게 타인의 생명, 건강, 자유나 소유물에 대해서 해를 끼쳐서는 안 된다는 것을 알려 준다.[10] 바로 이러한 이성과 자연법 덕택에, 자연 상태의 인간들은 그들의 분쟁을 해결할 공통의 권위가 없는 상황에서도 평화롭고 호혜적인 관계를 유지할 수 있다.[11] 모든 인간은 이와 같은 자연 상태에 있었으며, 그들 각자 자신의 동의로 일정한 정치체(body politic)를 구성하기 될 때에야 비로소 자연 상태가 종료된다. 로크에게 자연법은 국가에 의해 제정된 실정법의 존재론적 근거로서, 시민들이 사회계약에 의해 성립된 정부에 복종하도록 구속하는 역할을 한다.

또한 로크에게서 생명, 자유, 재산에 대한 소유권은 본래적으로 타고난 것으로 전제된다. 이중 로크가『통치론』에서 상당한 분량을 할애하여 보여 준 것은 소유권이 사회계약에서 갖는 중요성이다. 소유권은 시민사회 이전에 선행하는 자연권으로서, 정부의 가장 크고 주요한 목적은 재산을 보전하는 것이다.[12] 소유권은 정부의 수립에 앞서며 인간의 가장 중요한 권리 중 하나이기 때문에 정부에 의해서 결코 박탈될 수 없고 다만 보호되어야 한다. 로크는 소유권을 정당화하기 위해 일종의 노동가치설을 개진하는데, 이에 따르면 인간은 조물주가 준 자연에 노동을 혼합함으로써 그것을 자신의 소유로 삼을 수 있다. "모든 사람은 자신의 인신에 대해서는 소유권을 가지고 있다. 이것에 관해서는 그 사람 자신을 제외한 어느 누구도 권리를 가지고 있지 않다. 그의 신체 노동과 손의 작업은 당연히 그의 것이라고 말할 수 있다. 그렇다면 그가 자연이 제공하고 그 안에 놓아둔 것을 그 상태에서 꺼내어 거기에 자신의 노동을 섞고 무언가 그 자신의 것을 보태면, 그럼으로써 그것은 그의 소유가 된다."[13] 인간은 스스로 생명을 보존할 권리가 있고, 인간의 노동력는 자기 자신의 것이라는 두 전제로부터 노동을 통해 획득된 소유가 정당화된다. 그렇다면 인간은 그가 원하는 만큼 많은 양을 독점해도 괜찮다는 것인가? 그러나 로크는 이러한 소유권이 제한적이라고 본다. 소유권을 부여하는 자연법이 또한 그 소유권을 제한하기 때문이다. 즉 인간은 스스로 사용할 수 있고 향유할 수 있는 한에서만 소유권을 지닌다. 이것이 흔히 로크적 단서(Lockean proviso)라고 알려진 개념이다.

그런데 자연 상태가 로크가 설명하는 바와 같을 때, 루소의 입장에서는 과연 사회계약이 어떤 의미에서 필요하게 되는지에 대해 의문을 제기할 수 있다. 즉 애초에 이성이 만인에게 보편적인 것이고, 자연법이라는 것이 자연 상태에서도 작용한다면, 사람들이 자연 상태를 벗어나 사회 상태로 굳이 진입해야만 할 이유는 무엇인가? 로크의 자연 상태는 한편으로는 홉스적 전쟁 상태와 구별되지만, 다른 한편으로 그 역시 자연 상태가 전쟁 상태와도 같아 사회 상태로 대체되어야 한다고 주장한다는 점에서 일관적이지 않다. 로크가 가정하듯이 인간이 자연 상태에서나 사회 상태에서나 이성적이고 사회적인 존재로 전제된다면, 구태여 이들이 협약을 통해 공동체를 구성하고 사회 상태로 이행해야 할 필요성 역시 의문스러운 것이 된다.

또한 루소에게 소유권은 로크가 가정하듯이 인간에게 본래적 권리가 아니며, 사회 제도에 의해서만 설립되고 보장되는 인위적이고 사회적인 권리이다.[14] 오히려 루소에 따르면 소유권의 확립과 고정은 인간 불평등 기원의 으뜸에 있는 것이자 자연으로부터의 타락의 상징이다. 이러한 까닭에 루소가 보기에는 로크 역시 인간의 사회적 특성과 자연적 특성을 혼동하고 있다.

요컨대, 루소가 홉스나 로크에게 가하는 주된 비판의 전략은 로크나 홉스가 자연 상태라고 생각했던 것이 실상 순수 자연 상태가 아니라 이미 철학자들의 편견이 투사된 어떤 종류의 사회 상태임을 보이는 것이다. 이럴 경우 관건은 사회 상태에 의해 오염되지 않은 근본적인 자연 상태를 파악하는 데 있다. 루소는 자연 상태의 단계를 세분하여 순수 자연 상태, 원시사회 상태(제2의 자연 상태), 부당한 정치사회(『인간 불평등 기원론』에서 비판되는 새로운 자연 상태) 등으로 구분하고 이를 정당한 사회 상태(『사회계약론』)로부터 분리한다.

3. 사회적 불평등의 기원

아르망 고티에 (1850-1926), 《몽모랑시의 은거지》(1813 이후)

* 이미지 출처: 위 키미디어 커먼스

홉스나 로크가 자연인을 생명이나 소유권 등을 수호하고자 사회계약을 이루려는 이성적이고 타산적인 존재로 그렸다면, 루소에게 '순수 자연 상태' 에서의 인간은 이성적인 존재이기에 앞서 우선 감성적이고 정념적인 존재이 다. 루소가 보기에 이성의 작용에 앞선 인간 영혼이 갖는 두 가지 기본 정념 은 자기애와 동정심이다. 자기애(amour de soi)는 인간이 가진 가장 기본적이 고 자연적인 감정으로서 자기 보존에 주의를 기울이는 것이다.[15] 그리고 자기 애와 함께 자연 상태의 인간 본성을 특징짓는 것은 바로 동정심(pitié)이다. 동 정심은 인간에게 매우 보편적이고 자연스러운 미덕으로서 "모든 반성의 사 용에 앞서는 것"[16]으로 제시된다. 인간은 동료 인간의 고통을 혐오하는 선천 적 감정을 가지며, 이는 "각 개체에서 자기애의 작용을 완화하면서 종 전체의 상호적 보존에 기여"[17]한다. 동정심은 인간과 동물이 공유하는 속성이기도 한 데, 고통을 목격하는 동물이 고통을 받는 동물과 자신을 동일시하는 감정으

로서, 자연 상태에서 법과 풍속을 대신한다.[18]

　　그런데 공동체를 이루게 되면서 나타나는 원시사회 상태, 즉 '제2의 자연 상태'에서 자연인의 타고난 정념적 구조는 변화를 겪는다. 기본적인 정념인 자기애와 동정심이 아닌 새로운 정념의 자각은 인간이 동물적인 자연 상태로부터 멀어지는 데 중요한 단계를 이룬다. 자연 상태와 달리 사회 상태에서 인간은 타인의 존재와 그들의 시선을 인식하게 되고, 타인에게 인정받는 일과 존경에 특별한 가치를 부여하여 이로부터 허영심과 경멸, 수치심과 부러움 등이 파생된다. 따라서 미개인은 자기 자신 속에서(en lui-même) 살고 있으나, 사회인은 언제나 자기 밖에(hors de lui) 존재하며 타인의 의견 속에서만 살아가게 된다. 즉 자신의 "고유한 실존의 느낌"을 자신의 것이 아닌 타인의 판단에서 이끌어 낸다.[19] 이에 자연 상태에서는 일치했던 "존재(être)와 외관(paraître)은 서로 완전히 다른 것이 되었다."[20] 이와 더불어 순전히 자기 보존의 충동이었던 자기애는 자기편애(amour propre)로 변모한다. 자기편애는 기본적인 정념인 자기애와 달리 사회 상태에서 획득되는 상대적이고 인위적인 감정으로서 타인과의 관계에서 자신을 살피며, 타인을 미워하고 자신에 대해 불만을 갖게 한다.

　　그러나 무엇보다도 사람들 사이의 근본적인 불평등은 허영심이나 자기편애와 같은 부자연스럽고 인위적인 정념으로 인한 갈등, 일종의 정서적 불평등에만 있는 것이 아니다. 정서적인 부분뿐만 아니라 제도와 역사의 진전 속에서 경제적 불평등이 본격적으로 나타나기 때문이다. 즉 사유재산을 인정하고 보호하는 입법과 소유권의 성립이 제도적 불평등을 강화하고 심화시켰다. 이 점에서 루소의 주장은 소유권의 보호가 정부의 주요 목적이라고 보는 로크의 사회계약론과 구별되는데, 다음의 인용문은 이를 통렬하게 지적한다.

　　어떤 땅에 울타리를 두르고 "이 땅은 내 것이다"라고 말하리라 생각하고 다른 사람들이 그런 말을 믿을 만큼 단순하다는 사실을 발견한 최초의 인간이 문명사회의 실질적인 창시자이다. 말뚝을 뽑아 버리고 토지의 경계로 파 놓은 도랑을 메우면서 동류의 인간들을 향해 "저런 사기꾼의 말을 듣지 마시오. 과일은 모두의 소유이고 땅은 그 누구의 소유도 아니라는 사실을 잊는다면 당신들은 파멸할 것이오"라고 외친 사람기 있었다면, 그는 얼마나 많은 죄악과 싸움과 살인, 얼마나 많은 비참과 공포에서 인류를 구제해 주었을 것인가? 그러나 이미 그 무렵에 사태는 더 이상 이전의 모습을 유지할 수 없는 지경에 이르렀을 가능성이 크다. 왜냐하면 이러한 소유 관념은 순차적으로 발생한 그 이전의 많은 관념에 의존하는 것으로, 인간의 정신 속에 한순간 갑자기 형성된 것이 아니기 때문이다.[21]

여기서 특히 강조되어야 할 것은 사회적 불평등의 기원에 있어서 소유 제도의 설립이 갖는 결정적인 역할이다. "아무것도 소유하지 않은 사람들 사이에 어떤 종속의 쇠사슬이 있을 수 있겠는가?"[22] 소유권 및 사유재산의 축적과 더불어 지주나 고용주에 예속된 노동, 노예 제도 등이 뒤따른다. 야금술과 농업의 발견, 노동과 토지의 점유 등이 활발해짐과 더불어 빈부격차는 심화되고 원시사회는 전쟁 상태로 변화한다. 자기편애는 소유와 결합하여 "재산을 늘려 남보다 우위에 서려는 열망"을 일으키고, 가장 강한 자가 "그의 힘이나 욕구를 타인의 재산에 대한 일종의 권리로 생각함에 따라 평등은 깨어지고 뒤이어 가장 끔찍한 무질서"[23]가 초래된다.

루소는 법률의 기원이 전쟁 상태에서 유산자들이 자신의 손실을 막고 재산을 보호하기 위해서 만들어 낸 것이라고 주장한다. 빈부격차의 심화와 더불어 부자는 빈자를 예속시킬 생존 수단을 소유하고, 이제 빈자에 대해 지배력을 행사하려 한다. 부자는 더욱 많은 재산을 원하게 되고, 더 많은 인간을 예속시키길 원하게 된다. 전쟁 상태에서 불안을 느끼는 자들은 더 이상 잃을 것이 없는 빈자들이 아니라 오히려 자기 재산의 안전 여부에 얽매이는 부자들로, 이들은 자신들의 이익을 보호하기 위해 사회계약을 제안하게 된다. 소유권에 대한 위협과 빈번한 폭력의 상황에서 법과 치안 질서의 설립을 통해 소유권을 보호하려는 것이다. 이에 따르면 부자들의 논리에 현혹된 인민들은 자유를 가질 수 있다는 믿음을 가지고 자발적으로 법의 속박을 희망하게 된다. "누구나 자신의 자유를 확보할 심산으로 자신의 쇠사슬을 향해 달려"[24] 나가게 되는 것이다.

하지만 이러한 부당한 사회계약의 실상은, 『정치경제론』의 적나라한 표현을 빌리자면 다음과 같은 것이다. "당신은 내가 필요하다. 왜냐하면 나는 부유하고, 당신은 빈곤하니까. 그러니까 우리끼리 합의를 보자. 곧 내가 당신에게 명령하는 수고의 대가로 당신에게 남아 있는 얼마 안 되는 것이나마 내게 준다면 나는 당신이 나를 섬길 영예를 허락하겠다."[25] 결국 이러한 선동에 의해 성립된 현재의 시민사회는 부자들의 이익을 위해 사기와 기만으로 구성된 사회이며 인간 불평등의 영속화를 초래한다는 점에서 문제적이다. 이제 법률은 약자에게는 새로운 구속을, 강자에게는 새로운 힘을 부여함으로써 자연적 자유는 파괴되고, 소유와 불평등의 법률은 인류를 소수의 세력가를 위한 노동과 예속, 비참에 복종시킨다.

불평등의 심화와 더불어 최악을 맞게 되는 사회 상태는 불평등의 마지막 종점인 "새로운 자연 상태"[26]이다. 여기서는 모든 개인이 다시 평등해지지만, 이는 단지 주인의 의지 외에는 아무런 법도 존재하지 않는 홉스적인 전쟁 상태, 모든 일이 최강자의 법률로 환원되는 그러한 상태이다. 물론 이 단계의 인간들은 다시 원시림을 떠돌아다니던 고독한 자연 상태로 다시 돌아갈 수 없다. 따라서 루소는 자연 상태에서 누릴 수 있는 자연적 자유를 포기하고 새로운 정치 공동체를 구성할 것을 제안한다. 원시적 조건의 변화와 위기 속에서, 인간 종족은 다만 그 자신의 존재 방식, 힘의 배치를 바꿀 수밖에 없기 때문이다. 루소는 사회계약을 통한 일반의지의 구성이 우리에게 남은 유력한 대안이라고 주장한다.

4. 일반의지와 루소의 철학사적 맥락: 칸트와 마르크스

앞에서 살펴본 것처럼 자연 상태에 의해 제기되는 문제는 사회 상태라는 해결을 요구한다. 홉스에게 정의란 단지 법에 복종하는 것이며, 법은 곧 주권자의 의지나 명령이다. 그러나 루소에게 참된 자유는 무엇보다도 '스스로' 세운 법에 복종하는 도덕적 자유에서 존립하는 것이다. 자연 상태를 극복하고 정당하고 규범적인 정치 공동체를 구성하기 위해서는 해당 공동체가 다름 아닌 인민들의 자유의지에 따라 구성되어야만 한다. 이상적인 정치체에서 핵심은 각자가 모두와 관계를 맺음으로써, 자연 상태처럼 사회 상태에서도 자유로워야 한다는 요구이다. 이에 루소는 사회계약이 해결해야 할 문제 상황을 다음과 같이 정식화한다.

원시 상태는 더 이상 존속할 수 없게 되고 인류는 그의 존재 양식을 바꾸지 않으면 멸망하고 말 것이다. 그런데 인간은 새로운 힘을 만들어 낼 수는 없고 단지 기존의 힘을 통합하여 새로운 방향으로 운영할 수밖에 없으므로, 인간이 생존하기 위해서는 단결하여 그러한 저항을 이겨 낼 힘의 합계(somme)를 이루며 그것을 단 하나의 동기로써 가동시키고 합심해서 행동하게 하는 것 외에 다른 방법이 없는 것이다. 이 힘의 합계는 다수의 협력에서만 생겨날 수 있다. 그러나 개인 각자의 힘과 자유는 자신의 보존을 위한 기본적인 수단인데, 어떻게 해야 각자는 자기 자신을 해치지 않고 또 자신을 돌볼 의무에 소홀함이 없이 그것들을 사용할 수 있겠는가? 이 난제는 나의 주제에 귀착시켜 보면 다음과 같이 표현될 수 있다. 모든 공공의 힘으로부터 각 구성원의 신체와 재산을 방어하고 보호해 주는 한 연합의 형태, 그리고 이것에 의해 각 개인은 전체와 결합하되 자기 자신에게만 복종하고 이전과 마찬가지로 자유로울 수 있는 그런 연합의 형태를 발견할 것.

이것이 곧 사회계약이 그 답을 주어야 할 근본 문제이다.[27]

문제는 단순히 생존의 확보가 아니라, '자유'를 확보할 수 있는 정치적 연합 형태를 찾아야 한다는 것이다. 계약 "이전과 마찬가지로 자유로울 수 있는 그런 연합의 형태를 발견"해야 한다는 루소의 논의는 다중의 분산으로부터 인민의 통일성으로의 이행 그리고 인민들에 대해 우월한 권위를 설립함으로써 자연 상태를 종식시켜야 할 필요성이라는 홉스의 문제의식을 계승한다. 그런데 루소는 사회계약의 조항들이 단 하나의 조항으로 환원된다고 본다.

자연 상태에서 시민 상태로의 이행은, 인간의 행위에 있어서 본능에 정의를 대치시키고 인간의 행동에 과거에는 없었던 도덕성을 부여함으로써, 인간 안에 매우 주목할 만한 변화를 일으킨다. 의무의 소리가 육체적 충동의 뒤를 잇고 법(droit)이 욕망을 대신함으로써 그때까지는 자기 자신만을 생각하던 사람도 과거와는 다른 원리에 따라 행위하고, 자신의 경향성(penchant)에 귀 기울이기 전에 자신의 이성과 의논해야 한다는 것을 깨닫는다. 비록 이 상태에서 그가 자연으로부터 얻은 여러 가지 이점을 상실한다 해도 그는 큰 이점을 새로 얻는다. 그의 능력은 단련되고 발달되며, 그의 생각은 확장되고, 그의 감정은 고상해지며 또 그의 영혼 전체는 크게 고양된다. ⋯ 요약해 보자. 인간이 사회계약으로 상실하는 것은 그의 자연적 자유(liberté naturelle)와 그가 마음이 끌리면 언제나 취할 수 있는 모든 것에 대한 무제한의 권리이다. 그가 얻는 것은 시민적 자유(liberté civile)와 그가 가진 모든 것에 대한 소유권(propriété)이다. 이런 득실의 대조에 있어 오류가 없어지려면, 개인의 힘 외에는 제한이 없는 자연적 자유와 일반의지에 의해 제한된 시민적 자유를 올바르게 분별해야 한다. 이상에서 말한 것 외에도 사회 상태에서 얻는 것으로는, 오직 그것에 의해서만 인간이 자신의 참된 주인이 될 수 있는 도덕적 자유(liberté morale)를 추가할 수 있다. 왜냐하면 단순히 욕구의 충동만을 따르는 것은 노예이며 스스로 부과한 법에 복종하는 것은 자유이기 때문이다.[28]

일반의지는 사회계약의 산물이며 정기적인 인민집회에서 확인될 수 있다. 이 점에 대해서 루소는 다음과 같이 언급한다.

일반의지는 언제나 올바르고 항상 공적 유용성(l'utilité publique)을 도모한다는 결론이 얻어진다. 그러나 인민의 의결이 항상 동일한 공정성을 가진다는 결론은 나오지 않는다. 사람은 항상 자기의 선(bien)을 바라지만 무엇이 자기의 선인가를 늘 알고 있지는 않다. 인민은 결코 부패하지는 않지만 때로는 속을 수도 있다. 인민이 나쁜 일을 바라는 것처럼 보이는 것은 그러한 경우뿐이다. 전체의지(volonté de tous)와 일반의지(volonté générale) 사이에는 자주 상당한 차이가 있다. 후자는 오로지 공동 이익(intérêt commun)만을 생각하는 반면 전자는 사적 이익을 염두에 두며 특수의지들(volontés particulieres)의 합계일 뿐이다. 그러나 이러한 특수의지들 중에서 서로 파괴하는 지나친 것과 부족한 것을 제거해 버리면, 차이들의 합계로서 일반의지가 남는다(mais ôtez de ces mêmes volontés les plus et les moins qui s'entre détruisent, reste pour somme des différences la volonté générale). 인민이 충분한 정보를 가지고 심의할 때(suffisamment informé délibére) 시민 상호 간에 어떤 소통(communication)도 없는 경우에는, 언제나 많은 수의 사소한 차이들이 모여 일반의지가 얻어질 것이고, 그 심의는 항상 좋은 것이 될 것이다. 그러나 당파나 부분적 연합들이 전체를 희생시켜 만들어질 때 이러한 각 연합의 의지는 자신의 구성원에 대해서는 일반적인 것이 되지만 국가에 대해서는 특수한 것이 된다. 이 경우 사람들과 같은 수의 투표자가 있는 것이 아니라, 연합의 수와 같아진다고 말할 수 있다. 차이의 수는 더 적어지고, 덜 일반적인 결과를 낳는다. … 그러므로 일반의지가 잘 표명되기 위해서는 국가 안에 부분적 사회(société partielle)가 없어야 하고 또 시민(Citoyen) 각자가 오직 자신의 의견만을 말하는 것이 중요하다. 이것이 곧 위대한 리쿠르고스 (Lykurgos)의 독특하고 숭고한 제도였다. 만약 부분적 사회가 존재한다면, 솔론이나 누마, 세르비우스가 한 것처럼 그 수를 늘려서 그 불평등을 방지하지 않으면 안 된다. 이와 같은 주의만이 일반의지를 언제나 분명하게 (éclairée) 하고 인민이 스스로 속지 않도록 막는 유일한 것이다.[29]

일반의지 문제에 대한 본격적인 논의는 필자가 다른 곳에서 한 적이 있기에,[30] 여기서는 루소의 철학이 속한 독특한 철학사적 맥락에 대해 언급하고자 한다. 철학사적으로 볼 때 루소는 그의 플라톤주의 때문에 '근대의 고대인'이라고 불리기도 했다. 루소는 홉스를 따라서 근대 물리학에 기초하여 정치 이론을 재구상했지만, 홉스와 달리 고대적인 폴리스 개념을 재확립하고자 했다. 마치 한나 아렌트 같은 사상가가 고대의 공화주의 전통에 준거함으로써 현대의 조건하에서 정치의 재활성화라는 과제를 제기한 것처럼, 루소 역시 공적인 삶에 능동적으로 참여하는 것을 의미하는 고대적 자유, 적극적 자유를 강조했다. 근대의 고대인으로서 루소는 스파르타와 고대 로마의 본을 따라 근대의 자발주의(voluntarism)와 고대적 정치체가 가졌던 일반성, 통일성, 응집성을 결합하려 한다. 요컨대 일반의지는 일종의 긴장을 품고 있는 개념으로서 고대의 일반성, 즉 통일성, 공통성과 같은 요소와 근대의 자발적인 의지, 곧 동의, 계약 같은 요소를 결합하려는 시도로도 요약될 수 있다. 또한 루소의 유토피아는 역사적으로는 스파르타와 같은 고대의 소규모 공동체에 있으며, 이것이 루소가 보기에 퇴락한 당대의 사회 비판을 위한 모델로 쓰이기도 했다. 애국심에 대한 강조 역시 주목할 만한데, 루소에 따르면 고대의 입법자들은 종교의식, 놀이, 극장 등 여러 방식을 통해 시민 간의 유대를 강화했으며, 이 점은 사회계약론의 가장 긴 장이자 마지막 장인 '시민 종교' 등에도 반영되어 있다. 이는 적절한 애국심을 가질 수 있을 때 편협한 자기 이익을 넘어서 공공선을 욕망할 수 있게 되기 때문으로, 루소의 공화주의적인 덕의 소국가 모델은 고대 폴리스의 이상에 근거하고 있다.

다시 루소의 18세기로 돌아오면, 말년의 문학적인 저작들과 자연 옹호, 감성과 정념의 재발견, 사회와 단절된 단독적 자아의 진정성 등의 주제로 인해 낭만주의자로도 알려진 루소가 처한 계몽주의라는 18세기 유럽의 지적 운동의 맥락에 주목할 필요가 있다. 계몽주의는 무엇보다도 칸트가 말하듯이 이성의 자율적인 사용의 정신으로 정의된다고 할 수 있다. 미성숙의 상태에서 벗어나 자신의 이성을 사용할 용기를 갖는 것, 그리고 이를 바탕으로 진보에 대한 신념을 갖는 것이 바로 계몽주의 정신의 요체라고 할 수 있다. 이 점에서 계몽주의는 17세기 이후 데카르트, 뉴턴, 홉스, 로크 등이 처해 있는 광의의 이성주의의 정신 속에 있다고 할 수 있고, 루소 역시 이 점을 일정 부분 따르고 있다.

이 점에서 루소의 가장 직접적인 철학적 후계자 중 하나는 임마누엘 칸트라고 할 수 있다. 칸트의 루소에 대한 높은 평가는 잘 알려져 있는데, 그는 루소가 도덕철학에서 뉴턴과도 같다고 평한 바 있다. "뉴턴은 위대한 단순성에의 조합에서 질서와 규칙성을 구별한 사람이었다. 그 이전에 사람들은 그것에서 단지 무질서와 잘 배열되지 못한 다수성만을 보았을 뿐이었다. 뉴턴 이래로 혜성은 기하학적 궤도를 따르게 되었다. 루소는 관습적인 인간적 형상의 다양성 아래에서 깊이 숨겨진 인간 본성과 자신의 관찰에 의해 정당화된 섭리에 일치하는 숨겨진 법칙을 발견했던 최초의 사람이었다."[31] 자율성 개념의 철학사적 연원과 관련하여 주목할 것은 칸트가 1765년에 쓴 다음의 글이다. "나는 본래 탐구자다. 나는 인식에 대한 전적인 갈망과 거기서 건진하고자 하는 탐욕스러운 조바심을 느끼며, 또한 매번의 획득에서 만족을 느낀다. 한때 나는 이것만이 인류의 영예를 구성한다고 믿은 나머지 아무것도 모르는 저속한 사람들을 경멸했다. 그러나 루소가 나에게 올바른 길을 일러 주었다. 내가 지니고 있던 맹목적인 편견이 사라지게 되었다. 나는 인간을 존중하는 것을 배웠다."**32** 칸트가 존중의 대상으로서 말하는 인간성이란 단순한 목적 수립 능력 일반도, 선의지도 아니며, 도덕적인 능력으로서 자율성이다. 이 점이 바로 칸트가 1765년에 겪은 전회의 핵심으로, 이는 루소로부터 이어받은 자율성의 정의를 환기한다. 루소는 『사회계약론』 1부 8장에서 인간을 인간답게 하는 성질로서 도덕적 자유를 제시한다. "오직 그것에 의해서만 인간이 자신의 참된 주인이 될 수 있는 도덕적 자유(liberté morale)… 왜냐하면 단순히 욕구의 충동만을 따르는 것은 노예이며 스스로 부과한 법에 복종하는 것은 자유이기 때문이다."**33**

루소에게 정당한 정치적 의무와 정치적 권위는 바로 도덕적 존재의 자유롭게 의지하는 능력에서 비롯한 것으로 "시민적 연합은 세상에서 가장 자발적인 행위"**34**인 것이다. 거듭 보았던 것처럼 루소가 말하는 도덕적 자유란 스스로 법을 만들고 그 법에 복종하는 자율성을 의미한다. 이 점에서 루소의 자율성 개념은 칸트의 실천이성 개념을 예비하는 것으로서, 루소와 칸트 모두에게 자유는 한갓 수단이 아닌 그 자체로 가치를 갖는 목적으로 간주되었다는 점을 알 수 있다. 루소와 마찬가지로 칸트 역시 자연적 인과법칙에 지배되는 현상에서와는 달리 실천적인 이성 자신의 법칙 수립을 통한 자유의 적극적인 기능을 긍정하고 있다.**35** 칸트에게서 의지의 자유는 적극적인 의미에서의 자율이다. 루소는 칸트와 마찬가지로, 자연 세계의 인과성과 구별되는 자유로운 행위에서 비롯하는 인과성의 중요성을 인정한다. 루소가 자연적 자유와 도덕적 자유를 구별한 것 역시 칸트가 이해관심(interest)이나 동정심 같은 순수하지 못한 병리적 경향성과 순수·실천이성을 구별한 것에 상응한다고 볼 수 있다.

칸트가 도덕철학에서 최고의 원칙 중 하나로 꼽는 인간성에 대한 존중은 정언명법의 한 형태로서 소위 인간성 정식에서 찾아볼 수 있다. 이에 따르면, "네 인격 안의 인간성(Menschheit)뿐 아니라 모든 사람의 인격 안의 인간성까지 결코 단지 수단으로만 사용하지 말고, 언제나 동시에 목적으로도 사용하도록 그렇게 행위하라"[36]는 것이다. 보다 중요하게는, 정언명령의 또 다른 표현인 보편법 정식 역시 루소의 일반의지 개념의 영향하에서 고안된 것으로 간주될 수 있다. 전격적 양도 개념은 칸트 윤리학의 정언명법('네 의지의 준칙이 언제나 동시에 보편적 입법의 원리가 되는 것을 의욕하도록 행위하라')에도 함축되어 있는데, 양자 모두에서 이러한 단순화는 특수 사정에 대한 지식 및 임의적인 우연성을 배제함으로써 공정하고 평등한 관계를 가능하게 한다.

루소와 칸트 사이의 이런 사상적 연속성을 고려하면, 현대의 칸트주의자 존 롤스의 정치철학에서도 루소의 일반의지 개념의 흔적이 쉽게 식별될 수 있다는 점은 별로 놀랍지 않다. 칸트에 따르면 "자율성은 인간과 모든 이성적 존재의 존엄성의 근거"[37]이고, "의지의 자율성이란 의지가 그 자신에게 (의욕의 대상들의 모든 성질로부터 독립적으로) 법칙인 그런 의지의 성질"[38]인데, 존엄성, 자율성, 의지 등에 대한 논의에서 칸트는 루소를 많은 부분에서 따르는 것으로 보인다. 칸트에 대한 루소의 영향은 『실천이성비판』의 변증론 같은 곳을 보더라도 잘 드러난다. 이에 따르면 우리가 객관적 목적일 수 있는 것의 바탕에는 자율성이 있다. "목적들의 순서에 있어서 인간은 (그와 함께 모든 이성적 존재자는) 목적 그 자체라는 것, … 그러므로 우리 인격의 인간성은 우리 자신에게 신성하지 않을 수 없다는 것, 이것은 이제 당연한 결론이다. 왜냐하면, 인간은 도덕법칙의 주체요, 그러니까 그 자체로 신성한 것의 주체이며… 이 도덕법칙이 자유의지인 인간 의지의 자율에 기초해 있고, 자유의지는 인간의 보편적 법칙들에 따라 반드시 그가 복종해야만 할 것과 동시에 일치할 수 있어야만 하기 때문이다."[39]

19세기 유럽 사상에서 루소의 영향사를 언급할 때 제외할 수 없는 것은 또한 마르크스이다. 앞서 루소가 기본적으로 계몽주의의 정신을 따르고 있다고 할 때, 당대의 군주제나 기독교, 미신 등 각종의 특권과 지배를 극복하고자 하고 궁극적으로 보편적인 인간해방을 성취하고자 하는 계몽주의의 기본 정신은 루소와 마르크스 모두가 공유하는 것이다. 대표적으로 『사회계약론』

1장의 첫 문장, 아마도 이 책에서 가장 유명한 구절에서 루소는 "인간은 본래 자유인으로 태어났다. 그런데 그는 도처에서 쇠사슬에 묶여 있다"[40]라고 말한다. 이는 훗날 마르크스의 가차 없는 비판 정신을 예견하는 것으로서 『공산주의당 선언』에서의 "프롤레타리아들은 공산주의 혁명 속에서 족쇄 이외에 아무것도 잃을 것이 없다. 그들에게는 얻어야 할 세계가 있다"[41]와 같은 구절을 즉각 떠올리게 한다. 또한 마르크스와 마찬가지로 루소는 법이 갖는 형식적, 추상적 평등만으로는 개인의 자유를 보장하기에 충분하지 않다고 본다. "법은 실제로 항상 가진 자에게는 유익하고 가지지 못한 자에게는 해롭다. 이로부터 사회 상태가 인간에게 유익한 것은, 이들 모두가 무엇인가를 소유하고 또 그중 누구도 지나치게 많이 소유하지 않는 한에 있어서이다."[42] 이는 권력과 부가 모든 이에게 절대적으로 균등해야 한다는 것이 아니라, 부의 분배에 있어서 어떤 시민도 다른 시민을 매수할 수 있을 만큼 풍족하거나 자신을 팔아야 할 정도로 가난해서는 안 된다는 뜻이다. 마르크스의 역사유물론은 사회의 진정한 토대로서 생산양식의 변화에 대해 논의했으며, 상부구조에 속하는 정치, 법, 도덕, 이데올로기의 문제는 토대와 연관해서만 온전히 사고될 수 있다고 보았다. 그런데 아직 역사유물론과 같은 정교한 개념적 구상은 루소에게 없을지 몰라도, 시민적 권리들의 동등한 분배라는 정치적 평등의 문제만큼이나 실질적인 인신적 독립과 자유를 확보하기 위한 사회경제적 평등의 문제 역시 중요했다는 점을 주목할 필요가 있다. 그리고 이처럼 평등한 개인적 소유에 대한 강조는 마르크스에 대한 루소의 선구적 면모를 돋보이게 하는 점이다.

더 나아가 루소의 역사적 비판은 앞에서 살펴본 자연 상태론에서처럼 계보학적인 성격을 지니는 것으로서, 19세기의 니체, 20세기의 푸코 등 후대의 대표적인 계보학적인 사회 비판 이론에도 영향을 주었다고 볼 수 있다. 특히 순수 자연 상태로 소급해 가는 루소의 탐구는 일종의 계보학적 비판으로서, 현존 사회질서의 구성 이면에 숨겨진 우연적 기원을 폭로하는 효과를 지닌다. 가령『인간 불평등 기원론』의 부자에 의한 기만적인 사회계약을 설명하는 대목에서 루소는 그람시가 말하는 바와 같은 헤게모니 개념을 선취한 것으로 보인다. 루소가 말하는 기만적인 사회계약은 직접적인 폭력 등의 강제력을 사용하는 것이 아니라, 인민들의 자발적인 동의로 성립되는 계약이기 때문이다. "인간은 끊임없이 동족이 자신의 운명에 관심을 지니도록, 실제적으로나 외관상으로(en effet ou en apparence) 그의 이익을 위해 일하는 것이 자기들의 이익이라 생각하도록 노력하지 않으면 안 된다."[43] 또한 다음의 구절도 참조하라. "마침내 부자는 절박한 필요에 따라 인간의 정신 속에 일찍이 스며든 적이 없는 가장 교묘한 계획을 생각해 냈다. 그것은 바로 자신을 공격하는 자들의 세력 자체를 자신에게 유리하게 사용하고, 자신의 적대자들을 자신의 방어자들로 만들며, 그 적대자들에게 다른 준칙을 불어넣어 자연법이 자신에게 불리했던 것과 마찬가지로 자신에게 유리한 다른 제도들을 그들에게 부여하는 것이었다."[44]

5. 맺음말

　　지금까지 우리는 루소의 사상을 자연 상태 개념을 중심으로 개관했다. 그의 자연 상태 개념은 철학사적으로 홉스와 로크의 개념을 개조, 변용한 것이라고 할 수 있다. 다음으로 자연 상태에 대한 해결책으로 제시된 일반의지 개념에 대해 간단히 설명하고 이것이 칸트, 마르크스, 니체, 플라톤 등과 갖는 철학사적 관계에 대해서 논의했다. 루소 사상의 다면성과 복잡성을 고려할 때, 심지어 루소의 사회정치철학에 대해서만 논의를 국한하더라도 이에 대한 본격적인 논의는 분량상 다음 기회를 기약할 수밖에 없다. 여기에서는 사상사적 영향에 논의를 국한했으나 루소 철학의 논증에 대한 독립적인 평가는 또 다른 지면을 필요로 하기에 관심 있는 독자들은 그의『인간 불평등 기원론』,『에밀』,『사회계약론』등을 직접 읽어 보기를 권한다.

주석

1   이 글에서 주된 분석 대상이 될 『인간 불평등 기원론』을 비롯한 루소 저작의 모든 인용은 플레이아드판 전집에 준거한다. Jean-Jacques Rousseau, *Œuvres Complètes*, tome 1-5, dir. Bernard Gagnebin et Marcel Raymond(Paris: Gallimard, 1959-1996). 위 전집으로부터의 인용 시 해당 저작이 수록된 전집의 쪽수를 표기하기로 한다. 각 저작의 전집 권수는 다음과 같다. 『인간 불평등 기원론(*Discours sur l'origine et les fondements de l'inégalité parmi les hommes*)』, 『정치경제론(*Discours sur Économie Politique*)』, 『제네바 초고(*Manuscrit de Genève*)』, 『학문과 예술에 대하여(*Discours sur les Sciences et les Arts*)』(이상 전집 3권에 수록); 『에밀 또는 교육론(*Émile ou de l'éducation*)』(전집 4권에 수록); 『언어기원론(*Essai sur l'origine des Langues*)』(전집 5권에 수록). 국역본으로는 Jean-Jacques Rousseau, 『인간 불평등 기원론』, 주경복, 고봉만 옮김(파주: 책세상, 2003); Jean-Jacques Rousseau, 『인간불평등 기원론/사회계약론/고독한 산책자의 몽상』, 최석기 옮김(서울: 동서문화사, 2003) 등의 번역을 참조하되 필요시 수정하였다.

2   Jean-Jacques Rousseau, *Discours sur l'origine et les fondements de l'inégalité parmi les hommes*, *Œuvres Complètes*, tome 3: Du Contrat social - Écrits politiques, dir. Bernard Gagnebin et Marcel Raymond(Paris: Gallimard, 1964), 192.

3   Rousseau, *Discours sur l'inégalité*, 132.

4   Rousseau, *Discours sur l'inégalité*, 122.

5   Rousseau, *Discours sur l'inégalité*, 133.

6   Thomas Hobbes, *Leviathan: With selected variants from the Latin edition of 1668*, ed. Edwin Curley(Indianapolis and Cambridge, MA: Hackett, 1994), 76. 홉스의 자연 상태에 관한 논의는 13장 '인간의 자연 상태, 그 복됨과 비참함에 대하여'에 상세히 개진되어 있으며 위의 설명은 이를 요약한 것이다.

7   Rousseau, *Discours sur l'inégalité*, 152.

8   Rousseau, *Discours sur l'inégalité*, 153.

9   John Locke, *Second Treatise of Government*, ed. C. B. Macpherson(Indianapolis: Hackett, 1980), 8.

10 Locke, *Second Treatise*, 9.

11 그런데 자연인들이 갖는다고 상정되는 이성 및 자연법은 로크 당대에 수용되었던 신학적 전제에서 비롯한다는 것에 주목할 필요가 있다. 즉 그들이 신이 부여한 자연법을 준수하고 평화롭게 살 수 있는 것은 인간이라면 모두 "이성, 곧 하나님이 인류에게 준 공통의 규칙과 척도"를 갖는다고 간주되기 때문이다. Locke, *Second Treatise*, 11.

12 Locke, *Second Treatise*, 66.

13 Locke, *Second Treatise*, 19.

14 루소는 로크와 달리 토지나 재화에 대한 소유권과 생명, 자유와 같은 양도 불가능한 소유를 구별한다. "소유권은 인간적 합의와 제도에 불과하므로 누구나 자신이 소유하고 있는 것을 마음대로 처분할 수 있다. 그러나 생명이나 자유와 같은 자연의 본질적인 선물은 그렇지 않다. 그것은 누구나 향유할 수 있지만 그것을 포기할 권리까지 있는지는 적어도 확실치 않다."(Rousseau, *Discours sur l'inégalité*, 184)

15 Rousseau, *Discours sur l'inégalité*, 126; Jean-Jacques Rousseau, *Émile ou de l'éducation, Œuvres Complètes*, tome 4: Émile - Éducation - Morale - Botanique, dir. Bernard Gagnebin et Marcel Raymond(Paris: Gallimard, 1969), 322.

16 Rousseau, *Discours sur l'inégalité*, 154.

17 Rousseau, *Discours sur l'inégalité*, 156.

18 루소는 자연인이 이성에 앞서 우선 감성과 감정으로부터 행동했다고 주장한다. 동정심을 통한 동일시는 사회 상태보다는 자연 상태에서 더욱 강렬했을 것이다. 이 점에서 루소는 넓은 의미에서 철학적 사유가 동정심을 억누르고 자기애를 자기편애로 변질시키는 데 기여했다고 본다.

19 Rousseau, *Discours sur l'inégalité*, 193.

20 Rousseau, *Discours sur l'inégalité*, 174.

21 Rousseau, *Discours sur l'inégalité*, 164.

22 Rousseau, *Discours sur l'inégalité*, 161.

23 Rousseau, *Discours sur l'inégalité*, 176.

24 Rousseau, *Discours sur l'inégalité*, 177.

25 Jean-Jacques Rousseau, *Discours sur l'économie politique, Œuvres Complètes*, tome 3, 273.

26 Rousseau, *Discours sur l'inégalité*, 191.

27 Jean-Jacques Rousseau, *Du contrat social, Œuvres Complètes*, tome 3, 360. 강조는 인용자의 것이다.

28 Rousseau, *Du contrat social*, 364-365.

29 Rousseau, *Du contrat social*, 371-372.

30 오근창, 「일반의지의 두 조건은 상충하는가?: 루소와 '자유롭도록 강제됨'의 역설」, 『철학사

상』 47(2013): 67-98; 오근창, 「강제로 자유롭게 하기: 루소의 경우」, 『근대철학』 22(2023) 35-64.

31　Immanuel Kant, "Fragmente aus Kants Nachlass," *Immanuel Kant's Sämtliche Werke*, 8 Bände, hg. G. Hartenstein(Leipzig: Leopold Voß), 635. Ernst Cassirer, 『루소, 칸트, 괴테』, 유철 옮김(파주: 서광사, 1996), 41에서 재인용.

32　Immanuel Kant, *Bemerkungen zu den Beobachtungen über das Gefühl des Schönen und Erhabenen*, in *Kants gesammelte Schriften*, vol. 20(Berlin: Königliche Preußische Akademie der Wissenschaften, 1910ff), 44; Immanuel Kant, *Observations on the Feeling of the Beautiful and Sublime and Remarks*, ed. and trans. Patrick Frierson and Paul Guyer(Cambridge: Cambridge University Press, 2005), 7.

33　Rousseau, *Du contrat social*, 365.

34　Rousseau, *Du contrat social*, 440.

35　Immanuel Kant, *Kritik der praktischen Vernunft/Grundlegung zur Metaphysik der Sitten*, hg. Wilhelm Weischedel(Frankfurt am Main: Suhrkamp, 1995), 210; Immanuel Kant, 『실천이성비판』, 백종현 옮김(파주: 아카넷, 2002), 194의 다음 구절도 참조하라. 칸트는 인간의 인격성을 "자유 내지 전 자연의 기계성으로부터의 독립성으로, 그러면서도 동시에 고유한, 곧 자기 자신의 이성에 의해 주어진 순수한 실천 법칙들에 복종하고 있는 존재자의 한 능력"으로 본다.

36　Kant, *Grundlegung*, 429.

37　Kant, *Grundlegung*, 436.

38　Kant, *Grundlegung*, 440.

39　Kant, *Kritik der praktischen Vernunft*, 131-132.

40　Rousseau, *Du contrat social*, 351.

41　Karl Marx und Friedrich Engels, 「공산주의당 선언」, 『칼 맑스 프리드리히 엥겔스 저작 선집 1』, 최인호 외 옮김(고양: 박종철출판사, 1992), 433.

42　Rousseau, *Du contrat social*, 367.

43　Rousseau, *Discours sur l'inégalité*, 175.

44　Rousseau, *Discours sur l'inégalité*, 177.

3장

칸트, 이성에 기초하여 세계 평화를 향하다

박 경 하

성균관대학교 학부대학 교수

1637년	데카르트, 『방법서설』 출간
1687년	뉴턴, 『프린키피아』 출간
1759년	애덤 스미스, 『도덕감정론』 출간
1762년	루소, 『에밀』 출간
1781년	칸트, 『순수이성비판』 출간
1788년	칸트, 『실천이성비판』 출간
1789년	프랑스 대혁명 발발
1807년	헤겔, 『정신현상학』 출간
1808년	괴테, 『파우스트』 출간
1848년	마르크스와 엥겔스, 『공산당 선언』 출간
1859년	존 스튜어트 밀, 『자유론』 출간

1. 머리말

계몽주의의 완성자로 평가받는 칸트가 세계 철학사에서 차지하는 비중은 아주 크다. 흔히들 하는 말을 빌리자면 칸트의 철학은 서양 철학사의 중앙에 자리 잡은 가장 큰 저수지이다. 칸트 이전의 철학은 모두 칸트로 흘러 들어갔고 칸트 이후의 철학은 모두 칸트로부터 흘러나왔다고 주장하는 사람도 있다. 약간의 과장이 없다고는 할 수 없지만 부정하기도 힘든 평가이다. 여하튼 칸트가 철학의 전 영역에서 탁월한 업적을 남긴 최초의 프로 철학자이며 철학사상의 한 시대를 연 위대한 철학자라는 점은 명백한 사실이다.

임마누엘 칸트(Immanuel Kant, 1724-1804)는 1724년 4월 22일 동프로이센의 쾨니히스베르크에서 태어나 평생을 거기에서만 살았다. 부모 모두 루터교 경건파의 독실한 신자여서 그 영향을 크게 받았다. 8살 때 칸트는 어떤 현명하고 마음씨 좋은 목사의 눈에 띄어 그 목사가 운영하던 경건주의 학교에 들어가게 된다. 라틴어를 가르치던 이 학교에서 8년 반 동안 배웠는데 일생에 걸쳐 라틴어 고전을 좋아하게 된 것은 바로 이때의 학교 교육 탓이다. 16세 때인 1740년에는 쾨니히스베르크대학에 신학생으로 입학했다. 신학 과정을 이수하면서 때때로 설교까지 했지만 주로 흥미를 느낀 과목은 수학과 물리학이었다. 합리론 철학을 체계화한 볼프 철학을 배웠으며 동시에 뉴턴의 저작도 읽기 시작했다. 1755년에는 친구의 도움으로 학위를 마치고 대학의 사강사 생활을 시작한다. 15년 동안의 사강사 기간은 강사와 저술가로서 점점 큰 명성을 얻은 시기이다. 이 기간 과학에 대한 관심이 지속되었고 이때부터 몇 해 동안 과학의 여러 분야와 관련된 글을 여럿 썼다. 강의도 수학과 물리학에서 시작하여 논리학, 형이상학, 도덕철학 같은 철학의 주요 분야는 물론이고 자연지리학에 이르기까지 주제의 범위가 넓었다. 쾨니히스베르크에서 교수직을 얻는 데 두 번이나 실패했음에도 불구하고 칸트는 교수로 오라던 다른 대학들의 제안을 받아들이지 않았다. 고향에서 조용하고 평화롭게 지내면서 자신의 철학을 발전시키고 완성해 가기를 더 원했기 때문이다. 1770년 칸트는 15년간의 사강사 생활을 마감하고 쾨니히스베르크에서 철학 교수로 임명된다. 정교수가 되자 그는 11년 동안 거의 글을 발표하지 않으면서 연구에 전념한 끝에 1781년『순수이성비판』을 발간하고, 그 뒤 9년 동안 위대하고 독창적인 저술들을 계속 내놓음으로써 짧은 기간에 철학의 혁명적인 방향 전환을 이루어 낸다.

『순수이성비판』은 10년 동안 생각하고 고민한 결과다. 그런데도 칸트는 여러 번 망설인 끝에 초판을 발간했다. 자기 이론을 참이라 확신했지만 적절한 설명인지는 확신하지 못했기 때문이다. 걱정은 맞아떨어졌고 그는 독자들의 비판이 자주 오해에 기반하고 있다는 사실을 발견하고는 불만스러워했다. 자신에 대한 잘못된 해석들을 바로잡기 위해『순수이성비판』의 핵심을 요약한『형이상학 서론(프롤레고메나)』(1783)을 썼고, 1789년에는『순수이성비판』초판을 개정하여 재판을 발간했다.『순수이성비판』의 진정한 의도는 이전의 철학을 비판하고 새로운 철학을 올바르고 확실한 길에 올려놓으려는 것이었다. 그는 이 뜻을 이루기 위해 1785년의『윤리형이상학 정초』, 1788년의『실천이성비판』에서 새로운 철학으로서 진정한 도덕의 체계를 제시하려고 했다. 그리고 여기서 확립한 원리를 사회에 적용하여 1797년의『윤리형이상학』에서는 법과 정치 같은 사회철학적인 문제를 본격적으로 다룬다. 1790년에는『판단력비판』을 통해 미의 문제와 자연의 목적론을 다루면서 비판 철학의 체계를 완결한다.

그런데 이러한 저술의 흐름은 칸트 자신이 이미 세워 놓았던 계획과 물론 관련이 있지만, 1789년 프랑스 대혁명과의 연관성을 무시할 수 없다. 자연에 대한 관심이 강했던 이전의 탐구 작업은 1781년『순수이성비판』에서 일단락된다. 그러다가 1784년「계몽이란 무엇인가?」를 필두로 1786년까지 한편으로는 역사철학 관련 단편들이 집중적으로 발표되며, 다른 한편으로는 1785년『윤리형이상학 정초』를 거쳐서 1788년『실천이성비판』이 완성된다. 그리고 1790년『판단력비판』이 출간되고, 1795년에는『영구평화론』을 출간한다. 1781년까지 이론 철학을 일단 완료한 칸트는 이후로 프랑스 대혁명 전야인 1780년대 전반에 걸쳐서 자유와 목적론의 문제를 다룬다. 도덕철학을 통해 당위의 영역을 원리적으로 정당화하면서, 엄밀한 학문적 탐구는 아니지만 역사의 영역에서 실천의 목표로 설정해야 할 역사의 방향을 목적론적으로 제시하는 1780년대의 칸트의 주된 작업이 프랑스 대혁명과 무관하다고 볼 수는 없다. 결국 1781년까지는 이론 철학에 초점을 두었다면 1780년대 이후에는 실천 철학에 초점을 두었다고 할 수 있는데, 프랑스 대혁명 이후인 1790년 이후의 저작들이 주로 정치철학과 종교철학 쪽에 무게를 두고 있다는 사실은 이러한 추측을 뒷받침해 준다.

이렇게 완성된 칸트 철학의 중요한 특징은 '두 세계론'이란 말로 정리할 수 있다. 이는 존재의 세계와 당위의 세계를 엄격히 나눈다. 존재의 세계, 즉

'이미 있는 것'은 인식의 대상으로서 과학의 영역에 속한다. 그러나 당위의 세계, 즉 '아직 없지만 있어야 할 것'은 행위의 대상으로서 도덕의 세계에 속한다. 안다는 것은 이미 있는 것을 아는 것이지 아직 없는 것을 알 수는 없기 때문에 과학의 영역은 이미 있는 것의 세계, 즉 현상계로 제한된다. 이미 있는 세계, 즉 자연은 결정론적인 인과법칙이 지배하기 때문에 보편적이고 필연적인 인식이 가능하며, 과학이 성립한다. 그러나 인간의 삶 중에는 과학의 영역, 사실의 영역에 국한되지 않는 또 하나의 풍부하고 오히려 더 중요한 영역이 있는데, 그것이 바로 행위의 영역, 도덕의 영역, 가치의 영역이다. 칸트가 오히려 더 중요하게 생각한 것은 바로 이 영역이다. 『순수이성비판』이란 유명한 저작에서 칸트가 한 작업은, 좁게 보자면, 현상세계로서의 자연에 관한 보편적이고 필연적인 지식이 성립 가능함을 밝히고, 더 구체적으로는 뉴턴의 자연과학이 참될 수밖에 없는 근거를 밝힌 것이다. 그러나 넓게 보자면 사실은 과학이 의미 있게 성립될 수 있는 영역을 명확히 밝혀서 과학의 한계를 분명히 설정하고, 과학의 틀 속에 들어올 수는 없지만 사실은 인간에게 더 중요한 문제를 제대로 다룰 수 있는 올바른 철학이 필요함을 주장했던 것이다. 칸트는 바로 그러한 올바른 철학, 즉 '진정한 형이상학'의 중요한 내용을 『실천이성비판』에서 제시한다. 따라서 칸트 본인의 입장에서 보자면 『순수이성비판』은 면밀한 준비 작업으로서 이전의 철학을 비판하는 단계라면 『실천이성비판』은 과감하게 자신의 철학을 대안으로 제시하는 단계라고 할 수 있다.

1793년에 『이성의 한계 내에서의 종교』를 출간하면서 칸트는 프로이센 당국과 종교의 믿음을 표현할 권리를 둘러싼 논쟁에 휘말려 들기도 하였다. 이 책에서 지나치게 합리주의적인 태도로 종교에 접근한 것이 정통 종교에서 문제가 되어 종교적 주제에 대한 강의나 저술 활동을 한동안 금지당하기도 했다. 그러나 칸트는 72세에 대학에서 은퇴한 후에도, 학문에 대한 열정에 변함이 없었다. 만년에는 시력과 기억력을 잃어 쓸쓸한 날을 보내다 80세에 서거하였다. 임종 시 그는 "좋군(Es ist gut)"이라는 말을 남겼다고 전한다. 그의 묘비에는 『실천이성비판』의 결론에 나오는 다음과 같은 글귀가 새겨져 있다. "내 위의 별이 빛나는 하늘과 내 안의 도덕법칙."

2. 비판적 이성의 완성자

칸트는 근대 계몽주의의 완성자라 평가받는 철학자이다. 근대의 가장 중요한 특징은 각 개인을 주체로 확립했다는 점이다. 흔히 중세의 신 중심주의에서 근대의 인간 중심주의로 넘어왔다고 말하는데, 틀린 말은 아니다. 그런데 이때 '인간'은 개인을 가리킨다는 점이 중요하다. 서양 고대도, 특히 그리스의 사상도 인간 중심주의라 할 수 있지만, 이때에는 사회에서 독립된, 사회 이전에 더 근원적으로 존재하는 개인이 아니라 사회에 의해서 비로소 자기 정체성을 부여받는 공동체적 인간이라서 폴리스라는 도시국가 안에서 사회적 역할과 지위를 부여받음으로써만 개인으로서의 의미를 갖고 충족적인 삶을 유지할 수 있다. 폴리스에서는 좋은 인간이기 이전에 좋은 시민으로 존재하는 것이 중요하다. 그래서 흔히 '정치적 동물', 혹은 '사회적 동물'로 번역하는 아리스토텔레스의 유명한 명제는 정확한 의미를 따지자면 '인간은 폴리스적 동물이다'라는 뜻이다. 그러나 근대에는 개인으로서 원자적 인간이 먼저 있고, 사회는 개인의 자유로운 계약으로 성립되며 사회에 의미를 부여하는 것은 오히려 개인이다. '사회계약론'이라 부르는 근대의 주류 사회철학 이론이 이런 생각을 대변한다.

그렇다면 개인이 주체가 된다는 것은 무슨 의미인가? 근대 주체의 모습을 칸트는 「계몽이란 무엇인가?」라는 글에서 잘 보여 준다.

계몽이란 자기 탓인 미성숙[미성년 상태]에서 벗어남이다. 미성숙[미성년 상태]이란 타자의 지도 없이는 자신의 지성을 사용하지 못하는 무능력이다. 그리고 그 무능력의 원인이 지성의 결여에 있는 것이 아니라, 타자의 지도 없이 자신의 지성을 사용하고자 하는 결단과 용기의 결여에 있다면, 그 무능력은 자기 탓이다. 그러므로 계몽의 표어는 "과감히 분별하라! 너 자신의 지성을 사용할 용기를 가져라!"이다.[1]

이처럼 어떤 권위나 힘의 강제도 받지 않고 스스로 자신의 이성을 사용하는 것이 바로 자율적인 근대 주체의 모습이다. 결국 주체를 주체이게끔 만드는 실질적 내용은 바로 이성인 것이다. 자신의 이성을 스스로 사용할 수 있을 때 비로소 주체가 될 수 있지만 그렇지 못하면 주체 역할을 할 수 없다. 따라서 각 개인을 주체로 확립했다는 것은 각 개인이 바로 이렇게 자율적으로 이성을 사용할 능력을 가진 존재임을 확립했다는 의미이다.

데카르트를 근대성(modernity)의 아버지로 평가하는 이유가 바로 인간이면 누구나 다 이성을 가지고 있고 이를 스스로 사용할 능력이 있다고 보았기 때문이다. 데카르트는 『방법서설』이라는 책의 본문을 다음과 같은 구절로 시작한다.

양식(良識, good sense)은 세상에서 가장 공평하게 분배된 것이다. 누구나 그것을 충분히 지니고 있다고 생각하므로, 다른 모든 일에 있어서는 만족할 줄 모르는 사람들도 자기가 가지고 있는 이상으로 양식을 가지고 싶어 하지는 않으니 말이다. 이 점에 있어서 모든 사람이 잘못 생각하고 있다고 볼 수는 없다. 오히려 이것은 잘 판단하고, 참된 것을 거짓된 것으로부터 가려내는 능력, 바로 양식 혹은 이성이라 일컬어지는 것이 모든 사람에게 있어서 나면서부터 평등함을 보여 주는 것이다.[2]

　　이것이 바로 주체의 확립을 선언하는 부분으로 해석될 수 있다. 인간이면 누구나 다 양식을 가지고 이를 기초로 사고할 수 있다는 것, 이 사실은 오늘날에는 너무도 당연시되고 있다. 그러나 중세까지는 인간이면 누구나 다 양식이 있다고 생각하지 않았다. 인간은 날 때부터 능력을 다르게 타고나기 때문에 다르게 대우받아야 한다는 생각 때문에 신분제가 유지되었다. 봉건 귀족 계급은 이성을 갖추고 양식을 타고난 계급이기에 지적인 활동을 할 수 있고 올바른 판단력을 갖추고 있다. 그러나 농노 계급은 이성을 갖추지 못한, 따라서 양식을 갖추지 못한 계급이기에 배워도 소용없고, 봉건 귀족의 지도와 지배를 받아야 하는 계급으로 규정된다. 이처럼 양식 여부에 따라서 신분을 나누던 시대의 끝자락에서 데카르트는 혁명적 선언을 한 것이다. "인간이면 누구나 다 양식을 갖추고 있다"라고. 이는 중세 신분제에 대해 마지막 진혼곡을 울리는 선언으로 해석될 수 있기에 그를 근대의 아버지로 평가한다. 칸트는 이렇게 시작된 근대적 이성의 모습을 완성한 사람이라 할 수 있다.

　　그렇다면 양식으로 일컬어지는 근대의 이성은 구체적으로 어떤 능력을 말하는 것인가? 서양 철학에서 이성은 한 가지 기능이나 성격으로만 규정되지 않는다. 최소한 네 가지 정도로 분류될 수 있다. 보편적 이성, 직관적 이성, 비판적 이성, 도구적 이성이 바로 그것이다. 이런 네 이성은 아리스토텔레스 때부터 모습을 보인다. 아리스토텔레스는『니코마코스 윤리학』제6권에서 참을 인식하는 능력을 기예(techne), 학문적 인식(episteme), 실천적 지혜(phronesis), 철학적 지혜(sophia), 직관적 지성(nous)으로 구분하였다. 여기서 학문적 인식은 다르게 있을 수 없는 것, 필연적이고 영원한 것에 대한 인식이며, 증명할 수 있는 것이다, 그런데 "학문적으로 인식될 수 있는 것들의 원리 [자체]에 대해서는 학문적 인식도, 기예도, 실천적 지혜도 있을 수 없다." 바로 이 원리, 즉 학문적 인식의 원리를 파악하는 능력이 직관적 지성이다. 철학적 인식은 "학문적 인식 중에서 가장 정확한 것"이며 "최정점의 학문적 인식"이다. 그리고 "지혜로운 사람은 원리로부터 도출된 것을 알아야 할 뿐 아니라 원리 자체에 대해서도 참되게 알아야 할 것"이므로 "지혜는 직관적 지성과 학문적 인식이 합해진 것"으로 볼 수 있다. 이에 대비해서 다르게 있을 수 있는 것 중에는 제작의 영역에 속하는 것도 있고 행위의 영역에 속하는 것도 있는데, 그중 제작과 관련된 능력이 바로 참된 이성을 동반해서 무엇인가를 제작할 수 있는 품성 상태인 기예이다. 반면 실천적 지혜는 "전체적으로 잘 살아가는 것과 관련하여 무엇이 좋고 유익한지 잘 숙고"할 수 있는 능력이다. 그래서 실천적 지혜가 있는 사람은 무엇보다도 잘 숙고하는 사람인데 "인간적 행위에 의해 성취될 수 있는 것 중 최선의 것을 헤아림에 따라 적중시키는 사람", "어떤 진지한 목적을 향해 잘 헤아리는 사람"이다. 그래서 기예는 옳은 목적을 위해서든 나쁜 목적을 위해서든 기술적으로 능숙하게 발휘될 수 있지만 실천적 지혜는 옳지 않은 목적을 위해서는 발휘될 수 없다. 기예는 목적과 상관없이 그 목적을 가장 효과적이고 효율적으로 달성할 수 있는 수단을 찾아내는 능력에 가깝지만, 실천적 지혜는 목적 자체가 적절하고 정당한지 따지는 능력에 가깝기 때문이다. 아리스토텔레스에게 실천적 지혜는 개인의 사적인 영역에만 적용되지 않고 가정과 공동체에도 적용되어 정치에서도 중요한 역할을 한다.

한편 실천적 지혜는 탁월성, 즉 덕을 발휘하기 위해 필수적인 능력으로 제시된다. 탁월성 혹은 덕을 올바른 이성에 따른, 그리고 올바른 이성을 동반한 품성 상태라고 할 때, 올바른 이성은 바로 실천적 지혜이다. 그래서 탁월성은 목적을 결정하도록 하지만, 실천적 지혜는 그 목적에 이바지하는 것이 무엇인지 구체적으로 판단하여 행위하도록 만든다. 결국 실천적 지혜는 아리스토텔레스가 도덕적 삶의 목표로 삼고 있는 중용의 길을 판단하는 능력으로, 새로운 개별 경우마다 옳고 그름을 판단할 수 있는 도덕적 판단력이라 할 수 있다. 예를 들어 용기 있게 행동하려는 의지가 아무리 강하다 하더라도 순간순간의 상황마다 무엇이 용기 있는 행동인지를 판단할 수 없다면 우리는 용기 있게 행동할 수 없다. 이렇게 새로운 상황에서도 도덕적 판단을 해낼 수 있다는 의미에서 실천적 지혜는 도덕적 창의성이라고 볼 수도 있다. 중요한 것은 추구하는 가치에 갖는 삶을 구체적으로 실천하며 영위할 수 있으려면 도덕적 판단력이 꼭 필요하다는 점이다. 아리스토텔레스와 연결해 보면 학문적 인식은 보편적 이성, 직관적 지성은 직관적 이성, 실천적 지혜는 비판적 이성, 기예는 도구적 이성에 해당한다고 할 수 있다.

보편적 이성은 세계의 보편적 원리를 가리키는 이성 개념이다. 자연 속에서 일어나는 생성과 변화는 무질서하지 않고, 봄·여름·가을·겨울 같은 계절의 변화처럼 질서 있고 조화롭다. 이것은 바로 세계의 모든 변화에 질서와 조화를 주는 원리가 있기 때문이다. 바로 이러한 원리를 헤라클레이토스를 비롯한 이후의 많은 철학자는 이성이라고 생각했다. 보편적 이성은 자연간이 아니라 인간 정신과 사회의 원리이기도 하다. 인간 정신이 세계를 파악하는 학문 활동도 정신과 세계가 모두 보편적 이성이라는 같은 원리에 근거하고 있어서 서로 만날 수 있기 때문에 가능하다. 그래서 보편적 이성은 학문 활동의 기초가 된다.

직관적 이성은 대상의 본질을 한꺼번에 직접 파악할 수 있는 이성을 가리킨다. 즉 감각으로도 알 수 없고 논리로도 규명할 수 없는 어떤 궁극적인 것에 직접 접근하여 파악할 수 있는 특수한 종류의 지적인 통찰력을 가리킨다. 플라톤에게서 이데아를 파악하는 이성이 바로 직관적 이성이다. 출발점이 되는 원리를 깨닫는 능력이라 할 수 있다.

비판적 이성은 근대 계몽주의에 의하여 본격적으로 확립된 이성이다. 어느 편이 더 쓸모 있는가를 계산하는 것이 아니라, 어느 편이 더 옳은지를 판가름하여 불의와 거짓에 저항하는 이성을 가리킨다. 계몽주의 시대에 비판적 이성은 봉건주의와 권위주의적 교회에 대항해서 사회를 이성적 구조로 변혁하려는 혁명적 이성으로 나타났다.

도구적 이성은 과학기술이 발전한 근대 이후 현대 자본주의 사회를 지배하는 이성 개념이다. 기술적 이성, 혹은 계산적 이성이라고도 부른다. 주어진 목적을 수행하기 위해 대상을 분석, 종합하여 파악하고, 이를 기초로 필요한 도구와 수단을 만들어 내는 능력을 가리킨다. 기술자의 작업 과정, 기업가의 경영 활동 등이 모두 다 도구적 이성에 의한다.

근대의 자율적 주체가 가지는 이성도 이런 네 측면을 모두 가지지만 칸트가 가장 중요하게 부각한 이성은 바로 비판적 이성이었다. 계몽주의가 등장하는 근대 초는 칸트의 표현을 빌리자면 '비판의 시대'였다.

우리 시대는 진정한 비판의 시대요, 모든 것은 비판에 부쳐져야 한다. 종교는 그 신성성에 의거해서, 법칙 수립[입법]은 그 위엄을 들어 보통 비판을 면하고자 한다. 그러나 그럴 때 종교와 법칙 수립은 당연히 자신들에 대한 협의를 불러일으키는 한편, 꾸밈없는 존경을 요구할 수는 없을 것이다. 이성은 오직, 그의 자유롭고 공명한 검토를 견뎌 낼 수 있는 것에 대해서만 꾸밈없는 존경을 승인한다.[3]

비판적 이성은 한편으로는 권위와 힘이 지배하던 시대에서 기존 권위에 의해 진리로 강변되는 것들을 하나하나 검토하여 무엇이 옳은 것인지를 따지는 이론적 활동으로, 다른 한편으로는 인간의 존엄성이 절대적으로 인정받는 사회를 만들어 가려는 실천적 활동으로 나타나게 된다. 이러한 이성을 확립하고 정당화했기 때문에 칸트는 근대 이성의 완성자로 인정받고 있다.

3. 이론 이성과 실천이성의 분화

칸트가 쓴 책 중 가장 유명한 것은 『순수이성비판』과 『실천이성비판』이다. 책 제목에 모두 붙어 있는 '비판'이란 말이 바로 이성의 주된 능력이 비판임을 잘 보여 준다. 그런데 여기에 '순수이성'과 '실천이성', 이렇게 두 개의 이성이 등장해서 칸트가 이성을 왜 둘로 나눈 것인지 궁금해진다. 둘은 다른 것인지 같은 것인지, 같다면 왜 이름을 달리 쓰는지 등이 궁금해지는 상황이다. 결론적으로 말해 두 이성은 같다. 그렇다면 왜 이렇게 이름을 둘로 나누어 달리 부를까? 하나의 이성을 서로 다른 관심으로 서로 다른 영역에서 사용하면서 역할이 달라지기 때문에 다른 이름으로 부르는 것이다.

이성은 이론적으로 사용할 수도 있고 실천적으로 사용할 수도 있다. 다상을 파악하고 세계에 대한 앎을 얻고자 하는 이론의 영역에서 이성을 사용할 때는 앎을 얻기 전에 경험에 앞서 주어져 있어서, 이 앎을 가능하게 하는 어떤 원리, 즉 '선험적 원리'를 이성이 제공해 준다. 반면에 실천의 영역에서 이성을 사용할 때는 행위의 궁극적 목적을 이루기 위해 노력한다. 그래서 이성은 우리의 의지를 규정하는 것을 목적으로 삼는다. 의지란 무엇일까? 앎이 이미 있는 것을 아는 활동이라면 의지는 아직 없는 무엇인가를 원하는 능력이며, 원하는 것을 얻도록 행위하게 하는 능력이다. 결국 실천이성은 우리의 의지가 삶의 궁극적 목적, 예를 들면 선과 같은 것을 추구하도록 규정하는 능력이다. 달리 말해 이성을 실천적으로 사용한다는 것은 우리 의지가 선만을 추구하도록 이성을 통해 규제하고 인도하는 것을 말한다.

이처럼 하나의 이성이 한편으로는 앎의 가장 근본적 틀과 원리를 제공해 주고, 다른 한편으로는 의지가 선을 추구하도록 규정해 주는 전혀 다른 두 역할을 하기 때문에, 이런 이성의 두 기능을 서로 다른 방식으로 탐구할 수밖에 없다. 바로 첫째 과제를 『순수이성비판』에서 탐구하였고, 『실천이성비판』에서는 둘째 과제를 탐구한 것이다. 이성이 하는 서로 다른 역할을 하나씩 구체적으로 살펴보자.

1) 『순수이성비판』의 이론 이성

칸트는 『순수이성비판』에서 이전의 철학을 반성하고, 나아가 새롭게 움트는 과학에 대한 신뢰를 기초로 지식(앎)이 무엇인가를 탐구하여 새로운 철학의 기초를 확립하고자 했다. 중세 철학의 중심에 있었던 형이상학은 크게 일반 형이상학과 특수 형이상학으로 나뉜다. 일반 형이상학은 사물을 탐구하되 개별 사물의 특성을 중시하는 것이 아니라 사물을 단지 있는 것으로만 탐구하는 것, 즉 있는 것의 있음, 즉 존재 방식 자체를 탐구한다. 특수 형이상학은 있는 것 중에서 특별한 것, 즉 자연 세계를 넘어서 있는 것, 예를 들면 영혼이나 신이나 세계를 탐구하는 학문이다. 특히 이전의 형이상학에서 이러한 특수한 대상에 대한 지식은 근거도 제대로 검토하지 않은 채 독단적으로 인정한 것이 대부분이었다. 그래서 칸트는 이전 형이상학의 지식을 비판하고 새로운 형이상학을 추구하기 위해 지식의 조건, 의미 있는 앎의 조건 자체를 반성해 보고자 하였다.

형이상학은 인간으로서는 피할 수 없는 것이다. 주어진 경험 세계에 만족하지 않고 그 근거를 찾고 캐묻는 것이 우리의 본성이기 때문이다. 그러다 보면 영혼, 세계, 신 같은 문제에 부딪힐 수밖에 없다. 그런데 이러한 문제를 탐구하는 형이상학이 중세에는 최고의 학문으로 칭송되었지만 근대에 와서는 혼란에 빠졌다. 정반대의 주장이 제기되어도 어느 것이 진리인지 확인할 방법이 없고, 그러다 보니 근거 없이 공론만 일삼게 되며 급기야 우리가 과연 참된 지식을 얻을 수 있는가에 대한 회의도 만만찮게 제기된 것이다. 그래서 칸트는 신이 존재하는지 존재하지 않는지, 세계는 시간적, 공간적으로 유한인지 무한인지 같은 형이상학의 주장이 옳은지 그른지를 따지기 이전에, 과연 그러한 문제가 우리 인간이 대답할 수 있는 문제인지, 그런 문제에 대해 의미 있는 이론적 앎과 지식이 성립할 수 있는지를 먼저 검토해 보려고 했다. 우리가 이론적으로 본래 대답할 수 없는 문제를 가지고 대답을 찾고자 했었던 것인지도 모르기 때문이다. 그리하여 형이상학의 문제를 탐구하는 우리의 사고 능력, 즉 '이성'을 검토하여 이성의 한계가 어디까지인지 확인해 보려고 하였다. 이런 의미에서 『순수이성비판』은 형이상학, 달리 달해 철학을 튼튼하게 성립시킬 수 있는 주춧돌을 마련하기 위해 우리의 인식 능력, 앎의 능력, 다시 말해 이성의 이론적 능력 자체를 비판해 본 작업이었다

그런데 이성을 비판적으로 검토하기 위해서는 형이상학의 문제와 관련 짓기 이전에 이론적 지식 일반에 접근하여 참된 지식은 어떤 것이며 그런 지식의 조건은 무엇인지를 살펴보아야 했다. 그래야만 이를 기준으로 이전 형이상학의 지식을 평가해 보그 새로운 형이상학이 나아갈 방향을 정할 수 있기 때문이다. 그래서 칸트는 참된 지식의 모델로 과학적 지식을 선택했다. 과학적 지식은 이성이 작용하여 얻어진 결과이고 이성이 일구어 낸 재산 목록이기 때문이다. 그리고 참된 지식으로서의 과학적 지식의 성격을 한마디로 '선험적 종합판단'이라고 표현했다.

'선험적'이라는 것은 개개인의 특수한 경험에 앞서 있다는 말이다. 개개인의 특수한 경험은 다 다르고 우연적이다. 사람마다, 때마다 다른 지식이 참된 지식이 되기는 어렵다. 그러므로 이런 한계를 뛰어넘어 누구에게나 언제나 항상 변함없이 똑같기 위해서는, 즉 보편타당하며 필연적일 수 있으려면 선험적이어야 한다. '종합판단'이라는 것은 새로운 정보를 즈는 판단을 갈한다. 예를 들면 '이 총각은 남자다'라고 해 보자. 이 주장은 새로운 정보를 주지 않아 공허하다. 총각이란 말에는 이미 남자라는 것이 포함되어 있어서 굳이 이렇게 말하지 않아도 총각임을 알면 남자라는 것은 당연히 알고 있기 때문이다. 이런 판단을 '분석판단'이라고 한다. 주어인 '총각'을 분석하면 '남자'라는 술어가 이미 포함되어 있기 때문이다. 반면 '이 총각은 똑똑하다'라는 주장을 보자. 이 경우에는 '총각'이라는 주어 속에 '똑똑하다'라는 술어가 포함되어 있지 않다. 즉 총각이라고 해서 항상 똑똑하다는 보장은 없다. 실제로 이 총각이 똑똑한지 아닌지 확인해 보아야 한다. 따라서 이 주장은 '이 총각'이 대

해서 새로운 정보를 알려 주는 주장인데. 이런 주장이 바로 '종합판단'이다. 주어에 새로운 정보를 종합해(덧붙여) 준다는 의미로 붙인 이름이다.

칸트가 보기에 참된 지식의 모델인 과학적 지식은 전형적인 선험적 종합판단이다. 예를 들어 '지구가 태양을 돈다'라는 주장을 보자. 이것은 사람에 따라, 시대와 장소에 따라 달라지지 않는 보편타당하고 필연적인 주장이다. 거기다가 경험적으로 확인할 수 있는 주장이기 때문에 지구에 대한 의미 있는 정보를 담고 있는 주장이다. 그래서 칸트는 '선험적 종합판단이 어떻게 가능한가?' 하는 질문을 던지고 이에 대한 대답을 찾는 과정에서 참된 지식의 조건을 찾고자 하였다. 물론 이런 조건이 확인되면 그 조건을 기초로 새로운 형이상학을 확립하고자 한 것이 궁극 목적이었다.

선험적 종합판단의 조건에 대한 탐구 과정에서 칸트는 우리의 앎과 지식이 경험에서 비롯되기는 하지만 경험만으로 성립되지는 않음을 밝히게 된다. 간략히 말하면 우선 우리의 앎이 성립하기 위해서는 시각이든지 촉각이든지 밖으로부터 자극하는 것과 그것을 받아들이는 작용이 있어야 한다. 즉 사물 자체가 우리의 감성을 자극해야 한다. 그러나 우리는 감각할 때 그 내용이 무엇이건 항상 '서로 곁 하여' 혹은 '서로 연이어' 하는 식으로 시간과 공간 속에서만 감각을 한다. 그래서 시간과 공간은 우리의 감각을 산출하는 감성의 틀, 감성의 형식이다. 그리고 그것은 경험에 앞서 우리에게 갖추어져 있는 선험적 형식이다. 그래서 주어진 자극으로부터 '지금 여기 하얀 무엇에 곁 하여 파란 무엇'이라는 식의 감각 자료를 성립시킨다. 그런데 감각 자료는 아직 자료일 따름이고 정리가 된 상태가 아니기 때문에 무엇을 인식한 것인지 정확하지 않다. 이런 감각 자료를 결합하여 '무엇'이라고 분명하게 정립하는 것은 바로 이성, 구체적으로는 지성의 작용이다. 그리고 이 작용은 범주라는 선험적 개념을 통해 이루어진다. 예를 들면 우리는 대상의 수를 헤아릴 때 하나 아니면 여럿이라고 인식한다. 혹은 여럿이면서 하나, 즉 전체라고 인식한다. 어떤 감각이 들어오건 어떤 내용에 대해서건 우리는 하나 아니면 여럿 혹은 전체라는 세 가지 방식 외에 다른 방식으로 사물의 수를 헤아릴 수 없다. 왜냐하면 우리가 대상의 수를 헤아릴 때는 이 세 가지 방식 중 하나만 사용할 수 있기 때문이다. 이때 하나, 여럿, 전체라는 것은 우리가 경험어 앞서서 가지고 있는 선험적 개념이며 이것이 바로 범주이다. 이런 범주가 우리 지성의 형식, 틀로 작용하여 감성 속에 들어온 아직 혼란스러운 감각 자로를 여러 각도에서 정리하여 '그것이 무엇이다'라는 앎이 성립하게 된다. 칸트는 이렇게 주어진 감각에서 그것이 어떤 대상인지 정해 주는 범주가 모두 12개임을 밝혔다.

중요한 것은 범주의 개수보다는 참된 지식이 성립하기 위해서는 경험만으로는 부족하고 이성의 선험적 요소가 투입되어야 한다는 점이다. 앞서 말했듯이 참된 지식은 보편타당하고 필연적이어야 한다. 그런테 경험만으로는 이런 지식이 나올 수 없다. 우리는 경험에서 귀납적 방법을 통해 일반적 지식을 얻는다. 그러나 귀납은 항상 확률적이기 때문에 100%를 확보하지 못한다. 따라서 참된 지식인 과학적 지식은 경험만으로 성립된 것이 아니다. 경험에 주어지지 않은 이성의 선험적 요소, 선험적 원리가 참된 지식의 성립에 한 요소로서 작용한 것이다. 이런 이성의 선험적 원리는 이성 자체가 보편적이다 보니 인간이면 누구나 갖게 된다. 결국 참된 지식의 모델인 과학적 지식든 감각 경험과 이성의 선험적 원리가 합쳐져서 성립된 합작품이다. 경험과 이성, 이 둘이 모두 참된 지식의 토대인 것이다. 따라서 이 둘 중 하나만 내세웠던 경험론과 합리론은 한 측면만 보았기에 모두 오류를 범한 것이다.

칸트는 이론적 인식이 성립하기 위해서는 감각이 먼저 길요하며 여기에 이성의 선험적 원리를 능동적으로 적용해야 한다는 것을 밝혔다. 이에 따를 때 이전 형이상학의 주된 탐구 대상이었던 영혼, 세계, 신은 이론적 지식의 대상이 아니다. 이들은 감각 세계를 초월해 있는 것이라서 그에 대한 감각 경험이 불가능하기 때문이다. 그렇다면 이들을 폐기해야 할 것인가? 칸트는 이런 대상들이 이론적으로는 의미가 없지만 실천적으로는 의미 있고 중요하다고 생각하며 그 의미를 이성의 실천적 사용을 통해 밝히려고 했다.

2) 『실천이성비판』의 실천이성

도덕의 토대인 자유

『순수이성비판』에서 칸트는 '선험적 종합판단이 어떻게 가능한가'라는 물음을 던졌다. 그에 대한 대답을 간단히 정리하면 우리 이성의 선험적 원리들이 경험을 통해서 주어진 것을 정리하고 정돈하여 참된 지식이 성립한다는 것이었다. 그렇다면 이와 비교해서 『실천이성비판』의 과제는 무엇일까? 어떻게 실천이성이 의지를 규정하여 우리가 의무를 지키게 할 수 있는지를 설명하는 것이다. 달리 말해 실천이성이 어떻게 지킬 것은 자기에게 불리하더라도 무조건 지키는 도덕적 존재가 될 수 있게 하는가를 설명하는 것이다. 나에게 불리하면 지키지 않는 것, 즉 자기 이익을 챙기는 이기심이 동물의 한 종인 사람의 자연적 본성일 것인데 어떻게 도덕이 성립할까? 여기서 자유의 문제가 핵심 개념으로 부각된다. 자연적 본성이 나를 지배하려고 할 때 거기에서 벗어날 수 있는 능력, 즉 자유가 있어야 도덕이 성립할 것이다. 이렇게 자연의 질서를 넘어설 수 있는 자유의 존재를 인정하느냐 마느냐에서 『순수이성비판』과 『실천이성비판』이 달라지는 갈림길이 시작된다.

이론의 영역을 다루었던 『순수이성비판』에서는 우리가 경험하는 것은 우리에게 인식된 것, 즉 현상이다. 물론 이 현상은 우리가 상상한 것이 아니므로 허구는 아니다. 하지만 감각에 자극을 준 사물 자체가 무엇인지는 우리로서는 알 수 없는 것이 사실이다. 왜냐하면 앞서 말했듯이 경험은 이미 이성의 틀을 통해서 정리되었기 때문이다. 그리고 사물 자체는 감각을 자극하긴 했지만 감각을 통해 완전히 알 수 있는 존재는 아니므로 감성을 넘어선다. 그러므로 사물 자체에 대해서 이러쿵저러쿵하는 것은 모두 의미 없는 말이 된다. 오직 감각을 통해 들어와서 이성의 틀을 통해 정리한 것만 우리가 알 수 있는 의미 있는 것이기 때문이다.

　　그러나 실천의 영역을 다루는 『실천이성비판』에서는 상황이 달라진다. 감각에 들어오지 않는 것, 자연의 필연적인 법칙을 넘어서 있는 것도 모두 인정하기 때문이다. 대표적으로 앞서 언급했듯 실천이성은 자유를 인정한다. 아니 인정해야만 한다. 이론 이성의 영역에서는 자유는 한번 생각하고 가정해 볼 수는 있지만 자연 속에서 성립한다고 인정할 수는 없는 것이었다. 자유를 인정하면 참된 과학적 지식이 추구하는 필연성을 확보할 수 없기 때문이다. 그러나 실천의 영역에서는 자유가 적극적으로 인정된다. 예를 들어 보자. 감각 경험에만 의존해 보견 자연은 오직 원인-결과의 질서에 의해 빈틈없이 꽉 짜여 있다. 모든 것은 원인을 가진다. 원인 없는 결과는 없다. 말라리아 모기에게 물렸기 때문에 말라리아에 걸린 것이다. 아버지가 있다 보니 아들이 있게 되는 것이다. 모기에 물리지 않고 말라리아에 걸린다든지, 아버지 없이 아들이 있을 수는 없다. '콩 심은 데 콩 나고 팥 심은 데 팥 난다'는 우리 속담은 자연의 필연적 인과관계를 잘 표현하고 있다. 여기에는 예외가 있을 수 없다. 그런데 자유는 이런 원인-결과의 질서를 벗어난다. 자유는 '마음대로'이다. 그러므로 팥을 심었는데 팥이 안 나오고 제 '마음대로' 콩을 나오게 한다면 자유가 있다. 이론의 영역에서는 자연법칙을 파괴하는 이런 자유를 인정하지 않았다. 그러나 우리의 행위, 특히 도덕적 행위의 영역에서는 자유가 존재하며 인정할 수밖에 없다. 그러므로 실천이성은 자유를 적극적으로 인정한다. 우리가 이런 자유를 누리고 있는 것이 사실이기 때문이다.

　　우리의 의지와 욕망도 어떤 의미에서는 하나의 원인이다. 행동을 일으키기 때문이다. 그런데 보통 행동을 일으키는 의지는 이기적인 본능이거나 구체적인 결과를 얻으려는 실용적인 의지이다. 어떤 경우든 나한테 유리한 쪽으로 행동을 하려고 한다. 열심히 공부하겠다는 의지가 있으면 잠도 이기며 밤을 새워 공부한다. 그런데 왜 열심히 공부하려고 할까? 대부분 그게 나한테 이익이 된다고 판단하기 때문이다. 착하게 살겠다는 의지가 있으면 그때그때의 유혹을 물리치고 착한 행동을 하게 한다. 그러나 이 경우도 남에게 잘 보이기 위해 착하게 살겠다고 생각했다면 그것은 순수한 의지가 아니다. 그러나 착하게 사는 것이 무조건적 의무이고 인간의 도리라고 생각하여 착하게 살겠다고 생각한다면 진정한 의지이다. 그리고 이것은 자기 이익을 따지거나 좋은 결과를 생각하는 일반적 경향에서 벗어난 것이기 때문에 스스로 자신의 삶을 결정한 자유로운 의지이다. 이처럼 자유는 우리가 도덕적으로 살기 위한 가장 근본적인 힘이며 그런 의미에서 자연적 차원과는 다른 예지적 차원의 원인이라고 할 수 있다. 이런 맥락에서『실천이성비판』에서는『순수이성비판』에서 인정하지 않았던 자유가 가장 중요한 핵심 주제로 등장한다.

의무의 윤리학

우리는 자유로운 주체이기에 욕망에 일방적으로 지배당하지 않고 마땅히 지켜야 할 의무를 지킬 수 있는 도덕적 존재가 될 수 있다. 물론 실제로 항상 도덕적으로 행위하지는 못하더라도 의지만은 자유롭게 의무를 수행하고자 하기에 잘못된 행위를 하면 양심의 가책을 느낀다. 그래서 칸트는 행위에 도덕적 가치를 부여하는 것은 결과가 아니라 동기임을 강조하였다. 경험주의 성향이 강하던 당시 철학자들은 동기는 내면적인 것이라 관찰할 수 없기에 판단 근거가 될 수 없다고 보았다. 행위의 결과만이 관찰해서 검증할 수 있으므로 판단 근거로서 자격이 있다고 생각했다. 그런데 왜 칸트는 이런 생각에 반기를 들었을까? 예를 들어 보자. 버스에서 노인이 타니 청년이 자리를 양보한 경우를 비교해 보자. 우선 청년 1은 노인 공경이 의무라는 생각에 바로 자리를 양보했다. 청년 2는 노인이 서 있고 자기가 앉아 있는 게 불편해서 마음의 평안을 얻기 위해 양보했다. 청년 3은 여자 친구와 데이트 중이었는데, 자신이 노인을 공경하는 멋진 남자임을 보여 주어 여자 친구의 호감을 얻기 위해 자리를 양보했다. 청년 4는 소매치기인데 마침 그 시간에 범죄를 저지르기 위해 일어났고 노인이 그 자리에 앉았다. 이 네 경우는 관찰한 결과만 보면 노인에게 자리를 양보한 같은 행위로 평가할 수 있다. 그런데 과연 이 네 행위를 똑같이 평가하는 것이 타당할까? 말이 안 된다는 생각이 들 것이다. 결국 동기를 고려하지 않으면 네 행위의 차이가 드러날 수 없고, 그래서 칸트는 행위에 대한 평가에서 동기가 핵심이라고 주장한다.

칸트는 그 행위가 오직 옳으므로 행하려는 선의지를 따를 때 도덕적 행위가 될 수 있다고 보고 겉보기에 '의무에 일치하는 행위'와 '의무로부터 나온 행위'를 구분한 다음, 후자만이 도덕적 행위라고 본다. 위의 사례에서 청년 1만 의무로부터 나온 행위이고 나머지는 의무에 일치하는 행위일 따름이다. 다른 예를 들어 보면 같은 자선행위라 하더라도 내 마음이 편해지기 위해서 한 자선은 의무에 일치하는 행위이긴 하지만 진정한 도덕적 행위라 볼 수 없다. 오직 자선이 옳으므로 했을 경우만 의무로부터 나온 행위이기 때문에 도덕적 행위로 볼 수 있다.

그렇다면 무엇이 의무일까? 결과를 따지지 않고 마땅히 지켜야 할 도덕법칙을 따르는 것이다. 그렇다면 다시 질문하게 된다. 도덕법칙은 무엇일까? 칸트에 따르면 우리는 보통 원칙을 세워 행위를 한다. "거짓말하면 안 된다"라는 원칙을 가지고 있으면, 중대한 실수를 했더라도 솔직하게 잘못을 인정하고 용서를 구할 것이다. "상대의 고통을 덜어 주는 거짓말은 해도 된다"라는 원칙을 가지고 있으면 상대의 문제점이 무엇인지 솔직하게 얘기하지 않고 그냥 덮어 줄 것이다. "내게 불리하면 거짓말해도 된다"라는 원칙을 가지고 있으면 거짓말을 밥 먹듯 하게 될 것이다. 그런데 이런 원칙은 준칙과 실천 법칙으로 나눌 수 있다. 준칙은 주관적 원칙이고 실천 법칙은 객관적 원칙이다.

어떤 원칙이 주관적이라는 것은 무슨 뜻일까? 최소한 나에게는 옳은 것으로 인정된다는 뜻이다. 남이 어떻게 생각하건 상관없이, 또 남에게도 적용될 수 있는지 아닌지는 모르지만, 최소한 나 스스로는 꼭 지켜야 한다고 정해 놓았다는 것이다. 반면에 어떤 원칙이 나에게만이 아니라 모든 사람에게 다 적용되어야 한다고 생각되면 그것은 객관적 원칙이고 곧 실천 법칙이 된다. 예를 들어 보자. "아침 6시에 꼭 일어나야 한다"라는 원칙은 준칙이다. 이유가 어떠하든 내가 스스로 정해 놓은 것이기 때문에, 남은 몰라도 나만은 꼭 지켜야 할 원칙이다. 그러나 실천 법칙은 아니다. 세상 모든 사람에게 아침 6시에 꼭 일어나라고 강요할 마땅한 근거를 찾기 어렵기 때문이다. 이처럼 준칙에는 행위자가 자신의 조건, 특성, 욕망에 맞추어 정한 원칙이 포함된다. 반면에 실천 법칙은 인간이라면 누구에게나 다 적용해도 올바른 것이라서 누구나 마땅히 지켜야 할 객관적 원칙이다. 그러므로 각자가 자신의 경험에 근거해서 세운 원칙은 준칙에 머무를 수밖에 없지만, 각자가 가진 서로 다른 경험을 초월해서 오직 이성에 근거해서 세운 원칙은 실천 법칙이 될 수 있다. 칸트가 말하는 도덕법칙은 바로 이런 실천 법칙을 가리킨다.

칸트에 따르면 도덕법칙은 정언명령의 형태를 가질 수밖에 없다. 정언명령이란 무조건 지켜야 할 명령이란 뜻이다. 명령에는 두 가지가 있다. 조건에 동의할 경우에 따를 명령과 조건 없이, 즉 무조건 따를 명령이 있다. 칸트는 전자를 가언명령, 후자를 정언명령이라 부른다. 가언명령은 "만일"이라는 조건이 붙은 명령이다. 어떤 결과를 얻으려면 어떻게 행위해야 하는지를 정해 주는 명령이기 때문에 그 결과를 얻기를 원하는 사람에게만 적용된다. 예를 들어 "칭찬을 받으려면 착하게 행위하라"라는 명령은 칭찬받는 결과를 얻고자 하는 사람에게만 적용되는 명령이다. 칭찬받기 싫은 사람을 따를 필요가 없다. 반면에 정언명령은 결과와 상관없이 무조건 지켜야 하는 명령이다. 예를 들어 "어느 경우라도 착하게 행위해야 한다"라고 하면 정언명령이 된다.

왜 정언명령만이 도덕법칙이 될 수 있을까? 그것은 어떤 명령이 법칙이 되기 위해서는 보편성과 필연성을 가져야 하기 때문이다. 보편적이라는 말은 언제나 누구에게나 성립한다는 뜻이다. 시대와 장소에 상관없이, 개인의 특성에 상관없이 항상 성립한다. 필연적이라는 말은 무조건 반드시 성립한다는 뜻이다. 그런데 가언명령은 이런 보편성과 필연성을 가질 수 없다. 예를 들어

"늙어서 가난하게 살지 않으려면 젊어서 열심히 일하고 절약하라"라는 명령
은 우리에게 중요한 가르침을 준다. 그러나 이 경우 사람들이 조건에 해당하
는 상황, 즉 늙어서 가난하게 살지 않기를 실제로 원한다는 것이 전제되어 있
다. 그런데 실제로 그러한 상황을 원하는지 아닌지는 사람에 따라 다를 수 있
으며, 각자의 판단과 의지에 맡겨질 수밖에 없다. 모든 사람이 반드시 그 상
황을 원한다는 보장이 없으므로 보편적이고 필연적일 수 없다. 사람에 따라
서는 다른 상황을 원할 수도 있다. 즉 자신이 번 돈 외에 다른 재정적 도움이
있으리라 예상하거나 기대할 수도 있고, 또는 장차 어떤 상황이 오든 근근이
꾸려 갈 수 있으리라고 생각할 수도 있으며, 심지어 아예 늙지 않기를 바랄 수
도 있다. 만일 이런 상황들을 원하는 사람이 있다면, 그 사람에게는 젊어서
일하고 절약해야 한다는 것이 보편적 필연적 명령으로서 역할을 할 수 없다.
이 명령은 무조건 지키라고 요구할 힘을 잃게 되는 것이다. 결국 도덕법칙은
보편성과 필연성을 가져야 하므로 각 개인의 특수하며 우연한 욕망에 기초할
수는 없고 보편적인 것을 추구하는 이성에 기초할 수밖에 없다.

그렇다면 정언명령에는 구체적으로 어떤 것이 있을까? 칸트는 구체적
사례를 제시하지는 않지만 도덕법칙이 되기 위해 갖춰야 할 자격을 일반적인
정언명령의 형식으로 표현한다. 우선 도덕법칙이 되려면 보편화할 수 있어야
한다. 누구에게나 무조건 지키라고 요구할 수 있어야 도덕법칙이기 때문이
다. 그래서 칸트는 "네 의지의 준칙이 항상 동시에 보편적 법칙 수립의 원리
로서 타당할 수 있도록, 그렇게 행위하라"라는 것을 정언명령으로 제시한다.
이는 도덕이 개인의 이해관계나 관심을 넘어서 보편적 관점에 서야 성립한다
는 것이다. 다음으로 칸트는 "인간을 목적으로 대우하고, 단지 수단으로서만
대우하지는 말라"라는 것을 또 하나의 정언명령으로 제시한다. 다른 사람의
존엄성과 권리를 해치지 않는 원칙만이 도덕법칙이 될 수 있다는 것이다. 여
기서 중요한 것은 "단지 수단으로서만"이라는 표현이다. 사람들이 서로 수단
으로 삼는 경우는 생길 수밖에 없다. 회사의 사장에게 사원은 사업을 잘 운영

하기 위한 수단의 성격을 가진다. 그러나 회사 운영의 수단으로만 생각해서 인격을 무시해서는 안 되고, 사원이기 이전에 존엄성과 권리를 가진 인격적 존재로 대우해야 한다는 것이다. 결국 인권을 해치는 명령은 도덕법칙이 될 수 없음을 주장한다.

이런 도덕법칙은 어디에서 온 것일까? 종교가 지배하던 시대에는 도덕법칙을 신이 준 것이라든지, 아니면 초자연적인 것으로 보는 입장이 강했다. 그러나 칸트는 도덕법칙이 인간의 이성에 기초한다고 본다. 인간은 한편으로는 자연의 지배를 받는 동물이지만 다른 한편으로는 자연의 법칙을 넘어설 수 있는 자유를 가진 존재이다. 자유는 인간에게 자연적 본능과 욕망을 이겨내고 의무를 지킬 힘을 준다. 이 자유의 힘을 통해 인간은 도덕의 세계를 추구할 수 있다. 그래서 도덕법칙의 원천은 바로 인간의 이성이다. 인간의 이성은 그 자체로 실천적이며 도덕법칙을 부여하는 힘이 있다. 이를 칸트는 실천이성이라 부르는 것이다. 그러므로 도덕법칙은 자율적이다. 인간 이성이 스스로 부여했기 때문이다. 우리의 도덕적 의지는 외부에서 강요한 법칙을 억지로 지키는 것이 아니라 스스로 부여한 도덕법칙을 의무로 여기고 자발적으로 지킨다. 할 수 없이 타율적으로 도덕법칙이나 의무를 지키는 것은 정말로 책임 있는 자세가 아니며, 설사 결과적으로 도덕법칙을 지켰다 하더라도 진정으로 도덕적인 태도는 아니라는 것이 칸트의 생각이다. 인간은 자유로운 존재이기 때문에 자기 스스로, 달리 말해 자율적으로 법칙을 지킬 때 정말 인간다운 존재가 될 수 있다. 그렇다면 우리는 이런 도덕법칙을 어떻게 알 수 있을까? 칸트는 우리가 다른 어떤 것의 도움을 받지 않고 직접 이런 법칙을 알고 있다고 생각한다. 우리가 일상적으로 도덕법칙에 따라 행위하려고 노력하고 있는 것이 부인할 수 없는 사실이기 때문이다. 거짓말하지 말라는 것을 도덕법칙으로 의식하기 때문에 거짓말하지 않으려고 노력하고, 거짓말하면서도 양심의 가책을 느낀다. 그래서 그는 우리가 이렇게 도덕법칙을 알고 있는 것은 "이성의 사실"이라고 표현한다.

4. 세계 평화를 향한 도덕적 진보

칸트에 따르면 『실천이성비판』에서 논의했던 개인의 윤리성은 단순히 개인의 삶에서만 중요한 것이 아니고 사회적 역사적 의미가 있다. 도덕철학에서 주된 문제였던 자유 개념은 사회적 맥락이 첨가된 역사철학에서 더 구체적이고 풍부하게 논의된다. 칸트에게 역사철학은 자연과학과 도덕성에 대한 탐구의 결과로서 철학적 작업 전체의 실천적 결론이라 할 수 있다. 칸트의 역사철학은 역사에 대한 철학적 해명에 궁극적으로 결정적인 문제를 제기했는데, 그것은 바로 인간의 자유 실현에 대한 문제이다. 인간의 외적인 자유가 실현되는 영역으로서의 정치와 내적인 자유가 실현되는 영역으로서의 도덕이 동시에 문제가 되며, 따라서 역사철학은 정치철학과 도덕철학을 함축하게 된다. 18세기의 계몽주의자 중에는 행복의 증진을 위한 정치적 진보를 진보의 기준으로 본 사람이 많은데 칸트는 이와 달리 도덕성의 실현을 역사 발전의 궁극 목적이라 보고 있다.

1) 정치적 진보와 그 한계

칸트에 따르면 국내에서 시민사회가 건설되고 국제적으로 세계시민적 상태에 도달해서 진정한 평화를 실현하기 위해서는 우선 정치적 진보를 성취해야 한다. 이는 한 국가 안에서 전쟁 상태를 종식하고 시민사회를 성립함으로써 달성된다. 시민사회는 시민이 계약을 통해 법을 제정하고, 이 법을 유지할 권력에 자신의 권리를 위임함으로써 성립한다. 그런데 국가 간에 전쟁이 존재하면 국내의 시민사회도 와해할 수밖에 없다. 따라서 국제사회에서 평화를 확보하기 위해, 국가 간에 다시 계약을 통해 국제법을 제정해야 한다. 그러나 국제사회에서는 이 법을 유지할 강력한 권력을 가진 국제국가를 만들 수 없으므로 국제연맹을 결성하는 데에 그칠 수밖에 없다. 국제연맹을 결성해서 유지한다면 진정한 평화를 위한 정치적 진보가 이루어진 셈이다. 이러한 정치적 진보를 이루려면 계몽이 상당 정도 이루어져야 한다.

칸트는 계몽이 개인적 차원에서는 어렵고 사회적 차원에서만 가능하다는 점을 강조한다. 인간의 자율성에 최고의 가치를 두고 있는 칸트이지만 사회적 현실이 인간의 현실을 규정한다는 점도 부정할 수 없었다. 칸트에게 사회적 계몽의 전제 조건은 바로 자유이다. 칸트는 「계몽이란 무엇인가?」에서 이렇게 말한다. "공중이 스스로 계몽되는 것은 오히려 가능하며, 만일 공중에게 자유가 주어지기만 한다면 거의 필연적이다." 칸트는 자유 중에서도 특히 이성을 공적으로 사용할 수 있는 자유를 들고 있다. "이성의 공적인 사용은 항상 자유로워야만 하며 이것만이 사람들 사이에서 계몽을 성취할 수 있다." 즉 칸트는 공표의 자유, 의사소통의 자유를 계몽의 조건으로 제시한다. 이 조건이 충족되면 계몽의 정신은 보급될 수 있고 국가의 주권자에까지 영향을 미쳐 실제적인 변화를 초래할 수 있다고 본다.

자유는 계몽을 가능하게 하고, 계몽은 다시 자유를 확대한다. 계몽된 인간은 역사의 목표를 성취하기 위해 계몽, 즉 자유의 정신을 보급한다. 그리고 자유를 억압함으로써 계몽을 막고, 나아가 역사의 진보를 막는 외적인 장애물을 극복하기 위해 투쟁한다. 그 외적인 장애물이 지배 권력일 경우 진보를 이루기 위해 지속적인 개혁을 추구한다. 칸트는 비록 프랑스 대혁명을 찬양하고 또한 혁명에 대해서도 어느 정도 포용적 태도를 보이긴 하지만, 진보를 위한 수단으로는 분명히 개혁을 더 선호한다. 그런데 칸트에 의하면 개혁은 본질적으로 '위로부터의' 개혁이다. 따라서 계몽된 인간이 진보의 수단으로 선택할 수 있는 것은 주권자가 법을 준수하고 판단을 내리면서 문제가 있을 때 주권자의 판단을 고치기 위해 충고하고 여론을 조성함으로써 계몽의 정신이 "점차로 왕의 옥좌에까지 이르러 그의 통치 원칙에까지 영향을 미치게" 하는 것이다. 따라서 칸트의 경우 '공표의 자유'가 바로 개혁의 원리이다. 시민은 주권자에게 적극적으로 저항하지 않는 한에서 주권자를 비판하고 그에게 충고할 권리를 갖는다. 칸트에게 공표의 자유는 국민이 정치권력에 대해 갖는 유일한 합법적 무기이다.

이런 공표의 자유는 공지성의 원리에 의거한다. 공지성의 원리는 『영구평화론』에서도 언급되고 있으나, 「계몽이란 무엇인가?」에서 이성의 공적 사용이라는 형태로 설명되고 있다. 칸트는 이성의 공적 사용과 사적 사용을 구분한다. 칸트는 "이성의 공적인 사용은 항상 자유로워야만 하며 이것만이 사람들 사이에서 계몽을 성취할 수 있다. 그러나 이성의 사적인 사용은 계몽의 진보를 현저하게 방해하지 않는 한에서는 종종 아주 협소하게 제한되어도 무방하다"라고 한다. 이성의 공적 사용은 독자를 이루고 있는 공중 앞에서 학자로서 자신의 의견을 표현하는 문필 활동을 말한다. 이성의 사적 사용은 자기에게 맡겨진 어떤 시민적 지위나 직무에서 이성을 사용할 때를 말한다. 칸트에 의하면 공표의 자유는 이성의 공적 사용에 근거해야 한다. 이성의 공적 사용을 통해서 공공의 계몽이 가능해지고, 이로써 통치자와 국민이 상호 영향을 주어 서로를 개혁시키는 과정에 의해 권위를 전복시키지 않고도 정치적 변혁이 가능해진다. 반면에 이성의 사적 사용은 위험시된다. 맡겨진 직책과 책임을 수행하면서 일상적으로 우리의 이성을 비판적으로 사용하는 것은 시민적 질서를 해치게 되므로 전적으로 금지해야 한다고 칸트는 생각한다. 따라서 진보는 기존 공권력의 안정과 유지 속에서 공개적인 토론을 통해 여론이 형성되고, 그 여론이 주권자에게 영향을 미치게 됨으로써 일어난다는 것이다. 따라서 개혁은 "원하는 만큼, 원하는 것에 대해 따져라. 그러나 복종하라!"라는 원칙을 준수하는 한에서 가능한 것이다.

그러나 이성의 사적 사용에 대한 금지는 공표의 자유를 학문적 영역에서의 정신적인 차원으로 한정시키고 있는 것이고, 이는 실질적으로는 정치적 영역에서 비판적 사유의 힘이 무력화되는 것을 의미한다고 볼 수 있다. 정치적인 힘을 갖지 못한 비판이 주권자를 자극하여 개혁을 촉진할 수 있다고 보는 칸트의 견해는 그 시대의 한계에 매몰되어 있는 것으로 비판되기도 한다. 또 칸트에 의하면 개혁은 공표의 자유가 주어지는 한에서 가능한데, 그렇다면 공표의 자유가 없을 경우는 어떻게 개혁이 가능할 것인가 하는 문제가 제기된다. 모든 개혁을 위한 출발점으로 공표의 자유가 확보되어야 한다면, 공표의 자유가 없는 상태에서 공표의 자유를 얻기 위한 개혁은 만일 일어날 수 있다면 역시 또 다른 공표의 자유에 의한 것일 수밖에 없기에, 자유를 확보함으로써 자유가 가능하다는 식의 순환론에 빠진 측면도 있다.

그러나 칸트는 이러한 문제보다는 정치적 진보가 더 근본적인 한계를 가진다고 주장한다. 국내에서 시민사회가 유지되고 국제적으로 세계시민적 상태가 유지되는 진정한 평화를 위해서는 욕망을 효율적으로 충족시키고 서로의 갈등을 적절하게 조화시켜 가는 정치적 진보만으로는 부족하고 도덕적으로 성숙해진 인간이 주체가 되어 역사를 주도하는 도덕적 진보가 필요하다는 것이다. 정치적 진보를 통해 국제연맹을 이루더라도 국제연맹은 국제법을 어기는 국가를 처벌할 힘이 없으므로, 특히 강대국은 자기 이익에 맞지 않을 때 국제법을 어길 위험성이 상존한다. 따라서 진정한 평화를 위해서는 정치적 진보로는 부족하고, 국제법을 지키기로 약속했으므로 이를 의무로 여기고 무조건 지켜 나가려는 도덕적 진보가 꼭 필요하다. 그래서 칸트는『영구평화론』에서 "참된 정치는 먼저 도덕에 복종하기 전에는 한 걸음도 나아갈 수 없다"라고 단언한다.

2) 정치적 진보와 도덕적 진보의 관계

칸트는『이성의 한계 내에서의 종교』에서 역사의 진보가 가지는 두 차원을 '법률적-시민적 상태'와 '윤리적-시민적 상태'로 구분한다. 법률적-시민적(즉 정치적) 상태는, 공적인 법률(모두가 강제법인) 밑에 공동체적으로 존재하는 한에 있어서 인간 사이의 상호 관계인 반면, 윤리적-시민적 상태는 인간이 그 같은 강제에서 자유로운, 즉 단순한 덕의 법칙 밑에서 결합하는 상태를 말한다. 그리고 이 양자에 '법률적 자연 상태'와 '윤리적 자연 상태'를 대립시킨다. 법률적-시민적 상태는 법률적-정치적 자연 상태에서 한 걸음 진보한 형태로, 즉 정치적 진보가 한계를 가지긴 하지만 이루어져 있는 상태이다. 왜냐하면 법률적-시민적 상태에서는 국가라는 외적 강제가 형성되어 외적인 자유가 보장되어 있기 때문이다. 시민사회의 법률은 호혜성 원리에 의해 서로 동등한 권리를 갖는 한에서 자유를 허용하고 있다. 그러나 정치적 진보에 의해서 합법성을 확보했다고 해서 내면적 도덕성이 성취된 것은 아니다. 법률적-시민적 상태에서는 타율적인 허가법과 금지법만이 존재하지, 자율적인 의무법은 존재하지 않기에 결코 구성원들의 내면적 일치, 즉 행위 동기의 일치를 확보했다고 할 수는 없으므로 덕의 법칙이 지배하는 것은 아니다. 그래서 칸트는 "이미 존재하는 정치적 공동체 속에서 모든 정치적 시민은 윤리적 자연 상태 안에 있다"라고 주장한다. "법률적 자연 상태가 만인의 만인에 대한 투쟁의 상태인 것처럼 윤리적 자연 상태는 모든 인간에 내재하는 악에 의해 끊임없이 공격받는 상태인 것이다." 이런 윤리적 자연 상태는 도덕법칙과 갈등을 일으키게 되므로 인간은 윤리적 자연 상태에서 벗어나, 덕의 법칙에 따라 서로를 목적으로 대우하며 수단으로 간주하지 않는 정언명령에 따라 서로 간의 관계를 재정립해야 한다. 칸트는 이렇게 도덕법칙 밑에서 덕의 원리에 따라 결합한 인간들의 결합을 '윤리적 공동체'라고 부른다.

칸트에 의하면 역사 진보의 궁극적 목표는 인간이 윤리적 공동체의 길원이 되기 위해 윤리적 자연 상태를 벗어나는 것이다. 이러한 도덕적 진보는 정치적 진보와 같이 가시적인 체제의 변화로 파악할 수 없다. 도덕적 진보는 도덕성의 원리에 근거하여 정언명령에만 따르는 인간 간의 태도의 체계가 확대해 가는 과정이며 윤리적 공동체가 확대해 가는 과정이다. 그렇다면 윤리적 공동체란 무엇인가? 칸트에 의하면 이 공동체는 "특수한 결합의 윤리(덕)"를 지닌 것으로서 "단지 도덕법칙 밑에서만 형성되는 인간들의 결합이다." 이 윤리적 공동체 개념은 그가 이미 『윤리형이상학 정초』에서 '목적의 왕국'이란 개념을 통해 제시했던 것이다. 각자가 자기 자신과 다른 이성적 존재자를 단순히 수단으로서가 아니라 항상 동시에 목적 자체로 대우하며, 이렇게 함으로써 공통의 객관적 법칙에 의한 모든 이성적 존재자의 체계적 결합이 생긴다. 즉 왕국이 생긴다. 그리고 이 객관적 법칙은 이성적 존재자 간의 관계를 지향하는 것이기 때문에 이 왕국은 목적의 왕국이라 말할 수 있다. 이 목적의 왕국에서는 개인의 욕망을 억제할 어떠한 외적인 입법도 필요 없다. 각 개인은 자기 자신의 목적을 추구할 때 항상 동시에 마음속에 있는 공동체의 선을 추구하고 있기 때문이다. 여기서는 개인의 목적과 공동체의 목적이 완전히 통일되어 있고 모든 사람은 하나의 공동 목적만을 공유한다. 윤리적 공동체는 바로 이 목적의 왕국이다. 다르게 표현하면 "윤리적 공동체는 신의 명령 밑에 있는 백성, 즉 신의 백성이면서 그와 동시에 또한 덕의 법칙에 따르는 백성"이며, 즉 "그의 입법이 단지 내면적인 덕의 법칙 밑에 있는 공화국, 즉 선한 행위를 위하여 부지런히 힘쓰는 신의 백성"이다.

　　역사의 도덕적 진보의 목표인 윤리적 공동체는 정치적 공동체와 비교해 보면 그 모습이 더 명확히 드러날 것이다. 윤리적 공동체는 정치적 공동체와 두 가지 점에서 구별된다. 첫째, 정치적 공동체는 강제적 법률에 근거하는 반면 윤리적 공동체는 강제적 법률에 근거할 수 없다. "윤리적 공동체는 이미 그 개념 안에 강제로부터의 자유를 내포하고 있다." 정치적 공동체에서는 각 개인의 자유를 보편적 법칙에 따라서 다른 개인의 자유와 양립할 수 있다는 조건 밑에 제한한다는 원리에서 출발하므로 전체로 결합한 다수의 보편 의지가 법적인 외적 강제를 설정한다. 그러나 윤리적 공동체에서는 다수 백성이 자신들의 보편 의지에 따라 입법하는 게 아니라, 더 높은 의지로부터 근원적으로 출발해서 이미 내면화된 윤리적인 법칙에 따라 행위한다. 따라서 정치적 공동체의 지배원리는 타율이지만 윤리적 공동체의 지배원리는 자율이며, 정치적 공동체의 근거가 외적 강제라면 윤리적 공동체의 근거는 내적 동기이다.

둘째, "덕의 의무는 전 인류에 관계되는 것이므로 윤리적 공동체의 개념은 모든 인류의 전체라는 이념과 관련되어 있고, 바로 이 점에서 윤리적 공동체는 정치적 공동체와 구별된다." 즉 칸트가 들고 있는 두 번째 차이점은 각 공동체의 법체계가 적용되는 범위가 다르다는 것이다. 정치적 공동체의 법은 한 국가 내에 적용되며, 따라서 그 실현을 보장하기 위해 정치적 권위에 의존하게 된다. 그러나 덕의 법칙은 보편성을 가진 것으로 국가적 경계와는 관계없이, 그리고 정치적 신분에도 관계없이 인간인 한에서는 무차별적으로 적용된다. 그러므로 윤리적 공동체의 개념은 궁극적으로는 전 인류에까지 확대된다. 윤리적 공동체를 전 세계적 차원으로 확대하는 것이야말로 인간이 성취하기 위해 노력해야만 할 도덕적 이상이다. 이 이상이 인간의 자연적 본성으로 인해 실현될 수 없을 것처럼 보이더라도 인간은 윤리적 공동체를 확대하려는 노력을 포기해서는 안 된다.

칸트에게서 역사의 도덕적 진보는 바로 전 인류에 대한 윤리적 공동체의 확대 과정이며 기존 사회를 도덕적 전체로 변화시켜 가는 과정이다. 그것은 도덕교육과 이성 종교, 그리고 무엇보다도 계몽을 통해 정언명령의 지배력을 확대해 가는 과정이며, 따라서 인간의 내적인 자유와 자율이 실현되는 것을 말한다. 모든 사람이 자신의 행복을 고려하지 않은 채 오직 도덕법칙에 따라서 선하게만 행동하며, 그런 선한 행위가 희생당하거나 고통 속에 처하지 않고 선하게 행동하는 사람이 행복을 필연적으로 누릴 수 있는 사회체제가 갖추어진 사회가 진보의 목표인 것이다. 정치적 진보는 최대한의 외적 자유를 보장해 주는 사회체제로의 발전이기에 행복의 보장을 목표로 삼으며 도덕적 진보는 덕의 법칙이 지배하는 윤리적 공동체의 확대 과정이다. 그러므르 정치적 진보와 도덕적 진보가 종합됨으로써만 역사의 진보는 실현될 수 있다.

그런데 도덕적 진보는 바로 성취할 수 있는 게 아니고 정치적 진보를 토대로 이룰 수 있다. 혼돈과 무질서로부터 바로 전체적인 조화에 이르는 것은 불가능하며, 외적인 질서와 조화를 먼저 확보함으로써 전체적인 진보를 향한 기반을 마련할 수 있기 때문이다. 그래서 칸트는 "사실 정치적 공동체의 기반 없이는 도대체 윤리적 공동체는 인간에 의하여 실현될 수 없다"고 하며, "도덕성이 좋은 국가체제를 수립해 주는 것이 아니라 오히려 반대로 좋은 국가체제에서 한 민족의 훌륭한 도덕적 교양을 기대할 수 있다"고 주장한다. 정치적 진보는 앞에서 살펴본 바와 같이 인간의 사악성을 억제해 실제적 전쟁 상태로서의 정치적 자연 상태를 극복함으로써 인간의 자연 상태를 윤리적인 자연 상태로 한정시킨다. 즉 법의 강제 아래에서 인간의 사악하고 불법적인 경향이 적대 관계로서 나타나는 것을 막음으로써 인간에게 잠재해 있는 도덕적 경향이 법에 대한 무조건적인 존경으로 발전하도록 도움을 준다. 따라서 정치적 진보에 의해서 도덕에로의 큰 발전(아직 도덕적 발전이라 할 수는 없지만)이 이루어진다.

결국 외면적, 정치적으로 국내와 국제사회에서 이성적, 합법적 사회체제를 확립하고, 내면적, 도덕적으로 그러한 사회체제를 자발적으로 의무감에서 유지해 나갈 때 영구평화를 이룰 수 있다는 것이 칸트의 주장이다. 외적, 정치적으로는 평화를 지속하기 위해 서로를 인정하는 이성적인 사회체제가 확립되고, 내적으로는 그러한 사회체제를 자발적으로 의무감에서 유지해 나가는 윤리적 공동체가 형성될 때 가능하다는 것이다. 이는 정치적인 체제가 어느 정도 실현되고 그 여건 속에서 도덕적 진보가 가능해져서, 궁극적으로는 내적으로 완성되어 가는 체계가 외적으로 구체화함으로써 이루어질 것이다. 결국 개인의 도덕성은 단순한 개인 차원의 문제가 아니라 영구평화를 이룰 필수조건이므로 칸트는 도덕철학의 사회철학적 의미를 강조하고 있으며, 이런 생각은 다음 한 문장으로 정리된다. "무엇보다도 순수실천이성의 왕국과 그 정의를 추구하라. 그러면 너희는 저절로 목적(영구평화의 축복)에 도달하게 될 것이다."

주석

1   Immanuel Kant, 『비판기 단편 논고들 2: 정치·역사·문화·종교 철학』, 백종현 옮김(파주: 아카넷, 2025), 69.

2   René Descartes, 『방법서설·성찰·데까르트연구』, 최명관 옮기고 지음(파주: 서광사, 1983), 9.

3   Immanuel Kant, 『순수이성비판 1』, 백종현 옮김(파주: 아카넷, 2007) 168.

4장.

괴테, 문학으로 그린 자연과 문명, 신과 인간의 길

윤승준

단국대학교 자유교양대학 교수

1755년	리스본 대지진 발생
1756년	7년 전쟁 발발
1762년	루소, 『사회계약론』 출간
1765년	제임스 와트, 증기기관 발명
1774년	괴테, 『젊은 베르테르의 슬픔』 출간 / 루이 16세, 프랑스 국왕 즉위
1776년	미국 독립 선언 / 애덤 스미스, 『국부론』 출간
1781년	칸트, 『순수이성비판』 출간
1789년	프랑스 대혁명 발발
1796년	제너, 종두법 발명
1798년	맬서스, 『인구론』 출간
1804년	나폴레옹, 프랑스 황제 즉위 / 실러, 『빌헬름 텔』 출간
1806년	신성 로마 제국 멸망
1807년	헤겔, 『정신현상학』 출간 / 피히테, 『독일 국민에게 고함』 출간
1814년	빈 회의 개최
1832년	괴테, 『파우스트』 출간
1839년	제1차 아편 전쟁 발발
1859년	다윈, 진화론 발표

이사야 벌린(Isaiah Berlin, 1909-1997)은 18세기의 타고난 사상가들이 지녔던 지성, 정직, 명석함, 용기, 그리고 진리에 대한 사심 없는 사랑은 오늘날까지도 유례없는 것이었다고 하면서, 그들의 시대는 인류의 전 역사에서 최고의 사건이었다고 한 바 있다.[1] 여기에서는 위대한 시인이자 과학자이기도 했던 요한 볼프강 폰 괴테(Johann Wolfgang von Goethe, 1749-1832)의 문학을 통해서 18세기 세계 지성사의 한 페이지를 살펴보고자 한다. 괴테의 문학과 사상에 다가가는 데에는 다양한 경로가 있을 터인데, 여기에서는 젊은 시절 그에게 커다란 영향을 주었던 요한 고트프리트 폰 헤르더(Johann Gottfried von Herder, 1744-1803)에 대한 이야기로부터 시작하여 그의 주요 작품을 따라가면서 살펴보는 방식을 취하고자 한다.

라이프치히대학에 다니던 괴테는 폐병으로 인해 중도에 학업을 포기하고 프랑크푸르트로 돌아와야 했다. 건강을 회복한 괴테는 학업을 마치기 위해 1770년 4월 스트라스쿠르로 향하는데, 스트라스부르에 도착한 지 한 달 후, 당시 문학 평론계의 총아로 떠오르던 헤르더를 만나게 된다. 안과 치료를 위해 스트라스부르에 온 헤르더를 위해 괴테가 간병을 자원했던 것이다. '매우 뜻 깊은 사건'[2]이었던 이 만남을 통해 괴테는 독일 문학에 대해 새로운 눈을 뜨게 되고, 온갖 새로운 목표와 그 목표에 따르는 온갖 새로운 방향을 알게 된다.

스트라스부르대학의
괴테 흉상
* 이미지 출처: 위키미디어
커먼스, © Ungaroo

예로부터 우리에게는 국가라는 줄기 위에 우리의 근대 문학이 새싹처럼 자라나게 해 줄 터전이 될 만한 그런 살아 있는 문학의 전통이라곤 도무지 없었다. 이에 비하면 다른 여러 나라들은 자기 자신의 토대 위에서, 즉 국가의 생산물과 국민의 신앙 및 취미 그리고 지난 시대의 유산 등을 바탕으로 하여 스스로를 형성해 왔다. 그리하여 그들의 문학과 언어는 국민적 일체감을 획득할 수 있었던 것이다. 그런데 우리들 가련한 독일인은 결코 진정한 독일인이 될 수 없도록 일찍부터 결정지어져 있었다. 독일의 노래는 온갖 소리가 뒤범벅된 아우성이요, 요르단강과 티베르강과 템즈강과 세느강의 갈대숲에서 들려오는 노래들의 메아리일 따름이다.

독일의 정신은 다른 사람들이 짓밟아 놓은 것을 되씹는 노예의 정신이요,

… 그리고 우리에겐 민중이 없고 독자 대중이 없고 국가가 없다면, 우리 안에서 살아 움직이는 우리의 언어와 문학이 없다면, 우리는 언제까지고 그 모양 그 꼴일 것이다. 그렇게 되면 우리는 서재에 틀어박혀 있는 학자들만을 위해 영원히 글을 써야 하고, 아무도 이해하지 못하고 또 이해하려 들지도 않고 공감할 수도 없는 송가나 영웅시, 아니면 교회 혹은 부엌에서나 부르는 노래를 지을 수밖에 없을 것이다. 우리의 그전 문학은 낙원의 새요, 이를 데 없이 화려하고 우아하며, 치솟는 비상이요, 우뚝 솟은 존재이다. ─ 그러나 독일 땅에는 발을 붙일 수가 없다.3

모든 민족은 스스로의 중심을 가지고 발전한다는 상대주의적 역사관을 가지고 있었던 헤르더는 독일의 정신이 살아 움직이는 독일의 언어로 된 독일 문학의 필요성을 역설하였다. 그가 평생에 걸쳐 민요를 수집하는 데 노력하였던 것은 단순히 기록적 가치가 있는 옛 민중문학을 집대성하기 위한 것이 아니라, 시대가 필요로 하는 민중문학, 현실의 삶 속에서 영향력을 발휘하는 살아 있는 민중문학, 조국 독일의 정신이 번뜩이는 옛 시문학 작품을 발굴하여 동시대인들에게 제공하기 위해서였다. 진정한 생동성과 진실성, 살아 있는 자연의 정신을 민요 속에서 찾아내 독일의 문화적 정체성을 확립하고자 했던 것이다.

헤르더의 이와 같은 역사관과 현실 인식은 젊은 괴테에게 커다란 영향을 끼쳤다. 괴테의 「독일적 건축술에 대하여」(1772)라는 글은 스트라스부르 대성당에 대한 괴테의 생각을 보여 줄 뿐 아니라 당시 괴테에게 끼쳤던 헤르더의 영향을 읽을 수 있게 하는 글이다.4 이 글에 달린 '에르빈 폰 슈타인바흐의 영전에 바침'이라는 부제는 독일 건축미학의 독자적인 세계를 창조해 낸 스트라스부르 대성당의 건설 책임자에 대한 괴테의 존경심을 담은 것이다. 괴테는 이 글 서두에서 '무덤에서 나온 고대인의 정신'이 자신들의 정신을 묶어 놓고 있음을 알지 못하는 이탈리아인과 프랑스인을 비판하고, 인식과 행동을 속박하는 원칙의 문제에 대해서도 지적한다. 실상 고딕식 건축을 비판하는 환경 속에서 자랐던 괴테 역시 그러한 비판과 문제에서 자유로울 수 없었다. 괴테는 이 괴물 같고 부자연스러우며 모순된 요소들의 집합체가 어떻게 평화롭게 얽혀 결합될 수 있는지를 이해할 수 없었다. 그러나 거기에서 그가 느꼈던 '천상의 기쁨', 그의 영혼을 가득 채웠던 거대한 인상, 도저히 인식하거나 설명할 수 없는 그 위대한 충격 앞에 그는 경배할 수밖에 없었다. 반짝이는 아침 안개 속에서 신선한 빛을 내며 다가오는 대성당을 마주한 그는 영원한 자연이 창조해 낸 걸작의 그 거대하고 조화로운 몸체가 무수히 많은 부분에 생명을 불어넣는 모습을 보면서 거인의 정신에 감사를 드리는 것 외에 할 수 있는 것이 없었다. 영혼에 평온한 기쁨을 안겨다 주는 그 심오한 깊이에서 괴테는 프랑스도 아니고 이탈리아도 아닌 독일 건축예술의 아름다움을 발견한 것이다. 불명료하고 부자연스럽고, 지나치게 많이 끌어모으고 기워 붙인 것이 아니라, 수천의 큰 가지와 수백만의 잔가지, 그리고 바닷가의 모래처럼 수많은 잎새가 넓게 퍼지고 높이 솟아올라 저 엄청나게 큰 벽에 다양성과 통일성을 갖춘 한 그루 신의 나무를 만들어 냄으로써 모든 것이 살아 있는 전체로 모아지게 한 그 위대한 정신에 감동하고 경탄하는 것이다. 괴테는 형태의 비례보다 전체적인 조화, 그것을 만들어 내는 개성적 예술, 진실하고 위대한 예술, 살아 있는 예술을 스트라스부르 대성당에서 직접 느끼고 발견한 것이다.

이 위대한 예술 앞에서 괴테는 천재의 창조를 도외시하고 자신의 자식들을 여기저기로 내보내 외국에서 생겨난 것들을 주워 모으게 하여 그들을 타락시키는 당대 독일 문화의 현실을 돌아보지 않을 수 없었다. 분칠한 꼭두각시 화가들을 괴테가 그토록 혐오했던 것은 그들이 그러한 천재성, 그러한 개성, 그러한 창조성을 상실했기 때문이다. 자유로운 감정의 발산과 사회적 한계에 얽매이지 않는 천재적 개성의 표출을 찬미하는 질풍노도(Strum und Drang) 운동은 제도와 문명 앞에 파괴되는 자연과 인간의 모습을 고발했을 뿐 아니라 프랑스와 이탈리아 중심의 문화·예술 풍토에서 벗어나 독일의 역사와 문화에 대한 새로운 발견을 촉구하였다. 이성과 감성의 조화로운 통일을 지향한 바이마르 고전주의, 독일 문화의 전성기는 그와 같은 흐름의 연장선에서 피어난 것이었으며, 그 중심에 괴테라는 거인이 있었다.

괴테는 청년 시절 레싱과 빙켈만의 영향을 받았고, 노년에는 칸트의 영향을 받았다고 술회한 바 있다. 그는 세상사에 지치기 시작할 무렵 실러를 만났고, 훔볼트 형제와 슐레겔 형제를 알게 되었다고도 했다.[5] 레싱과 빙켈만, 칸트는 18세기 독일의 인문주의를 수립하는 데 기여한 첫 세대 인물들이었고, 실러와 훔볼트 형제, 슐레겔 형제는 괴테와 함께 바이마르 고전주의 시대를 꽃피운 인물들이었다.

『괴츠 폰 베를리힝겐』(1773), 『젊은 베르테르의 슬픔』(1774), 『타우리스의 이피게니에』(1787), 『빌헬름 마이스터의 수업시대』(1796), 『친화력』(1809). 『색채론』(1810), 『이탈리아 기행』(1817), 『서동시집』(1819), 『시와 진실』(1831) 『파우스트』(1832) 등 많은 저작을 남긴 괴테는, 자신의 자서전을 집필하면서 그가 처한 시대 상황 속에서 자신을 묘사하는 것을 중요한 과제로 여겼다. 시대가 그를 얼마나 억압했고, 얼마나 지원해 주었는지, 그가 이러한 것들로부터 어떻게 자신의 세계관과 인간관을 형성해 나갔는지, 그리고 그것들을 어떻게 그의 작품 속에 반영하고 표현했는지를 보여 주는 것이야말로 자서전의 핵심 과제라고 했다.[6] 이와 같은 진술은 괴테의 작품이 당대의 현실 및 역사적 흐름과 끊임없이 접촉하는 가운데 이루어진 것이었음을 말해 주는 것이기도 하다. 이 글에서는 괴테 문학의 대표작이라고 할 수 있는 『젊은 베르테르의 슬픔』, 『타우리스의 이피게니에』, 『빌헬름 마이스터의 수업시대』, 『파우스트』 등 4편의 작품을 중심으로 18세기 독일을 비롯한 유럽 사회에서 '천재'로 평가받던 괴테가 고민했던 문제가 무엇이었는지, 그가 문학을 통해 보여 주고자 했던 것이 무엇이었는지를 차례로 살펴보고자 한다.

1. 『젊은 베르테르의 슬픔』:
푸른 연미복에 노란 조끼였습니다

『젊은 베르테르의 슬픔』은 괴테를 일약 세계적 작가의 반열에 올려놓은 작품이다. 작품의 원제목은 『젊은 베르터의 고뇌(*Die Leiden des jungen Werthers*)』인데, 번역 소개되는 과정에서 『젊은 베르테르의 슬픔(*The Sorrows of Young Werther*)』으로 널리 알려졌다. 친구 부인에 대한 불행한 애정으로 인해 초래된 예루살렘의 죽음이 괴테 자신이 겪었던 일과 중첩되면서 그를 격렬하게 격동시켜 4주 만에 완성한 작품으로 알려져 있다. 괴테는 이 작품을 통해서 폭풍우처럼 격렬한 격정에서 구제될 수 있었고 새로운 삶을 시작할 수 있었다고 한다.[7]

로테에 대한 이루어질 수 없는 사랑에 괴로워하던 베르테르가 끝내 자살하고 마는 이 비극적 이야기는 아름다운 순애보로 읽히기도 하지만, 다른 한편으로는 귀족 중심의 중세 신분 사회가 지닌 부당한 차별을 문제 삼고 그에 저항한 작품으로 이해되기도 한다. C 백작이 주최한 만찬에 참석했던 베르테르가 상류 계급의 귀족들로부터 받아야 했던 수모를 통해 중세 신분 사회의 강고한 틀 안에서 무기력할 수밖에 없었던 시민사회의 모습을 읽을 수 있게 해 주기 때문이다.[8] 베르테르는 거만하기 짝이 없는 저들로부터 그런 수모를 당하자, 스스로 혈관을 끊어서라도 영원한 자유를 얻고 싶은 생각이 간절했다고 한다.

베르테르는 로테에 대한 사랑을 통해서 위안을 얻을 수 있었고 자기 존재의 가장 핵심적인 의의를 찾을 수 있었다.[9] 그렇기에 로테에 대한 그의 사랑은 단순한 청춘 남녀의 사랑 이상의 의미를 갖는 것이었다. 발하임에서 로테와 함께 지낼 때나 알베르트가 돌아와 발하임을 떠나야 했을 때나, 로테가 알베르트와 결혼하고 베르테르가 발하임으로 돌아온 이후에도 로테를 향한 베르테르의 사랑은 그를 존자하게 하는 가장 핵심적인 동력이었다. 로테와의 왈츠는 그의 몸을 경쾌하게 했고, 로테의 노래는 그의 마음을 사로잡았다. 로테와의 만남은 그를 설레게 했고, 그의 눈길은 로테의 눈동자만 따라다녔다. 그러나 베르테르는 그렇게 사랑하는 로테를 떠나야 한다는 것을, 그 스스로 단념해야 한다는 것을 알고 있었다. 때문에 그는 뼈저린 고통 속에서 메울 수 없는 공허함을 감내해야 했다. 알베르트는 물론 훌륭한 인간이었지만, 그가 채워 줄 수 없는 것을 베르테르는 가지고 있었고 그것을 로테는 좋아했다. 그럼에도 불구하고 로테를 자신의 사람으로 만든다는 것은 불가능한 일이었다.

애인에게 주기로 약속한 꽃다발을 만들기 위해 한겨울에도 꽃을 찾아 헤매는 하인리히나 일편단심 미망인을 사랑했던 발하임의 머슴 이야기는 그런 베르테르에게 남의 이야기일 수 없었다. 하인리히의 사랑을 어찌 단순한 정신병자의 미친 행위로만 이해할 수 있겠는가, 여주인에 대한 젊은 머슴의 연모를 어떻게 법적 문제로만 처리할 수 있겠는가. 베르테르가 그들에게 동정심을 갖고 변호하고자 했던 것은 법이나 제도의 틀만으로는 이해할 수 없고 재단할 수 없는, 그 이상의 것이 있음을 누구보다 확신했기 때문이었다. 그러나 사회는 법과 제도, 관습과 윤리의 선을 넘어서는 것을 용납하지 않았다. 기존의 체제와 질서를 넘어선 새로운 가치와 삶을 인정하려 하지 않았다.

로테에 대한 사랑이 현실적으로 그 어떤 희망도 기쁨도 가져올 수 없음을 깨달은 베르테르는 마침내 죽음을 자신의 마지막 기대이자 희망으로 여긴다. 그것은 로테를 위해 스스로 몸을 바쳐 희생하겠다는 것이었기에, 절망이 아니라 마지막 기대이자 희망일 수 있었다. 로테와 알베르트, 그리고 베르테르 자신, 그 셋 가운데 어느 한 사람이 사라지지 않고서는 문제가 해결될 수 없었기 때문에, 누군가 한 사람이 사라져야 한다면 자기가 그 한 사람이 되기로 한다. 자기 자신을 죽이는 것이야말로 진정으로 로테를 위한 일이라고 확신한 것이다.

베르테르는 로테가 손을 대고 만져서 정결해진, 그녀를 처음 만났을 때

입었던 푸른 연미복에 노란 조끼를 단정하게 입고 장화를 신은 채 방바닥에 쓰러졌다. 낭자하게 피를 흘린 그의 옆에는 권총이 떨어져 있었다. 그리고 그의 책상 위에는 레싱의 희곡『에밀리아 갈로티』가 펼쳐져 있었다.

레싱(Gotthold Ephraim Lessing, 1729-1781)의 희곡 『에밀리아 갈로티』(1772)는 구아스탈라의 영주가 혼인을 눈앞에 둔 평민계급의 처녀 에밀리아 갈로티를 손에 넣으려고 하자, 순결을 지키기 위해서는 죽음 외에 다른 탈출구가 없다고 생각한 그녀가 마침내 아버지의 손을 빌려 죽음에 이르고 마는 비극이다. 베르테르와 에밀리아 갈로티는 자신의 사랑을 이루

작자 미상, 베르트르의 자살 삽화(1774)　　＊이미지 출처: 위키미디어 커먼스

지 못하고 죽는다는 점에서 동일한 결말을 보여 준다. 로테에 대한 사랑이 현실적으로 이루어질 수 없게 됨에 따라 다음 세상을 기약하면서 선택한 마지막 기대이자 희망이 베르테르의 죽음이었다. 로테를 소유할 수도, 포기할 수도 없는 상황에서 베르테르가 선택한 죽음은 개인의 힘으로는 넘어설 수 없는 시대의 한계를 극단적 방식으로 뛰어넘어 보려고 한 시도였다. 에밀리아의 죽음은 자신의 사랑을 강탈하려는 권력의 횡포와 음모 앞에 속수무책으로 당할 수밖에 없는 무력한 개인의 죽음이었다. 그런 점에서 그들의 죽음은 사회적으로 강요된 죽음이었다. 다만 영주의 무단적 권력 행사가 거침없이 자

행되고 여성의 순결 유지라는 도덕적 이념이 암묵적으로 강요된다는 점에서 『에밀리아 갈로티』에 투영된 사회적 폭력의 강도는 훨씬 더 강했다.[10] 반면 심적 고통이 거듭되고 끝내 희망을 찾을 수 없었지만, 죽음 이후의 세상에서 라도 자신의 사랑을 이어 가고자 하는 의지를 포기하지 않았다는 점에서 『젊은 베르테르의 슬픔』에 투영된 개인의 의지는 상대적으로 더 강했다. 『젊은 베르테르의 슬픔』이 사회의 제도적·이념적 장벽에 굴하지 않고 자신의 사랑을 추구하고자 한 인간의 모습을 극적으로 보여 준 작품이었다면, 『에밀리아 갈로티』는 사회적·이념적 장벽 앞에서 자신의 사랑을 추구하려고 하지만 끝내 굴복할 수밖에 없었던 인간의 모습을 극적으로 보여 준 작품이라고 할 수 있다.[11] 그렇기에 두 작품은 중세의 끝자락, 근대 초기의 독일에서 문학을 통해 사회적·이념적 패러다임에 의문을 제기하고 그 전환의 필요성을 보여 준 작품이라고 할 수 있다. 괴테가 『젊은 베르테르의 슬픔』 마지막에 『에밀리아 갈로티』를 배치한 것은 그런 점에서 주목할 필요가 있다.

『젊은 베르테르의 슬픔』은 순수하면서도 열정적인 사랑과 중세 사회에 대한 비판이라는 두 가지 문제를 하나의 작품 속에서 절묘하게 결합해 젊은 이들의 억눌렸던 열망에 불을 지폈다. 사회적 규범이나 제도로부터 자유로운 순수한 사랑, 절대적인 사랑을 꿈꾸었던 베르테르의 삶과 그 비장한 결말은 자신의 꿈을 자유롭게 펼칠 수 없었던 18세기 독일과 유럽의 젊은이들에게 커다란 반향을 불러일으켰다. 작품 출간 직후 영어, 프랑스어, 이탈리아어 등으로 번역되어 읽히면서 대륙 곳곳에서 베르테르처럼 푸른 연미복에 노란 조끼를 입고 자살하는 청년들이 여기저기서 등장했던 것은 그 영향력이 어떠했던가를 보여 준다. 충족되지 않는 열정에 괴로워하고, 자신의 의지와는 무관하게 끌려가는 무의미한 삶을 살아야 했던 암울한 현실 속에서 젊은이들은 베르테르의 사랑과 선택에서 신선한 충격을 받았다. 베르테르의 사랑과 죽음이 고통스럽고 무의기하게 반복되는 '삶의 권태'로부터 탈출해야 한다는 근원적인 욕망에 불을 지핀 것이다.[12] 『젊은 베르테르의 슬픔』이 18세기 후반 독일 사회를 휩쓸었던 질풍노도 운동의 대표작이라고 일컬어지는 이유는 바로 그 때문이라고 할 수 있다.

2. 『타우리스의 이피게니에』:
　저는 탄탈루스 가문 출신입니다

　　『타우리스의 이피게니에』는 에우리피데스(Euripides, 기원전 480년경-기원전 406년경)의 『타우리케의 이피게네이아』를 각색한 것으로, 산문으로 써 두었던 것을 이탈리아에서 운문으로 다시 완성한 작품이다. 1775년에 작센 바이마르 공국으로 간 괴테는 이후 이탈리아 여행에 오를 때까지 10여 년간 창작에 몰두할 시간을 가질 수 없었다. 1786년 9월 3일 새벽, 그가 아무에게도 알리지 않고 카를스바트를 떠나 이탈리아로 향하게 된 것은 출판업자 괴셴(Georg Joachim Göschen, 1752-1828)의 전집 출간 제안이 작가로서의 삶에 대한 그의 의지를 다시금 일깨웠기 때문이다. '거역할 수 없는 욕구'가 그를 이탈리아로 이끈 것이다. 전집 출간을 도와주던 헤르더는 괴테에게 그동안 쓰다 만 것을 다시 시작하라고, 그중에서도 '이피게니에'는 좀 더 주의를 기울일 가치가 있는 작품이라고 하기도 했다.[13] 괴테는 1787년 1월, 로마에서 『타우리스의 이피게니에』를 완성하여 출판사로 보낸다. 이 작품은 괴테 스스로 낭독하는 편이 더 유창하게 느껴진다고 했을 정도로 아름다운 운율을 가진 운문 드라마이다.

　　괴테의 『타우리스의 이피게니에』는 그리스 신화에 나오는 저주받은 탄탈루스 가문의 이야기를 바탕으로 하고 있기 때문에, 기존의 신화와 다른 지점을 어떻게 만들어 가느냐가 창작의 관건이었다. 괴테는 그것을 이피게니에가 타우리스로부터 디아나 여신상을 가지고 오레스트, 필라데스와 함께 귀환하는 방법에서 찾았다. 그리고 그것을 통해 복수와 배은의 서사를 신뢰와 화해의 서사로 바꾸어 놓았다.

에우리피테스의 『타우리케의 이피게네이아』에서는 제물이 부정하여 여신상이 대좌에서 뒤로 돌아섰다고 하면서 번제(燔祭)와 정화가 필요하다고 토아스 왕을 속인다. 자신들의 음모가 탄로 나지 않게 하려고 코러스까지 회유한다. 발각되지 않고 탈출하기 위한 음모를 주도면밀하게 꾸미고 실행에 옮긴 것이다. 그것을 모르는 토아스 왕은 번제와 정화가 필요하다는 이피게네이아의 제안에 대해 그대의 경건과 염려는 적절한 것이라고 하면서 흔쾌히 동의하고 돕는다. 나중에 그것이 달아나기 위한 속임수였다는 사실을 알게 된 토아스 왕은 커다란 배신감을 느끼고, 모든 시민에게 허안으로 달려가 헬라스의 배를 붙잡도록 명한다. 이피게네이아와 오레스테스 일행은 높은 파도로 인해 멀리 달아나지도 못한 채 붙잡힐 위험에 처하는데, 그 순간 아테나 여신이 나타나 추격을 멈추고 군대를 철수시키라고 명함에 따라 이 급박한 위기가 해소된다. 아테나 여신은 이피게네이아와 오레스테스의 올바른 마음씨 때문에 고향으로 돌려보낸다고 하면서 토아스 왕도 화내지 말라고 명한다. 갈등의 해결과 위기의 해소가 신에 의해 이루어지는 것이 에우리피테스의 『타우리케의 이피게네이아』인 것이다.

반면 괴테는 에우리피테스와는 달리 속임수나 배은보다는 서로에 대한 신뢰와 존중의 방식을 취한다. 희생 제물로 바쳐져야 했을에도 여신의 구원을 받아 타우리스의 여사제가 된 이피게니에는 아버지와 형제자매가 있는 고향으로 돌아가지 못한 채 토아스 왕의 근엄하고 성스러운 노예로 살아가는 자신의 삶을 '두 번째 죽음'이라고 여기며 지낸다. 그런 그녀를 토아스 왕은 자신의 신부로 맞아들이그자 성심성의를 다하지만, 이피게니에는 저주받은 탄탈루스 가문의 여인인 자신의 삶은 신들이 결정하는 것이지, 자신이 결정할 수 있는 것이 아니라고 하면서 토아스 왕의 청혼을 거절한다. 구애를 거절당한 토아스 왕은 그동안 중지해 왔던 희생 제물의 공양을 속개하라고 땅한다. 그 첫 번째 희생 제물이 해변 동굴에 숨어 있다가 붙잡힌 이피게니에의 동생 오레스트였다.

괴테의 『타우리스의 이피게니에』는 복수의 서사를 화해의 서사로 전환하면서 이 난관을 해결한다.[14] 제3막 제2장, 혼수상태에서 깨어난 오레스트의 독백은 피와 복수로 점철된 탄탈루스 가문의 화해를 암시한다. 그는 환영 속에서 집안의 선조들이 정답게 대화를 나누고 평화롭게 걸어가는 모습을 본다. 차마 입에 담을 수 없는 끔찍한 복수를 서로에게 행했던 티에스테스와 아트레우스가 정답게 대화를 나누고 아이들은 장난치며 그 주위를 맴돈다. 오레스트는 선조들에게 인사를 드리고 저주의 짐을 짊어지고 온 자신을 그들의 무리에 받아들여 달라고 한다. 그는 아버지 아가멤논의 손을 어머니 클리타임네스트라가 잡을 수 있도록 허락한다면, 자신도 어머니에게 다가가서 당신의 아들을 봐 달라고 하겠다고 한다.

이피게니에는 오레스트와 필라데스의 귀향을 위해서는 필라데스의 계획을 따라야 한다는 것을 알면서도 망설인다. 그 계획을 따르게 되면 동생을 구할 수는 있으나 호의를 베풀어 준 토아스 왕, 자신의 생명과 운명을 신세 진 사람을 속이고 우롱하는 것이 되기 때문이다. 그렇다고 가문이 위험에 처하는 것을 두고 볼 수도 없다. 자신의 순결한 손과 마음으로 더럽혀진 집을 깨끗하게 하겠다는 희망이 헛된 것이 될까 봐 두려웠기 때문이다. 이피게니에는 그 절체절명의 순간 탄탈루스가 황금 의자에서 떨어질 때 냉정하게 부르던 여신들의 노래, '인간의 자손들이여, 신들을 두려워하라'라는 노래를 생각하며 모든 것을 숨김없이 토아스 왕 앞에 털어놓는다. 얄팍한 계략에 의지하여 또 다른 분노와 복수의 씨앗을 남기기보다는 순수하고 고결한 마음 하나로 당당하게 맞섬으로써 신 앞에 부끄럽지 않은 길을 가겠다는 것이다. 마침내 이피게니에는 탄탈루스 가문의 살아남은 두 사람, 이피게니에와 오레스트의 생사를 토아스 왕의 손에 맡기겠다고 한다. 물론 이와 같은 결정은 이피게니에와 오레스트의 목숨을 더욱 위태롭게 만드는 것이었다. 그 극적 순간에 토아스 왕은 이피게니에의 믿음과 진실된 이야기에 감화되어 분노를 억누르고 그들의 귀향을 허락함으로써 극적 긴장을 해소한다.

토아스 왕이 마음을 돌리게 된 것은 이피게니에에 대한 그의 애정과 그녀의 진정성 때문이었지만, 현실적으로 그런 결정을 내릴 수 있도록 한 것은 오레스트가 타우리스의 여신상을 가지고 돌아가겠다는 본래의 뜻을 포기함으로써 가능했다. 오레스트는 타우리스의 바닷가 디아나 신전에 머물고 있는 누이를 데리고 오면 저주가 풀릴 것이라는 아폴로의 말을 아폴로 신의 여동생인 디아나 여신상을 가지고 가야 하는 것으로 이해했다. 토아스 왕의 입장에서는 제물로 바쳐야 하는 오레스트를 살려 보내는 것만 해도 어려운 결정이었는데, 신전의 여신상까지 빼앗긴다는 것은 받아들일 수 없는 일이었다. 그것은 교활한 그리스인의 약탈, 그 이상도 그 이하도 아니었기 때문이다. 다행히 오레스트가, 자기가 데려가야 하는 디아나 신전의 누이는 아폴로의 누이, 즉 여신상이 아니라 오레스트 자신의 누이라는 것을 깨달았다고 함으로써 극의 마지막 긴장과 오해는 해소된다.[15] 모든 문제가 해결되자 이피게니에는 토아스 왕의 행동과 자비에 신들이 합당한 보상을 내릴 것이라고 하면서 자신들도 축복을 받으며 떠날 수 있도록 해 달라고 청한다. 이에 토아스 왕이 이피게니에 일행에게 잘 가라고 인사를 하면서 화해와 축복의 새로운 세상이 열린다.

괴테는 복수와 저주로 점철되어 온 탄탈루스 가문의 운명을 거짓이나 계략을 모르는 이피게니에의 순수하고도 진실한 마음으로 끊어 내면서 화해와 축복의 새로운 세계를 펼쳐 보였다. 위기를 핑계 삼아 자신이 받은 호의를 저버리지 않고, 위험을 감수하면서도 끝까지 믿고 존중하는 인간, 순수하고 고결한 마음 하나로 그 어떤 두려움에도 맞서며 신 앞에 부끄럽지 않은 길을 가겠다는 인간의 모습을 창조해 냈다. 신의 뜻에 의지할 수밖에 없었던 인간의 삶과 운명을 인간 스스로의 힘으로 개척해 나가는 새로운 세계로 만들어 낸 것이다. 괴테의 『타우리스의 이피게니에』를 가리켜 '순수이념이 철저하게 배

어 있는, 인간성에 관한 시적인 성극(聖劇)'이라고 하는 것은 그 때문이라고 할 수 있다.[16]

3. 『빌헬름 마이스터의 수업시대』: 당신은 아시나요? 그 레몬꽃 피는 나라

『젊은 베르테르의 슬픔』과 『에밀리에 갈로티』가 강고한 중세 사회의 제도적·이념적 틀 앞에서 좌절할 수밖에 없었던 개인의 문제를 다룬 작품이었다면, 『빌헬름 마이스터의 수업시대』는 그와 같은 개인의 좌절이 사회구조에 기인한 것이라고 진단하고 그에 대한 개선을 문제 삼은 작품이다. 이 작품의 주인공 빌헬름은 시민으로 태어난 사람들에게 주어지는 사회적 차별을 아무런 자각 없이 수용하고 순응하며 살아가는 인물이 아니다. 그는 자신의 인격을 현시함으로써 모든 것을 나타낼 수 있는 귀족들과는 달리, 자신의 인격을 통해 아무것도 나타낼 수 없고, 아무것도 나타내서는 안 되는 시민의 처지를 직접적으로 체험하며 살아야 했던 인물이다. 그러했기에 그는 공적으로 행동하며 영향력을 미치는 귀족과는 달리, 오직 일하고 생산해야만 하는 시민의 처지, 유용한 사람이 되기 위해 한 가지씩 자기 능력을 길러야만 하는 시민의 처지에 만족하지 못하고 회의한다. 그리고 그러한 차별은 귀족의 오만함이나 시민의 순종심 때문에 생겨난 것이 아니라 사회구조 자체에 문제가 있기 때문이라고 여긴다.[17] 빌헬름은 그러한 사회구조가 언제 어떻게 달라질 수 있을지 확신할 수는 없었지만, 그 속에서도 어떻게 하면 자신을 구원할 수 있을지, 어떻게 하면 자신의 꿈과 욕구를 공적으로 실현할 수 있을지, 시종일관 성실하게 모색하고 그 과정에서 뜻하지 않게도 사회 변혁을 꿈꾸는 아름다운 영혼을 가진 사람들과 함께하게 된다. 오류와 방황을 거듭하면서도 끝내 자신만의 북극성을 향해 나아가는 빌헬름의 행적[18]은 이 작품을 '교양소설'이라는 새로운 장르를 대표하는 작품이 되게 했다.

『빌헬름 마이스터의 수업시대』는 빌헬름과 나탈리에의 신분의 장벽을 넘어선 결혼, 로타리오의 토지 개혁론, 미뇽과 아우구스틴의 비극적 삶과 죽음 등을 통해서 중세 사회를 지탱해 온 신분 질서와 종교적 율법, 사회 제도와 윤리가 인간의 자연스러운 감정과 꿈을 얼마나 억압하고 뒤틀리게 했는지를 보여 준다. 그런 가운데서도 외적 조건보다 내적 요소를 중시하며 더 나은 것을 찾아 끊임없이 노력하는 아름다운 영혼, 선한 사람들이 이루어 내는 극적인 드라마를 통해 감동을 자아낸다.

주인공 빌헬름은 가업을 이어 상인으로 살아가기를 바랐던 아버지의 기대와는 달리 문학(연극)에 열정을 바치며 행복과 만족을 찾으려고 한다. 남의 등불을 자기의 북극성으로 알고 따라가기보다 오류와 방황 속에서도 자신의 북극성을 찾으려고 한다. 그것은 그가 있는 그대로의 자기 자신을 완성해 나가는 것을 어렸을 적부터 꿈꾸어 왔기 때문이다. 그러나 내심의 욕구를 좇아 선과 미를 추구하는 과정에서 그는 아무런 죄도 없이 멸시받아야 하는 시민들의 상황과 마주하게 된다. 귀족들은 일상생활에서 그 어떤 한계선도 모르고, 어디를 가나 떳떳이 나설 수 있었던 반면, 시민들은 자신의 둘레에 그어져 있는 한계선을 받아들여야 하고, 아무리 뛰어난 능력이 있더라도 그 선을 넘어 영향력을 행사할 수 없었다. 오직 귀족만이 '교양'을 갖출 수 있었을 뿐, 시민계급은 아무리 발버둥 쳐도 자신의 개성을 잃어버리지 않을 수 없었다.

문명의 발달로 인해 인간이 분열되면서 온전한 모습을 잃게 되었다는 인식에서 '교양(Bildung)'에 대한 논의가 비롯되었다는 사실에 비추어 보면,[19] 온전한 인간으로서의 모습을 추구하는 것 자체가 신분에 따라 허용되거나 허용되지 않았다는 것은 당시 독일 사회의 차별성, 전근대성을 보여 준다. 온전한 인간이 되고자 하는 욕구나 그 실현이 타고난 신분에 따라 허용되기도 하고 허용되지 않기도 하는 사회를 우리는 인간적 사회라고 할 수 없다. 『빌헬름 마이스터의 수업시대』는 '시민계층의 인간도 조화로운 인격 형성을 할 수 있는가'의 여부를 주요한 테마로 다룬 작품인 것이다.[20]

빌헬름의 부친이 그에게 상인으로 살아가기를 기대하고 요구했던 것은 그런 사회 속에서 평범한 시민으로 살아가기를 바라고 요구했던 것이라고 할 수 있다. 그러나 빌헬름은 자기 내면에서 끓어오르는 인간의 본질적 욕구에 눈감을 수 없었기에 거기에 만족할 수 없었다. 그렇기에 그는 기존의 통념과 사회체제 및 그에 익숙한 사람들과 부딪힐 수밖에 없었고 자신의 길을 찾아가느라 방황할 수밖에 없었다.

빌헬름과 나탈리에의 결혼은 그런 점에서 사회의 기존 체제와 통념에 충격을 가하고 균열을 일으키는 상징적 사건이라고 할 수 있다. 18세기 독일에서는 신분이 다른 배우자들끼리의 결혼을 '어울리지 않는 결혼(Mißheiraten)'이라고 했다. 신분 계급이 다르면 생활 방식도 달라서 서로 따라갈 수 없고 바꿀 수도 없기 때문에 이런 종류의 결합은 차라리 이루어지지 않는 편이 낫다고 보았다. 신분이 다른 배우자들끼리의 결혼에 이러한 이름을 붙여 금기시한 것은, 귀족은 미천한 평민 집안과 혼인을 하면 안 된다는 신분 차별적 발상에 기인한 것이다.[21] 강도의 습격을 당했을 때 자신을 구해 주고 치료해 주었던 나탈리에를 항상 연모해 왔으면서도 그녀에 대한 자신의 사랑과 운명에 대해 적극적으로 자기 의사를 표출하지 못한 채, 로타리오의 결정에 맡기겠다며 소극적으로 일관한 빌헬름의 태도는 다른 계급과의 결혼에 대한 그와 같은 통념이 무의식적으로 작용했기 때문이다. 그럼에도 불구하고 괴테는 이들의 결혼을 모든 이가 기대하는 아름답고 이상적인 결혼으로 그려 냄으로써 신분의 장벽을 넘어 진정으로 사랑하는 배우자를 자유롭게 선택할 수 있는 사회를 꿈꾸게 하였다.

로타리오의 토지 개혁론 역시 사회의 기존 체제를 흔드는 충격적인 주장이었다. 로타리오는 토지의 소유 그 자체보다 토지 소유의 정당성을 더 중시하였다. 그는 농부들의 노력을 빌리지 않고서는 자신의 영지를 경영할 수 없다는 사실을 분명하게 알고 있었고, 지식의 증대와 시대의 진보에 따라 쿨어나는 이익을 자신과 함께 일하고 자신을 위해 일하는 사람들 위해 나누어야 한다고 생각하였다. 그뿐만 아니라 봉토로 받은 토지 역시 다른 토지들과 마찬가지로 정당한 세금을 납부해야 한다고 주장했다. 그렇게 해야만 토지 소유의 정당성을 인정받을 수 있다는 것이다. 농민들의 토지에는 세금을 부과하면서 귀족의 토지에 세금을 부과하지 않는 것은 귀족의 토지 소유에 대한 정당성을 인정받기 어렵게 한다는 것이다. 귀족들도 봉토에 대한 조세를 정당하게 납부할 때, 비로소 토지 소유의 정당성을 인정받으면서 동시에 그 운영의 자율권 또한 확보할 수 있게 되기 때문이다. [22]

당시 독일 귀족의 세습영지는 자유로운 매매나 양도가 법으로 금지되어 있었다. 영지의 자유로운 매매나 양도는 봉토(Lehen)를 매개로 군주에게 종속되어 있던 귀족들의 위상을 강화하는 것이라는 점에서 귀족들에게도 매혹적인 개혁안이었다. 그뿐만 아니라 영지 매매 및 양도의 자유화는 농지의 유동성을 높이고 사회적 부의 증대를 촉진할 수 있다는 점에서 더욱 매력적인 것이었다. [23]

로타리오의 이와 같은 토지 개혁론은 베르너와의 토지 거래를 통해서 구체화된다. 빌헬름은 이들과 함께 앞으로 경영하게 될 토지를 둘러보면서 더이상 방황하지 않아도 될 미래를 설계한다. 그 과정에서 빌헬름은 이제 자신의 수업시대가 끝났음을 느끼고 시민으로서 갖추어야 할 덕성도 모두 갖추었음을 느낀다. 이 비할 데 없는 기쁨을 느끼는 순간, 그는 자애로운 자연은 우리를 마땅히 그렇게 되어야만 할 모든 존재 양식으로 만들어 주는데, 도덕은 불필요하게도 지나치게 엄격하다는 사실을 깨닫는다. 인간 사회의 각종 규범이나 제도는 인간을 방황케 하고 오도하며, 자연보다 더 까다로운 요구를 한다는 것이다. 그런 점에서 로타리오의 토지 개혁론은 신분 차별을 전제로 자연스러움을 억제하고 불필요한 구속을 강요해 온 봉건적 토지 제도의 문제점을 개선하려 한 것으로 읽을 수 있다.

괴테의 『빌헬름 마이스터의 수업시대』를 거론하면서 빼놓을 수 없는 인물이 미뇽과 아우구스틴이다. 어딘가 모를 깊은 우수와 슬픔, 우울함과 신비로움에 싸여 있는 이들의 정체는 작품 마지막에 가서야 밝혀진다. 그들이 평생 감당하며 살아야 했던 상처와 아픔은 그들의 잘못이 아니라 종교적 율법과 사회 윤리에 기인한 것이라고 괴테는 이야기한다. 그런 점에서 우리는 당대 사회에 대해 괴테가 지녔던 문제의식의 폭과 깊이를 다시 한번 생각하게 된다.

어린 나이에 곡예단에 유괴되어 부모 곁을 떠나야 했던 미뇽은 자신의 고국을 다시 보고 싶은 소망과 빌헬름을 향한 그리움을 간직한 채 살아간다. 길 잃은 자신을 집으로 데려다 달라는 부탁에도 불구하고, 근사한 사냥을 했다고 하면서 아이가 돌아가는 길을 다시는 찾지 못하게 해야 한다던 사람들이 남긴 충격은 그녀로 하여금 어느 누구에게도 자신의 이야기를 입 밖에 내지 않게 만들었다. 자신을 구해 준 빌헬름과 함께하면서 미뇽은 새로운 모습으로 변화하기 시작하지만,²⁴ 끝내 자신의 사랑을 이룰 수 없게 되면서 짧은 생을 마감하고 만다. 미뇽의 변화를 눈여겨보았다면 그녀의 비극적 죽음을 방지할 수 있었을지도 모른다. '아버지'라고 부르던 빌헬름을 '마이스터 씨!'라고 부르는 미뇽의 심리에 대해서, 또는 빌헬름이 자신의 곁을 떠날 것이라는 이야기에 자지러지며 경련을 일으키는 미뇽의 상태를 주의 깊게 살폈다면 그런 비극적 결과에 이르지는 않았을지도 모른다. 그러나 놀라기는 했을지언정 어느 누구도 그 원인을 알아보려고 하지 않았다. 그것을 간과하게 한 것은 '부녀지간' 같은 빌헬름과 미뇽 사이에는 남녀 간의 애정이나 사랑 같은 것이 존재할 수 없다는 통념과 윤리의식이었다. 일종의 문명 의식이었다. 통념과 윤리의식은 인간 사회의 문명을 형성하고 유지하는 데 커다란 기여를 하지만, 다른 한편으로는 자연스러운 애정의 표출을 억압하고 부정한다. 그런 점에서 미뇽의 죽음은 인간 사회의 통념과 윤리의식, 문명 의식이 자연의 질서, 애정의 자연스러운 발로를 억압함으로써 야기한 비극적 결과였다고도 할 수 있다.

이 문제는 미뇽의 죽음에 한정되는 것이 아니라 미뇽의 아버지로 밝혀지는 아우구스틴의 비극적 사랑, 불우한 일생과도 연계된다. 그런 점에서 괴테는 이 문제를 진지하고도 심각하게 다루었다고 할 수 있다. 아우구스틴은 자기가 사랑하는 스페라타가 자신의 여동생이라는 사실을 모르고 사랑을 하게 되는데, 뒤늦게 그 사실을 알게 되면서 커다란 충격에 빠진다. 스페라타는 그 충격으로 자식에 대한 혐오감과 정신이상으로 고생하다 비극적인 죽음에 이르고, 아우구스틴 역시 정신적 충격을 이기지 못하고 수도원을 뛰쳐나와 세상을 떠돌게 된다. 아우구스틴과 스페라타 사이 사랑의 결실이었던 미뇽은 이웃에게 맡겨져 키워지지만, 집을 나왔다가 길을 잃어 곡예단에 팔리는 신세가 되었던 것이다.

이와 같은 불행의 씨앗은 아우구스틴의 부친이 자연스러운 사랑의 결과를 인위적으로 감추려고 했던 데 있었다는 점에서, 인간 사회의 통념과 윤리의식, 문명 의식이 얼마나 부정적이고 비극적인 결과를 낳는지를 보여 준다. 다른 사람의 비웃음거리가 되는 것을 참을 수 없어 했던 아으구스틴의 브친, 그의 가식적 문명 의식은 근친상간이라는 뜻하지 않은 비극을 낳았고, 그로 인해 아우구스틴과 스페라타, 미뇽의 비극적 삶과 죽음이 초태된 것이다.

자연의 관점에서 보면 아우구스틴과 스페라타의 사랑은 순수하고 고귀한 사랑일 뿐이었다. 신에 대한 몽상 속에 빠져 있었던 아우구스틴에게 그것은 그의 병을 치료할 수 있게 해 준, 자연의 커다란 선물이었다. 그런 자연의 선물이 억압받아야 할 이유는 없었다. 그러나 종교적 율법과 인간 사회의 윤리의식은 그들을 범죄자로 간주하게끔 하였다. 성직자와의 관계나 근친상간을 허락하지 않는 종교와 사회의 규범과 윤리가 그들의 순수하고 고귀한 사랑을 있을 수 없는 범죄행위로 만들고 그들을 죄의식 속으로 몰아넣었다. 괴테는 미뇽과 아우구스틴의 비극적 삶과 죽음을 통해 인간이 만들어 낸 문명과 제도가 인간의 자연스러운 삶과 사랑을 강압적으로 파괴하는 모습을 브여 준 것이다. 그런 점에서『빌헬름 마이스터의 수업시대』는 중세 봉건적 사회에 대한 그의 비판적 문제의식을 첨예하게 드러낸 작품이라고 할 수 있다.

『빌헬름 마이스터의 수업시대』는 이와 같은 문제의식을 강하게 드러낸 작품이지만, 주인공인 빌헬름이 추구한 세계가 모호하게 처리된 채 마무리되었다는 점에서 비판을 받기도 했다. 빌헬름은 행운을 움켜쥐기는 했지만, 운명, 즉 '탑의 결사'로 인해 버릇을 잘못 들인 가련한 한 인물일 뿐이라는 실러의 비판이나, 이 소설의 주제는 '귀족의 타이틀을 따기 위한 순례의 길'일 뿐이라고 한 노발리스의 비판이 그러한 예이다.[25] 수업증서를 받는다는 것이 무엇을 의미하는지 돌이켜 본다면, 실러와 노발리스의 비판은 매우 적실했다고 할 수 있다. 자신이 타고난 사명을 생생하게 느끼고 고백할 수 있으며, 자신의 길을 어느 정도 즐겁고 편안하게 갈 수 있을 만큼 충분히 연습한 사람에게만 주어지는 것이 수업증서임을 고려하면, 수업증서를 받고 난 뒤 빌헬름의 행적은 납득하기 어렵기 때문이다.

그럼에도 불구하고 빌헬름이 공동체적 체험 속에서 찾아낸 삶의 실체와 거듭되는 방황 속에서도 그가 이루어 낸 인간적 성숙은 깊은 울림으로 남는다. 그뿐만 아니라 '탑의 결사' 구성원들과의 연대 속에서 엿볼 수 있는 인간적이고도 내면적인 공동체에 대한 가능성, 본질적인 것에 대한 상호 간의 이해, 무엇인가를 함께 이룰 수 있다는 태도 등은『빌헬름 마이스터의 수업시대』가 당대를 넘어 지금까지도 중요한 의미를 지닌 작품으로 평가받는 이유라고 하겠다.[26]

4. 『파우스트』: 멈추어라! 너 정말 아름답구나!

게오르크 프리드리히 케르스팅 (1785-1847), 《연구실의 파우스트》 (1829)

* 이미지 출처: 위키미디어 커먼스

괴테는 예술가가 무엇인가 완전한 것을 창조해 내려고 한다면 끊임없이 결성을 지니고 있어야 한다고 했다.[27] '천재'라고 일컬어졌던 괴테였지만, 그는 남모르는 가운데 혼자서 갈고닦는 '끊임없는 열성'을 무엇보다 중시했다. 그가 평생에 걸쳐 『파우스트』를 완성하기 위해 고심하고 고쳐 쓰는 작업을 멈추지 않았던 것은 그 같은 열성을 지닌 예술가였기 때문이다.[28] 그렇지만 괴테는 그처럼 오랫동안 자신의 모든 것을 쏟아부어 완성한 『파우스트』 제2부를 세상에 내놓지 않은 채 눈을 감았다. 『파우스트』 비극 제2부가 그의 유작 제1집으로 빛을 보게 된 것은, 세상이 너무도 어처구니없고 혼란스러워, 그처럼 진기한 작품을 완성하는 데 들인 오랫동안의 성실한 노력이 별로 보상받지 못하고, 난파선처럼 산산조각 나고 쓰레기 더미에 뒤덮이게 하기보다는 차라리 자신에게 남아 있는 것을 가능한 한 고양시키고 자신의 고유한 특성을 보존하는 편이 더 낫다고 생각했기 때문이었다.[29]

괴테의 『파우스트』는 16세기부터 전해져 온 파우스트 박사 이야기를 새롭게 각색하여 완성한 작품이다. 그렇지만 괴테는 민중본『요한 파우스트 박사 이야기』(1587)에는 들어 있지 않았던 '그레트헨 비극'을 추가하였고, 이야기의 서두나 결말을 다르게 바꾸어 놓았으며, 당시까지만 해도 문학 언어로서 인정받지 못하던 독일어를 사용해서 12,111행에 이르는 방대한 분량을 정교한 시극(poetic drama)으로 완성해 냈다. 특히 24년이라는 기한이 정해진 악마와의 거래를 인간의 선택과 의지가 관여할 수 있는 내기로 바꾸어 놓았다는 점에서, 즉 순간을 향하여 파우스트가 "멈추어라! 너 정말 아름답구나!"라고 말하기 전까지는 메피스토펠레스가 그의 영혼을 가져갈 수 없도록 만들어 놓았다는 점에서 이전의 파우스트 전승과는 구별되는 독자적인 세계를 창조해 냈다.[30]

괴테의『파우스트』는 비극 제1부 앞에 〈헌사〉, 〈무대 위에서의 서연〉, 〈천상의 서곡〉으로 이루어진 프롤로그를 제시하고 있다. 특히 〈천상의 서곡〉에 나오는 주님과 메피스토펠레스의 대화는 이어지는 비극 제1부와 제2부의 내용을 예비함과 동시에 그 결말을 암시하는 기능을 하게 했다. 파우스트의 가계와 그의 어린 시절을 짤막하게 소개하는 데 그쳤던 기존의 파우스트 전승과는 달리, 괴테의『파우스트』에 추가된 이 프롤로그는 파우스트와 메피스토펠레스의 내기가 주님과 메피스토펠레스 사이 내기의 결과였음을 알려 주고, 파우스트가 숱한 방황 속에서도 끝내 올바른 길로 돌아오고야 말 것임을 암시한다.

이 프롤로그를 통해 괴테는 인간에 대한 신과 악마의 관점을 보여 준다. 메피스토펠레스는, 지상의 작은 신이라고 하는 인간은 어떤 짐승보다도 더 짐승처럼 구는 데에만 '이성'이라고 하는 하늘의 빛을 사용하기 때문에 거름더미를 보기만 하면 코를 쑤셔 박는다고 한다. 때문에 그런 인간들의 세상에서는 제대로 된 것을 찾아보기 어렵다고 한다. 그러나 주님은 나무가 푸르러지면 꽃이 피고 열매가 열릴 것이라고 하면서 지금은 비록 혼미한 가운데 자신을 섬기고 있다고 하더라도 그런 파우스트를 머지않아 밝은 곳으로 인도할 것이라고 한다. 메피스토펠레스는, 하늘로부터는 가장 아름다운 별을 원하고 지상에서는 최상의 쾌락을 맛보고자 하는 이가 파우스트라고 하면서 그는 어디에서도 자신의 마음을 충족시키지 못한다고 한다. 그러면서, 그를 자기와 같은 악마의 길로 끌어내릴 수 있다며 주님에게 내기를 하자고 한다.[31] 주님은 파우스트가 이 세상에 있을 때에는 얼마든지 그의 영혼을 끌어내리려 유혹해 보라고 한다. 방황하기는 하겠지만, 착한 인간은 어두운 충동 속에서도 무엇이 올바른 길인지 알고 있다고 믿기 때문이다. 이렇게 래서 주님과 메피스토펠레스 사이의 내기가 성사되고 작은 세계(시민사회)와 큰 세계(궁정사회)에서의 이야기가 펼쳐진다.

파우스트는 철학도, 법학도, 의학도, 심지어는 신학까지도 공부했지만, 이 세계를 가장 내밀한 곳에서 통괄하는 근원적인 힘이 무엇인지에 대해서는 아는 것이 아무것도 없음에 괴로워한다. 메피스토펠레스는 그러한 파우스트의 근심을 풀어 주기 위해 왔다고 하면서 무엇이든 원하는 것을 이루어 주겠다고 한다. 다만 이 세상에서 자신이 그에게 해 주는 것처럼, 저세상에서는 파우스트가 자신에게 똑같이 해 줄 것을 요구한다. 파우스트는 이 세상에서 자신이 원하는 것을 이룰 수만 있다면 저세상에서는 어떻게 되든 상관없다고 하면서 제안을 수락한다. 순간을 향해 '멈추어라! 너 정말 아름답구나!'라고 말한다면, 기꺼이 파멸의 길을 가겠노라고 약속한 것이다.[32] 메피스토펠레스와의 거래를 추동한 파우스트의 근원적 욕망과 그 궁극에 가 닿으려고 하는 시도, 바로 이것이『파우스트』 전편을 꿰뚫는 핵심 주제가 되는 것이다.[33]

그레트헨 비극, 황제 비극, 헬레나 비극 등 크고 작은 세계와 온갖 영화로움을 두루 경험한 끝에 파우스트가 찾아낸 위대한 일, 인간이 갈망하는, 과감히 노력하고 싶은 놀랄 만한 일은 무엇이었던가? 파우스트는 그것을 바다에서 찾았다. 아무리 힘차게 밀려와도 스러지고 나면 아무것도 이루어진 것이 없는 파도를 보면서 파우스트는 그 참을 수 없는 자연의 멍목적인 힘어 절망한다. 그리고 그는 그것을 뛰어넘고자 시도한다. 인간으로서는 이해할 수 없는 자연의 질서, 신의 섭리를 넘어 인간 스스로 납득할 수 있는 새로운 세계를 만들어 보고자 하는 것이다. 그가 황제의 옥좌를 지켜 주고 봉토로 하사받은 넓은 해안지대에서 간척사업을 벌이는 것은 그 때문이다.

드넓은 해안지대에 남아 있던 노부부의 오두막 한 채, 보리수나무 한 그루마저 눈엣가시처럼 여겼던 파우스트는 결국 눈이 멀고 만다. 거침없이 앞으로만 달려왔던 파우스트, 오직 갈망하면서 성취하고자 하는 소망만을 품고 평생을 질주해 왔던 파우스트는 눈이 멀고 나서야 비로소 내면에서 환한 빛이 켜진다. 눈이 먼 그는 자신의 무덤을 파는 삽질 소리를, 용감하고 부지런한 백성들이 비옥한 땅을 만들기 위해 위험을 무릅쓰고 한마음으로 협동하며 바다를 개간하는 소리로 착각한다. 파우스트는 자유로운 땅에서 수백만의 사람들이 함께 사는 모습을 상상하면서 벅찬 기쁨에 잠긴다. 그리고 마침내 순간을 향해 "멈추어라! 너 정말 아름답구나!"라고 외친다. 그 어떤 쾌락과 행복에도 만족하지 않고 내뱉지 않던 그가 이 말을 입 밖으로 낸 순간은, 사람들이 성난 파도에 맞서 천국 같은 땅을 일구기 위해 마음을 합해 협동하며 노력하는 순간이었다. 자유로운 땅에서 자유로운 사람들과 함께 살아가기 위해 남녀노소 할 것 없이 모두가 마음을 합해 값진 시간을 보내는 것, 그렇게 갈망하며 애쓰는 것이야말로 가장 위대한 일이라고 여긴 것이다. 그러나 그것은 그의 상상 속 세계였다. 존재하지 않는 상상 속 허구의 세계를 현실로 착각한 것이었다.

그런데 그토록 갈망하고 추구해 왔던 결과가 파우스트의 비극적 최후라고 한다면, 인간의 방황과 도전, 숱한 노력과 시도는 어떤 의미를 갖는가? 그렇다고 신에 의한 파우스트의 구원을 예정된 결과의 실현으로 받아들이고 만다면, 이 또한 신 중심의 기존 질서로 회귀하는 것 아닌가?[34] 괴테의 『파우스트』는 이 둘을 모두 부정하면서 출발한 것이 아닌가? 파우스트는 고통도 행복도 함께하며 어두운 악몽의 그물 속에서 밝은 이성의 길로 나아가고자 했던 '능동적 주체'이자 '인본주의자'가 아니었던가? 괴테가 『파우스트』를 '비극'이라고 했던 것은 그런 점에서 주목할 필요가 있다.[35] 파우스트의 구원을 우리는 비극적 결말이라고 할 수 없다. 괴테의『파우스트』가 전달하고자 한 메시지가 신 중심의 기존 질서로의 회귀라고도 할 수 없다. 오히려 파우스트로 대변되는 인간은 주체적으로 자신의 삶을 영위해 가야 한다는 것, 그의 삶이 비록 숱한 모순과 방황, 오류로 점철되어 있다고 할지라도, 그 끝이 비록 어떤 결과를 낳을지 모른다고 할지라도 그 순수하고 열정적인 마음만은 잃지 말고 걸어가야 한다는 것, 그것이 괴테의『파우스트』를 통해 우리가 수신해야 하는 메시지일 것이다. 현재에 만족할 수 없는 존재인 인간은 순수하고도 드높은 이상을 품에 안고 알 수 없는 미지의 세계, 불확실한 미래를 향해 걸어가야 한다는 것, 그것이 어쩌면 인간의 숙명이고 비극일지도 모른다.

괴테는 다재다능한 인간이었다. 그는 시인이자 소설가였고 극작가였을 뿐 아니라 화가이기도 했고 철학자이기도 했다. 식물학자이자 광학자였으며 지질학자이자 골상학자이기도 했다. 외교 참사관으로, 극장 감독으로, 도서관장으로, 무임소장관으로 오랫동안 관직에 봉사한 정치가이자 행정가이기도 했다. 그는 문화와 예술, 과학, 정치 각 방면에서 빼어난 업적을 남긴 천재였다.

괴테는 "우리가 몰두해야 할 가장 존엄한 것은 인간의 형상"[36]이라고 하였다. 그는 인간의 형상 속에서 아름다움을 발견하였고 추구해야 할 가치를 탐구하였다. 18세기 중엽부터 19세기 전반까지 계몽주의에서 질풍노도 운동기를 거쳐 고전주의로 이행하던 시기를 살아간 그는 문학을 통해서 인간의 자유로운 삶과 꿈의 실현을 가로막고 있었던 사회적·종교적·윤리적 문제를 비롯한 제반 문제들을 고발하고 나아갈 방향을 제시하였다. 그가 제기한 문제와 그가 제시한 방향은 그가 살았던 18세기만이 아니라 21세기 현재에도 중요한 의미를 갖는다는 점에서 우리는 괴테를 다시 읽는 것이 아닌가 한다.

주석

1   Isaiah Berlin, *The Age of Enlightenment: The Eighteenth Century Philosophers*(New York: Oxford University Press), 1979. Edward O. Wilson,『통섭: 지식의 대통합』, 최재천, 장대익 옮김(서울: 사이언스 북스, 2005), 52-53에서 재인용.

2   Johann Wolfgang von Goethe,『괴테 자서전: 나의 인생, 시와 진실』, 이관우 옮김(서울: 우물이 있는 집), 2013, 497.

3   Johann Gottfried von Herder,「영국과 독일 시문학의 우수성」. Lukács György,『독일문학사』, 반성완, 임홍배 옮김(서울: 심설당, 1987), 15에서 재인용.

4   1772년 11월, 잡지『문학의 특성에 대한 서한』에 게재되었던 이 글은 헤르더의 오시안과 셰익스피어에 대한 글들과 함께 1773년『독일적 특성과 예술에 관하여』라는 제목의 책으로 묶여 간행되면서 널리 알려지게 된다. 이 책은 '질풍노도 문예 운동의 강령서'로 평가받는다.

5   Johann Peter Eckermann,『괴테와의 대화 1』, 장희창 옮김(파주: 민음사, 2008), 1825년 5월 12일 참조.

6   Goethe,『괴테 자서전』, 10-11; 김수용,『괴테 파우스트 휴머니즘: 신이 떠난 자리에 인간이 서다』(파주: 책세상, 2004), 12-13.

7   예루살렘을 자살로 몰고 간 원인에 대해서는 온갖 억측이 난무했는데, 괴테는 1772년 11월 20일 소피에게 보낸 편지에서 '진리와 도덕적 선에 대한 강박적 추구' 때문이라고 했다. Rüdiger Safranski,『괴테: 예술작품 같은 삶』, 호모포에티가 옮김(서울: 한국외국어대학교 지식출판원, 2017), 196-197; Goethe,『괴테 자서전』, 728-729.

8   임홍배는『젊은 베르테르의 슬픔』에 나타난 관료 사회의 폐쇄적 위계질서, 귀족사회의 철저한 외면과 따돌림, 그리고 그 속에서 베르테르가 겪어야 했던 소외감과 그에 대한 도발에 주목한 바 있다. 임홍배,「《젊은 베르터의 고뇌》와 슈투름 운트 드랑」,『괴테가 탐사한 근대』(파주: 창비, 2014), 33-39.

9   김임구는 로테가 베르테르에게는 자연의 대리자 혹은 대체 자연(Ersatznatur)으로서 기능하고 있다고 한 바 있다. 로테는 자연적인 이상으로서 에로스와 모성애를 동시에 갖추고 있었으며, 동시에 소박함, 즉 수다도 떠는 자연스러움을 갖고 있었다는 것이다. 감성과 이성을 두루 갖춘, 분리되지 않은 총체성의 인격이기 때문에 베르테르에게 사회에서 얻을 수 없

는 것을 줄 수 있었다는 것이다. 김임구, 「근대성과 역사의 질적 변화: 괴테의 《베르터》와 《이피게니에》를 중심으로」, 『괴테연구』 17(2005): 11-12.

10 『젊은 베르테르의 슬픔』의 중심 문제(유부녀에 대한 사랑)보다는 『에밀리아 갈로티』의 중심 문제(호색적 영주의 탐욕, 여성의 순결)가 사회적 공감대를 확보하기 용이하다는 점에서도 그 폭력성에 대한 인식의 정도는 다르게 다가온다.

11 에밀리아는 자신의 가슴속에서 자연스럽게 일어나는 한 남자에 대한 자신의 감정을 따르고자 했던 능동적이고 진보적인 여성이었다고 할 수 있다. 정현규, 「레싱의 계몽관과 '에밀리아 갈로티'의 여인들」, 『괴테연구』 27(2014): 6-7.

12 괴테는 '삶의 권태'가 자살로 발전하는 경우는 드물지 않고, 특히 사색적이고 내성적인 사람들의 경우에는 상상 이상으로 자주 나타난다고 하였다. Goethe, 『괴테 자서전』, 716.

13 Johann Wolfgang von Goethe, 『이탈리아 기행 1』, 박찬기, 이봉무, 주경순 옮김(파주: 민음사, 2004), 51.

14 오순희는 괴테의 『타우리스의 이피게니에』는 폭력 자체를 거부하고 평화를 추구하는 조화로운 인간성을 전제로 했다는 점에서 현실의 재현이라기보다는 고전주의적 '기획'에 가깝다고 하였다. 오순희, 「괴테의 문학에 나타나는 신화와 폭력: 이피게니이아와 헬레네 신화를 중심으로」, 『괴테연구』 36(2023): 62-66.

15 김임구는 토아스 왕 역시 이피게니에와 함께 빠져든 모순과 착종의 관계에서 소유를 포기함으로써 자유 상태를 획득하게 되었다고 하면서, 사랑하는 이피게니에를 상실하기는 하였으나 그녀가 대표하던 원칙을 스스로 획득하였기 때문에 이피게니에 없이도 자기 나라를 진실과 인류애로 다스릴 수 있게 되었다고 해석하였다. 함경희는 '인지 주체의 확장'과 '신화적 인과성의 변화'라는 두 가지 측면에서 『타우리스의 이피게니에』의 화해적 구조를 설명한 바 있다. 김임구, 「근대성과 역사의 질적 변화」, 22-23; 함경희, 「괴테의 카타르시스 해석과 시대진단: 고전주의 드라마 《타우리스의 이피게니에》를 중심으로」, 『독일언어문학』 105(2024): 280-287.

16 자기 자신과 동생의 생사를 토아스 왕의 손에 맡기는 위험을 감수하는 이피게니에를 두고 뤼디거 자프란스키는 '무도하게 인간적'이라고까지 했다. Safranski, 『괴테』, 362-369 참조.

17 빌헬름은 베르너로부터 부친의 사망 소식을 전해 들은 뒤, 그에게 보낸 답장에서 이와 같은 자신의 생각을 펼쳐 보인 바 있다. Johann Wolfgang von Goethe, 『빌헬름 마이스터의 수업시대 1』, 안삼환 옮김(파주: 민음사, 1999), 446-448.

18 작품에 나타난 빌헬름의 삶은 진지한 관심과 노력(매진) 그 자체였다고도 할 수 있다. 이러한 그의 태도는 예술가가 무엇인가 완전한 것을 창조해 내려고 생각한다면 끊임없이 열성을 지니고 있어야 한다거나, 진지한 관심 없이는 이 세상에서 아무것도 이룰 수 없다는 언급, 또는 너무 나태한 나머지 자기들의 목적을 올바르게 알려고 하지 않고, 설령 안다고 해도 그 목적을 향해 진지하게 매진하지 않는 까닭에 사람들이 말하는 악이나 재앙이 생겨난다

고 하는 등의 언급을 통해서도 추론해 볼 수 있다. Goethe, 『수업시대 1』, 325; Goethe, 『수업시대 2』, 94-95.

19　Günther Buck, *Rückwege aus der Entfremdung. Studien zur Entwicklung der deutschen humanistischen Bildungsphilosophie*(Paderborn: F. Schöningh, 1984), 155 참조. 최선아, 「독일의 시민계급과 교양이념에 대한 고찰: 괴테의 《빌헬름 마이스터의 수업시대》를 중심으로」, 『세계 역사와 문화 연구』 39(2016): 146에서 재인용.

20　Safranski, 『괴테』, 500.

21　평민과 결혼하는 귀족 자녀는 상속권을 박탈하는 법적 규제도 있었을 만큼, '어울리지 않는 결혼'은 신분 차별을 제도화한 것이었다고 할 수 있다. 임홍배, 「'신분을 뛰어넘은 결혼'과 '아름다운 영혼'의 이상: 《빌헬름 마이스터의 수업시대》 소론」, 『괴테가 탐사한 근대』, 144 참조.

22　Goethe, 『수업시대 2』, 136-138 및 262-263.

23　임홍배는 로타리오가 추진하려고 한 토지 개혁론의 실질적인 내용은 '토지의 자유화'와 '소유의 정당성'에 있다고 하면서 당시 시민계급과 개혁주의적 귀족층의 공통된 이해를 대변한다고 보는 것이 일반적 견해라고 한 바 있다. 임홍배, 「《빌헬름 마이스터의 수업시대》와 사회개혁 구상」, 『괴테가 탐사한 근대』, 128-130.

24　오순희는 『빌헬름 마이스터의 수업시대』 제8권의 주요 주제가 '자연과 문명'의 관계임을 주목할 필요가 있다고 하면서, 미뇽이 빌헬름을 통해 말과 글을 익혀 가고 여성의 옷을 입게 되는 과정을 '자연의 아이'가 '문명'의 세례를 받아 나가는 과정으로 이해했다. '자연'이 '문명 질서'에 순치되어 가는 과정이라는 것이다. 오순희, 「미뇽의 죽음: 《빌헬름 마이스터의 수업시대》에 나타나는 자연과 젠더질서의 충돌」, 『괴테연구』 27(2014): 116-118 참조.

25　Safranski, 『괴테』, 550-552 참조.

26　Lukács György, 『루카치 소설의 이론』, 반성완 옮김(서울: 심설당, 1985), 177-178.

27　Goethe, 『수업시대 1』, 325.

28　1832년 3월 17일 괴테는 빌헬름 폰 훔볼트에게 보낸 편지에서 『파우스트』의 구상은 자신의 젊은 시절 초창기부터 분명했고, 그 전체적 순서가 상세히 드러나지 않은 상태에서 60여 년의 세월이 흘렀다고 이야기한 바 있다. 그는 이 계획을 항상 곁에 두고 천천히 진행시켰으며, 자신에게 가장 큰 관심의 대상이 된 부분들만을 개별적으로 완성해 갔기 때문에, 제2부에는 한결같은 관심으로 여타의 것과 연결시켜야 하는 빈틈이 남게 되었다고도 했다. 이보다 앞선 같은 해 2월 13일에는 『파우스트』 비극 제2부 제5막 시작 부분을 완성한 사실을 에커만에게 알리면서 자신이 이 장면을 구상한 지 30년이 넘었다고 말하기도 했다. 중요한 부분이었기 때문에 계속해서 관심을 가지고 있었지만 그만큼 완성하기가 어려워 걱정만 하고 궁리하던 끝에 마침내 완성하게 되었다는 것이다. Peter Boerner, 『괴테』, 송동준 옮김(파주: 한길사, 1998), 210-213; Eckermann, 『괴테와의 대화 1』, 720.

29   Eckermann, 『괴테와의 대화 1』, 730.

30   Boerner, 『괴테』, 204-210; 임우영, 「민중본 《요한 파우스트 박사 이야기》: 괴테 이전까지 파우스트-소재의 발전」, 『괴테연구』 17(2015): 256; 전영애, 「옮긴이 해제: 운문(韻文)처럼, 첫 번역처럼」, Johann Wolfgang von Goethe, 『파우스트 1』, 전영애 옮김 (서울: 도서출판 길, 2019), 15-16.

31   김수용은 〈천상의 서곡〉에 보이는 주님과 메피스토펠레스의 대화와 관련하여 인간에 대한 메피스토펠레스의 이해는 철저하게 현재 상황에 고착되어 있는 반면, 주님의 시선은 미래로 향해 있어서 가능성과 발전을 말하고 있다는 점에서 차이를 보인다고 한 바 있다. 그래서 주님은 '영원히 살아서 작동하는 생성의 힘이 사랑의 울타리로 그들을 둘러쌀 것'이라고 했다는 것이다. 김수용, 『괴테 파우스트 휴머니즘』, 38-41.

32   지식에의 갈망에서 벗어나 그 어떤 고통도 감수하면서 인류 전체에게 주어진 것을 나 면의 자아로 음미하고자 하는 파우스트, 자신의 정신으로 가장 높고 가장 깊은 것을 파악하고 그 기쁨과 슬픔을 가슴에 쌓아 올리면서 자신의 자아를 온 인류의 자아로까지 확대하려는 파우스트는 어느 한 순간에 집착하거나 안주하지 않으리라고 자신한다. 순간을 향한 "멈추어라! 너 정말 아름답구나!"라는 말은 자기 입으로 내뱉지 않을 것이라고 자신했기에 저 세상에서의 약속에는 큰 관심을 기울이지 않았다. Johann Wolfgang von Goethe, 『파우스트 1』, 정서웅 옮김(파주: 민음사, 1999), 94-99 참조.

33   뤼디거 자프란스키는 위를 향해 오르려고 하는 파우스트와 아래로 끌어내리려고 하는 메피스토펠레스 사이의 대결, 그 팽팽한 의지의 대결이 어느 한쪽의 일방적인 승리로 끝나지 않고 무언가 생산적인 제3의 것이 생겨나도록 하는 초월로 이어진다는 것, 그 유희의 메커니즘에 주목해야 한다고 한 바 있다. Safranski, 『괴테』, 810-811 참조.

34   괴테는 파우스트 자신 속에 최후까지 더욱더 고귀해지고 더욱더 순수해지려는 활동이 들어 있는 데다가 하늘로부터도 그를 구원하려는 영원한 사랑의 손길이 뻗치고 있었기 때문에 파우스트는 구원을 받을 수 있었다고 하면서, 종교적 관념을 사용하지 않았다면 상상키 어려운 문제에 부딪혀 막막하게 헤매기만 했을지도 모른다고 한 바 있다. 인간의 의지와 노력, 그리고 신의 사랑과 은총이 파우스트의 구원에는 함께 작용했다는 것이다. Eckermann, 『괴테와의 대화 1』, 729-730 참조.

35   김수용은 화해할 수 없는 갈등과 그로 인한 파국을 전제로 하는 '비극'의 특성을 고려한다면, 파우스트의 구원을 종교적 시각으로 해석하는 것은 타당하지 않다고 하였다. 김수용, 『괴테 파우스트 휴머니즘』, 55-58.

36   Goethe, 『이탈리아 기행 2』, 417.

4부.

혁명의 지성, 전복의 지성

혁명의 지성, 전복의 지성

다윈, 자연선택에 의한 진화를 말하는 혁명가

김석한

전주교육대학교 윤리교육과 교수

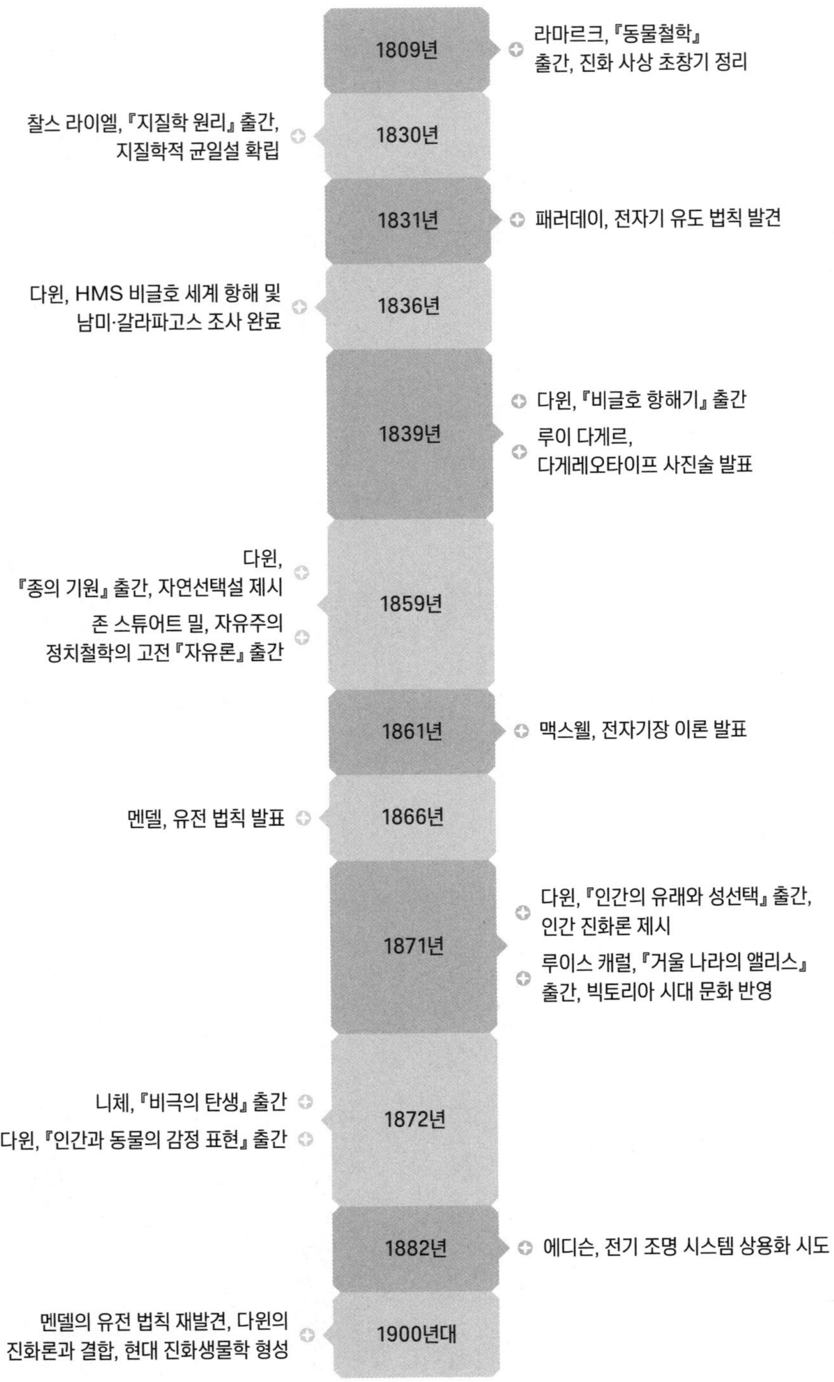

1809년
라마르크, 『동물철학』 출간, 진화 사상 초창기 정리
찰스 라이엘, 『지질학 원리』 출간, 지질학적 균일설 확립
1830년
1831년
패러데이, 전자기 유도 법칙 발견
다윈, HMS 비글호 세계 항해 및 남미·갈라파고스 조사 완료
1836년
1839년
다윈, 『비글호 항해기』 출간
루이 다게르, 다게레오타이프 사진술 발표
다윈, 『종의 기원』 출간, 자연선택설 제시
존 스튜어트 밀, 자유주의 정치철학의 고전 『자유론』 출간
1859년
1861년
맥스웰, 전자기장 이론 발표
멘델, 유전 법칙 발표
1866년
1871년
다윈, 『인간의 유래와 성선택』 출간, 인간 진화론 제시
루이스 캐럴, 『거울 나라의 앨리스』 출간, 빅토리아 시대 문화 반영
니체, 『비극의 탄생』 출간
다윈, 『인간과 동물의 감정 표현』 출간
1872년
1882년
에디슨, 전기 조명 시스템 상용화 시도
멘델의 유전 법칙 재발견, 다윈의 진화론과 결합, 현대 진화생물학 형성
1900년대

교만하게도 인간은 자기 자신을 신성이 개입할 만한 가치를 지닌 위대한 작품이라고 생각한다. 내 생각에는 인간이 동물에서 유래되었다고 파악하는 것이 더욱 겸허하며 진실에 가깝다.[1]

1. 진화란?

세수를 하고 나서 거울을 보니 나이 든 흉물스러운 사람이 나를 쳐다보고 있다. "어? 저게 나야? 나 저렇게 생기지 않았었는데 언제 저렇게 변했지?" 이처럼 한 개인의 모습도 얼마 되지 않은 시간이 흘렀음에도 변하는데, 하물며 영겁의 세월이 흘렀다면 이 세상이, 그리고 그 안에 살고 있는 생명체가 얼마나 변했을까? 그 원인은 무엇이며, 또한 어떤 과정을 거쳐 어떻게 변한 것일까? 이와 같은 의문에 대한 답을 구하는 학문이 진화론이다.

국내에서 '진화'로 번역되어 사용되고 있는 'evolution'은 두루마리를 펼친다는 라틴어 *evolutio*에서 온 단어이다. 이는 천체나 지질 등 '일'이나 '사물'이 변화하는 과정을 뜻할 때 사용되기도 하지만 인간을 포함한 생명체의 변화를 지칭할 때 사용되는 경우가 더욱 흔하다. 진화론은 바로 후자와 같은 생명체의 변화를 체계적이고도 종합적으로 설명하는 이론을 말한다.

'진화론' 하면 떠오르는 인물은 단연 찰스 다윈(Charles Robert Darwin, 1809-1882)이다. 어찌 보면 이는 불가피한 현상이다. 그만큼 다윈의 진화론이 드리운 파장이 컸고, 시간이 흐르면서 과학적 연구를 통해 더욱 설득력을 인정받고 있기 때문이다. 하지만 우리가 알아야 할 점은 다윈이 진화론을 최초로 주창한 사람은 아니며, 생물의 진화를 논한 것도 다윈만은 아니라는 점이다. 역사적으로 최초로 진화를 언급한 인물은 고대 그리스의 철학자 엠페도클레스(Empedocles)로, 그는 우주가 점진적으로 발전하는 과정에 있으며, 이 과정이 생명체는 물론 무생물에도 영향을 미친다고 주장했다. 동서고금을 통틀어 진화를 지지한 인물들은 적지 않았다. 특히 서구에서는 19세기를 전후해서 진화론자들이 집중적으로 나타났는데, 이는 시대 상황을 반영한 한 조류(潮流)였다 할 것이다.

진화론자들은 어떤 기작을 통해 진화가 이루어지는가에 대해 의견이 다르다. 그들은 생물 분류의 기초 단위인 종(種)이 가변적이라고 생각하는지의 여부, 진화에 목적을 상정하는지의 여부, 진화가 발전 과정이라고 생각하는지의 여부, 그리고 진화의 배후에 신을 상정하는지의 여부 등에 따라 여러 방식으로 분류된다. 가령 신의 의지에 따라 진화가 이루어진다고 생각하는 사람은 창조론을 받아들이면서도 진화가 이루어졌음을 옹호할 수 있을 것이다. 이러한 분류 방식을 조합해 보기만 해도 우리는 다양한 유형의 진화론자들이 있음을 알 수 있는데, 실제로 기독교에서 말하는 창조론과 유물론적 진화론이라는 양극단 사이에는 일련의 중간 입장들이 존재한다. 우리는 진화론을 단일한 내용의 이론이라고 생각해서는 안 되며, 그 내용과 함의를 최대한 정확하게 파악하려 해야 할 것이다. 다윈은 종이 가변적이라 생각했고, 진화가 어떤 목적을 지향하지 않고 무작위적으로 이루어지며, 발전적인 것이 아닌, 기계론적으로 이루어진다고 생각했던 진화론자였다.

그런데 별로 특별할 것도 없어 보이는 이와 같은 다윈의 진화론을 '혁명적'이라고 말하는 이유는 무엇일까? 그의 진화론이 서구를 지배했던 세계관에 근본적인 의문을 제기했다는 점이 답이 될 것이다. 이 세상을 바라보는 세계관이 뭐가 그리 중요하냐고 반문하는 사람이 있을지 모르겠지만 오늘날을 살아가는 독실한 종교인들을 떠올려 보면 그렇지 않음을 미루어 짐작할 수 있다. 당시 대부분의 서구인들이 독실한 기독교인이었음을 감안해 본다면 우리는 신을 상정하지 않고 생명체들이 우연에 의해 진화해 왔다고 주장한 다윈의 파급력을 어느 정도 상상해 볼 수 있을 것이다.

만약 다윈이 진화를 옹호하는 사변적인 주장만을 늘어놓았다면 설령 체계적으로 자신의 논지를 전개했다고 하더라도 그 파급력은 그리 크지 않았을 것이다. 하지만 다윈은 동식물을 포함한 삼라만상에 관한 과학적 연구를 통해 자신의 진화론을 뒷받침하고자 했고, 이처럼 사실에 대한 증거 자료를 통해 이 세상에 대한 시각 변화를 요구하고 있는 만큼 당대 사람들에게 커다란 충격을 줄 수밖에 없었다.

다윈의 진화론이 혁명적이었음을 확인하려면 다윈 이전의 서구 사람들의 마음을 지배했던 세계관을 살펴보는 데에서 시작하면 좋을 것이다. 비록 중세와 같은 절대 권력은 아니어도 다윈이 살아 있던 당시 기독교의 영향은 막대했고, 남녀노소, 지위고하를 막론하고 기독교적 세계관은 서구인들의 마음속에 단단히 자리 잡고 있었다. 이러한 세계관을 확립했던 인물은 중세의 토마스 아퀴나스(Thomas Aquinas)인데, 아퀴나스의 관점에 결정적인 영향을 주었던 인물은 고대 그리스의 철학자 아리스토텔레스(Aristoteles)였다.

2. 다윈 진화론 탄생 이전의 세계관

1) 아리스토텔레스의 목적론적 세계관

아리스토텔레스는 자연의 사다리에 모든 생명체를 배치했는데, 그에 따르면 사다리의 맨 밑에는 무생물이, 그 위에는 식물이나 해파리 같은 완전하지 못한 생물들이 위치하며, 그 위에는 어류들이, 또다시 그 위에는 조류와 포유류가, 그리고 가장 위에는 인간이 위치한다. 이 세상의 모든 존재는 이와 같은 사다리의 어딘가에 위치하며, 설령 새로운 생명체가 발견된다고 해도 우리가 위치를 모를 뿐, 그 생명체는 사다리의 어딘가에 이미 위치한 존재이다. 이와 같은 사다리는 다음과 같은 특징을 가지고 있다.

> ① 아래로 향할수록 하등한 존재들이, 위로 올라갈수록 고등한 존재들이 자리 잡고 있다.
> ② 고등한 존재들은 하등한 존재들을 지배할 수 있다.
> ③ 각각의 존재들의 위치는 고정되어 있으며, 종은 변하지 않는다.
> ④ 사다리에 위치한 모든 생명체는 어떤 목적을 위해 존재한다.

아리스토텔레스는 이 세상이 완전성의 차이에 따른 계층 구조로 구성되어 있다고 생각했다. 심지어 그는 인간 사이에서도 고귀함을 타고난 자유 시민과 그렇지 못한 노예 사이에 완전성이라는 측면에서 차이가 있고, 이러한 차이가 노예 차별을 정당화한다고 주장했다. 이처럼 인간 간의 차이가 차별을 정당화할 수 있다고 생각했다면 인간의 동물 지배에 대해서는 굳이 언급하지 않아도 될 것이다. 또한 존재의 사다리는 이 세상을 정적이면서 고정적인 것으로 보는 입장을 반영하고 있는데, 여기에는 생명체들이 진화하지 않고 창조되었다는 생각이 담겨 있다. 아리스토텔레스의 생각게 생명체들의 사다리상의 위치는 고정되어 의로 오르거나 내려갈 수 없고, 자신이 다른 생명체로 변하고 싶어도 이는 불가능하다. 생명체들이 이와 같이 고정적인 위상을 갖는다는 생각은 사다리 속에서의 지배 구조가 영구적임을 뜻하는티, 아리스토텔레스는 모든 생명체가 자신보다 위에 있는 존재를 위해 존재한다고 생각했다.

> 식물은 동물을 위해 존재하며, 짐승은 인간을 위해 존저한다. 가축은 인간에게 사용되기 위해, 또는 식용으로 활용되기 위해 존저하며, 야생동물(혹은 그들 대부분)은 먹을거리, 의복, 다양한 도구 등의 생활 부대용품으로 사용되기 위해 존재한다. 자연은 어떤 것도 아무런 목적 없이, 또는 공연히 만드는 법이 없다. 때문에 자연이 인간을 위해 모든 동물을 만들었다는 것은 부정할 수 없는 사실이다.[2]

중세에 이르러 토마스 아퀴나스는 기독교의 교리를 체계화하는 데에 이와 같은 세계관을 활용한다. 그가 아리스토텔레스의 존재의 사다리를 받아들인 이유는 이러한 사다리가 신의 천지창조에 부합되고, 신의 형상에 따라 창조된 만물의 영장으로서의 인간이 이 세상의 가장 높은 곳에 위치하면서 세상을 지배한다는 기독교의 이념과도 조화를 이룬다고 생각했기 때문이다. 아퀴나스에 의해 기독교적 세계관으로 체계화된 아리스토텔레스의 존재의 사다리는 먼 훗날까지 서구의 정신세계를 지배한다.

2) 흔들리는 목적론적 세계관과 이신론

아리스토텔레스의 세계관을 이용해 아퀴나스가 확립한 기독교적 세계관에 따르면 이 세상을 설계하고 창조한 것은 신이다. 이 세상에 신의 의지가 깃들지 않은 것은 없으며, 어떤 목적 없이 일어나는 일은 없다. 여기서 말하는 목적이란 어떤 의지를 가지고 무엇인가를 실현하려 함을 뜻하는데, 아퀴나스에게 이는 구체적으로 신의 의지이다. 이와 같은 입장은 목적론적 유신론이라 불린다. "가령 비가 왜 내리지?"라는 질문에 "식물을 자라나게 하려고 내려"라고 답하는 것은 일종의 목적론적 답변이며, 이렇게 비가 내리는 것이 신의 의지라고 할 경우에는 목적론적 유신론이 된다. 이러한 목적론은 세계관과 과학이 분리되지 않았던 오랜 시간 동안 서구 과학의 근간이 되는 설명 방식이었다. 이러한 목적론에서 지구는 우주의 중심이었으며, 그 안에서 인간은 신의 형상에 따라 주조된, 지구상에서 최고의 지위를 차지하는 존재였다.

한동안 절대적인 진리처럼 여겨져 왔던 이와 같은 생각은 16세기에 이르면서 니콜라우스 코페르니쿠스(Nicolaus Copernicus)와 갈릴레오 갈릴레이(Galileo Galilei)의 지동설이라는 강력한 도전을 받게 된다. 두 사람에 의해 지동설이 곧바로 서구 사회에 수용되지는 않았다. 하지만 그들이 옹호한 지동설은 점차 지구가 우주의 중심이라는 입장을 뒤흔들어 놓게 되며, 천동설은 마침내 17-18세기 아이작 뉴턴(Isaac Newton)의 물리학적 발견으로 지동설에 권좌를 내어 주고 만다. 이러한 과정에서 세상에 대한 목적론적 설명 방식은 목적을 배제한 기계론적 설명으로 대체되고, 이후 과학자들은 신의 존재를 염두에 두지 않으면서도 과학 연구를 진행할 수 있게 되었다.

이처럼 목적론적 설명 방식이 설 자리를 잃어 가는 와중에도 서구의 많은 사람은 신의 존재만큼은 포기할 수가 없었는데, 그 결과 세상에 대한 기계론적 설명과 신의 존재를 조화시키려는 입장이 나타난다. 이는 신이 천지를 창조한 후 세상에 대한 개입을 중지하고, 오직 자연에 내재하는 법칙을 통해 최소한의 역할을 하는 데에 머문다는 이신론(理神論)이라는 형태로 서구 사회에 영향력을 발휘한다.

3) 유물론적 세계관의 대두

19세기에 접어들자, 유신론적 목적론에 도전하는 목소리가 더욱 높아진다. 이 시기에는 이신론을 넘어 아예 신을 배제한 채 인간과 동물을 포함한 삼라만상을 오직 물질과 물리적 현상만으로 설명할 수 있다는 유물론(唯物論)이 점차 확산된다. 하지만 과학자들을 포함한 많은 서구인은 어떻게든 신의 존재를 부정하고 싶어 하지 않았다. 그들은 설령 인간 아닌 대상들의 영역에서는 기계론에 자리를 양보한다고 해도, 인간의 경우에서만큼은 목적론을 유지하고자 했으며, 여기에는 과거와 다름없이 신이 적극적으로 개입하고 있다고 생각하려 했다.

이처럼 당시 사람들의 인간과 인간 아닌 대상들에 대한 설명에 차이를 두려는 태도는 어느 정도 예측할 수 있었다. 인간 아닌 존재들에 대한 설명의 영역에서는 사태를 인과적으로 바라보는 기계론적 설명이 목적론적인 설명 방식보다 낫다는 것이 과학계에서는 정설이 되어 가고 있었다. 또한 존재의 사다리에서 낮은 위치에 놓여 있는 하찮은 존재로 간주되었던 생물과 무생물들을 인과적으로 설명하는 것에 대해 사람들은 '상대적'으로 크지 않은 거부감을 가지고 있었다. 때문에 우여곡절을 겪지 않은 건 아니지만 사람들은 인간 아닌 존재들에 대한 무목적론적, 기계론적 설명을 받아들이게 되었던 것이다.

반면 다윈이 살던 시대 바로 전까지도 목적론을 배제한 채 인간을 설명하려는 과학적 시도는 드물었다. 존재의 사다리에서 가장 높은 곳에 위치한 인간을 유물론적 방식 내지 기계론적 방식으로 설명하는 것은 전과 다름없이 신성모독처럼 보였다. 다윈이 살아가던 시대는 바로 이러한 상황, 다시 말해 인간 외의 대상들에 대한 설명에서 목적론이 붕괴되고 그 자리를 기계론적 설명이 대체하던 시기였다. 이 과정에서 신의 역할은 이신론을 통해 제한적으로만 확보되었으며, 나아가 신의 존재를 인정하지 않는 유물론적 입장 역시 점차 확산되고 있었다. 이러한 분위기가 인간에 대한 설명의 영역으로 전이되는 것은 시간문제였는데, 다윈이 자연선택을 통한 진화론을 제창함으로써 마침내 인간에게도 변화된 방식의 설명이 본격적으로 적용되기 시작하게 된다.

3. 다윈의 진화론에 영향을 준 요소들

자연선택에 의한 진화론을 제안하게 되기까지의 과정에서 다윈은 내적·외적 경험이나 관찰, 사회·문화·역사적 환경 등의 영향을 받았을 것이고, 이는 의식적인 차원뿐만 아니라 무의식적인 차원에서도 이루어졌을 것이다. 또한 그 영향은 하나가 아니라 셀 수 없을 정도로 많았을 것이며, 그 영향력도 미세한 것에서 매우 큰 것에 이르기까지 다양했을 것이다. 이러한 무수한 요인 중에서 당대의 지질학적 발견, 그리고 개인적인 경험으로는 비글호 항해와 맬서스의 『인구론』과의 만남은 다윈의 진화론 형성에 굵직한 영향을 주었다고 일컬어지는 것들이다.

1) 창조의 시간과 지질학적 발견

17세기 중반 제임스 어서(James Ussher) 대주교는 아담 이후 유대 왕들의 계보를 분석하여 기원전 4004년에 신의 창조 활동이 일어났다고 주장했다. 어서는 인류가 나타나기 전의 시간을 상정할 이유가 없다고 보았으며, 이때 불변의 본성을 지닌 종들이 살고 있는 지구가 창조되었다고 생각했다. 다윈이 태어나기 얼마 전까지만 해도 이러한 생각에 의문을 품는 사람들은 별로 없었다. 하지만 다윈이 청년이 되어 비글호 항해에 나설 무렵에는 이러한 입장에 대한 도전이 이어졌다. 이러한 도전에서 중추적인 역할을 한 것은 당대에 이루어진 지질학적 발견이었다. 19세기 초반 영국에서는 운하 건설이 이루어졌는데, 그 과정에서 여러 지층이 뚜렷하게 노출되었다. 흥미로운 점은 지층마다 각각 특징이 달랐다는 것이다. 각각의 지층에는 그 지층에서만 전형적으로 살펴볼 수 있는 화석이 있었는데, 만약 창조가 한꺼번에 일괄적으로 이루어졌다면 지층마다 전형적인 화석이 발견되지 않고 여러 동물이 지층에 관계없이 혼재되어 있었을 것이고, 지금과 동일한 동물들의 화석들이 발견되었어야 했을 터이다. 그런데 지층이 아래로 내려갈수록 공룡을 포함한, 지금은 살펴볼 수 없는 생물들의 화석이 발견되었고, 지층마다 전형적으로 확인되는 화석들이 있었다. 이는 상당히 오랜 시간에 걸쳐 수많은 서로 다른 생명체들이 명멸했음을 시사했는데, 대략적인 짐작에 머물 수밖에 없었던 지구의 탄생 시기는 20세기 초에 이르러 방사능 연대 측정법이 고안됨으로써 수십억 년 전이었음이 밝혀지게 된다

2) 개인의 직접적인 경험

비글호 항해

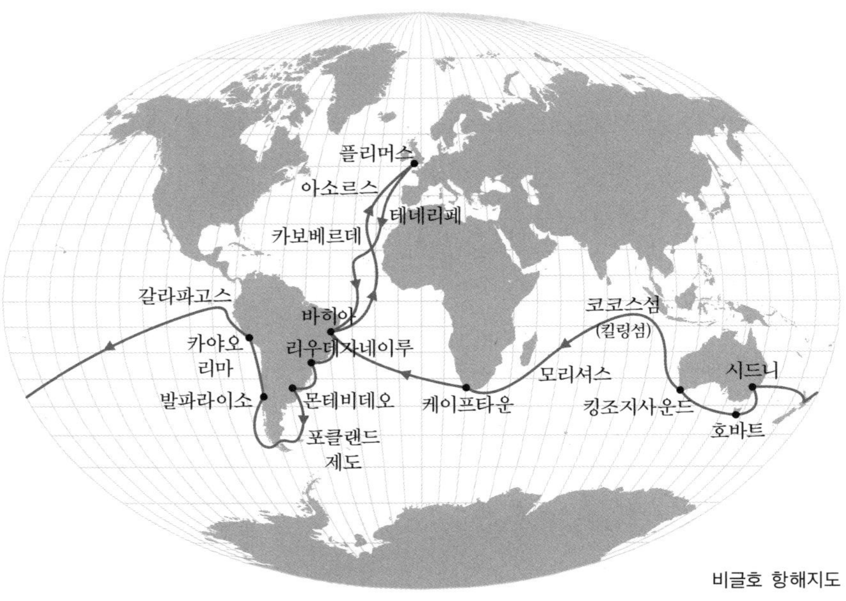

비글호 항해지도

    비글호 항해는 다윈이 진화론자로 전향하는 중요한 계기가 되었다고 일컬어진다. 항해를 하는 동안 그는 자유롭게 남미 내륙을 여행하면서 자연을 관찰할 기회를 얻을 수 있었고, 특히 갈라파고스와 그 주변 섬을 방문하여 그곳에 사는 야생동물들을 집중적으로 관찰하게 된다. 여기서의 탐구는 그가 훗날 진화의 기작을 해명하는 데 커다란 영향을 주었다고 알려져 있다. 핀치는 이러한 탐구에서 다윈의 진화론에 영향을 주었다고 언급되는 동물이다. 핀치는 갈라파고스 주변의 서로 다른 섬에 서식하는 새로, 다윈은 이러한 섬들에서 모두 13종의 서로 다른 핀치 종을 발견했다. 다윈이 유달리 주목했던 점은 그들의 부리였다. 그들의 부리는 어떤 섬에 서식하느냐에 따라 모양이 상이했는데, 이처럼 다른 부리의 모양은 핀치가 서식하는 섬의 환경, 구체적으로 섬에 어떤 먹이가 많은가에 따른 것이었다. 가령 A라는 섬에 곤충이 많으면 이를 먹기에 적합한 개체들이, B라는 섬에 곤충보다 견과류가 많으면 이를 먹기에 적합한 부리를 가진 개체들이 다수를 차지했던 것이다. 다윈은 이러한 차이를 단지 관찰하는 데에 머물지 않고, 이의 근원적인 이유에 대한 답변을 찾기 위해 끊임없이 노력했고, 마침내 자연선택에 의한 진화론을 고안해 내는 데 이른다.

존 굴드(1804-1881)가 그린 다윈의 핀치 삽화 (1882 이후)

* 이미지 출처: 위키미디어 커먼스

맬서스의 인구론

맬서스(Thomas Malthus, 1766-1834)는 자신의 『인구론』에서 인구는 기하급수적으로 늘어남에 비해 식량은 산술급수적으로 늘어나는 경향이 있는데, 이로 인해 불가피하게 생존 경쟁이 일어난다고 주장했다. 다시 말해 인구의 증가 속도가 식량 생산량 증가 속도를 앞지르기 때문에 경쟁이 불가피하게 일어난다는 것이다. 다윈은 『자서전』에서 출간된 지 상당한 시간이 지난 뒤에야 『인구론』을 읽었지만, 그 독서를 통해 진화론에 대한 중요한 영감을 얻었다고 밝힌다. 그는 다음과 같이 회고한다.

> 1838년 10월, 그러니까 체계적인 탐구를 시작한 지 15개월이 지난 어느 날 나는 우연히 맬서스의 『인구론』을 재미 삼아 읽게 되었다. 나는 동물과 식물의 습성을 오랫동안 계속 관찰해 왔기 때문에 어디에서나 진행되고 있는 생존을 위한 투쟁을 이해할 만반의 준비가 되어 있었다. 때문에 맬서스의 책을 읽으면서 나는 즉각적으로 경쟁의 상황하에서는 유리한 변이들이 보존되고, 불리한 것들은 사라지는 경향이 있으리라는 생각이 들었다. 아마도 이러한 경향 때문에 새로운 종이 만들어졌을 것이다. 바로 여기서 나는 마침내 내가 적절히 활용할 이론을 발견하게 되었다.[3]

이상에서 언급한 사건들이 다윈의 진화론 구상에 큰 영향을 준 것은 사실로 보인다. 그러나 이 사건들이 진화론을 떠올리는 데에 결정적인 사건이 되었다고 생각하기보다는 이러한 경험을 포함한 더 많은 관찰과 고민, 그리고 온갖 시행착오를 거친 후 다윈이 자연선택에 기반한 진화를 생각해 냈다고 보는 것이 더욱 설득력이 있을 것이다. 위에서 언급한 사건들은 다윈이 이론을 형성하는 데 영향을 준 여러 요인 중 비교적 중요한 몇 가지에 불과할 수 있다. 가령 갈라파고스 주변 섬에 서식하는 핀치는 다윈이 자연선택 이론에 착안하는 데 결정적인 계기가 되었다고 흔히 거론된다. 하지만 막상 그의 주저인 『종의 기원』에는 핀치에 대한 이야기가 나오지 않는다. 다윈은 자신의 이론을 뒷받침하기 위해 무수한 동물들의 사례를 제시하고 있지만 가장 중요한 사례처럼 거론되는 핀치가 막상 『종의 기원』에는 언급되고 있지 않은 것이다. 이렇게 본다면 상식과는 다르게 다윈의 자연선택에 의한 진화 구상에서 핀치의 비중은 생각보다 크지 않았을지 모르며, 맬서스의 『인구론』 또한 마찬가지다. 어떤 착상은 하루아침에, 어떤 커다란 사건에 의해 문득 무(無)에서 떠오르기보다는 오랫동안 축적된 수많은 경험과 생각이 어떤 사건에 의해 촉발되어 나타난다고 생각해야 할 것이다.

4. 라마르크와 다윈의 진화론

1) 라마르크의 획득형질에 의한 진화

다윈이 탄생하기 이전인 1809년, 프랑스의 생물학자 장 바티스트 라마르크(Jean Baptiste Lamarck, 1744-1829)는 그저 생물이 진화한다고 주장하는 데에 그치지 않고 생물의 변화가 어떻게, 그리고 왜 일어나는가를 설명하는 진화론을 제안했는데, 이와 같이 진화의 기작을 상세히 설명을 한 인물은 그가 최초이다. 그의 진화론은 크게 ① 목적론을 전제하고 있으며, ② 획득형질의 유전을 이야기하고 있다는 특징을 갖는다. 라마르크에 따르면 무생물에서 단순한 유형의 생명이 탄생했으며, 이러한 생명체가 점차 진화하여 복잡한 형태의 생명체를 연이어 탄생시키며 오늘날에 이르렀다. 이와 같은 진화적 발전은 모든 생물이 자신을 더욱 완전하고 복잡한 방향으로 발전시키려는 내적인 경향을 가지고 있기 때문에 일어난다. 이러한 경향으로 인해 개체로서의 생물은 변화된 환경에 맞게 자신의 특징을 변화시켜 환경에 적응하게 되며, 이러한 변화가 후대에 전해짐으로써 진화가 이루어지게 된다. 예를 들어 목이 길지 않았던 기린의 먼 조상이 높은 곳에 위치해 있는 먹을거리를 먹기 위해 목을 자주 길게 늘어뜨림에 따라 목이 길어졌고, 이와 같은 변화가 후대에 전달되는 과정이 계속 반복됨으로써 결국 오늘날의 목이 긴 기린이 탄생했다는 것이다.

이처럼 라마르크는 외적인 환경보다는 생명체가 가지고 있는 내적인 힘에 초점을 맞추었고, 이러한 힘이 발전적 진화를 추진하는 동력으로 작용했음을 강조했다. 내적인 힘을 매개로 모든 생명체가 더욱 복잡하고 완전하게 바뀌어 간다는 생각, 그리고 생명체가 살아가면서 획득한 형질이 후대로 전달될 수 있다는 입장은 라마르크 당대 사람들의 지지를 받지 못했다. 획득형질이 유전된다는 가설은 가령 부지런히 운동을 해서 몸짱이 되었다고 했을 때 이러한 체형이 후대에 전달될 수 있다는 생각을 함축하는데, 이러한 경우가 실제로 일어나지는 않는다. 이와 같은 문제점에도 라마르크의 이론은 순식간에 사라지지 않았다. 이 이론의 영향력은 심지어 다윈의 저서에서도 감지되며, 19세기 후반에 가서는 심지어 라마르크의 입장이 다윈의 대안으로 간주되기도 한다.

2) 다윈의 자연선택에 의한 진화

신중한 검토 끝에 사용된 자연선택과 진화라는 용어

라마르크의 진화론은 생명이 더욱 복잡한 생물로 변해 간다는 목적론을 전제하고 있다는 면에서 기존의 세계관을 근본적으로 탈피하지 못했다고 말할 수 있다. 이에 반해 다윈은 기존의 지배적인 세계관이 전제하고 있던 모든 측면을 일소하면서 자신의 진화론을 내세운다. 이러한 이론의 후폭풍은 엄청났으며, 심지어 다윈 자신도 진화에 대한 입장을 담은 『종의 기원』의 출간을 계속 미루고, 책에서 인간의 진화를 거론하지 않을 정도였다. 그럼에도 그는 자신의 입장을 뒷받침하기 위해 최대한 과학적 증거 자료를 제시했고, 적극적으로 반론에 대응을 하기도 했는데, 당대뿐만 아니라 후대의 과학자들이 그의 이론의 타당성을 입증하고 보완해 주기까지 함으로써 다윈은 마침내 진화론의 아버지 반열에 오르게 된다.

다윈이『종의 기원』을 발간하여 자연선택에 의한 진화를 세상에 알린 것은 1859년이다. 그런데 우리가 예상하는 것과는 달리 다윈은 처음부터 진화(evolution)라는 단어를 사용하지는 않았다. 그는『종의 기원』초판에서 '진화'라는 단어를 거의 사용하지 않았는데, 이 표현을 본격적으로 사용하기 시작한 것은 1871년『인간의 유래와 성선택』을 출간한 이후이며,『종의 기원』의 경우에는 1872년 제6판부터였다. 마찬가지로 그는 '자연선택'이라는 용어도 많은 고민 끝에 사용했는데, 이처럼 그가 단어 사용에 신중을 기한 데는 나름의 이유가 있었다. 그는 최대한 자신의 입장을 정확하게 나타낼 수 있는 단어를 사용하고자 했고, 그렇게 하지 않을 경우 자신의 이론이 오해될 소지가 있음을 의식했던 것이다. 실제로 evolution이라는 단어는 사용되는 관행과 맥락 등에 따라 다소 차이가 있을 수 있었고, 때문에 그는 진화라는 단어가 자신이『종의 기원』에서 말하는 자연선택을 적절히 담아낼 수 있는지를 자신할 수 없었다. 바로 이와 같은 이유로 다윈은 처음에는 "변화를 동반한 계승(descent with modification)"이라는 표현을 사용했다. 그가 '진화'라는 단어를 사용한 것은 자신의 이론이 널리 알려져 오해의 여지가 별로 없다는 확신을 하게 된 이후이다.

자연선택에 의한 진화가 이루어지는 과정

구체적으로 자연선택에 의한 진화는 어떠한 방식의 진화를 말하는 것일까? 이는 세상을 깜짝 놀라게 할 정도의 위대한 발견인지가 의심될 정도로 단순하다. 자연선택에 의한 진화는 다음과 같은 과정을 거치며 진행된다.

① 모든 생명체는 생존 가능한 수보다 많은 수의 자손을 낳는 경향이 있으며, 이로 인해 생존을 위한 경쟁이 벌어진다.

② 동일 종에 속해도 태어난 자손들은 서로 다른 형질을 갖는다.

③ 이들 중 특정 환경에서 살아남기에 적합한 형질을 가진 개체와 그렇지 못한 개체가 있다.

④ 살아남기에 적합한 형질을 가진 개체는 살아남아 그 형질을 후대에 전하게 되고, 그렇지 못한 개체는 생존하지 못하게 됨으로써 형질을 후대에 전하지 못하게 된다.

⑤ 이와 같은 과정을 거치면서 차차 어떤 개체군 내의 형질 빈도가 변하게 되며, 오랜 시간이 흐를 경우 마침내 새로운 종이 탄생하게 된다.

이러한 진화 과정을 다시 한번 기린을 예로 들어 설명해 보도록 하자. 특정 지역에 동일한 종의 기린들이 살고 있었는데, 처음에는 먹을거리가 풍부해 별다른 경쟁을 하지 않았다. 그 결과 이 지역의 모든 기린이 자손을 많이 낳았고, 이러한 자손 중에는 목이 긴 기린, 짧은 기린, 길지도 짧지도 않은 기린이 있었다. 그런데 이처럼 기린의 개체수가 많아지게 되자 먹을거리가 점차 부족해지게 되었는데, 알 수 없는 요인으로 인해 특히 낮은 곳에 있는 먹을거리가 거의 남지 않게 되었다. 이러한 상황에서 살아남은 기린은 높은 곳에 있는 나뭇잎을 따 먹을 수 있는 기린이었다. 이러한 기린은 높은 곳의 나뭇잎을 따 먹기 위해 노력하다가 목이 길어진 것이 아니라 그저 태어날 때부터 목이 길었는데, 그것이 우연하게도 생존에 유리한 형질로 작용하게 된 것이다. 만약 이러한 기린이 다른 경쟁자들을 물리치고 자손을 낳는다면 그러한 자손은 목이 긴 기린일 것이다. 그리고 환경이 특별히 변하지 않는다면 목이 긴 기린은 계속 자손을 남김으로써 결국 그 지역에는 오직 목이 긴 기린만이 살고 있게 될 것이다.

새로운 변이와 새로운 종은 이와 같은 생존 경쟁의 결과로 탄생하게 된다. 어떤 형질이 수많은 세대를 거치면서도 지속적으로 생존에 도움이 될 경우 그 형질이 나타날 확률은 꾸준히 증가하며, 급기야 그 종의 표준적인 형질로 자리 잡게 된다. 이처럼 우연히 살아남은 특정 형질이 궁극적으로 전체로서의 종이 공유하는 형질이 되면서 새로운 종이 탄생하게 되는데, 다윈은 이러한 원리를 '자연선택'이라고 부르고 있다.

5. 자연선택에 의한 진화의 특징

이와 같은 자연선택에 의한 진화는 모든 면에서 다윈 이전에 서구를 지배하고 있던 세계관과 정면으로 충돌한다. 구체적으로 다윈은 종의 불변성을 부정하면서 생명체의 창조가 아닌 진화를 이야기한다. 또한 그가 말하는 진화는 어떤 목적이 내재되어 있지 않으며, 환경의 영향에 따라 이리로 저리로 표류하는, 우연한 방식으로 이루어지는 진화이다. 이는 신이 개입되지 않은, 기계론적으로 이루어지는 유물론적 진화이다.

1) 종의 가변성

종(種)은 생물학에서 사용되는 중요한 용어로, 유사한 유전적 특성과 생리학적 특징을 공유하며, 서로 교배 가능한 개체들의 집합을 가리킨다. 같은 종은 교미를 통해 새로운 개체가 탄생할 수 있는 데 반해 다른 종끼리는 이것이 불가능하다. 많은 경우 이러한 종은 그 모습에서도 차이가 나는데, 예를 들어 코끼리와 사자는 현격하게 다른 모습을 하고 있다. 하지만 이것이 종을 나누는 결정적인 기준은 아니다. 같은 종끼리도 모습이 다른 경우가 있으며 다른 종임에도 유사한 모습을 하고 있는 경우도 있다.

서구의 전통적인 관점에서는 종이 그 형태와 특성을 그대로 유지하며 변하지 않는다. 이러한 입장은 플라톤(Platon)의 이데아론에서 그 원형을 찾아볼 수 있다. 플라톤에 따르면 모든 존재는 본질이라고 말할 수 있는 특징을 갖추고 있으며, 이는 끊임없이 변하는 감각 세계의 근저에서 불변의 모습으로 존재한다. 이와 같은 플라톤의 본질주의적 특징은 기독교 전통에 고스란히 영향을 미치며, 모든 학문 분야는 이러한 전통의 영향에서 벗어나지 못한다. 이는 생물학도 예외가 아니었는데, 이에 따라 다윈 이전의 생물학적 '종' 개념 또한 본질주의적 경향을 반영하여 불변성, 고정성이 강조되었다. 기독교의 전통 속에서 고정불변하는 특성의 종은 신에 의해 창조된 것이다.

다윈은 종에 대한 이와 같은 관념에 도전하면서 종이 변화하고 다양성을 나타낸다고 주장한다. 다윈의 자연선택에 의한 진화론에 따르면 특정 종의 개체들이 가지고 있는 특정한 형질은 처해 있는 환경에 따라 시간이 흐르면서 살아남거나 사라지며, 이러한 과정이 계속되면서 종이 달라지기도 한다.

2) 환경의 중요성

다윈이 말하는 종의 변화에서 핵심은 환경이다. 여기에서 환경이란 특정한 시간과 공간에서 공존하고 있는 동일 종의 다른 개체들, 먹을거리, 포식자, 기후 등 개체의 외부에 존재하는 모든 것을 말한다. 다윈에 따르면 환경은 누가 살아서 번식하고 누가 죽어야 하는지를 결정하며, 개체군이 진화하는 방향을 정한다. 예를 들어 동일 종의 흰 새와 검은 새들이 태어나 뒤섞여 사는 지역이 있다고 가정해 보자. 이들이 사는 지역은 사시사철 온통 눈으로 뒤덮인 지역이다. 이러한 환경에서 포식자들의 눈에 띄지 않을 새는 흰 새일 것이고, 흰 새는 우연히 그와 같은 환경 속에서 살아감으로써 검은 새들보다 많이 살아남게 될 것이다. 그리고 이와 같은 상황이 반복되면 결국 그 무리는 흰 새들의 개체군이 될 것이다. 그런데 환경이 변해 흰 새들이 생존하기 불리한 상황에서 우연히 검은 새가 태어났다고 가정해 보자. 이 경우 세월이 흐르면 검은 새가 점차 많아지다가 급기야 흰 새들은 사라져 버리게 된다. 이처럼 환경은 어떤 형질이 존속·보존되는지에 결정적인 영향을 미친다. 개체들의 생존은 특정 환경에서 그 환경에 얼마만큼 적응할 수 있는 특징을 우연히 갖추고 있느냐에 따라 달라지며, 종의 탄생은 바로 이와 같은 영향 아래에 있다.

진화에서 환경의 힘이 강조됨은 거꾸로 말해 개체가 갖는 본래적인 능력이나 형질은 진화에서 별다른 영향력을 발휘하지 못함을 뜻한다. 이들은 수동적으로, 우연히 환경의 선택을 받을 따름이다. 다윈에 따르면 개체가 가지고 있는 어떤 형질이 어떤 환경에서도 시종여일하게 그 개체의 생존에 도움이 될 수는 없다. 예를 들어 대한민국이라는 환경 속에서 대한민국 사람들에게 엄청나게 호감을 주는 외모의 사람이 있다고 가정해 보자. 이 사람은 대한민국에서 커다란 인기를 누리며 자신의 형질을 후대에 전할 수 있게 될 것이다. 하지만 또 다른 사회의 사람들은 그와 같은 외모에 전혀 호감을 느끼지 않고, 심지어 역겨움까지 느낀다고 할 경우, 그러한 외모의 사람은 그 사회에서는 자신의 형질을 남길 수가 없게 된다. 이처럼 특정한 형질은 환경에 우연히 부합되거나 부합되지 않는 것일 뿐, 언제, 어디에서나 한 가지 특정 형질이 그 개체의 생존·번식에 유리하거나 불리한 것은 아니다. 어떤 형질은 우연히 특정 환경에서 살아남거나 사라질 따름이다.

3) 진화의 우연성

다윈은 진화를 추동하는 기작을 찾으려는 과정에서 당시 유행했던 동식물의 인위적인 교배 문제에 깊은 관심을 갖게 되었다. 이러한 교배는 생물에게서 어떻게 변화가 일어날 수 있는지를 탐구해 볼 수 있는 훌륭한 관찰 대상이었다. 자연선택과 달리 인위적인 선택은 말 그대로 인간이 새로운 품종 탄생에 인위적으로 개입한다. 자연선택과 인위적인 선택은 분명 구분되는 것이다. 그렇다면 이러한 선택은 누구에 의해 이루어지는 것일까?

다윈은 『종의 기원』의 제1장에서 인위 선택을 설명하고, 이어서 자연선택을 설명한다. 책을 읽지 않고 이러한 배치만을 놓고 보면 다윈이 자연선택 또한 누군가의 의도가 개입된 선택이라 생각하고 있는 것은 아닌가 하는 의문을 품을 수 있다. 하지만 다윈은 자연에서의 선택은 '경쟁'에 의해 좌우된다고 생각했다. 인위적인 영향력을 지닌 주체는 자연선택에서 존재하지 않는다. 다윈은 무작위적으로 이루어지는 경쟁, 그리고 이러한 경쟁에서의 생존을 결정하는 환경과 변이만으로 진화가 이루어지는 기작을 설명할 수 있다고 생각했던 것이다.

다윈이 말하는 자연선택에 의한 진화는 어떤 형질이 어떤 환경에 놓이느냐에 따라 방향이 정해지는 임의적인 과정이다. 이러한 진화는 맹목적으로 이루어지며, 어떤 방향으로 이루어지게 될지를 예측할 수도 없다. 그저 개체가 살아남는 데 도움이 되는 형질은 존속되고, 아무런 이득도 주지 않는 변이들은 제거된다. 또한 이러한 진화는 끝없는 과정이며, 엄청난 낭비의 과정이기도 하다. 다윈에 따르면 수많은 부적합한 형질과 생물들이 진화가 이루어지는 과정에서 사라지고, 진화는 방향 없이 이리저리로 시행착오 과정을 거친다. 이러한 다윈의 생각은 질서정연한 패턴에 따라 지구상의 생명이 태어나고 사라졌다고 생각하는 사람들을 불편하게 했다. 그들은 다윈이 말하는 진화의 무질서하고 개방적인 성격에 두려움을 느꼈던 것이다.

4) 진화의 무목적성

다윈 진화론의 두드러진 특징 중 하나는 지향하는 목적 내지 목표가 없다는 점이다. 이러한 입장은 아리스토텔레스로부터 유래된 목적론적 세계관과 대비되는데, 이와 같은 목적론은 창조론은 물론이고, 다윈 이전뿐 아니라 이후의 진화론에도 영향력이 느껴질 정도로 커다란 힘을 발휘했다. 이러한 진화론에서 목적을 지향한다고 했을 때 그 목적은 대체로 인간을 말하며, 이 경우 진화는 발전이나 진보라는 관념과 연결된다. 이와 같은 목적의 배후를 관장하는 힘으로는 신, 내적인 활력 등 다양한 대상이 지목될 수 있다.

앞에서 살펴본 라마르크는 모든 생물이 자신을 더욱 복잡하고 완전한 방향으로 향하게 하는 내적 추진력을 갖추고 있다고 주장했다. 그에 따르면 이러한 추진력은 이를 담지한 개체를 발전의 방향으로 이끈다. 만일 외부 환경으로 인해 발전에 제동이 걸린다면, 개체는 이러한 환경에 적응하기 위해 새로운 형질을 개발하게 된다. 라마르크는 살아남기 위한 이와 같은 노력의 과정에서 개체가 특정한 형질을 획득하게 되고, 이러한 형질이 살아남아 후대에 전해지게 된다고 생각했다. 이러한 입장은 훗날 앙리 베르그송(Henri Bergson)과 피에르 테야르 드 샤르댕(Pierre Teilhard de Chardin)에게서 각기 다른 방식으로 계승되고 변형된다. 베르그송은 모든 생명계와 인간의 삶을 관통하는 내적 충동인 엘랑 비탈(élan vital), 곧 '생명의 도약'으로 진화를 설명하며, 이를 창조적 진화로 이해했다. 한편 샤르댕은 진화를 신이 이끄는 근원적 과정으로 파악함으로써, 진화론과 신앙의 조화를 모색했다.

이들과 대조적으로 다윈은 진화에서 어떤 목적을 찾으려 하지 않았다. 특히 그는 진화가 인간이라는 목적을 향한 발전의 과정이라는 입장을 단호히 거부했다. 진화를 이와 같이 받아들이는 사람은 다윈의 시대뿐만 아니라 오늘날에도 많은데, 이러한 생각은 적어도 다윈의 진화론의 입장에서는 잘못된 생각이다. 다윈이 말하는 진화론은 진화 계통수가 맨 꼭대기에 위치한 창조의 목표인 인간 종을 향해 뻗어 가는 모습이 아니다. 그의 진화론은 하위의 생명체가 맨 위의 인류에 이르는 배열 순서상의 단계들로 그려지지 않는데, 이러한 입장에 따르면 현재 살아 있는 종들은 고등한 동물과 그렇지 않은 동물로 나누어지지 않고, 특정 종이 다른 종에서 유래한 것도 아니다. 그들이 공동의 조상을 가질 수는 있다. 하지만 그들을 줄 세워서 어떤 종이 다른 종에서 유래했다고 말할 수는 없고, 발전 개념을 내세워 최근에 탄생한 종이 과거의 종보다 우월하거나 고등하다고 말할 수 없으며, 고등한 존재가 하등한 존재를 지배할 권한을 부여받았다고 말할 수도 없다. 가령 다윈의 진화론에서 보았을 때 인간은 침팬지에서 진화한 것이 아니다. 우리가 현재의 모습을 향해 진화해 온 시간 동안 침팬지들 또한 현재의 모습을 향해 진화해 왔다. 인간과 침팬지가 갈라져 나온 공통 조상은 과거에만 존재했으므로, 이를 화석 기록에서 찾아야지 어떤 살아 있는 유인원 종에서 찾아서는 안 된다.

이처럼 다윈이 말하는 진화는 인간 종이라는 궁극적인 목적을 향해 가는 과정이 아니고, 어떤 생물의 내부에 존재하는 힘에 의해 추동되는 과정도 아니다. 이는 발전 과정도 아니고, 의도되지도 않았으며, 정해진 기간이나 최종적인 목표도 없이 환경에 적응하는 데에 유리한 형질이 우연히 살아남는 과정을 통해 기계적으로 진행되는 진화인 것이다.

5) 무신론적 진화

신의 존재를 입증하려는 노력은 과거로부터 줄곧 있어 왔고, 아퀴나스는 이러한 시도를 했던 철학자로 잘 알려져 있다. 이러한 전통을 이어받아 다윈이 태어나기 직전까지 활동했던 윌리엄 페일리(William Paley, 1743-1805)는 자연계가 매우 복잡하다는 사실을 들어 신의 존재를 입증하고자 했다. 페일리에 따르면 자연이 복잡하다는 사실은 자연계가 아무런 의도 없이 만들어졌을 리가 없음을 알려 주며, 신의 설계가 이에 관여했다는 주장을 확인해 준다. 그는 산책을 하다가 시계를 발견한 예를 든다. 우리는 시계가 자연적으로 만들어져 그곳에 놓여 있다고 상상할 수 없으며, 누군가가 의도를 가지고 시계를 만들었다고 생각할 것이다. 마찬가지로 이 세상 또한 매우 복잡한 구조를 이루고 있는데, 이러한 사실은 누군가가 이 세상을 설계했다고 생각하지 않을 수 없게 한다. 그리고 페일리는 그 설계자가 바로 신이라고 주장한다. 그는 눈을 이러한 구조를 갖춘 사례로 든다. 그에 따르면 눈과 같이 섬세하고 미묘하며 복잡한 구조가 엄청난 시간이 흘렀다고 해서 자연스레 탄생했다고 생각할 수는 없다. 이는 조물주가 관여하지 않으면 만들어질 수 없을 정도의 극도로 복잡한 구조를 갖추고 있다.

다윈은 페일리의 설계론을 비판했다. 그 핵심은 페일리의 생각과는 달리 모든 생명이 완벽하지 않다는 데 있었다. 다윈의 입장은 오늘날의 진화론자 리처드 도킨스(Richard Dawkins)의 책 제목 '눈먼 시계공'에서 적절히 드러난다. 일반적으로 시계공은 일정한 계획을 가지고 빈틈없이 단계를 차근차근 밟으면서 시계를 고쳐 나간다. 그렇게 하지 않으면 시계는 제대로 작동을 하지 않게 될 것이다. 그런데 시계공이 눈이 멀었다고 가정해 보자. 이 경우 시계공은 정밀한 공정을 요하는 시계 수리를 제대로 할 수 없을 것이며, 시계는 엉망이 될 것이다. 그런데 두수히 수리를 반복하다 보면 정말 우연하게도 시계가 고쳐지는 경우가 있다. 자연선택은 바로 이와 같은 과정이다.

이처럼 생물의 구조와 기능이 완벽하게 설계되었다고 주장하는 페일리와 달리, 다윈은 실제 생물의 변이들은 완벽과는 거리가 멀며, 어떤 목적 없이, 그저 적응과 선택에 의해 우연히 살아남을 따름이라고 주장했다. 다윈은 진화에 개입하여 완벽한 생명체를 만드는 신을 부정하며, 생명체는 환경적 상황에 따라 우연히 생존하게 됨을 강조한다. 그는 다음과 같이 말한다. "자연법칙은 맹목적으로 작용한다. 이에 따라 새로운 종의 탄생은 신의 섭리를 표현한 것일 수 없다."4

6. 다윈과 인간의 진화

1) 인간의 진화에 대해 유보적인 태도를 취한 다윈

『종의 기원』은 여러 동식물의 자연선택에 의한 진화를 상세하게 설명하고 있다. 하지만 책의 마지막까지도 다윈은 사람들이 가장 관심을 갖는 인간의 진화에 대해서는 이야기하고 있지 않다. 그는『종의 기원』을 자신의 탐구 결과에 따라 "인간과 그의 역사의 기원에 많은 빛이 비춰질 것이다"[5]라는 말로 마무리하면서 인간의 역사 또한 자연선택에 의한 진화를 통해 해명해 낼 수 있음을 우회적으로 밝히는 데에 머문다. 그런데 그가 확신에 찬 어조로 자연선택에 의한 진화를 옹호하다가 막상 인간의 문제에 대해서는 이처럼 유보적인 태도를 보인 이유는 무엇일까?

다윈은 인간 또한 지구상에서 살고 있는 동물이며, 이에 따라 다른 생물들과 차별성을 갖는 예외적인 존재가 아니라고 생각했다. 그의 생각에 따르면 현생 인류 또한 다른 생물과 마찬가지로 자연선택 과정을 거쳐 오늘에 이르렀다. 다윈이 이와 같은 생각을 가지고 있었음에도『종의 기원』에서 자신의 생각을 적극적으로 개진할 수 없었던 이유는 이러한 입장이 몰고 올 파장 때문이었다. 아무리 종교의 위세가 과거와 같지 않고, 일부 유물론자들이 종전의 세계관과는 다른 입장을 쏟아 내고 있었어도 여전히 기독교적 세계관은 서구를 지배하고 있었고, 이를 거스른다는 것은 온갖 비난과 위험을 각오했어야 했다. 게다가 빈틈없이 준비를 했다고는 하지만 당시 인간의 진화를 입증할 증거가 턱없이 부족했음을 감안한다면 인간의 진화를 이야기하는 것은 일종의 큰 모험이었다. 상황이 이러하기에 다윈은 치명적인 반론이 제기되어 자신의 이론이 좌초될 경우를 염려하지 않을 수 없었다. 소심한 성격의 다윈의 입장에서는 이와 같은 문제들을 무시하고 인간이 자연선택의 과정을 거쳐

진화했음을 소신 있게 밝힐 수가 없었다.[6]

다행스럽게도『종의 기원』은 선풍적인 인기를 끌었고, 과학자들을 포함해 수많은 당대의 유명 인사들이 다윈의 편이 되어 주었다. 이와 같은 성공에 힘입은 다윈은 12년이 지난 후 1870년대 전반에『인간의 유래와 성선택』과『인간과 동물의 감정 표현』이라는 두 권의 책을 연이어 출간했고, 여기에서 비로소 인간의 문제를 본격적으로 다룬다.

2) 질적인 차이가 아닌 양적인 차이

다윈 시대의 사람들은 과거와 다름없이 오직 인간만을 신의 형상을 본떠 창조된 존재이자 만물의 영장이며, 이성적 존재라고 생각했다. 만약 동물은 신의 형상을 본뜬 피조물이 아님에 반해 인간은 그러할 경우, 인간과 인간 아닌 동물은 질적으로 다른 존재가 된다. 반면 인간과 동물이 공통의 먼 조상에서 유래했다면 양자 간의 차이는 질적인 차이가 아닌 양적인 차이로 전환될 것이다.

다윈의 고민거리는 현상 인류 또한 진화했다는 자신의 직관을 어떻게 뒷받침할 수 있는가였다. 당시만 하더라도 인간을 포함한 영장류의 먼 조상의 화석은 발견되지 않았고, 설령 발견되었다고 하더라도 이를 통해 인류의 계보를 완전하게 재구성하기는 어려웠을 것이다. 게다가 당대의 과학 수준은 인간의 자연선택에 의한 진화를 뒷받침하기에 턱없이 부족했다. 이러한 어려운 상황에서 다윈이 선택한 방법은 현생 동물들과 인간을 비교하는 것이었다. 다윈은 여러 동물에서 인간과 유사한 특징들을 발견할 수 있다면 양자가 공통의 조상에서 유래되었다고 주장할 수 있을 거라고 생각했다. 이에 따라 그는 다양한 동물을 면밀하게 관찰하면서 동물과 인간의 유사성을 찾아내고자 했다. 그가 여러 동물 중에서 유독 관심을 가졌던 것은 인간과 비슷한 모습을 한 오랑우탄, 침팬지, 고릴라 등의 영장류들이다. 다른 어떤 동물들보다도 우리와 유사성이 많은 이들은 신체의 해부학적 측면에서뿐만 아니라 뇌의 구조마저도 우리와 유사한데, 다윈은 이와 같은 사실이 그들과 우리가 공동 조상에서 유래해서 진화했음을 짐작게 한다고 생각했다.

기본 감정

다윈이 인간과 동물의 유사성을 확인하기 위해 주목하는 것은 양자가 드러내는 희로애락의 감정과 그 표현이다. 특히 포유류는 우리와 유사한 상황에서 유사한 희로애락의 감정을 나타내는데, 비록 인간과 다소 다른 방식의 표정과 행동으로 이를 표현하지만 그럼에도 이들이 어떤 상황에서 인간과 유사한 감정을 느끼는 것은 분명하다. 가령 개는 자신의 주인을 만났을 때 몸과 꼬리를 흔들어 대면서 자신의 기쁨을 표현하며, 목과 등을 따라 난 털을 곤두세우고 으르렁거리면서 화가 났음을 표현한다. 또한 그들은 울부짖고 몸부림치며 몸 전체를 뒤틀면서 고통을 드러내는데, 이처럼 포유류 동물들이 드러내는 기본적인 감정은 우리와 유사하며, 다윈은 이러한 유사성이 인간과 다른 포유류 동물의 연관성을 짐작하게 한다고 생각했다.

도덕 능력

하지만 이와 같은 기본적인 감정이 유사하다고 해도, 도덕 능력만큼은 인간만이 가지고 있는 고유한 특징이 아닐까? 다윈은 아니라고 생각한다. 그는 도덕 능력과 관련해서 다음과 같이 말한다. "동물은 두드러진 사회적 본능이 그다지 발달된 편은 아니다. 하지만 그들은 인간에게서 도덕의 토대를 형성하는 능력을 갖추었다."[7] 그는 이러한 능력을 사회적 본능이라 보았고, 이 본능이 공동체 내 다른 개체들을 위한 자기희생적 행동을 가능하게 한다고 설명했다. 또한 인간 집단에서는 유달리 발달한 지적 능력이 이 사회적 본능과 결합됨으로써 오늘날의 도덕이 성립하게 되었다고 주장한다. 이처럼 다윈은 우리의 도덕 능력가저도 사회적 동물들이 갖추고 있는 사회적 본능과 그리 멀리 떨어져 있지 않다고 생각했다.

이성 능력

다윈은 인간의 이성 능력 역시 동물과 인간을 근본적으로 구분하는 기준이 될 수 없다고 본다. 물론 그가 인간이 동물에 비해 이러한 능력이 더 뛰어나다는 것까지도 부정하지는 않는다. 동물들이 인간이 풀 수 있는 고등수학을 해결할 수 있는 능력을 갖추었다고 말하지도 않는다. 그럼에도 이성 능력이 일종의 추론 능력을 뜻한다면 동물들이 이러한 능력을 갖추지 않았다고 할 수는 없을 것이다. 예를 들어 늑대가 매년 사슴 무리가 이동하는 경로를 경험을 통해 알고 있고, 그 시기에 맞춰 특정 장소에서 사슴의 이동을 기다린다고 했을 때 우리는 이를 일종의 추론 능력으로 생각해야 할 것이다. 흥미롭게도 다윈은 심지어 지렁이에게도 이성 능력을 부여하려 했는데, 이것이 터무니없는 생각일 수는 있지만 다른 측면에서 생각해 보자면 다윈은 심지어 지렁이에게서도 원시적인 이성 능력을 발견할 수 있다고 주장함으로써 인간과 동물의 질적인 차이를 지우려 했던 것이다. 이처럼 다윈은 신이 오직 우리에게만 이성 능력을 제공했다는 입장을 부정하려 했고, 인간과 동물의 다양한 능력은 양적인 차이임을 드러내려 했으며, 궁극적으로 양자가 모두 자연선택에 의해 진화했음을 강조하고자 했다.

직립 보행의 중요성

우리가 동물과 인간의 유사성을 인정한다고 해도 양자는 지적 능력에서 차이가 적지 않다. 심지어 우리와 매우 유사한 영장류와도 상당한 지적 능력의 차이가 확인된다. 그런데 인간과 다른 동물이 공동의 조상에서 유래했다면 인간과 그들 간에 이와 같은 차이가 나타나게 된 이유는 무엇일까? 다윈은 먼 인류의 조상이 나무에서 내려와 직립 보행을 하게 되어 손을 자유롭게 사용할 수 있게 된 것이 두뇌 발달의 계기로 작용했다고 생각했다. 영장류의 먼 조상으로부터 분기되어 나와 손을 자유롭게 사용할 수 있게 된 초기 인류는, 연장을 만들어 사용하는 등 물건을 조작하는 능력을 갖추게 되었다. 이러한 현실적 필요 속에서 손의 사용이 점차 중요해지자, 자연선택은 더 큰 뇌를 선호하게 되었고, 그 결과 인간은 다른 영장류와 구별되는 지적 능력을 갖추게 되었다. 이처럼 다윈은 우연히 갖게 된 직립 보행을 할 수 있는 특징이 결국 오늘날의 인류의 탄생으로 이어졌다고 생각했다.

7. 다윈 이후

다윈의 진화론은 당대에 커다란 호응을 얻었고, 토머스 헉슬리(Thomas Huxley) 등 주변 친지들의 도움으로 마침내 최종적인 승리를 거두는 것처럼 보였다. 하지만 오랜 기간 서구를 지배해 오던 전통이 쉽게 물러날 리 없었다. 전통을 포기하지 않으려는 종교적인 사람들은 창조론을 계속 견지하려 하였고, 심지어 진화론을 받아들이는 사람 중에서도 과거의 전통과의 연결을 도모하려는 인물들이 있었다.

최대한 증거를 수집하여 신중하게 뒷받침하려 했지만 다윈의 진화론이 영겁의 세월 동안 이루어진 일들에 대해 모든 사람이 수긍할 수 있도록 충분히 만족할 만한 설명을 빈틈없이 제시할 수는 없었다. 그가 직면한 난제 중에는 단순 관찰만으로는 해결할 수 없는 것들도 적지 않았다. 증거 자료마저도 화석처럼 완전하게 보존되지 않아 진화가 이루어졌음을 뒷받침하기 힘든 경우가 흔했고, 동일한 사태에 대해서도 과학자들이 해석을 달리할 여지가 있기 때문에 승리를 쉽게 쟁취할 수는 없었다. 이로 인해 다윈의 진화론에 의심을 품는 사람들이 점차 많아지게 되며, 다윈의 진화론은 한동안 힘을 잃어 가는 듯했다. 많은 과학자는 지구의 역사에서 진화가 일어났고, 그 결과 오늘날의 생물들이 존재하게 되었다는 점에는 동의했다. 하지만 모든 과학자들이 그 동인이 자연선택임을 신뢰했던 것은 아니었다. 이처럼 어수선한 상황에서 한동안 라마르크의 획득형질에 의한 진화가 재차 유행하기도 한다.

다윈의 자연선택을 통한 진화가 최종적으로 승리를 거두게 된 것은 어떠한 형질이 구체적으로 어떻게 후대에 전달되는가를 해명할 수 있는 그레고어 멘델(Gregor Mendel)의 유전 법칙이 발견되고, 제임스 왓슨(James Watson)과 프랜시스 크릭(Francis Crick)이 DNA 구조를 해명하는 등 유전학 분야에서의 눈부신 발전이 있었던 20세기에 이르러서다. 이 시기에 와서 과학자들은 다윈 시대에 풀지 못했던 성가신 문제들을 풀 수 있는 방법을 속속 찾아내며, 이를 계기로 진화의 심층적인 문제들을 해명할 수 있는 불씨가 지펴지게 된다. 이런 과정을 거치면서 형이상학과 작별을 고한 과학의 영역, 다시 말해 신의 유무, 목적의 유무, 우주에서의 인간의 위상 등과 무관하게 진화를 순전히 인과적으로만 연구하는 분야에서 다윈의 진화론은 마침내 승리를 거두게 된다. 아마도 후대의 연구 성과가 뒷받침해 주지 않았다면 다윈의 진화론은 진화 역사서의 한 장을 차지하는 이론으로만 남았을 것이다.

다윈의 진화론이 승리했다고 해서 미래에까지 그 승리가 계속 이어진다는 보장이 있는 것은 아니다. 꾸준히 반론이 이어지고, 이러한 반론이 마침내 설득력을 인정받을 경우, 다윈의 진화론은 역사의 뒤안길로 사라질 수도 있다. 하지만 적어도 현시점에서 다윈의 진화론은 지구에서 생명의 역사를 설명하는 가장 나은 이론으로 자리매김하고 있으며, 오늘날을 살아가고 있는 수많은 과학자는 큰 틀에서 보았을 때 다윈 진화론의 패러다임 속에서 연구를 진행하고 있다.

반면 형이상학으로서의 진화론은 전통적인 종교의 자리를 대체하지 못했으며 사람들에게 별다른 영향을 주지 못하고 있다. 이러한 의미의 진화론은 인종 차별을 위시한 각종 차별, 파시즘, 나치즘, 식민지 지배 등을 정당화하는 논리로 사용되었다는 혐의를 받는다. 이렇게 된 데에는 다윈의 진화론에 대한 잘못된 해석의 영향이 크다. 다윈 시대의 일부 인물들은 진화론을 인간 사회의 현상까지도 설명하는 논리로, 나아가 옳고 그름을 판단하는 잣대로까지 활용할 수 있다고 생각했다. 사회다윈주의(Social Darwinism)는 이처럼 과학으로서의 진화론이 아닌, 과학을 빙자한 진화론을 차별적인, 강자 중심의 사회 정책을 강화하는 데에 활용하는 입장을 말한다. 허버트 스펜서(Herbert Spencer)는 이러한 입장을 조장했던 대표적인 인물 중 하나라고 일컬어진다. 이러한 평가가 적절한지를 떠나서 그는 진화 과정이 진보의 과정이라 생각하여 '더욱 상위'와 '더욱 하위'와 같은 개념들을 무분별하게 사용했다. 사실상 이는 다윈의 자연선택과는 거리가 있는, 라마르크에 가까운 입장이었다. 사회다윈주의자들의 진화론 해석의 타당성은 논외로 하더라도, 이 세상에서 일어나는 일 자체가 옳다고 생각하는 것은 전형적인 오류이다. 가령 폭력배가 약한 사람들을 괴롭히는 것은 하나의 사실로서의 현상이다. 하지만 그렇다고 해서 이를 도덕적으로 옳다고 할 수는 없다. 마찬가지로 삼라만상이 진화한다고 해서, 그것 자체가 옳음을 보장하는 것은 아니다. 도덕적 평가는 사실과는 별개이다.

형이상학으로서의 진화론이 부정적인 평가를 받게 된 또 다른 이유는 엄격한 과학적 검증 절차를 거치지 않은 채 추측성 논리에 의존했기 때문이다. 이러한 진화론은 구체적인 입증 없이 사변적 성격을 띠고 있어 부정적인 시선을 받았다. 이는 과학을 내세우지만 사실상 과학이 아닌 일종의 사이비 과학이었던 것이다. 형이상학으로서의 진화론에 대한 이러한 평가는 인간에 대한 전통적인 입장이 자신의 권위를 그대로 유지하는 데에 유리한 토양으로 작용한다. 다윈이 진화론을 발표한 당시 신학자는 물론이그 일반인들도 어떻게든 인간만큼은 다른 존재로 파악하고자 했는데, 형이상학으로서의 진화론이 많은 사람의 미움을 사고 나서는 기독교 전통의 유지는 그리 어려운 일이 아니었다. 과거와 특별히 다를 바 없이 오늘날의 수많은 종교인은 이 세상에서 인간이 만물의 영장이며, 신의 형상에 따라 주조된 존재임을 여전히 받아들이고 있다.

우리가 기억해야 할 것은 어떤 착상이 과학을 표방하려면 그저 대담한 주장을 내세우는 데 그쳐서는 안 된다는 점이다. 아무리 정합성을 갖추었고 단순성을 갖추었어도 입증이 없는 단언은 그저 상상력을 발휘한 데에 지나지 않는다. 어떤 착상이 상상의 수준을 넘어서려면 이의 타당성을 확인하기 위해 나를 포함한 수많은 사람의 증거를 찾기 위한 노력이 필요하며, 이러한 노력을 통해 설득력이 확보되어야 비로소 과학의 자격을 갖추게 된다. 그런데 형이상학으로서의 진화론은 이러한 기준을 충족시키지 못했으며, 이에 따라 서구 사회를 지배해 온 기독교적 세계관을 대체하는 데 실패했다. 반면 다윈의 진화론은 무에서 불쑥 나타난 것이 아니라 여러 영향을 받아 대담한 가설로 제안되었고, 다윈 스스로가 이러한 가설을 뒷받침하기 위해 수많은 증거들을 확보하려 애썼다. 또한 당대의 과학자뿐만이 아니라 후대의 과학자들까지도 증거 확보에 동참했고, 주변 사람들이 그를 도왔으며, 시대 상황까지 그에게 우호적이었다. 이 모든 것으로 인해 다윈의 진화론은 과학으로서의 우상을 인정받을 수 있었고, 지금과 같은 명성을 얻을 수 있게 된 것이다.

주석

1   Charles Darwin, *Charles Darwin's Notebooks, 1836-1844*, ed. and trans. Paul H. Barrett et al. (Ithaca, NY: Cornell University Press, 1987), 300.

2   Aristotle, *Politics*, trans. John Warrington(London: J. M. Dent & Sons, 1956), 16.

3   Charles Darwin, *The Autobiography of Charles Darwin*, ed. Nora Barlow(New York: W. W. Norton, 1969), 120.

4   Charles Darwin, *On the Origin of Species by Natural Selection*(London: John Murray, 1964), 121.

5   Charles Darwin, *On the Origin of Species*, 488.

6   다윈의 아내 에마(Emma)가 독실한 기독교 신자였다는 사실은 인간이 자연선택에 의한 진화의 산물임을 다윈이 공개적으로 밝히기 어려웠던 또 다른 요인이라 일컬어진다.

7   Charles Darwin, *The Descent of Man, and Selection in Relation to Sex*(London: John Murray, 1981), 232.

2장.
마르크스, 총체성의 철학을 위하여

오린석

단국대학교 영대인문학과 명예교수

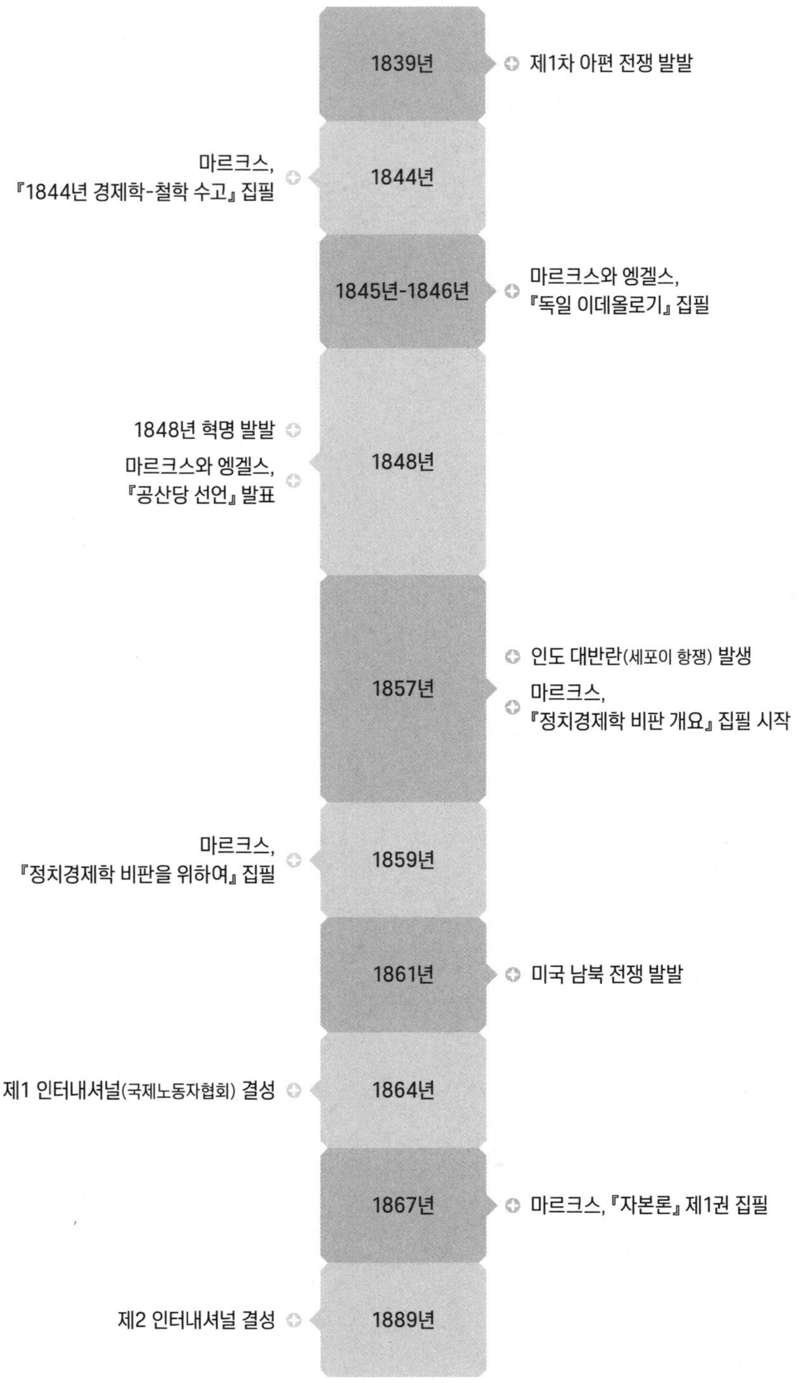

1839년
제1차 아편 전쟁 발발
마르크스, 『1844년 경제학-철학 수고』 집필
1844년
1845년-1846년
마르크스와 엥겔스, 『독일 이데올로기』 집필
1848년 혁명 발발
마르크스와 엥겔스, 『공산당 선언』 발표
1848년
1857년
인도 대반란(세포이 항쟁) 발생
마르크스, 『정치경제학 비판 개요』 집필 시작
마르크스, 『정치경제학 비판을 위하여』 집필
1859년
1861년
미국 남북 전쟁 발발
제1 인터내셔널(국제노동자협회) 결성
1864년
1867년
마르크스, 『자본론』 제1권 집필
제2 인터내셔널 결성
1889년

1. 머리말

프로이트, 니체와 더불어 현대 철학이나 사상을 이야기할 때 빼놓을 수 없는 논자 중의 하나가 바로 카를 마르크스(Karl Marx, 1818-1883)이다. 프로이트를 모르면 인간 정신 혹은 심리의 뿌리를 이해할 수 없고, 니체를 모르면 절대적 진리에 대한 맹목적 수호자가 될 수 있으며, 마르크스를 모르면 사회와 역사의 절반을 이해하지 못할 것이라는 말은 과언이 아니다. 19세기 이후 현재에 이르기까지 자본주의는 인류 역사상 가장 막강한 생산력과 그에 버금가는 수준의 불평등, 그리고 기후 위기 등 최악의 환경 문제를 몰고 온 경제체제이다. 마르크스를 비롯한 수많은 논자의 자본주의 비판과 대안으로서의 다양한 혁명(운동)에도 불구하고 자본주의는 이제 전 지구적 지배력을 갖고 있는, 그리고 그 많은 위기론에도 불구하고 끈질기게 살아남아 실질적으로 전 인류의 삶을 여전히 지배하고 있는 거의 유일한 생산양식이다. 마르크스는 이 엄청난 시스템에 대한 본격적이고도 과학적인 분석을 시도한 가장 대표적인 인물로서 그의 비판적 자본주의 분석과 급진적 철학사상은 이견에도 불구하고 다양한 사유의 영역에서 여전히 논의의 중심으로 남아 있다. 개인적으로 볼 때 그는 또한 박사학위를 취득한 이후에도 반체제적 성향 때문에 학자로서 안정된 일자리를 평생 갖지 못했을 뿐만 아니라, 그나마 물려받은 약간의 유산조차도 혁명운동에 바친 채 극단적인 빈곤의 삶을 살다 간, 어찌 보면 매우 불행한 존재였다. 그의 생애에 일어났던, 그리고 그가 직접 관여했던 모든 진보적 혁명운동은 사실상 모두 실패로 돌아갔으며, 그는 무국적자가 된 채 다수의 가족과 더불어 (그의 표현을 빌리면) "프롤레타리아보다 더 가난한" 생계와 씨름하며 유럽 전역을 떠돌다 세상을 떠났다. 그리하여 그의 삶을 다룬 많은 평전은 초기에 언론 매체를 통한 글쓰기를 중심으로 전개되었던 저널리즘 운동의 시대(1836-1843) 이후 그의 생애 대부분을 그가 유랑하며 머물렀던 도시명을 중심으로 설명하는데, 가령 "파리 시대(1843-1845)", "브뤼셀 시대(1845-1848)", "쾰른 시대(1848-1849)", "런던 시대(1850-1860)"와 같은 구분들이 그것들이다. 이 글은 이런 유랑의 과정을 시간순으로 따르되, 아울러 그것에 그의 주요 저술에 관한 논의들을 추가할 것이다.

레닌(V. Lenin) 주도의 러시아 혁명(1917)으로 시작하여 1989년 베를린 장벽의 붕괴에 이르기까지 근 70년에 걸친 현실 사회주의의 실험이 실패로 돌아간 이후에, 이제는 마르크스 사상의 핵심을 계급 투쟁을 통한 사회주의 혁명론에서 찾으려는 시도들은 거의 사라졌다고 보아도 된다. 마르크스주의가 처해 있는 이런 맥락과 상황을 두고 많은 논자가 소위 '마르크스주의의 위기' 담론을 생산해 왔지만, 마르크스주의가 '세계를 지배하는 사상의 절반'으로 여전히 주목받는 이유는 '총체성(totality)'을 중심으로 한 마르크스의 독특한 사유 때문이다. 마틴 제이(M. Jay)가 지적한 것처럼 총체성의 개념은 루카치(Lukács G.), 그람시(A. Gramsci), 블로흐(E. Bloch) 등의 1세대 서구 마르크스주의자들뿐만 아니라, 프랑크푸르트학파, 르페브르(H. Lefèbvre), 골드만(L. Goldmann), 사르트르(J. P. Satre) 등으로 이어지는 2세대 마르크스주의자들을 거쳐, 알튀세르(L. Althussser), 마슈레(P. Macherey) 등 최근의 마르크스주의자들에 이르기까지, 내부의 그 모든 다양성에도 불구하고 마르크스주의의 포기할 수 없는 '통찰의 기표'이다.[1] 물론 총체성의 개념 자체에 대한 논의도 다양하지만, 단수가 아닌 복수의 마르크스주의가 공유하고 있는 핵심 개념이 있다면, 그것은 바로 총체성의 범주이다. 마르크스주의자들은 그 모든 내부의 이견에도 불구하고 세계의 다양한 부분들, 즉 교육, 종교, 문화, 정치, 사상, 금융, 이데올로기, 경제 등의 층위들이 별개로 존재하는 것이 아니라, '전체'로서의 체계 안에 서로 긴밀히 연결되어 있다는 사실에 전적으로 동의한다. 혁명이념으로서가 아니라 사상 혹은 철학으로서의 마르크스주의가 여전히 유효한 이유는 바로 세계의 이 모든 부분을 항상 따로 떼어 놓지 않고 전체와의 연관성 속에서 파악하려는 총체적 사유를 지향하는 특징 때문이다. 마르크스주의 사상의 쓸모 있는 유산으로서의 총체성 개념을 대할 때 유념할 것은 그것을 '부분들의 상위에서 부분들을 지배하는 전체'로 이해해서는 안 된다는 것이다. 전체를 우위에 놓고 부분들을 그것에 종속시키는 것은 총체성이 아니라 '전체주의(totalitarianism)'의 시스템이다. 사상으로서의 마르크스주의가 지향하는 총체성의 개념은 부분과 전체의 위계적 관계가 아니라 부분들과 전체 사이의 유기적 연관성을 강조한다.

또한 마르크스주의가 그 모든 위기 담론에도 불구하고 사상의 다양한 영역에서 계속 소환되는 이유는 바로 세계에 대한 그것의 비판적, 실천적 쾌도 때문이다. 마르크스가 평생 남긴 저술의 대부분은 당대 사회와 인류 역사에 대한 비판적 분석이었으며, 그것에 근거하여 더 나은 사회를 만들려는 실천적 태도에서 나온 것들이었다. "지금까지 철학자들은 세계를 단지 다양한 방법으로 해석해 왔을 뿐이다. 그러나 중요한 것은 세계를 바꾸는 것이다"[「포이어바흐에 관한 테제(Thesen über Feuerbach)」(1845)][2]라는 그의 언명은 플라톤 이래 헤겔까지 이어져 내려온 서양 철학의 관념론적 경향에 대한 정면 도전이며, 현대에 이르기까지 실천 지향적이고 진보적인 사상들이 세계를 대하는 기본적인 태도가 되어 왔다. 이런 관점에서 마르크스의 사상은 여전히 유효하고 다양한 영역과 국면에서 다른 입장들과 마주치면서 사유의 다양한 주름들을 만들고 있다.

2. 수업시대

　마르크스는 1818년 5월 5일 독일(구 프로이센 왕국) 라인주의 구도시 트리어(Trier)에서 태어났다. 그의 가족은 유대인의 뿌리를 가지고 있었고, 마르크스가 태어나기 전에 아버지가 직업상의 문제로 프로테스탄트로 개종하였지만, 가톨릭 거주 지역에서 살았다. 이는 그와 그의 가족들이 그들을 에워싼 사회와 행복한 합일의 상태에 이르기 힘든 조건 속에 있었으며, 늘 사회적 소외와 차별과 편견을 의식하고 살아야 했음을 보여 준다. 그가 태어난 트리어시는 당시만 해도 독일에서 가장 오래되고 아름다운 도시였지만 산업 시설이 거의 없고 주민들의 생계가 몰락 중이던 포도 사업과 대체로 연결되어 있어서 실업과 구걸, 매음과 이민이 점점 증가하던 도시였다. 한 통계에 의하면 당시에 트리어 인구의 1/4 정도가 정부의 공적인 자선 사업에 생계를 의존하고 있었다고 한다. 이런 맥락에서 볼 때 트리어시가 프랑스의 생시몽(S. Simon) 등이 주도했던 공상적 사회주의 이념들이 처음 출현한 독일의 도시 중의 하나라는 사실은 새삼스럽지 않다. 마르크스는 비록 자수성가한 중산층 아버지를 두었지만, 인종적, 종교적 차원에서 사회적 통합이 어려운 집안의 구남매 중 셋째로 태어나 소외와 가난과 편견의 사회상을 직접 보고 느끼며 자랐다.

마르크스는 어려서부터 집에서 아버지에게 사교육을 받다가 18?0년에 비로소 트리어고등학교에 진학한다. 이 학교의 교장인 후고 비텐바흐(H. Wyttenbach)는 아버지의 친구이자 마르크스의 역사 교사로 청년 마르크스에게 많은 영향을 주었다. 그는 루소와 칸트를 좋아하는 계몽주의자이자 혁명적 공화정의 옹호자로서 진보적인 교사들을 많이 채용하였으며, 이런 교육 태도가 계속해서 지역 보수 정부의 분노를 샀다. 덕분에 학교는 늘 감시의 대상이었으며, 마르크스가 재학 중이던 1832년엔 경찰이 학교를 습격하여 정치적 자유주의를 옹호하는 반정부 문건들이 학생들에게 배포된 사실이 발각되기도 하였다. 당시에 마르크스가 고등학교 졸업 자격을 얻기 위해 제출한 데세이를 보면, 마르크스는 이때 이미 이상주의로 가득 찬 청년이었으며, 그의 글들은 사적인 출세보다는 널리 인류를 위한 (그리스도적) 헌신과 자기희생적 삶을 강조하는 내용을 담고 있다. 물론 후에 종교에 대한 그의 태도는 달라지지만, 타자 지향적 헌신과 희생을 중시하는 이상주의자이자 혁명가적인 기질이 이때 이미 명백하게 드러난다.

1835년 10월, 마르크스는 철학과 문학을 공부하기 위해 본대학(Universität Bonn)으로 간다. 그는 원래 문학과 철학을 공부하고 싶었으나 더 현실적이고 실용적인 학문을 하라는 아버지의 권고에 따라 법학부에 등록한다. 18세가 되었을 때 마르크스는 폐가 좋지 않다는 이유로 군 복무 면제 판정을 받는다. 본대학 재학 중에 그는 '시인동호회'라는 모임에 가담하였는데, 이 집단은 정치적인 급진주의자들의 모임으로 늘 경찰의 감시 대상이었다. 그는 또한 '트리어주막음주향우회(Landsmannschaft der Treveraner)'라는 단체에도 가입하였는데, 이는 이름 그대로 술꾼들의 모임이었으며, 이 자리에서도 청년들 사이에 수많은 사상에 대한 열띤 논의들이 있었고, 마르크스는 한때 이 모임의 공동회장을 하기도 했다. 이런 동호회 활동에서 알 수 있듯이 대학 1-2학년 시절에 마르크스는 학과 공부보다는 난독과 자유로운 생활에 더 몰입했고 성적은 점점 떨어졌다. 이 때문에 아버지를 위시한 주변의 염려는 점점 심해질 수밖에 없었으며, 이듬해(1836) 가을이 되자 본인도 자신의 대학 생활에 대하여 심각한 결단을 하지 않을 수 없는 지경이 되었다. 이에 따라 그는 프티 귀족 출신으로 어린 시절부터 알고 지내던 예니(Jenny von Westphalen)라는 여성과 약혼하고, 아버지의 권유에 따라 더 진지하고 학문적인 분위기의 대학인 베를린대학(Universität zu Berlin) 법학부로 학적을 옮긴다. 이들은 이로부터 7년 후인 1843년 6월 19일, 크로이츠나흐에 있는 한 개신교 교회에서 결혼식을 올린다.

마르크스가 베를린대학에 들어갔을 때, 베를린대학의 지식인들은 진보적 헤겔주의의 열풍 속에 빠져 있었다. 그는 법학을 전공하면서도 철학에 깊이 매혹되었으며 '철학이 없이는 그 어느 것도 성취할 수 없다'는 신념으로 법학과 철학을 자신의 사상 안에 어떤 식으로든 엮어 보려 하였다. 마르크스는 주변의 분위기에 따라 금방 헤겔에 빠져들기 시작했고, 1837년엔 '박사동호회(Doktorklub)'란 모임에 합류했는데 이들은 주로 청년 헤겔주의자들로서 진보적 사상의 소유자들이었다. 그들은 포이어바흐(L. Feuerbach)와 브루노 바우어(B. Bauer) 주위에 모여들었으며, 헤겔의 관념론적, 형이상학적 가정들에 대해서는 부정적이었으나 기존 사회의 시스템에 대해서는 좌파적 입장에서 헤겔의 변증법을 이용하여 매우 비판적인 태도를 취했다.

마르크스는 1840년부터 그의 박사 논문인『데모크리토스(Democritos)와 에피쿠로스(Epicurus)의 자연철학의 차이』를 쓰기 시작하여 1841년에 끝낸다. 이 논문에서 그는 에피쿠로스의 유물론적 입장을 매우 높이 평가하는데, 이는 유물론적 입장에서 헤겔의 관념론을 비판하고자 했던 마르크스의 일관된 입장에서 비롯된 것이다. 상대적으로 보수적이었던 베를린대학의 교수들 사이에서 이 논문에 대한 논란이 분분해지자, 그곳에서 박사학위를 받기가 어려울 것으로 판단한 마르크스는 당시에 베를린대학보다 학문적으로 더 자유분방했으며 논문 심사를 빨리 진행했던 예나대학(Universität Jena)에 이 논문을 제출하고 그곳에서 1841년 4월에 박사학위를 받는다.

　　박사학위를 받았음에도 불구하고 마르크스는 그의 급진적 태도와 사상 때문에 안정된 대학교수의 자리를 얻지 못하게 된다. 이에 마르크스는 이제 학자가 아니라 저널리스트로서 그의 사회적 경력을 시작하고, 이런 상황은 사실상 그가 세상을 뜰 때까지 평생에 걸쳐 계속된다. 박사학위를 받은 다음 해인 1842년에 그는 쾰른으로 이사해서 그해 창간된『라인 신문』의 기자가 된다. 이 신문을 통해 그는 사회주의 그리고 경제 문제와 관련된 그의 초기 입장들을 발표하게 된다. 이 신문은 매우 급진적인 성향 때문에 프로이센 정부의 지속적인 검열을 받았는데, 결국 1843년 러시아의 군주제를 강력히 비판한 기사가 문제가 되면서 프로이센 정부는 러시아 니콜라이 1세 차르 황제의 요청으로 이 신문을 강제 폐간하게 된다. 졸지에 일자리와 지면을 동시에 잃은 마르크스는 같은 해에 프랑스의 파리로 옮겨 가 파리의 급진적 좌파 신문인『독불연감』의 공동 편집인이 된다. 그는 공동 편집인인 독일인 아르놀트 루게(A. Ruge)와 함께 이 신문을 매개로 독일과 프랑스의 급진주의자들을 규합하려 했다. 그러나 이 신문의 필자들 대부분은 독일인들이었고, 유일한 비독일인 필자는 러시아에서 추방된 아나키스트 미하일 바쿠닌(M. Bakunin)밖에 없었다. 이 신문을 통하여 마르크스는 "유대인 문제에 대하여"라는 에세이를 발표하는데, 이 글에서 그는 프롤레타리아야말로 유일한 혁명 세력이라는 그의 확신과 공산주의에 대한 그의 지지 의사를 명백하게 밝힌다.『독불연감』또한 검열과 압박을 이기지 못하고 문을 닫게 되자 마르크스는 파리에서 자리를 잡은 신문 중에 상대적으로 검열에서 자유로웠던 급진적 독일어판 신문『전진(Vorwärts!)』에 주로 기고를 하게 된다.

3. 엥겔스와의 만남과 역사적 유물론의 체계화

마르크스와 엥겔스 가족의 사진

* 이미지 출처: 위키미디어 커먼스

1844년 8월 28일, 마르크스는 독일의 사회주의자 프리드리히 엥겔스(F. Engels)와 한 카페에서 만나고 그때로부터 그와 평생의 친구이자 동지가 된다. 엥겔스는 그 당시 막 출판되었던 자신의 저서 『영국 노동 계급의 조건(*Die Lage der arbeitenden Klasse in England*)』을 마르크스에게 선물로 준다. 그는 이 책을 통하여 세계 최초로 진행된 영국의 산업혁명이 영국의 노동자들을 훨씬 더 비참한 상황 속으로 몰아넣은 사실을 지적하였으며, "노동 계급의 조건이야말로 우리 시대에 존재하는 사회적 불행의 가장 심하고 가장 노골적인 정점이기 때문에 현재 모든 사회 운동의 가장 현실적인 토대이자 출발점이다"라고 주장하였다. 마르크스는 당시에 노동 계급이야말로 역사적 혁명의 최종 당사자라는 엥겔스의 주장에 깊은 영향을 받게 된다. 마르크스는 엥겔스와의 관계를 통하여 헤겔 관념론에 대한 비판을 넘어 헤겔 좌파에 대해서도 비판적인 입장을 갖게 되며 비로소 사적 유물론의 내용을 더욱 구체적으로 다듬어 나가게 된다. 이들은 마르크스의 옛 친구이자 동료였던 브루노 바우어의 사상에 대한 비판 작업도 공동으로 진행하였으며, 이는 이듬해(1845)에 『신성 가족(Die heilige Familie)』이라는 제목의 공저로 결실을 보게 된다. 여기에서 말하는 "신성 가족"이란 바로 브루노 바우어 형제를 일컫는 것으로 이 책은 단지 바우어 형제만이 아니라 청년 헤겔주의자들의 사변적 유물론 일반을 비판하기 위해 집필된 것이었다. 마르크스는 엥겔스를 만난 이후 이런 과정을 통하여 한때 동료였고 영향을 주고받았던 청년 헤겔주의자들과도 일정하게 거리를 두게 된다. 결국 마르크스와 엥겔스는 포이어바흐의 (사변적) 유물론까지도 거부하며 그들만의 '역사적 유물론'을 체계화하는 길로 점점 더 나아가게 된다.

마르크스는 『독불연감』의 공동 편집인으로 파리에 온 1843년부터 1845년 사이에 정치경제학(고전 국민경제학)과 사회주의 등에 대하여 보다 본격적인 연구에 몰두하게 된다. 그는 애덤 스미스(A. Smith), 데이비드 리카도(D. Ricardo), 제임스 밀(J. Mill)의 정치경제학에 대한 연구와 비판을 본격적으로 시작하였으며 이 작업은 그의 생애 내내 이어졌고 불멸의 고전이 되어 버린 세 권의 『자본론(Das Kapital)』으로 결실을 보았다. 그는 또한 생시몽과 샤를 푸리에(C. Fourier)와 같은 공상적 사회주의자들에 관해서도 깊은 연구를 개진하였다. 결국 이 과정을 통하여 오늘날 우리가 '마르크스주의(Marxism)'라 부르는 거대한 사상의 체계가 형성되었으므로 그에게 있어서 1843-1845년에 걸친 파리에서의 생활은 매우 중요한 것이었다. 지금까지 살펴본 것처럼 그의 사상(마르크스주의)은 크게 헤겔의 변증법과 프랑스의 공상적 사회주의, 그리고 영국의 국민경제학의 영향을 받으며 형성되었다. 마르크스는 한편으로는 이러한 이론들의 유효한 부분들을 적극적으로 활용하고, 다른 한편으로는 이런 이론들의 문제점들을 지양하면서 자신만의 독특한 사상 체계를 만들어 나갔다. 변증법을 통해서는 이질적인 것들의 충돌이 역사 발전의 원동력임을 깨달았고, 공상적 사회주의자들에게선 유토피아 사상의 개혁적 동력을 배웠으며, 국민경제학을 통해서는 자본주의가 가동되는 미시적이고도 내적인 원리를 파악할 수 있었다.

1932년에 출판되었지만 실제로는 이 시기에 마르크스가 쓴 대표적인 저서 중의 하나인 『1844년 경제학-철학 수고(*Ökonomisch-philosophische Manuskripte aus dem Jahre 1844*)』는 소위 '마르크스 사상'의 핵심적인 입장들을 고루 담고 있다. 이 책은 크게 3부로 나뉘어 있는데 「제1 수고」에서는 주로 국민경제학에 대한 비판을, 「제2 수고」에서는 노동의 본질로서 소외된 노동에 대하여, 그리고 「제3 수고」에선 헤겔의 변증법에 대한 비판을 담고 있다. 「제1 수고」에서 말하는 국민경제학자들이란 스미스, 리카도, 밀 등으로 대표되는 고전적 자유주의 경제학자들을 말한다. 마르크스는 국민경제학의 용어를 사용하여 노동이 비참한 상품으로 전락하며 생산력이 늘어날수록 노동자가 더욱 빈곤해지는 과정, 자본주의적 경쟁의 필연적 결과로서 자본가라는 소수에게 자본이 축적되는 현상, 사회 전체가 가진 자와 가지지 못한 자들의 계급으로 이원화되는 현상 등을 설명한다. 이를 통하여 마르크스는 국민경제학자들이 상품의 생산, 자본의 축적, 적대적 계급의 구도 등을 생산수단의 사적 소유가 초래한 사회·역사적 현실로 설명하지 못하고 우연한 사건들의 현상적 집합으로 설명하고 있다고 비판한다. 쉽게 말하면 고전적 자유주의 경제학자들은 자본주의가 가동되는 내적 원리를 미시적이고 관념적인 방식으로 묘사하지만, 그것이 왜 사회적 단위에서 문제가 되는지를 비판적으로 설명하지 못한다는 것이다. 국민경제학자들의 자본 내적인 분석에 대한 비판적 재해석에 토대하여 마르크스는 「제2 수고」에서 노동의 상품화와 노동자의 궁핍화의 근본적 원인으로서 생산수단의 사적 소유, 그리고 사적 소유의 비밀로서의 소외된 노동에 대하여 자세히 언급한다. 「제3 수고」에서 마르크스는 헤겔의 변증법에 대한 비판을 전개하는데, 이는 헤겔의 변증법 자체에 대한 비판이라기보다는 헤겔 철학의 사변적이고 추상적이며 관념적인 설명 체계에 대한 비판이자 궁극적으로는 그것에서 벗어나지 못했던 청년 헤겔학파에 대한 비판이다. 이 과정에서 그는 포이어바흐의 논지에 상당 부분 의지하게 된다. 그러나 그는 『1844년 경제학-철학 수고』를 쓴 지 1년 후인 1845년에 파리에서 벨기에의 수도인 브뤼셀로 이주하면서 자신의 사적 유물론을 더욱 정교하게 다듬기 위해 포이어바흐와 이론적으로 단절할 필요를 느끼게 된다. 그리하여 1845년 4월에 그는 모두 열한 개로 이루어진 「포이어바흐에 관한 테제」를 쓰게 되는데, 자신의 역사적 유물론을 더욱 정교하게 다듬은 것으로서 철학의 실천적 현실 개입의 중요성을 강조한 것으로 유명하다.

1845년에 프로이센 왕의 요청으로 프랑스 정부가 신문사 『전진』을 폐쇄하자 마르크스는 더 이상 프랑스에 거주할 수도 없었고 그렇다고 해서 독일로 돌아갈 수도 없게 되었다. 그리하여 그는 마침내 벨기에의 브뤼셀로 이민을 가기로 결심한다. 브뤼셀에서 그는 유럽 각지에서 추방당하거나 망명 온 사회주의자들과 다양하게 교류할 수 있었지만, 그곳에서 계속 체류하기 위한 조건으로 현실 정치에 대해서 아무런 글도 쓰지 않기로 당국과 서약해야만 했다. 1845년 4월엔 엥겔스가 브뤼셀로 건너와 다시 마르크스와 합류했고, 그해 7월 중순에 이들은 당시 영국 노동 계급 운동의 중심이었던 차티스트 지도자들을 만나기 위해 영국을 방문하기도 한다. 이들은 브뤼셀에서 다시 역사적 유물론 철학을 완성하기 위해 공동 작업을 하게 되는데, 그렇게 해서 나온 책이 바로 엥겔스와의 공저인 『독일 이데올로기(*Die Deutsche Ideologie*)』이다. 이 책을 통하여 마르크스와 엥겔스는 포이어바흐, 브루노 바우어, 막스 슈티르너(M. Stirner) 등 청년 헤겔학파의 논자들뿐만 아니라 카를 그륀(K. Grün) 같은 소위 "진정한 사회주의자들(True Socialists)"과도 완전히 결별하는데, 마르크스와 엥겔스의 입장에서는 그들 대부분이 사회주의 이념과 혁명을 주창하면서도 '관념론'에서 빠져나오지 못하고 있었기 때문이었다. 1845-1846년 봄 사이에 완성되고도 검열 때문에 1932년에야 출판된 이 책은 『독일 이데올로기 비판(*A Critique of the German Ideology*)』이라는 제목으로도 알려져 있는데, 제목 그대로 당대 독일 철학, 그중에서도 앞에서 언급한 청년 헤겔학파의 철학(이데올로기)을 주르 비판한 것이었다. 마르크스와 엥겔스가 볼 때 이들의 철학은 자신들의 역사적 유물론과 달리 "역사적 관념론"에 빠져 있었다. 마르크스와 엥겔스가 볼 때 도덕이나 종교, 형이상학, 그리고 모든 이데올로기는 그 자체 독립적으로 존재하는 것이 아니다. 이런 것들은 그 자체로서는 아무런 역사도 발전도 이루어 내지 않으며, 오로지 물질적 생산력과의 총체적 연관 속에서만 가동될 뿐이다. 마르크스와 엥겔스는 이처럼 물질적 생산과 물질적 소통을 발전시키는 인간들만이 그들의 실제 존재와 더불어 그들의 사유와 그들의 집단적 사유의 생산물들을 변화시킨다고 보았다.

『1844년 경제학-철학 수고』와 『독일 이데올로기』를 통하여 청년 헤겔학파의 이론가들과 결별하고 역사적 유물론이라는 자신들만의 이론 체계를 구축한 이후에 마르크스가 고민한 것은 역사적 유물론과 과학적 사회주의에 토대한 혁명적 프롤레타리아 운동의 이론과 전략이었다. 그의 이런 프로젝트는 1847년에 『철학의 빈곤(*Misère de la philosophie*)』이라는 제목의 저서로 실현된다. 마르크스는 무정부주의자이자 사회주의자였던 피에르 조제프 프루동(P. J. Proudhon)의 『빈곤의 철학(*Philosophie de la misère*)』(1840)을 "프티-부르주아의 철학"이라 비판하고 이 책의 제목을 거꾸로 뒤집어 자기 책의 제목("철학의 빈곤")으로 삼았는데, 이 책에서 마르크스는 프루동에 대한 비판뿐만 아니라 나중에 『자본론』에서 본격적으로 전개될 고전 경제학에 대한 비판과 자본주의에 대한 과학적 분석의 탄탄한 기초를 세워 나간다.

1847년 6월 런던에선 최초의 마르크스주의 결사 조직이라 할 수 있는 '공산주의자동맹(Bund der Kommunisten)'이 창립된다. 마르크스와 엥겔스는 카를 샤퍼(K. Schapper)와 더불어 이 조직의 건설에 적극적으로 참여했으며, 이듬해인 1848년 2월에 이 조직의 신념이자 강령이라 할 수 있는, 그 유명한 『공산당 선언(*Manifest der Kommunistischen Partei*)』을 발표한다. 이 선언문의 발표와 더불어 공산주의자동맹은 더 이상 비밀 조직이 아니라 대중 앞에 자신들을 적극적으로 드러내 놓고 자신들의 신념과 계획을 공식화한 단체가 되었다. 이 선언문은 "지금까지 존재해 온 모든 사회의 역사는 계급 투쟁의 역사였다"

라는 그 유명한 문장으로 시작하여 "만국의 노동자여, 단결하라"라는 문장으로 끝난다. 이 두 문장으로 요약되듯이 마르크스는 자본주의적 생산양식에 토대한 역사 발전의 과정에서 두 적대적 계급인 부르주아지와 프롤레타리아트 사이의 충돌이 불가피하다고 보았으며, 따라서 공산주의자동맹은 다른 관념적 사회주의자들이나 부르주아 정당들과는 완전히 차별화된 목표와 전략을 가져야 하고, 모든 에너지를 프롤레타리아 계급을 위하여 자본주의를 타도하고 그것을 사회주의로 대체하는 것에 집중해야 한다고 주장하였다.

이 무렵 유럽은 곳곳에서 저항과 반란 혹은 폭력적 소요들이 일어나며 전체적으로 혁명적 분위기에 휩싸이기 시작했다. 1848년부터 1849년에 걸쳐 유럽에서 일어난 이 일련의 혁명운동들을 총칭하여 '1848년 혁명(Revolutions of 1848)'이라고 부른다. 이 혁명은 때로 "인민들의 봄(Springtime of the Peoples)" 혹은 "국민들의 봄(Springtime of Nations)"이라 불리기도 했는데, 이름에서 드러나듯이 이 혁명은 프롤레타리아 해방 운동이 아니라 낡아빠진 군주제를 제거하고 민족주의에 토대하여 국민국가(nation-states)를 건설하려는 것이었다. 이 혁명은 1848년에 이탈리아에서 처음 시작되어 유럽 전역으로 퍼져 나갔으나 처음부터 국가 간 연대 같은 것들은 거의 없었다. 대신에 국가 단위로 개혁주의자들과 중산층, 상류층, 그리고 노동자들이 일시적인 연합을 이루어 군주제에 저항하는 일들은 있었지만, 이 역시 강력한 진압 방식에 의해 오래가지는 못했다. 그러나 이 과정을 통하여 오스트리아와 헝가리에서는 노예제가 철폐되었으며, 네덜란드에서는 대의 민주주의가 소개되었고, 덴마크에서는 절대 왕정이 무너졌다. 프랑스에서도 군주제가 철폐되고 프랑스 제2 공화정이 확립되었다. 마르크스는 이와 같은 혁명의 열기에 고무되어 당시에 상속받은 부친의 유산 중 상당 부분을 벨기에 노동자들의 무장을 위해 헌납했으며, 부르주아 혁명 다음에 이어질 프롤레타리아 혁명을 열렬히 고대하고 준비하였다. 결국 무수한 논의 끝에 벨기에 사법부는 마르크스를 고발하고 체포하였으며, 마르크스는 이제 공화정이 권력을 장악해서 자신이 안전하게 지낼 수 있을 곳이라고 믿었던 프랑스로 어찌할 수 없이 돌아가게 되었다. 이렇게 하여 1845년에서 1848년에 걸친 브뤼셀에서의 생활이 마침내 종지부를 찍게 된다. 그러나 이 시기는 마르크스가 평생의 동지인 엥겔스와 더불어 역사적 유물론을 근간으로 한 마르크스주의 사상을 체계화하고 혁명적 조직 운동을 끌어나간 핵심적 시기로서 매우 중요하다.

4. 런던 시대:『정치경제학 비판 개요』,
   『정치경제학 비판을 위하여』, 그리고『자본론』

　　마르크스는 브뤼셀에서 파리로 잠시 돌아왔으나 '독일노동자협회'를 조직하고 독일에서 혁명운동이 확산할 것으로 기대하며 다시 쾰른으로 이주한다. 거기에서 그는 얼마 안 되는 아버지의 유산으로 재정 문제를 겨우 해결해 가며 1848년에『새 라인 신문』을 창간하고, 이 신문을 매개로 유럽 전역의 새로운 소식들을 자신의 독특한 견해로 재해석하여 보도한다. 이 신문은 당시를 기준으로 5년 전에 한때 마르크스가 편집인 역할을 하던『라인 신문』의 정신을 계승하기 위해 만들어진 것이었고, 창간 이듬해인 1849년부터 집중적인 검열에 시달리다가 그해 5월에 마르크스는 (이 신문 때문에) 강제 출국 명령을 받기에 이른다. 마르크스는 다시 파리로 돌아왔으나 그곳에서도 시 당국에 의해 추방된다. 그는 이처럼 브뤼셀, 쾰른, 파리 등 유럽의 주요 거점 도시에서 점점 추방되면서 거처가 점점 좁아져 가던 지적 유목민의 신세를 면치 못했다.

　　1849년 여름, 마르크스는 넷째 아이의 출산을 앞두고 있던 부인 예니와 더불어 프랑스뿐만 아니라 독일이나 벨기에 등, 어느 곳으로도 이동하지 못하는 상황에 부닥치게 되었고, 이번에는 런던에 겨우 피난처를 구하게 된다. 혁명적 사유로 내내 시대를 앞질러 가던 그는 이렇게 가족들과 함께 극심한 가난 속에 평생 떠돌아야 했으며, 1849년 런던에 정착한 이후엔 세상을 뜰 때까지 그곳에서 계속 활동하게 된다. 이런 점에서 보면, 마르크스야말로 사상과 실천을 위하여 무국적자로 수십 년 동안 유럽 전역을 떠돌다 사망한 대표적인 지적 유목민이다. 다른 도시에서도 그랬지만 런던에서 마르크스의 가족은 더욱 극심한 생활고에 시달렸으며 열악한 환경 때문에 런던 정착 직전과 직후 수년 사이에 걸쳐 출생한 마르크스 부부의 네 자녀들은 제니(Jenny, Julia Eleanor)를 제외하고 모두 성인이 되기도 전에 사망하였다. 이중엔 1855년에 여덟 살의 나이로 사망한 그의 외아들 에드가(Edgar)도 포함된다. 그리하여 마르크스의 일곱 자녀 중에 성인이 되도록 생존한 사람들은 세 명에 불과했다. 이들의 생활고는 1852년에 최악의 상태였는데 그해 2월 어느 날에 마르크스는 한 편지에서 "외투를 전당포에 저당 잡혀 일주일째 외출을 못 하고 있으며 신용 부족으로 고기도 먹지 못하고 있다"고 고백하기도 한다. 심지어 그해 4월엔 죽은 어린 딸을 매장할 비용조차 없어서 돈을 빌리기 위해 여기저기 찾아다녀야만 했을 정도였다. 마르크스는 또한 유럽의 여러 도시를 유랑하는 동안 주택을 임대할 때 당국의 추적을 피하기 위해 가명을 자주 사용하였다. 파리에서 그는 "람보즈 씨(Monsieur Ramboz)"로 통했으며, 런던에서는 "윌리엄스(A. Williams)"라는 가명을 사용하였다. 그의 친구들은 그가 북아프리카 사람들처럼 얼굴이 검고 검은 곱슬머리를 가지고 있다고 해서 "무어(Moor)"라 즐겨 불렀으며, 자녀들에겐 자신을 "올드 닉(Old Nick)", "찰리(Charley)"라 부르게 하기도 하였다.

마르크스와 엥겔스의 참여로 1847년 런던에서 창립되었던 공산주의자 동맹은 소위 '1848년 혁명' 과정을 통하여 비밀 조직의 성격을 탈피했음에도 불구하고 특별한 성과를 내지 못하다가 1849년에서 1850년 사이엔 아우구스트 빌리히(A. Willich)와 카를 샤퍼가 즉각적인 봉기를 주장하기 시작하면서 급기야 내분에 처하게 된다. 이들은 공산주의자동맹이 일단 봉기를 촉발하면, 유럽의 전체 노동 계급이 자발적으로 봉기에 참여할 것으로 확신했고, 그것이 유럽 전역의 혁명으로 이어질 것이라고 믿었다. 마르크스와 엥겔스는 이에 대하여 공산주의자동맹의 입장에서 그런 무계획적인 봉기를 일으키는 것은 모험주의적이며 일종의 자살행위라 주장하며 반대하였다. 마르크스는 혁명이란 사회, 경제적 상황에 대한 장기간에 걸친 과학적 분석과 사회적 발전 수준에 따른 단계적 운동을 통하며 성취된다고 보았다. 이런 논란 속에서 빌리히와 샤퍼를 추종하는 구성원들은 런던에서 프랑스로 활동 본거지를 옮겨 갔으며 결국엔 어찌할 수 없이 프로이센 경찰과 타협을 해 나가는 수순을 밟게 된다. 결국 공산주의자동맹은 1852년 10월 4일에서 11월 12일에 걸쳐 독일의 쾰른에서 프로이센 정부에 의한 (1848년 혁명에 참여했던) 11명의 공산주의자동맹 구성원에 대한 재판(“쾰른 공산주의자 재판”) 과정을 통하여 공식적으로 해체되고 만다. 이 재판에서 열한 명의 피의자 중 일곱 명이 징역 6년을 선고받고 수감되었다. 이 당시 마르크스는 유럽 전역에서 일어났던 1848년 혁명들이 패배로 돌아가는 것을 지켜보면서 노동 계급이 봉건 귀족 제도를 타파하기 위해서는 진보적 부르주아 세력 그리고 민주주의를 지향하는 세력들과 광범위한 민중 연대를 해야 한다고 생각하였으며, 그런 과정을 통하여 노동자 계급 혁명(프롤레타리아 독재)을 수행하기 이전에 부르주아 혁명을 먼저 완수해야 한다고 판단하였다.

마르크스는 1849년에 런던에서의 생활을 시작하면서『자본론』등의 저술을 위하여 절대적으로 많은 시간을 연구에 할애했으며 이에 따라 그의 가족들은 더욱 극단적인 가난에 시달려야 했다. (앞에서도 말했다시피) 이 과정에 새로 출생한 그의 여러 자녀가 영아 혹은 유아기에 사망하였으며, 마르크스의 거의 유일한 돈줄은 그나마 사업가 아버지를 둔 엥겔스밖에 없었다. 1848년에 창립했던『새 라인 신문』은 이제 더 이상 운영이 불가능하였고 그에 따라 마르크스는 더 이상 미디어를 통해 노동자들과 접촉할 수 없게 되었다. 이제 마르크스는 궁여지책으로 해외의 국제 언론을 찾아 의지하지 않으면 안 되는 상황까지 오게 되었다. 그리하여 그는 1852년부터 1862년에 걸쳐 미국의 진보적인 부르주아 신문이었던『뉴욕 데일리 트리뷴』지의 우럭 통신원 자격으로 글을 쓰게 되었는데, 당시로서는 이것이 런던에서의 그의 거의 유일한 수입원이자 (대외적인) 활동의 기반이 되었다. 사실 당시에 마르크스는 단행본 집필에만 전념하고자 하였으나 생계 문제가 그것을 허락하지 않았고, 그는 이 신문에 글을 쓰는 것을 탐탁지 않아 했다. 다음과 같은 그백은 당시데 적극적인 정치적 목적이 없는 기사 쓰기에 대해 넌더리를 내던 마르크스의 모습을 잘 보여 준다. "신문에 계속 글을 쓰는 일은 정말 짜증이 난다. 그것은 시간을 너무 잡아먹고, 내 노력을 분산시킬 뿐만 아니라, 결국 나중에 보면 아무것도 남는 게 없다. 그렇지만 아무리 독립하기를 바란다 해드 나처럼 생계를 해결하기 위한 현금이 필요한 사람은 여전히 신문과 그 독자들에 의존하지 않을 수 없다." 1841년에 창간된『뉴욕 데일리 트리뷴』은 당시만 해도 미극 전역에서 20만 부가 유통될 정도로 매우 영향력 있는 일간지였거. 이 신문은 공상적 사회주의인 프리에주의(Fourierism)적인 기사들에 많은 지면을 내주었으며, 금주법과 무역 보호법을 옹호하였고, 사형 제도와 노예 제도에 반대하였다. 마르크스는 생계 때문에 이 신문에 기고를 하면서도 이 신문에 대하여 매우 경멸적인 태도를 가지고 있었다. 그는 이 신문에 대하여 다음과 같이 생각했다. "시스몽디(Sismondi)의 자선 사업적이고 사회주의적적인 반(反)산업주의로 위장한 이 신문은 속으로는 보호 무역주의, 즉 미국의 산업 쿠르주아를 대변하고 있다. 이것이 바로『트리뷴』지가 그 모든 주의(isms)와 사회주의적 협잡에도 불구하고 미국의 '주도적 신문'일 수 있는 비밀스러운 이유를 설명히 준다."『트리뷴』에 대한 이런 태도에도 불구하고, 1857년『트리뷴』지가 경제 공황에 따른 상업상의 위기로 해외 통신원들을 모두 해고할 때까지 마르크스는 전력을 다해 기사를 썼다. 그때까지 그의 이름으로 나간 기사는 무려 487건이나 되었으며, 이 중에 350건은 그가 직접 쓴 것이고 125건은 사실상 엥겔스가 쓴 것이었는데, 이것들은 대부분 군사 문제에 관한 것이었다. 그리고 나머지 12편은 마르크스와 엥겔스의 합작품이었다. 마르크스는 생계 때문에 어쩔 수 없이 『트리뷴』지에 기고하지 않을 수 없었지만, 매사에 최선을 다하는 그에게 기사 쓰기는 또 하나의 공적인 업무였으며 그는 최선을 다해 기사를 써서 그의 기사들은 매번 큰 반향을 일으켰다. 마르크스를 이 신문의 해외 통신원으로 끌어들인 편집자 찰스 다나(C. Dana)는 마르크스에게 보내는 편지에서 다음과 같이 말했다. "당신이 쓴 기사들은 가장 가치가 있는 글 중의 하나일 뿐만 아니라, 『트리뷴』지에서 가장 비싼 원고료를 받는 기고문 중의 하나이기도 하지요." 그는 관습적인 뉴스와 달리 공식적인 보고서, 통계 등을 적극적으로 활용하였으며 자신이 쓴 많은 기사를 당시에 집필 중인 단행본과 연결하여 작성함으로써 기사에 학문적 깊이를 더하였다. 가령 인도에 관한 그의 몇몇 기사는 나중에 그가 쓴 『자본론』에 거의 글자 하나 바뀌지 않고 그대로 들어가 있다.

가계 경제의 위기가 점점 깊어져 감에 따라 마르크스는 자신의 경제학 연구에 더욱 속도를 낸다. 1857년 12월, 마르크스는 엥겔스에게 보낸 서신에서 다음과 같이 말한다. "저는 제 경제학 연구를 정리하고 종합하기 위해 날을 새면서 미친 듯이 일하고 있고, 결국 그 명백한 개요를 만들고야 말 것입니다." 그로부터 한 달 후에 그는 몸이 상해 오랜 기간 치료를 받지 않으면 안 될 정도로 건강이 악화하였는데, 이에 관해서도 그는 엥겔스에게 이렇게 설명했다. "날밤을 새워 일을 너무 많이 했습니다. 어떤 때는 레모네이드 한 잔으로, 어떤 때는 엄청난 양의 담배로 견디면서 말이지요." 이런 과정을 통해 그는 마침내 1857년 겨울부터 1858년에 걸쳐 『정치경제학 비판 개요(*Grundrisse der Kritik der politischen Ökonomie*)』(이하 『개요』)의 집필을 끝낸다. 이 책은 애초에 출판을 목적으로 쓴 것이 아니었으며 그때까지의 자신의 경제학적 입장을 정리하기 위해 일종의 거친 메모 형식으로 쓴 것이다. 이를 두고 데이비드 하비(D. Harvey)는 "간단히 말해, 이 책에서 마르크스는 바로 자신에게 말하고 있는 것이다"라고 하였다. 이 책은 일곱 권의 공책에 써진 미완성 원고인데 일반적으로 이후에 출판된『정치경제학 비판을 위하여(*Zur Kritik der Politischen Ökonomie*)』(1859)와『자본론』(1867)을 위한 예비 작업으로 간주한다. 이 책은 마르크스 사후 56년 후인 1939년에 가서야 비로소 출판되는데 근 900페이지에 이르는 상당히 두꺼운 분량이다. 이 책은 서론 부분에서 생산과 분배, 그리고 교환과 소비의 성격에 대하여 논의한 후에 정치경제학의 연구 방법론에 대한 비판을 거쳐 생산수단, 생산력, 생산관계에 대한 과학적인 정의를 시도한다. 본론에서는 화폐, 자본의 생산과정, 잉여가치와 이윤, 자본의 순환과정, 자본의 원시적 축적, 잉여가치 이론들을 다루고 있다. 이런 논의들은 나중에 더욱 체계적인 형태로 발전하여 최종적으로는『정치경제학 비판을 위하여』,『자본론』의 형태로 완성된다.『개요』를 집필한 바로 다음 해에 이것에 토대하여『정치경제학 비판을 위하여』가 나오는데 이 책은 제목 그대로 이제는 고전 경제학이라 불리는 애덤 스미스와 데이비드 리카도 등의 정치경제학에 대한 비판을 주로 담고 있다. 이 책의 내용 대부분은 나중에『자본론』1권으로 통합되는데, 특히 주목할 부분은 이 책의 서문이다. 이 책의 서문에서 마르크스는 역사적 유물론의 개념을 자세히 정리하는데, 흔히 '사적 유물론'이라 불리기도 하는 이 입장은 사회와 역사 발전의 궁극적인 원동력이 인간의 의식이나 의지가 아니라 물질적 생산력이라는 사실을 강조한다. 마르크스는 한 사회의 물질적 생산력을 "토대(Basis)" 혹은 "하부구조(Unterbau)"라 불렀으며, 그것에 상응하여 생겨나는 정신적, 문화적 층위를 "상부구조(Überbau)"라 불렀다. 이 대목에서 마르크스가 많은 오해를 받는 부분은 마르크스의 이런 논의를 소위 '상/하부구조 결정론'으로 이해하는 것이다. 심지어 마르크스가 물질의 중요성을 강조하며 정신의 영역을 전혀 인정하지 않는다고 마르크스의 이론을 '속류화(secularization)'하는 경우마저 있는데, 이런 경향은 마르크스의 사상에 대한 대중적 오해의 뿌리 깊은 역사가 되어 왔다. 그의 주장은 하부구조가 상부구조를 결정한다는, 그리하여 상부구조는 그 자체 아무런 자율성을 가지고 있지 않다는 '결정론'이 아니다. 그는 단지 한 사회를 이해하기 위해서는 그 사회의 물질적 토대를 이해하는 것이 중요하며, 이런 의미에서 하부구조가 상부구조를 일정 정도 '조건' 짓는다고 말했을 뿐이다. 그는 다음과 같이 말한다. "인간들은 그들 삶의 사회적 생산 속에서 불가피하게, 그리고 그들의 의지와 무관하게 어떤 한정된 관계, 즉 생산관계로 들어가게 되는데, 생산관계는 그들의 물질적 생산력의 일정한 단계에 상응하는 것이다. 이런 생산관계의 총계가 사회의 경제 구조, 즉 진정한 토대를 이루고, 그 위에서 법적이고 정치적인 상부구조가 생겨나며 그것에 상응하여 사회적 의식의 일정한 형태가 나온다. 즉 물질적 삶의 생산양식이 사회적, 정치적, 지적 삶의 일반적인 과정을 조건 짓는다."[3] 마르크스는 『개요』에서도 문학적 발전의 한 정점으로 그리스 비극의 예를 들면서 "물질적 생산의 발전과 예술적 발전 사이에 불균등한 관계(불일치)"가 존재함을 지적하였다.[4] 이는 물질적(즉 하부구조의) 발전이 곧바로 예술(상부구조)의 발전을 보장해 주지는 않는다는 것을 의미하며, 이는 마르크스가 문학예술, 즉 상부구조의 자율성 혹은 반자율성(semi-autonomy)을 일정 정도 인정하고 있다는 증거가 된다. 물질적 생산력이 저급한 단계의 사회에서 탁월한 수준의 예술작품이 생산된 그리스의 사례가 이것을 증명해 준다는 것이다. 물론 이 대목에서 또한 마르크스의 주장을 마치 예술작품의 생산이 물질적 토대와 무관한 것처럼 곡해해서도 안 된다. 그에 의하면 그리스의 예술과 서사시는 당시 그리스 사회의 발전 단계와 불가분의 관계를 맺고 있었으며, 호메로스(Homeros)의 서사시와 같은 장르는 오히려 당시의 그리스 사회가 저발전 단계에 있었기 때문에 가능했다. 문제는 그렇게 해서 생산된 그리스의 예술작품이 어찌하여 생산력이 고도로 발전된 현대에 이르기까지 여전히 예술작품으로서의 기쁨을 가져다주며, 게다가 "도저히 도달할 수 없는 예술적 규범"으로까지 작용하는가이다. 마르크스의 이런 논의와 입장은 하부구조/상부구조의 관계에 대한 마르크스의 설명이 상당히 복합적이며 그것을 상하부구조 결정론으로 간주하는 속류적(vulgar)

해석이 마르크스의 사상에 대한 널리 퍼진, 그러나 심각한 오해임을 잘 보여준다.

『개요』, 『정치경제학 비판을 위하여』, 『자본론』의 집중적이고도 연속적인 집필의 배경엔 극빈의 가정 경제 외에도 노동자 조직을 중심으로 전개되었던 다양한 혁명운동의 반복된 패배와 그로 인한 마르크스의 극심한 절망과 조바심도 한몫을 차지했다. '공산주의자동맹'을 중심으로 유럽 전역에서 전개되었던 '1848년 혁명'은 모두 실패로 돌아갔고, 그로부터 근 20년이 지난 1864년에 런던에서 국제노동자연합(International Workingmen's Association, 소위 제1 인터내셔널)이 창립되면서 혁명운동은 다시 새로운 전기를 맞이한다. 당시에 경찰 추산 약 500만 명, 내부 추산 약 800만 명의 노동자들이 이 조직이 참여했을 정도로 큰 기대를 모았던 이 조직은 그러나 내부의 극심한 분열을 거쳐 운동의 중심이 뉴욕으로 옮겨지면서 마침내 1876년에 해체되고 만다. 그로부터 13년이 지난 1889년에 '제2 인터내셔널'이 다시 창립되지만, 그대는 마르크스가 사망한 지(1883) 이미 5년여가 지난 다음이었고, 그 역시 실패로 돌아간다. 마르크스는 경제학자이자 사상가이고 혁명 이론가이며 동시에 실천적 혁명가였지만, 그의 전 생애를 통하여 단 한 차례도 혁명운동이 성공하는 것을 목격한 적이 없는 불행한 존재였다. 그는 혁명운동의 실패가 반복될수록 자본주의적 생산양식에 대한 보다 정밀하고 과학적인 연구의 필요성을 더욱더 절감하며 실천적 혁명운동에 참여하는 틈틈이 대영박물관의 열람실에서 저서의 집필에 골몰했으며, 그 결과는 『개요』, 『정치경제학 비판을 위하여』를 거쳐 1867년에 드디어 『자본론』 제1권의 출판으로 나타난다.

『자본론』은 이론가이자 실천가로서 생애의 정점에서 마르크스가 쓴 필생의 역작으로 마르크스가 세상을 뜬 이후엔 (그의 평생 동지였던) 엥겔스의 편집을 통해 1893년, 1894년에 연이어 제2, 제3권이 출판된다. 그보다 먼저 나온 『개요』, 『정치경제학 비판을 위하여』에서 이미 예고되었다시피 마르크스는 『자본론』에서 자본주의에 대한 고전적 정치경제학자들의 분석을 비판하고 역사적 유물론의 방법론을 동원하여 자본주의적 생산양식을 과학적이고도 비판적으로 분석한다. 그는 자본주의를 단순한 경제적 모델로 한정하지 않고 특정한 역사적 시기에 상응하는 특정한 생산력과 생산관계 위에 세워진 생산양식으로 간주하였으며 그것의 기원과 발전, 그리고 다가올 몰락의 과정을 치밀한 내적 분석을 통해 보여 준다. 이 과정에서 마르크스는 원시 공산제에서 고대 노예제, 중세 봉건제를 거쳐 자본주의에 이르는 '생산양식'의 다양한 변화와 그것의 원리를 추적함으로써 자신의 저서가 단순한 경제학 저서가 아니라 인류의 역사와 사회에 관한 총체적 사유의 결과물임을 보여 준다. 그는 생산력의 변화에 따라 인간의 사회적 관계가 어떻게 달라지며, 이와 같은 물적 토대 위에서 특정한 역사적 시기마다 인간들을 지배하는 가치 체계들이 어떻게 변화하는지를 보여 준다. 가령 자본주의 사회에서는 인류가 지나온 그 어느 시대에서보다도 교환가치가 지배적인 가치로 부상하며 이윤 창출이 사람들 삶의 보편적인 목표가 되고 상품이 물신의 지위를 갖게 된다. 마르크스의 글쓰기가 좁은 의미의 '경제적' 분석이 아니라 '총체적'인 분석인 이유는 그가 사회를 설명할 때 그 사회의 물질적 토대로서의 하부구조만이 아니라 그것에 상응하는 상부구조의 영역을 함께 설명하기 때문이다. 그가 볼 때 하부구조와 상부구조는 따로 노는 것이 아니며 서로의 원인이자 결과이다. 그러므로 상부구조에 속하는 모든 영역, 가령 법률, 종교, 이데올로기, 예술, 문화 등의 영역을 그 사회의 하부구조와 분리하여 논의하는 것은 (마르크스에게는) 출발부터 잘못된 것이다. 마르크스가 볼 때 이것은 이론적 당위가 아니라 현실적 당위이다. 마르크스가 볼 때, 현실에 있어서 전체와 분리된 부분이란 존재하지 않는다. 하부구조에서 상부구조에 이르는 사회의 모든 층위는 서로 분리 불가능하게 연결되어 있으며 오직 이 연결들의 총체적인 그물 속에서 가동되고 그런 맥락 속에서만 온전한 설명이 가능하다. 이것이 바로 마르크스의 '총체성' 개념이다.

　『자본론』 제1권은 "정치경제학 비판"이라는 부제를 달고 있는데, 마르크스는 고전 정치경제학에 대한 비판적 분석의 토대 위에서 자본주의적 생산양식의 모순이 무엇인지를 밝혀내고 나아가 그것이 내적 모순을 통하여 어떻게 계급 투쟁을 유발하며 사회주의적 생산양식으로 발전해 나갈 수 있는지를 보여 준다. 세부적으로 살펴보면, 제1장에서는 상품, 상품의 교환과 유통, 그리고 화폐 사이의 관계를 추적하며, 제2장에서는 화폐가 자본으로 변환되는 과정을 자본의 보편적 공식과 그것의 내적 모순을 통해 살펴본다. 제3장에서 제5장까지는 노동과정에서 절대적 잉여가치와 상대적 잉여가치의 개념, 그것들 사이의 관계와 비율 등을 다루며 제6장에서는 자본주의적 생산양식에서 노동력이 어떻게 임금으로 전환되며 또한 임금이 어떻게 자본으로 전환되는지를 다룬다. 제7장에서는 잉여가치가 어떻게 자본으로 전환되며 이와 같은 자본 축적의 보편적 법칙에 대하여 다룬다. 제8장에서는 원시적 자본 축적의 기원과 개념, 그리고 발달 과정을 다룬다.

『자본론』 제2권의 부제는 "자본의 유통 과정"인데, 여기에서 마르크스는 (제1권에서 주로 중점을 두었던) 상품(혹은 잉여가치)의 '생산'보다는 '순환(자본주의적 순환)' 쪽으로 초점을 옮긴다. 왜냐하면 자본이 확장되고 축적되려면 강연히 상품이 팔려야 하고(순환!) 상품이 팔려야 비로소 잉여가치가 이윤의 형태로 실현되기 때문이다. 제2권의 제1부에서 마르크스는 자본이 생산수단과 노동력을 구매하고 이것들이 상품의 생산으로 이어져 상품이 시장에서 화폐로 교환되는 과정을 분석하고, 제2부에서는 이 과정을 통하여 자본이 순환되면서 그것의 속성이 변화하는 방식을 설명한다. 제1부와 제2부가 주로 개별 자본가의 관점에서 자본의 유통 과정을 설명한다면, 제3부는 사회적 관점에서 자본의 순환과 재생산을 설명한다. 마르크스는 여기에서 생산과 소비의 관계뿐만 아니라 시장을 매개로 한 서로 다른 자본들 사이의 관계들을 분석한다. 마지막 제3부에서 마르크스는 더 넓은 경제적 지평에서 자본의 확장된 재생산에 대한 이론적 토대를 보여 준다.

『자본론』 제3권의 부제는 "자본주의적 생산의 총과정"인데, 여기에서 마르크스는 주로 '이윤'을 중심으로 한 논의에 대부분의 지면을 할애한다. 제3권의 제1부에서는 잉여가치가 어떻게 이윤으로 전환되는지, 그리고 이에 따라 잉여가치율이 어떻게 이윤율로 바뀌는지를 주로 분석한다. 제2부에서는 이윤이 자본들 사이의 경쟁에서 어떻게 평균 이윤으로 전환되는지 그 과정을 분석한다. 제3부에서는 이윤율 저하 경향의 법칙을 분석하면서 자본 축적의 과정에서는 항상 이윤율이 상승하는 것이 아니라 저하되는 경향이 있고 그것을 상쇄하는 과정도 있다는 사실을 지적한다. 마르크스는 또한 이와 같은 이윤율의 저하로 자본주의의 모순이 더욱 심화될 수도 있다는 사실을 지적한다. 제4부에서는 상품자본과 화폐자본이 상업자본과 화폐 거래 자본(상인자본)으로 전환되는 과정을 분석하며, 이 과정에서 상업자본의 궁극적 원천이 결국은 노동자의 노동력이 생산한 이윤임을 강조한다. 제5부에서는 이윤이 이자와 기업 이윤으로 분할되는 과정을 분석한다. 제6부에서는 초과 이윤이 지대로 전환되는 과정을 분석하는데, 지대나 차액 지대의 원천도 결국 이윤을 생산한 노동력임을 밝힌다. 제7부에서는 경제적 수입과 그 원천이라는 제목으로 논의를 전개하는데, 여기에서도 이윤이나 지대 혹은 임금이라는 주요 수입의 원천이 노동자의 노동력임을 밝힌다.

5. 맺음말: 마르크스주의의 사상적 유산

마르크스주의의 위기 담론은 이미 1890년대에 시작되었다. 대략 1873년에서 1896년 사이에 전개된 '장기 불황(Long Depression)' 이후에 자본주의가 몰락하기는커녕 예기치 않게 전 지구적으로 확장되면서 마르크스주의의 위기 담론이 본격적으로 퍼지기 시작하였다. 1890년대만 해도 유럽의 정통 마르크스주의자들은 자본주의적 생산양식이 몰락하기 시작하였으며 사회주의 운동이 혁명적 승리를 눈앞에 두고 있다고 믿었다. 그러나 현실은 이와 전혀 달랐고 그 이후에도 자본주의는 지금까지 내부의 수많은 위기를 극복하고 승승장구 확장과 발전을 거듭해 왔다. 그러나 자본주의의 몰락에 대한 예언의 어긋남과 사회주의 혹은 공산주의 운동의 실패를 근거로 마르크스주의 전체를 쓰레기통에 버린다면, 이는 목욕물과 함께 아기를 버리는 것처럼 우매한 행동일 것이다. 경제 이론으로서 마르크스주의가 갖는 결핍과 문제점들에도 불구하고 사상으로서의 마르크스주의는 여전히 다양한 효과들을 생산해 왔으며, 이것들을 통칭하여 '마르크스 효과(Marx effect)'라고 불러도 좋을 것이다. 동유럽 현실 사회주의의 몰락에도 불구하고 마르크스의 사상은 20세기를 거쳐 21세기에 이르면서 수많은 국가에서 '복지 개념' 혹은 '복지 실천'의 형태로 확장되어 왔다. 복지 개념 혹은 복지 실천은 자본주의의 치명적 문제점을 보완하면서 오히려 자본주의를 더욱 튼튼하게 유지, 발전시켜 온 동력이었다고 해도 과언이 아니다. 사회에 대한 마르크스주의적 입장은 자본주의의 발달과 더불어 불가피하게 심화할 수밖에 없는 불평등과 지구 단위의 환경 오염 문제 등에 대한 비판적 태도를 지속적으로 견지할 수 있게 해 주었으며, 앞으로 닥쳐올 수도 있는 경제적, 환경적 재앙에 대한 비판적 대안의 궁리를 계속하게 해 주고 있다. 마르크스 효과는 물질적 현실만이 아니라 철학, 사상, 예술, 문화 이론에서도 다양한 방식으로 가동되었다. 마르크스주의의 분화가 가져온 내부의 이견들에도 불구하고 마르크스주의가 총체성의 사유를 지속해 온 것은 그런 예의 하나이다. 마르크스주의는 사회의 다양한 층위를 독립된 개별 단위로 대하지 않는다. 마르크스주의는 사회의 다양한 층위들 사이에 존재하는 총체적 관련성에 주목한다. 교육, 예술, 사상, 테크놀로지 등 사회의 모든 부분은 그것들이 모여 이루고 있는 전체와의 관련성을 배제하고 논의할 수 없다. 부분과 전체의 변증법은 이론적 외삽이 아니라 그 자체 객관적 현실이기 때문이다. 또한 현실에 대한 비판적 태도 그리고 실천적 개입을 중시하는 마르크스 사상 혹은 철학의 유산도 환경 운동, 노동 운동, 페미니즘 운동, 성적 소수자 운동 등 사회의 다양한 영역에서 실질적 효과들을 계속 생산해 오고 있다. 마르크스는 자녀들의 연이은 죽음까지 초래했던 극빈의 환경과 혁명운동의 반복적인 실패로 인한 깊은 좌절 속에서도 자본주의에 대한 비판적 분석을 위한 장고의 글쓰기를 멈추지 않았으며 그의 이런 작업은 그가 죽을 때까지 계속되었다. "카를(마르크스)이 자본에 대하여 글을 쓰는 대신에 자본(돈)을 벌었으면 더욱 좋았을 텐데"라는 마르크스 어머니의 발언은 부모로서의 소박한 희망 사항이 아니라 현실의 엄정한 명령이었다.

마르크스의 석묘
* 이미지 출처: 위키미디어 커먼스, ⓒ Paasikivi

동유럽 현실 사회주의의 몰락이 가져다준 교훈처럼 마르크스주의가 유의할 것 중의 하나는 총체성에 대한 사유가 '전체에 의한 부분의 지배'라는 정치적 전체주의 혹은 전체주의적 목적론으로 흐르는 것을 사전에 차단하는 것이다. 다행히도 마르크스주의는 1960년대 말 이후에 출현한 포스트구조주의, 포스트모더니즘, 그리고 최근의 신유물론(new materialism) 등 새로운 사유들과 다양한 방식으로 접촉하면서 매우 복잡한 가지치기를 계속하고 있다.

1   Martin Jay, *Marxism and Totality: The Adventures of a Concept from Lukács to Habermas* (Berkeley, CA: Univ. of California Press, 1986), 1-20 참조.

2   Karl Marx and Friedrich Engels, "Theses on Feuerbach," *The Marx-Engels Reader*, ed. Robet C. Tucker(New York: W. W. Norton & Company Inc., 1978), 145.

3   Karl Marx, *A Contribution to the Critique of Political Economy*, *Marx/Engels Selected Works*, Vol. 1(Moscow: Progress Publisher, 1969), 503.

4   Karl Marx, *Grundrisse: Foundations of the Critique of Political Economy*(Harmondsworth: Penguin Classics, 1973), 486.

3장.
니체, 너 자신을 사랑하라

김 광 식

서울대학교 학부대학 교수

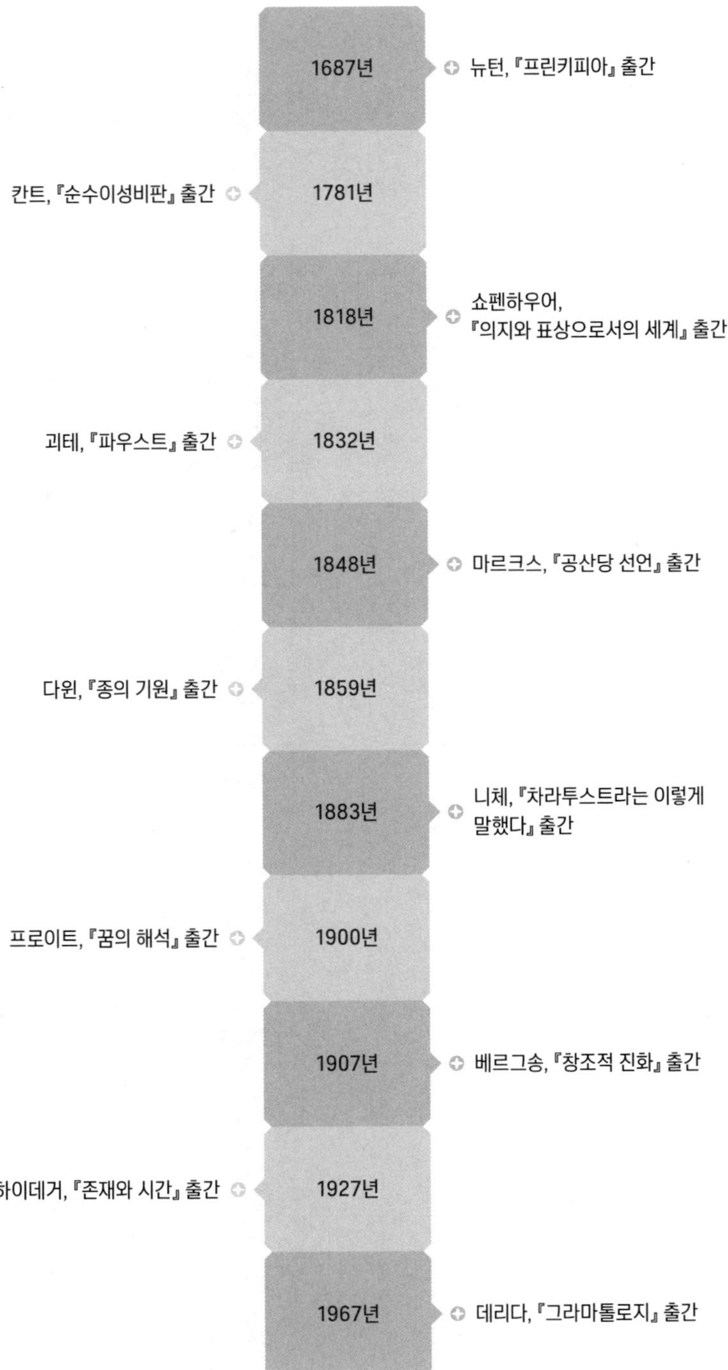

1687년
뉴턴, 『프린키피아』 출간

칸트, 『순수이성비판』 출간
1781년

1818년
쇼펜하우어, 『의지와 표상으로서의 세계』 출간

괴테, 『파우스트』 출간
1832년

1848년
마르크스, 『공산당 선언』 출간

다윈, 『종의 기원』 출간
1859년

1883년
니체, 『차라투스트라는 이렇게 말했다』 출간

프로이트, 『꿈의 해석』 출간
1900년

1907년
베르그송, 『창조적 진화』 출간

하이데거, 『존재와 시간』 출간
1927년

1967년
데리다, 『그라마톨로지』 출간

"네 이름이 무엇이냐?"

"나는 끊임없이 부정만 하는 정령이다."[1]

파우스트가 묻자, 악마 메피스토펠레스가 이렇게 대답한다. 악마, 곧 악한 존재는 '끊임없이 부정만 하는 존재'다. 그렇다면 천사, 곧 선한 존재는 '끊임없이 긍정하는 존재'다. 악마가 파우스트를 찾아온 까닭은 선한 존재인 하나님과 한 내기 때문이다. 둘은 파우스트가 악한 존재가 될 것인지 내기를 했다. 악마는 파우스트와도 그가 악한 존재가 될 것인지 내기를 한다. 파우스트가 악한 존재가 되면, 그는 악마의 노예가 되어야 한다. 곧 자유를 잃게 된다. 삶의 주인이 될 권리를 잃게 된다.

여기서 눈에 띄는 점은 괴테가 악마를 '도덕적으로 타락한 악한 존재'로 보기보다 '끊임없이 부정만 하는 존재'로 본다는 점이다. 괴테는 악마를 무엇보다 의미나 가치를 부정하는 존재로 본다. 다시 말해 "이 세상에는 아무런 의미나 가치가 없다"라고 믿는 허무주의를 따르고 퍼뜨리는 존재로 본다.

허무주의는 17세기에서 19세기 당시, 더 나아가 근대가 마주친 가장 큰 문제였다. 모든 의미와 가치의 유일하고 확실한 원천이었던 신이 사망선고를 받았기 때문이다. 천년이 넘도록 세상을 지배하던 신이, 더 정확히는 신을 대리하던 자들이 병들어 죽어 갔다. 루터와 같은 종교 개혁자들이 죽어 가는 신을 종교개혁이란 심폐소생술로 되살리려 했으나 큰 쓸모가 없었다.

뉴턴과 같은 과학자들이나 루소나 칸트와 같은 계몽주의자들이 끊임없이 되살아나는 신의 부활을 막는 데 큰 역할을 했다.[2] 뉴턴은 과학의 이름으로, 루소나 칸트는 이성의 이름으로 신의 부활을 막는 데 이바지했다. 뉴턴은 신의 섭리 대신 자연의 법칙을 내세워 신의 지배로부터 자연의 주권을 되찾는 데 이바지했으며, 루소나 칸트는 신의 말씀 대신 인간의 이성이나 계약을 내세워 신의 지배로부터 인간이나 사회의 주권을 되찾는 데 이바지했다. 자연과 인간 및 사회의 주권 되찾기 프로젝트는 곧 허무주의에 맞서 자연과 인간 및 사회의 의미나 가치를 되찾는 일이었다. 괴테의 『파우스트』 또한 허무주의에 맞서 인간 및 사회의 의미나 가치를 되찾는 프로젝트의 하나였다.

의미나 가치 되찾기 프로젝트에 사망선고를 내린 이는 쇼펜하우어였다. 그는 『의지와 표상으로서의 세계』[3]로 "이 세상에는 아무런 의미나 가치가 없다"라는 허무주의를 다시금 분명히 선언하고, 의미나 가치를 되찾기보다 되찾으려는 의지로부터 마침내 벗어나자고 주장한다. 쇼펜하우어에 따르면, 의미나 가치 되찾기 프로젝트는 인간의 의식적 이성이나 생각에 대한 믿음에 토대를 두고 있는데, 그는 인간과 세상을 움직이는 힘은 인간의 의식적 이성이나 생각이 아니라, 무의식적인 의지라고 주장한다.[4] 인간의 의식적 이성이나 생각 또는 그것으로 찾은 의미나 가치가 인간이나 세상을 움직이는 게 아니므로, 의미나 가치 되찾기 프로젝트를 집어치우라 말한다. 의미 있거나 가치 있는 되찾을 만한 의미나 가치가 처음부터 없기 때문이다.

"신은 죽었다!"라는 프리드리히 니체(Friedrich Wilhelm Nietzsche, 1844-1900)의 유명한 명언의 지적 재산권자는 어쩌면 쇼펜하우어다. 니체에 앞서 의미나 가치의 죽음을, 다시 말해 의미나 가치의 유일하고 확실한 원천인 신의 죽음을 선언한 이가 다름 아닌 쇼펜하우어였기 때문이다. 니체는 대학생 때 헌책방에서 '인생의 바이블'을 만난다. 쇼펜하우어의 『의지와 표상으로서의 세계』였다. "그는 구절마다 체념, 부정, 절망을 외치고 있었다. 나는 이 책에서 세계와 삶과 나를 볼 수 있는 … 거울을 만났다. … 나는 나에 대한 혐오에 자제력을 잃어버렸다. … 2주 등안 흥분되어 … 아주 심한 어리석음을 저지를 수도 있었다"[5]라고 니체는 그 충격적 체험을 격정적으로 말했다. 이로써 신학과 문헌학을 공부하던 니체는 비로소 철학 공부를 본격적으로 시작한다. 의미나 가치의 죽음, 신의 죽음을 선언한 쇼펜하우어의 허무주의는 니체 철학의 출발점이자 굳건한 바탕이 되었다.

하지만 니체는 여기서 만족하며 머물지 않았다. 니체는 허무주의에 머물지 않고, 의미나 가치 되찾기 프로젝트 대신에, 의미나 가치 만들기 프로젝트를 기획한다. 찾든 되찾든, 찾아서 좇아야 할 처음부터 주어진 의미나 가치가 없다면, 이

에드바르 뭉크(1863-1944), 《프리드리히 니체》(1906)

* 이미지 출처: 위키미디어 커먼스

제 내가 의미나 가치를 새로 만들면 된다. 세상의 주어진 낡은 의미나 가치에 따라 사는 노예가 아니라, 새로운 의미나 가치를 만들어 사는 주인이 되면 된다. 니체는 낡은 노예의 서판에 맞서 새로운 주인의 서판을 이렇게 선언한다.

'좋음과 나쁨', '선함과 악함'이라는 가치는 수천 년 동안 싸웠다. 뒤의 가치가 오랫동안 지배했지만, 아직 승패가 결정되지 않았다.[6]

니체는 "끊임없이 부정만 하는 존재"를 나쁜(의미 없고 가치가 낮은) 존재 또는 노예라 부르고, "끊임없이 긍정하는 존재"를 좋은(의미 있고 가치가 높은) 존재 또는 주인이라 부른다. 노예는 나와 나의 삶을 끊임없이 부정만 하는 존재이며, 주인은 나와 나의 삶을 끊임없이 긍정하는 존재이다. 노예는 나와 나의 삶을 끊임없이 미워만 하는 존재이며, 주인은 나와 나의 삶을 끊임없이 사랑하는 존재이다. 나와 나의 삶을 끊임없이 사랑하는 존재야말로 의미 있고 가치가 높은 좋은 존재이며, 나와 나의 삶을 끊임없이 미워만 하는 존재야말로 의미 없고 가치가 낮은 나쁜 존재이다.

노예는 자기보다 뛰어난 주인을 끊임없이 부정만 한다. 노예는 자기보다 뛰어난 주인을 끊임없이 미워만 한다. 노예는 자기보다 뛰어난 주인을 시기하여 그 가치를 깎아내리려 한다. 노예는 자기보다 뛰어난 주인을 악한 존재로 가치 판단을 한다. 노예는 자기보다 뛰어난 주인이 자기에게 베풀면 비로소 선한 존재로 가치 판단을 한다. 노예는 '선함과 악함'이라는 가치로 나와 남을 판단한다.

반면에 주인은 자기보다 뛰어난 존재를 끊임없이 긍정한다. 주인은 자기보다 뛰어난 존재를 끊임없이 사랑한다. 주인은 자기보다 뛰어난 존재를 존경하거나 동경하여 그를 닮으려고 자기 가치를 높이려 한다. 주인은 자기보다 뛰어나든 못하든 자기 자신을 사랑하면 가치가 높은 좋은 존재로 가치 판단을 한다. 주인은 자기보다 뛰어나든 못하든 자기 자신을 사랑하지 못하면 가치가 낮은 나쁜 존재로 가치 판단을 한다. 주인은 '좋음과 나쁨'이라는 가치로 나와 남을 판단한다.

니체는 "선함과 악함"이라는 가치로 나와 남을 판단을 하는 것을 "노예의 도덕"이라 부르고, "좋음과 나쁨"이라는 가치로 나와 남을 판단을 하는 것을 "주인의 도덕"이라 부른다. 니체는 수천 년 동안 이 두 가지 가치관이 엄청난 싸움을 벌여 왔으며, 오랫동안 "노예의 도덕"이 지배해 왔다고 말한다. 그는 차라투스트라의 입을 빌려 마침내 "주인의 도덕", 곧 초인 도덕의 승리를 위한 즐거운 출정을 선언한다.

나 너희에게 초인을 가르치노라![7]

1. 지성사적 맥락 1: 변화의 존재론

나는 창조한다.
그러므로
나는 존재한다.

니체의 존재론이다. 니체 존재론의 족보를 거슬러 올라가면 그 처음에 헤라클레이토스가 있다. 그는 변화의 존재론을 주장했다. 그는 "모든 것은 변한다", "존재하는 것은 변한다"라고 말한다. 뒤집어 말하면 "변하는 것이 존재하는 것이다." 나에 적용하여 말하면, "나는 변한다. 그러므로 나는 존재한다"라고 할 수 있다.

헤라클레이토스의 존재론은 그 당시 지배적이었던 파르메니데스 존재론의 맞수로 나왔다. 파르메니데스는 불변의 존재론을 주장했다. 그는 "존재하는 것은 변하지 않는다"라고 말한다. 뒤집어 말하면 "변하지 않는 것이 존재하는 것이다." 나에 적용하여 말하면, "나는 변하지 않는다. 그러므로 나는 존재한다"라고 할 수 있다. 나의 정체성, 곧 동일성(Identity)이야말로 변하지 않고 존재하는 나, 또는 나의 존재 그 자체라고 할 수 있다.

파르메니데스의 존재론은 그 뒤로 변하지 않고 존재하는 그 무엇을 찾는 철학적 기획의 전통으로 이어졌다. 이러한 전통은 고대의 소크라테스, 플라톤, 아리스토텔레스의 존재론적 기획, 중세의 아우구스티누스, 아퀴나스의 신학적 기획을 거쳐 근대의 데카르트, 로크, 칸트의 인식론적 기획으로 이어졌다. 그들은 변하지 않고 존재하는 그 무엇, 또는 그 의미나 가치를 찾으려 했다. 변하지 않고 존재하는 그 무엇이야말로 의심할 수 없이 확실한 것이었다. 예를 들어, 플라톤은 이데아, 아우구스티누스는 신 또는 영성이야말로 변하지 않는 의심할 수 없이 확실한 것이라 믿었다.

근대의 철학자들은 이러한 존재론적 기획을 인식론적 기획으로 바꾼다. 그들은 변하지 않는 의심할 수 없이 확실한 그 무엇을 찾는 대신에 그것을 찾을 수 있는 변하지 않는 의심할 수 없이 확실한 인식 능력을 찾고자 했다. 예를 들어, 데카르트는 이성, 로크는 경험, 칸트는 이성과 경험이야말로 변하지 않는 의심할 수 없이 확실한 인식 능력이라 믿었다. 데카르트는 "나는 (이성으로) 생각한다. 그러므로 나는 존재한다"라고 믿었다면, 로크는 "나는 (감각으로) 경험한다. 그러므로 나는 존재한다"라고 믿었으며, 칸트는 "나는 (감각으로) 경험하고 (이성으로) 생각한다. 그러므로 나는 존재한다"라고 믿었다.

이러한 차이에도 그들은 모두 나의 존재는, 곧 나의 정체성 또는 동일성은 변하지 않는 그 무엇이라 믿었다. 나의 의미나 가치, 내 삶의 의미와 가치는 변하지 않는 그 무엇이라 믿었다. 이러한 확고한 믿음에 균열을 낸 이는 다윈이다. 그는 나의 존재, 곧 나의 정체성은 변화하며 만들어진 것이라 믿었다. 그는 "나는 진화한다. 그러므로 나는 존재한다"라고 믿었다. 인간 정체성,

나의 정체성, 나의 의미와 가치에 패러다임 혁명이 일어났다. 이러한 패러다임 혁명은 생물학 분야에 그치지 않고 인문학, 사회과학 분야에서도 일어났다. 이것은 19세기를 뒤흔드는 시대정신이었다.

『종의 기원』(1859)[8]이 나오기 전인 1845년 마르크스는 「포이어바흐에 관한 테제」에서 이렇게 선언한다. "인간의 본질[정체성]은 개인 속에 있는 추상물이 아니다. 인간의 본질[정체성]은 사회적 관계[속 사회적 행위가 모인 것이다."[9] 그는 나의 존재, 곧 나의 정체성은 나의 사회적 관계 속 사회적 행위를 통해 변화하며 만들어진 것이라 믿었다. 그는 "나는 행위한다. 그러므로 나는 존재한다"라고 믿었다.

　　신은 죽었다.

니체는 파르메니데스식 불변의 존재론에 단호히 맞서 이렇게 선언한다. 신은 변하지 않고 존재하는 의심할 수 없이 확실한 그 무엇의 또 다른 이름이다. 신은 죽었다. 변하지 않고 존재하는 의심할 수 없이 확실한 그 무엇은 없다. "변하지 않는 것은 변하지 않는 것이 없다는 것이다", "확실한 것은 확실한 것이 없다는 것이다." 변하지 않는 의심할 수 없이 확실한 인간의 정체성, 나의 정체성, 나의 의미나 가치는 없다. 나의 정체성, 나의 의미나 가치는 내가 만드는 것이다. 그는 이렇게 선언한다. "나는 창조한다. 그러므로 나는 존재한다."

2. 지성사적 맥락 2: 의지의 존재론

나는 하고자 한다.

그러므로

나는 존재한다.

니체의 또 다른 존재론이다. 니체에 따르면 이러한 존재론의 족보를 거슬러 올라가면 그 처음에 디오니소스라는 신화적 존재가 있다. 술의 신이자 예술의 신인 디오니소스는 의지나 열정의 신, 곧 파토스(pathos)의 신이다. 그에게 있어서 세상에 존재하는 것 가운데 의미 있고 가치 있는 것은 오직 의지나 열정, 곧 감성뿐이다. "태초에 말씀이 있었다"라는 성경에 빗대자면, "태초에 느낌이 있었다." 나에 적용하여 말하면, "나는 느낀다. 그러므로 나는 존재한다"라고 할 수 있다. 나의 존재, 나의 정체성, 나의 의미와 가치는 느낌, 곧 의지와 열정에 있다.

디오니소스식 감성의 존재론, 의지와 열정의 존재론은 그 뒤로 감성이나 의지와 열정으로 의미 있고 가치 있는 그 무엇을 찾는 예술적 기획의 전통으로 이어졌다. 그리스의 비극, 낭만주의, "바흐에서 베토벤, 베토벤에서 바그너로 힘차고 눈부시게 이어졌다."[10] 철학적 기획으로 이러한 전통을 함께한 대표적인 철학자는 루소와 흄, 그리고 쇼펜하우어다. 루소는 스스로 계몽주의자임에도 이성에 바탕을 둔 문명이 인류에게 불평등과 불행을 가져왔다며 계몽주의의 한계를 비판하고 순수한 감성이나 의지와 열정으로 행복하게 살았던 자연으로 돌아가자고 외쳤으며, 흄은 도덕은 이성적인 생각이 아니라 도덕 감정에서 비롯되었다고 주장했다. 쇼펜하우어는 인간의 의식적 이성이나 생각이 아니라, 무의식적인 의지가 인간과 세상을 움직이는 진정한 힘이라고 주장하며 의식적 이성이나 생각의 힘을 전제하는 의미 있고 가치 있는 그 무엇을 찾는 기획 자체를 거부했다.

디오니소스식 감성의 존재론, 의지와 열정의 존재론에 맞선 이성의 존재론을 거슬러 올라가면 그 처음에 아폴론이라는 신화적 존재가 있다. 아폴론은 태양의 신이자 예언의 신이다. 아폴론은 이성의 신, 곧 로고스(logos)의 신이다. 그에게 있어서 세상에 존재하는 것 가운데 의미 있고 가치 있는 것은 오직 이성뿐이다. "태초에 말씀이 있었다"라는 성경에 빗대자면, "태초에 이성이 있었다." 또는 "태초에 생각이 있었다." 나에 적용하여 말하면, "나는 생각한다. 그러므로 나는 존재한다"라고 할 수 있다. 나의 존재, 나의 정체성, 나의 의미와 가치는 이성적인 생각에 있다.

아폴론식 이성의 존재론은 그 뒤로 이성에 기대어 의미 있고 가치 있는 그 무엇을 찾는 철학적 기획의 전통으로 이어졌다. 이러한 전통은 고대의 소크라테스, 플라톤, 아리스토텔레스, 중세의 아우구스티누스, 아퀴나스, 근대의 데카르트, 칸트로 이어졌다. 그들은 이성에 기대어 의미 있고 가치 있는 그 무엇을 찾으려 했다. 예를 들어 플라톤은 이성으로 의미 있고 가치 있는 이상 국가를 기획했으며, 아퀴나스는 이성으로 신이 존재함을 증명하여 악이 있음에도 신이 만든 이 세상이 여전히 의미 있고 가치 있음을 보이려 했다. 데카르트는 이성으로 회의주의에 맞서 의미 있고 가치 있는 확실한 인식론적 토대를 마련해 주고자 했으며, 칸트는 이성으로 상대주의에 맞서 의미 있고 가치 있는 확실한 윤리적 토대를 마련해 주고자 했다.

신은 죽었다!

니체는 아폴론식 이성의 존재론에 단호히 맞서 이렇게 선언한다. 신은 이성의 또 다른 이름이다. 성경은 이렇게 말한다. "태초에 말씀이 있었다"라고. 말씀은 생각이며, 생각은 이성이 하는 것이다. 그러므로 신은 곧 이성이다. 신의 정체성, 신의 의미와 가치는 다름 아니라 이성에 있다. 신의 말씀, 신의 명령, 곧 이성의 명령이 도덕이다. "나는 마땅히 해야 한다. 그러므로 나는 존재한다." 나의 존재, 나의 정체성, 나의 의미와 가치는 신의 말씀, 신의 명령, 이성의 명령인 도덕에 따라 사는 데 있다….

하지만 니체는 이성이야말로 감정이나 의지와 열정의 수단이라고 주장한다.[11] 도덕도 이성의 명령이 아니라, 감정이나 의지와 열정의 명령이다. 니체는 도덕의 계보를 거슬러 올라가 도덕의 기원이 이성이 아니라 감정임을 밝힌다. 니체에 따르면 선함과 악함의 도덕, 곧 노예 도덕의 기원은 시기심이다. 노예가 자기보다 뛰어난 주인을 시기하여 앙갚음의 마음, 복수심으로 그를 "악하다"라고 가치 평가를 함으로써 비로소 도덕적 가치 평가, 곧 노예의 도덕이 생겨났다. 선함은 악함이라는 도덕적 가치 평가에서 끌어져 나온다. 자기보다 뛰어난 주인이 자기에게 베풀면 노예는 시기하는 마음, 앙갚음하려는 마음을 누그러뜨리고 "선하다"라는 가치 평가를 한다. 노예 도덕을 나에 적용하여 말하면 "나는 마땅히 선해야 한다. 그러므로 나는 존재한다"라고 말할 수 있다.

반면에 좋음과 나쁨의 도덕, 곧 주인 도덕의 기원은 자긍심이라고 니체는 말한다. 주인은 자기를 긍정하여 자기를 "좋다"라고 가치 평가를 함으로써 비로소 도덕적 가치 평가, 곧 주인의 도덕이 생겨났다. 나쁨은 좋음이라는 도덕적 가치 평가에서 끌어져 나온다. 자기를 긍정하지 못하면 "나쁘다"라고 가치 평가를 한다. 자긍심을 가진 주인은 당당하게 자신감을 갖고 삶을 의욕한다. 주인 도덕은 자긍심에서 나오는 "하고자 하는" 긍정적 의지라고 할 수 있다. 주인 도덕을 나에 적용하여 말하면 "나는 하고자 한다. 그러므로 나는 존재한다"라고 말할 수 있다. 나의 존재, 나의 정체성, 나의 의미와 가치는 나의 의지에 따라 사는 데 있다.

니체는 마음으로서의 나(정신)와 몸으로서의 나(신체)를 나눈다. 다시 말하면 의식적 나(Ich)와 무의식적 나(Selbst)를 나눈다. 그는 의식적 나가 무의식적 나의 명령에 따른다고 주장한다.[12] 도덕의 기원을 감정에서 찾는 까닭이 여기에 있다. 그래서 그는 이렇게 말한다.

나는 전적으로 신체일 뿐, 그 밖의 아무것도 아니다. 영혼이라는 것도 신체 속에 있는 그 어떤 것에 붙인 말에 지나지 않는다. … 정신은 신체의 놀잇감에 지나지 않는다.[13]

생산하는 사람에게는 누구나 본능이야말로 창조하는 힘이다. … 하지만 소크라테스에게는 … 의식이 창조자가 된다. 이것이야갈로 괴상망측한 괴물이 아니고 무엇인가![14]

3. 시대적 맥락: 불안을 해소하는 법

너 자신을 사랑하라!

니체가 불안한 시대에 디해 내린 철학적 처방이다. 19서기는 혁명의 시대였다. 1789년 프랑스 대혁명으로 촉발되어 19세기는 혁명의 기운이 유럽을 떠돌고 있었다. 마르크스는 그 분위기를 1848년 프랑스 혁명 직전에 발표한 『공산당 선언』[15]에서 이렇게 말했다. "하나의 유령이 유럽을 떠돌고 있다. 공산주의라는 유령이." 시민 혁명, 사회주의 혁명의 기운이 유럽을 떠돌고 있었다. 19세기 유럽의 시대 분위기를 한마디로 말하면, 세기말에 자주 나타나는 '불안의 시대'였다.

기존의 질서가 흔들리며 불확실해지면 사람들은 불안을 느낀다. 불확실성에서 오는 불안에 대한 해법은 크게 두 가지다. 가장 흔한 해법은 이성으로 그 불확실성을 부정하고 새로운 확실성을 알아내는 방법이다. 다른 해법은 의지나 열정으로 그 불확실성을 긍정하는 방법이다. 이성으로 그 불확실성을 부정하고 새로운 확실성을 알아내는 전략을 선택한 대표적인 철학자가 바로 소크라테스다. 그는 이렇게 말한다.

너 자신을 알라!

소크라테스 당시 그리스는 전쟁의 소용돌이 속에 있었다. 페르시아와 오랫동안 싸웠고, 그 뒤에 아테네 중심의 델로스 동맹과 스파르타 중심의 펠로폰네소스 동맹으로 나누어져 약 30년 동안 싸웠다. 소크라테스도 이 펠로폰네소스 전쟁에 세 차례나 나가 싸웠다. 결국 아테네 중심의 델로스 동맹이 졌다. 숱한 전쟁은 기존의 질서를 흔들고 불확실하게 하여 불안을 키웠다. 그 틈을 비집고 소피스트들의 상대주의가 기승을 부렸다. 대표적인 소피스트가 프로타고라스다. 그는 진리의 절대성, 확실성을 부정하고 진리의 상대성, 불확실성을 주장했다. 그는 이렇게 말했다. "인간은 만물의 척도다."

소크라테스는 이러한 진리의 상대성, 불확실성이 공동체의 질서를 흔들어 사람들을 불행하게 만든다고 믿었다. 그는 이성으로 진리의 불확실성을 부정하고 비판하여 새로운 확실성을 알아내서 공동체의 질서를 되찾고자 했다. 이러한 이성적 전략을 한마디로 표현한 것이 "너 자신을 알라!"다. 그는 사람들이 자신들의 무지함을 알고 이성의 명령, 확실한 진리의 명령에 따르면 공동체의 질서를 되찾을 수 있다고 믿었다. 이러한 이성적 전략의 전통은 그 뒤에 플라톤, 아리스토텔레스 등 고대 이성주의자들의 철학적 기획, 칸트, 마르크스 등 근대 계몽주의자들의 철학적 기획으로 이어졌다.

너 자신을 사랑하라!

니체는 소크라테스와 달리 감성적 전략을 선택한다. 그는 감성으로, 의지와 열정으로 나의 불확실성, 내 삶의 불확실성, 세상의 불확실성을 긍정하여 불안을 해소하려 했다. 이러한 감성적 전략을 한마디로 표현한 것이 "너 자신을 사랑하라!"다. 그는 사람들이 자신들의 불확실성을 긍정하여 자신을 긍정하고 사랑하게 되면, 여전히 불확실하지만 상대적으로 안정적인 공동체 질서를 되찾을 수 있다고 믿었다.

이러한 감성적 전략에는 자기 사랑, 자기 긍정, 곧 자긍심이야말로 불확실성을 긍정하고 불안을 해소하는 힘이 있다는 심리적 믿음이 깔려 있다. 이러한 심리적 믿음은 시기심에 대한 심리적 믿음에서 왔다. 니체는 자기혐오, 자기 부정에서 비롯되는 타자 부정, 곧 시기심은 불확실성을 늘려 불안을 키우는 힘이 있다고 믿는다.

불안은 나의 삶이 내 기대에 맞게 될지 아닐지 확실하지 않을 때 생긴다. 공동체의 질서가 혼란스러울 때 그 불확실성은 더 커진다. 잘났든 못났든 상관없이 나를 긍정하고 사랑하는 자긍심이 없으면, 나의 삶이 다른 이보다 낫기를 바라는 내 기대와 어긋나 다른 이보다 못할 수도 있다는 불확실함이 나를 더 불안하게 만든다. 하지만 잘났든 못났든 상관없이 나를 긍정하고 사랑하는 자긍심이 있으면, 무엇보다 나의 삶이 지금보다 낫기를 기대할 뿐이기 때문에, 다른 이보다 못할 수도 있다는 불확실함이 나를 불안하게 만들지 않는다. 물론 지금보다 못할 수 있다는 불확실함도 나를 불안하게 만들지 않는다. 잘났든 못났든 상관없이 나를 긍정하고 사랑하기 때문이다.

더 나아가 니체는 나의 삶, 내가 속한 공동체의 불확실성에 대한 긍정이 공동체에 대한 불안도 해소할 수 있다고 믿는다. 이러한 믿음에는 잘났든 못났든 상관없이 나를 긍정하고 사랑하는 이는 나보다 뛰어난 이를 시기하여 깎아내리거나 해치려 하지 않고, 오히려 존경하고 닮으려 할 것이며, 나보다 못한 이도 무시하거나 해치려 하지 않고, 오히려 존중하고 보살피려 할 것이라는 심리적 믿음이 깔려 있다. 이러한 이들이 모여 사는 공동체는 여전히 불

확실하지만, 서로를 존경하고 존중하기 때문에 상대적으로 안정적인 질서가
유지될 것이므로 공동체에 대한 불안도 크지 않을 것이다.[16]

4. 초인 사상

너 자신을 넘어서라!

니체의 초인 사상이다. 초인 사상은 "너 자신을 사랑하라!"라는 자기애
의 가르침과 무슨 관계가 있을까? 나를 넘어서는 것은 나를 사랑하는 것이며,
나를 사랑하는 것은 나를 넘어서는 것이다. 왜일까? 나를 넘어선다는 게 무슨
뜻일까? 니체는 『차라투스트라는 이렇게 말했다』의 머리말에서 초인 사상을
이렇게 말한다.

나는 너희에게 초인을 가르친다. 사람은 넘어서져야 할 그 무엇이다.[17]

초인이란 사람을 넘어서는 자다. 그럼 사람이란 무엇일까? 사람이란 넘
어서져야 하는 자다. 사람이라는 일반 명사 뒤에 숨어 있는 나에게 이 말을
적용해 보면 그 뜻이 더 분명하게 드러난다. 초인이란 나를 넘어서는 자다.
나는 넘어서져야 하는 자다. 보통 누군가를 넘어선다고 할 때는 넘어서는 주
체와 넘어서지는 대상이 서로 다르다. 그런데 초인 사상에서 넘어서야 할 대
상은 넘어서는 자와 같다. 사람이 사람을 넘어서야 하고, 내가 나를 넘어서야
한다.
　넘어서지는 존재는 부정되어 내려가고, 넘어서는 존재는 긍정되어 올라

간다. 그렇다면 '자기 넘어섬'은 자기를 부정하는 동시에 자기를 긍정하는 것이고, 자기를 내리는 동시에 자기를 올리는 것이다. 더 정확히 말하자면 자기를 부정해 자기를 긍정하는 것이고, 자기를 내려 자기를 올리는 것이다. 상승을 위한 몰락이고, 창조를 위한 파괴다. 창조를 위한 파괴만큼 위험천만하고 달콤한 모험은 없다. 니체는 이렇게 말한다.

> 사람은 짐승과 초인 사이를 잇는 밧줄, 심연 위에 걸쳐 있는 밧줄이다. 저편으로 건너가는 것도 위험하고, 건너가는 과정도, 뒤돌아보는 것도, 벌벌 떨고 있는 것도 위험하며 검춰 서 있는 것도 위험하다.
> 사람에게 위대한 것이 있다면 그가 목적이 아니라 다리라는 것이다. 사람에게 사랑받을 만한 것이 있다면 그가 과정이요 몰락이라는 것이다. 나는 사랑한다. 몰락하는 자로서가 아니면 달리 살 줄을 모르는 자들을. 그들이야말로 저기 [새로운] 저편으로 건너가고 있는 자들이기 때문이다. …
> 나는 사랑한다. … 언젠가 초인을 낳기 위해 깨치려는 자들을. 그들은 자신의 몰락을 소망하고 있기 때문이다. … 춤추는 별을 낳으려면 자신 손에 혼돈을 지녀야 한다![18]

사람에게 가장 위대한 것은 자기를 넘어가는 것이며, 사람에게 가장 사랑할 만한 것은 스스로 몰락하는 것, 곧 넘어서지는 것이다. 새로운 저편으로 넘어가기 위해 스스로 넘어서지는 것, 스스로 넘어서져서 새로운 저편으로 넘어가는 것이야말로 가장 위대하고 가장 사랑할 만한 것이다. 새로운 나를 창조하기 위해 나를 파괴하는 것, 나를 파괴하여 새로운 나를 창조하는 것이야말로 가장 위대하고 가장 사랑할 만한 것이다.

나를 긍정하기 위해 나를 부정하는 것, 나를 부정하여 나를 긍정하는 것이야말로 가장 위대하고 가장 사랑할 만한 것이다. 나를 사랑하기 위해 나를 넘어서는 것, 나를 넘어서서 나를 사랑하는 것이야말로 가장 위대하고 가장 사랑할 만한 것이다. 나를 사랑하는 것은 나를 넘어서는 것이며, 나를 넘어서는 것은 나를 사랑하는 것이다. 초인, 나를 넘어서는 나, 춤추는 별을 낳으려면 자신 속에 혼돈을 지녀야 한다![19]

자기 긍정을 낳는 자기 부정은 타자 부정을 낳는 자기 부정과 다르다. 시기심이 몸에 밴 이는 자기를 긍정하지 못하고 늘 부정하고 미워한다. 그래서 그의 시선은 늘 밖으로 향하며 노예의 태도로 살아간다. 그의 눈에는 자기보다 뛰어난 다른 사람만 보인다. 그는 자기보다 뛰어난 다른 사람을 시기하고 부정하며 자기보다 뛰어난 다른 사람을 악한 사람이라고 도덕적으로 판단한다. 한편, 자기보다 뛰어난 다른 사람이 호의를 베풀면 착한 사람이라고 도덕적으로 판단한다. 이것이 선함과 악함의 도덕, 선함과 악함으로 세상을 판단하는 노예 도덕의 기원이다.

반면 자긍심이 몸에 밴 이는 무엇보다 먼저 자기를 긍정하고 사랑한다. 그의 시선은 늘 안으로 향하며 주인의 태도로 살아간다. 그는 자기를 긍정하고 사랑하는 자기를 뿌듯하게 여기고 긍정하고 사랑한다. 그래서 자기를 긍정하고 사랑하는 사람을 좋은 사람이라고 도덕적으로 판단한다. 한편, 자기를 긍정하지 못하고 미워하는 사람은 나쁜 사람이라고 도덕적으로 판단한다. 이것이 선함과 악함을 넘어선 "선악의 저편"[20]에서 좋음과 나쁨의 도덕, 좋음과 나쁨으로 세상을 판단하는 주인 도덕의 기원이다.

선함과 악함이라는 노예 도덕에 따라 사는 사람은 "마땅히 해야 한다"라는 세상의 규범이나 틀을 숙명처럼 등에 지고 낙타처럼 순종하며 살아간다. 반면 좋음과 나쁨이라는 주인 도덕에 따라 사는 사람은 "나는 하고자 한다"라는 마음가짐으로 세상의 규범과 틀을 갓 태어난 어린아이처럼 스스로 창조한다.

신은 죽었다.

신은 나를 구원하지 않는다. 나를 구원하는 것은 나 자신이다. 나를 넘어서 나를 창조하는 것이야말로 구원이다. 나를 긍정하고 사랑하는 것, 나의 삶을 긍정하고 사랑하는 것, 나의 살아 있음을 긍정하고 사랑하는 것이야말로 구원이다. 니체는 이렇게 말한다.

[나를 넘어서 나를 구원하라는] 초인[사상]이 이 땅의 뜻이다. 너희 의지로 하여금 말하도록 하라. 초인[사상]이 땅의 뜻이 되어야 한다고! 땅에 충실하라. 하늘나라에 대한 희망[신의 구원]을 설교하는 자들을 믿지 말라! … 그런 자들은 [나의] 생명[삶, 살아 있음]을 경멸하는 자들이다. … 신은 죽었다.[21]

5. 영원회귀 사상

이것이 삶이던가
좋다, 다시 한번!

니체의 영원회귀 사상이다. 영원회귀 사상은 "너 자신을 넘어서라!"라는 초인 사상과 무슨 관계가 있을까? "너 자신을 사랑하라!"라는 자기애의 가르침과는 무슨 관계가 있을까? "너의 운명을 사랑하라!"라는 운명애(아모르 파티, Amor fati)의 가르침과는 무슨 관계가 있을까?

'영원회귀(永遠回歸, ewige Wiederkehr, eternal return)'는 같은 삶이 영원히 돌고 돈다는 뜻이다. 영원회귀 사상은 같은 삶이 돌고 돌더라도 "이것이 삶이던가. 좋다, 다시 한번!"이라고 말할 수 있도록 나와 나의 삶을 긍정하고 사랑하라는 가르침이다.[22] 다시 말해 나와 나의 삶이 아니라고 부정하고픈 나를 넘어 나를 긍정하고 사랑하는 태도로 살라는 말이다.

작자 미상의
우로보로스
삽화(1478)

* 이미지 출처:
위키미디어 커
먼스

영원회귀를 그림으로 그리면 원이다. 보통 영원회귀는 자기 꼬리를 물고 있는 뱀 모양인 우로보로스(ouroboros)로 표현된다. 원을 보면 어디가 시작이고 끝인지 알 수 없다. 보통 시간은 원이 아니라 직선으로 흐른다고 여겨진다. 기독교의 역사관이 대표적이다. 시작이 있고 끝이 있다. 다시 말해 기원과 목적이 있다. 목적이란 끝을 향해 가는 삶의 순간순간은 목적을 실현하는 수단일 뿐이다. 그런데 시간을 원으로 보면 삶의 모든 순간이 목적이자 중심이 된다. 중요하지 않은 순간이 없다. 모든 순간이 소중하다.

누구나 살다 보면 부정하고 싶은, 지우고 싶은 순간이 있다. 하지만 그 모든 순간순간이 모여 오늘의 내가 되었다. 부정하고 싶은 순간을 부정한다는 것은 오늘의 나를 부정하는 일이다. 나를 부정하고 미워하면 시기심에 사로잡히고, 시기심에 사로잡힌 이들은 나보다 뛰어난 다른 사람들을 부정하고 미워하게 된다. 행복할 리 없다. 부정하고 싶은 순간을 부정하고픈 나 자신을 부정하고 넘어서는 이가 바로 초인이다.

예를 들어 닉 부이치치처럼 팔다리가 없는 사람이 그러한 모습을 부정하고픈 나 자신을 넘어서 나를 긍정하고 사랑한다면 그야말로 진정한 초인이다. 니체는『즐거운 학문』에서 영원회귀 사상을, 다시 말해 "나의 모든 순간순간이 소중하다", "나의 부정하고픈 순간마저 소중하다"라는 가르침을 아래의 사고실험을 통해 알기 쉽게 설명한다.

어느 날 … 악마가 이렇게 말한다면 당신은 어떻게 말할 것인가?

"너는 … 지금까지 살아왔던 삶을 다시 한번, 나아가 수없이 계속 다시 살아야 한다. 거기에는 무엇 하나 새로운 것이 없을 것이다. 모든 고통고- 기쁨, 모든 생각과 탄식, 네 삶의 크고 작은 모든 일이 다시 되풀이되어야 한다. 모든 것이 동일한 순서로 말이다" …

당신은 그 악마를 저주할 것인가? 아니면 "너는 신이다. 나는 이보드- 더 신적인 말을 들은 적이 없다!"라고 말할 것인가? 뒤와 같은 생각을 하게 된다면 그것은 지금의 당신을 바꿀 것이다. 아니 아마 누수어 버릴 것이다. 그리고 "너는 이 [순간]이 다시 한번, 또는 수없이 계속 되풀이되기를 원하느냐?"라는 질문이 모든 일에 대해 던져지고 가장 무거운 무게토 너의 행위에 놓이게 될 것이다.

나는 아직 살아 있다. 나는 아직 생각한다. 나는 아직 살아야만 한다. 아직 생각해야만 하니까. "나는 존재한다. 그러므로 나는 생각한다. 나는 생각한다. 그러므로 나는 존재한다" … 나는 사물 속에 있는 필연적인 것을 아름답게 보는 법을 더 배우고자 한다. 그래서 사물을 아름답게 만드는 사람이 될 것이다.

운명을 사랑하라(아모르파티, Amor fati)! 이것이 지금부터 나의 사랑이 될 것이다. 나는 추한 것과 전쟁을 벌이지 않을 것이다. 나는 비난하지 않겠다. 나는 비난하는 자도 비난하지 않겠다. … 나는 언젠가는 긍정하는 자가 될 것이다![23]

내가 병이 들어서든 늙어서든 어떤 이유든 죽음을 눈앞에 마주했을 때 전능한 악마가 나타나 한 번 더 살게 해 주겠다고 제안을 한다면, 다만 지금까지 내가 살아왔던 삶을 똑같이 한 번 더 살아야 한다는 조건을 단다면, 나는 어떻게 할 것인가? 그때 망설임 없이 "이것이 삶이던가. 좋다, 다시 한번!"이라고 말하며 흔쾌히 제안을 받아들일 수 있도록 나의 순간순간을 소중하게 여기며, 나의 부정하고픈 순간마저 넘어서서 긍정하고 소중하게 여기며 살라는 것이 니체가 영원회귀 사상을 통해 가르치고자 하는 뜻이다.

하지만 나 자신을 넘어서는 일, 초인이 되는 일은 쉬운 일이 아니다. 나의 부정하고픈 순간을 넘어서는 일은 쉬운 일이 아니다. 나의 부정하고픈 순간을 드디어 넘어섰다고 생각하는 순간, 어느새 다시 부정하고픈 나로 돌아가 있다. 초인은 단 한 번의 넘어섬으로 완성되지 않는다. 끊임없이 돌아가는 자기 부정의 태도를 끊임없이 넘어서는 게 초인이다.

나는 나를 부정하고 미워하려는 나와 나를 긍정하고 사랑하려는 나 사이의 끊임없는 겨룸과 혼돈 속에서 살아간다. 초인의 끊임없는 넘어섬은 끊임없는 초기화와 같다. 늘 처음처럼 새롭게 태어나 나를 긍정하고 사랑하는 것이다. 폭발하지 않는 별은 빛나지 않는다. 춤추는 별은 끊임없는 자기 부정과 자기 긍정, 자기 미움과 자기 사랑으로 빛난다. 춤추는 별을 낳으려면 자신 속에 혼돈을 지녀야 한다!

끊임없이 넘어서는 초인 사상과 끊임없이 돌고 도는 영원회귀 사상은 같은 동전의 양면이다. 초인 사상과 영원회귀 사상은 나의 모든 운명을 사랑하라는 운명애의 가르침을 철학적으로 뒷받침하기 위한 것이며, 어떻게 살아야 하는지를 가르쳐 주는 철학적이면서도 실천적인 지침이다. "이것이 삶이던가. 좋다, 다시 한번!"

6. 니체 이후의 니체

나를 버리고
너 자신을 찾아라!

니체의 무덤

* 이미지 출처: 위키미디
어 커먼스, ⓒ Dguendel

　니체의 유언이다. 차라투스트라로 빙의한 니체가 『차라투스트라는 이렇게 말했다』에서 자신을 열렬히 따르는 제자들을 떠나면서 남긴 말이다. '나는 하고자 한다'라는 의지의 원칙에 따라 "너 자신의 의지에 따라 살라!"라는 차라투스트라나 니체의 가르침은 "크레타인은 거짓말쟁이다"라는 크레타인의 '거짓말'처럼 스스로 거스르는 말, 즉 역설(逆說)이자 패러독스(paradox)이다. '너 자신의 의지에 따라 살라!'라는 차라투스트라나 니체의 말이나 의지에 따라 사는 것은 '나 자신의 의지에 따라 사는 것'일까? 이러한 역설에 대한 차라투스트라나 니체의 해결책은 떠남, 더 정확히는 침묵이었다.

　니체의 이러한 유언에도 니체가 죽은 뒤 사람들은 니체를 버리지 않고 니체를 따르고자 했다. 니체가 죽은 뒤 니체 철학에 대한 수많은 해석이 쏟아졌다. 그 해석은 모순의 올림픽이라 할 정도로 매우 다양했다. 그 책임은 어쩌면 니체 자신에게 있다. 카를 야스퍼스에 따르면, "니체의 거의 모든 주장에는 그와 반대되는 주장들을 그에게서 찾을 수 있다."

　니체를 따른 이 가운데 가장 눈에 띄는 이는 히틀러였다. 그는 니체의 초인 사상이야말로 나치즘의 정당성을 철학적으로 뒷받침해 준다고 믿었다. 그

가 무엇보다 관심을 가진 니체의 생각은 '권력을 향한 의지(Wille zur Macht)'[24]
였다. 생명이나 삶의 힘 또는 에너지, 생명력, 활력, 생기를 향한 의지라는 생
명 철학적 해석을 무시하고, 그는 이것을 아리아인의 우월함으로 유대인을
억누르고 내쫓는 인종주의라는 반인권적 정치적 기획의 땔감으로 사용하였
다. 그때 이러한 '악용' 또는 '오용'을 발 벗고 도운 이가 반유대주의에 빠진 니
체의 누이 엘리자베트 니체였다. 무엇보다 니체가 살아 있을 때 반유대주의
때문에 누이와 심하게 다투었다는 사실은 이러한 이용이 '악용' 또는 '오용'임
을 간접적으로 뒷받침한다.

니체 철학은 생명 철학에 실마리를 제공했다. 니체는 "생명을 경멸하는
자"인 신의 죽음을 선언했다. 초인 사상이야말로 생명의 철학임을 선언한 것
이다. '힘을 향한 의지'는 생명이나 삶의 힘 또는 에너지, 생명력, 활력, 생기를
향한 의지로 해석될 수 있다. 생명의 핵심은 생산, 생성, 곧 창조에 있다. 생명
철학은 니체로부터 변하지 않고 존재하는 것을 추구하는 불변의 존재론 또는
'존재'의 철학에 맞선 변화의 존재론 또는 '생성'의 철학, '창조'의 철학이라는
전통을 이어받았다.

니체 철학은 실존 철학에도 실마리를 제공했다. 실존 철학의 핵심은 "실
존은 본질에 앞선다"라는 말에서 엿볼 수 있듯이 반본질주의에 있다. 니체는
신의 죽음을 선언했다. 그는 모든 현상의 배후에 존재하며 그렇게 현상하도
록 하며 그 본질적 의미와 가치를 부여하는 변하지 않는 의심할 수 없이 확실
한 보편적인 그 무엇의 죽음을, 다시 말해 본질의 죽음을 선언했다. 실존 철
학은 니체의 반본질주의 전통을 이어 모든 현상의 배후에 존재하며 그렇게
현상하도록 하는 변하지 않는 의심할 수 없이 확실한 보편적인 그 무엇, 곧 본
질적 의미나 가치를 의심했다. 예를 들어 죽음의 불안을 피하지 않고 마주하
는 실존적 체험을 하면, 본질적으로 의미 있고 가치 있다고 믿었던 모든 것이
실존하는 나에게 무의미하고 무가치함이 드러난다고 하이데거는 주장했다.

니체 철학은 포스트모던 철학에도 실마리를 제공했다. 포스트모던 철학

의 핵심은 이성의 힘에 대한 의심에 있다. 니체는 신의 죽음을 선언했다. 그에게 신은 이성의 또 다른 이름이었다. 따라서 니체는 이성의 죽음을 선언한 것이다. 니체는 이성이 감정이나 의지와 열정의 수단에 지나지 않는다고 주장한다. 그는 도덕마저도 감정에서 비롯되었다고 주장한다. 포스트모던 철학은 이성의 힘보다 감정의 힘, 욕망의 힘에 주목한다. 예를 들어 무의식적 본능의 힘에 주목한 니체의 전통을 이은 프로이트의 제자, 포스트모던 철학자 라캉은 마음을 이해하기 위해서는 이성의 힘보다 실재의 세계, 상상의 세계, 상징의 세계에 각각 작동하는 충동의 힘, 욕구의 힘, 욕망의 힘을 이해해야 한다고 주장한다. 더 나아가 포스트모던 철학자 데리다는 생명을 위협하지만 치료하기도 하는 독이 든 당근을 뜻하는 파르마콘을 비유로 들어 다양하고 복잡하고 모호한 진리들이 있을 뿐이지 투명한 이성으로 파악할 수 있는 단 하나의 명백하고 단순한 진리는 없다고 주장하며 이성 중심주의를 해체해야 한다고 목소리를 높인다.

니체 철학은 오늘날 우리에게 어떤 의미가 있을까? 요즘 젊은이들은 연애, 결혼, 출산을 포기한 삼포세대라고 부를 정도로 희망과 열정을 잃었다.[25] 더 큰 문제는 그들이 자신감이나 자존감마저 잃었다는 것이다.

자기에 대한 긍지와 사랑이야말로 무기력하고 절망적이거나 시기심과 증오심에 가득 찬 병든 마음을 치유하고 이기적인 자기를 넘어서 베푸는 삶을 살도록 하는 바탕이 된다.[26] 체념하거나 시기심에 사로잡히는 나를 의지나 열정으로 끊임없이 넘어서 자기를 긍정하고 사랑하며 창조하는 초인이 되라는 가르침은 무한경쟁으로 시기심과 증오심에 빠진 젊은이들이 자신과 자신의 삶을 돌아보는 성찰의 기회를 제공할 것이다.

그대들 모두는 실패하지 않았는가?
용기를 잃지 말라. 그게 무슨 문제라고!

얼마나 많은 것이 아직도 가능한가![27]

이것이 삶이던가
좋다, 다시 한번![28]

주석

1   Johann Wolfgang von Goethe, 『파우스트』, 장희창 옮김(서울: 을유문화사, 2015).

2   그렇다고 이들이 스스로 무신론자라고 밝힌 것은 아니다. 이들은 여전히 종교적 틀 속에 머물렀다. 뉴턴은 자연현상의 배후에 있는 궁극적 원인에 대한 가설을 세우지 않겠다고 선언했음에도 그 궁극적 원인으로 신을 유추해 낸다. 그는 "태양계처럼 더없이 우아한 체계가 만들어지려면 '현명하고 강력한 존재'의 손길이 반드시 필요하다"라고 말한다. 칸트는 우리가 신의 존재를 '증명'하거나 '인식'할 수 없다고 하면서도 신의 존재를 도덕적으로 필요한 것으로 '요청'한다.

3   Arthur Schopenhauer, 『의지와 표상으로서의 세계』, 홍성광 옮김(서울: 을유문화사, 2019).

4   쇼펜하우어는 세상이 사물 자체와 현상세계로 이루어져 있다고 보는 칸트의 철학을 바탕으로 세상이 의지의 세계와 표상의 세계로 이루어져 있다고 보았다. 그는 인식할 수 있는 의식적 현상세계인 표상의 세계는 인식할 수 없는 무의식적 의지의 세계가 드러난 것이라 믿었다.

5   Ivo Frenzel, 『니체』, 강대석 옮김(파주: 한길사, 1997).

6   Friedrich Nietzsche, 『도덕의 계보』, 박찬국 옮김(파주: 아카넷, 2021).

7   Friedrich Nietzsche, 『차라투스트라는 이렇게 말했다』, 정동호 옮김(서울: 책세상, 2014).

8   Charles Darwin, 『종의 기원』, 장대익 옮김(서울: 사이언스북스, 2019).

9   Karl Marx und Friedrich Engels, 「포이어바흐에 관한 테제」, 『독일 이데올로기』, 김대웅 옮김(서울: 두레, 2015).

10   Friedrich Nietzsche, 『비극의 탄생』, 박찬국 옮김(파주: 아카넷, 2007).

11   니체가 감정이나 의지와 열정에 대해 큰 관심을 지니게 된 데는 낭만주의자 바그너와의 만남이 큰 역할을 했다. 니체는 바그너와의 만남을 친구에게 이렇게 말했다. "나는 쇼펜하우어가 말한 '천재'의 상을 그대로 체현하는 사람을 만났네. … 그 사람이 바로 바그너일세. … 그에게 가까이 다가갔을 때 나는 마치 신적인 것을 영접하는 것 같은 느낌이 들었네."[Friedrich Nietzsche, 「게르스도르프에게 보낸 편지(1869년 8월 4일)」 참조]

12   무의식에 의식이 따른다는 생각은 다른 한편 데카르트 철학과 같이 의식적 주체를 중심으로 펼쳐지는 '주체'의 철학을 넘어서는 또 다른 전통에 속한다.

13   Nietzsche, 『차라투스트라는 이렇게 말했다』.

14   Nietzsche, 『비극의 탄생』. 이후 니체는 바그너와 헤어지면서 『비극의 탄생』에서 아폴론식
      이성 존재론의 기수로서 디오니소스식 감성 존재론을 짓밟고 "바흐에서 베토벤으로, 베토
      벤에서 바그너로 이어진 힘차고 눈부신 길을 두렵고 이해할 수 없는 것, 맞설 수 없을 만
      큼 강력하고 적대감을 불러일으키는 것"으로 여긴다고 공격했던 소크라테스에 대한 태도
      를 우호적으로 바꾼다. 니체는 『인간적인 너무나 인간적인 1』(김미기 옮김, 서울: 책세상,
      2001)에서 소크라테스가 아테네 최고의 철학자가 된 것은 그의 부인 크산티페 덕분이라고
      추커세우고, 예수보다 더 훌륭한 지성을 지녔다고 칭찬한다. "소크라테스는 자신에게 필요
      했던 한 여성을 발견했다. 그러나 그가 만약 그녀에 대해 잘 알고 있었다면 그녀를 구하지
      는 않았을 것이다. 이 자유정신의 영웅주의도 그렇게 멀리까지 가지 않았을 것이다. 사실
      크산티페는 집과 가정을 불편하고 끔찍하게 만듦으로써, 소크라테스를 고유의 직무 속으
      로 더 깊숙이 몰아넣었다. 크산티페는 길거리가 됐든 다른 곳이 됐든 사람들이 잡담을 하
      고 일없이 노는 곳이라면 어디서든 살아갈 수 있도록 소크라테스를 가르쳤으며 그렇게 함
      으로써 그를 아테네 최고의 길거리 변증가로 키웠다." "소크라테스에게는 아주 다양한 철
      학적 삶의 양식의 길들이 거슬러 올라가 통하고 있다. 그것은 … 이성과 습관을 통해 확립
      돼 있으며 삶에 대한 기쁨, 그리고 자기 자신에 대한 기쁨을 가리키고 있다. … 그리스도교
      의 창시자에 비하면 소크라테스는 진지하되 즐거운 방식으로 진지하며 인간 영혼을 가장
      훌륭한 상태로 만들어 주는 장난기 가득한 지혜를 지니고 있다. 게다가 그에게는 더 훌륭한
      지성이 있었다."

15   Karl Marx and Friedrich Engels, 『공산당 선언』, 이진우 옮김(서울: 책세상, 2018).

16   니체가 『도덕의 계보』에서 이른바 '금발의 야수'의 야수성의 가치를 긍정적으로 평가했다는
      것을 근거로, 니체는 호전성을 긍정적으로 평가하여 공동체의 불안을 조장했다고 생각할
      수도 있다. 하지만 그 참뜻을 이해하기 위해서는 그 이야기를 한 맥락을 살펴야 한다. 니체
      는 시기심에서 비롯된 선함의 가치를 비판하고 자긍심에서 비롯되는 좋음의 가치를 강조
      하고자 이른바 '금발의 야수'의 야수성의 가치를 새롭게 평가한 것이다.
      니체가 강조한 것은 '금발의 야수'가 지닌 야수성, 곧 탐욕과 잔인함이나 호전성이 아니다.
      니체는 그 야수성에서 찾을 수 있는, 자기보다 뛰어난 이를 시기하거나 앙갚음하려는 노예
      의 정신이 없음을 강조하고, 자기를 긍정하고 사랑하는 주인의 정신이 있음을 강조하고자
      했다.
      호승심(好勝心), 곧 이기는 것을 좋아하는 마음은 노예의 호승심과 주인의 호승심으로 나눌
      수 있다. 노예의 호승심은 시기심에서 비롯된 것으로 자기보다 뛰어난 이를 깎아내려서 이
      기려는 마음이다. 반면 주인의 호승심은 자긍심에서 비롯된 것으로 자기보다 뛰어난 이를
      동경하여 그만큼 또는 그보다 더 낫게 자기의 능력을 높이고 싶은 마음이다.
      주인의 호승심을 지닌 이들은 나보다 뛰어난 이를 깎아내리거나 해치려 하지 않고, 오히려

존경하고 닮으려 할 것이며, 나보다 못한 이도 무시하거나 해치려 하지 않고, 오히려 존중하고 보살피려 할 것이다. 주인의 호승심을 지닌 이들이 펼치는 올림픽을 상상해 보라. '더 높이, 더 멀리, 더 빠르게' 자기의 능력을 높이려 치열하게 겨루지만 누구도 시기하거나 무시하지 않으며 즐겁게 겨루는 모습을 상상해 보라. 아마도 이것이 니체가 그리는 초인들로 이루어진 아름다운 공동체의 모습이지 않을까?

17 Nietzsche, 『차라투스트라는 이렇게 말했다』.

18 Nietzsche, 『차라투스트라는 이렇게 말했다』.

19 BTS의 노래 〈피 땀 눈물〉의 뮤직비디오 끝부분에 나오는 문구다. BTS의 멤버 진이 그 문구를 물끄러미 바라보고 있는 장면이 나온다. "Man muss noch Chaos in sich haben, um einen tanzenden Stern gebaeren zu koennen"이라고 독일어로 쓰여 있다. 『차라투스트라는 이렇게 말했다』의 머리말에 나오는 말이다. 나를 부정하고 넘어서 방황해 보아야 성장하여 나만의 삶을 자유롭게 살 수 있으며, 나를 온전히 사랑할 수 있다는 메시지를 담고 있다 〈피 땀 눈물〉은 2016년에 나온 앨범 《WINGS》의 타이틀 곡이다. 《WINGS》는 "난생처음 유혹과 마주해 고민하고 갈등하는 청소년들의 노래"이며 "멤버들의 자전적 이야기"가 담겨 있다. BTS는 《WINGS》를 헤르만 헤세의 소설 『데미안』을 모티브로 삼아 제작했다고 밝혔다. 앨범 제목 《WINGS》는 알을 깨고 비상하는 새의 날갯짓을 상징한다. "고통과 환희를 반복하는 일곱 소년들의 모습"은 『데미안』의 유명한 상징인 "알에서 까어나 날아오르려는 새들의 날갯짓"을 연상하게 한다(네이버 《WINGS》 앨범 소개 참조).
"새는 알에서 나오려고 싸운다. 알은 곧 세계다. 태어나려고 하는 자는 하나의 세계를 파괴해야 한다. 그 새는 신을 향해 날아간다. 그 신의 이름은 아브락사스다." 『데미안』의 이 유명한 문구는 "춤추는 별을 낳으려면 혼돈을 지녀야 한다"라는 니체의 초인 사상을 잘 보여준다.
아브락사스는 세상을 창조하는 존재다. 그는 세상 모든 것을 완전히 새로 만들어야 한다. 창조하는 존재는 자유로운 존재다. 주어진 선과 악이란 틀에 갇히면 새로운 세상을 창조할 수 없다. 그는 선과 악의 저편이 있다. 나만의 고유한 세상을 만드는 아브락사스가 되려면 나에게 주어진 모든 선과 악의 틀을 깨야 한다. 아브락사스는 바로 나 자신이다.
나만의 고유한 세상을 만들 수 있는 능력을 갖추는 것이 바로 성장이다. 성장이란 내 삶의 온전한 주인이 되는 것이다. 내 삶의 온전한 주인이 되기 위해 주어진 생각의 틀을 의심하고 넘어서려는 시도가 바로 방황이다. 『데미안』은 그 방황의 오디세이다.

20 Friedrich Nietzsche, 『선악의 저편』, 박찬국 옮김(파주: 아카넷, 2018).

21 Nietzsche, 『차라투스트라는 이렇게 말했다』.

22 니체의 영원회귀 사상에 관한 해석에는 우주론적, 물리학적 해석과 실존적, 윤리학적 해석이 있다. 우주론적, 물리학적 해석은 '우주가 물리학적으로 같은 것이 돌고 돈다'라는 해석이다. 니체는 그 당시의 독일 물리학자 마이어(J. R. v. Mayer)가 내놓은 '에너지 보존의 법

칙'에서 우주론적, 물리학적 영원회귀 사상의 영감을 얻은 듯하다. 하지만 니체의 그러한 우주론적, 물리학적 영원회귀 사상은 유고에서만 발견되며, 출간된 책에서는 발견되지 않는다. 아마도 그것은 사고실험에만 그치고 완성되지 못한 듯하다. 한편 프랑스 철학자 들뢰즈는 『니체와 철학』(이경신 옮김, 파주: 민음사, 2001)에서 니체의 영원회귀 사상을 끊임없는 생성에 초점을 맞춰 '동일성의 영원회귀'가 아니라, '차이의 영원회귀'로 해석한다.

23 Friedrich Nietzsche, 『즐거운 학문 메시나에서의 전원시 유고: 1881년 봄-1882년 여름』, 안성찬, 홍사현 옮김(서울: 책세상, 2005).

24 Friedrich Nietzsche, 『권력에의 의지』, 이진우 옮김(서울: 휴머니스트, 2023). '권력에의 의지'라는 생각 못지않게 히틀러의 주목을 끈 것은 '금발의 야수'에 대한 니체의 생각이었을 것이다. 니체는 『도덕의 계보』에서 문화라는 이름으로 인간이라는 맹수를 온순하고 개화된 동물인 가축으로 길들이는 것을 인류의 퇴보라고 비판했다. 그는 호메로스의 영웅, 스칸디나비아의 바이킹 같은 '금발의 야수'의 '야수성'을 긍정적으로 평가하며 야수는 다시 풀려나 황야로 되돌아가야 한다고 말했다.
"우리는 이 모든 귀족적인 종족의 근저에서 맹수, 즉 전리품과 승리를 탐욕스럽게 찾아 헤매는 화려한 **금발의 야수**를 보지 않을 수 없다. 이렇게 근저에 숨겨져 있는 것은 가끔 발산할 필요가 있다. 야수는 다시 풀려나 황야로 되돌아가야만 한다. 로마, 아라비아, 게르만, 일본의 귀족, 호메로스의 영웅, 스칸디나비아의 바이킹은 그러한 것을 필요로 한다는 점에서 모두 동일하다. 고귀한 종족은 그들이 지나간 모든 곳에 '야만인'이라는 개념을 남겨놓았다. … '인간'이라는 맹수를 온순하고 개화된 동물, 즉 **가축**으로 길들이는 것이야말로 모든 문화의 의미라는 것이 오늘날에는 진리로 받아들여지고 있다."
하지만 그 참뜻을 이해하려면 그러한 이야기를 하는 맥락을 살펴야 한다. 니체는 시기심에서 비롯된 선함의 가치를 비판하고 자긍심에서 비롯되는 좋음의 가치를 강조하고자 이른바 '금발의 야수'의 야수성의 가치를 새롭게 평가한 것이다.

25 희망을 잃은 젊은 세대들에게 '소소하지만 확실한 행복'을 좇는 소확행이 인기다. 소확행을 추구하는 이들은 커다란 행복을 포기한 듯 보이지만, 사실은 온전히 포기하지 못한 경우가 많다. 쉽게 이룰 수 없으니 일단 잠정적으로 포기한 것이다. 언제라도 기회가 오면 다시 추구할 마음이 있다. 이것은 이들이 그 행복을 이루는 이를 보면 시기한다는 데서 알 수 있다. 이들에게 포기하는 마음과 시기하는 마음은 같은 동전의 양면이다. 그래서 이들은 소확행의 즐거움을 온전히 누리지 못한다. 그러므로 소확행의 즐거움을 온전히 누리려면 무엇보다 시기하는 마음을 내려놓고 잘났든 못났든 나를 긍정하고 사랑해야 한다. 커다란 행복을 이루지 못해 부정하고픈 못마땅한 나마저도 긍정하고 사랑해야 한다.

26 니체는 두 가지 베풂을 나눈다. 베풂에는 베풀어서 자기를 사랑하는 것과 자기를 사랑하여 베푸는 것이 있다. 자기를 사랑하지 못하는 이는 이웃에게 베풀어서 이웃이 자기를 좋은 사람으로 인정하게 하여 비로소 자기를 사랑하려 한다. 이러한 사람은 못마땅한 자기와 함께

있으며 참고 견디는 것이 힘들어 늘 이웃을 찾아 헤맨다.

그는 이웃을 사랑하여 베풀기보다 마땅히 해야 할 의무를 따르는 좋은 사람으로 인정받기 위해 베푼다. 그는 늘 "마땅히 -해야 한다"라는 의무를 내세우며 산다. 그는 '이웃을 위해' 자기를 희생하여 베푼다고 말한다. 그는 자기보다 더 인정받는 이를 시기하고, 남보다 더 인정을 받으면 자만에 빠져 자기보다 덜 인정받는 이를 무시한다. 그는 늘 시기심과 자만심 사이를 오고 간다. 시기심과 자만심은 남의 인정에 의존하는 마음이라는 점에서 같은 마음의 양면이다.

자기를 사랑하는 이는 이웃이 자기를 좋은 사람으로 인정하기 전에 이미 자기를 가치 있고 소중한 존재로 긍정하는 자긍심을 지니고 있다. 이러한 사람은 자기와 함께 있는 것을 즐기며, 굳이 이웃을 찾아 헤매지 않는다. 그는 마땅히 해야 할 의무를 따르는 좋은 사람으로 인정받기 위해 베푸는 게 아니라, 이웃을 사랑하여 베풀고 싶은 마음이 저절로 생겨 베푼다. 그는 "나는 -하고 싶다" 또는 "나는 -을 원한다"라는 원칙에 따라 산다. 그는 자기보다 뛰어난 이를 시기하지 않고 오히려 존경하며 닮으려 하며, 자기보다 못한 이도 가치 있고 소중한 이로 여겨 무시하지 않고 존중한다.

그래서 니체는 다음과 같이 말한다. "'-을 위해'라는 것을 잊어버려라! '-을 위해'를 이유로 나서는 일이 없기를 바란다. 그 같은 거짓스러운 말에 귀를 막아라! '이웃을 위해'를 내세우는 것은 소인의 덕일 뿐이다!"

27   Nietzsche, 『차라투스트라는 이렇게 말했다』.
28   Nietzsche, 『차라투스트라는 이렇게 말했다』.

5부.

무의식에서 에일리언까지

프로이트, 무의식 혁명을 일으키다

김 석

건국대학교 철학과 교수

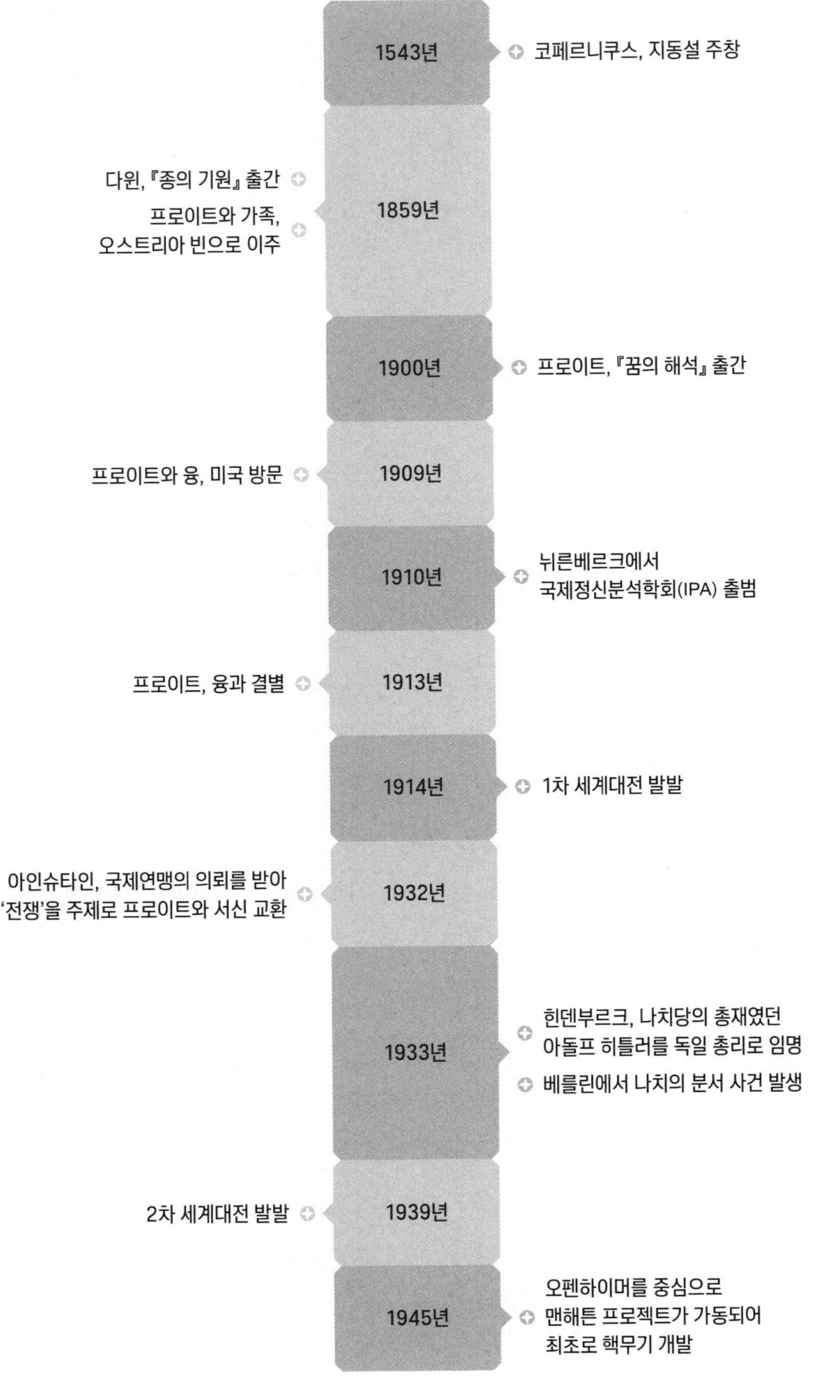

1543년
코페르니쿠스, 지동설 주창
다윈, 『종의 기원』 출간
프로이트와 가족, 오스트리아 빈으로 이주
1859년
1900년
프로이트, 『꿈의 해석』 출간
프로이트와 융, 미국 방문
1909년
1910년
뉘른베르크에서 국제정신분석학회(IPA) 출범
프로이트, 융과 결별
1913년
1914년
1차 세계대전 발발
아인슈타인, 국제연맹의 의뢰를 받아 '전쟁'을 주제로 프로이트와 서신 교환
1932년
1933년
힌덴부르크, 나치당의 총재였던 아돌프 히틀러를 독일 총리로 임명
베를린에서 나치의 분서 사건 발생
2차 세계대전 발발
1939년
1945년
오펜하이머를 중심으로 맨해튼 프로젝트가 가동되어 최초로 핵무기 개발

1. 머리말: 무의식(unconsciousness) 혁명?

인간의 나르시시즘적 망상, 즉 자신을 신 외에 유일하게 이성적이고 초월적인 존재처럼 여기는 세계관에 균열을 낸 사상 혁명으로 코페르니쿠스(Nicholaus Copernicus, 1473-1543)의 천문학, 찰스 다윈(Charles Robert Darwin, 1809-1882)의 진화론, 그리고 지그문트 프로이트(Sigmund Freud, 1856-1939)의 정신분석학을 들 수 있다. 코페르니쿠스는 세계를 신의 질서가 아닌 자연이라는 내재적 관점에서 보게 했으며, 다윈은 인간 역시 진화의 과정에서 탄생했고, 동물적 본능을 지닌 존재라는 것을 선언했다. 프로이트는 인간 이성을 절대시하는 관념론에 결정타를 가했다. 학문적 평가는 차치하더라도, 이 세 사상은 인간을 우주와 생태계의 중심이자 정점에 두고, 이성의 무소불위한 힘을 찬양하는 기존 휴머니즘에 큰 타격을 입혔다.

　　필자는 아래의 글에서 프로이트의 '무의식 혁명'이 지니는 인간학적, 실천적 의미를 조명하여 정신분석에 대한 거부감이나 비판이 상당 부분 성 이론과 무의식에 대한 잘못된 이해와 왜곡에서 비롯되었다는 것을 말하고자 한다. 더불어 뇌과학과 인공지능 시대에도 무의식을 중심으로 인간 본성과 사회를 설명한 프로이트의 문제의식은 유효할 것이라는 걸 강조하고 싶다.

　　프로이트는 성이 모든 육체적, 정신적 문화 활동의 출발점이자 동력이라는 것을 끊임없이 강조했다. 따라서 정신분석적으로 보면 '욕망하는 인간', 즉 호모 에로틱쿠스(Homo eroticus)가 인간의 본모습이다. 이것은 성이 가장 중요하다는 뜻이 아니라, 인간 본성을 무의식적 욕망과 충동에서 찾는다는 의미이다. 무의식이 인간 정신의 본질이라는 주장은 이성주의에 대한 완전한 전복이며, 그 실체는 성적 에로스이다. 그런데 프로이트가 말한 성은 육체적 쾌락과 정념, 의식적 사고로 수용 불가능한 환상과 욕망을 포괄하는 넓은 의미의 에로스로, 때로는 문명의 통제 대상[1]이 되기도 한다. 무의식의 학문인 정신분석에 대한 거부감과 저항은 억압된 무의식과 성적 욕망이 드러나는 것에 대한 저항[2]이기도 하다. 그러나 굳이 정신분석에 의존하지 않더라도, 인간의 마음과 의식이 항상 투명하지도 합리적이지도 않으며, 감정이나 상상, 미신적 편향, 사회적 가치에 의해 영향을 받는다는 것은 우리가 일상에서 많이 경험하는 사실이다. 우리는 무의식을 외면하지만, 실제로는 그것이 우리를 강력하게 지배한다. 그러므로 우리는 무의식의 본성과 작동 메커니즘을 규명하면서 인간 본성을 다른 시각에서 살펴볼 필요가 있다. 미국 심리학의 개척자인 윌리엄 제임스(William James, 1842-1910)는 프로이트를 만난 후 "프로이트와 그 제자들이 그들의 생각을 극한까지 밀어붙여, 우리가 그 생각들이 무엇인지 알 수 있게 해주기를 바란다. 그 생각들은 반드시 인간 본성에 빛을 던져줄 것이다"[3]라고 말하며 기대감을 표하기도 했다. 우리는 이러한 관점 속에서 프로이트를 읽을 필요가 있다.

　　물론 무의식은 프로이트의 발명품이나 전유물이 아니다. 그러나 프로이트의 무의식은 인간 영혼의 비밀을 신비롭게 찬양한 낭만주의나 신경생리학적 관점에서 마음의 실체를 규명하는 현대 뇌과학과도 다르다. 또한, 무의식의 발견은 미셸 옹프레(Michel Onfray)[4]가 비난하듯 프로이트가 '실패한 신경증 환자'라서 가능했던 것도 아니며, 그에 앞선 철학자들의 개념 덕분만도 아니다. 데카르트의 광기, 쇼펜하우어의 의지, 니체의 힘에의 의지 등 선구적 개념이 있었지만, 프로이트는 무의식이 일상에서 드러나는 현상에 주목하면서 무의식이 엄밀한 과학적 탐구 대상이 될 수 있음을 주창했다. 이하에서 우리는 프로이트가 개념화한 무의식과 인격 구조를 살피며, 무의식 혁명의 의미를 밝혀 보고, 그것을 오늘날에 적용할 수 있는 방향을 주체화와 연관해 제시해 보려고 한다. 주체화(subjectivation)는 정신분석적 입장에서 치유와 자기실현에 이를 수 있는 통로로 제시할 수 있는 대안이다.[5]

2. 정신분석학과 무의식

정신분석학(Psychoanalysis)은 그 창시자와 날짜를 정확히 알 수 있는 학문이다. 프로이트가 1896년 3월 30일 프랑스어로 발표한 「신경증의 유전과 신경증의 병인(L'Hérédité et l'étiologie des névroses)」에서 최초로 정신분석이라는 말을 사용[6]했기 때문이다.[7] 정신분석학이 철학이나 정신의학(뇌과학)과 구별되는 가장 큰 차이는 진정한 '무의식의 과학'이라는 것이다. 프로이트는 1923년 출간한 「자아와 이드」에서 "정신계를 의식적인 것과 무의식적인 것으로 나누는 것은 정신분석학의 기본 전제"[8]라고 하며, 무의식을 중심으로 인격의 본질과 사회 심리 메커니즘을 규명한다. 이미 쇼펜하우어, 니체, 하르트만 같은 철학자들도 무의식의 중요성에 주목했고, 현대 뇌과학도 무의식에 대해 실증

연구를 진행하고 있기는 하다. 그러나 프로이트는 1920년대 이후 고도의 정신 활동은 물론 도덕 감정과 미적 판단 자체도 무의식에 지배됨을 강조하면서, 무의식 개념을 중심에 두고 인성과 이성의 실체를 규명한다. 프로이트는 자아와 초자아의 거의 모든 부분이 무의식적 상태로 머물러 있다고 말한다.[9] 이렇게 무의식이 인간 정신의 대부분을 지배한다는 생각이 무의식 혁명의 본질이다. 의식이나 이성은 무의식이라는 바다에 떠 있는 작은 섬에 지나지 않는 것이다.

1) 무의식의 학문이 탄생하다

그렇다면 프로이트 이전에 무의식을 말했던 낭만주의(romanticism)나 무의식을 강조하는 철학과 프로이트의 차이는 무엇일까? 프로이트가 보기에 쇼펜하우어 같은 의지 철학은 무의식을 인간 마음의 본질로 보지 않는다. 철학은 무의식을 불가해하고 증명 불가능한 것처럼 이해하면서 신비화하거나, 의식이 정신의 본질이라고 생각하면서 사실상 무의식을 배제한다.[10] 반면 정신분석은 무의식을 전면화하고, 이를 중심으로 행동과 사고를 설명한다. 무의식은 의식의 결핍 상태가 아니고 고유한 법칙과 내용을 가지며 실질적으로 인간을 지배한다. 또 프로이트의 무의식은 자율적이며, fMRI 같은 기계를 통해 관찰 가능한 뇌의 생리적 기제를 무의식의 실체인 것처럼 주장하는 뇌과학[11]과도 다르다. 뇌과학이 말하는 신경 생리적 차원의 무의식 개념은 프로이트 이론을 대체할 수 없는데, 프로이트는 무의식을 항상 갈등적 관계에서 해명하기 때문이다. 한마디로 문명이 없으면 무의식은 존재할 수 없다. 프로이트에 따르면 정신분석에서는 저항과 전이가 무의식의 핵심 특징으로 규정되는데, 신경증이 중요한 것도 그 때문이다.

그렇다면 정신분석은 정확히 어떤 학문이고, 어떤 목표를 강조할까? 프로이트는 1922년 출간된 『백과사전(*Encyclopedia*)』에서 정신분석을 다음과 같이 정의하고 있다.

> ① 다른 방법으로는 거의 접근이 불가능한 무의식적 정신 과정을 탐그하는 방법.
> ② 이 탐구에 기초해 신경증 장애를 치료하는 방법.
> ③ 이 수단을 통해 획득되었고, 새로운 과학 분야를 점진적으로 형성하기 위해 한 묶음으로 증가하는 일련의 심리적 개념.[12]

한마디로 무의식 연구의 출발점이자 근거가 바로 신경증이다. 출발부터 임상은 정신분석을 사변적인 학문과 구분시켜 주지만, 동시에 생리학적 진단과 회복을 주장하는 의학적 관점에서는 객관적 자료나 통계가 부족하다는 이유로 정신분석을 일종의 사변 학문처럼 비판[13]하기도 한다. 그러나 프로이트는 "정신분석학은 심리학적 기술을 사용해 특정 형태의 신경 질환(신경증)을 치료하는 것을 목표로 하는 (하나의) 의료 방법이다"라고 분명하게 선언한다.[14]

또 단순히 치료만을 목적으로 하는 학문이라면 뇌의 신경해부학적 구조를 촘촘하게 규명해 의식을 설명하는 과학의 시대에 효용성을 잃어버렸을 것이다. 정신분석은 임상뿐 아니라 꿈, 망각, 농담, 실책 행위 등 일상의 심리 현상을 분석하면서 무의식적 과정에 관해 통찰을 주기어 오늘날에도 철학이나 문화 이론에 계속 영향을 준다. 또 무의식과 연관된 환상, 나르시시즘, 승화, 도덕과 종교 이론도 포괄하는 메타 이론 체계이기도 하다. 정신분석의 본질을 제대로 이해하기 위해서는 임상, 방법론, 이론을 한 묶음으로 봐야 하며, 이론적·실천적 맥락을 같이 고려해야 한다. 또한 필자가 보기에는 정신분석의 기존 세 가지 정의에 프로이트가 1921년 「집단심리학과 자아분석(Massenpsychologie und Ich-Analyse)」을 발표한 이래 연구한 '집단심리'와 '공동체'에 관한 부분도 추가해야 한다.

프로이트는 「집단심리학과 자아분석」에서 개인 심리학은 처음부터 사회 심리학이라고 하면서도, 사회학이나 군중 심리학과 달리 무의식의 계통적 발생을 근거로 집단 무의식을 연구할 수 있는 사회학적 방법론을 제시한다. 프로이트의 사회정신 분석은 종교와 도덕의 기원, 군중의 동질감과 집단의식, 지도자에 대한 대중의 동일시, 터부나 토템 같은 문화 인류학적 사태의 근본 심리를 무의식을 중심으로 설명하는데, 이런 접근은 융이 가정하는 집단 무의식 개념과도 다르다. 프로이트는 개인 심리와 집단심리는 같은 구조를 가지지만, 개인 속에서 원형(archtype)처럼 타고나는 것이 아니라 동일시 등을 통한 관계를 통해 상호적으로 작용한다는 것을 강조한다. 집단심리란 "…바로 개인의 정신 활동으로부터 인간 공동체들과 민족들의 정신 활동으로, 즉 개인 심리학으로부터 집단심리학으로의 이행"을 전제한다.[15]

프로이트가 정신분석을 창시했지만, 무의식이라는 말을 독일의 낭만주의자들이 먼저 사용한 것도 사실이다. 카를 카루스(Carl G. Carus)나 하르트만(Eduard von Hartmann) 같은 이들이 인간 영혼의 깊은 심연을 무의식이라 부르면서 선구자적 태도를 보였다. 이들은 합리주의에 대항하여 인간의 열정, 절대적 자유와 무한을 동경하면서 이성적인 것에서 벗어나는 꿈, 신비, 환상 등의 중요성을 강조했다. 그러나 낭만주의자들은 기껏해야 감성적 상상력과 문예 운동[16]에 머물렀고, 프로이트처럼 무의식을 과학적 대상으로 이론화하지는 않았다.

프로이트가 말하는 무의식은 감춰진 열정이나 알 수 없는 힘이 아니라 의식의 영역을 비트는 틈이자 일상의 낯선 단절에 가깝다. 무의식은 선천적인 것이 아니라 살면서 억압된 표상들로 구성되며, 끊임없이 의식적 사고, 표상, 행동 속에서 불쑥불쑥 얼굴을 내민다. 프로이트는 꿈이 무의식의 전형이라고 말하면서 이를 '또 하나의 무대(ein andere Szene)'라고 부른다. 이 무대에서 자아는 배우, 연출가, 그리고 동시에 관객 역할을 하는데, 중요한 것은 '또 하나의 무대'에서 의식적 일관성이나 논리를 깨뜨리고 드러난다는 것이다. 나중에 라캉은 무의식을 말하는 주체가 말의 경험에서 체험하는 무지, 불가능한 진리로 해석하면서 이런 맥락을 계승한다.

> 주체란 데카르트적 주체로서 무의식의 전제이다. 대타자란 말이 진리로 확립되기 위해 요구되는 차원이다. 무의식이란 그들 사이에서 작동 중인 절단이다.[17]

프로이트가 병적 증상이 아니라 일상에서 우리가 경험하는 말실수 망각, 농담, 꿈 등 평범한 사실에서 무의식적인 것을 찾으려고 한 것도 그 대문이다. 다음 장에서 보겠지만 무의식은 서술적 의미와 역동적 의미를 지닌다. 서술적 의미가 주로 『꿈의 해석』과 더불어 초반 시기에 주로 강조된다면, 이른바 1920년 '사유의 대전환' 이후 역동성이 강조되지만, 무의식을 '억압'에서 찾는 것은 마찬가지다. 결국 사회가 없다면 무의식도 존재하지 않는다고 할 수 있으며, 인간성(humanity)의 부조리와 강력한 욕망도 이해하기 힘들다 인간은 생물학적 존재이면서 동시에 기호(말)를 매개로 한 사회적 관계 속에서 규정되는데, 여기서 발생하는 교착 효과가 바로 무의식이다. 억압된 것은 사라지지 않고 계속해서 의식적 삶을 뒤흔들기 때문이다.

> 억압을 통해 어떤 표상이 의식의 전면에 나타나지 않을 때 우리는 그 표상이 〈무의식〉 상태에 있다고 말한다. 그런데 어떤 표상이 무의식의 상태에 있을지라도 그 표상은 의식에 도달하는 표상과 마찬가지로 나름의 영향력을 행사할 수 있다.[18]

프로이트는 개인 분석에 머물지 않고 문명의 기원, 그리고 성적 욕망의 역할을 무의식으로부터 탐구한다. 억압이 문명을 가능하기 하고, 문명어 의해 억압은 유지될 수 있다. 문명의 심리학적 기원이 정신분석의 중요한 주제가 되는 것은 이런 필연성 때문이다. 프로이트는 그의 저서를 통해 대략 세 가지 의미에서 무의식을 구분하는데, 그렇다면 단 하나의 무의식이 여러 모습으로 나타나는 것인지, 아니면 서로 다른 속성의 무의식들을 가정해야 하는지 질문해 보자.

2) 서술적 무의식과 역동적 무의식

철학은 의식과 이성적 작용을 중심에 두고 인간 마음을 설명하는데, 이 경우 무의식이나 전의식은 마치 불명료한 지각, 의식화되지 못한 표상, 혹은 신비한 육체적 정념처럼 불완전해 보인다. 하지만, 프로이트는 무의식은 이성의 한 방식처럼 작동하면서 의식 전체에 균열을 일으키는 것이라고 강조한다. 무의식은 의식과 다른 실체도 아니고, 아직 의식에 이르지 못한 불완전한 심상도 아니라 억압된 사유다. 초창기 1차 정신 기구에서 프로이트가 전의식을 가정하면서 무의식적 현상을 설명하려 한 것도 그 때문이다. 그렇다면 무의식은 단 하나의 속성만을 지닐까?

프로이트는 1923년에 쓴 「자아와 이드」에서 마치 두 종류의 무의식이 있는 것처럼 서술한다.

우리는 무의식을 두 종류로 분류할 수 있다. 잠복기의 무의식으로 의식화할 가능성이 잠재된 무의식이 있다. 그리고 억제된 무의식으로 의식화할 수 없는 본연의 정신 기제 안에 갇힌 무의식이 있다.[19]

잠재된 무의식이란 주로 『꿈의 해석』(1900) '7장, 꿈 과정의 심리학'에서 1차 정신 기구 모델로 제시하고 1920년대까지 주로 탐구한 개념이다. 잠재된 무의식은 전의식(Vorbewusste)에 있던 사고와 표상들이 의식화되는 과정에 주목해서 나온 개념으로 '서술적 무의식(Descriptive unconscious)'이라고도 불린다. 무의식-전의식-의식은 우리가 경험하고 기억 흔적으로 남긴 것이, 다시 의식 속에 침투해 이미지와 표상으로 돌아오는 현상을 설명하기 위해 고안한 모델이다. 전의식은 흥분이 어느 정도 강도에 이르고, 우리가 주의를 집중하면 의식으로 나타난다는 점에서 의식과 비슷하다. 하지만 프로이트는 무의식적 활동의 전형인 꿈에서 꿈-형성의 동인이 무의식에 있다면, 이것은 전의식 조직에 속하는 꿈-사고에 의해 가능하다고 하면서[20] 전의식을 두의식과 의식의 중재자처럼 설명한다. 전의식은 아주 엄밀한 의미에서 무의식은 아니지만, 의식적인 것도 벗어나는 심리 현상이다. 중요한 점은 의식, 준의식, 무의식의 구분이 아니라 이것이 퇴행, 이차 가공, 압축, 전치 등을 거치면서 일상어서 말표상을 통해 드러난다. 그러므로 우리는 무의식과 의식의 통제를 벗어나면서도 의식의 틈을 뚫고 의식 속에서 작용하는 어떤 '말 표상(Wortvorstellung)'이 무의식을 보여 준다는 점에서 연결성을 봐야 하며, 의식과 무의식을 전혀 다른 별개의 심리로 이해하는 것은 무의식을 오해하게 할 수 있다.

「자아와 이드」를 꼼꼼하게 읽다 보면 무의식은 알려지지 않고, 지각이나 의식에서 벗어나는 것이지만 전의식이 작용하기 때문에 충분히 의식화될 수 있다는 것을 알게 된다.[21] 나중에 라캉은 서술적 무의식 개념이 프로이트가 말한 본래 의미의 무의식이라고 규정하는데, 라캉은 무의식을 역동적 에너지가 아니라 주체의 말과 행동에 끼어드는 대타자의 담론으로 보기 때문이다. 그러므로 무의식은 주체와 대타자 사이의 단절이기도 하다. 물론 이 단절은 일관적 사유에 균열을 내는 모순이자 끊어지면서 이어지는 변증법적 접합으로 마치 동전의 양면처럼 작용한다. 언어적 구조와 무의식의 서술적 특징은 프로이트 무의식의 중요한 특징으로, 가라타니 고진은 이를 프로이트 사유의 획기적 특징이라고 말한다.[22]

서술적 무의식의 전형적 현상은 꿈뿐 아니라 농담, 말실수, 망각, 은폐 기억 등 이른바 '무의식의 형성물'을 포괄한다. 1920년대부터 프로이트는 2차 정신 기구 모델을 구상하고, 무의식의 역동성과 지형학성을 더 강조하지만, 여전히 전의식 개념을 폐기하지 않고 유지한다.

다음으로 '역동적 무의식(Dynamic unconscious)' 개념이 있다. 역동적 무의식은 1923년 「자아와 이드」에서 소개되는데, 서술적 무의식이 무의식적 사고가 드러나는 과정을 강조한다면, 역동적 무의식은 그 내용물인 충동(Trieb, pulsion)의 작용에 초점을 맞추는 것이 특징이다. 2차 정신 기구 모델이 구상되면서 심리 기구(이드, 자아, 초자아) 간 갈등과 타협을 통한 증상 발현이 무의식의 이해에서 더 중요해진다. 그리고 억압 가설을 통해 무의식의 내용물이 성적이라는 점도 분명해진다. 무의식의 지배를 받는 인간을 '호모 에로틱쿠스(Homo eroticus)'로 불러야 하는 것도 그 때문이다. 나중에 라캉도 주체는 성적 존재일 수밖에 없음을 강조한다.

무의식은 '억압(Verdrängung)' 때문에 발생하는데, 억압의 대상이 되는 것은 의지나 사고가 아니라 충동의 표상이다. 프로이트는 억압이 충동 자체가 아니라 그것의 '대표 표상(Vorstellungsrepräsentanz)'을 대상으로 삼는다고 말한다. 프로이트에게서 충동은 인간이 동물처럼 가지고 태어나는 생물학적 본능(Instinkt)과 달리 육체적인 것과 정신적인 것의 경계 개념으로 정의된다.[23] 충동의 실체는 바로 육체적인 것(자극과 변용)이 심리에 기재되면서 형성되는 충동의 표상적 대리물이다. 충동은 그것이 고착된 표상이나 표상적인 것을 매개로 억압되며, 충동이 고착된 대표 표상에 대해 심리적 에너지(리비도)가 집중, 반-집중, 고착되거나 철수되면서 여러 증상을 만든다. 억압이야말로 역동적 무의식을 만드는 핵심 기제다.

그런데 우리는 에너지로서의 리비도와 지속적인 힘의 작용으로서의 충동을 구분할 필요가 있다. 인간의 성이 문화적, 사회적 차원을 띠는 것은 충동이 파편화된 채 성적 행동을 추동하기 때문이다. 프로이트는 충동이 단일한 실체가 아니라 압력(Drang), 원천(Quelle), 목표(Ziel), 대상(Objekt)의 네 가지 요소로 이루어져 있음을 강조한다.[24] 어느 한 가지 요인만으로 충동이 환원되지는 않는다. 충동은 몸에서 시작되지만 정신적인 것에 영향을 미친다. 또 충동에서 압력은 물리적 힘이나 들뢰즈의 '욕망하는 기계(machine désirante)'처럼 순수 차이를 만드는 역동적 힘을 말하는 게 아니라 무조건적 만족을 지향하는 양상을 지시한다. 충동 대상도 가변적이며, 특정하게 고정되어 있지 않다. 그리고 충동의 목표는 해소를 통한 만족이기보다는 그 과정 자체에서 만족을 얻는 것이다.

역동적 무의식에서 중요한 것은 그것이 늘 저항과 전이(Übertragung, transference)라는 현상을 통해 드러난다는 점이다. 전이란 무의식적 내용물이 전의식에 달라붙으면서 의식적 삶에서 드러나게 하는 핵심 메커니즘이다. 프로이트는 그것을 다음과 같이 설명한다.

> 무의식적 표상이 그 자체로 전의식으로 들어가는 것은 완전히 불가능하다. 그것은 이미 전의식에 있는 무해한 표상과 연계하여 그 표상에 자신의 강도를 전이시키고, 그 표상을 통해 자신을 은폐함으로써 비로소 효과를 발휘할 수 있다. 그것이 바로 신경증 환자의 정신생활에서 많이 나타나는 현상을 설명해 줄 수 있는 전이이다.[25]

이상에서 대강 살펴보았는데, 그렇다면 '서술적 무의식'과 '역동적 무의식'의 관계는 무엇인가? 1932년에 출간한 『새로운 정신분석 강의』 '31장. 심리적 인격의 해부'에서 프로이트는 세 번째 무의식의 정의를 추가하는데, 이것은 지형학적 의미, 즉 정신의 지리학의 의미를 가진다. 우리 인격은 마치 산, 강, 평야가 어우러져 하나를 이루는 영토처럼 서로 나뉘는 지형학적 구조를 보여 준다는 것이다. 이 세 번째 정의는 이드(id)와 자아의 관계를 설명한 것으로, 사실상 역동적 무의식의 관점을 더 구체화해서 이해하기 쉽게 펼쳐 놓은 것이라 할 수 있다. 프로이트가 『새로운 정신분석 강의』에서 제시한 마음 모델을 보자.

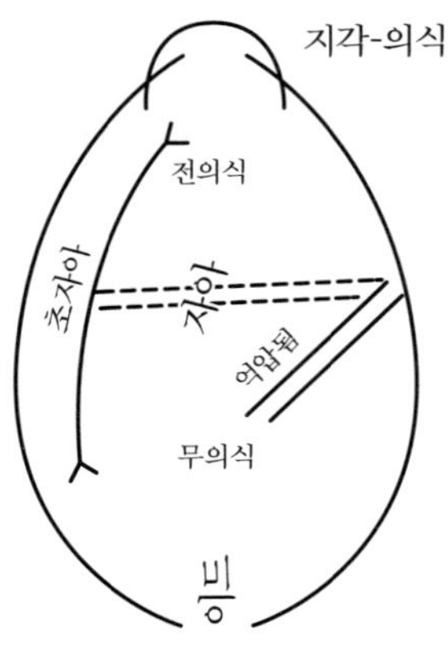

「서른한 번째 강의,
심리적 인격의 해부」[26]

이 그림은 이른바 널리 알려진 '빙산 모델'보다 마음 전체가 무의식임을 더 잘 보여 준다. 그림을 보면 자아를 포함한 거의 모든 영역이 무의식과 전의식 상태로 있으며, 이른바 이성적인 부분으로 가정되는 '지각-의식(Perception-Consciousness)'은 바깥 표면에 돌출된 모자처럼 살짝 얹혀 있기 때문이다. 무의식과 전의식의 경계는 점선으로 되어 있어 둘이 상호 침투하는 것을 잘 보여 준다. '지각-의식'도 이런 무의식적 지형에 살짝 얹혀 외부로 향하는 작은 출입구에 불과한 것처럼 그려져 있다. 이것은 프로이트가 인간의 마음을 기본적으로 무의식을 중심으로 설명하는 입장임을 잘 보여 준다. 억압은 전의식과 무의식을 넘나들며 의식을 담당하는 자아를 위태롭게 지탱하게 만든다.

전기의 '서술적 무의식'이나 후기의 '역동적 무의식'은 둘 다 억압을 전제로 나타나는 현상으로, 사실상 하나의 무의식의 모습이다. 프로이트는 이를 다음처럼 명확하게 설명한다.

서술적 의미로는 두 종류의 무의식이 있고 역동적 의미로서는 오직 하나의 무의식밖에 없다는 사실을 잊지 않는다면, 우리는 즉 〈의식〉, 〈전의식〉, 〈무의식〉이라는 세 개의 용어를 자유자재로 구사할 수 있는 것이다.[27]

우리는 무의식을 세 개의 실체가 아니라, 수많은 양태(mode)의 변형으로 자신을 보여 주는 스피노자의 유일 실체와 비슷하게 하나의 무의식의 변형으로 봐야 한다. 무의식은 하나지만 때로는 서술적으로, 때로는 역동적으로 자신을 보여 주는 것이며, 거의 모든 정신의 작용이 무의식에서 비롯된다고 할 수 있다. 그렇다면 왜 저항이 일어나고, 무의식은 자꾸 자기 모습을 감추려고 할까? 무의식의 역동성이 왜 발생하는지 이해하기 위해서는 프로이트가 후기에 구상한 '2차 정신 기구 모델'을 중심으로 세 심급(이드, 자아, 초자아) 간 관계를 더 세밀하게 규명할 필요가 있다.

3. 무의식의 세 심급(Instanz)

일상의 무의식 현상에 관심을 보였던 전기 프로이트(1900-1920)가 무의식, 전의식, 의식을 중심에 두고 인간 마음을 설명했다면, 후기 프로이트(1923-1939)는 우리에게 친숙한 이드, 자아, 초자아를 중심으로 역동적 인성(humanity) 이론을 전개한다. 그러나 위에서 살펴본 것처럼, 1차와 2차 모델은 완전히 다른 것이 아니라 '억압'을 중심에 둔 연속적인 관점에서 이해할 수 있다. 신비한 힘이나 본능이 아니라 억압 때문에 무의식이 인간 사유와 행동의 본질로 구조화된다는 것을 프로이트는 시종일관 강조하기 때문이다. 뇌과학이나 철학과 달리 정신분석에서 말하는 무의식은 '저항'과 '전이'를 특징으로 하기 때문에 인간관계를 전제할 수밖에 없다. 무의식이 개인의 것이 아니라 항상 사회적 속성을 지니는 것도 그 때문이다. 정신분석에 대한 정의(『정신분석학 개요』)에서 강조하는 '치료 방법'이나 '해석의 기술'은 억압의 대상인 성적 충동, 정확히는 충동의 대표자를 드러내고 분석하면서 순치시키는 작업이다. 그리고 이것은 병리를 규정하기 위한 것이 아니라, 성적 주체인 인간이 경험하는 "신경증적 징후에서 누락된(단절된) 정신 활동의 의미"[28]를 읽어 내기 위한 것이다. 위상학적, 구조적, 역동적 무의식은 성적 충동을 전제할 때만 이해되는데, 성적 충동은 매우 넓은 의미의 인간적 본성이다. 무의식의 실질적 배역이라 할 수 있는 세 심급의 관계를 중심으로 무의식의 내용물을 조금 더 자세히 살펴보자.

정신분석은 보통 '역동 심리학(psychodynamic psychology)'으로 불리는데, 마음의 갈등, 성적 본능의 영향력, 무의식의 힘을 강조하기 때문이다. 프로이트는 정신분석을 "이드의 심리학"[29]이라 부르기도 하기에 이 말이 전적으로 틀린 말은 아니다. 그러나 리비도의 역동성에만 초점을 맞추면 정신분석이 말하는 마음의 본질을 잘못 이해하기 쉽다. 프로이트는 성욕 자체보다는 그것이 문명과 맺는 관계, 그리고 쾌락의 통제와 변형이 고도의 지적 창조와 인간 문화와 예술을 가능하게 한다는 것을 강조[30]하기 때문이다. 프로이트는 '이드의 심리학'이라는 말을 쓰면서 같은 곳에서 정신분석이 지식에 이바지할 수 있다면 자아 심리학에 의해 보완되어야 한다고 말한다. 그렇기 때문에 무의식을 성욕이나 낭만적 인간관처럼 이해하는 것은 단견이다.

1) 고집쟁이 이드(id)

이드는 성장하면서 통제와 길들이기를 해야 하는 본능의 대리자처럼 이해되지만, 실은 어른이 된 이후에도 변하지 않는 '우리 존재의 본질'[31]이다. 다시 말해 이드는 가장 오래된 기관이며, 본능의 저장고이지만, 고도의 자의식과 도덕성은 인간이 성장해도 여전히 우리 마음에서 핵심 역할을 한다. 이드는 우리 생명을 유지하려는 생존적 본능에서 비롯되기 때문에 가장 강력한 힘을 갖는다. 이드는 외적 현실이나 사회적인 것을 전혀 고려하지 않고 본능에 충실하며, 어떤 목적이나 계산된 의도를 전혀 고려하지 않는 맹목성이 특징이다. 이드는 자아와 달리 자신만의 지각 체계와 작동 방식을 가진다. 프로이트는 이를 '쾌락 원리(pleasure principle)'라고 부른다.

외부 세계로부터 차단된 이드는 고유한 지각 세계를 가지고 있다. 이드는 매우 날카롭게 자기 내부에서의 어떤 변화를 감지한다. 특히 그것은 일련의 쾌감과 불쾌감으로 의식되는 그의 본능의 욕구가 갖는 긴장이 동요하는 것을 감지한다.[32]

프로이트에 따르면 이드는 타고난 본능의 덩어리로, 그 실체는 '에르스와 파괴욕'이다.[33] 이드의 이런 정의 때문에 정신분석을 부정적 본능 이론 유아기 기억과 성욕에 집착하는 성 이론의 변주처럼 깎아내리지만, 중요한 것은 이드가 추구하는 에로스가 심리적 함의를 가지며, 현실과 관계하는 고도의 자아를 자신의 대리자로 분화시키면서 이성적 작용에도 관여한다는 것이다. 다시 말해 '이드의 심리학'은 자아와 초자아를 전제로 한 인간 본성 이론을 염두에 둘 때 제대로 이해할 수 있다는 것이다.

오랫동안 인간의 성 본능과 관련해서 플라톤의 '에로스(eros)' 개념이 엄밀한 논의 없이 성 의학, 문학, 철학 등에 의해 혼용되다가 19세기부터 엘티스(Havelock Ellis) 같은 성 의학자들에 의해 '리비도(libido)'라는 걸이 사용되었다. 프로이트는 1894년 플리스(Wilhelm Fliess)에게 보낸 편지에서 리비도를 빌려 심리적 함의를 부여하면서 인간의 성적 본능에 관해 설명한다. 프로이트는 단순히 성 의학을 계승한 것이 아니라, 여기에 블로일러(Euger. Bleuler), 크레펠린(Emil Kraepelin)이 발전시킨 정신의학, 철학의 낭만주의와 실존주의, 그리고 집단심리학의 문제의식을 접합하면서 자신의 성 이론을 개진하는 것이다. 그는 1905년에 발표한『성에 관한 세 편의 에세이』에서 성욕을 사회문화적 맥락을 함축하는 충동의 의미로 사용하면서, 이것이 인간 행동 일반을 설명할 수 있음을 강조한다.

플라톤이『향연』에서 말하는 에로스는 하나가 되고, 아름다운 것 자체로 나아가려는 창조적 에너지인데, 프로이트는 에로스의 철학적 의미를 수용[34]하면서 성 의학적 의미도 동시에 집어넣는다. 프로이트의 성(sexuality)은 육체적 자극과 긴장, 정서, 사랑, 반응 등 유기체의 자기 보존, 지속에 관련된 모든 내적, 외적 활동을 포함하며, 이것을 프로이트는 리비도로 통칭한다.

리비도는 감정 이론에서 유래한 말이다. 우리는 '사랑'이라는 낱말 속에 포함될 수 있는 모든 것과 관련된 충동의 에너지를 리비도라고 부르는데, 그 에너지는 양적으로 방대한 규모에 이르는 것으로 여겨진다. 사랑이라는 낱말이 의미하는 바의 핵심은 물론 성적 결합을 목적으로 삼는 성애다. 그러나 이것에는 성애만이 아니라 다양한 사랑이 포함되어 있다.[35]

프로이트는 후기에 성욕보다는 '에로스'라는 말을 즐겨 쓰는데, 리비도(에로스)와 충동, 그리고 쾌락 원리를 구분하면서 인간의 성이 지닌 심리적 의미, 즉 무의식적 함의를 정확하게 이해할 필요가 있다. 줄리엣 미첼(J. Mitchell)은 인간의 성은 심리성적(psychosexual) 성격을 띠며, 생리적인 욕구를 넘어선 즐거움을 만들어 내는 활동과 흥분을 수반하는 의식적, 무의식적 환상(fantasies)으로 구성된 시스템[36]이라고 정의한다. 성애보다는 꿈이나 증상에서 성의 인간학적 실존 의미가 더 잘 드러난다. 관계 속에서 작용하는 '억압'이 인간의 성의 다양한 모습을 만드는 것이지, 실제 본능은 절대 요인이 아니다. 그리고 이드의 심리학에서 이드가 확장되면서 자아, 초자아가 연속된다는 점도 기억할 필요가 있다.

2) 이성과 상식의 담지자 자아(Ego)

이드는 본능을 충족시키는 과정[37]에서 외부 세계와 접촉하며 그것을 다룰 필요성을 느끼는데, 성욕을 만족시켜 주는 대상이 외부에 있기 때문이다. 이런 과정에서 이차적으로 이드로부터 분화된 것이 바로 '자아'이다. 쾌락 원리를 따르는 이드와 달리 자아는 '현실 원리(reality principle)'에 충실하다. 그러나 이 관계는 좀 더 보완적으로 이해할 필요가 있다. 프로이트가 1932년의 『새로운 정신분석 강의』, 「서른한 번째 강의, 심리적 인격의 해부」, 108쪽에 소개한 그림[38]은 정확히 자아의 발생과 역할을 잘 보여 준다.

> 우리를 둘러싸고 있는 실재 외부 세계의 영향 아래서 이드의 한 부분이 특별하게 발전한다. 원래 자극의 수용을 위한 기관들과 자극 보호를 위한 장치를 가진 외피층이었던 것이 이드와 외부 세계를 매개하는 하나의 특수한 조직으로 형성된다. 우리는 우리 정신생활의 이 영역에 자아(das Ich)라는 이름을 붙인다.[39]

자아는 이드의 적대자가 아니라 보완적 심급이자 유기체 보존에 관심을 가진 대리인으로, 인간의 정신생활이나 욕망을 이해할 때 아주 중요하게 고려할 대상이다. 심리적인 것, 정신적인 작용을 개입시켜 쾌락을 좀 더 안정적이고 현실적으로 실현하려고 계획하는 것이 자아의 역할이다. 원래 이드의 관심사는 외부 세계도, 자기 보존도 아니지만, 그것을 대상화하는 과정에서 의식적 기능을 담당하는 자아라는 심급을 발전시킨다. 자아는 외부 세계와 내면에서 오는 여러 자극을 수용하면서 이것이 주는 즐거움이나 불쾌감을 수단 삼아 정신적 과정이 쾌락 원리와 일치하도록 기능하는 역할을 한다.[40] 자아 역시 이드라 할 수 있는데, "원래 모든 것이 이드"[41]였기 때문이다.

그러나 자아는 일단 형성되면 정신 과정을 일관성 있게 조직화하기 위해 이른바 2차 과정, 즉 고도의 주의, 사고, 판단과 통제 등을 담당하면서 마치 이드를 초월하는 상위의 심급인 것처럼 행동한다. 자아가 의식과 이성적 부분을 담당하다 보니 건강한 인격의 성숙을 위해서는 자아를 강화해야 하고, 방어기제 등을 통해 이드를 통제해야 한다는 '자아 심리학(ego-psychology)'이 프로이트 이론의 한 축으로 발전하게 된다. 하르트만, 에릭슨(E. Erikson) 등이 그러한 이론을 발전시킨 이들로, 이들은 자아의 자율성과 적응, 그리고 이드를 통제하는 방어기제를 중시한다.

라캉은 자아는 정신의 중심이 아니라 아이가 남근기 시기 경험하는 '거울단계(Mirror Stage)'의 심리 기제인 상상적 동일시(imaginary identification)의 산물[42]이라고 비판하면서, 자아 심리학이 프로이트 이론의 본질을 왜곡하고 자아의 순기능과 적응을 너무 강조한다고 비판한다. 자아 심리학은 자아와 이드를 대립적으로 보면서 '자아실현'을 통해 인간의 발달을 도모하는 실용적 관점으로, 프로이트가 주창한 무의식 혁명의 논점에서는 많이 벗어나 있다. 물론 자아의 가장 중요한 기능 중 하나는 주체를 위태롭게 하거나 망가뜨릴 수 있는 성적 충동에 대한 방어기제(defense mechanism)이며, 이 과정에서 억압 등 여러 수단이 동원된다. 하지만 자아에 의한 억압 역시 증상의 대용물로서 결국은 쾌락 원리에 복무한다고 할 수 있다. 프로이트는 증상과 방어에 대해 다음과 같이 설명한다.

> 증상은 중지 상태에 머물러 있는 충동적 만족(Triebbefriedigung)의 징후(Anzeichen) 아니면 대용물이며, 억압 과정의 결과이다. 억압은 자아가 이드에서 생겨난 충동적 리비도 집중과 협동하려고 들지 않을 때 자아에서 일어난다.[43]

모든 것이 쾌락 원리를 따른다. 증상이란 일종의 타협물로 주체를 괴롭게 하지만, 그것 역시 역설적으로 쾌락을 만족시키면서 주체를 성장시키는 기능을 할 수 있다. 슬라보예 지젝(Slavoj zizek)은 이를 가리켜 "우리를 찌른 창이 우리를 낫게 한다"라고 말한다. 자아는 증상이나 무의식의 형성물을 통해 방어 작용도 하지만, 자아의 주된 기능은 이드를 억압하고 길들이는 것이 아니라, 합리적 방식으로 본능적 요구를 만족시키면서 유기체를 보존[44]하는 데 있다.

그리고 자아에서 우리가 또 주목할 것은 자아가 리비도의 저장고로서 무의식적인 것을 포함한다는 것이다.

억압된 모든 것이 무의식이라는 것은 여전히 사실이다. 그러나 무의식적인 모든 것이 억압된 것은 아니다. 자아의 일부 역시 무의식일 수 있다[45]

자아가 무의식적 속성을 지닌다는 것은 이성의 이해에서 중요한 점으로, 왜 문명 속의 불만(Unbehagen)이 완전히 해소될 수 없는지 이유를 알 수 있게 해 준다. 자아는 현실 원리의 인도 속에서 쾌락을 추구하지간, 욕망과 충동이 계속 여러 방식으로 영향을 미치기 때문이다. 프로이트는 충동이 반대 방향으로의 전복, 주체로의 전환, 억압, 승화의 네 길을 걷는다고[46] 말한다.

1940년에 발표한 프로이트 이론의 총정리판인『정신분석학 개요』에서는 자아는 물론 초자아 대부분이 무의식적으로 남아 있다고 하면서, 이드에서 분화해서 계속 발전하는 자아가 이미 받아들인 부분의 상당 부분을 다시 무의식적 상태로 되돌리면서 포기한다고 설명한다.

이 완만한 발전 동안 이드의 일정한 내용이 전의식적 상태로 전환되어 자아에 수용되었다. 다른 내용은 접근하기 어려운 자아의 핵으로서 이드 속에 남아 있다. 그러나 이 발전 동안 젊고 힘이 없는 자아는 이미 받아들인 일정한 내용을 다시 무의식적 상태로 되돌려 놓고 포기한다.[47]

자아는 때로 소극적 방어만이 아니라 적극적으로 저항하면서 치료적 노력에 대항[48]하기도 하는데, 이 모든 것은 억압된 욕망이 되돌아오는 현상이라는 점에서 욕망 실현의 한 형태라고 할 수 있다.

3) 집단심리와 문명의 원천 초자아(Super-ego)

자아는 끊임없이 자신을 파괴하려고 위협하는 외부 세계와 도무지 지치지 않고 적절한 한계도 모르는 내부의 이드에 대항해 존재를 방어해야 하는 임무[49]를 지니기에 늘 위태롭다. 외부 세계의 위협은 물리적인 것뿐 아니라 사회적 관계로부터도 온다. 그리고 내부와 외부의 위협은 서로 맞물리면서 더욱 증폭되기도 하기에 자아는 늘 위태로운 줄타기를 한다. 자아는 현실 원리에 맞추어 이드를 돕는 과정에서 부딪치는 온갖 장애물과 제약을 다 위협으로 인식한다. 따라서 이런 외적 위협에 대응할 수 있는 강력한 동맹자가 필요하며, 현실과 관계를 갖기 위해 이드에서 자아가 분화된 것처럼, 다시 자아로부터 또 하나의 심급이 분화되는데 이것이 바로 초자아의 발생이다.

> 자아 속의 한 등급, 혹은 자아 내에서 분화된 어떤 것 ― 우리는 이것을 〈자아 이상(Ichideal)〉 또는 〈초자아(das Über-Ich)〉라고 부를 수 있을 것이다.[50]

자아가 분화되는 것은 그만큼 외부의 위협과 내부적 욕구가 강력하고 자아로는 통제가 힘들기 때문이다. 아이는 남근기 동안 부모의 이마고(imago)를 수용하면서 '내부 안의 외부'처럼 강력한 보호자이자, 응징자를 요청한다. 초자아는 오이디푸스 콤플렉스(Oedipus Complex)를 극복하는 과정에서 금지로 상징되는 부모의 목소리를 내면화하면서 생긴다. 엄하고 무서운 아버지와 사랑스러운 어머니, 그리고 때로는 냉정한 타자가 아이가 느끼는 부모의 이마고다. 이드와 자아가 아이에게 속한 내적 심급처럼 작용한다면, 초자아는 도덕이나 상식, 사회적 요구를 강요하고 감시하는 초월적 위치를 차지한다. 초자아는 어떻게 공동체적 관계와 문명이 가능한지를 발생론적으로 설명해 주는 탁월한 기제이다. 프로이트는 오이디푸스 콤플렉스와 초자아의 성립 과정을 집단으로 확장하면서 사회적인 것의 발생을 설명한다. 이미 1912년 『토템과 터부』 이후 시작한 사회 심리학적 관심을 30년대 들어와 본격화하면서 종교와 인류의 기원을 오이디푸스 콤플렉스를 중심에 두고 연구하기 시작한 것이다.

종교, 도덕, 그리고 사회적 감정 —인간의 고차원적 측면의 주요한 요소들— 은 원래 같은 것이었다. 내가 「토템과 터부」에서 제시했던 가설에 의하면, 이것들은 아버지 콤플렉스(Vaterkomplex)에서 계통 발생적으로 습득된 것이었다.[51]

아이는 초자아의 요구를 단지 처벌에 대한 공포가 아니라 동일시(identification)를 통해 자발적으로 받아들이는데, 여기서 아버지의 이마고가 대변하는 것이 또 한편으로 아이가 닮고 싶어 하는 '자아 이상'이기 때문이다. 이마고는 실제 이미지가 아니라 주로 무의식적 관계에서 타인에 대한 환상과 정서가 복합적으로 작용하면서 만들어지는 심상을 말한다. 아버지의 이마고는 실제 아버지의 도습과 관계없이 아이에게 자애롭거나 므서운 심상으로 다가올 수 있고, 아이는 여기어 자신을 동일시하면서 초자아를 형성한다. 처벌 못지않게 부모의 사랑을 잃어버리는 것에 대한 불안도 크기 때문이다. 초자아의 이마고는 실제 부모의 형상이 아니라 부모가 내면화한 사회적인 독소리이다.

어린아이의 초자아는 부모의 형상에 따라 형성되는 것이 아니라, 부모 초자아의 형상에 따라 형성되는 것이다. 그것은 부모의 초자아와 같은 내용으로 채워지고, 대대로 이어지는 모든 가치 판단고 전통의 대표자가 된다.[52]

아이가 생각하는 '자아 이상'에 대한 동일시 덕분에 아이는 아버지의 금지를 도덕과 사랑의 이름으로 자발적으로 수용할 수 있게 된다. 정신분석적 관점에서 보면 문명이란 기술적, 문화적인 것이 아니라 바로 초자아를 매개로 타자와 맺는 관계이며, 그 목적은 여러 위협에 대항하고 극복하기 위함이다. 초자아는 이상적 보호자일 뿐만 아니라 때로 자아를 처벌하고 비난하는 '도덕 원리(moral principle)'의 대변자 역할을 한다.

초자아의 주된 기능은 무엇인가? 초자아는 집단심리를 가능하게 할 뿐 아니라 도덕과 같은 통제적 기능을 내적으로 수행함으로써 문명을 가능하게 한다. 프로이트가 1930년에 쓴 『문명 속의 불만』에는 이런 관점이 잘 개진되어 있다. 문명은 본능, 특히 성 본능을 억제하고 길들이는 데서 시작된다. 도덕이나 종교는 초자아에 기원을 둔 통제적 기제로 현실 원리를 잘 수용하게 만든다. 초자아의 효과를 인간은 죄책감의 형태로 느낀다. 죄책감은 오이디푸스 콤플렉스 시기 아버지에 대한 양가감정에서 비롯되며, 파괴 또는 죽음 충동과 에로스 사이 투쟁의 표현이기도 하다. 본능의 충족을 간절히 욕망하면서도 또 한편 인간은 항상 두려움과 죄책감을 느낀다. 죄책감(Schuldbewusstsein)은 도덕적 갈등이기보다는 "엄격한 초자아와 그 지배를 받는 자아 사이의 긴장"으로, 기원은 두 가지가 있다.

하나는 권위자에 대한 두려움으로 본능 만족의 단념에 이르게 하며, 두 번째는 징벌을 주는 초자아에 대한 두려움이다. 전자가 주로 공포감을 준다면 후자는 내면의 심급으로 작용하기 때문에 본능을 단념할 때마다 오히려 죄책감과 양심의 가책이 심해진다. 죄책감은 심리적인 기원을 가지는 것으로서 결국 "사랑의 상실에 대한 불안" 때문에 발생하기 때문이다. 지나치게 비대해진 초자아는 우울증처럼 모든 병리적인 것의 원인이 되기도 하지만, 도덕과 규칙을 수용하게 만드는 불가결한 역할도 한다. 그렇다면 문명 속의 '호모 에로틱쿠스(Homo eroticus)'는 어떻게 욕망의 해방을 추구할 것인가?

4. 프로이트를 다시 읽어야 할 이유: 문명 속의 고통과 욕망

『문명 속의 불만』에서 프로이트는 문명은 인간이 불가피하게 겪어야 하는 고통을 다스리기 위해 만들어졌고, 많은 편리함과 유익을 주었지만, 문명 자체가 또 다른 고통의 원인이라고 말한다. 이 책의 전체 주장은 인간의 숙명적 고통과 이를 마취제처럼 치료하려는 종교에 대한 정신분석적 비판으로 프로이트의 성숙한 후기 사회 이론을 잘 보여 준다. 그렇다면 문명 속에서 느끼는 '불만'과 '고통'을 완전히 벗어나기 위해 정신분석 실천은 인간을 위로하고, 사회에 적응시키는 것을 지향해야 할까? 욕망의 해방이 과연 가능할까? 이 주제는 마르쿠제가 1955년 출간한 『에로스와 문명』에서 집중 탐구한 문제의식이기도 하기에 그만큼 깊은 논점을 포함한다. 마르쿠제는 프로이트 성 이론이 지닌 보편적이고 존재론적인 의미를 잘 보여 주면서, 어떻게 새로운 자유의 원천으로 에로스를 승화시킬 수 있는지 가능성을 제시하였다. 하지만 쾌락과 억압을 지나치게 대립적 구도로 바라보고, '비억압적 문명'의 실현이 가능하다는 식의 계몽적 관점에서 프로이트 개념을 왜곡한 측면도 있다.[53]

여기서는 프로이트가 말하는 성욕의 본질을 정리하면서, 대안적 방향을 모색하는 것으로 결론을 대신하자. 프로이트의 정신분석학은 지나치게 인간의 성을 강조하고, 모든 것을 유아기에 기원을 둔 무의식으로 해석하면서 인간 내면의 부정성에 집착하는 '범성론(pansexualism)'이라고 비판을 많이 받아 왔고, 지금도 그렇다. 프로이트는 1925년에 쓴 「나의 이력서(Selbstdarstellung)」에서 정신분석의 의미와 역사에 대한 소회를 밝히면서, 융(C. Jung)과 아들러(A. Adler)에 대해 비판한다. 결별에 대해서는 여러 이유와 평가가 있겠지만 프로이트가 비판한 핵심은 융의 경우 유아 성욕과 오이디푸스 콤플렉스를 인정하지 않는 것이다. 그리고 아들러는 성욕 일반의 의의를 거부하고, 성격과 신경증의 원인을 권력욕과 열등감에 대한 보상 욕구에서 찾으면서 정신분석

의 성과를 날려 버렸다는 것이다.[54]

정신분석 운동에서 떨어져 나간 두 사람에 대해 '정신분석'이라는 용어를 금지시킬 정도로 프로이트에게 성은 중요하며, 욕망의 본질을 성(sexuality)에서 찾는다. 성 이론이 정신분석학의 골간이라는 것이다. 프로이트 이론을 많이 수정해 아동 정신분석학을 개척한 멜라니 클라인(Melanie Klein), 구조주의 면모를 지닌 자크 라캉(Jacques Lacan)이 정신분석 계열로 분류되는 것은 성의 중요성과 인간의 정신 병리가 성과 연관된다는 점을 분명히 하기 때문이다.

그런데 우리는 프로이트가 성에 대해 말한 것을 생식 욕구가 아닌 인간학적 의미로 이해할 필요가 있다. 프로이트는 성에 대한 자신의 이론이 근거 없이 비판받는다고 한탄하면서 자신의 이론이 두 가지 의미가 있다고 강조한다.

첫째 성욕을 성기와 맺는 밀접한 관계로부터 분리시켜, 쾌락을 목표로 하고 이차적으로나 생식에 봉사하는 보다 포괄적인 신체 기능으로 보았다. 둘째 우리의 언어 사용에서 〈사랑〉이라는 모호한 말로 불리는 다정하고 호의적인 모든 충동을 성 충동으로 간주하였다. 그러나 나는 이들 개념의 확장이 새로운 것이라기보다는 원상 복구라고 본다.[55]

위에서 보듯 프로이트의 이른바 '생물학주의(biologism)'나 성욕 이론에는 억압을 통해서만 형성되는 인간 본성(리비도)에 대한 통찰력과 해방의 가능성이라는 문제의식이 깔려 있다. 프로이트가 전제하는 것은 억압은 문명을 낳고, 문명은 다시 억압을 부과하면서도 그것을 넘어서는 가능성의 지평도 연다는 것이다. 문명과 억압이 동일한 것은 아니며, 문명에는 억압된 리비도를 해방하고, 욕망에 기초한 새로운 인간다움을 실현할 가능성이 있다. 그러나 문명에서 완전히 벗어나는 것은 불가능하다. 일단 문명이 시작된 이상 인간에게 순수한 자연적 본능이란 존재하지 않기 때문이다. 인간은 문명 속에서 절대 만족이 불가능한 충동 형태로 욕망을 표현할 수밖에 없다. 문명적 관계가 고통이 아닌 자유와 해방으로 발전하고, 긍정적 결속을 통해 공동체적 유대를 강화하려면 마르쿠제가 강조한 성욕의 승화가 필요하다. 프로이트는 인간의 에로스는 개체를 보존하는 관능적 쾌락의 의미가 내포되어 있지만 동시에 "모든 문명에서 사랑은 제각기 사람들을 한데 묶어 주는 기능을 계속 수행하고 있으며, 공동 작업의 이익이 초래할 수 있는 것보다 더 강력하게 사람들을 묶어 주는"[56] 순기능도 가지고 있음을 강조한다. 억압을 부정하기보다는 성욕을 사회적으로 승화시키는 것이 해결책이 될 수 있다. 하지만 위에서 살펴본 것처럼 성욕의 완전한 승화에는 한계가 많다.

그러므로 더 근본적인 실천의 방향은 승화를 통한 욕망의 실현보다는 욕망에 대한 개인적 관계를 윤리적으로 정립하는 새로운 발상의 전환이다. 필자는 욕망에 대한 절제가 아니라 그것이 주체가 자기와 맺는 관계라는 것을 인식하면서 태도를 바꾸는 것이 중요하다는 점을 강조하고 싶다. 나중에 라캉이 욕망의 윤리를 통해서 강조하는 것이 바로 존재에 대한 충실성이다. 정신분석은 무의식과 욕망을 통해 '존재(being)'의 의미를 새롭게 규정하였고, 욕망을 결국은 기표적인 질서(the signifying chain) 속에서 무(nothing)의 효과로 남을 수밖에 없는 존재를 향한 지치지 않는 정념(passion)이라고 정의한다.

우리는 라캉이 말하는 욕망의 윤리를 푸코(Michel Foucault)가 『주체의 해석학』에서 제시한 '자기 배려'를 위한 여러 노력[57]과 연결해 볼 수 있다. 푸코는 후기 저서인 『주체의 해석학』에서 주체가 진실에 접근하기 위해 자기 자신에게 필요한 변형을 가하는 '자기 배려(epimeleia heauton, Le souci de soi)'가 필요하다고 하면서 이를 통해 영성(spiritualité)을 고양하는 실존적 노력이 중요하다고 강조한다. 푸코는 데카르트가 철학적으로 'gnôthi seauton(너 자신을 알라'을 복권시키는 대신 '자기 배려'의 전통을 단절시켰다고 비판하면서[58] 자기 배려 때문에 가능한 영성 문제가 정신분석학, 특히 라캉주의 속에서 다시 발견된다고 높이 평가한다.[59]

필자가 보기에 욕망에 대한 올바른 윤리적 태도는 푸코가 말한 ‘자기 배려’의 노력과 통하는 지점이 많다. 영성은 초월적 목표가 아닌 현재의 자신에 대한 충실성을 통해 내 존재를 현시화하면서 진리와 관계를 맺는 과정이기 때문이다. 프로이트는 정신분석을 단순히 신경증을 치료하는 의학적 담론으로 바라보지 않았다. 여러 곳에서 그는 자기 분석을 실천하면서 결국 “정신분석가가 되기 위해서는 자신부터 분석해야 한다”[60]고 함으로써 자신에 대한 성찰과 변화 노력의 필요성을 강조한다. 라캉은 무의식이 존재론적 수준이 아닌 윤리적 차원에서 해석되어야 함을 더 분명히 한다. 그는 “존재의 수준에서는 매우 취약하다고 지적한 무의식의 위상, 그것은 윤리적”[61]이라고 분명히 선언한다. 정신분석은 결국 무의식을 통해 자신에 대해 분석하고, 존재를 재발견하면서 이를 실현하는 ‘순수 욕망(désir pur)’에 대한 충실성을 말하는 윤리적 담론이라 할 수 있다.

프로이트의 무의식 혁명은 지금과 같은 전환적 시기에 내적 성찰과 공동체적 관계를 위해 필요하다. 프로이트가 무조건 옳다는 것이 아니라 무의식과 문명의 관계를 파헤친 문제의식과 통찰을 지금 시대에 새롭게 실현하기 위해서다. 인간은 욕망하는 존재지만 윤리적으로 그것을 바로 할 필요가 있다. 지금처럼 무한경쟁과 각자도생의 도덕이 지배적으로 되고, 공동체적 관계가 무너지면서 개인 병리가 극심해지는 시기는 확실히 소외의 시대, 존재 상실의 시대이며, 그 중심에는 욕망에 대한 비뚤어진 의식이 자리 잡고 있다. 프로이트의 ‘무의식 혁명’을 한편으로는 문명 속에서 고통을 당할 수밖에 없는 인간존재의 모순과 한계에 대한 이해, 그리고 또 한편으로는 이로부터 욕망을 제대로 실천해야 하는 윤리적 지침으로 재해석할 필요가 있다. 그것이 결국 시시포스(Sisyphus)의 ‘불가능한 몸짓’의 반복이라 할지라도 말이다.

주석

1   고대 철학이 자연의 근원에 관한 질문인 아르케(archē)에 대한 탐구(이오니아학파)에서 인
     간으로 관심을 돌린 이후 쾌락은 철학의 오랜 토론 주제였다. 그리고 성과 생리적 쾌락에
     대한 통제가 문명을 가능하게 했다는 것은 프로이트만이 아니라 『성의 역사』를 연구한 미
     셸 푸코(Michel Foucault)나 『문명화 과정』의 노베르트 엘리아스(Norbert Elias)의 주장이기
     도 하다. 성(sexuality)이 문명(억압)의 출발점이라는 것을 분명히 하지 않으면 프로이트의
     성 이론을 생물학적 환원주의처럼 오해하게 된다.

2   프로이트는 정신분석학에 대한 학계의 적대적 반응이나 대중의 분노가 정신분석이 도덕
     성과 이성을 강조하는 문화인의 자부심에 상처를 주었으며, 무의식 속에 억압된 것을 폭로
     함으로써 모든 사람이 사실상 신경증 환자임을 밝힌 것에서 비롯된다고 자신의 생각을 밝
     힌다. Sigmund Freud, 「정신분석학 소론」, 『정신분석학 개요』, 박성수 옮김(파주: 열린책들,
     2003), 185-186 참조.

3   Peter Gay, 『프로이트 1: 정신의 지도를 그리다 1856-1915』, 정영목 옮김(서울: 교양인,
     2011), 407.

4   Michel Onfray, 『우상의 추락: 프로이트, 비판적 평전』, 전혜영 옮김(파주: 글항아리, 2013),
     375 참조. 옹프레는 프로이트가 자신의 병리적 경험을 너무 일반화하였으며, 지식인 사회
     의 인정을 받기 위해 신화적 채색과 과장을 통해 개인 종교처럼 정신분석을 만들었다고 깎
     아내린다. 설사 프로이트의 삶에 대한 옹프레 주장이 타당하다고 하더라도, 그것이 정신분
     석학이 지니는 이론적, 실천적 의미를 퇴색시키지는 못한다. 프로이트주의를 그의 삶의 경
     험과 연관 지어 의미를 깎아내리는 것은 논리학에서 말하는 '사람에의 오류'라 할 수 있다.

5   주체화의 반대말은 무의식적 충동 때문에 반복적 행동을 되풀이하는 '행동화(acting out)'일
     것이다. 주체화는 무의식적 충동과 증상의 의미를 존재 실현의 계기로 삼아 자신을 욕망의
     주체로 만드는 작업이다. 이에 대해서는 김석, 「주체화와 정신분석의 윤리」, 『문학치료연
     구』 42(2017): 77-105 참조.

6   신경증을 치료하고 연구하는 과정에서 정신분석학이 본격적으로 새로운 학문으로 등
     장하기 이전에, 프로이트는 정신분석을 정신의학이나 신경생리학과 대비하여 심리학
     의 한 갈래처럼 바라봤는데, 나중에도 '심층 심리학(Tiefenpsychologie)'이나 '메타심리학

(Metapsychology)'이라는 말로 이러한 관점을 완전히 폐기하지는 않는다.

7   Onfray, 『우상의 추락』, 223.

8   Sigmund Freud, 『정신분석학의 근본 개념』, 윤희기, 박찬부 옮김(파주: 열린책들, 2003), 348.

9   Sigmund Freud, 『새로운 정신분석 강의』, 임홍빈, 홍혜경 옮김(파주: 열린책들, 2003), 96.

10 Freud, 「정신분석의 관심」, 『정신분석학 개요』, 28 참조.

11 레너드 플로디노프(Leonard Mlodinow)는 외적·내적 자극에 따라 작동하면서 변하는 신경
    학적 메커니즘을 중심에 둔 현대 뇌과학의 무의식을 프로이트의 것과 대비하여 '새로운 무
    의식'이라 부르며, 이것이 주로 선택, 감정, 지각에 자율적으로 작용한다는 점을 강조한다
    [Leonard Mlodinow, 『"새로운" 무의식』, 김명남 옮김(서울: 까치, 2013), 25 및 38-39 참조].
    '새로운 무의식'이란 의식의 심층에서 역하적(subliminal)으로 작용하는 뇌의 자율적 기능으
    로, fMRI를 이용해 측정은 가능하지만 우리 의식과 지각 범위를 넘어서는 뇌의 작용을 말
    한다.

12 Freud, 「〈정신분석학〉과 〈리비도〉」, 『정신분석학 개요』, 142.

13 프로이트 당시에는 프로이트가 정신병을 치료 대상에서 제외시키고 신경증의 진단과 분석
    으로 한정했기에, 신경증 진단명을 더 이상 사용하지 않는 의학에서 보면 낡은 관점이 된
    다. 하지만 하인츠 코헛(Heinz Kohut)이나 알프레드 비온(Alfred Bion) 같은 현대 정신분
    석가들은 정신병도 분석 대상으로 삼는다. 프랑스에서는 주로 자폐증 치료에 언어와 꿈을
    중시하는 정신분석이 적용되기 힘들다는 이유로 무용론을 주장하거나, 정신분석이 지나치
    게 19세기 가족주의에 기반한 오이디푸스 콤플렉스를 강조한다고 하여 한물간 이론처럼
    공격하기도 한다. 하지만 우리는 프로이트 개념을 그대로 사용하는 것이 아니라 임상적 성
    과를 유연하게 수용하면서 무의식적 작용과 욕망을 철학과 예술의 관점에서 더 많이 현대
    화할 필요가 있다.

14 Freud, 「정신분석의 관심」, 12.

15 Freud, 「정신분석학 소론」, 193-194.

16 프리드리히 클링거(F. Klinger)가 쓴 희곡 『질풍노도(*Sturm und Drang*)』(1776)에서 유래한
    '질풍노도 운동'은 이성적 절제력과 형식주의를 넘어서 몸과 무의식을 강조하는 낭만주의
    특징을 잘 보여 준다. 하지만 프로이트가 말하는 무의식이나 성욕(리비도)은 낭만주의 사
    상과는 접근 방식이나 전제가 다르다.

17 Jacques Lacan, *Écrits*(Paris: Le Seuil, 1966), 839.

18 Freud, 「무의식에 관하여」, 『정신분석학의 근본 개념』, 161.

19 Freud, 「자아와 이드」, 『정신분석학의 근본 개념』, 350-351[Sigmund Freud, *Œuvres
    Complètes XVI: 1921-1923*, dir. André Bourguignon et Pierre Cotet(Paris: PUF, 2010) 260
    참조 번역 수정].

20 Sigmund Freud, 『꿈의 해석』, 김인순 옮김(파주: 열린책들, 2003), 628-629 참조.

21   Freud, 「자아와 이드」, 357 참조.

22   프로이트의 의의는 "의식과 무의식의 어긋남을 초래하는 것을 언어적인 형식에서 보여 주려 한 데 있었다." 이를 통해 무의식의 '초월론적 구조'를 발견한 것이라고 말한다. 柄谷行人, 『트랜스크리틱: 칸트와 마르크스 넘어서기』, 송태욱 옮김(파주: 한길사, 2005), 69.

23   Freud, 「충동과 그 변화」, 『정신분석학의 근본 개념』, 107.

24   Freud, 「충동과 그 변화」, 107.

25   Freud, 『꿈의 해석』, 651[Sigmund Freud, *Œuvres Complètes IV: 1899-1900*, dir. Pierre Cotet(Paris: PUF, 2004), 616-617 참조 번역 수정].

26   Freud, 『새로운 정신분석 강의』, 108.

27   Freud, 「자아와 이드」, 351.

28   Freud, 「〈정신분석학〉과 〈리비도〉」, 142.

29   Freud, 『정신분석학 개요』, 198

30   프로이트는 인간이 수행하는 그 모든 활동을 억압된 성적 욕망의 대리 충족물(대용물)이라고 설명한다. "불가해한 무의식과 연관이 있다고 추정되었던 대표적 정신적 창조물로는 신화와 문학과 예술을 들 수 있다."(Freud, 「정신분석학 소론」, 198)

31   Freud, 『정신분석학 개요』, 480.

32   Freud, 『정신분석학 개요』, 480.

33   Freud, 『정신분석학 개요』, 480.

34   철학자 플라톤이 말한 '에로스(Eros)'는 그 기원과 기능 및 성애와의 관계에서 정신분석학이 말하는 사랑의 힘, 즉 리비도와 정확히 일치한다고 프로이트는 설명한다. Sigmund Freud, 「집단심리학과 자아분석」, 『문명 속의 불만』, 김석희 옮김(파주: 열린책들, 2003), 99.

35   Freud, 「집단심리학과 자아분석」, 98-99.

36   Juliet Mitchell, "Introduction-I," Jacques Lacan, *Feminine Sexuality: Jacques Lacan and the école freudienne*, eds. Juliet Mitchell and Jacqueline Rose(New York: Norton, 1985), 2.

37   이것은 인간이나 동물이 똑같으며, 진화심리학이 가정하는 '적응적 심리' 혹은 생존과 번식을 위해 발달한 진화적 행동인 '고정행동패턴(FBP)'으로 설명이 가능하다. 하지만 이드의 욕구는 점차 이런 것을 넘어서며, 본능에서 충동이 분기되면서 사회문화적 형태로 구체화된다.

38   본문 2절의 '2) 서술적 무의식과 역동적 무의식' 참조

39   Freud, 『정신분석학 개요』, 414.

40   Sigmund Freud, 「억제, 증상, 그리고 불안」, 『정신병리학의 문제들』, 황보석 옮김(파주: 열린책들, 2003), 213.

41   Freud, 『정신분석학 개요』, 434.

42   거울단계의 인간학적 의미와 철학사적 논점은 Bertrand Ogilvie, 『라캉 주체 개념의 형성』,

김석 옮김(서울: 동문선, 2002), 특히 107-111의 ‘거울단계’와 ‘잠복기간’을 참고하라.

43 Freud, 「억제, 증상, 그리고 불안」, 212.

44 Freud, 『정신분석학 개요』, 482 참조.

45 Freud, 「자아와 이드」, 355.

46 Freud, 「본능과 그 변화」, 『정신분석학의 근본 개념』.

47 Freud, 「정신분석학 개요」, 『정신분석학 개요』, 434.

48 결국 이드가 아니라 자아가 저항의 원천이다. “옛날의 위험에 대한 방어기제는 치유에 대한
    저항의 형태로 치료 속으로 되돌아온다. 왜냐하면 자아는 치유 자체를 새로운 위험으로 여
    기기 때문이다.”[Sigmund Freud, 「끝이 있는 분석과 끝이 없는 분석」, 『끝이 있는 분석과 끝
    이 없는 분석』, 임진수 옮김(파주: 열린책들, 2005), 355]

49 Freud, 『정신분석학 개요』, 482 참조.

50 Freud, 「자아와 이드」, 367.

51 Freud, 「자아와 이드」, 379.

52 Freud, 『새로운 정신분석 강의』, 90.

53 자세한 것은 김석, 「《에로스와 문명》: 욕망 관점에서 비판적으로 읽기」(프랑크푸르트학파
    100주년 회고와 전망, 서울, 2023년 10월 14일) 참조.

54 Freud, 『정신분석학 개요』, 255-256 참조.

55 Freud, 「나의 이력서」, 『정신분석학 개요』, 239.

56 Freud, 『문명 속의 불만』, 279.

57 푸코가 제시하는 노력은 ‘자기 실천(pratique de soi)’, ‘자기 기술(technique de soi)’, ‘자기와
    의 관계(rapport à soi)’, ‘자기가 자기에게 가하는 작업(travail de soi sur soi)’ 등이다. 심세광,
    「역자 서문」, Michel Foucault, 『주체의 해석학: 1981-1982, 콜레주 드 프랑스에서의 강의』,
    심세광 옮김(서울: 동문선, 2007), 13.

58 Foucault, 『주체의 해석학』, 57-58.

59 “라캉은 프로이트 이래로 정신분석학 문제의 중심을 주체와 진실의 문제로 이동시킨 유일
    한 사람입니다. … 라캉은 정신분석학 내에 가장 보편적 영성 형식이었던 epimeleia heautou
    라는 가장 유구한 전통, 문제, 근심을 부활시킵니다.”(Foucault, 『주체의 해석학』, 68)

60 Freud, 「나의 이력서」.

61 Jacques Lacan, 『자크 라캉 세미나 11: 정신분석의 네 가지 근본개념』, 맹정현, 이수련 옮김
    (서울: 새물결, 2008), 57.

2장

보부아르, '절대적 타자'를 위한 윤리 선언

변광배

전 한국외국어대학교 미네르바교양대학 교수

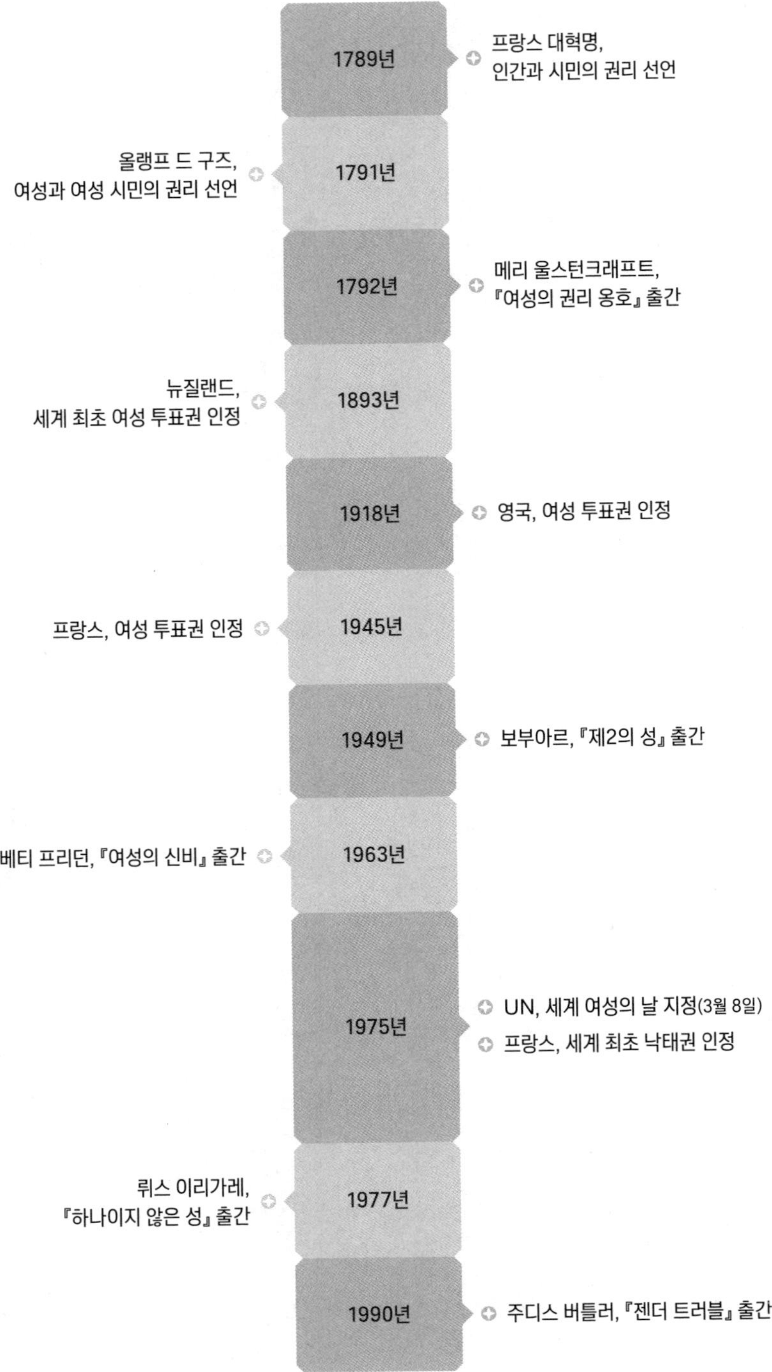

1789년
프랑스 대혁명, 인간과 시민의 권리 선언
올랭프 드 구즈, 여성과 여성 시민의 권리 선언
1791년
1792년
메리 울스턴크래프트, 『여성의 권리 옹호』 출간
뉴질랜드, 세계 최초 여성 투표권 인정
1893년
1918년
영국, 여성 투표권 인정
프랑스, 여성 투표권 인정
1945년
1949년
보부아르, 『제2의 성』 출간
베티 프리던, 『여성의 신비』 출간
1963년
1975년
UN, 세계 여성의 날 지정(3월 8일)
프랑스, 세계 최초 낙태권 인정
뤼스 이리가레, 『하나이지 않은 성』 출간
1977년
1990년
주디스 버틀러, 『젠더 트러블』 출간

1. 전 세계 여성 해방 운동의 어머니… 그러나

"여성들이여, 당신들은 그에게 모든 것을 빚졌습니다!(Femmes, vous lui devez tout!)" 이 문장은 1986년 시몬 드 보부아르(Simone de Beauvoir, 1908-1986)의 장례식 때 낭독되었던 조사(弔詞)의 한 대목이다. 보부아르를 자신의 정신적 어머니로 여겼던 페미니스트 바댕테르(Elisabeth Badinter, 1944-)가 조사를 낭독했다. 이 한 문장에 보부아르의 페미니스트로서의 업적이 오롯이 함축되어 있는 것으로 보인다. 원래는 "여성들이여, 당신들은 그에게 많은 것을 빚졌습니다!(Femmes, vous lui devez tant!)"였는데, 한 주간지가 이 문장을 "여성들이여, 당신들은 그에게 모든 것을 빚졌습니다!"로 바꿨다.

이렇듯 보부아르의 이름은 페미니즘과 직결되어 있다. 그의 이름을 들으면 무엇보다도 먼저 페미니즘의 경전으로 여겨지는 『제2의 성(*Le Deuxième*

Sexe)』(1949)이 떠오른다. 이로 인해 그의 이름에는 항상 '페미니스트'라는 수식어가 붙는다. 그가 세계 페미니즘 운동에 끼친 영향은 막대하다. 그의 페미니즘은 남녀동등권을 강조하는 '평등의 페미니즘'으로 이해된다. '차이의 페미니즘'[1]을 지지하는 이들은 그의 이런 평등의 페미니즘을 비판한다. 그들은 남녀의 차이를 인정하고 존중하는 것이 페미니즘에서 더 본질적이라는 입장이다. 이런 비판에도 불구하고 보부아르의 이름은 페미니즘과 밀접하게 연결되어 있다.

그런데 보부아르를 이렇듯 페미니스트로만 규정하는 것은 세계 지성사에서 그가 차지하고 있는 위상을 정확하게 평가하는 데 한계가 있어 보인다. 그보다는 오히려 보부아르를 '실존주의 윤리(morale existentialiste)의 주창자'로 규정함이 그의 진면목을 좀더 잘 드러낼 수 있지 않을까 한다. 보부아르의 실존주의 윤리는 현대 사회에서도 중요시되는 사회적 약자들에 대한 공감, 배려, 소통, 보살핌 등의 가치를 강조한다. 그 근거는 그들의 열악한 처지에 대한 그의 꾸준한 관심, 성찰, 해결책 모색 등에서 찾아볼 수 있다.

민주주의가 태동했다는 고대 그리스 사회는 위계화된 사회였다. 아리스토텔레스(Aristoteles, 기원전 384-기원전 322)는 『정치학』 3권 1장("시민을 어떻게 정의할 것인가?")에서 여성, 어린아이, 노인을 시민이 아니라 노예로 분류한다.[2] 루소(Jean-Jacques Rousseau, 1712-1778) 역시 "인간의 타고난 연약함,[3] 유년기나 노화"를 "인간이 적절한 방어 수단을 갖지 못하는 적"[4]으로 규정한다.[5] 보부아르도 이런 생각을 부분적으로 이어받고 있기는 하다. 하지만 그는 오히려 이런 전통과의 단절을 모색한다.

보부아르는 1945년 유일한 극작품 『군식구(*Les Bouches inutiles*)』를 무대에 올린다.[6] "쓸모없는 입"이라는 의미를 가진 이 작품의 제목에 해당하는 자들은 어린아이들, 여성들, 노인들이다. 적에게 포위된 한 도시에서 죽음을 선고받은 것과 다름없는 이들은 이 작품의 배경을 이루는 사회에서 '타자',[7] 그것도 '절대적 타자'[8]로 규정되고 있다. 보부아르는 그들의 인간으로서의 권리를 회복하고자 한다. 나아가 보부아르는 그들과 다른 인간들, 특히 지배적 위치에 있는 남성들과의 공생과 화해의 필요성을 역설한다. 요컨대 보부아르는 이 작품을 통해 자신의 실존주의 윤리 실천의 한 사례를 문학적으로 형상화하고 있다.

보부아르의 사상과 문학은 항상 이 세 부류의 인간과 관련된 문제 주위를 맴돈다. 그중에서도 여성 문제는『제2의 성』에서 자세히 다루어졌다. 이를 계기로 페미니즘 운동이 불타오르기 시작했다. 하지만 이것만이 전부가 아니다. 보부아르는 또 다른 대표적 저서『노년(*La Vieillesse*)』(1970)에서 노인 문제를 집중적으로 다루고 있다. 어린아이의 문제에 대한 관심은 상대적으로 비중이 작다. 하지만 보부아르는 데카르트(René Descartes, 1596-1650)를 따라 "인간의 불행이 어린 시절을 거쳤다는 데에서 기인한다"[9]고 본다. 보부아르는『제2의 성』에서 어린아이의 성장과 교육 문제도 검토한다. 보부아르는 특히 남녀 어린아이가 받는 교육의 차이점과 그 차별성을 고발한다.

이런 사실들은 보부아르의 진면목을 단순히 페미니스트라는 칭호로 모두 아우르기에는 일정한 한계가 있음을 여실히 보여 준다. 보부아르의 지성인, 참여 지식인으로서의 진면목은 오히려 사회적 약자들에 대한 배려와 공감, 그들과의 상생과 화해를 겨냥하는 실존주의 윤리 주창자로서의 모습에서 더 잘 드러난다고 할 수 있다. 이런 점을 염두에 두고 여기에서는 여성과 노인 문제에 큰 관심을 표명하고 있는 실존주의 윤리 주창자로서의 보부아르의 모습 —이 모습에는 당연히 페미니스트로서의 모습도 포함된다— 에 주목하고자 한다. 이를 통해 세계 지성사에서 보부아르가 차지하고 있는 위상을 조망해 보는 데 기여할 수 있기 바란다.

2. 삶과 사상

세계 페미니즘 운동에 굵은 한 획을 그었을 뿐만 아니라 실존주의 윤리의 주창자로 사회적 약자들의 인간성 회복을 위해 노력한 보부아르는 1908년에 태어나 1986년에 생을 마감했다. 20세기 프랑스를 대표하는 지성인 중 한 명인 보부아르의 직함은 화려하다. 철학자, 소설가, 극작가, 에세이스트, 페미니스트, 참여 지식인 등등….

보부아르는 이처럼 다양한 방면에서 활동하면서 여러 저작을 남겼다. 철학서로는 『제2의 성』 외에도 『모든 사람은 혼자다』[원제 『피로스와 키네아스(*Pyrrhus et Cinéas*)』], 『그러나 혼자만은 아니다』[원제 『애매성의 윤리를 위하여(*Pour une morale de l'ambiguïté*)』], 『노년』 등이 있다. 소설로는 『초대받은 여자(*L'Invitée*)』, 『타인의 피(*Le Sang des autres*)』, 『모든 인간은 죽는다(*Tous les hommes sont mortels*)』, 『아주 편안한 죽음(*Une Mort très douce*)』 등이 있다. 앞에서 언급했던 『군식구』는 보부아르의 유일한 극작품이다. 이 외에도 여러 권의 자전적 회상록과 미국, 중국을 방문하고 쓴 여행기 등이 있다.

발자크 동상 앞에 선 보부아르와 사르트르 (1939 이후)

* 이미지 출처: 위키미디어 커먼스

보부아르의 이름은 사르트르라는 이름과 항상 같이 거론된다. 자유의 철학자, 실존주의 철학자로 널리 알려진 사르트르는 보부아르와 '계약 결혼(mariage morganatique)'[10]을 한 장본인이다. 1929년에 두 사람은 부르주아적 전통과 인습에 얽매인 결혼관을 타파하고자 파격적인 계약 결혼을 한다.

보부아르와 사르트르가 내건 계약 조건은 세 가지였다. 첫째, 두 사람의 사랑을 필연적인 사랑으로 여기되 우연적인 사랑의 권리를 서로 인정한다. 둘째, 서로 모든 것을 투명하게 터놓고 이야기한다. 셋째, 득립채산제를 채택한다. 특히 두 사람은 아이를 갖지 않겠다는 의지를 표명하기도 했다. 그들은 이 조건들을 지키면서 반세기 이상 함께 계약 결혼을 유지했다. 죽어서도 파리 몽파르나스(Montparnasse) 묘지에 나란히 묻혀 있다.

다만, 다음과 같은 사실에 주의할 필요가 있다. 그 당시로서는 파격적인 계약 결혼이 결혼 전에 서로를 좀더 잘 알기 위한 단순한 실험적 동거가 아니었다는 사실이 그것이다. 계약 결혼을 통해 두 사람은 가장 완벽한 인간관계를 정립하고자 했다. 두 사람의 사유에서 인간관계는 주체와 주체, 자유와 자유의 결합, 곧 '완벽한 상호성(réciprocité parfaite)'의 실현과는 거리가 멀다. 심지어 완벽한 의사소통이 수반되는 이런 상호성의 실현은 불가능한 것으로 쳐겨진다. 하지만 두 사람은 계약 결혼을 통해 특히 정신 면에서 진정한 '하나 됨', 곧 '우리-주체(nous-sujet)'의 실현을 겨냥했다. 그러니까 두 사람은 계약 결혼을 통해 이상적인 인간관계의 정립을 향해 함께 나아가고자 했던 것이다.

실제로 보부아르와 사르트르는 서로에게 특권적인 대화 상대자였으며, 평소 서로에게 존댓말을 썼다. 프랑스어에는 두 종류의 단수 2인칭 대명사가 있다. 'tu'와 'vous'가 그것이다. 'tu'는 '너'에 해당하고, 'vous'는 '당신'에 해당한다. 그런데 두 사람은 'vous'를 사용했다. 이런 사용은 두 사람이 서로를 하나의 온전한 인격체, 곧 온전한 주체로 여겼음을 보여 주는 단적인 증거라고 할 수 있다.

어쨌든 이런 이상적인 목표를 겨냥했던 보부아르는 사르트르와 더불어

20세기 중반에 유행했던 '실존주의', 더 정확하게는 '무신론적 실존주의'를 통해 세계를 이해하고자 했다. 무신론적 실존주의가 그들 사유의 공통분모이다. 무신론적 실존주의는 다음과 같은 주요 개념들을 내세운다. 신(神)의 부재, 존재의 우연성, 실존의 본질에 대한 선행, 기투(企投), 자유, 책임 등이 그것이다.

"만약 신이 존재하지 않는다면, 모든 것은 허용될 것이다." 도스토옙스키 (Fyodor Mikhailovich Dostoevsky, 1821-1881)의 『카라마조프가의 형제들』에 나오는 문장이다. 보부아르는 사르트르와 마찬가지로 신의 부재라는 가정을 받아들인다. 그 결과는 이 세계에 있는 모든 존재의 우연성(contingence)[11]이다. 신의 대(大)지적 계획(Grand Intellectual Design)에서 벗어난 모든 존재는 아무 이유 없이, 그냥 거기에 내던져져 있을 뿐이다. 모든 존재는 이렇듯 필연성이 아니라 우연성의 지배하에서 부유(浮游)하는 것으로 여겨진다.

이 주장은 인간에게서만큼은 '실존(existence)'이 '본질(essence)'에 앞선다는 주장으로 이어진다. 인간을 창조한 신의 존재가 부정되었기 때문에, 인간은 신으로부터 아무런 본질도 부여받지 않은 것으로 여겨진다. 인간은 '백지상태(tabula rasa)'에 있다고 할 수 있다. 그는 살아가면서, 곧 실존하면서 이 상태를 채워 나간다. 그 과정에서 그의 본질이 형성되는 것이다. '실존'을 의미하는 'existence'는 어원적으로 '-로부터 벗어나다'라는 의미를 가진 'eks-'와 '있다'라는 의미를 가진 'sistere'의 합성어라는 사실을 지적하자. 이는 인간은 자기 자신을 만들어 가는(se faire) 존재, 자기 자신을 창조해 가는(se créer) 존재라는 정의로 이어진다.

이렇게 규정되는 실존 개념은 또한 '기투(projet)' 개념으로도 이해된다. 인간은 미래를 향해 자신을 '앞으로 내던지는' 존재이다. '기투'를 의미하는 프랑스어 'projet'는 '앞으로'의 의미를 가진 'pro-'와 '내던짐, 나아감'의 의미를 가진 'jet'의 합성어이다. 게다가 보부아르는 인간을 '자유로운 존재'로 규정한다. 인간은 실존, 기투의 과정에서 자유롭다는 것이 그의 주장이다. 사르트르 역시 "인간은 자유롭지 않을 자유가 없다", "인간은 자유롭도록 선고받았다", "인간의 자유는 바다의 파도처럼 영원히 다시 시작된다"라고 단언하면서 보부아르와 견해를 같이한다. 또한 두 사람은 이런 자유를 방종과 구별하며, 이런 자유에는 반드시 책임이 수반된다는 것도 강조하고 있다.

이처럼 무신론적 실존주의를 내세우던 보부아르 —사르트르도 마찬가지다— 는 '1939년', 즉 2차 세계대전의 발발을 계기로 '전회(conversion)'[12]를 겪는다. 보부아르는 스스로 '1939-1947년'을 '윤리적 시기'로 규정한다. 이 시기에 그에게 나타난 가장 큰 변화는 '나'와 '타자' 사이에 맺어지는 관계의 의미에 대한 수정이다. 전회 전에 보부아르는 "타인은 나의 지옥(l'enfer, c'est les Autres)"[13]이라는 사르트르의 주장을 따라 인간관계를 '갈등(conflit)'과 '투쟁(lutte)'으로 이해했다.

사르트르에 의하면 타자는 "나를 바라보는 자"로 규정된다. 타자의 나에게로의 출현을 가능케 해 주는 '시선(regard)'은 단순한 두 눈동자의 움직임이 아니라 그 끝에 가닿는 모든 것을 대상화하는 '힘(pouvoir)'으로 규정된다 그런데 인간은 다른 인간과의 관계에서 항상 주체의 상태에 있어야 한다. 이로 인해 인간들은 만나게 되면 각자 상대방을 자신의 시선을 통해 대상화하면서 주체의 자리에 있기 위해 모든 노력을 경주한다. 이렇듯 타자는 그의 시선을 통해 나를 바라보면서 대상화하는 존재로 여겨진다. 바로 거기에 "타인은 나의 지옥"이라는 주장이 자리한다.

보부아르 역시 이와 같은 사르트르의 대타존재에 대한 의미를 수용한다. 예컨대 보부아르의 첫 번째 소설 『초대받은 여자』(1943)의 제사(題詞)가 그 좋은 예이다. 보부아르는 "각자의 의식은 타자의 죽음을 추구한다"라는 문장을 인용하고 있다. 이 문장은 헤겔의 『정신현상학』에서 그 유명한 '주인-노예 변증법' 항목에 포함되어 있다. 보부아르는 이 문장을 『그러나 혼자만은 아니다』(1947)에서도 재차 인용한다. 하지만 그 의도는 정반대이다. 첫 번째 경우에서 보부아르는 헤겔에 동의하는 반면, 두 번째 경우에서는 그에게 이의를 제기한다. 보부아르는 두 번째의 경우에서 타자의 죽음을 추구하는 인간 행동의 어리석음을 비난한다.[14] 이것이 앞에서 윤리적 전회 시기로 규정한 '1939-1947년' 사이에 일어난 변화의 핵심 내용 중 하나이다.

보부아르는 이처럼 윤리적 전회의 시기에 인간들 사이에서 '공동으로-있는-존재(l'être-en-commun)'[15]의 형성 가능성을 모색했다. 그 과정에서 그는 실존주의 윤리의 주요 테제들을 정립하기에 이른다.

첫 번째 테제는 인간으로서 '나'는 '자유'를 가진 '주체'라는 것이다. 이 테제는 보부아르의 윤리적 전회 이전부터 정립되었다. 하지만 윤리적 전회를 거치면서도 이 테제는 그대로 유지된다. 인간은 자신을 자유롭게 창조해 나가는 주체여야 한다. 인간이 자기를 한낱 사물로 여긴다면 그에게서는 미래를 향해 기투하거나 행동하는 주체의 모습을 기대할 수 없다. 이런 인간은 살아 있지만 죽은 것이나 다를 바 없다. 이런 인간은 주체적이지도, 자율적이지도. 능동적이지도, 초월적이지도 않다. 한마디로 그의 삶은 진정성(authenticité)과 거리가 멀다.[16] 이런 삶의 태도에서 벗어나는 것, 이것이 바로 내가 '윤리적 주체'가 되기 위해 내디뎌야 할 첫 번째 발걸음으로 이해된다.

두 번째 테제는 타자(들)도 자유라는 사실을 인정해야 한다는 것이다. 그(들)를 자유로운 존재로 인정하지 않는다면 나와 그(들) 사이에 진정한 상호성이 성립될 수 있는 가능성이 아예 없을 것이다. 다시 말해 나와 그(들) 사이의 갈등과 대립 관계를 극복할 수 있는 계기가 결코 마련되지 않을 수도 있다. 이런 시각에서 보부아르는 '타자(들)의 자유에 대한 인정'을 나의 윤리적 실존을 위한 "제1 조건(la condition première)"[17]으로 규정한다.

세 번째 테제는 타자(들)의 자유로운 행위의 결과가 나의 자유를 방해하지 않는다는 사실을 받아들여야 한다는 것이다. 그(들)의 자유의 행사와 그 결과는 오히려 나의 자유를 확장하는 데 도움이 된다는 것이 보부아르의 주장이다. 그(들)의 자유로운 행위의 결과는 나의 또 다른 행위의 '출발점'을 이룬다. 그도 그럴 것이 나는 '상황의 존재'이며, 따라서 타자(들)의 자유로운 행위의 결과는 내가 그로부터 다시 출발해서 나를 기투하는 상황에 포함되기 때문이다. 물론 그 역도 마찬가지다.

이와 같은 테제들에서 출발해서 보부아르는 나와 타자(들)가 "공동으로-있는-존재"를 실현할 수 있다고 주장한다.[18] 이것이 그의 윤리적 전회의 종착역이기도 하다. 하지만 거기에 이르는 과정은 결코 쉽지도 평탄하지도 않다는 것이 그의 계속되는 주장이다. 불행하게도 현실 세계는 이미 어느 한쪽으로 기울어져 있다. 이런 상태를 바로잡기 위해서는 어쩔 수 없이 투쟁에 호소할 수밖에 없다는 사실을 보부아르는 부정하지 않는다. 이런 의미에서 보면 어린아이들, 여성들, 노인들과 같은 이들을 위한 윤리 선언은 그들을 절대적 타자들로 만들어 버린 자들에 대한 투쟁의 선언이라고도 할 수 있을 것이다. 또한이런 투쟁의 대열에 동참하는 길이 바로 '참여(engagement)'의 길이기도 하다.

3. 『제2의 성』: 페미니즘의 경전

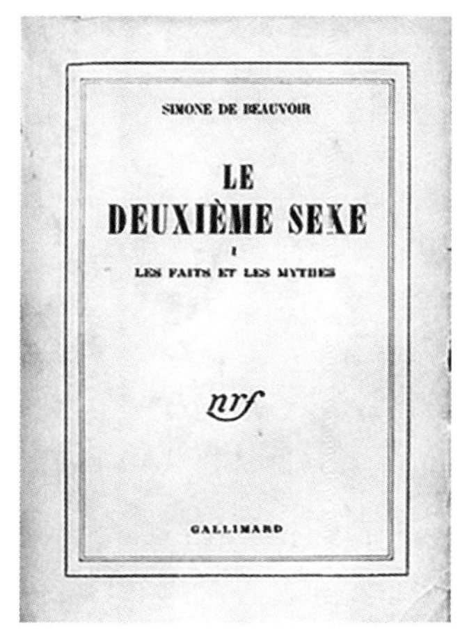

『제2의 성』(1949)
의 초판본 표지

* 이미지 출처:
위키미디어 커먼스

보부아르의 윤리적 전회는 1947년 이후에도 계속된다. 그중에서도 '1949년'은 대전환의 해이다. 이해에 『제2의 성』이 출간되었기 때문이다. 그런데 이 저서가 1946년부터 집필되기 시작했다는 사실에 주목할 필요가 있다. 이 시기에 보부아르는 자신의 실존주의 윤리의 주요 테제를 담고 있는『그러나 혼자만은 아니다』를 집필했다. 이렇듯 이 두 권의 저서는 거의 같은 시기에 구상되고 집필되었다.

그런 만큼『그러나 혼자만은 아니다』에서는 ―그리고 이것은 실존주의 윤리의 밑그림에 해당하는『모든 사람은 혼자다』에서도 마찬가지다― 후일 『제2의 성』에서 심도 있게 다뤄지는 여성 문제가 이미 거론된다. 게다가 앞에서 지적한 것처럼 1945년 공연된『군식구』에서 여성들은 어린아이들과 노인들과 더불어 '군식구', 즉 사회적 약자들로 분류된다.

이런 지적을 통해『제2의 성』을 단순히 페미니즘 운동을 태동시킨 저서라고 규정하기보다는 오히려 보부아르의 실존주의 윤리 실천의 한 과정으로 규정할 수 있게 된다. 어쨌든『제2의 성』이 보부아르를 '20세기의 가장 유명한 여성'이자 '전 세계 여성 해방 운동의 어머니'라는 영광스러운 지위에 올려놓는 데 가장 큰 기여를 한 저서라는 것은 의심할 여지가 없다.[19]

그런데 보부아르는 처음에『제2의 성』의 집필을 꺼렸다. 그는 남성들보다 더 뛰어난 지적 능력을 소유했다. 그는 1929년 프랑스에서 어렵다고 정평이 나 있는 교수 자격 시험(agrégation) 철학 분야에서 사르트르에 이어 차석으로 합격했을 정도였다. 또한 보부아르는 남자의 두뇌와 여성의 감성을 지녔다는 얘기를 종종 들었다. 그런 그는 스스로 '독보적(unique)'이라고 생각했다. 이런 그에게 남자들이 적이 아니라 오히려 동지로 여겨진 것은 자연스러운 결과였다. 그런 만큼 보부아르 자신은 평소 여성 문제를 깊이 성찰할 필요성을 전혀 느끼지 못했다고 할 수 있다.

하지만 보부아르는 개인적인 이유와 사회적인 요인으로 인해『제2의 성』을 집필하게 된다. 개인적인 이유는 중년의 나이로 들어서면서 느끼게 된 허무함이었다. 2차 세계대전 이후 실존주의가 전 세계적으로 유행하면서 보부아르는 사르트르와 함께 여러 나라에 초청되곤 했다. 그때마다 보부아르는 모든 관심이 사르트르에게 집중되는 것을 목격하곤 했다. 사르트르는 '실존주의의 교황'으로, 보부아르는 '실존주의의 여사제'로 불리곤 했다. 이로 인해 보부아르는 종종 허무함을 느꼈다고 한다.

　게다가 『제2의 성』의 집필을 시작할 때 보부아르의 나이는 벌써 삼십 대 후반으로 접어들었다. 그 당시에는 여자의 나이가 그쯤 되면 벌써 늙었다는 것이 통념이었다. 이런 이유르 보부아르는 자신을 되돌아볼 필요성을 절감하는 상태에 이르렀다. 사르트르는 그때 보부아르에게 다음과 같은 질문들에 대해 생각해 볼 것을 권유했다.

　보부아르는 이 문제를 사르트르와 논의했다. 사르트르는 철학적 질문으로 대답을 대신했다. '오늘날 여자는 어떤 존재인가? 여자라는 것은 무엇을 의미하는가? 여자의 상황이 바뀌었다면, 어떤 식으로 바뀌었는가? 여자로 태어났으면서도 남자들이 누리는 자유를 대부분 누리면서 살아온 당신에게 여자라는 사실은 어떤 의미를 가지고 있는가?'[20]

　이런 권유에 힘입어 보부아르는 여성 문제에 흥미를 느끼고 곧바로 『제2의 성』의 집필을 시작했다.

　사르트르는 보부아르에게 말했다.

　"그 책을 쓸 사람은 오드리[21]가 아니라 바로 당신이오."

　보부아르는 눈이 번쩍 뜨이는 것 같았다. '바로 그거야!' 그것은 진정한 계시의 순간이었다.

　이 세계는 남성들의 세계였고, 보부아르는 어릴 때부터 남성들이 만든 신화를 먹고 살았다. 그가 만일 남자로 태어났다면, 그 신화에 대해 결코 그런 식으로 반응하지 않았을 것이다. 이 발견은 그의 흥미를 사로잡았다. 그는 넓은 의미에서 여성의 상황을 발견하는 일에 모든 관심을 집중하기 위해, 자서전을 쓸 계획을 포기했다. 그는 당장 국립도서관으로 달려가서 여성에 대한 신화를 연구했다.[22]

『제2의 성』의 제목은 보부아르의 애인이었던 보스트(Jacques Laurent Bost, 1916-1990), 사르트르와의 대화 중에 결정되었다.

"사르트르와 보스트와 나는 몇 시간 동안이나 여러 가지 단어를 조합해 보고 있었다. 내가 말했다. '또 다른 성?' 그러자 보스트가 말했다. '아니, 그보다 제2의 성이 어때요?' 우리는 이 제목을 곰곰이 생각해 보고, 이것이야말로 책에 딱 들어맞는 제목이라는 판단을 내렸다."
보부아르는 책 제목을 '제2의 성'으로 결정했다고 올그런[23]에게 말하면서, '사람들은 동성연애자를 제3의 성[24]이라고 부르는데, 이것은 여성이 두 번째에 온다는 뜻인 게 분명하기 때문'이라고 설명했다.[25]

그다음으로 보부아르가 『제2의 성』을 집필하게 된 사회적 요인을 보자. 그가 여성 문제에 관심을 갖게 된 시기에 프랑스에서는 여성의 사회생활이 활발해지면서 많은 변화가 일어났고 또 그에 따르는 여러 문제가 제기되었다. 프랑스는 대혁명의 나라이다. 1789년 발발한 혁명을 통해 자유, 평등, 박애를 내세운 인권 선언문이 채택되었다. 이런 나라에서 여성의 선거권이 1945년에서야 비로소 보장되었다는 것은 모순적이다. 실제로 이 나라에서는 1920년대 초에 여성의 선거권 보장 법안이 논의되었으나 가결되지 않았다. 그러다가 2차 세계대전이 끝나고 나서 법안이 가결되었고, 1946년 헌법에 여성의 선거권이 명시되었다. 법안이 가결된 것은 전쟁 중에 남성들을 대신해 독일 침략을 견뎌 내는 데 일조했던 여성들의 노력에 대한 감사의 뜻이 반영되었기 때문이었다.
이와 관련해 다음과 같은 일화는 흥미롭다. 파리에 있는 팡테옹(Panthéon) 건물 위에는 이런 문구가 새겨져 있다. "조국은 위대한 이들에게 감사한다(Aux Grands Hommes la Patrie reconnaissante)." 전쟁이 끝나고 나서 프랑스의 한 일간지는 이 문구를 패러디해 기사의 제목을 이렇게 붙였다. "조국은 성녀(聖女)들에게 감사한다(Aux Saintes Femmes la Patrie reconnaissante)." 이 일간지는 1945년에 프랑스의 여성들이 참정권을 획득하게 된 이유를 이런 식으로 에둘러 표현한 것이다.

또한 2차 세계대전의 종전과 더불어 프랑스에서는 많은 남성의 죽음과 부상으로 인해 부족한 노동력을 메꾸기 위해 아프리카 대륙으로부터 노동자들의 유입과 특히 여성의 경제 활동이 활발해졌다. 이로 인해 여성이 집안의 일과 직장의 일을 조화시키는 과정에서 피임, 임신, 생리휴가 출산휴가 등과 같은 긴요한 문제들이 제기되었다. 게다가 종전 이후에 성(性) 개방 추세가 빠르게 확산되었다. 가령 보부아르도 미국에서 1948년 출간된 '킨제이보고서'를 흥미롭게 읽었다고 한다. 이런 점들이 그로 하여금『제2의 성』을 집필하게끔 한 사회적인 요인에 해당한다.

이렇게 해서 1946년 집필이 시작된『제2의 성』은 1949년 2권으로 출간된다. 1천 쪽이 넘는 방대한 이 저서는 다음과 같은 네 가지 사상적 배경하에서 집필되었다. 무신론적 실존주의, 보부아르 자신의 실존주의 윤리, 마르크스주의와 프로이트(Sigmund Freud, 1856-1939)의 정신분석이 그것이다. 하지만 마르크스주의는 지나친 경제결정론을 이유로, 프로이트의 정신분석은 무의식[26]과 범성주의(凡性主義, pansexualisme)를 이유로, 부분적으로만 원용되고 있을 뿐이다. 그 대신 무신론적 실존주의의 대부분의 주장, 가령 신의 부재라는 가정하에서 인간은 자유와 기투의 주체라는 주장, 실존이 본질에 앞선다는 주장 등이『제2의 성』의 주요 사상적 배경이 된다.

예컨대 이 저서에서 가장 유명한 "여성은 태어나는 것이 아니라 여성으로 되어 간다"[27]라는 문장에 무신론적 실존주의의 주요 주장들이 집약되어 있다. 이 문장을 통해 보부아르는 다음 두 가지 점을 강조한다. 하나는 여성을 여성이게끔 하는 '여성성(féminité)', 즉 여성의 '본질'은 선험적으로 존재하지 않는다는 점이다. 다른 하나는 여성은 살아가면서, 즉 실존하면서 점차 여성성, 곧 본질을 획득해 나가고, 그러면서 여성이 되어 간다는 것이다.[28]

그다음으로 보부아르는 『제2의 성』의 사상적 배경이 자신의 실존주의 윤리라고 직접 밝히고 있다.

우리가 채택하는 전망은 실존주의 윤리이다. 모든 주체는 기투를 통해 자기 초월로써 확립된다. 그것은 다른 자유를 향해 부단히 자기 초월을 해야만 자기의 자유를 완성한다. 무한히 열려 있는 미래를 향해 자기 신장을 도모하는 것 말고는 목적이 실존을 정당화하는 길은 달리 없다. 초월이 내재로 떨어질 때마다 실존은 '즉자존재'[29]로 타락하고, 자유는 사실성으로 타락한다. 만약 주체가 이런 전략에 동의한다면, 그것은 윤리적 과실이다. 만약 주체가 그것을 강요한다면, 그것은 좌절과 압박의 형태를 취한다. 그래서 그것은 둘 다 절대 악이다. 자기 실존의 정당화를 희구하는 모든 개인은 이 실존을 자기 초월의 무한한 욕구로 경험한다. … 여성의 비극은 부단히 본질적인 것으로 자기를 확립하려는 모든 주체의 기본적인 요구와 여자를 비본질적인 것으로 형성하길 바라는 상황 사이의 갈등이다.[30]

보부아르는 이와 같은 사상적 배경하에서 왜 여성은 남성에 비해 열등한 위치에 있게 되었는가의 문제에 천착한다. 조금 더 구체적으로 보부아르는 역사상 '남성'은 본질적, 절대적, 불변적, 자율적 존재, 곧 '주체'인 반면, '여성'은 비본질적, 상대적, 가변적, 타율적 존재, 곧 '타자', 다시 말해 남성의 '대상'으로, 그것도 억압의 대상으로 전락했다는 점을 드러낸다. 이것이 "사실과 신화"라는 제목이 붙은 『제2의 성』 제1권의 주된 내용에 해당한다.

인간은 남성이고, 남성은 여성을 여성 자체로서가 아니라 자기와의 관계로서 정의한다. 여성은 자율적인 존재로 여겨지지 않는다. … 그러므로 여성이란 남성이 규정짓는 존재에 지나지 않는다. … 남성에게서 여성은 생물학적 성에 해당하며, 절대적으로 그렇다. 여성은 남성과의 관계에서 한정되고 달라지지만 남성은 여성에 대하여 그렇지 않다. 여성은 우발적인 존재이다. 여성은 본질적인 것에 대하여 비본질적인 것이다. 남성은 주체이다. 남성은 절대이다, 그러나 여성은 절대적 타자이다.[31]

"체험"이라는 제목이 붙은 『제2의 성』 제2권에서는 남성이 권력과 지배권을 장악한 사회에서 태어난 여성은 그가 노년이 될 때까지 어떻게 '여성성'을 획득해 나가는가, 즉 여성으로 되어 가고 또 만들어지는가의 문제가 상세히 다루어진다. 그 과정에서 여성은 남성의 억압과 지배하에서 초월적, 능동적 주체가 되지 못하고 내재적, 수동적 존재, 곧 '타자'로 되어 간다고 보브아르는 주장한다. 그리고 "여성의 해방"이라는 제목이 붙은 결론에 해당하는 부분에서 보부아르는 여성이 자유와 초월의 주체가 되어 스스로를 창조해 나가는 한편, 남성과의 투쟁을 통해 강제로 부여된 '타자'의 지위에서 벗어나 빼앗긴 '주체'의 지위를 회복해야 할 필요성을 강조한다.

이렇듯 『제2의 성』은 페미니즘의 경전일 뿐만 아니라 보부아르 자신의 실존주의 윤리의 강령이 제시된 일종의 실천적 투쟁의 권장서이자 지침서로서의 의의도 가지고 있다. 그는 이런 투쟁적 참여를 통해 주체의 지위를 회복한 새로운 여성의 모습을 프랑스 시인 랭보(Arthur Rimbaud, 1854-1891)의 예언을 통해 다음과 같이 제시한다.

시인들이 생겨날 것이다! 여성의 한없는 노예의 상태가 깨어질 때, 여성이 자기를 위해 자기 힘으로 살아가게 될 때, 남성 ―지금까지 지긋지긋한― 은 여성을 해방하게 되므로 여성도 또한 시인이 될 것이다! 여성은 미지의 것을 발견하게 될 것이다! 그들의 사상의 세계는 남성들의 사상의 세계와 다를 것인가? 여성은 이상한, 불가해한, 즐거운 무엇을 발견할 것이다. 우리는 그것을 파악할 것이고 그것을 이해할 것이다.[32]

4. 『노년』: 노년 문제의 뇌관

앞에서 보부아르의 『군식구』를 언급하면서 사회적 약자에 어린아이, 여성, 노인이 포함된다고 했다. 또한 그중 여성에 관련된 문제는 『제2의 성』을 통해 심도 있게 거론되고 있음을 보았다. 그런데 보부아르는 이 세 부류의 인간 중 노인의 문제를 『노년』에서 집중적으로 다룬다. 이 저서는 보부아르의 나이가 62세 되던 1970년에 출간되었다. 이처럼 보부아르 자신의 노년 경험이 반영된 이 저서에서 드러난 노인 문제의 심각성과 보편성은 오히려 어린아이와 특히 여성의 문제보다 더 크고 더 넓은 것으로 보인다. 게다가 노령화 사회의 도래와 더불어 이 저서의 가치는 비례해서 점점 더 커지고 있다.

실제로 여성이 봉착하는 문제는 전 세계 인구의 절반에 해당하는 문제이다. 물론 남성이 이 문제에 직간접적으로 연루되어 있는 것은 사실이다. 따라서 문제를 해결하는 열쇠의 일부는 그들의 손에 있다. 하지만 여성 해방 운동의 주체가 여성이라는 것도 사실이다. 그리고 어린아이나 여성의 경우에는 자신들의 권위 회복과 인간성 회복을 위한 기회가 주어져 있다.

가령, 어린아이의 경우에는 시간이 그들의 편이다. 그들은 미래의 주인공이다. 지금 어른에 의해 타자화되고 대상화된다고 해도 그들은 머지않아 주체의 지위를 회복할 것이다. 어린아이와 어른의 지위 변화, 곧 '대상'에서 '주체'로의 변화는 시간의 문제이다. 또한 여성도 남성에 비해 불리한 상황에 있기는 하다. 하지만 여성도 부족한 대로 남성과 투쟁에 나설 수 있는 힘을 가지고 있다. 지금 전 세계에서 벌어지고 있는 여성 해방 운동이 그 증거이다. 게다가 여성은 사회에 없어서는 안 될 존재, 반드시 필요한 존재이기도 하다.

하지만 노인의 상황은 이와 전적으로 다르다는 것이 보부아르의 주장이다. 인간은 시간이 발휘하는 파괴적인 힘 앞에 무력하다. 노화는 부인할 수 없는 그 첫 번째 징후이다. 인간은 노화의 운명을 피해 갈 수 없다. 또한 노화는 필멸적 존재인 인간에게 예외 없이 다가오는 죽음의 전 단계로 여겨지기도 한다. 이렇듯 노인 문제는 어린아이나 여성 문제보다 훨씬 더 보편적이다. 보부아르에 의하면 노인도 어린아이나 특히 여성과 마찬가지로 한 사회에서 '타자' 취급을 받는다. 그런데 노인이 타자로 취급받는 정도는 훨씬 더 크다. 어린아이와 여성도 타자이지만, 노인은 타자 중에서도 가장 상위에 있는 '절대적 타자'라고 할 수 있다.

보부아르에 의하면 노인은 노화 현상으로 인해 점차 그가 소속된 사회로부터 고립되고 소외된다. 노화 현상에는 신체적 장애, 추함과 질병 등이 수반되기 때문이다. 특히 모든 것이 생산과 이윤 창출에 집중되는 자본주의 사회에서 인간에게 노화 현상은 치명적인 약점이 된다. 이로 인해 노인은 사회 전체로부터 "가난, 고독, 불구, 절망의 형을 언도"받게 된다.[33]

물론 노인도 한 사회에 필요한 존재이긴 하다. 예컨대 과학기술이 발달하지 못한 시대에 노인의 경험과 지혜는 그 사회를 단결할 수 있는 원동력이될 수 있었다. 또한 노인은 초자연적인 힘을 다스리면서 마법사, 제사장 등의 역할을 수행했다.[34] 그때 노인은 위엄과 권위를 가지면서 즌경의 대상이 될수 있었다. 이와 관련해 '노인학(gérontologie, gerontology)'이라는 단어의 어간에해당하면서 "노령을 가리키는 Géra, gérôn"이 "나이가 가져다주는 이점, 고참의 권리, 대표"[35] 등의 뜻을 가지고 있다는 사실은 흥미롭다. 그리고 현대 사회에서도 젊은이에 비해 뒤지지 않는 육체적 건강, 정신적 능력, 경제적 능력을 가지고 있는 노인도 많이 있다.

하지만 일반적으로 노인이 겪는 비애는 여성이나 어린아이에 비해 훨씬더 크다고 할 수 있다. 노인이 겪는 비애는 거의 절대적이라고 할 수 있을 정도이다. 노인은 여성이나 어린아이에 비해 주체의 지위를 회복할 수 있는 가능성 자체를 거의 갖지 못한다. 노인은 그가 속한 사회에서 "쓸모없는 존재", 사회의 부담이 되는 "짐" 등으로 여겨지기 쉽다.

노인은 활동 능력이 있는 그 집단에 통합되어 존재하기 때문에 그 존재가 집단과 구별되지 않는다. 그는 단지 나이 든 남자 성인일 뿐이다. 능력을 상실하게 되면 그때서야 '딴사람'으로 보이게 된다. 그때부터 그는 여자보다도 훨씬 더 근본적으로 순수한 물체가 되는 것이다. 여자는 사회에 필요한 존재이다. 그렇지만 노인은 아무짝에도 쓸모없는 존재이다. 그는 이제 교환 화폐도, 재생산자도, 생산자도 아니며, 단지 짐에 불과하다. … 흑인의 문제는 백인들의 문제이며, 여성의 문제는 남성들의 문제라고 사람들은 말해 왔다. 그렇지만 여자는 평등을 쟁취하기 위하여 투쟁하고, 흑인들은 압박에 대항해 싸운다. 그러나 노인들은 아무 무기도 가지고 있지 않다.[36]

보부아르는 『노년』에서 노인의 사회적 지위를 드러내기 위해 "폐품", "쓰레기"[37] 등과 같은 표현을 자주 사용한다. 약간의 차이가 있지만 이런 표현들은 모두 노인을 '사물'로 간주함을 의미한다. 인간에 비해 사물은 주체성, 자유, 기투, 초월 등의 특징을 가지지 못한다. 따라서 노인을 사물로 여기는 상황은 그를 '인간'으로 취급하지 않는다는 것과 동의어이다. 그를 인간으로 취급하는 경우에도 천민(parias)으로 취급한다. 아니, 그 이하이다. 노인은 이미 인간의 조건에서 벗어나 있는 자, "거리를 돌아다니는 시체",[38] 곧 산송장으로 취급된다. 위의 인용문에서 볼 수 있듯이 노인은 "여자보다도 훨씬 더 근본적으로 순수한 물체"에 불과할 뿐이다.

그런데 보부아르는 이런 현상을 노인이 소속된 사회의 자기기만적인 공모의 결과로 본다. 보부아르에 의하면 사회 구성원들은 노인의 존재를 "수치스러운 비밀"로 여기면서 노인 문제를 거론하지 않으려는 "침묵의 결탁"[39]을 맺는다. 그렇게 함으로써 그들은 노인을 사물로 취급한다는 비난에서 벗어날 수 있게 된다. 노인도 한 명의 인간인데 그를 한낱 도구로 취급한다면, 그에게 억압과 폭력을 행사하는 것과 다를 바 없다. 따라서 노인을 산송장과 다름

없는 절대적 타자로 여기는 자들은 차라리 노인 문제에 대해 모두 입을 다무는 편을 선택한다. 결국 이를 통해 그들은 노인을 홀대한다는 죄책감에서 벗어날 수 있다고 생각하는 것이다.

보부아르에 따르면, 이렇듯 노인이 절대적 타자가 되는 것은, 그가 속한 사회의 인위적인 전략의 결과이다. 예컨대 팽창과 풍요가 우선시되는 자본주의 사회에서 노인의 노동력은 과소평가된다. 생산성과 효율성이 평가의 기준이다. 노인은 노화 현상으로 인해 점차 자리에서 물러날 수밖에 없게 된다. 하지만 보부아르는 노인이 겪게 되는 이와 같은 "무위 상태"를 노화로 인한 "당연한 숙명이 아니라" 사회에 의해 "강요된" "선택의 결과"라고 본다.[40] 요컨대 노인의 절대적 타자의 지위는 외부에서 인위적으로 만들어져 그에게 강요되었다는 것이다.

이렇게 해서 사회의 구성원들은 노인에게서 자기들과의 관계에서 상호성을 형성할 수 있는 자유와 초월의 주체로서의 자격을 완전히 박탈한다. 곧 그들은 노인을 자기들과는 근본적으로 다른 존재, 이질적인 존재로 취급한다. 노인은 이제 활동이 아니라, 다만 현존으로 정의되는 자일뿐이다. 노인은 그저 존재할 뿐이다. 노인은 집행유예 상태에 있는 죽은 자에 불과할 따름이다. 요컨대 노인의 존재론적 지위는 "바닥으로 치닫는 소용돌이"[41] 속으로 점점 더 빠져들게 된다. 어쩌면 그 끝은 존재 이유(raison d'être)를 상실한 노인의 자살일 수도 있다.

헤밍웨이는 이렇게 썼다. '어떤 사람에게 있어 최악의 죽음은 자기 삶의 중심, 진실로 그를 현재의 그로 만들어 주는 것을 상실하는 것이다. … 자발적으로 선택하든, 혹은 운명적으로 강요당해서이든 퇴직한다는 것, 우리를 현재의 우리로 만들어 주는 일을 포기한다는 것, 그것은 무덤 속으로 들어가는 것과 같다.' 우리는 헤밍웨이가 자살했다는 것을 알고 있다. … 우리가 자유롭게 자기 일을 선택했을 때, 그리고 일이 자기 자신의 성취일

때, 일을 그만둔다는 것은 사실 일종의 죽음과도 같다.[42]

보부아르는 또한 노인이 겪는 "동일시의 위기"[43]에도 주목한다. 노인에게는 정체성의 위기가 발생한다. 일반적으로 사람이 자기를 노인으로 여기는 것은 다른 사람들을 통해서이다. 따라서 노인으로 여겨진 사람은 우선 그의 내부에서 자기와 '다른 자(l'autre)'를 느끼게 된다. 그러니까 이 사람은 그의 내부에서 그에게 외부로부터 오는, 곧 타자들로부터 오는 이질적 존재와 조우한다. 보부아르는 이 사람의 내부에 있는 존재와 외부에서 오는 '다른 자' 사이에 맺어지는 변증법적인 관계를 "노년의 진실"로 규정한다.

> 노년의 진실, 그것은 객관적으로 정의되는, 타인에게 보여지는 나의 존재와 그것을 통해 내가 나 자신에 대해 갖는 자의식 사이의 변증법적 관계이다. 나에게 있어서 나이를 먹어 가는 사람은 다른 자, 즉 타인들에게 보여지는 다른 자이다. 이 다른 자가 바로 나인 것이다.[44]

문제는, 나의 내부에 있는 '나'와 타인들에 의해 외부에서 나에게 오는 '나', 곧 '다른 자' ―'노인'의 모습― 사이에 차이가 있을 때 발생한다. 편차가 너무 큰 경우, 노인에게는 동일성의 위기가 발생한다. 이것은 정체성의 위기이기도 하다. 보부아르에 의하면 이런 위기에 직면해 노인은 두 가지 선택지를 갖게 된다. 하나는 노인이 자기에게 부여한 이미지만을 고집하면서 외부에서 오는 이미지를 극구 거부하는 것이다. 다른 하나는 외부로부터 그에게 오는 이미지에 자신을 일치시키는 것이다. 전자의 경우는 노인이 스스로 젊다고 생각하고, 후자는 자기가 늙었다는 사실을 인정한다. 하지만 어느 경우를 선택하든 노인은 혼란에 빠지게 된다.

그렇다면 노인은 이런 혼란 상태에서 어떻게 처신할까? 먼저 노인이 타자들로부터, 곧 외부에서 오는 이미지에 그 자신을 일치시키려고 하는 경우를 보자. 이때 그는 다음과 같은 세 가지 태도를 취하게 된다. 이 태도들은 경우에 따라 방어적이거나 공격적인 특징을 갖기도 한다.

첫 번째 태도는 습관에 안주하는 것이다. 습관에서는 과거가 지배적인 시간이다. 그런 만큼 노인에게 습관은 익숙하고 편안함을 준다. 따라서 그는 습관 안에서 존재론적으로 안정감을 맛볼 수 있게 된다. 이런 이유로 그는 과거 속으로 도피하면서 자기이게 다가오는 실존적 불안감을 익숙한 습관을 통해 처리하려는 강한 성향을 보이게 된다.

두 번째 태도는 의사소통과 인간관계의 거부이다. 노인에게 있어 사회 주요 구성원들과의 대화는 곧 위험이다. 그도 그럴 것이 그가 그들과 말을 하는 것은 그들로부터 오는 불편한 이미지를 감내해야 함을 의미하기 때문이다. 노인은 오직 그 자신만을 신뢰할 뿐이다. 그로부터 노인의 은둔 성향이 기인하며, 그로 인해 그는 항상 자기밖에 모르는 태도를 취하기 쉽다.

세 번째 태도는 노인의 타인들에 대한 무관심이나 그들에 대한 공격적인 태도이다. 일반적으로 무관심은 타인들을 무시하는 행동의 발로이다. 무관심은 이 세상에 나 혼자만이 존재한다고 생각하는 일종의 맹목적인 유아론(唯我論; solipsisme)과 무관하지 않다. 또한 이런 무관심에는 종종 원한이나 적개심이 수반되며, 나아가 타자에 대한 공격적인 행동으로 이어지는 경우도 없지 않다.

보부아르에 의하면 노인에게서 이런 태도는 빈번하다. 과거에 빛나는 공적을 세운 노인의 경우에는 이런 태도가 두드러진다. 그는 지금의 모든 것이 과거에 자기가 했던 노력과 희생 덕분이라고 생각한다. 이런 이유로 그는 후세대에 의한 평가를 달가의하지 않으며, 특히 부정적 평가를 견디지 못한다. 이런 상태에서 자기를 제대로 평가해 주지도 않고 또 정당하게 대우해 주지도 않는 후세대에게 그가 원한과 적대감을 품을 가능성은 아주 높다.

그러면 노인이 외부로부터 오는 늙었다는 이미지를 거부하고 스스로 젊다는 생각을 고집하는 경우에는 어떤 일이 일어날까? 예컨대 그가 지나치게 화려한 옷을 입고, 젊은이들을 지나치게 모방하는 행동 등을 한다고 하자. 이 경우 그는 비정상을 넘어서 망령(妄靈)이 났다는 얘기를 듣기 십상이다. 이런 태도로 인해 노인은 사회로부터 더 큰 고립을 자초할 가능성이 크다.

보부아르는 『노인』의 결론 부분에서 노인 문제를 "우리의 모든 문명의 실패"[45]라고 규정한다. 그렇다면 이 문제를 해결할 수 있는 방책은 있는 것일까? 그는 다음 두 가지 차원에서 방책을 제안한다.

하나는 노인 개인의 차원이다. 노인은 스스로 인간이라는 것을 증명해 보여야 한다. 보부아르에게서 인간은 자유, 기투, 초월의 주체이다. 이것은 인간이 죽을 때까지 자기 자신을 앞으로 기투해 나가야 한다는 것을 의미한다. 노인도 예외일 수 없다. 그는 물건이 아니다. 그도 역시 자기를 끊임없이 창조해 나가야 한다. 이런 의미에서 보부아르는 노인 문제의 해결을 위한 단 하나의 해결책이 "우리의 삶에 의미를 주는 목표들을 계속 추구하는 것" 뿐이라고 지적한다.[46]

다른 하나는 노인을 쓰레기, 짐, 나아가 산송장으로 취급하기로 결탁한 사회 구성원들의 차원이다. 이들은 노인을 인간으로 여기면서 그의 목소리에 귀를 기울여야 한다. 또 이들은 노인의 행동 결과를 존중해야 한다. 앞에서 보부아르의 실존주의 윤리를 거론하면서 인간관계의 완벽한 상호성이 그 주된 목표라고 했다. 노인은 응당 그가 속한 사회의 다른 구성원들과의 관계에서 '타자', 그것도 '절대적 타자'가 아니라 독립적이고 자율적이며 능동적인 '주체'로 여겨져야 한다. 이를 위해서는 노인을 제외한 나머지 사회 구성원들의 윤리적 성찰과 각성이 필요하다. 요컨대 그들의 윤리적 주체로의 변신이 절실히 요구된다.

이런 두 가지 차원에서의 노력이 온전하게 이루어질 때 비로소 "우리 사회의 죄악"[47]이자 "과학과 기술이 제거할 수 없는" "악(惡)"[48]으로 규정된 노년 문제의 해결을 위한 대장정에 오를 수 있다는 것이 보부아르의 주장이다.

물론 포스트휴먼 시대, AI 시대로 일컬어지는 지금의 관점으로 보면 노년 문제에 대한 이와 같은 보부아르의 해결책은 1차원적이라고 할 수 있다. 하지만 『노년』이 1970년에 출간되었고, 이 시기에는 노년의 문제가 중요한 사회 문제로 대두되지 않았다는 점을 고려한다면, 그가 제시하고 있는 해결책이 반드시 1차원적이라고는 할 수 없을 성싶다. 그보다는 오히려 노인 문제에 대한 관심이 거의 없는 상황에서 이 문제를 선구자적 혜안으로 직시하고, 나아가 부족한 대로의 해결책을 제시하고 있다는 점이 강조되어야 할 것이다. 요컨대 보부아르는 『노년』을 통해 우리 사회의 가장 중요한 문제 중 하나인 노인 문제의 뇌관을 건드렸다고 할 수 있다.[49]

이렇듯 『제2의 성』과 마찬가지로 『노년』의 바탕에도 보부아르 자신의 실존주의 윤리가 놓여 있음은 분명하다. 또한 이 실존주의 윤리는 "인간은 인간의 미래라는 것"이 우리 모두가 실천해야 할 제1의 강령이 되어야 한다는 보부아르의 일관된 주장으로 수렴한다고 할 수 있다.

한 인간이 노년에도 인간으로 남아 있기 위해서 사회는 어떤 사회가 되어야 하는가? 대답은 간단하다. 인간이 항상 인간으로 대우받는 사회겨야 한다. … 노인의 조건이 받아들일 만한 것이 되게 하기 위해서는 인간을 온통 다시 만들어 내야 한다. 인간들 사이의 모든 관계를 재창조해야 한다. 한 인간으로 하여금 말년을 빈손으로 외롭게 맞게 해서는 안 될 것이다. 만약 문화가 일단 얻은 후에는 곧 잊어버리는 무기력한 지식이 아니라 실제적이고, 살아 있는 것이라면, 만약 인간이 문화를 통해 자기 주변에 영향력을 행사할 수 있고, 또 그 영향력이 해를 지남에 따라 완성되며, 또 거듭 새로 나는 것이라면, 인간은 어떤 연령에서나, 어떤 나이에나, 능동적이며 유용한 시민일 것이다. 만약 인간이 어린 시절부터 다른 수많은 미립자 틈에 갇혀, 고립된 미립자처럼 무력화되지 않는다면, 인간이 자기 자신의 삶과 마찬가지로 매일매일 본질적인 집단적인 삶에 참여한다면, 인간은 결코 유배를 겪지 않을 것이다.[50]

5. 보부아르, 실존주의 윤리를 주창한 참여 지식인

요컨대 우리의 의도는 우리를 둘러싸고 있는 사회에 어떤 변화를 일으키도록 힘을 모으려는 데 있다. 하지만 그것은 영혼의 변화를 의미하는 것이 아니다. 영혼을 지도하는 일에 대해서는 그 방면의 특별한 고객을 가지고 있는 작가들에게 전권을 위임하려고 한다. 우리는 유물론자는 아니지만 일찍이 영혼과 육체를 구분해서 생각해 본 일이 없었고 인간의 현실이라는 분해할 수 없는 하나의 현실만을 알고 있을 따름이다. 우리는 인간의 사회 조건과 인간이 스스로에 대해서 가지고 있는 개념을 동시에 개조코자 하는 사람들의 편에 서 있다.[51]

위의 인용문은 1945년 2차 세계대전이 끝난 직후 프랑스에서 창간된『레탕 모데른(*Les Temps modernes*)』지 창간사의 일부이다. 보부아르는 사르트르, 메를로퐁티, 아롱 등과 함께 이 잡지의 창간에 관여했다. 전쟁으로 폐허가 되었던 프랑스의 정신적 재건을 위한 새로운 전기 마련이 창간의 취지였다. 이 창간사는 문학 분야에서는 흔히 '참여 문학', 곧 '앙가주망' 문학의 선언문으로 읽힌다.

찰리 채플린(Charlie Chaplin, 1889-1977)의 영화 《모던 타임스(*Modern Times*)》에서 제목을 빌려 온 이 잡지의 창간 모토는 억압과 폭력이 지배하고 있는 기존 사회에 대한 변화의 촉구라고 할 수 있다. 거기에는 다음 두 요소가 요구된다. 지금까지 인간이 인간에 대해 가진 개념의 변화와 이를 바탕으로 한 사회 조건의 변화가 그것이다.

1789년 프랑스 대혁명 이후 인류는 모든 인간은 동일한 권리를 가지고 태어났으며, 법 앞에 평등하다는 생각을 갖게 되었다. 하지만 불행하게도 이런 생각은 때로 관념적, 사변적, 이론적 차원에 머물고 만다. 현실에서는 여러 이유로 그런 권리와 평등이 보장되지 못하고 있다. 그 한 예가 바로 한 사회의 절대적 타자로 여겨지는 어린아이, 여성, 노인이다.

파리에 위치한
보부아르교

* 이미지 출처: 위키디디어
커먼스, ⓒ AHert

보부아르는 지성인, 참여 지식인의 자격으로 이런 부류에 속하는 인간들의 권리와 목소리를 대변하고자 노력했다. 그가 기꺼이 떠맡고자 했던 이런 역할은 기존의 사회, 특히 기존의 권력을 담지하고 있는 부류에 속하는 자들에게는 위험하고, 불편하며, 위협적인 것이었다. 이에 걸맞게 그의 평생의 동반자였던 사르트르는 『지식인을 위한 변명(Plaidoyer pour les intellectuels)』에서 지식인을 자기를 키워 즌 기존의 지배계급과의 관계에서 "불행한 의식(conscience malheureuse)"을 갖는 자로 규정한다.[52] 왜냐하면 지식인은 근본적으로 "부정하는 정신"의 소유자이고,[53] 따라서 그는 기존의 질서를 유지하그자 하는 세력과는 항상 불편한 관계, 나아가 적대 관계에 있을 수밖에 없기 때문이다. 그리고 사르트르는 이런 정의에 잘 부합되는 지식인은 당연히 사회 변혁에 뛰어드는 참여 지식인이어야 한다고 주장한다.

참여 지식인에 관련된 이 모든 내용은 그대로 보부아르에게도 해당한다. 앞에서 살펴본 것처럼 그는 한 사회에서 소외되고 배제되는 약자들에 대해 끊임없는 관심을 표명했다. 그들은 주로 어린아이, 여자, 노인이었다. 그는 이들 세 부류의 인간 중에서 특히 여성들과 노인들이 절대적 타자가 되는 이유, 과정, 결과를 면밀하게 추적한다. 특히 그 폐해를 낱낱이 고발하고 있다. 나아가 그로 인해 발생하는 여러 문제를 해결할 수 있는 그 나름의 방책도 제시한다.

이 모든 노력은 한마디로 보부아르의 '인간에 대한 사랑'이라고 할 수 있을 것이다. 그 기저에는 모든 인간의 인간으로서의 권리 회복과 인간성 회복을 위한 노력이 놓여 있다. 지금까지 이런 노력이 그에게 전 세계적으로 유명한 페미니스트로서의 위상을 가져다준 것은 부인할 수 없는 사실이다. 하지만 그의 참여 지식인, 지성인으로서의 위상은 오히려 이런 페미니스트로서의 모습을 포함하는 실존주의 윤리의 주창자, 실천자로서의 모습에 포괄되어야 할 필요성이 보인다. 그리고 이런 모습이 정확히 전 세계 지성사에서 찬란하게 빛나는 한 자리를 차지하는 보부아르의 참다운 모습이라고 생각된다.

주석

1   성차(différence sexuelle)를 강조하는 페미니즘으로, 벨기에 출신 프랑스의 페미니스트 이리가레(Luce Irigaray, 1930-)가 주창한 페미니즘이다. 이리가레는 남성성에 대한 비판, 여성성의 새로운 발견, 여성과 남성 사이의 상호주체성 탐구를 겨냥한다. 이리가레의 저서로는 『반사경: 타자인 여성에 대하여』(1974), 『하나이지 않은 성』(1977), 『나, 너, 우리』(1990) 등이 있다.

2   Aristoteles, 『정치학』, 천병희 옮김(고양: 숲, 2009), 131-134.

3   여기에서 "인간의 연약함"은 남녀의 구별 없이 모든 인간에게 해당한다. 하지만 대부분의 경우 여성이 남성에 비해 신체적으로 연약하다는 것은 부인할 수 없다.

4   Jean-Jacques Rousseau, 『인간 불평등 기원론』, 주경복, 고봉만 옮김(서울: 책세상, 2006) 54.

5   루소가 인간들 사이에 나타나는 불평등 문제를 다루면서 자연적 불평등보다는 사회적, 제도적 불평등을 더 중요시하고 있다는 사실을 잊지 말아야 할 것이다.

6   보부아르는 이 작품에서 보셀(Vaucelles)이라는 중세의 한 도시에서 일어난 일을 극화하고 있다. 대적하고 있는 다른 도시에 의해 포위되어 있는 이 도시는 식량 부족 상태에 있다. 주변 도시의 도움과 지원을 받기까지 3주의 식량으로 겨울에서 봄까지의 6개월을 근근이 버텨야 하는 상황이다. 이런 위기 상황에서 시의회는 '군식구', 곧 불구자들, 어린아이들, 여성들, 노인들을 성곽 밖의 참호로 추방하는 결정을 내린다. 곧 그들에게 죽음이 선고된 것이다. 그러자 이 도시의 몇몇 남자와 여자가 이 결정을 되돌리기 위해 앞장선다. 그 이후에 도시 주민 전체가 죽음을 각오하고 전쟁에 나선다는 줄거리이다.

7   이른바 3H로 일컬어지는 헤겔(Georg Wilhelm Friedrich Hegel, 1770-1831), 후설(Edmund Husserl, 1859-1938), 하이데거(Martin Heidegger, 1889-1976)의 뒤를 이어 사르트르(Jean-Paul Sartre, 1905-1980), 메를르퐁티(Maurice Merleau-Ponty, 1908-1961) 등에 의해 거론되기 시작한 '타자'는 푸코(1926-1984), 들뢰즈(Gilles Deleuze, 1925-1995), 라캉(Jacques Lacan, 1902-1981), 데리다(Jacques Derrida, 1930-2004), 레비나스(Emmanuel Levinas, 1906-1995) 등에게서 주요 주제가 된다. 이는 '후기(또는 탈)구조주의(poststructuralisme)'로 지칭되는 현대 프랑스 철학의 바탕 위에 20세기 후반 인문학 분야에서 전개된 '포스트모더니즘' 담론 —프랑스에서는 리오타르(Jean-François Lyotard, 1924-1998)를 제외하고는

‘포스트모더니즘’이라는 단어를 거의 사용하지 않는다는 점을 지적하자— 의 핵심 개념 중 하나이다. 이 담론에 의하면 서구 철학사는 ‘중심’에 위치한 ‘동일자(l'Un)’가 ‘타자(l'Autre)’에게 가한 폭력의 역사, 또 이 ‘타자’가 ‘주변부’로 추방된 역사로 이해된다. 그 결과, 이 담론이 내세우는 캐치프레이즈는 이 ‘중심-동일자’에 가하는 반격과 그로 인해 발생하는 이 ‘주변부-타자’의 지위 복원에 대한 강조라고 할 수 있다. 예컨대 이성 vs. 광기, 정신 vs. 육체, 서양 vs. 동양, 클래식 음악 vs. 트로트, 고전 문학작품 vs. 무협소설 등의 관계에서 볼 수 있는 위계적 질서에서 후자에 해당하는 것들이 바로 '타자'에 해당한다. 그리고 이 '타자'가 전자에 해당하는 ‘중심-동일자’를 무너뜨리고 와해시킴으로써 나타나는 차이와 다양성에 입각해 새로운 질서가 세워지게 된다[Vincent Descombes, 『동일자와 타자: 현대 프랑스 철학(1938-1978)』, 박성창 옮김(고양: 인간사상, 1996); 서동욱, 『차이와 타자: 현대 철학과 비표상적 사유의 모험』(서울: 문학과지성사, 2000); 서동욱, 『타자철학: 현대 사상과 함께 타자를 생각하기』(서울: 반비, 2022) 참조]. 보부아르는 『제2의 성』에서 여성이 남성의 '타자', 나아가 ‘절대적 타자’라고 주장하는데, 이런 주장 역시 넓은 의미에서 이와 같은 포스트모더니즘 담론으로 이어진다고 할 수 있다. 하지만 『제2의 성』이 1949년에 출간되었고, 포스트모더니즘 담론이 1970년 이후에 본격적으로 문제시되었다는 사실을 고려하면, 보부아르는 이 담론의 선구자 역할을 했다고도 할 수도 있을 것 같다.

8 방금 언급했듯이 보부아르가 『제2의 성』에서 여성을 남성의 ‘절대적 타자’로 규정한 것을 염두에 둔 표현이다. 여기에서 이 표현은 레비나스 등에게서 볼 수 있는 ‘신’을 표상하는 절대적 존재라는 의미와는 달리 ‘사회적 약자’, 그것도 ‘가장 헐벗은 사회적 약자’라는 의미로 사용되었다. 레비나스 역시 '과부', '고아', 이방인’ 등과 같은 헐벗은 타자에 대한 환대를 강조하면서 윤리학을 존재론보다 더 중요시하고 있음은 잘 알려져 있다.

9 Simone de Beauvoir, 『그러나 혼자만은 아니다: 보부아르의 애매성의 윤리학』, 한길석 옮김 (파주: 꾸리에, 2016), 55.

10 이 단어의 사전적인 의미는 자기보다 낮은 신분의 배우자와의 결혼을 가리킨다. ‘morganatique’가 ‘귀천상혼(貴賤相婚)의’라는 의미를 가지고 있기 때문이다. 따라서 ‘mariage morganatique’는 ‘계약 결혼’보다는 오히려 ‘강혼(降婚)’에 가깝다. 자기보다 낮은 신분의 배우자와의 결혼은 왕족이나 귀족이 평민이나 천민과 하는 결혼은 물론, 왕족이 귀족과 결혼하거나 심지어는 귀족이 급이 낮은 귀족과 하는 결혼에도 해당한다. 우리나라에서는 자기를 기준으로 배우자가 낮은 신분이면 ‘낙혼(落婚)’ 또는 ‘강혼(降婚)’이라는 단어를, 자기를 기준으로 배우자가 높은 신분이면 ‘앙혼(仰婚)’ 또는 ‘상혼(上婚)’이라는 단어를 사용한다.

11 사르트르가 이 개념을 처음으로 사용한 것은 아니다. 이 개념은 이미 아리스토텔레스, 라이프니츠(Gottfried Wilhelm Leibniz, 1646-1716) 등에 의해 사용되었다. 다만, 이 개념에 고유한 철학적 의미를 부여하면서 신의 법칙, 신의 질서를 표상하는 ‘필연성(nécessité)’과 반대되는 개념으로 사용한 것은 사르트르라고 할 수 있다. 어린 시절에 독실한 기독교인이었

던 보부아르는 청소년기를 거치면서 신의 부재를 내세웠고, 1929년 사르트르를 만나면서부터 무신론적 실존주의의 상징과도 같은 이 우연성 개념을 수용하기 시작했다.

12 이 단어는 사전적, 어원적으로 "방향의 전환 또는 변화(retournement ou changement de direction)" 등을 의미하는 라틴어 단어 'conversio', 'cum-vertere'에서 파생된 프랑스어 단어 'conversion'에 해당한다. 이 단어는 일반적으로 지금까지 믿던 종교를 버리고 다른 종교로 바꾸는 것을 의미한다. 이런 의미에서 이 단어는 '개종'이나 '회심'으로 번역되기도 한다. 또한 이 단어는 어떤 철학자나 사상가에게서 나타나는 사유의 '변화'나 '전환'을 의미하기도 한다.

13 Jean-Paul Sartre, 『닫힌 방/악마와 선한 신』, 지영래 옮김(서울: 민음사, 2013), 82(이하 모든 인용에서 필요한 경우에 번역을 수정했다).

14 Beauvoir, 『그러나 혼자만은 아니다』, 106.

15 앞에서 언급한 것처럼 보부아르는 사르트르의 무신론적 실존주의를 수용하면서 타자를 "나의 지옥"으로 여긴다. 하지만 보부아르는 메를로퐁티의 현상학으로부터도 부분적으로 영향을 받았다. 보부아르가 자신의 실존주의 윤리의 정립을 시도하면서 "공동으로-있는-존재"를 겨냥하는 것에서 이런 영향이 드러난다. 메를로퐁티가 "세계-내-존재(l'être-au-monde)"를 "세계-에의-존재", 곧 세계에 뿌리를 내리고 있는 존재로 해석한다는 것은 잘 알려져 있다. 그는 이런 해석을 바탕으로 이 세계에 있는 모든 존재(인간과 인간, 인간과 사물) 사이의 관계를 "상호주체성(l'intersubjectivité)"으로 파악한다. "공동으로-있는-존재"는 하이데거가 주장한 "함께-있는-존재(Mit-Sein)"와도 일맥상통한다고 할 수 있을 것 같다.

16 '진정성'으로 옮긴 이 단어는 독일어 'Eigentlichkeit'의 프랑스어 번역에 따른 것이다. 프랑스에서는 이 단어를 'authenticité'와 'porpreté(고유성)'라는 두 개의 의미로 옮겼고, 사르트르는 전자를 취했다. 'Eigentlichkeit'는 하이데거 철학의 주된 개념 중 하나이다. 그에게서 이 단어는 '본래성'으로 번역되며, 그 반대어는 '비본래성(Uneigentlichkeit)'이다. '비본래성'은 프랑스어에서는 'inauthenticité'로 번역되며, 사르트르에게서는 '비진정성'으로 번역된다. 흥미롭게도 사르트르가 하이데거로부터 수용해 'authenticité'로 옮긴 이 용어를 독일에서 다시 사르트르의 저서를 번역할 때는 'authenticité'에 준거해 'authenticität'로 옮기고 있는 실정이다. 하이데거에게서 '본래성'은 "세인들(das Mann)"이라고 지칭되는 평균적 인간들이 영위하는 '비본래적 삶'과는 달리, 자신들이 "죽음을 향한 존재(Sein zum Tode)"라는 사실을 자각하고, 또 '죽음'을 스스로 앞으로 달려가 떠맡음으로써 자신들의 삶의 조건을 피하지 않고 정면으로 맞아들이기로 결단한 자들의 '본래적 삶'이 가지고 있는 특징을 가리키는 윤리적 내용을 포함하고 있는 개념이다.

17 Simone de Beauvoir, 『모든 사람은 혼자다: 결혼한 독신녀 보부아르의 장편 에세이』, 박정자 옮김(파주: 꾸리에, 2016), 141.

18 보부아르는 이런 추론을 통해 인간들 사이의 갈등과 대립을 강조한 사르트르와 다른 방향으로 나아간다. 다시 말해 보부아르는 자신만의 고유한 사상을 갖게 된다. 최근에 이루어

지고 있는 그에 대한 연구 추세 중 하나는 분명 사르트르의 사유와 구별되는 그만의 고유한 사상이 있음을 강조하는 것이다. 이런 추세에서 가장 중요하게 다뤄지는 부분이 바로 '실존주의 윤리'이다. 보부아르의 대표 저서인 『제2의 성』과 『노년』 등도 이런 관점에서 해석된다. 보부아르와 사르트르 사유 사이의 차이에 대해서는 다음을 참고하라. 변광배, 『사르트르 vs 보부아르』(서울: 세창출판사, 2023).

19 『제2의 성』은 『르 몽드(*Le Monde*)』지 선정 20세기의 책 100권에, 『뉴욕 타임스(*New York Times*)』지 선정 20세기 최고의 책 100권에 포함되어 있다. 또한 이 책은 영국의 일간지 『더 타임스(*The Times*)』지의 주간 자매지였다가 독립한 『더 타임스 리터러리 서플리먼트(*The Times Literary Supplement*)』에서 1995년 10월 6일에 작성한 '2차 세계대전 이후 가장 영향력 있는 100권의 책(The Hundred Most Influential Books Since The War II)'의 목록에도 포함되어 있다.

20 Deirdre Bair, 『시몬 드 보부아르: 보부아르 전기』, 김석희 옮김(파주: 웅진문화, 1991), 319.

21 오드리(Colette Audry, 1906-1990)이다. 보부아르와 사르트르의 친구로 프랑스 좌파 계열의 지식인이다. 과거에 보부아르가 오드리와 더불어 여성 문제에 대해 얘기를 나누면서 저서의 집필을 거론한 적이 있었다. 여기에서 사르트르는 그 이야기를 기억하고 보부아르에게 여성에 관련된 저서의 집필을 독려하고 있다. 실제로 보부아르는 오드리에게 양해를 구하고 『제2의 성』의 집필을 시작했다.

22 Bair, 『시몬 드 보부아르』, 319.

23 넬슨 올그런(Nelson Algren, 1909-1981)으로, 보부아르가 1947년 미국을 방문했을 때 만났던 작가이며, 보부아르의 애인이었다.

24 '제1의 성'은 남성을 가리키며, '제3의 성'은 동성연애자를 지칭하기 위해서도 사용되지만 또한 중년의 여성을 지칭하기 위해 사용되기도 한다. 헬렌 피셔(Helen Fisher, 1945-)는 『제1의 성: 우리가 아직 몰랐던 성의 인류학』(정명진 옮김, 서울: 생각의 나무, 2000)에서 남성을 '제1의 성'으로, 여성을 '제2의 성'으로 지칭하는 것은 남녀 불평등에 대한 인식을 반영한다고 지적하며 이를 비판한다.

25 Bair, 『시몬 드 보부아르』, 401.

26 후설 현상학의 영향하에서 투명한 의식 철학을 정립하고자 했던 사르트르와 그의 영향을 강하게 받은 보부아르는 처음에 프로이트 정신분석학의 핵심 개념인 '무의식'의 존재를 받아들이지 않았다. 물론 두 사람은 나중에 이런 입장을 철회했다. 이와 관련해 데카르트(René Descartes, 1596-1650)의 '코기토(cogito)', 즉 "나는 생각한다. 그러므로 나는 존재한다(Je pense, donc je suis)"를 계승하는 프랑스 철학의 전통 속에서 20세기 초에 프로이트 정신분석, 특히 무의식 개념의 수용에 상당한 저항이 있었다는 사실을 지적하자.

27 Simone de Beauvoir, 『제2의 성 상』, 조홍식 옮김(서울: 을유문화사, 1993), 392.

28 보부아르는 『제2의 성』에서 '젠더(gender)', 곧 사회학적 성이라는 용어를 사용하지 않는다.

하지만 방금 인용한 "여성은 태어나는 것이 아니라 여성으로 되어 간다"라는 문장을 통해 이 개념과 '섹스', 곧 생물학적 성을 구분할 필요성을 제기한다고 판단된다.

29 '즉자존재(l'être-en-soi)'는 '대자존재(l'être-pour-soi)'와 대립되는 개념으로, 의식 (conscience)을 가지지 않은 사물을 가리킨다. 반면, 대자존재는 의식의 주체인 인간을 가 리킨다.

30 Beauvoir, 『제2의 성 상』, 30.

31 Beauvoir, 『제2의 성 상』, 13-14.

32 Beauvoir, 『제2의 성 하』, 조홍식 옮김(서울: 을유문화사, 1993), 507-503.

33 Simone de Beauvoir, 『노년 1』, 홍상희, 박혜영 옮김(서울: 책세상, 1994), 57.

34 Beauvoir, 『노년 1』, 114.

35 Beauvoir, 『노년 1』, 132.

36 Beauvoir, 『노년 1』, 118-119.

37 Beauvoir, 『노년 2』, 홍상희, 박혜영 옮김(서울: 책세상, 1994), 363.

38 Beauvoir, 『노년 2』, 15.

39 Beauvoir, 『노년 2』, 8.

40 Beauvoir, 『노년 1』, 315.

41 Beauvoir, 『노년 1』, 366.

42 Beauvoir, 『노년 1』, 354-355.

43 Beauvoir, 『노년 2』, 30.

44 Beauvoir, 『노년 2』, 12.

45 Beauvoir, 『노년 2』, 364.

46 Beauvoir, 『노년 2』, 361.

47 Beauvoir, 『노년 2』, 363.

48 Beauvoir, 『노년 2』, 361.

49 『노년』이 출간된 1970년으로부터 74년이 지난 지금, '노년학'은 전 세계적으로 중요한 학문 분야 중 하나로 자리 잡았으며, 우리나라에서도 여러 대학에 노인학 관련 학과가 개설되어 있다. 게다가 '웰웨이징'과 '웰다잉'과 밀접하게 연결된 노년학은 법, 경제, 정치, 교육, 문화, 예술, 의학, 기술 등과 같은 여러 학문과의 상호 학제적 연구 분야를 형성하고 있기도 하다.

50 Beauvoir, 『노년 2』, 364.

51 Jean-Paul Sartre, 「현대의 상황과 지성: 《현대》지 창간사」, 『창작과 비평』 1(1966): 124.

52 Jean-Paul Sartre, 『지식인을 위한 변명』, 박정태 옮김(서울: 이학사, 2007), 46.

53 Sartre, 『지식인을 의한 변명』, 11.

3장

세이건, 우주 시민의 우주적 관점

김주언

단국대학교 자유교양대학 교수

인간은 한 개의 갈대에 지나지 않는다. 자연계에서 가장 약한 것이다. 그러나 그것은 생각하는 갈대이다. 그것을 짓눌러 죽이는 데에 온 우주가 무장할 것까지는 없다. 한 줄기의 증기, 한 방울의 물로도 그를 죽이기에 족하다. 그러나 우주가 짓눌러 죽이더라도 인간은 그를 죽이는 자보다 훨씬 고귀하다. 까닭은 인간은 자기가 죽는다는 것과 우주가 자기보다 우월하다는 것을 알고 있지만 우주는 그런 것을 전혀 모르고 있기 때문이다.

— 블레즈 파스칼, 『팡세』

그렇다. 우리는 무상하기 그지없는 일시적 존재다. 그러나 우리가 존재하는 짧은 시간은 우주의 역사를 통틀어 매우 희귀하고 특별한 시간이다. 이 시간 동안 우리는 자기 성찰을 통해 만물에 가치를 부여하고, 형이상학적 가치를 창출했다. 영원히 변치 않을 유산을 남기고 싶은 마음도 있지만, 이미 우주의 타임라인을 조망한 우리는 그것이 이룰 수 없는 목표임을 잘 알고 있다. 그러나 소규모의 입자들이 모여서 현실을 인지하고, 자신을 돌아보고, 자신이 얼마나 단명한 존재인지를 깨닫고, 지칠 줄 모르는 열정으로 아름다움을 창조하고, 연결 관계를 확립하고, 우주의 미스터리를 풀었다는 것은 정말로 놀라운 일이 아닐 수 없다.

— 브라이언 그린, 『엔드 오브 타임』

이 침묵의 우주공간 속을 기어가는 '인류'라는 이름의 이 공룡의, '역사'라는 이름의 이 운동 방식이 나를 전율시킨다.

— 최인훈, 『화두 1』

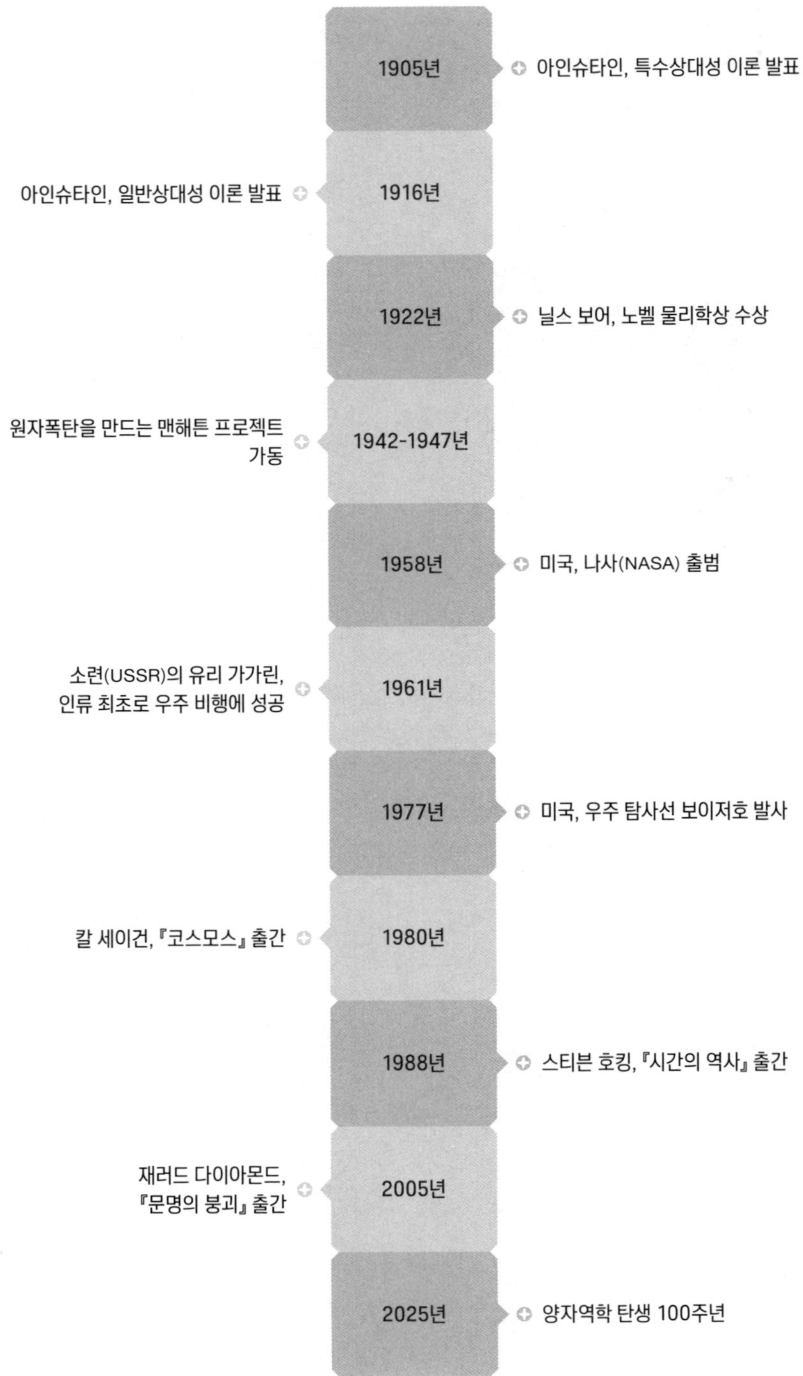

1905년
아인슈타인, 특수상대성 이론 발표
아인슈타인, 일반상대성 이론 발표
1916년
1922년
닐스 보어, 노벨 물리학상 수상
원자폭탄을 만드는 맨해튼 프로젝트 가동
1942-1947년
1958년
미국, 나사(NASA) 출범
소련(USSR)의 유리 가가린, 인류 최초로 우주 비행에 성공
1961년
1977년
미국, 우주 탐사선 보이저호 발사
칼 세이건, 『코스모스』 출간
1980년
1988년
스티븐 호킹, 『시간의 역사』 출간
재러드 다이아몬드, 『문명의 붕괴』 출간
2005년
2025년
양자역학 탄생 100주년

1. 우주로 가는 길

인간의 감각과 인식의 세계는 불완전한 것이다. 우리는 이제 누구도 천동설을 과학적으로 믿지 않지만, 여전히 해는 가만히 있는 지구의 동쪽에서 떠서 서쪽으로 지고 있는 것으로 알고 산다. 지구가 돈다는 것을 느끼지 못하고, 지구가 도는 소리를 들었다는 사람도 없다. 어떤 태풍에도 설악산의 울산바위는 꿈쩍도 하지 않는데 지구 자체가 움직인다니, 대체 믿을 수 있는 말이 아니라고 할 것이다. 우리의 하늘에서 태양과 달이 비슷한 크기로 보이는 것도 일종의 시각적 오류 현상이다. 그 결과, 달이 태양을 완전히 가리는 개기일식이라는 기이한 우주쇼도 지구에서는 관찰할 수 있다. 그런데 달은 태양 크기의 약 0.25% 정도에 지나지 않는다. 즉 태양은 달보다 400배 정도 크다. 그런데도 이들이 지구에서 비슷한 크기로 보이는 것은 달이 태양보다 지구에

약 400배 정도 가까이 있기 때문이다. 영어 동사 'see'는 'know'와 동의어이기도 하지만 육안은 전적으로 믿을 수 있는 것이 아니다. 우리가 감각적으로 인식할 수 있는 3차원의 공간과 1차원의 시간을 넘어선다고 추정하는 다른 차원들을 모두 포함하는 것이 우주다.

느끼는 대로 믿는다면 자아 중심주의(egocentrism)도 정당한 것이다. 지구가 태양의 주위를 돌든, 태양이 확고부동한 지구의 표면을 돌든, 아무튼 세상 만사가 자기를 중심으로 전개된다고 믿는 태도가 있을 수 있다. 그러나, 그렇게 느낀다고 그렇게 주장할 수 있는 것과 실제로 그렇다는 것과는 물론 차이가 엄연하다. 나는 세계를 의식할 뿐만 아니라 세계를 의식하는 나를 또다시 의식의 대상으로 의식할 수 있다는 사실 하나만으로도 유아적인 자아 중심주의(혹은 자아 중심성)는 무너진다. 지구 중심과 태양 중심의 우주라는 두 가설을 비교 검토한 끝에 "나는 코페르니쿠스와 그의 추종자들을 아무리 찬양해도 내 마음에 차지 않을 것 같다. 그들은 순전히 지성의 힘으로 감각이 분명히 보여 주는 것을 마다하고 이성이 일러 주는 바를 선택함으로써 그들 자신의 감각을 모독한 셈이다"라고 말한 '나'는 갈릴레오 갈릴레이였다.[1] 우주를 탐험하자면 우리는 여기서 더 나아가야 한다. '지성'과 '이성'의 세계, 그것도 전부가 아니다.

인간의 지성과 이성이라는 것도 실은 부족한 것이라는 사실은 다음과 같이 말하는 칸트가 이미 극명하게 알려 주었다. "우리는 지금까지 순수 지성의 나라를 단지 두루 살펴보기만 한 것이 아니라, 그 땅을 측량도 했으며 또한 그 안에 있는 모든 것들에게 알맞은 자리를 정해 주었다. 그러나 이 나라는 폭풍우 치는 망망대해로 둘러싸인 섬이다."[2] 망망대해, 난바다에서 보면 지성의 나라는 작은 섬에 불과한 것이다. '이성'이나 '지성'이라는 용어를 쓰지는 않지만 지성사적 맥락에서 보자면 뉴턴도 이와 비슷한 의미의 말을 남겼다. 죽기 바로 전 뉴턴은 이렇게 썼다고 한다. "세상이 나를 어떤 눈으로 볼지 모른다. 그러나 내 눈에 비친 나는 어린아이와 같다. 나는 바닷가 모래밭에서 더 매끈

하게 닦인 조약돌이나 더 예쁜 조개껍데기를 찾아 주우며 놀지만 거대한 진리의 바다는 온전한 미지로 내 앞에 그대로 펼쳐져 있다."[3] 칸트의 '폭풍우 치는 망망대해'와 뉴턴의 '거대한 진리의 바다'가 똑같은 바다는 아닐 것이다. 그러나 그들이 일생을 바친 노력의 한계 너머에 정복되지 않은 '바다'가 놓여 있다는 점에서는 동일하다. 이 바다를 뭐라고 할 것인가.『코스모스』1장에서 칼 세이건(Carl Edward Sagan, 1934-1996)은 우주를 다름 아닌 바다에 비유하고 있다. 우주라는 바다의 바닷물 속으로 우리가 직접 들어간 것은 극히 최근의 일이고, 우리가 바로 이 바다에서 나왔다는 사실을 우리는 가슴 저 깊숙한 곳으로부터 알고 있다는 것이다. 이때 세이건이 사용하는 바다의 비유가 저 칸트와 뉴턴의 바다로부터 직접 온 것이라고 말할 수는 없지만, 칸트와 뉴턴의 바다를 떠올려도 근본적인 오해는 아닐 것 같다. 지구 환경어서만 진화된 우리에게 우주란 감각과 인식의 한계 바깥에 있는 세계이다.

　『장자』에는 "우리의 삶에는 끝이 있다. 아는 것에는 끝이 없다. 끝이 있는 것으로 끝이 없는 것을 추구하는 것은 위험할 뿐이다. 그런데도 계속 알려고만 한다면 더더욱 위험할 뿐이다"[4]라고 적혀 있다. 폭풍우 치는 망망대해, 거대한 진리의 바다, 우리 인식의 한계 너머에 있는 우주로 나아가는 것은 위험한 일일 수 있다. 옆집도 보지 못하고, 자신의 가정만을 소우주로 생각하면서 사는 소시민의 한계가 인간에게는 행복일 수 있다. 우리 안에는 분수를 알라고 조언해 주는 루소도 분명 있다. 이 루소는 "인간은 있는 그대로의 자신에게 만족할 때 매우 강하다. 반면 인간성을 뛰어넘으려 할 때 그는 매우 나약하다. 따라서 여러분이 지닌 능력을 확장시킴으로써 여러분의 힘을 확장시킨다고 생각하지 말라. … 우리의 힘이 미칠 수 있는 범위의 반경을 측정하라. 그리고 거미가 자기 그물의 한가운데에 머무르듯 중심에 머물라"[5]라고 충고한다. 그러나 인간을 이 정도로 파악하는, 인간의 위치에 대한 루소의 관념은 일종의 합리주의적 반지성주의라고 할 수 있다.[6] 천체둘리학자 찬드라세카르(Subrahmanyan Chandrasekhar)는 말했다. "태양이 우리 날개의 밀랍을 녹이

기 전에 우리가 얼마나 높이 날 수 있는지 알아보자"라고.[7]

『모비 딕』의 에이해브는 말로는 표현할 수 없으며 입에 담기조차 꺼려지는 고래의 위험성을 충분히 알고 있는 인물이다. 그럼에도 "나는 저 먼 것들에 영원한 갈망을 지닌 사람이다. 나는 금지된 바다를 항해하고 야만적인 해안에 상륙하길 즐긴다"[8]라고 말하는 인물이 바로 에이해브다. 『모비 딕』에서 흰 고래는 단지 고래 한 마리라고는 볼 수 없는 별종이다. 이 고래를 쫓는 에이해브의 행위는 괴테의 파우스트가 그런 것처럼, 인간의 지칠 줄 모르는 끊임없는 지식 추구의 운명에 대한 은유라고도 할 수 있다. 대체 모비 딕은 에이해브를 조용하게 어디로 이끌고 가는 것일까?[9] 거기에는 어떤 우주적인 찰랑거림이 있을까?

돌이켜 보면 우리는 누구나 정주하지 않는 방랑자이다. 세이건은 혈통 좋은 명문가의 자손이 아니라 우크라이나 이민 노동자의 자손인데, 이런 조상의 내력을 인간의 보편 조건과 결부시켜 생각한다. 인류가 지구에 처음 출현한 이래 대부분의 시간을 여기저기의 사냥거리와 먹거리를 찾아 방랑자 노릇을 해 왔기 때문에 사람들의 이동은 당연히 인간의 조건을 형성한다는 것이다. 인류는 많은 세월 동안 먹이를 찾아 사냥에 생의 대부분을 바쳤지만 이제는 우주의 비밀에 접근하는 지능을 갖게 되었다. 우리의 방랑과 도전은 이제 이 지능에 합당한 선택을 외면할 수 없다. 우리는 한국인이며 지구인이며 또한 우주 시민이기도 하다. 우리는 앞서 인용한 칸트의 '섬'에 살아도 우주라는 바다의 해변을 서성이며 대양과 더 큰 대지를 동경한다. 먼 현실은 가까운 현실과 늘 멀리 떨어져 있는 것이 아니다. 우리의 동경 속에는 우리는 대체 누구이며 어디서 와서 어디로 가는가라는 궁극의 문제가 항상 자리 잡고 있다. 이 근원적인 정체성과 기원의 문제는 우주를 공부하지 않는 한 막연한 피상성에서 벗어나지 못한다. 그러므로 한시도 떨어질 수 없는 게의 등껍질 같은 세계에서 벗어나서, 이 정든 세계를 등지고 미지의 저 세계로 발을 떼어 보자. 두려움이 없는 것은 아니지만 두려움보다는 지적 호기심을 가지고 용기

를 내 보자. 저 세계라지만 그래 봤자 이 우주 안이다. 더군다나 우리에게는
훌륭한 안내자 세이건이 있다. 그는 더할 나위 없이 근사한 인사말로 우리를
마중 나와 있다.

오늘날 우리는 위대한 지성들과 동시대를 살고 있다. 그들은 명석하며 호
기심으로 가득 찬 용기 있는 인물들이다. 한발 더 나아가서 현대는 학구적
탐험의 정신을 높이 사는 시대이다. 우리가 이러한 시대정신과 함께할 수
있다니 얼마나 큰 축복일까. 돌이켜 보건대 인류는 별에서 태어났다. 그리
고 잠시 지구라 불리는 세계에 몸을 담고 살고 있다. 그러나 이제 자신의
원초적 고향으로 돌아가고 싶어 감히 그 기나긴 여정의 첫발을 내딛고자
하는 것이다.[10]

2. 인간 중심주의를 넘어서

세이건은 무엇보다도 『코스모스』(1980)의 저자이다. 『코스모스』는 지금
까지 영어로 출판된 과학책 가운데 가장 많이 판매되었으며 이 책의 TV 시
리즈는 60여 개국에서 6억 명 이상이 시청했다고 한다. 이보다 더 과학의 대
중화가 성공적으로 이루어진 경우도 달리 사례를 찾아보기 힘들 정도이다.
그런데 이 대중화를 대중의 욕구에 아카데미즘이 투항한 결과로 오해해서는
곤란하다. "코스모스는 과거에도 있었고 현재에도 있으며 미래에도 있을 그
모든 것이다. 코스모스를 정관(靜觀)하노라면 깊은 울림을 가슴으로 느낄 수
있다. 나는 그때마다 등골이 오싹해지고 목소리가 가늘게 떨리며 아득히 높
은 데서 어렴풋한 기억의 심연으로 떨어지는 듯한, 아주 묘한 느낌에 사로잡

히고는 한다"[11]로 시작하는『코스모스』는 흔히 볼 수 있는 천문학 개론서 같은 것이 아니고, 주관적 정서 과잉의 에세이도 아니다.『코스모스』가 개척한 영역은 과학을 단지 대중의 영역에 자리매김했다는 표현으로는 부족하다.『코스모스』는 가치중립적인 것이라고 여겼던 과학을 그 중립지대에 과학자들만의 전문 은어의 영역으로 놔두지 않는다. 대신 궁극적으로는 가치 지향의 긴장 관계에서 말을 건넨다. 그 방법적 전략을 간단히 요약하자면 인문학과 자연과학의 결합이라고 할 수 있다. 세이건의 인문학적 소양과 분과 학문의 경계를 넘나드는 지식의 활달함은 시카고대학 재학 시절 받은 고전 읽기 교양 교육 프로그램과 깊은 관련이 있는 것으로 보인다. 향상심에 불타는 물리학자가 플라톤, 아리스토텔레스, 윌리엄 세익스피어, 지그문트 프로이트를 몰라서야 되겠느냐는 말을 이 강좌에서 들었다고 세이건은 추억하고 있다.[12]

세이건은 평생 외계 생명체라는 우주적 타자의 존재 가능성에 관심을 지속적으로 유지했으며, 우주생물학을 온전한 학문 분야로 확립시키는 것은 그의 필생의 과업이었다. 마리너 프로젝트, 보이저 프로젝트 등 우주 탐사 프로젝트에 직접 참여했고, SETI(Search for Extra-Terrestrial Intelligence)의 가치와 존재 이유를 역설했다. 그러나 그 무엇보다도 우주생물학자로서 세이건이 가장 하고 싶었던 일은 가령,『외계 생명체란 무엇인가』같은 책을 써서 외계 생명체의 존재를 합리적으로 추론하는 데 그치지 않고 실증하고 분석하는 일이었을 것이다. 불행하게도 세이건에게 이런 행운은 찾아오지 않았다. 그런 책은 욕망으로 쓸 수 있는 것이 아니라 '외계 생명체'라는 객관적 실체가 우선해야 하는데, 그런 존재는 그의 생애 동안은 물론이고 현재 시점까지도 발견되지 않고 있다. 그렇다면 그 최선의 일이 불가능할 때 할 수 있는 대안적인 일은 무엇일까. 외계 생명체의 존재가 요원할 때, 외계 생명체론으로 나아가는 예비적 서설(序說)을 쓸 수는 있을 것이다. 외계 생명체란 무엇인가의 문제는 먼저 인간이란 무엇인가의 문제 해결을 요구한다. 인간이란 무엇인가. 과학자 세이건에게 인간이란 오늘날 인간의 모습으로 태어난 존재가 아니라 인간으로 진화된 자이며, 특히 뇌가 진화된 동물이다.

『코스모스』이전에 나온『에덴의 용: 인간 지성의 기원을 찾아서』(_977) 는, 인간 지능의 본질과 진화라는 생물학적 난제에 대해 뇌의 진화로부터 비롯된 사실들에 초점을 맞춰 접근한다. 지능은 가장 단순한 생명체에서도 명확히 보이는 진화적 경향의 확장이다.[13] 지구 바깥에 어떤 생명체가 존재한다면 환경에 적응할 뿐만 아니라, 환경을 통제하면서 삶의 길을 헤쳐 나가는 경향은 지구의 지적 생명체와 크게 다르지 않을 터이다. 따라서 인간인 우리는 인간의 경우를 먼저 이해하는 게 순서이다. 세이건은 마클린(Paul Donald MacLean, 1913-2007)의 '삼위일체의 뇌'라는 뇌 구조와 진화에 대한 모델을 받아들인다.[14] 삼위일체 모델에 의하면 먼저 매클린이 파충류의 뇌 또는 R 복합체라고 부르는 부분이 있다. R 복합체를 둘러싸고 있는 것은 변연계(邊緣系, Iimbic system)이다. 인간 이외의 다른 동물들 역시 변연계를 가지고 있다. 가지막으로 진화 단계에서 가장 나중에 나타난 뇌의 가장 바깥쪽이 있다. 이 부분을 신피질이라고 한다. 고등동물일수록 커다란 신피질을 가지고 있는데, 가장 정교하게 발달한 신피질은 우리 인간과 고래의 것이다.

삼위일체의 뇌 이론은 맞는 것인가? 그것이 맞는다면 이 모델의 타당성을 증거하는 어떤 흔적을 지성사에서 발견할 수 있어야 하는 것 아닌가? 이 문제와 관련해 세이건이 매력을 느끼는 프로이트의 이론은 마음을 의식, 전(前)의식, 무의식으로 나눈 세 분류이다. 그러나 프로이트의 분류보다도 삼위일체 뇌 모델에 잘 부합하는 사례는 플라톤의『파이드로스』에 등장하는 소크라테스의 말과 마차의 비유라는 게 세이건의 판단이다. 소크라테스는 파이드로스와의 대화에서 먼저 영혼의 본질과 정의를 말한 다음, 영혼의 형태이 대해서도 이야기한다. 영혼이 무엇을 닮았는지를 말하는 것이므로 일종의 가정적인 비유의 수준을 벗어나지 못한 통찰이라고 할 수 있지만 소크라테스의 통찰은 과연 주목할 만한 대목이 있고, 세이건이 주목하는 부분도 이 부분이다. 소크라테스가 말하고 플라톤이 옮겨 적은 대화에서 소크라테스는 파이드로스에게 이렇게 말한다. 영혼은 본래 한 멍에에 매인 날개 달린 말들과 마부가 합체된 것이라고 말해 볼 수 있는데, 여기서 다스리는 자는 한 쌍의 말을 몬다. 말 중 한쪽은 아름답고 훌륭하며 태생도 그런 반면, 다른 쪽은 그 반대고 태생도 반대여서 마차 몰기는 어쩔 수 없이 어렵고 애먹이는 것이 될 수밖에 없다.[15]

이제 이 흥미로운 비유를 간과하지 않은 세이건의 진화된 버전을 보자. 세이건은 두 마리의 말은 각각 R 복합체와 변연계라고 할 수 있고, 이리저리 흔들리며 내달리는 말과 마차를 가까스로 통제하고 있는 마부는 신피질이라고 할 수 있다고 한다.[16] 물론 뇌의 기능이 이렇게 가시적으로 분화되어 있을 리 없다. 간단하게 삼분될 수 있다는 생각은 뇌의 세 요소가 서로 밀접하게 연결되어 있는 신경해부학적 사실에 비추어 보아도 지나치게 단순한 생각이다. 세이건도 이 점은 충분히 유의한다. 그럼에도 불구하고 삼위일체의 뇌 모델이나 『파이드로스』의 마차는 간단히 폐기할 수 없는 심오한 메타포인 것이며, 세 부분이 가지는 상당한 정도의 독립성과 각 부분 간의 긴장 상태야말로 인간 조건과 인간 본성(human nature)을 이루는 것이라고 세이건은 생각한다. 바로 이 인간 본성에서 나아가 인간 본질(essential human quality)이 정의된다. 지적 능력이 바로 인간의 본질이며, 신피질의 활동이 시작되는 시점을 인간성(humanity)이 보이기 시작하는 지점으로 삼을 수 있다는 것이다.[17] 인류의 미래는 이 신피질의 완전한 기능 실현에 달려 있음을 세이건은 믿어 의심치 않는다. 그러나 이성이 미래로 나아갈 유일한 길임을 강조하면서도 세이건이 일관되게 반(反)인간 중심주의(anti-anthropocentrism)를 견지하고 있다는 사실은 충분히 특기할 만한 것이다.

뇌 진화를 연구하는 학자들 사이에 사용되는 개념으로 '루비콘강'이라는 것이 있다.[18] 뇌 부피의 특정 지점, 즉 호모 에렉투스의 용량(약 750㎤)에서부터 인간만의 고유한 특질이 출현하기 시작했다는 것이다. 그러나 '루비콘강'은 정량적이라기보다는 정성적인 것일 수 있으며, 유인원들 역시 인간의 감각으로 어느 정도 인지할 수 있는 형태의 지능을 보일 수 있다는 것이 세이건의 입장이다. 인간 중심주의적 편향을 충분히 경계하고 있는 태도라고 볼 수 있다. 인간이 생화학적으로나 뇌의 생리적 특성으로나 다른 동물들과 유사하다는 사실을 인정하지 않는 태도는 세이건이 타파하고자 하는 사이비 과학 가운데 하나이다.[19] 특히 "인간 정신과 고등동물의 정신 간의 차이는 정드의 문제이지 종류 자체가 다른 것은 아니다"라는 다윈의 명제를 인용할 때 이 점이 분명히 드러난다.[20] 그런데 사실 다윈은 『에덴의 용』의 본문 시작 이건에 제시된 허두에 이미 등장했던 인물이다. 허두의 제시는 세이건이 즐겨 사용하는 글쓰기의 특징적 개성 가운데 하나인데, 아무런 설명이나 맥락 없이 한 토막의 글이 제시되지만, 그 글은 책 전체의 주제와 방향을 위해 면밀히 계산된 것으로 봐야 한다. 다윈의 글 바로 위에는 "인류는 신과 짐승 사이에 자리잡고 있다"라는 플로티노스(Plotinos, 205-270)의 글이 인용되어 있다. 플로티노스는 또 누구인가? 왜 플로티노스이고 다음은 다윈인가? '인간의 위치'에 츠점이 맞춰져 있는 이 대목에서 세이건은 친절을 베풀고 있지 않기 때문에 으리의 지성으로 지성사적 맥락에서 빼놓을 수 없는 행간의 의미를 해독해보자.

그리스 시대부터 중세를 거쳐 19세기 낭만주의 시대에 이르기까지 서양의 많은 철학자, 과학자, 그리고 교육받은 대부분의 사람들이 의문을 품지 않고 받아들였던 우주의 체제와 구조에 대한 관념이 있다. '존재의 대연쇄'라는 관념이 그것이다. 그것은 거의 비존재에 가까운 가장 작은 종류의 존재물로부터 최고의 신에 이르기까지 모든 존재가 계층적 질서에 따른 존재의 무수한 고리로 구성되어 있다는 우주관이다.[21] 존재의 대연쇄는 '존재의 사다리' 혹은 '자연의 사다리'라는 비유를 통해 표현되기도 했다. '자연의 사다리'는 아리스토텔레스를 아는 사람이라면 이미 익숙한 개념이다. 아리스트텔레스는 동물을 완성의 정도에 따라 단일하게 단계 지어 놓은 '자연의 사다리(scala naturae)' 속에다 배열한다. 그 결과 인간을 정점으로 하고 식충류를 최하위에 두는 위계가 나온다고 생각했다. 중세의 많은 철학자와 신학자가 바로 이런 위계질서 관념을 근거로 삼아 봉건사회의 질서를 옹호하려고 했다.[22] 18세기 인물 보네(Charles Bonnet, 1720-1793)가 그린 '자연의 사다리'를 보면 맨 아래에는 불, 공기, 물이 있고 사다리 계단 마지막 제일 위에 인간이 있다.[23] 생물학자이자 자연철학자였던 보네는 눈에 보이지 않는 천사나 신을 인간의 다음 단계로 설정하지는 않았다. 물론 자연과학자도 신을 말할 수 있을 터이다. 뉴턴은 자연현상에서 신의 존재를 유추하는 것도 분명히 '자연철학(natural philosophy)'의 일부라고 말한 바 있다.[24] 보네의 그림에서 신은 설정되어 있지 않다고 하더라도 존재하지 않는 것이 아니라 다만 생략되었다고 볼 수 있다. 가령 같은 18세기 인물인 칸트는 합리적으로 질서 잡힌 우주 속에는 대부분의 천체에 거주자들이 있다는 것, 생명과 지성은 한 작은 행성에 도저히 제한되어 있을 수 없다는 것, '존재의 사다리'는 인간을 훨씬 넘어 위로 연장되고 있음에 틀림없다는 것 등을 매우 확신하고 있었다.[25]

'존재의 대연쇄'라는 관념의 관념사를 쓴 러브조이(Arthur O. Lovejoy, 1873-1962)에 의하면 이 관념은 플라톤의 저서에서 처음으로 그 모습을 드러낸다. 플라톤의 대화편 속에는 때때로 이데아 및 결과적으로 이데아의 감각적 대응물이 모두 동등한 형이상학적 서열이나 탁월성을 지니고 있지 않다는 암시가 있다. 그러나 단지 현실적 존재뿐만 아니라 본질까지도 계층적으로 배열되어 있다는 관념은 플라톤에 있어서는 확실하게 정립된 이론이 아닌 단지 모호한 경향으로만 남아 있었다.[26] 존재론적 사다리의 모호한 관념은 아리스토텔레스의 동물학적 위계질서라는 착상을 거쳐 신플라톤주의에 의해 분명하게 체계화된다. 『에덴의 용』에서 다윈에 앞서 등장하는 플로티노스는 신플라톤주의 철학에서 빼놓을 수 없는 핵심 인물이다. 신플라톤주의 철학에서 종(種)의 차이는 필연적으로 우열의 차이, 즉 위계질서 속에서 서열의 차이와 같은 것으로 취급된다.[27] 그러므로 "인류는 신과 짐승 사이에 자리 잡고 있다"라는 플로티노스의 말은, 가령 "인간은 짐승과 초인 사이에 놓인 밧줄이다"[28]라는 니체의 아포리즘과 혼동될 말은 아닐 것이다. 니체는 어디까지나 실존적 삶의 태도를 말하고 있다. 니체에게 인간이란 자신의 의지에 따라 스스로를 극복해 나가는 존재이고, 또 극복되어야 할 무엇이다. 반면에 플로티노스의 명제는 자신의 의지로 어찌할 수 없는 인간의 위치 상황에 대한 존재의 사다리 개념이다.

그런데 니체야말로 누구보다도 문제적으로 자연 속에서의 인간의 위치를 고민했고, 그것을 행동으로 보여 준 경우일 수도 있다. 1889년, 니체는 그동안 묵었던 토리노 호텔을 떠난다. 니체 앞에는 말과 마부가 있고 마부는 말에게 채찍질을 한다. 그러자 니체가 말에게로 다가가 두 팔로 말의 목을 껴안고 운다. 이 해프닝에서 많은 사람은 드디어 미쳐 버린 니체를 발견했지만 비범한 소설가 밀란 쿤데라(Milan Kundera)의 해석은 달랐다. 쿤데라는 바로 이 장면에서 인류 지성사의 한 페이지를 읽어 냈다. 쿤데라에 의하면 니체는 데카르트를 대신해서 말에게 사죄했다.[29] 데카르트는 인간에게 사유 주체라는 본질을 부여한 장본인이다. "나는 생각한다, 고로 존재한다"라는 말은 비록 아무것도 확실하게 알 수 있는 게 없다는 인식론적 절망에서 나온 말이지만,[30] 가히 인간이 신피결의 존재라는 사실에 대한 기념비적 표현이라고할 만한 것이다. 그런데 문제는 데카르트는 이런 사람일 뿐만 아니라, 인간이 자연의 소유주이고 동물에게는 영혼이 없다고 선언한 장본인이라는 사실이다.[31] 쿤데라가 데카르트의 죄목으로 지목하는 것이 바로 이것이다. 이 죄의 용서를 구하기 위해 니체는 말의 목을 붙잡고 선배 철학자 데카르트를 대신해 울었다는 것이다.[32] 오늘날 "데카르트는 철학계와 과학계의 동네북"[33] 정도가 되었다는데, 뇌과학의 측면에서 봤을 때도 데카르트는 의식이 몸속에 있지 않다는 추론을 내세운 이원주의자에 불과하다. 의식이 신경조직의 발현 현상이라는 사실을 인정하지 않고, 인간을 자연으로부터 분리시킬 때 인간이 자연의 소유자라는 주장이 가능해진다고 하겠다. 우리는 이 대목에서 잠시 앞으로 다시 돌아가 보자. 니체의 말과 마부를, 세이건이 삼위일체 뇌 이론의 타당성을 논증하기 위해 동원한 소크라테스의 말과 마부의 비유와 관련지어 유비해 보면 매우 흥미로우면서도 심오한 통찰이 이어질 수 있다.

인간은 자연을 장악하고 소유하면서 문명을 일궜고 세상의 주인이 되었다. 존재의 대사슬은 자연의 사다리 혹은 자연의 계단이 제공하는 계층적 위계질서의 총합으로 굳어졌다. 과연 모든 것이 인간을 위해 만들어졌다는 환상을 가질 법했다. 그런데 이러한 세계상을 의문에 부치는 가장 근원적이면서도 강력한 인식 혁명이 바로 다윈에 의해 가능해지게 되었다. 다윈은 인간이 이 생명 세계에서 차지하고 있던 유일무이한 특권적 지위를 되돌아보지 않을 수 없게 했던 것이다. 생물마다 위대한 설계자의 설계대로 만들어졌다는 생각, 하나의 종은 다른 종으로 결코 변하지 않는다는 생각은 전적으로 인간적인 해석임이 다윈과 더불어 분명해졌다. 세이건이 플로티노스를 등장시키는 까닭은 이 다윈 출현의 맥락을 강조하기 위함으로 보인다. 우주 생명을 추구하는 것이 궁극 목표인 세이건에게 다윈은 출발점이고 늘 참조해야 할 선행 모델이 아닐 수 없다. 인간을 이 세계의 중심이나 정상에 위치시키는 것은 오직 인간 자신의 자기중심적 관념 때문이다. 플라톤이『티마이오스』에 쓴 "인간 없이는 세계의 완성이 미흡하다"라는 거창한 주장이나, 칸트의 "인간 없이는 모든 창조는 불모의 황야에 불과하고, 헛된 행위로 궁극의 목적이 없다"라는 말은 한낱 인간 자신의 자기도취의 어리석음에 지나지 않는다고 세이건은 비판한다.[34]

우주에서의 인간의 위치를 이해하기 위해서는 먼저 인간의 기원을 탐구해야 한다는 것이 세이건의 입장이다. '우주력'이라는 것도 기원에 대한 관심에서 나온 시간의 역사이다. 세이건은 우주의 연대기를 가장 이해하기 쉽게 표현하는 방법으로 우주의 역사를 1년이라는 기간으로 압축해 제시해 본다. 이 우주력에 의하면 지구에 생명이 출현한 것은 9월 25일경이고, 최초의 인간이 나타난 시점은 12월 31일 오후 10시 30분경이다. 기록된 역사는 모두 12월 31일의 마지막 10초에 모여 있다.[35] 지구로 한정시켜 보더라도 인간의 왜소한 자기중심성은 상처를 받지 않을 수 없다. 지구의 역사에서 인류가 주인으로 군림하기 시작한 시점은 극히 최근이기 때문이다. 세이건에게 생명의 기원, 인간의 기원, 지구의 기원, 우주의 기원, 외계 생명의 존재 가능성, 인간과 우주와의 관계 등을 밝혀내고자 하는 다양한 관심은 실은 일관된 하나의 근본 물음을 해결하기 위한 여러 방편이다. 그것은 바로 '우리란 과연 누구란 말인가?'라는 인간 정체성에 대한 근본 물음이다.

학자로서의 성장 이력을 보면 세이건은 누구보다도 생명의 기원 문제에 관심이 많았다. 세이건은 두 개의 학사학위를 취득했는데, 먼저 취득한 학위 논문의 주제가 생명의 기원이었다. 그는 린 마굴리스(Lynn Margulis), 도리언 세이건과 함께 영문판 브리터니커 '생명(life)'의 저자이기도 하다(한국판 브리태니커 사전에서 '생명'의 저자는 한국인이다). 생명은 물질과 에너지의 상호 변환 과정 어디쯤에선가 생기는 것임에 틀림없지만, 과학적으로나 철학적으로 '생명'을 정의하기는 쉽지 않다. DNA의 이중 나선 구조를 해명한 프랜시스 크릭(Francis Crick)에 의하면 생명의 발생은 거의 기적 같은 것이다.[36] 세이건은 크릭처럼 '기적' 혹은 '거의 기적(almost miracle)' 같은 말을 쓰지 않는다. 신화라는 신비로운 말도 쓰지 않는다. 대신 '우주 진화의 대서사시'라는 표현을 쓴다. 여기서 '진화'란 물질에서 의식에 이르는 과정이다. 빅뱅에서 우주가 탄생해 행성에서 생명이 출현하고, 생물이 의식을 지니게 되는 과정을 말한다. 생명이란 느리게 밀려오는 기묘한 파도처럼 물질 위에 나타나 파도타기를 하는 물질적인 과정이라는 인식[37]에 세이건은 동의했을 것이다. 세이건처럼 우리도 생명이라는 관점에서 우리 주변의 자연을 보면 전혀 새로운 재인식에 도달할 수 있다. 세이건과 함께 우주의 바다로 가기 위해서는 적어도 인간 중심주의라는 험준한 산맥을 넘어야만 한다.

라이너 마리아 릴케(Rainer Maria Rilke)의 시편에는 이런 대목이 있다. "우리가 사랑을 할 때면 우리의 사지에는/ 기억도 닿을 수 없는 태고로부터의 수액(樹液)이 타고 오른다."[38] 이것은 어디까지나 '시'이겠지만, 세이건에 의하면 우리가 자연스럽게 숲에 친근감을 느끼는 까닭은 인류의 조상이 숲에서 성장했던 내력과 관련이 있을 수 있다. 지구에서 볼 수 있는 모든 생명 현상의 뿌리에는 세포의 화학 반응을 조절하는 단백질 분자와 유전 설계도를 간직한 핵산이 있다. 본질적으로 같은 단백질 분자와 핵산 분자가 모든 동물과 식물에 공통적으로 관여한다. 그러므로 생명 기능이라는 관점에서 볼 때 참나무와 인간은 동일한 재료로 만들어졌다고 해도 무리가 없다.[39] 인간인 우리가 숲에서 편안해지고 뭔가 힐링의 느낌 같은 것을 체험한다면, 이에 근거해서 다른 자연에 대한 우리의 근원적 정서의 비밀을 추론해 볼 수도 있다.

우리는 바다가 보고 싶을 때도 있고, 하늘에 떠 있는 구름이나 별을 보고 어떤 향수에 젖기도 한다. 이러한 그리움의 정서는 인간의 유전자 깊숙이 각인된 기원의 내력과 무관하지 않을 수 있다. 『코스모스』가 제공하는 지식으로 그 내력을 좇아가 보면 이렇다. 인간의 태초에는 숲이 있었고, 생명의 태초에는 바다가 있었다. 원시 생명의 유기물 수프 형태는 바닷물이나 연못에서 비롯되는 것이다. 화석 기록을 통해 우리는 최초의 생명이 대략 40억 년 전 원시 지구의 바다나 연못에서 태어났다고 알고 있다. 또, 늘 우리의 머리 위에 있는 구름이야말로 우리의 내력과 깊은 연관이 있을 수 있다. 지구는 성간(星間) 기체와 성간 티끌이 응축된 성간 구름 속에서 만들어졌다. 우리의 태양계라는 것도 그렇다.

별은 또 어떤가? 세이건이 특히 강조하는 것은 이 대목일 것이다. 생명의 기원과 진화는 별의 기원과 진화와 그 뿌리에서부터 서로 깊은 연관을 맺고 있다. 우리를 구성하는 물질은 원자적 수준에서 볼 때 아주 오래전에 은하 어딘가에 있던 적색 거성에서 만들어진 것이기 때문이다. 우리는 생명의 탄생에서 별의 흔적을 찾아볼 수 있다. 우리의 DNA를 이루는 질소, 치아를 구성하는 칼슘, 혈액의 주요 성분인 철, 애플파이에 들어 있는 탄소 등의 원자 알갱이 하나하나가 모조리 별의 내부에서 합성됐다. 그러므로 우리는 별의 자녀들이다.[40]

그런데 우리는 자연의 일부라는 사실도 받아들이기 싫어한다. 동물 가운데 하나라는 것은 모욕이며, 자연으로 돌아가는 죽음이 코앞에 오기까지는 끝없이 이어질 것 같은 삶의 신화에 도취되어 산다. 인간은 이 도취 속에서 자연의 소유주가 되어 다만 자연을 지배하고 자연 위에 군림하고 있을 뿐이다. 그러나 인간 자신이 자연이라는 인식을 포기하는 순간, 그 자신은 삶을 유지해야 하는 목적, 사회적인 진보, 인간의 물질적·정신적 힘의 강화, 심지어는 의식 자체마저 아무것도 아닌 것이 되어 버린다.[41] 테오도르 아도르노와 막스 호르크하이머는 계몽이라는 개념 도구를 가지고 서구 지성사로부터 증거를 수집해서 유럽 문명의 과정을 문제적으로 재구성한다. 그들에게 계몽은 계몽주의 시대의 계몽 철학자들의 사유에 국한되지 않는 보다 폭넓은 개념이다. 『계몽의 변증법』은 "진보적 사유라는 포괄적 의기에서 계몽은 예로부터 인간에게서 공포를 몰아내고 인간을 주인으로 세운다는 목표를 추구해 왔다. 그러나 완전히 계몽된 지구에는 재앙만이 승리를 구가하고 있다"[42]라는 문명사적 위기 진단에서 시작한다. 이 위기를 극복할 수 있는 실천적 대안은 자연을 지배하고 장악하는 데 쓰이는 과학에 의해 오인되어 있는 '근원으로서의 자연'을 기억하는 것이다.[43] 이제 우리는 『계몽의 변증법』의 저자들보다 더 근본적인 질문을 던지지 않을 수 없는 시대를 살고 있다. '인류세(Anthropocene)'[44]는 과연 지속 가능한가? 근원적 자연을 기억한다는 것은 이질적 타자성을 가진 비동일자를 기억하는 것이다. 누가 무엇을 상상하든 세이건이 제시해 보이는, 별 자녀들의 물질 공동체보다 더 근원적인 자연은 없다. 이 자연에서는 인간이 갖는 특권이 사라지는 것이 아니라 생명이 갖는 특권도 사라진다.

3. 성스러운 블루

지구는 아름답다. 가을, 봄, 여름 없이 꽃이 피는 지구는 아름답다. 이토록 아름다운 지구를 어떤 사람들은 '초록별'이라고 부르기도 한다. 지구는 축복받은 곳임이 틀림없고, 우주 전체를 두루 관측해 본 천문학자가 천국이 있다면 바로 이곳이 아니겠냐고 했다고 해도 그 말은 전혀 과장이 아닐 것이다. 하늘에서나 바다에서나 지상의 식물에서나 푸른 색조가 낯익은 풍경을 이루는 여기는 우리의 천체 지구이다.

1972년 12월 7일, 우주선 아폴로 17호에 탑승했던 우주비행사들이 찍은 사진을 보면 지구의 푸른 색조가 뚜렷하다. 지구가 둥글다는 것은 달에 비친 지구의 그림자를 부분적으로 식별해 보는 것으로 어느 정도 짐작할 수 있는 일이었다. 그러나 그것은 부분적인 단편성을 벗어날 수 없는 것이었고 이처럼 지구인의 눈으로 분명한 구체(球體)의 실체로서 지구를 확인하기는 이때가 처음이었다. 이 사진에 붙여진 이름은 'The Blue Marble(푸른 구슬)'이다. 지구의 색상과 모양이 푸른 구슬과 비슷하다고 해서 붙여진 이름이다. 무엇보다도 바다의 푸른색이 뚜렷하다. 아프리카의 거의 모든 해안선이 선명하고, 해안 사진은 지중해 해역에서 남극 대륙의 만년설까지 이어진다.

《The Blue Marble
(푸른 구슬)》

* 이미지 출처: 나사
홈페이지

지구가 파랗게 보이는 것은 깊은 바다의 물과 두껍고 투명한 대기층 때문이다.[45] 물은 투명하지만 깊은 물은 푸르게 보인다. 공기도 마찬가지다. 지구 대기의 하늘빛이 푸른빛으로 보이는 것은 햇

빛 속에서 노란빛이나 빨간빛에 비해 짧은 파장을 가진 푸른빛이 선택되어 산란하기 때문이다. 그렇다고 푸른색이 신비롭지 않은 것은 아니다. 인간은 푸른 하늘에 그 생명을 의존하고 있기 때문이다. 푸른 대기층 바깥으로 나간다면 인간은 정교한 생명 유지 장치 없이는 호흡조차 불가능하다. 푸른 하늘을 성스럽게 여기는 까닭이 여기에 있다. 지구 생명의 생명 활동들은 지구의 환경에 영향을 미쳐 왔다. 그 영향은 때로는 심오하게 느껴지기도 하고, 때로는 신비하게 느껴지기도 한다. 우리의 대기는 약 21%의 산소와 78%의 질소로 이루어져 있다. 동물과 인간의 호흡에 필수적인 산소는 거의 전적으로 녹색 식물의 광합성에서 만들어지고, 질소는 거의 대부분이 토양 미생물의 생물학적 활동의 결과라고 할 수 있다. 그러므로 푸른 대기의 하늘은 생물이 만든 것이라고 주장할 수도 있는 것이다.[46]

그러나, 우주 공간은 우리가 생각하는 것처럼 푸르지 않다. 우주 공간은 지구의 푸른색이 한없이 이어지는 게 아니다. 우주 공간은 코통 지구의 대기권 바깥이라고 여겨지는데, 실제로 여행한 사람의 증언을 들어 보자. '하늘은 완전히 검다. 이 검은 하늘을 배경으로 별들은 좀 더 밝고 또렷이 보인다. 지구는 매우 특색 있게 아름다운 푸른빛 후광을 띠고 있다. 특히 수평선을 볼 때 잘 드러나 보인다. 부드러운 푸른빛에서 차츰 푸른빛, 검은 푸른빛, 보랏빛을 거쳐서 하늘의 완전한 검은색으로 부드럽게 변한다.'[47] 이것은 1961년 4월 12일, 보스토크(vostok) 1호에 탑승했던 유리 가가린이 전하는 인류 최초의 외계 비행에서 목격한 광경의 기록이다. 지구 아닌 다른 천체들의 하늘, 즉 수성이나 달 또는 다른 행성의 위성들의 하늘은 정오 때에도 검다고 한다. 지구의 어느 곳에서나 높이 올라간다면 하늘도 결국 검게 보일 것이다. 국제항공연맹(FAI)은 지구 대기권과 우주의 경계선을 고도 100㎞를 기준으로 하고 있다. 우주가 시작되는 이 경계선을 '카르만 라인'이라고 하는데, 카르만 라인 저편은 우주의 무한한 공간의 암흑이 에워싸고 있다.[48] 블루 마블도 캄캄한 허공에 떠 있다. 우주의 실상은 '블루 마블'과는 너무도 거리가 멀다. 코스모스에서 일반적인 곳이라 할 만한 곳은 저 광대하고 냉랭하고 어디로 가나 텅 비어 있으며 끝없는 밤으로 채워진 은하 사이의 공간이다.[49]

물론 지구는 '초록별'이 아닌 것이다. 보통 '별'이라 함은 행성(行星, planet)과 구분해서 항성(恒星, fixed star)을 말함인데, 지구에서 가장 가까운 별은 태양이다. 지구는 태양계(solar system) 여덟 개 행성 가운데 세 번째 행성에 불과하다. 태양은 수소와 헬륨의 핵융합 반응 때문에 빛을 내는 자체 발광체임에 반해 행성은 빛을 내지 못하고 스스로를 비출 빛을 전적으로 태양에 의존한다. 세이건은 저 빛나는 태양도 하나의 별에 지나지 않는다는 사실을 알고 천문학자가 되기로 결심한 인물이다. 그러면 지구에서 가장 가까운 별이 태양이라면, 그 거리는 얼마나 되기에 '가깝다'고 하는 것일까? 여기서부터 우리는 지구적 감각을 버리고 우주적 상상력을 발동해야 한다.

태양에서 지구까지 빛이 도착하는 데는 약 8광분(光分)이 걸린다. 빛은 1초에 지구를 7바퀴 반 정도를 도는데, 이 빛의 속도로 달려 태양에서 지구까지는 8분이 걸린다는 얘기다. 그러니까 비타민 D가 부족한 영희가 햇볕을 쏘이기 위해 소매가 없는 옷을 입고 공원에 나갔다면, 영희의 살갗에 와 닿는 햇빛은 태양에서 8분 전에 출발한 것이 되는 셈이다. 그러나 천문학에서 '광분' 같은 단위는 잘 사용하지 않는다. 기본이 '광년(光年)'이다. 별들 사이의 평균 거리는 3-4광년이고, 1광년은 거의 10조 ㎞에 이르는 엄청난 거리이다.[50] 계속 숫자로 말해 보자. 자연 자체에 숫자가 내재되어 있을 리는 없다. 숫자는 인간이 애써 가져다 붙이는 것이고, 자연에 숫자를 갖다 붙이는 '수량화(quantification)'는 그것을 좋아하든 싫어하든 간에 과학이 여러 세기에 걸쳐 힘겹게 이루어 놓은 업적임이 분명하기 때문이다.[51] 세이건은 누구보다도 수량화의 인식적 가치에 대해 분명한 자각을 가지고 있다. "우리가 어떤 대상을 질적으로만 안다면, 그것을 아주 막연하게 아는 것에 불과하다. 대상을 양적으로 안다는 것은 그것의 크기를 숫자로 이해하여 무수히 존재하는 다른 가능성으로부터 그것을 구별할 줄 안다는 것이다. 그것은 대상을 깊이 있게 아는 첫걸음이다"[52]라는 말 속에 수량화의 의미에 대한 세이건의 입장이 잘 요약되어 있다. 이렇게 생각하는 사람답게 『코스모스』에는 우주 도처에 흩어져 있는 별의 숫자가 적혀 있다. 우주에는 은하가 대략 1천억 개가 있고 각각의 은하에는 저마다 평균 1천억 개의 별이 있다, 모든 은하를 다 합치면 별의 수는 10^{22}개나 된다,[53] 다양한 성격의 별들이 우리은하 안에 4천억 개 정도 있다,[54] 우주에는 지구의 전체 인구보다 많은 수의 은하가 널려 있다,[55] 지구상의 해변이란 해변 모두에 깔린 모래알들보다 우주에 있는 별들이 훨씬 더 많다…[56] 등등.[57]

우주에서 우리의 현주소는 어디인가? 인간의 위치는 무엇인가? 우주에서의 지구의 위치는 무엇인가? 이것은 세이건의 모든 저작을 꿰뚫는 핵심 주제이다. 별의 숫자는 이 문제에 다가가며 지구와 지구 안 인간존재의 위치를 상대화시키고 객관화시킨다. 숫자는 우리의 가능성과 한계를 아무 환상 없이 식별해 주는 기호인 것이다.

『코스모스』에는 물론 지구에 대한 소개가 등장하는데, 우리가 먼저 주목해야 할 것은 지구에 대한 내용 이전에 지구를 소개하는 방식이다. 지구를 소개하는 방식 자체에 지구에 더한 정의가 함축되어 있다. 『코스모스』가 소개하는 대로 따라가 보자. 먼저 은하가 소개된다. 은하는 수십억 개에 이르는 별들의 집합이다. "은하와 은하 사이의 공간에서 본다면 바다 물결 위의 흰 거품처럼 헤아릴 수도 없이 많은 희미하고 가냘픈 덩굴손 모양의 빛줄기가 보인다. 이것이 은하다. 이들 중에는 홀로 떠다니는 고독한 녀석도 있지만, 대부분은 은하단이라는 집단을 이루며 한데 어우러져 거대한 코스모스의 암흑 속을 끝없이 떠다닌다."[58] 이렇게 우주의 가장 거시적인 모습을 제시한 다음에 '국부 은하군(Local Group of Galaxies)'을 소개한다. '국부(local)'란 우리은하(Our Galaxy; Milky Way Galaxy)가 있는 지역(local)이라는 뜻에서 사용하는 갈이다. 국부 은하군에서 충분히 큰 은하로는 안드로메다은하와 우리은하가 있다. 우리은하는 태양계를 포함하고 있는 은하이다. 지름이 10만 광년 정도가 된다. 다양한 성격의 별들이 우리은하 안에 4천억 개 정도 있는데, 이 많은 별 중에서 우리가 가까이 알고 지내는 별은 물론 태양이다.[59] 우리은하에 국한 시켜 보더라도 태양은 먼지처럼 작은 존재일 뿐이다. 우리은하 다음에는 태양계가 소개된다. 여기서부터는 우리에게 어느 정도 익숙한 행성들의 세계와 혜성들의 세계가 있다. 이제 드디어 행성 지구가 소개될 차례이다. 그러니까 지구에 접근하기 위해서 세이건은 은하→국부 은하군→우리은하→태양계→행성→지구로 좁혀 가는 초점화 방식을 취하고 있는 것이다.[60] 우주 공간의 거시 단위의 일부분으로 축소시켜 지구를 안내하는 이 방식 자체가 이미 지구를 상당 정도 정의한다고 하겠다. 이 정의 방식은 "지구는 광막한 우주의 미아이며 무수히 많은 세계 중의 하나일 뿐"[61]이라고 말한다. 그러나 세이건은 동시에 이렇게 말하는 것도 잊지 않았다. "지구는 우주적 관점에서 볼 때에도 가슴 시리도록 아름답고 귀한 세상이다."[62] 왜냐하면 코스모스의 물질이 생명을 얻어 숨을 쉬고 사물을 인식할 수 있는 지성을 갖게 된 곳이고, 지금 이 시점까지 우리가 알고 있는 한 유일한 생명의 보금자리이기 때문이다. '하나'일 뿐이지만 '유일'한 곳, 여기가 바로 지구이다. 이 모순 때문에 지구는 아름다워도 그냥 아름다운 것이 아니라 '가슴 시리도록' 아름다운 곳이다.

　이제 우주적 관점에서 지구를 정의하는 세이건의 또 다른 방식을 살펴보기로 하자. 1990년 2월 14일, 나사(NASA)의 우주 탐험선 보이저 1호의 카메라가 포착한 지구의 모습이 있다. 보이저호는 토성을 지나 해왕성과 명왕성 궤도 밖에서 태양으로부터 시속 4만 마일로 멀어져 가고 있었다. 이 우주선에 지구로부터의 긴급 메시지가 전달됐다. 우주선은 그 명령에 따라 카메라를 이제는 멀어진 태양계의 행성들을 향해 되돌렸다. 이렇게 해서 탄생한 사진은 점(픽셀)으로 이루어졌는데, 지구는 저 희미한 태양 광선 속에 식별이 용이하지 않을 정도의 작은 점 하나에 불과하다(나사 사진 설명에 의하면 0.12픽셀). 이런 조망이 가능했던 까닭은 보이저 1호가 행성들이 태양 둘레를 도는 황도면(행성들의 궤도들이 대부분 포함되는 경마장과 같은 가상적 평면)에서 높이 떨어져 있고, 지구로부터 약 59억 5천만 ㎞ 떨어져 있었기 때문이다. 보이저 1호가 태양계를 벗어나기 이전에 마지막으로 지구 쪽으로 고개를 돌려 되돌아보는 게 좋겠다고 생각했고, 그렇게 해서 탄생한 사진에 '창백한 푸른 점(pale blue dot)'이라는 이름을 붙인 사람이 바로 세이건이다. 세이건은 이렇게 포착된 지구의 모습이 보이저호가 볼 수 있는 다른 많은 점과 구분하기 어려운 외로운 한 개의 픽셀에 지나지 않으리라는 것을 알고 있었을 것이다. 그런데 그는 왜 이런 기획을 한 것일까? 세이건에 의하면 이렇게 해서 나타난 우리 세계의 보잘것없는 모습이야말로 이 사진의 가치이다.

《Pale Blue Dot(창백한 푸른 점)》　　　* 이미지 출처: 나사 홈페이지, © NASA/JPL-Caltech

우리의 모든 것이 저 점 안에 있다. 저 점을 중심으로 태양이 돈다고 생각했고, 또 그래야 마땅하다는 소모적인 논쟁으로 지구인들은 얼마나 많은 시간을 헛되이 낭비했던가. 코페르니쿠스(Nicolaus Copernicus, 1473-1543)와 갈릴레이(Galileo Galilei, 1564-1642)가 겪었던 수모와 고난은 질기고 모진 것이었다. 프톨레마이오스는 지구가 구형이고 그 크기가 별의 거리에 비하면 '하나의 점'인 것을 알았는데, 그는 그것이 '하늘의 바로 한복판'에 있다고 가르쳤다. 플라톤, 아리스토텔레스, 성 토마스 아퀴나스를 비롯하여 17세기에 이르기까지 위대한 철학자와 과학자는 모두 이런 착각에 사로잡혔던 것이다.[63]

지구가 우주의 중심이 아니라면, 그렇다면 태양이 우주의 중심이 아닐까. 지구 거주민들은 이렇게 소망한다. 코페르니쿠스와 케플러(Johannes Kepler, 1571-1630)도 그랬다. 케플러는 천문학이 점성술을 극복하고 천체물리학이 되게 하는 데 결정적인 공헌을 한 인물이다. 뉴턴도 그에게 많은 빚을 지고 있는데, 세이건은 케플러의 묘비명을 이렇게 고쳐 쓴 바 있다. "그는 마음에 드는 환상보다 냉혹한 현실의 진리를 선택한 사람이었다."[64] 그런데 그 케플러마저 실은 태양 중심의 우주관을 가지고 있었다. 코페르니쿠스는 태양이 태양계뿐 아니라 전 우주의 중심이라고 생각했고, 케플러는 다른 별들은 행성계를 거느리지 않는다고 믿었다.[65]

그러나 19세기까지의 천문학의 관측은 태양이 은하수라 불리는, 거대한 집단 속에 있는 하나의 외로운 별에 지나지 않음을 분명하게 밝혀냈다.[66] 지구와 태양은 '우리은하'의 중심에 있는 것이 아니다. 태양계는 은하의 중심핵에서 3만 광년 정도 떨어져 있고,[67] 실제로 우주의 팽창에는 중심이라는 게 없다. 태양이 속해 있는 은하라는 것도 '우주의 후미진 구석'을 차지하고 있을 뿐이다.[68] 세이건은 태양이라는 별이 50억 년 내지 60억 년 후에는 사라진다고 본다. 수소 핵융합 반응의 연료인 수소가 고갈되기 때문이다. 별들도 태어나고 죽어 가는 진화 과정에 있다. 적색 거성, 백색 왜성, 흑색 왜성, 이 모든 이름은 별들의 생애 주기에 따른 것이다. 별들도 영원한 것이 아니다.

코페르니쿠스와 케플러는 비록 태양 중심적 우주관에서 벗어나지 못했지만, 많은 사람은 그들의 우주관에서 다중 세계에 대한 생각이 직접적으로 유도돼 나온다고 생각했다.[69] 보이저호가 전송해 온 우리 지구의 초상은 우리들이 소중히 간직하는 자기만족의 타성과 환상을 송두리째 흔들기에 충분하다. 의심의 여지 없이 우리의 세계관을 지탱해 온 통념은 과연 견고한 것인가. '페일 블루 닷'의 '블루'는 '블루 마블'의 '블루'와 너무도 다르다. 블루 마블은 지구의 애칭 정도라고 할 수 있지만, '창백한 푸른 점'에서는 일체의 웃음기 없이 정색을 하고 왜소하기 짝이 없는 우리 자신을 마주 봐야 하기 때문이다. 우리는 우주 드라마의 주인공이 아닌 것이고, 우주는 인간을 위해 만들어지지 않았다는 게 세이건의 일관된 지론이다.[70]

우주 지평선(cosmological horizon) 너머 관측 가능한 우주(observable universe)를 벗어난 곳에 또 어떤 우주가 있을지 우리는 알 수 없다. 이 알 수 없는 무한의 우주 속에 우리가 잘 아는 저 점 하나가 있다. 저 '창백한 푸른 점'을 조용히 응시하는 당신이라면 어떤 생각을 할까? 세이건은 이렇게 생각한다.

우리의 거만함, 스스로의 중요성에 대한 과신, 우리가 우주에서 어떤 우월한 위치에 있다는 망상은 이 엷은 빛나는 점의 모습에서 도전을 받게 되었다. 우리 행성은 우주의 어둠에 크게 둘러싸인 외로운 티끌 하나에 불과하다. 이 광막한 우주 공간 속에서 우리의 미천함으로부터 우리를 구출하는 데 외부에서 도움의 손길이 뻗어 올 징조는 하나도 없다. …
천문학은 겸손과 인격 수양의 학문이라고 말해져 왔다. 인간이 가진 자부심의 어리석음을 알려 주는 데 우리의 조그만 천체를 멀리서 찍은 이 사진 이상 가는 것은 없다. 사진은 우리가 서로 더 친절하게 대하고 우리가 아는 유일한 고향인 이 창백한 푸른 점(지구)을 보존하고 소중히 가꿀 우리의 책임을 강조하고 있다고 나는 생각한다.[71]

세이건이 '유니버스(universe)'라는 용어 대신에 즐겨 사용하는 '코스모스(cosmos)'라는 말에는 우주가 일련의 합리적인 법칙들에 의해서 지배되고 있으며, 우리가 그 법칙들을 발견하고 이해할 수 있으리라는 희망이 담겨 있다.

우주가 이해 가능한 대상이라는 사실, 인간이 이해할 수 있는 자연법칙을 따른다는 사실이 역사상 처음으로 널리 받아들여진 시기는 기원전 600년과 기원전 400년 사이의 그리스 이오니아였다. 이오니아의 철학자들은 제우스와 헤라를 끌어들이지 않고도 세상을 이해할 수 있는 원리와 힘, 그리고 자연법칙을 추론했다. 이오니아의 피타고라스는 우주의 표면에 코스모스라는 이름을 부여한 첫 번째 사람으로 기록된다.[72] 코스모스는 우주 자체보다도 '우주의 질서'를 뜻하는 그리스어이며 카오스(chaos)에 대응되는 개념이다. 이오니아의 자연철학자들은 보통 철학사에서 소크라테스 이전 철학자들로 간단히 언급되지만, 세이건에게 이오니아의 철학자들은 플라톤이나 아리스토텔레스보다 더 중요한 각별한 애정의 대상이었다. 플라톤과 아리스토텔레스는 노예 사회에서 편히 살며 하늘에서 지구를 분리시킨 장본인인데, 이것이 서양의 정신세계를 2천 년 이상 지배해 온 분리의 사상이다.[73] '코스모스'라는 용어 사용에는 플라톤과 아리스토텔레스 이전의 이오니아에 대한 일정한 외경이 표현되어 있는 것으로 보인다. 또한 세이건의 학자로서의 성장 시기에는 미국의 나사가 출범해 우주 탐험에 나섰는데, 우주를 어느 정도 개척하고 인간 언어로 분석해 낼 수 있다는 자신감과 용기 그리고 도전의식이 이 '코스모스'라는 용어에 담겨 있는 것으로 보인다.

"별이 빛나는 푸른 하늘을 보고, 갈 수가 있고 또 가야만 하는 길의 지도를 읽을 수 있던 시대는 얼마나 행복했던가. 그리고 별빛이 그 길을 훤히 밝혀 주던 시대는 얼마나 행복했던가."[74] 루카치(Lukács György)의 『소설의 이론』은 이렇게 아름다운 명문으로 시작한다. 여기서 루카치가 행복한 조화의 시대로 묘사하는 시대는 코스모스의 질서를 추구한 고대 그리스 시대이다. 앞으로는 영원히 없을 것 같은 이 코스모스의 세계에서 우주는 무한 광대하지만 자기 집에 있는 것처럼 아늑한 것이다. 고대 그리스의 이 황금 시절을 인문학에서는 그리스 고전주의 시대라고 하는데 세이건의 코스모스는 이 고전주의의 코스모스로부터 멀리 떨어져 나와 있다. 윌리엄 파운드스톤은 물리학을 전공한 논픽션 작가인데 서이건에 대한 두툼한 평전을 썼다. 그는 이 평전의 끝부분에서 우주 안에서 으리는 무한히 가치 없고, 우리가 정말로 관심을 가진 질문들에 대한 답변은 존재하지 않거나 아니면 우리로서는 영원히 접근할 수 없는데, 이런 우주는 카프카의 소설 같다고 말한다.[75] 물론 카프카의 소설은 고전주의 작품이 아닌 것이고, 길 잃은 미로 이미지가 지배적이다. 그 미로에서 구원될 아리아드네의 실 같은 것은 없다. 앞서 인용 제시한 세이건의 글은 '창백한 푸른 점'에서 우리가 천국을 바란다면 지금 바로 여기를 천국으로 만들어야 하고, 구원을 바란다면 우리 손으로 우리 스스로를 구원해야 한다고 말하고 있는 것으로 읽힌다.

4. 우주적 관점이라는 세계관

과학사의 위대한 발견과 진전 이후에 인간의 위치는 오히려 점점 강등되었다는 사실을 우리는 어떻게 이해해야 할까? 프로이트에 으하면 인간이 지닌 과대망상증은 심리학적 연구에 의해 가장 민감한 모욕을 당했다. 그런데 심리학에 의해 자아가 자신의 집 안에서도 더 이상 주인일 수 없다는 것을 알기 이전에, 인류는 과학이 발전하는 과정에서 자신들의 소박한 나르시시즘에 대한 두 가지 모욕적 사태를 견디어 낼 수밖에 없었다. 프로이트가 과학사에서 자신의 '모욕적' 작업의 전사(前史)로 꼽는 두 사태란 이런 것이다. 첫째, 인류는 우리 지구가 우주의 중심이 아니며, 그 크기가 전혀 상상 불가능한 우주 체계의 아주 작은 부분에 불과하다는 경험을 했다. 인류의 자존심에 대한 두 번째 모욕은 인간이 창조에 관한 특권을 지닌다는 생각을 파괴해 버린 생물학적 연구에 의한 것이다. 첫 번째 모욕적 체험과 함께 우리에게 연상되는 이

름은 코페르니쿠스고, 두 번째 체험과 함께 연상되는 이름은 누구보다도 다윈이다.[76]

　　코페르니쿠스는 신부였고, 다윈은 신부가 되려고 했던 인물이다. 그런데 바로 이 사람들에 의해서 인류사에서 가장 심각한 신성모독의 인식 혁명이 일어났다. 누가 그들을 인류 지성사에 출현한 불순한 이교도들이라고 말할 수 있겠는가. 우주 안에서 인간이 차지하는 진정한 위치를 발견하는 일에 대한 저항은 매우 오래되었고 고질적인 것이다. 우주생물학자 세이건이란 인물은 단지 우리가 우주의 외딴 시골구석에서 살고, 원숭이는 우리의 사촌이라는 말을 애써 강조하고 싶었던 사람이라고 편의적인 오해를 하지는 말자. 젊은 세이건은 『에덴의 용』 마지막 부분에서 이렇게 말했다. "세계를 있는 그대로 받아들이고 그 세계에서 용감하게 앞으로 나아가야 한다."[77] 이 젊음은 그가 더 이상 젊지 않을 때에도, 그리고 골수암에 걸려 비교적 이른 나이에 죽게 되면서 종교에 대한 믿음을 권유받을 때에도 변하지 않았다.[78] 그가 사랑했던 이오니아의 데모크리토스처럼, 그는 불멸의 영혼이나 불멸의 신 따위는 믿지 않았다. 적어도 지금까지의 증거와 자연법칙을 생각한다면 위대한 설계자 따위는 필요 없다고 생각했다. 대신 우리의 생명과 우리의 부서지기 쉬운 행성의 큰 의미는 오로지 우리의 예지와 용기에 의해서 결정되기 때문에 우리는 생명의 의미를 관리하는 자라는 믿음이 세이건에게는 있었다.[79]

　　누구라도 세이건이 우주론을 펼치는 맥락을 자세히 읽어 보면 다음과 같은 '그러나' 혹은 '그렇지만'으로 표현되는 변증법적 리듬의 역접 관계를 쉽게 발견할 수 있다. 우주론에서 이러한 리듬은 세이건 이전에도 있고, 세이건 이후에도 있는 지성사적 맥락이기도 하다(이 글의 허두에서 인용 제시한 파스칼과 그린의 글을 보라). '그러나'와 '그렇지만'은 광대하고 무관심한 우주 앞에서 좌절을 겪을 수밖에 없지만, 좌절을 좌절로 끝내지 않는 우리를 어떤 희망의 세계로 견인하려고 한다.

모든 인간사는, 우주적 입장과 관점에서 바라볼 때 중요하기는커녕 지극히 하찮고 자질구레하기까지 하다. 그러나 인류는 아직 젊고 주체할 수 없는 호기심으로 충만하며 용기 또한 대단해서 '될 성 싶은 떡잎'임에 틀림이 없는 특별한 생물종이다.

인류라는 존재는 코스모스라는 찬란한 아침 하늘에 떠다니는 한 점 티끌에 불과하다. 그렇지만 인류의 미래는 우리가 오늘 코스모스를 얼마나 잘 이해하는가에 크게 좌우될 것이라고 나는 확신한다.[80]

위의 인용문에서 '그러나' 혹은 '그렇지만'은 인류의 하찮음과 취약성에 길항(拮抗)한다. 이 접속사들 앞부분이 단순히 우주론이 가리키는 사실을 적고 있다면, 접속사 이후는 이제 사상이 전개되어야 할 부분이다. 이론과 실천은 '그러나'와 '그렇지만'을 전후로 갈린다. 문제는 이제 우주톤 자체가 아니라 우주적 관점을 실천하는 것으로 옮겨 간다. 왜 실천이 중요하며 실천이란 무엇인가? 지성사의 흐름 속에 답이 있다. 세이건은 저 고대 알렉산드리아 드서관의 지성들을 반면교사 삼은 지성이다.

세이건에 의하면 지금까지 전개된 인류 문명사에서 인류 전체가 눈브신 과학 문명에 큰 희망을 걸 수 있었던 시기가 단 한 번 있었다. 이오니아 믄명의 수혜자였던 고대 도시 알렉산드리아에 도서관이 구축되어 과학자들이 그곳에서 활발하게 활동하던 시기이다. 그런데 알렉산드리아 드서관은 파괴되었다. 알렉산드리아 도서관이 파괴되고, 여성 철학자 히파티아(Hypatia)가 초기 기독교 광신도들에 의해 살해당했던 시기가 415년인데, 그 후 서구 문화는 1천 년이나 암흑시대가 지속되었다고 세이건은 파악한다. 레오나르도 다 빈치나 코페르니쿠스는 그로부터 1천 년이 지난 이후에 비로소 출현한 인물이다. 이렇게 볼 때 기원후 1000년을 전후로 한 긴 세월은 '인류의 잃어버른 기회'인 것인데,[81] 어찌하여 알렉산드리아 도서관은 실패할 수밖에 없었는가?

세이건은 그 원인을 어떤 외부로 돌리기보다는 과학자들의 태도 자체에서 찾는다. 알렉산드리아 도서관이 융성하던 전 시기를 통하여 과학자들이 정치적·경제적·종교적 주장이나 가정에 도전했다는 기록이 단 한 건도 없다는 것이다.[82] 노예 제도의 정당성을 한 번도 의문에 부치지 않았고, 과학적 발견과 지식을 일부 기득권층만의 소유물로 남아 있게 한 과학자들이 그들이었다. 따라서 과학은 대중의 상상력을 사로잡지 못했고, 실제로 응용되지도 못했다. 그것들은 다만 잊어졌다.

세이건이 자주 언급하며 강조하는 '행성 지구의 관점', '우주적 관점', '공평무사한 외계인의 관점' 등은 과학도들만이 알아들을 수 있는 은어가 아니다. 그것은 우리 모두가 당면하고 있는 문제들을 해결하기 위한 실천적 개념 도구라고 할 수 있다. 어떻게 그것이 가능한가? 다음을 보자.

㉮ 사람은 이상한 생각을 하고 살아간다. 자신과 다른 생각을 하는 사람이나 자신이 속한 사회와 조금이라도 다른 성격의 사회를 믿을 수 없는 기괴한 존재로 간주하며 심히 혐오하고는 한다. 자기 스스로에 대해서는 아무런 의심을 갖지 않으면서 말이다. '이방(outlandish)'이나 '외계(alien)'라는 표현의 부정적 뉘앙스는 이러한 인간 특성을 잘 드러내 준다. 그렇지만 각기 다른 문명들이 보여 주는 문화와 유적의 다양성은 '인간으로 되어 감'의 다른 방식들을 우리에게 시사할 뿐이다. …

㉯ 그렇지만 다윈은 우리에게 중요한 사실을 가르쳐 주었다. 인간은 지구 이외의 다른 곳에는 존재하지 않는다. 인간은 지구에만 있다. 이 자그마한 행성에서만 사는 존재이다. 우리는 희귀종인 동시에 멸종위기종이다. 우주적 시각에서 볼 때 우리 하나하나는 모두 귀중하다. 그러므로 누군가가 나와 다른 생각을 주장한다고 해서 그를 죽인다거나 미워해야 되겠는가? 절대로 안 된다. 왜냐하면 수천억 개나 되는 수많은 은하들 중에서도 우리와 똑같은 사람은 찾을 수 없기 때문이다.[83]

(가) 다음에 바로 이어서 (나) 글이 이어지는데, 형식적으로 보자면 (가)는 인문학적 문제 제기라고 할 수 있고 (나)는 자연과학적 문제 해결이라고 볼 수 있겠다. 그런데 실은 이런 분석이 무색하게 통섭의 사유가 전가 되고 있다고 봐야 할 것 같다. 어떤 사람, 집단, 제도를 타자로 그 특성을 규정하기 위해서는 그 자신이 속한 규범 혹은 관습 체계 외부에 그것을 위치시켜야 한다. 그런 행위를 '타자화하기'라는 동사로 우리는 표현한다. (가)는 주로 타자화하기라는 우리의 심리적 기제를 설명하고 있다. 배제와 차별을 낳기 때문에 타자화하기는 자제되어야 할 우리의 내부 충동이지만, 실제 현실은 갈처럼 그렇게 쉽지 않다. 내면화하기 어려운 윤리의식을 요구하기 때문이다. 다윈과 니체를 읽은 우리는 동물을 타자화하는 행위를 반성할 수 있다. 보부아르를 배운 젊은 여성은 성 인지 감수성(gender sensitivity)에 민감해져 있을 수 있다. 그러나 젊음에 도취되어 있는 그 젊은이가 노인을 타자화하는 행위에도 반성적인 태도를 가지기란 쉽지 않은 일이다. 젊은 여성이 늙은 남성을 강아지만도 못한 별종의 이물감으로 대한다면, 그 여성은 남성이 주도하는 타자화에 의해 자신이 피해자가 될 수 있었던 이치와 똑같은 이치로 자신도 또 다른 가해자가 될 수 있다. 이렇게 악을 악으로 갚는 악의 악순환이 거듭되면서 혐오 사회가 구성된다고 하겠다. 이런 사회의 타자 감수성으로는 현실태에서 잠재태로 이동해 분자적인 것이 될 수도 없고, 다만 불편하기 짝이 없는 에일리언을 상상할 수조차 없다.

아인슈타인(Albert Einstein)을 두고 "그는 과학의 대가이자 21세기 지성의 상징이 되었다"[84]라는 평가가 있다. 뛰어난 과학자 정도가 아니라 '지성의 상징'이라고 일컫는 까닭은 오늘날 우리가 우주를 이해하는 데 기여한 아인슈타인의 천재적인 지적 능력을 높이 평가하기 때문만은 아닐 것이다. 아인슈타인은 미국의 핵 개발 프로젝트를 부추기는 편지에 서명한 것을 자신의 삶에 있어서 가장 치명적인 실수로 여겼고, 다양한 사회적 대의, 특히 국제 평화와 관련된 문제에 목소리를 높였다. 인간의 조건, 선과 악의 문제, 그리고 자유를 보호할 정치 제도를 만들어 내는 문제에도 깊은 관심을 보여 준 지성이었다. 흔히 과학자 중에 위대한 지성은 없다고 한다. 그러나 "현재 우리 세계는 지속 가능하지 못한 방향으로 달려가고 있다"[85]고 진단하고, 우리 세계는 어떻게 해야 자멸의 길을 피할 수 있는지, 역사에 대한 큰 질문을 던지고 담대한 답을 제시하는 재러드 다이아몬드(Jared Diamond) 같은 과학자도 아인슈타인의 후예라고 할 수 있겠다. 세이건은 이러한 과학 지성의 지적 전통 속에 위치해 있다. 그는 아인슈타인의 지적 후배이고 다이아몬드의 선배이다. 이들은 모두 인류 미래의 운명이 바로 우리 손안에 달려 있다고 말한다.

세이건의 과학하기는 세상사와 무관한 전공 몰두 행위가 아니다. 과학도 인간의 여타 문화 활동과 마찬가지로 문화 전반을 아우르는 총체적 관점에서 조명하고 논의해야 한다고 세이건은『코스모스』서문에 썼다. 다른 책에서도 과학의 방법이 완전하다고는 할 수 없지만 사회·정치·경제 체제를 개선하는 데 쓸 수 있고, 특히 오늘날과 같이 인류가 수많은 어려움과 복잡한 문제에 봉착한 현실에서는 폭넓고 강력한 사고가 절실하게 요구된다는 식의 주장을 하는데, 이는 그가 늘 '총체적 관점'을 유념하기 때문에 가능한 것으로 보인다. '총체적 관점'은 '우주적 관점'으로부터 온다고 말할 수 있다. 거시적이고 총체적인 관점은 지금 당장의 눈앞의 현실에 대해서는 눈감자는 것이 아니다. 긴 세월을 거쳐 물질은 의식으로 진화했으나 의식의 산물인 지능은 무서운 자기 파괴의 능력도 갖게 되었다는 문제의식, 인류는 과연 자기 파멸의 위험에서 벗어날 수 있는 지혜를 갖출 수 있는지에 대한 도저한 문제의식, 그리고 우리 세기는 영장류에 고유한 자기 무리(조직)에 대한 사랑과 충성심을 전체 인류와 지구로 확대하는 우주적 관점을 가져야 할 시점이 아닐 수 없다는 문제의식 등은 과연 눈앞의 현실과 무관한 객담 같은 것인가? 누구나 '사랑'을 말할 수는 있다. 그러나 위대한 지성이 아니면 말할 수 없는 이런 사랑도 있다. "우리는 종으로서의 인류를 사랑해야 하며, 지구에게 충성해야 한다."[86]

린 마굴리스는 달 먼지 위를 걸어가는 우주인을 보고 "어떤 깃발보다도 설득력 있게 전 지구인들을 규합할 수 있는 위력을 지닌 새로운 세계관'[87]을 감지한다. 그것은 물론 우주적 관점이다. 인류 최초의 달 탐사 이후로도 많은 새로운 혐오가 탄생했다. 우주적 세계관은 과연 종교, 인종, 성별, 계층, 세대, 문화 전통, 역사와 상관없이 전 지구인을 하나의 지구 시민으로 태어나게 할 수 있는 위력이 있을까? 있을 수도 있고 없을 수도 있다. 그것은 우리가 그 관점을 얼마나 실감하느냐에 달려 있다. "더 자주 더 오래 숙고하면 숙고할수록 매번 새롭고 매번 커지는 경탄과 경외로 마음을 채우는 두 가지가 있다. 그것은 내 위에 있는 별이 총총한 하늘과 내 안의 도덕법칙이다"[88]라고 말한 칸트에게는 내 '위'에 있는 것과, 내 '안'에 있는 것이 나란히 있다. "나는 이 둘을 내 앞에서 본다. 그리고 이 둘을 내 실존의 의식과 직접 연결한다"라고 칸트는 덧붙이고 있다. 이렇게 우주를 내면화하는 칸트의 경지가 극단적이어서 우러러보이기만 한다면, 보다 실감을 갖기 위해 우리들 누구나가 읽는 소설의 한 토막을 소개해 보고 싶다. 『그리스인 조르바』에는 이런 대목이 나온다.

"조르바, 내 말이 틀릴지도 모르지만, 나는 세 부류의 사람이 있다고 생각해요. 소위, 살고 먹고 마시고 사랑하고 돈 벌고 명성을 얻는 걸 자기 생의 목표라고 하는 사람들이 있어요. 또 한 부류는 자기 삶을 사는 게 아니라 인류의 삶이라는 것에 관심이 있어서 그걸 목표로 삼는 사람들이지요. 이 사람들은 인간은 결국 하나라고 생각하고 인간을 가르치려 하고, 사랑과 선행을 독려하지요. 마지막 부류는 전 우주의 삶을 목표로 하는 사람입니다. 사람이나 짐승이나 나무나 별이나 모두 한 목숨인데, 단지 아주 지득한 싸움에 휘말려 들었을 뿐이다, 이렇게 생각하는 사람들요. 글쎄, 무슨 싸움일까요?·· 물질을 정신으로 바꾸는 싸움이지요."[89] 당신도 이 유형 가운데서 어느 한 유형에 속할 것이다. 당신은 어떤 사람인가? 아니, 어떤 유형의 인간으로 진화해 나갈 사람인가? 세이건을 읽은 우리의 윤리는 이제 성차나 조직 같은 것에 충성하는 것이 아니다. 지구에 충성하고 우주 탄생, 지구 탄생, 생명 탄생, 인간 탄생으로 이어지는 우주 진화의 대서사시라는 빅 히스토리를 기억하는 것이다.

세이건의 우주적 관점은 우리를 한없이 초라하게 만들고 겸손하게 만든다. '그러나' 우주적 관점은 거기서 그치지 않고 지구는 우리에게 그 운명이 달려 있는 장소라는 점을 일깨우며 우리를 윤리적 과제 앞에 세운다. 이것은 천문학의 과제가 아니라 인류 운명의 과제다. 여기에 세이건의 사상이 갖는 인류 지성사적 중요성이 있다고 나는 생각한다.

주석

1 Carl E. Sagan, 『창백한 푸른 점』, 현정준 옮김(서울: 사이언스북스, 2001), 60 참조.

2 Immanuel Kant, 『순수이성비판 1』, 백종현 옮김(파주: 아카넷, 2006), 474.

3 Carl E. Sagan, 『코스모스』, 홍승수 옮김(서울: 사이언스북스, 2006), 161.

4 莊子, 『장자』, 오강남 옮김(서울: 현암사, 2016), 141.

5 Jean-Jacques Rousseau, 『에밀 또는 교육론 1』, 이용철, 문경자 옮김(파주: 한길사, 2007), 139.

6 Arthur O. Lovejoy, 『존재의 대연쇄』, 차하순 옮김(서울: 탐구당, 1984) 280.

7 Edward O. Wilson, 『통섭: 지식의 대통합』, 최재천, 장대익 옮김(서울: 사이언스북스, 2005), 38.

8 Herman Melville, 『모비 딕 1』, 황유원 옮김(파주: 문학동네, 2019), 45.

9 Gilles Deleuze et Pierre-Félix Guattari, 『천 개의 고원: 자본주의와 분열증 2』, 김재인 옮김(서울: 새물결, 2001), 472.

10 Sagan, 『코스모스』, 46-47.

11 Sagan, 『코스모스』, 36.

12 Carl E. Sagan, 『악령이 출몰하는 세상: 과학, 어둠 속의 촛불』, 이상헌 옮김(서울: 사이언스북스, 2022), 14-15.

13 Carl E. Sagan, 『코스믹 커넥션: 우주에서 본 우리』, 김지선 옮김(서울: 사이언스북스, 2018), 45.

14 Carl E. Sagan, 『에덴의 용: 인간 지성의 기원을 찾아서』, 임지원 옮김(서울: 사이언스북스, 2006), 3장.

15 Platon, 『파이드로스』, 김주일 옮김(파주: 아카넷, 2020), 70.

16 Sagan, 『에덴의 용』, 102.

17 Sagan, 『에덴의 용』, 243.

18 Sagan, 『에덴의 용』, 131.

19 Sagan, 『에덴의 용』, 291.

20 Sagan, 『에덴의 용』, 154.

21   Lovejoy, 『존재의 대연쇄』, 83.

22   조대호, 『아리스토텔레스: 에게해에서 만난 인류의 스승』(파주: 아르테, 2019), 100.

23   Ernst Mayr, 『진화란 무엇인가: 에른스트 마이어가 들려주는 진화론의 핵심 원리』, 임지원 옮김(서울: 사이언스북스, 2008), 33.

24   Isaac Newton, 『프린키피아』, 박병철 옮김(서울: 휴머니스트, 2023), 933.

25   Lovejoy, 『존재의 대연쇄』, 270.

26   Lovejoy, 『존재의 대연쇄』, 81.

27   Lovejoy, 『존재의 대연쇄』, 90.

28   Friedrich Nietzsche, 『차라투스트라는 이렇게 말했다』, 장희창 옮김(파주: 민음사, 2004), 19.

29   Milan Kundera, 『참을 수 없는 존재의 가벼움』, 송동준 옮김(파주: 민음사, 1988), 353.

30   장하석, 『장하석의 과학, 철학을 만나다』(서울: 지식플러스, 2014), 57.

31   Kundera, 『참을 수 없는 존재의 가벼움』, 350.

32   "화성인에 의해 수레를 끌도록 매어지거나 혹은 은하수 주민에 의해 쇠창에 끼어 구워지는 인간은 아마도 자기가 쟁반 위에 담아 칼질하도록 습관되어 있는 송아지 갈비 고기를 회상하게 될 것이며, (너무나도 때늦게!) 소에게 용서를 빌 것이다"(Kundera, 『참을 수 없는 존재의 가벼움』, 348)라는 대목이 있다.

33   Steven Pinker and Rebecca Goldstein, 「의식의 문제」, Noam Chomsky et al., 『사이언스 이즈 컬처: 인문학과 과학의 새로운 르네상스』, ed. Adam Bly, 이창희 옮김(서울: 동아시아, 2012), 65.

34   Sagan, 『창백한 푸른 점』, 57.

35   Sagan, 『에덴의 용』, 23-27.

36   Francis Crick, 『생명 그 자체: 40억년 전 어느 날의 우연』, 김명남 옮김(파주: 김영사, 2015), 126.

37   Lynn Margulis and Dorion Sagan, 『생명이란 무엇인가』, 김영 옮김(서울: 리수, 2016), 49.

38   Rainer Maria Rilke, 『두이노의 비가』, 손재준 옮김(파주: 열린책들, 2014), 418.

39   Sagan, 『코스모스』, 87-88.

40   Sagan, 『코스모스』, 458.

41   Max Horkheimer und Theodor W. Adorno, 『계몽의 변증법』, 김유동, 주경식, 이상훈 옮김(서울: 문예출판사, 1995), 91.

42   Horkheimer und Adorno, 『계몽의 변증법』, 23.

43   Horkheimer und Adorno, 『계몽의 변증법』, 75.

44   지질학계에서는 아직 이 개념 사용을 유보한다.

45   Sagan, 『창백한 푸른 점』, 176-177.

46   Sagan, 『코스모스』, 84.

47   Sagan, 『창백한 푸른 점』, 176에서 재인용.

48   지구의 대기권은 118km 상공에서 끝나고 여기서부터 우주가 시작된다는 사실이 밝혀졌다
      고 미국의 우주과학 매체 스페이스 닷컴(www.space.com)이 보도한 적이 있다.

49   Sagan, 『코스모스』, 38.

50   Sagan, 『코스모스』, 391.

51   장하석, 『과학, 철학을 만나다』, 92-95.

52   Carl E. Sagan, 『에필로그: 칼 세이건이 인류에게 남긴 마지막 메시지』, 김한영 옮김(서울:
      사이언스북스, 2001), 46.

53   Sagan, 『코스모스』, 41.

54   Sagan, 『코스모스』, 43.

55   Sagan, 『코스모스』, 384.

56   Sagan, 『코스모스』, 390.

57   세이건의 저작들어 등장하는 숫자의 정확성에 대해서는 세이건 당다 과학계의 수준과 한
      계를 감안해서 이해해야 한다. 예컨대 세이건은 우주의 나이를 150억 년 정도로 기술하는
      데, 오늘날 우주의 나이는 137.98 ± 0.37억 년 정도로 파악하는 게 정설이다.

58   Sagan, 『코스모스』, 40.

59   Sagan, 『코스모스』, 43.

60   우주의 가장 거시적인 모습을 큰 순서부터 적자면 우주의 거대 구조(large scale structure of
      the universe), 다음에 초은하단, 다음에 은하단, 다음에 은하군, 다음에 은하인데 『코스모
      스』에서 이 순서는 생략되어 있다.

61   Sagan, 『코스모스』, 45.

62   Sagan, 『코스모스』, 46.

63   Sagan, 『창백한 푸른 점』, 35.

64   Sagan, 『코스모스』, 152.

65   Sagan, 『코스모스』, 294.

66   Sagan, 『창백한 푸른 점』, 44.

67   Sagan, 『코스모스』, 382.

68   Sagan, 『코스모스』, 384.

69   Sagan, 『코스모스』, 294.

70   물리학과 천문학에서 사용하는 용어로 '인간 원리(anthropic principle)'라는 개념이 있다.
      만약 자연법칙과 둘리상수(이를테면 광속도, 전자의 전하량, 뉴턴의 중력상수 등)가 조금
      이라도 달랐더라면 인간의 기원으로까지 이어지는 일련의 사건들은 결코 일어나지 않았
      을 것이다. 우리가 지금 여기에 있는 것도 그것들 덕분이다. 이것이 바로 인간 원리다. 물리
      학자들은 대부분 인간 원리라는 개념을 싫어하고, 특히 미국의 우주론 학자들은 인간 원리

라는 개념을 전혀 좋아하지 않는다고 한다[Alan H. Guth et al., 『우주의 통찰: 위대한 석학 21인이 말하는 우주의 기원과 미래, 그리고 남겨진 난제들』, ed. John Brockman, 김성훈 옮김(서울: 와이즈베리, 2016), 222-223]. 인간 원리에 대한 세이건의 입장도 물론 부정적이다. 세이건에게 인간 원리는 보다 적절하게는 '인간 중심 원리(anthropocentric principle)'인데, 이 개념은 인간에게 부당한 특권적 지위를 주려고 하는 움직임이 결코 근절되지 않으리라는 징조일 뿐이다(Sagan, 『창백한 푸른 점』, 51). 인간 원리를 비판하는 학자들은 그것이 사후 추정(postdiction) 원리라고 비판한다. 인간의 필요에 따라서 개발된 완전히 괴짜 같은 논증인데, 무엇보다도 그것은 아무런 예측을 내놓지 못한다는 것이다. 세이건이 위대한 설계자(The Great Designer) 이론을 부정하는 것도 이와 비슷한 맥락이라고 볼 수 있다. 즉, 모든 생명 현상의 배후에 어떤 정교한 의도를 갖고 있는 위대한 설계자가 있다는 생각은 어디까지나 인간적인 바람의 해석일 뿐이다.

71 Sagan, 『창백한 푸른 점』, 27.

72 Catherine Collobert, 『철학의 기원에 관하여』, 김정란 옮김(서울: 동문선, 2004), 41.

73 Sagan, 『코스모스』, 373.

74 Lukács György, 『루카치 소설의 이론』, 반성완 옮김(서울: 심설당, 1985), 29. 이 글의 전체 맥락을 살려 번역문의 "창공"을 "푸른 하늘"로 바꿔 적었다. 같은 말이다.

75 William Poundstone, 『칼 세이건: 코스모스를 향한 열정』, 안인희 옮김(파주: 동녘사이언스, 2007), 671.

76 Sigmund Freud, 『정신분석 강의』, 임홍빈, 홍혜경 옮김(파주: 열린책들, 2003), 388.

77 Sagan, 『에덴의 용』, 293.

78 그는 이렇게 말했다. "이 세계는 더할 수 없이 아름다우며, 크고 깊은 사랑과 선으로 가득한 곳이기 때문에, 증거도 없이 예쁘게 포장된 사후 세계의 이야기로 자신을 속일 필요가 없다. 그보다는 약자 편에서 죽음의 눈을 똑바로 쳐다보고, 생이 제공하는 짧지만 강렬한 기회에 매일 감사하는 편이 훨씬 낫다고 생각한다."(Sagan, 『에필로그』, 329) 이 비슷한 얘기가 Poundstone, 『칼 세이건』, 650과 Carl E. Sagan, 『칼 세이건의 말: 우주 그리고 그 너머에 관한 인터뷰』, 김명남 옮김(서울: 마음산책, 2016), 336에도 있다.

79 Sagan, 『창백한 푸른 점』, 74-75.

80 Sagan, 『코스모스』, 36-37.

81 Sagan, 『코스모스』, 662.

82 Sagan, 『코스모스』, 665.

83 Sagan, 『코스모스』, 674-675.

84 Arnold R. Brody and David Eliot Brody, 『인류사를 바꾼 위대한 과학: 만유인력·원자 구조·상대성 이론·빅뱅·진화론·유전 법칙·DNA』, 김은영 옮김(서울: 글담출판, 2018), 163.

85 Jared Diamond, 『문명의 붕괴』, 강주헌 옮김(파주: 김영사, 2005), 680.

86   Sagan, 『코스모스』, 682.

87   Margulis and Sagan, 『생명이란 무엇인가』, 27.

88   Immanuel Kant, 『도덕형이상학 정초/실천이성비판』, 김석수, 김종국 옮김(파주: 한길사, 2019), 353.

89   Nikos Kazantzakis, 『그리스인 조르바』, 이윤기 옮김(파주: 열린책들, 2009), 398-399.

찾아보기